Heinz Höhne · Die Zeit der Illusionen

Heinz Höhne

Die Zeit der Illusionen

Hitler
und die Anfänge des Dritten Reiches
1933–1936

ECON Verlag
Düsseldorf · Wien · New York

Bildnachweis:
Bildarchiv Preuss. Kulturbesitz (9)
Keystone Pressedienst (5)
Ullstein Bilderdienst (12)

CIP-Titelaufnahme der Deutschen Bibliothek

Höhne, Heinz:
Die Zeit der Illusionen: Hitler und die Anfänge des Dritten Reiches; 1933–1936 / Heinz Höhne. –
Düsseldorf; Wien; New York: ECON Verl., 1991
ISBN 3-430-14760-3

Lektorat: Wolfgang Drescher
Gesetzt aus der Aldus, Linotype
Satz: Lichtsatz Heinrich Fanslau, Düsseldorf
Papier: Papierfabrik Schleipen GmbH, Bad Dürkheim
Druck und Bindearbeiten: Bercker Graphischer Betrieb GmbH, Kevelaer
Printed in Germany
ISBN 3-430-14760-3

Inhalt

Vorwort

Im Frühjahr 1951 brach eine Gruppe junger Meinungsforscher auf, um der gespaltenen Nation den Puls zu fühlen. Sie kamen aus dem Institut für Demoskopie in Allensbach und hatten den Auftrag, bei einem repräsentativen Querschnitt der westdeutschen Bevölkerung zu erkunden, wie es die Bundesbürger mit Hitler hielten, sechs Jahre nach dem Ende des nationalsozialistischen Regimes.

Als die Allensbacher ein paar Wochen später ihre Fragebogen auswerteten, harrte ihrer eine böse Überraschung. Das Material enthüllte, daß sich eine starke Bevölkerungsschicht in der Bundesrepublik noch keineswegs von dem Bann Hitlers befreit hatte. Vor allem eine Zahl irritierte die Auswerter: 46 Prozent der Befragten meinten, daß es Deutschland nie so gut ergangen sei wie unter Hitler in der Friedenszeit.[1]

Wie denn, war ein halbes Jahrzehnt angestrengter Aufklärung über das Dritte Reich wirkungslos verpufft, waren der Nürnberger Kriegsverbrecherprozeß und seine Nachfolgeverfahren mit all ihren Enthüllungen über die Untaten des Naziregimes umsonst gewesen? Die Allensbacher Daten mußten alle verstören, die sich für die kritische Aufarbeitung der damals jüngsten deutschen Vergangenheit engagierten.

Kein Zweifel: Eine Kluft hatte sich aufgetan, der Widerspruch zwischen den professionellen Vergangenheitsbewältigern und der Masse einer Bevölkerung, die sich nicht von Wissenschaftlern und Politaufklärern in ihren Erinnerungen an die »guten Jahre« der Hitlerzeit stören lassen wollte.

Daran konnten auch spätere Ansätze zu einer vertieften, von anfänglichen Schwarzweißklischees wegführenden NS-Interpretation nichts ändern. Die Hitlerwellen der sechziger Jahre, der Schock der Holocaustdebatte in den Siebzigern, die Rebellion der jungen Generation gegen die Verdrängungsmechanismen der Älteren, die Kontroverse um die historische Identität der Deutschen nach Auschwitz – kaum eine der vielen Aufgeregtheiten bundesdeutscher NS-»Bewältigung« schlug auf die schweigende Mehrheit der Hitlergeneration durch und tangierte deren Erinnerungs- und Meinungsbild.

Das bekam auch eine Forschergruppe der Universität Essen zu spüren, die zu Beginn der achtziger Jahre mit den Mitteln der »oral history« die Lebensgeschichte

7

und Sozialkultur im Ruhrgebiet untersuchte. Verlockt von der Vorstellung, unter allen Bevölkerungsgruppen habe sich am ehesten noch die Arbeiterschaft dem NS-Regime verweigert, interviewten die Forscher Menschen aus dem Arbeitermilieu von Duisburg, Mülheim, Bottrop, Gelsenkirchen und Recklinghausen, um Authentisches über das Leben unter Hitler zu erfahren.[2]

Als die Interviews ausgeschrieben waren, erging es den Wissenschaftlern ähnlich wie den Allensbacher Demoskopen dreißig Jahre zuvor. »Politische Irritation«, ja unverhohlene »Entgeisterung« und »bittere Enttäuschung« registrierte Projektleiter Lutz Niethammer bei seinen Mitarbeitern.[3] Die waren bei den Interviews, die sie sich ursprünglich als Dialoge vorgestellt hatten, zunehmend verstummt.

Zu provozierend war für sie, was sie da hörten und lasen: Die Friedensjahre des Dritten Reiches seien (im Gegensatz zu den Kriegsjahren) »gute Zeiten« gewesen, politisch meist »ohne viel Theater« verlaufen, mit »Arbeit für alle« und »herrlichen Reisen«, einer »guten Sache« namens Kraft durch Freude, ohne sonderliche Belästigung durch den Terrorapparat des Regimes, »insgesamt eine schöne Zeit, wenn man die Politik zur Seite tut«.[4]

Bei soviel »Normalität« fanden die Interviewten nur selten ein Wort über den Widerstand oder die Verfolgung von Gegnern des Regimes. Ein Arbeiter: »Ja, Verfolgungen – werden Ihnen viele erzählt haben, was se da alles erlebt haben; streichen Sie da immer 'n bißchen ab, ja.«[5] Die meisten der befragten Ruhrkumpels hatten, wie ein Forscher notierte, »von der NS-Herrschaft eigentlich kaum was mitbekommen, das sei nichts Besonderes gewesen, es habe sich eigentlich kaum [im Betrieb] was verändert«.[6]

Ein Rechtfertigungsversuch unbelehrbarer Exnazis? Keineswegs. Die Interviewten hatten dem Regime meist ferngestanden, viele von ihnen waren seit Jahrzehnten stramme SPD-Wähler. Ihre Erinnerungen spiegelten nur unverfälscht wider, was sie als Befreiung von sozialer Not erlebt hatten. Einer der Essener Sozialforscher ahnte dunkel: »Die Anziehungskraft des vermeintlich unpolitischen ›ersten Wirtschaftswunders‹ der dreißiger Jahre scheint doch weite Teile der Bevölkerung betroffen zu haben.«[7]

Der Fall verriet, wie schwer sich noch heute Historiker dabei tun, die ganze doppelbödige Wirklichkeit des nationalsozialistischen Deutschland zu erfassen. Die dreißiger Jahre, die Prägezeit des NS-Regimes zwischen 1933 und 1936, sind noch nicht hinlänglich erforscht. Das muß verwundern, enthält doch just diese Periode Antworten auf die zentrale Frage deutscher Gewissensprüfung, die Frage aller Fragen: was eine offenkundige Mehrheit der Nation bewog, die Diktatur Adolf Hitlers hinzunehmen und zu unterstützen, ja, sich in ihr auch noch wohl zu fühlen.

Dieser Frage ist eine allzu einseitig auf die verbrecherischen Aspekte der NS-Herrschaft ausgerichtete Vergangenheitserforschung meist ausgewichen. Zu lange galten fast ausschließlich die Maximen einer politischen Volkspädagogik, der es weniger um die detailgenaue und umfassende Darstellung der Hitler-Ära als um die Gewinnung geschichtsträchtiger Lehrsätze für künftiges demokratisches Verhalten ging.

Dazu bedurfte sie eines möglichst nuancenlosen Horrorbildes nazistischer Gewalt und Menschenverachtung, gleichsam als abschreckende Warnung für angehende Demokraten. Eine in den fünfziger und sechziger Jahren dominierende Denkschule bundesdeutscher Zeitgeschichtler lieferte den Volkspädagogen das nötige Rüstzeug dazu: die Theorie vom totalitären NS-Staat.

In ihrem Mittelpunkt stand der Begriff der Gleichschaltung: die Vorstellung, eine schier unentrinnbare Diktatur habe alles Leben in Deutschland bis zum letzten Haushalt kontrolliert und der Alleinherrschaft Hitlers und seiner Partei unterworfen, so unaufhaltsam und fugenlos, daß jedem Deutschen am Ende nur noch die Wahl zwischen schuldhaftem Mitmachen und märtyrerhaftem Widerstand geblieben sei.

Doch die These vom »totalitären Leviathan«[8] konnte nie so recht überzeugen. Mit ihren statischen Formeln, die nur schwer in die chaotisch-pluralistische Wirklichkeit des Deutschland von 1933 bis 1945 passen, ist sie »der Mythos, der jeder wirklichen sozialgeschichtlichen Erklärung [des NS-Systems] im Wege steht«, wie Hans Mommsen schon vor Jahren erkannte.[9]

Sie blendet in der Tat all die gesellschaftlichen Kräfte aus, die 1933 erst den Umsturz ermöglichten und sich dann mit der NSDAP zum Herrschaftssystem des Dritten Reiches verbanden. Auch für die sozioökonomischen Ursachen und Bedingungen nationalsozialistischen Machterhalts haben die »totalitären« Zeitgeschichtler kaum einen Blick, die Rolle der Klassen und Sozialgruppen im NS-Staat bleibt meist außer Betracht.

So profane Themen wie der Einfluß der Wirtschaftsentwicklung auf das politische Verhalten der Menschen oder die enge Interdependenz von Arbeitslosigkeit und NSDAP-Aufstieg wurden vernachlässigt. Typisch dafür, welche Behandlung die Massenarbeitslosigkeit der dreißiger Jahre in den Standardwerken der Totalitarismusschule erfuhr: Ihr Wortführer Karl Dietrich Bracher (»Die deutsche Diktatur«) hakt auf einer viertel Buchseite ab, was einmal das traumatische Erlebnis von Millionen gewesen war.[10]

Selten hat eine historische Forschung ärger an den Interessen der Menschen vorbeigedacht. Die großen Sozialgruppen wurden von den Totalitarismusforschern in das Korsett organisations- und ideengeschichtlicher Theorien gepreßt, die sämtlich darauf hinausliefen, das Dritte Reich als ein Produkt von propagandistischer Verführung und Gewalt, von altem Untertanengeist und ewiger Staatsvergottung zu entlarven.

Erst die in den siebziger Jahren beginnende sozialwissenschaftliche Aufarbeitung der NS-Zeit, vor allem die Erforschung des deutschen Alltags unter Hitler, ließ die gesellschaftliche Tiefendimension des Regimes erkennen. Stück um Stück legten die Sozialforscher das Gerippe des nazistischen Wohlfahrtsstaates frei, dessen Züge nun deutlicher wurden: populistisch, sozialrassistisch, mit seiner Volksgemeinschaftsideologie scheinbar rettungslos reaktionär und doch sozialpolitisch schon so progressiv, daß heute der moderne deutsche Sozialstaat ohne die Neuerungen und Anstöße der Nazizeit nicht mehr denkbar ist.

Damit machten die Sozialhistoriker zur Gewißheit, daß der Nationalsozialismus gesellschaftspolitisch ernster zu nehmen ist, als dies früheren Interpreten vertretbar schien. Kein Zweifel mehr: Der Nationalsozialismus war ein Teil des Modernisierungsprozesses der deutschen Gesellschaft. Er beschleunigte den sozialen Wandel in Deutschland. Er brachte unterprivilegierten Bevölkerungsschichten, auch den Frauen, ein Mehr an Chancengleichheit und Emanzipation.

Solche sozialwissenschaftlichen Entdeckungen blieben nicht ohne Folgen für die Struktur- und Herrschaftsanalyse des NS-Regimes. Die Befunde der Sozialforscher revidierten die herkömmlichen Vorstellungen von der totalitären Durchdringungskraft der Nazipartei, offenbarte sich doch nun, wie sehr das Regime vom Konsens der sozialen Gruppen abhängig war und von der Befriedigung ihrer unmittelbaren Bedürfnisse und Interessen oder dem, was sie dafür hielten.

Sogar Hitler büßte unter dem Mikroskop der Sozialhistoriker manches von jener Alleinherrschaft ein, die ihm nach 1945 eine ganze Generation akademischer Hitlerologen in bizarrer, wenn auch ungewollter Fortsetzung des alten NS-Führermythos zugeschrieben hatte. »Die Grenzen von Hitlers Macht«[11] (so der Titel einer amerikanischen Untersuchung über das NS-Establishment) wurde zum zentralen Thema junger Historiker und Historikerinnen, die sich mit der simplen Erklärungsformel »Hitler gleich Drittes Reich« nicht mehr begnügen mochten.

Sie fanden bei ihren Forschungen genügend Belege, um für wahrscheinlich zu halten, daß Hitler mitnichten immer der allein ausschlaggebende Herr des Dritten Reiches gewesen war. Natürlich bleibt auch für diese »Revisionisten« Hitler die beherrschende Figur in Krieg, Außenpolitik und NS-Ideologie, insonderheit der Rassenpolitik. Doch schon bei der Judenverfolgung fällt es ihnen schwer, Hitler die entscheidende Anstifterrolle nachzuweisen: Zumindest bis 1938, so der heutige Erkenntnisstand, verhielt er sich eher passiv und reagierte nur, meist auf Pressionen der Partei.

Noch diffuser Hitlers Rolle in manchen der gemeinhin allein mit seiner Person identifizierten Entscheidungen, Krisen und Untaten. In der mörderischen Auseinandersetzung mit Röhms SA-Riege, um ein Beispiel zu nennen, war Hitler mehr ein Getriebener denn ein Treibender. Die Beseitigung der Arbeitslosigkeit war sowenig sein Werk wie der Start der Aufrüstung. Deutschlands Austritt aus dem Völkerbund erzwangen vorrangig die Militärs, die Annexion Österreichs der Hitler-Vize Göring.

Kein Wunder, daß die Kritiker des gelehrten Hitlerzentrismus mit gängigen Metaphern wie »Hitlers Staat« oder »Hitlers Außenpolitik« nichts mehr anfangen können. An die Stelle der auf Hitler und seine Partei allein abgestellten »Führerdiktatur« setzen sie ein multidimensionales Herrschaftssystem mit wechselnden Schwerpunkten, ein Machtkartell von NSDAP, Wehrmacht und Großindustrie, in dem Hitler eine zwar äußerst wichtige, aber nicht die einzig durchschlagende Funktion besaß.[12]

Diesem Herrschaftsmodell – und das ist nun wichtig – fehlt all das Starre und Schicksalhaft-Unabwendbare, das dem Bild des nazistischen Totalitarismus anhaftete. Die politisch-gesellschaftlichen Kräfte, die den NS-Staat trugen, erhalten dadurch ihre Lebendigkeit und Autonomie wieder zurück – und zugleich die Mitverantwortung für das Unsägliche und Horrible, das nicht zuletzt auch in ihrem Namen geschah.

Damit sind die Zeiten endgültig vorbei, in denen eine alibisüchtige Nachkriegsgesellschaft ihr Fehlverhalten in der Nazizeit mit gefälligen Hinweisen auf die furchtbare Allmacht des braunen »Leviathan« wegdisputieren konnte. Denn auch dies hat die neuere Forschung inzwischen ermittelt: daß selbst die NS-Diktatur nicht wenige Freiräume besaß, auch begrenzte Möglichkeiten, dem staatlichen Verbrechen zu widerstehen, menschlicher und kritischer zu sein, als es Millionen Deutsche waren.

Man sage nicht, dies seien nur Konstruktionen einer besserwisserischen Nachwelt. Wer im Dritten Reich Tausende protestierender Kirchgänger auf die Straße zu bringen und verhaftete Bischöfe freizupressen vermochte, wer von der Kanzel herab das Regime zum Stopp der Euthanasie bewegen oder durch öffentlich spürbare Unmutsäußerungen den Abbruch antijüdischer Krawalle bewirken konnte, der hat der Nachwelt einen unanfechtbaren Maßstab für die Beurteilung der Chancen eines zivilen Ungehorsams unter Hitler geliefert – doppelt schlimm dann, daß die erdrückende Mehrheit des deutschen Volkes schwieg und wegschaute, als noch weit horrendere Verbrechen die vielberufene Ehre der Nation besudelten.

So wächst allmählich ein verändertes, realistischeres Bild der NS-Ära heran, das sich deutlich von früheren Klischees abhebt – Ansporn und Anlaß für den Schreiber dieser Zeilen, den Versuch zu wagen, die Geschichte des Dritten Reiches im Lichte der neuen Erkenntnisse noch einmal zu erzählen.

Dabei haben ihm eigene Forschungen und die einmalig großzügige Unterstützung durch Rudolf Augstein und den von ihm geleiteten »Spiegel«, dem der Autor seit 35 Jahren angehören darf, den Zugang zu Aktenbeständen und Zeugenberichten eröffnet, die gewöhnlich nicht in Dritten-Reich-Chroniken Verwendung finden. Selbstverständliche Pflicht, auch der bahnbrechenden Arbeiten vorangegangener Zeitgeschichtler und Zeitgeschichtlerinnen mit Dankbarkeit und Respekt zu gedenken. Thomas Nipperdey, einer der Großen in dieser Branche, hat es hübscher gesagt: »Wir sind Zwerge auf den Schultern von Riesen.«[13]

Mit solcher Rückendeckung kann dieses Buch die Arbeit fortsetzen, die der Autor bereits in den sechziger Jahren begann. Seine Publikationen galten meist der Aufhellung umstrittener Sachverhalte und der Korrektur gängiger Fehldeutungen der NS-Geschichte. »Der Orden unter dem Totenkopf« (1967) zeigte am Beispiel der SS die Unhaltbarkeit des Konzepts der monolithisch-perfekten, von einem zentralen Willen gesteuerten Führerdiktatur, »Kennwort: Direktor« (1972) und »Canaris« (1976) plädierten für die Entheroisierung einer zur Denkmalspflege erstarrten Widerstandsgeschichte.

Die folgenden Arbeiten, »Die Machtergreifung« (1983) und »Mordsache Röhm« (1984), vertieften die Kritik an vorherrschenden Tendenzen der NS-Interpretation und wandten sich den Anfängen des Dritten Reiches zu – erste Versuche, den

Nationalsozialismus aus dem historiographischen Gut-und-Böse-Schema zu befreien und ihn als soziale Bewegung, Resultat gesellschaftlicher Fehlentwicklungen, zu begreifen.

Das vorliegende Buch nimmt nun das ganze Panorama des Dritten Reiches von Anbeginn ins Visier, mit all seinen Erfolgen, Frustrationen und Verbrechen, womit die Arbeit freilich nicht als ein neuerlicher Versuch deutscher Vergangenheitsbewältigung verstanden werden sollte. Der Autor bezweifelt, daß sich die Erkenntnisse der Individualpsychologie auf ganze Gesellschaften und Nationen anwenden lassen. Völker können ihre Vergangenheit nicht »bewältigen«, selbst einzelnen gelingt es kaum – kein Zufall, daß die Geschichte des Jahrhunderts nicht einen einzigen Fall gelungener kollektiver »Vergangenheitsbewältigung« kennt.

Wozu hingegen Völker fähig sind und immer wieder bereit sein müssen, ist die unsentimentale Durchleuchtung ihrer eigenen Geschichte, ist das Nachdenken über die Versuchungen und Verstrickungen der Menschen einer vergangenen Zeit. Dazu bedarf es allerdings konkreter Kenntnisse, und die soll das Buch vermitteln, vermitteln mit jener Unaufdringlichkeit, die seinen Stil bestimmt: kritisch und doch behutsam, aufklärerisch und doch ohne die Aufgeregtheit so mancher selbsternannter Staatsanwälte und Scharfrichter, die es schon für ein Sakrileg halten, die NS-Geschichte mit den objektiven Maßstäben der klassischen Historiographie zu messen.

»Entteufelung des Dritten Reiches« haben das besorgte Gralshüter genannt, die zuweilen Geschichte mit Theologie verwechseln. Tatsächlich kommen in diesem Buch keine Teufel vor. Es handelt nur von Menschen: klugen Menschen, dummen Menschen, irrenden Menschen, verderbten Menschen. Ihre Geschichte ist es im wesentlichen, die auf den folgenden Seiten erzählt werden soll: die Geschichte ihrer Leistungen und Fehlschläge, ihrer Versäumnisse und Zwangsvorstellungen, die aus einem nationalen Aufbruch aus Not und Krise die größte Perversion des deutschen Nationalstaats machten. Fangen wir sie an.

1. Das Kartell der Angst

Am Anfang war es nichts als ein Schlagwort, verlockend und trügerisch wie eine Fata Morgana. Es diente nur einem Zweck: das krisengeschüttelte Volk der Deutschen in der letzten, noch halbwegs freien Wahl in das Lager des Nationalsozialismus zu lotsen. »Nun, deutsches Volk«, deklamierte Adolf Hitler, der neue Reichskanzler, »gib uns die Zeit von vier Jahren, und dann urteile und richte uns!«[1]

Am Ende aber erwies sich der Wahlgag als der ungeplante Start in eines der folgenreichsten Unternehmen der Geschichte. Nach vier Jahren stand, was selbst die Gegner »Hitlers Wirtschaftswunder« nannten.[2] Noch ein halbes Jahrhundert später staunte ein renommierter Historiker über die Dynamik dieses Aufschwungs: Mit dem jährlichen Anstieg des realen Volkseinkommens um 8,2 Prozent habe er in der Friedenszeit »sogar das wirtschaftliche Wachstum im ersten Jahrzehnt der Bundesrepublik [übertroffen], dem gemeinhin die größte Dynamik in der deutschen Wirtschaftsgeschichte ... zugeschrieben wird«.[3]

Begonnen hatte das alles am 1. Februar 1933 kurz nach 22 Uhr in einem nüchternen Raum der Reichskanzlei, der den Regierungschefs der Republik seit dem Umbau des Hauses als Arbeitszimmer diente. Dort stand der Reichskanzler Hitler in einem dunkelblauen Anzug mit schwarzweißer Krawatte und verlas schwitzend vor Rundfunkmikrophonen die erste Proklamation seines Kabinetts.

Für Adolf Hitler muß es ein großer Augenblick gewesen sein, denn nie zuvor hatte er über den Rundfunk zu den Deutschen gesprochen. Die hinter ihm im Zimmer stehenden Männer merkten, wie aufgeregt er dabei war. »Sein ganzer Körper bebte und schütterte«, notierte sich der ehemalige Reichsbankpräsident Hjalmar Schacht. Die Stimme Hitlers klang so zittrig und tonlos, daß er am nächsten Tag die Rede noch einmal sprechen mußte.[4]

Eigentlich hatte Hitler schon am Schicksalstag des 30. Januar reden wollen, in der Stunde des Nazitriumphes, als gläubig-erregte Menschenmengen im gespenstischen Fackelschein durch die nächtlichen Straßen Berlins zogen und mit Marschliedern und Sprechchören die Heraufkunft eines neuen, angeblich besseren Zeitalters feierten. Die Reichskanzlei hatte damals eine Rede Hitlers angekündigt, doch die Rundfunkteams warteten vergebens auf den neuen Kanzler.[5]

War es ein Wink aus der Umgebung des Reichspräsidenten von Hindenburg oder eine taktische Vorsicht des Neulings in der Reichskanzlei – Hitler zog es vor, nur im engsten Einvernehmen mit der konservativen Mehrheit seines »Kabinetts der Nationalen Konzentration« öffentlich aufzutreten. So war ihm auch die Idee mit einem »Aufruf an das deutsche Volk« gekommen: eine Regierungserklärung, von ihm verfaßt und im Rundfunk vorgetragen, aber von allen Ministern gebilligt.

Schon in der Kabinettssitzung am 31. Januar skizzierte Hitler, was in der Erklärung stehen solle, und bat um die Meinung der Minister. Vizekanzler von Papen steuerte ein paar Formulierungen über Christentum und deutsche Gleichberechtigung bei.[6] Auch einige Minister äußerten sich, was freilich den Reichswehrminister Werner von Blomberg nicht daran hinderte, später auf einer Kommandeurstagung zu erklären, der Aufruf der Reichsregierung sei »von A bis Z« Hitlers eigenstes Werk.[7]

Tatsächlich verriet der Text, als ihn Hitler an den Mikrophonen vortrug, deutlich seine Handschrift. Es war das alte Muster von Hitlers Reden mit seiner Mixtur aus Denunziation politischer Gegner, düsterer Katastrophenmalerei und eigener Heilsbotschaft, erprobt in einem jahrzehntelangen Haßfeldzug gegen Republik und Demokratie.

In diesem Aufruf war wieder alles enthalten, nur leicht vernebelt mit Vokabeln aus dem nationalkonservativen Wortschatz: die vermeintlichen »vierzehn Jahre Marxismus«, die »Deutschland ruiniert« hätten, die »kommunistische Methode des Wahnsinns«, die ganz Deutschland »endgültig zu vergiften« drohe, die »Verelendung des gesamten Mittel- und Handwerksstandes«, die »eine Katastrophe von unübersehbarem Ausmaß« heraufbeschwöre, und schließlich die »nationalen Führer«, die – eingetreten in die neue Reichsregierung – entschlossen seien, »in Einigkeit und Treue für des Reiches Rettung . . . zu kämpfen«.

Plötzlich aber kam, was doch noch aufhorchen ließ. »Die nationale Regierung«, sagte Hitler, »will das große Werk der Reorganisation der Wirtschaft unseres Volkes mit zwei großen Vierjahresplänen lösen: Rettung des deutschen Bauern zur Erhaltung der Ernährungs- und damit Lebensgrundlage der Nation; Rettung des deutschen Arbeiters durch einen gewaltigen und umfassenden Angriff gegen die Arbeitslosigkeit . . . Binnen vier Jahren muß der deutsche Bauer der Verelendung entrissen sein. Binnen vier Jahren muß die Arbeitslosigkeit endgültig überwunden sein.«[8]

Generalangriff auf die Massenarbeitslosigkeit – das mußte Millionen existenzgefährdeter Deutscher elektrisieren. Hitlers Botschaft machte Eindruck, sosehr auch liberale Blätter wie die »Kölnische Zeitung« in Hitlers »Schwarzweißmanier« Gefahren für Bürgertum und Industrie witterten oder sich mit dem »Berliner Tageblatt« über des Nazikanzlers vage »Wunderrezepte« mokierten.[9]

Dabei bedurfte es gar nicht der nationalsozialistischen Katastrophenpropaganda, um die Menschen in Deutschland gegen den beklemmenden Zustand ihres Landes zu empören. Die reale Lage in Staat, Gesellschaft und Wirtschaft war deprimierend genug. Wie kein anderes Land Europas war Deutschland in die Strudel einer welt-

14

weiten Wirtschaftskrise geraten, aus denen es kein baldiges Entrinnen zu geben schien.

In der Horrorstatistik der Welt hielt Deutschland unangefochten einen Spitzenplatz. Es hatte die meisten Arbeitslosen Europas, die höchsten Steuern, die zahlreichsten Selbstmörder. Deutschland verzeichnete die häufigsten Theater- und Kinoschließungen, und auch seine wirtschaftlichen Verluste waren in Europa unerreicht: Deutschlands Industrieproduktion war auf 61 Prozent ihres Höchststandes im Jahr 1929 abgesunken.[10]

Nichts mehr schien in diesem Deutschland zu gehen, das ganze staatliche und sozioökonomische System schien in seinen Grundfesten erschüttert: mehr als die Hälfte aller Arbeitnehmer ganz oder teilweise arbeitslos, das Gros der Industrie am Ende seiner finanziellen Kräfte, die Landwirtschaft in Existenznöten, Länder und Kommunen durch Finanzkrisen und Verlust parlamentarischer Mehrheiten gelähmt, die finanziell ausgeblutete Sozialversicherung vor dem Zusammenbruch.

Ein Klima von Hoffnungslosigkeit und ohnmächtiger Wut hatte die Nation erfaßt, das immer mehr Menschen für die radikalen Parolen der rechten und linken Demagogen anfällig machte. Längst war die Mehrheit der Wählerschaft ins antidemokratische Lager abgedriftet, hatte eine Sturzflut des Irrationalismus dem demokratischen Parteienstaat die Basis weggerissen.

Die Abkehr von Vernunft und Liberalität beherrschte allerorten das Bild. Auch Literatur und Film, in denen sich schon 1930 die Wende gegen den demokratischen Fortschrittsglauben vollzogen hatte, spiegelten nur wider, was die Gesellschaft erregte. Hans Falladas Krisenroman »Kleiner Mann, was nun?« ließ zwar noch einen versöhnlichen Schluß im kleinbürgerlichen Glück der beiden Helden Pinneberg und Lämmchen zu, doch Bertolt Brechts Arbeitslosenfilm »Kuhle Wampe« und Erich Kästners Intellektuellenroman »Fabian« peilten radikalere Lösungen an, Brecht in der kommunistischen Parteidoktrin, Kästner im Freitod seines Helden: Fabian ertrinkt bei einem Rettungsversuch im Strom der Zeit.

Solche Stimmungen steigerten sich zur Massenhysterie, je mehr sich die soziale und wirtschaftliche Landschaft verdüsterte. Jeder Tag produzierte neue Zahlen des Niedergangs, setzte schrillere Signale von Not und Bedrängnis. Im Januar 1933 hatte die Fieberkurve der Arbeitslosigkeit die Marke von 7,5 Millionen (Nichtregistrierte mitgerechnet) erreicht. Binnen drei Jahren war das Sozialprodukt nominal auf fast die Hälfte, real auf 73 Prozent zusammengeschrumpft. Im gleichen Zeitraum hatten sich die Einfuhren um 64,9 Prozent und der Export um 57,7 Prozent vermindert.[11]

»Mehr als zwei Drittel des Volkes«, so schätzt ein Kenner, »vegetierten ohne Hoffnung weit unter einem normalen Existenzminimum.«[12] Selbst wer noch Arbeit hatte, sah sich hart bedrängt. Er wurde immer häufiger ein Opfer der einfallslosen Sparpolitik autoritärer Regierungen und der oft rüden Interessenpolitik der Unternehmer, die ihre Stunde nutzten, um die Gültigkeit von Tarifverträgen zu untergraben und sich von lästigen Abgaben zur Sozialversicherung zu befreien.

Ein schier pausenloser Abbau von Bezügen und Rechten hatte eingesetzt. Die Industrielöhne gingen in den drei Jahren der Depression um nahezu 20 Prozent zurück, allein während Brünings Kanzlerschaft wurden die Beamtengehälter um 25 Prozent gekürzt.[13]

Folge: 1932 hatten 69,2 Prozent aller Einkommensbezieher in Deutschland einen Monatsverdienst unter 100 Reichsmark – beklemmend auch dann noch, wenn man bedenkt, wie niedrig damals die Lebenshaltungskosten waren. 1933 kostete 1 Kilo Roggenbrot 33 Pfennig, 1 Pfund Butter 1,36 Reichsmark, 5 Kilo Kartoffeln 30 Pfennig, 1 Kilo Schweinefleisch 1,43 Reichsmark, 1 Liter Vollmilch 24 Pfennig.[14] Gleichwohl waren die meisten Arbeiter so verschuldet, daß viele von ihnen nicht einmal die billigen Lebensmittelpreise nutzen konnten.

Besonders arg traf es die Landarbeiter, die keinen Ausweg aus ihrer Misere sahen: der Willkür so mancher Gutsherren und Verwalter ausgesetzt, in primitiven Quartieren untergebracht, fast immer schlecht entlohnt. Die Barlöhne deutscher Landarbeiter spotteten aller Beschreibung. 1932 erhielt beispielsweise ein Landarbeiter im pommerschen Landkreis Lauenburg bei 2850 Arbeitsstunden neben seinem Deputat ganze 129,84 Mark, was einem Stundenlohn von 4,5 Pfennig entsprach.[15]

Und doch ging es selbst den Landarbeitern noch leidlich, verglich man ihre Lage mit jener der Arbeitslosen. 7,5 Millionen Arbeitslose, mit ihren Angehörigen etwa 21 Millionen Menschen, waren abhängig von den kümmerlichen, immer schärferen Bedürftigkeitsprüfungen unterworfenen Sätzen der staatlichen Sozialhilfe, die sich zusehends in Richtung auf die Armenfürsorge früherer Zeiten zurückbewegte.

Die Unterstützungssätze waren schon karg genug gewesen, als sie 1927 nach Erlaß des Gesetzes über Arbeitsvermittlung und Arbeitslosenversicherung, das endlich den Anspruch aller Arbeitnehmer auf staatliche Hilfe bei Arbeitslosigkeit anerkannte, festgelegt worden waren. Die Sätze, später immer wieder nach unten korrigiert, richteten sich nach dem früheren Lohn des Arbeitslosen, der Zahl seiner unterhaltsberechtigten Angehörigen und der Ortsklasse. Ein alleinstehender Arbeitsloser in einer Großstadt erhielt demnach eine wöchentliche Unterstützung von 5,10 Mark, ein Facharbeiter mit drei Angehörigen bekam 17 Mark.[16]

Die Dauer der Arbeitslosenunterstützung aus Mitteln der Arbeitslosenversicherung war eng begrenzt, zunächst auf 26 Wochen für Arbeiter unter vierzig Jahren. Im Falle hoher Arbeitslosigkeit sollte noch im Rahmen einer Krisenfürsorge 32 Wochen lang weitergezahlt werden, allerdings zu niedrigeren Sätzen.

Dann aber ging es steil bergab. Der Arbeitslose wurde von der Reichsanstalt für Arbeitsvermittlung und Arbeitslosenversicherung »ausgesteuert«, was praktisch hieß: Abschiebung an die Fürsorgeämter der hochverschuldeten, meist am Rande des Bankrotts lavierenden Gemeinden, wo der Arbeitslose »schließlich zum ›Fall‹ für die kommunale Erwerbswohlfahrt wurde, deren Sätze sich an diejenigen der Armenfürsorge anlehnten«.[17] Die Folgen illustriert der US-Journalist Hubert R. Knickerbocker, der 1932 deutsche Arbeitslose interviewte. Zu den Interviewten

gehörte auch ein Berliner Erwerbsloser, den er Max nennt, und seine sechsköpfige Familie, die mit einer wöchentlichen Arbeitslosenunterstützung von 15,85 Mark auskommen mußte. Wie das Geld verteilt wurde, erklärte Max' Frau: »Zuallererst, bevor ich ans Essen denke, muß ich 85 Pfennig vorne wegnehmen, die Max in der Woche für Tabak kriegt. Für die Miete müssen wir 3 Mark wöchentlich zahlen; Gas 70 Pfennig; 50 Pfennig in der Woche Ratenzahlung für den Sweater von Max und 30 Pfennig in der Woche Handtuchmiete; 1 Mark 30 für Zeitungen und 1 Mark Parteibeitrag. Das macht 6 Mark 80, übrig bleiben 8 Mark 20.«
»Und wie kaufen Sie von 8 Mark 20 in der Woche Essen für sieben Menschen?« wollte Knickerbocker wissen. Darauf die Frau: »Brot und Kartoffeln. Zum größten Teil Brot. An dem Tag, an dem wir das Geld kriegen, kaufen wir uns Wurst. Einmal in der Woche will doch der Mensch ein bißchen Fleisch haben. Dafür hungern wir aber die beiden letzten Tage von der Woche. Das heißt – vor allem hungert Max.« Der Amerikaner fügt hinzu, »daß Maxens Unterstützung, die rund 63 RM im Monat beträgt, weil er fünf Kinder hat, erheblich über dem Durchschnitt liegt«. Reichsdurchschnitt: 51 Reichsmark.[18]
Doch hinter solchen Zahlen steckte mehr als nur das Auf und Ab soziöökonomischer Daten: der Verfall einer ganzen Gesellschaft. Das »Heruntersinken der Menschen in dunkle Not«, wie es Käthe Kollwitz nannte,[19] steckte auch Nichtbetroffene an und löste eine Panikstimmung aus, wie sie Deutschland nie zuvor gekannt hatte. Die Furcht ging um: Furcht vor dem sozialen Abstieg, vor dem Stellungsverlust, vor dem Rauswurf aus der Wohnung, vor der Armut, vor Klassenkampf und Bürgerkrieg, vor der Zukunft.
Schon schien der Ausverkauf von Staat und Gesellschaft begonnen zu haben. Manche Kommune ging dazu über, ihre Verkehrsunternehmen, ihre Elektrizitäts- und Gaswerke an private Interessenten zu verkaufen oder zu verpachten. Die Leihhäuser hatten Hochkonjunktur, ihre Umsätze stiegen »ins Märchenhafte«, wie die »Deutsche Allgemeine Zeitung« meldete. Berliner Gaststätten mußten ihren Gästen Mittagessen auf Teilzahlung bieten, um sie nicht vollends zu verlieren, während auch die billigsten 55-Pfennig-Karten nicht ausreichten, die Kinos zu füllen.[20]
Selbst erfolgreiche Buchautoren verloren die Masse ihrer Leser, Kultur schien nicht mehr gefragt zu sein. »Von den 43 Theatern Berlins, die über 49 600 Sitzplätze verfügen«, berichtete der »Berliner Lokal-Anzeiger« im Juli 1932, »feiern jetzt fast alle.« Kolumnist Stein alias »Rumpelstilzchen« resignierte: »Ehe einer heute 8,50 RM für einen Parkettplatz in der 14. Reihe ausgibt, kauft er sich eben ein Nachthemd oder einen Rollschinken.«[21]
Überall zeigten sich Spuren des Verfalls; Symptome der sozialen Desintegration, wohin der Blick reichte. Jeder litt an diesen »Schattierungen der Verbitterung, der Unlust, der ›Miesigkeit‹, des Pessimismus«, wie sie ein Autor aufzählt: die »Dürftigkeit und Abgenutztheit von Kleidung und Mobiliar, die Ungepflegtheit, der Verfall der Häuser, die Trostlosigkeit von billigen Wirtshäusern und kleinen Läden ohne Angebot und Kundschaft«.[22]

Dazu die Auflösung so mancher Ordnung in Haus, Familie und Gemeinde, die Furcht der Frauen vor der Verwahrlosung und Abstumpfung ihrer arbeitslosen Männer, das rapide Anwachsen von Prostitution und Verbrechen, das Hochkommen einer Unterwelt von Kredithaien, Jobbern und Schiebern, vor allem aber das Abdriften der Jugend an den Rand der Gesellschaft, wo sich Not und Verbrechen, Sozialprotest und politischer Terrorismus unentwirrbar vermischten.

»Vor über einer Million Jugendlicher unter uns in Deutschland«, klagte der Schriftsteller Peter Martin Lampel 1932, »hat das Leben die Tür zugeschlagen. Sie verkommen tagtäglich mehr vor unseren Augen in Gereiztheit oder in Stumpfsinn, tagaus, tagein, in maßloser, sinnloser Zeit. Sie verlangen für ihre leeren Hände nach Arbeit, die Sinn hat. Oder sie gehen bald endgültig vor die Hunde in Abwehr oder in Stumpfheit; hoffnungslos, verbittert, schlaff und störrisch: also menschenunwürdig.« Und Erich Kästner reimte mit Jugendpathos:

> Ihr habt uns in die Welt gesetzt.
> Wer hatte euch dazu ermächtigt?
> Wir sind nicht existenzberechtigt
> Und fragen euch: Und was wird jetzt?
>
> Schon sind wir eine Million!
> Wir waren fleißig und gelehrig.
> Und ihr? Ihr schickt uns, minderjährig,
> fürs ganze Leben in Pension.
>
> Die Zeit ist blind und blickt uns an.
> Die Sterne ziehn uns an den Haaren.
> Das ganze Leben ist verfahren,
> Noch ehe es für uns begann.[23]

Dieser vielstimmige Aufschrei von Protest und Klage verdichtete sich allmählich zu einer radikalen Infragestellung der gesamten politisch-ökonomischen Ordnung, die die meisten Menschen für ihre Misere verantwortlich machten. Die Not der Gegenwart weckte ungute Erinnerungen an die Hungerjahre der ersten Nachkriegszeit, an Bürgerkrieg und Inflation, provozierte die aggressive Vorstellung, daß dies alles nur die Frucht von Unfähigkeit und Korruption des demokratischen Parteienstaates sei, kurz des Weimarer »Systems«.

Massenarbeitslosigkeit, Verfall staatlicher Autorität und die Mobilmachung politischer Gewalt in den Straßen waren für Millionen zu Synonymen einer Republik geworden, die aus ihrer Krise nicht mehr herauskam. Die Deutschen hatten mit ihrer Republik nie viel Glück gehabt. Sie blieb »jedermanns Vorbehalts-Republik«,[24] ein Staat, den im Grunde keiner wollte. Nicht einmal die Sozialdemokraten, die von einer feindseligen Propaganda mit ihr total identifiziert wurden, liebten sie sonderlich, hatten sie doch eine sozialistische Republik gewollt, nicht die »bürgerliche«, die sie dann bekommen hatten.

Gewiß, es hatte 1918/19 eine demokratische Revolution gegeben, doch sie war nicht der große Befreiungsschlag von der Erblast der Vergangenheit geworden. Die alte Monarchie war fast lautlos zusammengebrochen, von niemandem verteidigt, was indes – so paradox es klingen mag – der demokratischen Erneuerung die Arbeit ungemein erschwerte. Denn: Die alten Eliten blieben weiterhin in ihren gesellschaftlichen Machtpositionen – schlechtes Omen für die Republik.

Die meisten gesellschaftlichen Strukturen der Monarchie blieben erhalten, wodurch sich die vielen Probleme, mit denen der Kaiserstaat nicht fertig geworden war, in die Republik einschleppten – verschlimmert noch durch die Folgen des verlorenen Krieges: Hunger, Armut, Gebietsverluste, die »fortschwärende Erfahrung der Niederlage und Vergewaltigung«, wie Thomas Mann den Versailler Siegfrieden umschrieb,[25] und eine steigende Furcht vor dem Kommunismus, die aller gesellschaftlichen Reform den Boden entzog.

So war in Deutschland eine politisch-soziale Welt entstanden, die unsicher und desorientiert auf die hektischen Veränderungen der Zeit reagierte: eine Industriegesellschaft, die nicht erwachsen werden wollte, im Klassenkampfdenken erstarrte Arbeitnehmer- und Arbeitgeberverbände, im Kaiserreich geprägte politische Honoratioren und Funktionäre, ein in seinem Selbstbewußtsein tödlich getroffener Mittelstand, eine übermächtige Bürokratie und eine Jugend, die keinen Sinn für den kleinbürgerlichen Tugendkatalog der »Alten« hatte und sich in ihrer Sehnsucht nach Erneuerung und Gemeinschaft nicht verstanden fühlte.

Dazu uralte Gebrechen und Phobien der deutschen Gesellschaft, allen voran die unselige »Judenfrage«, Produkt der mißglückten Integration einer kleinen, aber hochaktiven Minderheit, die trotz ihrer hohen Leistungen in Kultur und Wirtschaft den meisten Deutschen fremd geblieben war, umgeben von mancherlei Neid und Argwohn, der in offenen Haß umschlug, wenn sozioökonomische Krisen das Bedürfnis nach einem kollektiven Sündenbock weckten.

Ein solches Knäuel von Verwerfungen und Fehlentwicklungen mußte jede Demokratie in Atemnot bringen, wieviel mehr aber erst die deutsche, die von ihren Bürgern noch gar nicht richtig eingeübt worden war. Ihr fehlte noch alles, was eine Gesellschaft befähigt, existenzbedrohende Probleme zu bewältigen: ein nimmermüder Gemeinsinn, ein Mindestmaß an Konsensfähigkeit, die unzerstörbare Gemeinsamkeit erlebter freiheitlicher Verfassungswerte.

Mochten sich auch Gewerkschaften oder fortschrittliche Bürgergruppen für eine größere demokratische Partizipation und entschlossene Problemlösungen engagieren – sie blieben in den Ansätzen stecken. Ihre Arbeit vollzog sich in einem seltsam luftleeren Raum: Die Gesellschaft war wie gelähmt, seit Weltkrieg und Bürgerkriegswirren ihr traditionelles Wertesystem mit gewohnten Vorstellungen von Recht und Unrecht aufgeweicht hatten.

Keine Mehrheit war in Sicht, die bereit gewesen wäre, dem neuen Staat eine längerfristige Chance zu geben. Die Deutschen waren ungeduldig, viele von ihnen begegneten der Republik mit Mißtrauen, vor allem die bürgerlich-mittelständischen Schichten, die in der Inflation Besitz und Sozialstatus verloren hatten. Das

19

verzieh das depossedierte Bürgertum den republikanischen Regierungen nie: die Gelassenheit, mit der sie jahrelang die hausgemachte Inflation (1919–1923) dahingaloppieren ließen, weil die hektische Geldentwertung eine allzu billige Gelegenheit war, die Staatsschulden aus der Zeit der privaten Kriegsanleihen loszuwerden und die Export- und Absatzpläne der Wirtschaft zu fördern.

Nur in der Abwehr der Folgen des Friedensvertrages von Versailles hatte sich so etwas wie eine Gemeinsamkeit mit dem Staat eingestellt. Der Kampf gegen das »Diktat« der alliierten Sieger einigte nahezu alle Bevölkerungsschichten Deutschlands mit Ausnahme einiger linker Randgruppen.

Auch das war freilich ein Stück deutscher Realitätsverweigerung. Die Lehren aus den imperialistischen Irrwegen des Wilhelminismus blieben weitgehend unverstanden, kein deutscher Patriot mochte die Katastrophe von 1918 als endgültig anerkennen. Nationale Machtpolitik blieb eine Marschroute auch für das republikanische Establishment.

Die Bedingungen des Versailler Friedens waren allerdings hart genug, um die Deutschen kollektiv zu erregen: das Reich mit der unhistorischen Alleinschuld am Ersten Weltkrieg belastet, seiner Kolonien und eines Siebtels des nationalen Territoriums verlustig gegangen, Danzig und das Saarland unter fremder Kontrolle, die linksrheinischen Gebiete von den Alliierten besetzt, das ganze Land praktisch entwaffnet und verurteilt zu unermeßlichen Reparationszahlungen bis zum Ende des Jahrhunderts.[26]

Das hätte sich womöglich langfristig noch ertragen lassen, wären nicht dem Friedensvertrag immer weitere Demütigungen Deutschlands gefolgt. Willkürakte wie die 1922 erzwungene Lostrennung des oberschlesischen Industriereviers unter Manipulation einer vorangegangenen Volksabstimmung und die französische Besetzung des Ruhrgebiets 1923 waren kaum dazu angetan, die Deutschen für eine friedliche Neuordnung Europas zu gewinnen.

Was immer auch dabei deutsche Renitenz mitverschuldete – die Krisen gingen meist von Frankreich aus, dessen Regierungen nicht aufhörten, das volkreichere Deutschland zu fürchten. In ihren Tagträumen von grandeur und totaler Sicherheit peilten sie unverhohlen ein Super-Versailles an, mit Annektion von Ruhr und Rhein. Was allerdings Briten und Amerikaner verhinderten. Am Zusammenbruch des deutschen Armenhauses waren sie nicht interessiert.

US-Kredite und britisches Wohlwollen halfen vielmehr den Deutschen wieder auf die Beine, womit sich erwies, daß Versailles so zerstörerisch doch nicht war, wie die nationale Horrorpropaganda behauptete. Versailles legte zwar Deutschland schwere Lasten auf, stellte aber nirgendwo dessen potentiellen Großmachtstatus in Frage. Der Tag würde also unweigerlich kommen, an dem sich die Sieger von 1919 mit diesem Deutschland wieder arrangieren mußten.

Auf ebendiesen Tag arbeiteten die Außenpolitiker der Republik hin, vor allem Gustav Stresemann, der fintenreiche Vorsitzende der Deutschen Volkspartei. Er wollte das natürliche Schwergewicht von Deutschlands Volkszahl und Wirtschaftspotenz nutzen, um die Siegermächte zur Revision von Versailles zu bewegen. Woraus sich ein ganzes Revisionsprogramm ergab, ein Stufenkatalog von Prioritäten: erst die Befreiung deutschen Bodens von alliierten Truppen und Vorrechten, dann die Verringerung und Beseitigung der Reparationslast, am Ende Aufrüstung und Korrektur der territorialen Bestimmungen von Versailles.

Manches davon brachte schon Stresemann als Außenminister (1923–1929) auf den Weg. Er suchte im Westen Verständigung, speziell mit Frankreich, blieb aber im Osten auf Konfrontationskurs, um jenes Land unter Druck zu setzen, das sich 1919–1922 bedeutender Gebiete des deutschen Ostens bemächtigt und sich durch weitere Raubzüge gegen die Nachbarn, vor allem Rußland, zu einem Großstaat gemausert hatte: Polen.

Entsprechend handelte er. 1925 schloß Stresemann mit Frankreich und Belgien die vielgefeierten Locarnoverträge ab, in denen sich Deutschland noch einmal (und diesmal freiwillig) zur Unverletzlichkeit der neuen Westgrenzen bekannte. Er bugsierte 1926 das Land in den Völkerbund und unterschrieb im gleichen Jahr den »Berliner Vertrag« mit der Sowjetunion, der nun wieder alle Status-quo-Politik auf den Kopf stellte: Moskau mußte sich insgeheim verpflichten, »in keiner Form« jemals die polnische Westgrenze zu garantieren.[27]

Der unverbesserliche Zivilist Stresemann, sonst politisierenden Militärs wenig gewogen, ließ es sogar zu, daß die Generale der Reichswehr mit den Führern der Roten Armee schon den Krieg gegen Polen übten. Im bolschewistischen Rußland wuchs seit 1924 eine geheime deutsche Aufrüstung heran, mit einer Gaskampfschule bei Saratow, einem Fliegerzentrum in Lipezk und einer Kampfwagenschule bei Kasan: militärische Kumpanei der beiden Paria von Versailles.[28]

Doch Stresemanns Versuch, die gegnerische Kriegskoalition aufzuweichen und damit eine friedliche Revision von Versailles zu ermöglichen, scheiterte. Der Völkerbund blieb eine Hochburg starren Besitzstanddenkens. Paris hatte nicht vor, Deutschland als eine Macht unter anderen Mächten anzuerkennen. Die Hardliner an der Seine konnten vorausdenken: War erst einmal Deutschland völlig gleichberechtigt, wie ließ es sich dann noch vertreten, ihm weiterhin Reparationen abzuverlangen und auf seine einseitige Abrüstung zu bestehen?

Deutsche Gleichberechtigung – die Volksbewegung gegen Versailles hatte ein Reizwort für die Verschärfung ihrer Kampagne gefunden, in der jedoch die Filigranarbeit eines Stresemann nicht mehr gefragt war. Die Revisionspolitik geriet in gröbere Hände, statt friedlichem Interessenausgleich stand mehr und mehr radikale Konfrontation auf der Tagesordnung.

Womit sich freilich nur bestätigte, daß keine diplomatischen Scheinerfolge die Existenznöte der Deutschen Republik aus der Welt schaffen konnten. Hatte sie überhaupt eine Chance zum Überleben? Hier bewahrheitete sich das Wort von Walther Rathenau, daß die Wirtschaft »das Schicksal« sei. Es war die Wirtschaft, die letztlich dem ersten deutschen Demokratieversuch zum Verhängnis wurde.

Selten war eine Demokratie durch ihre wirtschaftlichen Grundfakten so eindeutig zum Scheitern verurteilt. Die von den Siegern des Ersten Weltkriegs erzwungenen Reparationsleistungen, der Verlust von Exportmärkten, die Erschöpfung von Indu-

strie und Rohstoffen, die mangelhafte Kapitalbildung, die durch die Gebietsverluste bewirkten Produktionseinbußen, die erhöhten Risiken auf dem Geld- und Kre-
ditmarkt – mit solchen Behinderungen und Belastungen konnte kein Land wirtschaftlich gesunden.

Deutschland war weit mehr als vor dem Krieg vom Export abhängig, doch die
Exportquoten lagen in den zwanziger Jahren niedriger als jene in der Zeit vor 1914.
Im Vergleich zur Kaiser-Ära wurde weniger investiert, das wirtschaftliche Wachs-
tum fiel »geringer aus, als man es nach den erheblichen Wachstumsverlusten der
Kriegs- und Nachkriegszeit hätte erwarten können«.[29]

Dabei bedurfte Deutschland dringend der Steigerung seiner Industrieproduktion,
denn es mußte nach dem Krieg mit geringerer Industriekapazität und einem ver-
kleinerten Wirtschaftsraum bei vermehrter Bevölkerung produzieren. Durch Versailles hatte es 7 Prozent seiner Industrieunternehmen verloren, ferner 75 Prozent
der Eisenerzgewinnung und 26 Prozent der Bleierzeugung eingebüßt.[30]

Als dann auch noch die Kapitalströme aus dem Ausland geringer wurden, traf es
voll den deutschen Arbeitnehmer. Das Arbeitslosenproblem wurde zum Krebsgeschwür der Republik. Das Millionenheer der Arbeitslosen wollte nicht weichen,
nicht einmal in den Jahren der sogenannten Stabilität (1926–1929), den legendären
»Golden Twenties«: Zu keiner Zeit lag damals die jahresdurchschnittliche Arbeitslosigkeit unter der 1,3-Millionen-Marke.[31]

Wie die Industrie, so konnte auch die Landwirtschaft ihre Probleme nicht bewältigen. Sie kam aus ihrem selbstmörderischen Kreislauf nicht heraus: zu mächtige
Großgrundbesitzer vor allem in Ostdeutschland, die sich mit allen Mitteln gegen
die Rationalisierung ihrer unrentabel arbeitenden Güter wehrten, zu viele Klein-
bauern, die den Wettbewerb mit der Einfuhr aus Übersee nicht bestehen konnten,
und dazu die existenzzerstörende Kluft zwischen Industrie- und Agrarpreisen,
zwischen den Einkommen der Beschäftigten beider Wirtschaftszweige.

Kaum einer aber zeigte der Landwirtschaft einen Ausweg aus ihrer Sackgasse. Ein
amerikanischer Sozialhistoriker fand es später »charakteristisch für die Weimarer
Wirtschaftspolitik, daß eine subventionierte industrielle Entwicklung Ostdeutschlands durch Ausnutzung seiner reichen Wasserkraftreserven nie ernsthaft in Erwägung gezogen wurde«.[32] Nicht einmal an eine gründliche Verbesserung der Infrastruktur der ostdeutschen Landwirtschaft wurde gedacht.

Hier offenbarte sich eine Unbeweglichkeit, die auch schon auf andere Bevölkerungsschichten übergegriffen hatte. Sie entlud sich in einer bizarren Verneinung
der Industriegesellschaft, ablesbar an dem Kampf der Angestellten gegen ihre
angeblich von den Arbeitern drohende »Deklassierung« oder an der Abwehrpolitik
der Einzelhändler, die eher zum Stopp und zur höheren Besteuerung der konkur-
rierenden Warenhäuser drängten, statt sich auf neue Wettbewerbsbedingungen
einzustellen.

Probleme über Probleme, doch sie wären im Laufe der Zeit lösbar gewesen, hätte
die Republik über energische, tatkräftige Politiker und innovationsfreudige Ökonomen verfügt. Indes, die meist mausgrauen Honoratioren und Verbandssekre-

täre, die das Land regierten, scheuten Verantwortung und Risiko, ihre Parteien erstarben in politischer Alltagskungelei.

Seit der republiktragende Mitte-Links-Block, die »Weimarer Koalition« aus Sozialdemokraten, Vertretern der katholischen Zentrumspartei und bürgerlichen Demokraten, in den Wahlen von 1920 seine Mehrheit verloren hatte, war den republikanischen Politikern und Parteien der Mut ausgegangen. Sie wurstelten zwar weiter, doch ohne Elan und Zukunftsvertrauen, voller Furcht vor den unberechenbaren Wählermassen, ein »Kartell der Angst, das nichts so sehr zu fürchten schien wie die Revolution«.[33]

Beklemmend, was sie da vor dem Wähler aufführten. Die Parteien waren reine Klassen- und Interessenverbände, ihren Führern ging es meist nur um die Sache der eigenen Klientel. Waren sie an der Regierung und in Gefahr, wegen einer unpopulären Politik das Vertrauen ihrer Basis zu verlieren, so schieden sie lieber aus dem Kabinett aus, als daß sie ihre Gefolgschaft irritierten.

Beteiligung an einer Regierung war für eine Partei keineswegs immer ein erstrebenswertes Ziel. Sie galt oft nur als ein Mittel, die gefährdeten Interessen der Partei vor anderen Konkurrenten zu schützen. Die SPD beispielsweise konnte sich nie darüber einig werden, ob die proletarischen Interessen nun in der Opposition oder in der Regierung besser zu vertreten seien; um Schlimmeres im Sinne der Partei zu verhüten, ging die SPD dann gelegentlich in die Regierung, als Bremser der anderen. Der Nationalökonom Gustav Stolper erkannte: »Es gibt überhaupt keine Regierungsparteien, es gibt nur Oppositionsparteien.«[34]

Das war eine Erblast des alten Obrigkeitsstaates, der die Parteien systematisch von jeder Regierungsmacht ausgeschlossen hatte. Die Parteien hatten nie gelernt, politische Verantwortung auszuüben. Sie kannten auch nicht die Kunst des Kompromisses, denn in der ewigen Rolle der Opposition hatten sie sich niemals mit Konkurrenten und Gegnern messen und ausgleichen müssen.

Diese Defizite aber wurden der Republik nun auch zum Verhängnis, als die republikanischen Parteien nach dem Wahldebakel von 1920 gezwungen waren, mit halben oder gar totalen Gegnern der Demokratie wie der Deutschnationalen Volkspartei Regierungen zu bilden. Es ging nicht gut. Die Koalitionen dauerten nie lange, nach kurzer Zeit waren sie zerbrochen. Ein endloses Karussell von Regierungskrisen und Kabinettswechseln war die Folge. Zwischen 1920 und 1928 verbrauchten sich fünfzehn Regierungen, jede einzelne dauerte durchschnittlich sieben Monate.

Schon kleinste Streitfragen genügten, eine Regierung in die Krise zu stürzen. Kaum war eine Regierung gebildet, da gab es irgendwo einen Parteiflügel, der sich übergangen fühlte und dessen Anhänger begannen, die Minister der eigenen Partei aus der Koalition herauszuschießen. Zuweilen schickten die Fraktionen auch nur »Beobachter« in die Kabinette, die nicht als offizielle Vertreter der Partei galten und daher leichter desavouiert werden konnten.

In diesem Spiel waren die Minister, ja sogar die Reichskanzler meist nur Marionetten der Fraktionen, die sie rücksichtslos der Parteiräson opferten. Den SPD-Innenminister Wilhelm Sollmann, zur Stärkung der Staatsautorität ins Kabinett Strese-

mann entsandt, zwang seine Fraktion Ende 1923 zum Rücktritt, um ihm anschlie-
ßend die Rolle eines Anklägers der »autoritären« Politik ebendieses Kabinetts auf-
zudiktieren, und der SPD-Kanzler Hermann Müller mußte gar 1928 auf Druck der
Fraktion als Abgeordneter gegen den Bau des Panzerschiffes A votieren, den er als
Regierungschef selber durchgesetzt hatte.[35]
Noch nie hatten Parteien ein so frivoles Spiel mit ihrer Politprominenz und mit der
Öffentlichkeit getrieben wie jene in der Weimarer Republik. Die wachsende
Distanz zur politisch-parlamentarischen Verantwortung war freilich nicht nur der
Sozialdemokratie zu eigen. Auch andere Parteien scheuten davor zurück, sich in
die staatliche Pflicht nehmen zu lassen.
Immer häufiger schoben sie ihre Verantwortung auf den Reichspräsidenten ab, der
qua Verfassung »die Tür zu einer anderen Republik in der Hand« hielt, wie es ein
Historiker ausdrückt.[36] Artikel 48 der Weimarer Verfassung räumte dem Reichspräsidenten das Recht ein, in Notsituationen bei Störung oder Gefährdung der
öffentlichen Sicherheit und Ordnung eigene Dekrete, sogenannte Notverordnungen, zu erlassen, die volle Gesetzeskraft besaßen.
Welch eine Verlockung für antriebsarme und kompromißunfähige Politiker, lästi-
ge Entscheidungen dem Reichspräsidenten zuzuschieben! Man bediente sich,
Armutszeugnis der Demokratie, nur allzugern des stets aktionsbereiten Staats-
chefs. Allein bis 1923 griff er mit über 120 Notverordnungen in die Wirtschafts-
und Sozialpolitik ein.[37]
Das mochte noch angehen, solange ein so instinktsicherer Republikaner wie der
Sozialdemokrat Friedrich Ebert an der Spitze des Staates stand. Doch seit 1925 saß
im Reichspräsidentenpalais ein Mann ganz anderen Zuschnitts: der greise Generalfeldmarschall Paul von Hindenburg, ein in der Gedankenwelt des Obrigkeitsstaates aufgewachsener Altpreuße, voller Mißtrauen gegen die Parteien und einflußreichen Ohrenbläsern zugetan, die für ihn die Rolle eines Ersatzkaisers in
einer autoritär verkürzten Republik konzipierten.
Selbst die drohende Gefahr einer Präsidialdiktatur konnte jedoch die Parteien nicht
zur Umkehr bewegen. Sie riefen fleißig weiter nach dem Reichspräsidenten, wenn
sie am Ende ihres Lateins waren – und sie waren bald ganz am Ende: Die Sturzflut
der Weltwirtschaftskrise brach 1930 auch auf Deutschland herein und richtete üble
Verheerungen in den Reihen der Regierenden an, die kein Konzept zur Bewältigung der Krise fanden.
Die gerade regierende Große Koalition, ein Bündnis von SPD, Zentrum und den
beiden liberalen Parteien, zerbrach am 27. März 1930 an ihren internen Auseinandersetzungen über eine Reform der Arbeitslosenversicherung. Parlamentarisch
schien nichts mehr zu gehen. Eine andere Koalition als jene der vier war im Reichstag nicht möglich, eine Erneuerung der alten aussichtslos. Ein Todestag der Weimarer Demokratie, dieser 27. März 1930 – der Parlamentarismus hatte sich selber
lahmgelegt.
Jetzt kam die Präsidialdiktatur und mit ihr der verzweifelte, von der Sozialdemokratie tolerierte Versuch des Zentrumskanzlers Heinrich Brüning, mit autoritären

Mitteln die Misere doch noch in den Griff zu bekommen. Auf das krisengeschüttelte Deutschland prasselte ein Hagel von Brüningschen Notverordnungen, Dekreten, Erlassen und Gesetzen nieder, sämtlich dazu ausgedacht, der Not abzuhelfen und die Krise zu stoppen, zumindest zu verlangsamen.

»Gesundung des Staatshaushaltes« hieß das Schlüsselwort, und ihm hatte sich alles unterzuordnen: die Kürzungen der öffentlichen Ausgaben, die Senkung von Preisen und Löhnen, die Forcierung der Exportwirtschaft, die Erhöhung der Steuern. Kürzen, kürzen, kürzen – Brüning schien kein anderes Rezept zu wissen, um wieder aus der Talsohle der Wirtschaftskrise herauszukommen und den Aufschwung zu ermöglichen.

Doch statt zu gesunden, geriet das Land immer tiefer in den Morast. Kanzler Brüning fand keinen Ausweg aus dem tödlichen Kreislauf: Die Krise im Welthandel hatte den deutschen Export reduziert, der wiederum verstärkte Arbeitslosigkeit bewirkt, diese dann Kaufkraftschwund und Rückgang der Inlandsnachfrage, was abermals erhöhte Arbeitslosigkeit zur Folge hatte.

Je länger aber der Aufschwung ausblieb, desto mehr wuchs in Brüning die Versuchung, die aufgeputschten Emotionen der deutschen Massen nach außen abzulenken. Die Weltwirtschaftskrise bot genug Anlaß dazu. Sie riß fast alle Staaten in den Abgrund eines ökonomischen Nationalismus und erschütterte damit auch die Friedensordnung von Versailles – Grund für den Reichskanzler, den deutschen Revisionismus rabiater als bisher ins Spiel zu bringen.

Brüning zwang London und Paris eine hektische Debatte über die Revision des Versailler Vertrages auf, an deren Ende nichts Geringeres als die Restauration der deutschen Großmacht in den Grenzen von 1914 stehen sollte. Jetzt kam ihm die Krise gerade recht. Er half sogar noch mit einer eigenen Elendspropaganda nach, bestimmt dazu, die Westmächte durch das Gruselbild eines völlig zusammenbrechenden Deutschland zu maximalen Konzessionen aufzuschrecken.

Wahnsinn, was dieser Metternich der Republik alles trieb, um an sein Ziel zu kommen. Jeder deutsche Arbeitslose wurde ihm zur Figur im großen internationalen Spiel, jeder Bankenkrach und jede Fabrikschließung zur triumphalen Bestätigung des kommenden deutschen Bankrotts. Und Heinrich Brüning hatte Erfolg damit: Briten und Franzosen, von Washington dazu noch ermuntert, waren zu Abstrichen von Versailles bereit.

1932 trotzte ihnen Brüning nach zähen Verhandlungen die fast restlose Streichung der Reparationen ab, wovon allerdings erst sein Nachfolger Franz von Papen profitierte. Der Erfolg spornte Brüning an, in der Außenpolitik weiter auszugreifen. Durch Präferenzverträge mit den in schwere Absatzkrisen geratenen Agrarstaaten Südosteuropas eröffnete er dem Reich neue Aktionsfelder im Donauraum und liierte sich mit Mussolinis Italien, das auch bereits auf revisionistischem Kurs war.

Brüning wagte sich sogar an das heiße Projekt einer deutsch-österreichischen Zollunion heran, womit er nun freilich alle Alarmglocken Europas in Bewegung setzte. Stresemann hatte immer gewußt, wie brisant das Thema »Anschluß« war, und jede vertragliche Verbindung mit Wien gemieden. Brünings »Paukenschlag, der die europäischen Machtverhältnisse in Frage stellte«, wie ein Historiker den Zollunionsvertrag vom 19. März 1931 nennt,[38] mißriet denn auch kläglich. Paris inszenierte eine internationale Krise, die Wien schließlich zwang, das Projekt aufzugeben.

Das Fiasko verriet, wie kurzatmig Brüning seine Aktionen vorbereitete. Die Zollunion mußte Mussolini schwer verprellen, der entschlossen war, niemals einen großdeutschen Machtblock an den Grenzen Italiens zu dulden. Doch Brüning ließ sich keine Zeit. Er stand unter wachsendem Erfolgszwang, je greller das Fieberthermometer der Wirtschaftskrise ausschlug und die Massen der Arbeitslosen in die Reihen der radikalen Parteien abwanderten.

So stürzte sich Brüning in das nächste Abenteuer, das heikelste, das in Europa denkbar war: die deutsche Aufrüstung. Für die meisten Europäer war sie indiskutabel. Die Deutschen wieder aufzurüsten sei so ungefähr, als wolle man den nächsten Krieg schon auf Tag und Stunde anberaumen, schrieb Winston Churchill 1932, und nur wenige Europäer außerhalb Deutschlands widersprachen ihm darin.[39]

Brüning hatte denn auch zunächst gezögert, diese Pandorabüchse zu öffnen. Doch der Reichskanzler war nicht frei in seinen Entschlüssen. Ihn bedrängte eine Macht, die schon bei seiner Berufung zum Kanzler ein gewichtiges Wort mitgesprochen hatte: die Reichswehr.

Nach den Zeiten der Vormachtstellung des preußisch-deutschen Militärs fragte kaum ein Reichskanzler danach, woher die Reichswehr eigentlich das Recht nahm, sich laufend in Staatsgeschäfte einzumischen. Gerade in der Republik war man an die Pressionen der Militärs gewöhnt: Das Militär war Ebert 1918 gegen die marxistischen Ultras zu Hilfe gekommen, 1923 hatte es gegen Separatisten und Umstürzler eingegriffen. Und 1930, im Jahr der autoritären Wende, war die Reichswehr vollends in die Rolle der ersten Ordnungsmacht im Staat gerückt.

Ihr führender Kopf, Generalmajor Kurt von Schleicher, Chef des Ministeramtes im Reichswehrministerium, galt seither als der eigentliche Kanzlermacher des Präsidialregimes, als der Mann hinter den Kulissen, der alle wichtigen Drähte zog. Er hatte nie einen Zweifel daran gelassen, daß vornehmste Aufgabe »seines« Kanzlers Brüning sei, die Reichswehr aus den Bindungen des Versailler Vertrages zu befreien.

Die Pläne für eine deutsche Aufrüstung lagen seit langem bereit. Die Militärs hatten sich mit dem von Versailles zugelassenen kleinen Heer nicht abgefunden, wie sie auch in der Republik nie heimisch geworden waren. Ihres monarchischen Bezugspunktes beraubt, vielfach noch der vorindustriellen Welt verhaftet, dachten sie vorwiegend in Begriffen militärischer Größe und politischer Machtteilhabe, ohne sich innerlich an den demokratischen Staat zu binden, der für sie nur Übergang zu einem besseren, sprich autoritären Staat war.

Entsprechend illusionär waren ihre ersten Aufrüstungspläne im Halbdunkel zwischen Legalität und Illegalität gewesen, bis der damalige Oberst von Schleicher dem konspirativen Dilettantismus ein Ende bereitet hatte. Er war ein Rationalist seines Handwerks, setzte auf Professionalismus und glaubte an Berechenbarkeit, was für ihn bedeutete: niemals gegen die Republik, immer nur mit ihr aufzurüsten.

Natürlich teilte auch er die Auffassung, daß mit der Reichswehr im Ernstfall wenig anzufangen sei: von den alliierten Friedensmachern auf 100 000 Mann eingefroren, schlecht bewaffnet, ohne Generalstab und ohne Luft- und Panzerwaffe, von keiner Festungsanlage geschützt. Eine solche Armee konnte nicht den einfachsten Verteidigungsauftrag erfüllen. Sie hatte gerade genug Munition, um einer fremden Invasion eine Stunde lang standzuhalten.[40]

Also mußte man erst einmal, so überlegten Schleicher und seine Mitarbeiter im Wehrministerium, die Reichswehr so ausstatten, daß ihre 7 Infanterie- und 3 Kavalleriedivisionen notfalls in der Lage waren, sich wenigstens zwei bis drei Wochen lang ihrer Haut zu erwehren. 1927 erarbeitete das Truppenamt, Ersatz für den verbotenen Generalstab des Heeres, einen Rüstungsplan, der vorsah, bis 1932 die Infanteriedivisionen mit einem Minimum an Munitionsvorräten und neuzeitlichem Kriegsgerät auszurüsten.[41]

Doch die Planer im TA dachten schon weiter. Sie formulierten einen ehrgeizigen Forderungskatalog, den »Aufstellungsplan einer Kriegswehrmacht« (A-Plan), der für den Kriegsfall ein »Notheer« vorsah. In wenigen Jahren sollten Heer und Grenzschutz so verstärkt werden, daß im Mobilmachungsfall 21 Infanterie- und 5 Kavalleriedivisionen neben 39 Grenzschutzdivisionen und einer Luftwaffe mit 150 Flugzeugen zur Verfügung stünden.[42]

Das klang nun selbst dem Chef der Heeresleitung, Generalleutnant Heye, so abenteuerlich, daß er den Plan schleunigst wieder wegschließen ließ. Alles, was hier die Planer dachten und forderten, war nämlich von Versailles verboten. Deutsche Offiziere durften Fragen der Mobilmachung nicht bearbeiten, jede Reservebildung war untersagt, selbst der Grenzschutz galt schon als illegal. Ganz zu schweigen von der Ausrüstung mit Kampfflugzeugen und schweren Waffen.

Desto schärfer drängten nun die Militärs den Reichskanzler Brüning, sie endlich von den ungeliebten Entwaffnungsbestimmungen des Versailler Vertrages zu erlösen.

Die Generale der Reichswehr hatten es eilig. Im April 1930 war der A-Plan nun doch in Kraft gesetzt worden, und schon war ein noch klotzigerer Plan in Vorbereitung, der vom 1. April 1933 an gelten sollte: Verdreifachung der Friedensarmee durch Einführung eines Milizsystems, woraus sich bis zum 31. März 1938 ein Feldheer von insgesamt 570 000 Mann ergeben würde – endgültiger Bruch mit Versailles.[43]

Kurt von Schleicher aber paßte auf, daß der Kanzler jede Chance zur Wiederaufrüstung nutzte. Die Gelegenheit schien ihm günstig, eine deutsche Aufrüstung in einem multilateralen Abkommen durchzusetzen und festzuschreiben: Im Februar 1932 sollte die lang erwartete Abrüstungskonferenz der Mächte in Genf beginnen.

Die deutschen Militärs und ihre diplomatischen Helfer machten sich dabei den Umstand zunutze, daß der Völkerbund jahrelang die Erörterung der Abrüstungsfrage verschleppt hatte. Dadurch war ein starkes Ungleichgewicht in Europa entstanden: Deutschland war auf dem Versailler Entwaffnungsstand geblieben, die anderen Mächte hingegen hatten nicht abgerüstet, ja, sie hatten teilweise noch weiterhin kräftig zugelegt.

Im Teil V des Versailler Vertrages aber stand, die Entwaffnung Deutschlands diene nur dem »Anfang einer allgemeinen Beschränkung der Rüstungen aller Nationen«. Auch im Artikel 8 der Satzung des Völkerbundes war der alle Mitgliedstaaten verpflichtende Grundsatz fixiert, »daß die Aufrechterhaltung des Friedens eine Herabsetzung der nationalen Rüstungen auf ein Mindestmaß erfordert«.[44]

So schien es nichts als schlichte Logik, wenn der Kanzler und seine Militärs an die Abrüstungskonferenz das Ansinnen stellten, die Mächte sollten nun ihr Wort einlösen und auf das deutsche Niveau herunter abrüsten, da es im Völkerbund nur gleiche Sicherheit für alle geben könne. In Wirklichkeit war jedoch das Beharren auf deutsche »Gleichberechtigung« ein Plädoyer für die eigene Aufrüstung: Da die anderen Mächte schwerlich auf den Tiefstand der deutschen Rüstung heruntergehen würden, mußte eine Verweigerung allgemeiner Abrüstung oder eine Teilabrüstung der anderen für Deutschland immer ein Mehr an Waffen und Soldaten erbringen. Und allein darauf kam es den deutschen Militärs an.

Doch vor solcher Art von Gleichberechtigung schreckten die Westmächte zurück. Frankreich wollte nach den Worten seines Ministerpräsidenten »nicht einen Mann, nicht eine Kanone abschaffen«, solange es keine ausreichende Sicherheit gegen Deutschland erhalte,[45] und auch die Angelsachsen stellten sich gegen Brünings Politik. Eine deutsche Aufrüstung blieb für die Großmächte inakzeptabel.

Die deutsche Diplomatie in Genf kam in arge Bedrängnis, zumal die Militärs das Auswärtige Amt und auch den Reichskanzler im Verdacht hatten, es am rechten Eifer fehlen zu lassen. »Der gute Heinrich wird mit nichts fertig«, maulte Schleicher[46] und gehörte bald zu den ersten, die Brüning die Unterstützung entzogen, als Hindenburg im Mai 1932 seines noch immer allzu parlamentarisch orientierten Kanzlers überdrüssig wurde.

Jetzt wählte sich die Reichswehr den Reichskanzler gleich selber. Schleicher bewog den Reichspräsidenten, seinen Freund Franz von Papen, den Rechtsaußen der Zentrumspartei, mit der Nachfolge Brünings zu betrauen. Schleicher selber übernahm das Reichswehrministerium.

Mit seinem Eintritt in »Fränzchens« Kabinett geriet die Außenpolitik immer mehr unter den Einfluß der Militärs, die von den Diplomaten in Genf zunehmend »Taten« verlangten und ihnen dabei sogar die Taktik vorschreiben wollten. Im Juli drohte Schleicher, »nicht einen Tag länger im Amt« zu bleiben, falls das AA »von der ursprünglichen deutschen Forderung [nach Gleichberechtigung] nur im geringsten abweiche«.[47]

Er agierte zusehends aggressiver, je mehr die Aufrüstungspolitik zu einem Kampffeld der rechtsautoritären Kräfte wurde, die sich verzweifelt der ansteigenden Flut der radikalen Massenbewegungen von links und rechts erwehrten. Was immer mehr Militärs in die Politik zog, bis Schleicher schließlich auch das Kanzleramt übernahm: Militarisierung des öffentlichen Lebens, wie es selbst das militärselige Deutschland noch nicht erlebt hatte.

Nie war der Einfluß des deutschen Militärs größer gewesen, nicht einmal in der Monarchie hatte es eine solche Machtstellung besessen. Ein Generalfeldmarschall an der Spitze des Staates, ein General im Chefsessel der Reichskanzlei, ein General auf dem Führungsposten des »Reichskuratoriums für Jugendertüchtigung«, Offiziere als Kontrolleure des Freiwilligen Arbeitsdienstes, Beauftragte des Reichswehrministeriums in Parteien und Behörden – militärischer ging's nimmer.

Manchem mochte es schon scheinen, als drohe Deutschland der Militärstaat, getreu Hans von Seeckts arrogantem Wort: »Das Heer dient dem Staat, nur dem Staat; denn es ist der Staat.«[48] Doch kein Appell an militärische Disziplin und Ordnung, auch nicht die Mobilisierung eines republikanischen Nationalismus, wie sie Schleicher vorschweben mochte, konnte die Auflösung der Republik stoppen.

Die wachsende Panik breiter Bevölkerungsschichten angesichts des steigenden Elends ließ keine ruhigen Überlegungen und Problemlösungen aufkommen, obwohl das Kabinett Papen zum erstenmal einen schmalen Ausweg aus der Krise geortet hatte. Es hatte sich endlich von der tödlichen Erbschaft der Brüningschen Deflationspolitik frei gemacht und angefangen, durch Vergabe von Staatsaufträgen und Gewährung beträchtlicher Prämien in Form von Steuergutscheinen die Initiative der Unternehmer anzureizen.

Ehe sich das freilich auswirken konnte, war das Kabinett schon wieder gestürzt und ein neues installiert. »Alles versagt«, notierte der Philosoph Karl Jaspers, »es gibt nichts, das nicht fragwürdig wäre; nichts Eigentliches bewährt sich.«[49] Und der Publizist Leopold Schwarzschild spürte allerorten eine »Stimmung, die dir wie ein Pesthauch . . . entgegenschlägt, sechzigmillionenfache Mischung aus Besorgtheit, Unruhe, Müdigkeit, Ratlosigkeit, Widerwillen, Erbitterung und Hysterie«.[50]

Es war nur ein Indiz des allgemeinen Verfalls, daß auch die demokratischen Parteien zusehends verkümmerten und keine Antwort auf die Krise fanden. Mochten sich auch die Parteien der Weimarer Koalition noch einmal in martialischen Kampforganisationen wie dem »Reichsbanner Schwarz-Rot-Gold« oder der »Eisernen Front« zusammenfinden, so blieben sie doch kaum mehr als Interessenverbände von Berufspolitikern, die an den wirklichen Bedürfnissen der Bevölkerung vorbeiagierten.

Wen will es da wundern, daß die erdrückende Mehrheit der Deutschen dieser Parteien herzlich überdrüssig war? Für die meisten Menschen in der Republik, die noch immer dem Trugbild des unpolitisch-autoritären Ordnungsstaates anhingen, waren die Parteien stets eher ein Ärgernis gewesen. So radikal aber hatte man sie in Deutschland noch nie satt gehabt.

»Eine tiefe Sehnsucht nach Leitung und Autorität geht durch das Volk«, konstatierte die »Deutsche Allgemeine Zeitung«.[51] Diktaturpläne wurden die große Mode in Deutschland, jeder wußte noch einen besseren Weg, um mit autoritären

Mitteln die Probleme des Landes zu meistern. Allen aber war eines gemeinsam: das fast religiöse Verlangen nach dem Führer, der Wundergestalt, die von den Übeln dieser Welt erlöst.

Das seltsame aber war, daß diese Führerseligkeit nicht nur von der Rechten kam, wo sie seit langem grassierte, spätestens seit dem Führerkult der bürgerlich-antibürgerlichen Jugendbewegung vor dem Ersten Weltkrieg. Was sie jedoch erst richtig zu einem Phänomen der untergehenden Republik machte, war die Tatsache, daß ihr auch so viele Demokraten erlagen. Der Sozialdemokrat Theodor Haubach entwarf das Modell einer »Führerdemokratie«, womit er freilich nur offenbarte, daß Weimar auch dieses Kernproblem demokratischer Herrschaft nicht gelöst hatte: jene »leadership« zu etablieren, die einer Gemeinschaft erst Vitalität und Ziele gibt und ohne die »ein Sozialgefüge auf Dauer weder aktions- noch existenzfähig ist«.[52]

So führungslos war diese Republik, daß verzweifelte Demokraten sogar Anleihen beim Faschismus machten. Benito Mussolini galt ihnen als ein Mann, von dem die Weimarer Republik viel lernen könne. Vor allem demokratische Intellektuelle wie Emil Ludwig und Theodor Wolff waren vom Duce fasziniert und pilgerten oft nach Rom, um dort ehrfürchtig zu studieren, wie ein angeblich großer Mann ein Land »führerhaft« regierte.[53]

Es gehörte nachgerade zur Qualifikation eines republikanischen Politikers, das Zeug zu einem Mussolini zu haben. In der konservativen Rechten galt Brüning als eine brauchbare Duce-Kopie, in der Wirtschaft hatte Preußens sozialdemokratischer Ministerpräsident Otto Braun den Ruf eines »deutschen Mussolini«, und wenn ein Behördenchef effizient arbeitete, so war das halt Ausweis eines »Geheimrats-Mussolinismus«.[54]

Kein Politiker in Deutschland aber wußte die chiliastische Führersehnsucht aufgewühlter und desorientierter Volksmassen so auf seine Person zu vereinigen wie der Mann, der seine von Woche zu Woche anschwellende Protestbewegung ganz auf das »Führerprinzip« abgestellt hatte: Adolf Hitler, der Anführer der Nationalsozialistischen Deutschen Arbeiterpartei, kurz NSDAP.

Wie kein anderer Redner seiner Zeit verstand es Hitler, geheimste Sehnsüchte und Wünsche der Massen aufzuspüren, ihnen Ausdruck zu geben und sie zugleich zu Treibsätzen seiner Bewegung zu machen. »Das ist das Wunder unserer Zeit«, rief er 1932, »daß ihr mich gefunden habt, daß ihr mich gefunden habt unter so vielen Millionen! Und daß ich euch gefunden habe, das ist Deutschlands Glück!«[55]

In ständiger Kommunikation mit der Menge steigerte sich Hitler in die Pose des Messias hinein, der seinem Volk den Weg in das Land der Verheißung weist. Seine Botschaft war ein hochexplosives Gemisch aus Anklage und Weltheilung: Er denunzierte Marxismus und Judentum als Verursacher aller Schäden der modernen Industriegesellschaft, er brandmarkte den Versailler Vertrag, er verhieß Klassenversöhnung und nationale Wiedergeburt in einer »Volksgemeinschaft«.

Seine fanatisch herausgeschleuderten Wortkaskaden trafen meist ins Schwarze, weckten primitive Emotionen und Erwartungen. »Seine Rede«, beobachtete der von ihm abgefallene Otto Strasser, »schnellt wie ein Pfeil von der Sehne des Bogens, er trifft jeden einzelnen an seiner verwundbaren Stelle, er legt das Unterbewußtsein der Masse frei. Er sagt, was das Herz seiner Zuhörer zu hören wünscht.«[56]

Unheimlich war die Wirkung, die von diesem Redner ausging, dessen eher dürftige Erscheinung lange Zeit seinen Gegnern nur Anlaß zum Spott gewesen war. »Ein etwas leeres Dutzendgesicht, gut gebürstet, kleiner, kurzer Schnurrbart«, notierte ein Beobachter. »Das ist keine Führerphysiognomie, von Stirn, Augen, Mund geht keine Suggestion aus.«[57]

Die ersten Sätze seiner Reden lösten denn auch meist Enttäuschung aus, kamen fast tonlos und stockend. Doch wenn Hitler in Fahrt geriet, dann schwanden solche Eindrücke dahin. Dann zeigte sich rasch, daß er »das ganze Register menschlicher Emotionen [beherrschte]«, wie ein Historiker urteilt.[58]

Er konnte attackieren, höhnen und kreischen wie ein Demagoge. Er konnte durch mimische Extempores seine Gegner karikieren und das Publikum zu Lachsalven animieren. Er konnte sich im Stil von Erweckungspredigern in einen Gebetston steigern wie in seinen Prophetien über das kommende »deutsche Reich der Größe und der Ehre und der Kraft und der Herrlichkeit und der Gerechtigkeit: Amen«.[59]

Hitler wußte Menschenmassen zu Tränen zu rühren. Er konnte die Menge geißeln ob ihrer Selbstsucht und Kleinmütigkeit, daß sie sich wie unter Peitschenhieben duckte, und sie zu Haß- und Beifallsorgien hinreißen, die ihnen gaben, was sie am schmerzlichsten vermißten: das Wir-Erlebnis, ein Gefühl nationaler Gemeinschaft und Zusammengehörigkeit.

Einer, der dabei war, konnte nie vergessen, wie er da inmitten schluchzender, schreiender, beseligter Menschen auf einer Kundgebung mit Hitler gesessen hatte und schrieb darüber: »Endlich war ich nicht mehr allein. Um mich herum gab es Menschen, die dasselbe fühlten wie ich, die sich in freudiger Erregung ansahen, als ob sie alle eine Familie oder einen Bund bildeten oder eine neue, feste und glückliche Gemeinschaft, in der jeder im Auge des anderen einen feierlichen Treueid lesen konnte.«[60]

Nur wenn die Reden Hitlers zu lang gerieten, enthüllte sich plötzlich, daß dies alles nur künstlich-synthetisch war: seine Rauschzustände geplant, die rhetorische Sturzflut genau vorprogrammiert, eiskalt in Szene gesetzt von einem monomanischen Machthunger und einer »Grausamkeit, die auf dem Seelengrund dieses Mannes lebt«, wie die »Neue Zürcher Zeitung« schon 1923 durchschaute.[61]

Die Erkenntnis des Schweizer Blattes stammte noch aus der Anfangszeit Hitlers, aus jener bayerischen Ecke des mittelständischen Nationalismus und Antisemitismus, in der 1919 der Kampf gegen die Republik seinen Ausgang genommen hatte. Damals hatte der Kulturschock der deutschen Niederlage Menschen der verschiedensten Art zusammengeführt: Exsoldaten, Kleinbürger, Sektierer und Abenteurer, sämtlich entschlossen, sich mit den neuen Realitäten in Deutschland nicht abzufinden.

Ihre ideologischen Wurzeln reichten freilich weiter zurück bis zu jenem rechtsradikalen Populismus der Bismarckzeit, der sich von den etablierten bürgerlich-konservativen Parteien nie hatte integrieren lassen. Gleichermaßen gegen bourgeoises Status-quo-Denken und marxistischen Dogmatismus aufbegehrend, war er stets unangepaßt chauvinistisch geblieben, ein diffuses Konglomerat aus großdeutschen, judenfeindlichen und sozialreformerischen Ideen.

Was diese völkische oder »deutsche Bewegung«, wie sie sich nannte, für die Zukunft so unheilvoll machte, war die in ihr bereits vollzogene Verbindung von extremem Nationalismus und Antisemitismus. Der große Börsenkrach von 1873 und der serienweise Zusammenbruch meist jüdischer Schwindelgesellschaften hatten die deutschen Juden in den Ruch gebracht, an der folgenden Depression mit ihrer steigenden Arbeitslosigkeit, Geldverknappung und Zerstörung unzähliger Kleinsparerfamilien schuldig zu sein.

Daß die Juden »unser Unglück« seien, fand nicht nur der renommierte Historiker Heinrich von Treitschke.[62] Der Demagogen gab es viele, die Krisenangst, uralte religiöse Vorurteile gegen die Juden und die eben aufkommenden Rassentheorien zu einem brisanten Haßbild verformten, das »den« Juden zum Sündenbock aller Fehlentwicklungen und Frustrationen der deutschen Gesellschaft machte. Fortan deutsch und judenfeindlich identische Begriffe, bedingten doch Nationalismus und Antisemitismus einander. Der epidemisch um sich greifende Glaube an die Einmaligkeit und Weltmission des deutschen Volkes bedurfte der negativen Folie jüdischer »Zersetzung« und »Überfremdung«, um das in Wahrheit fehlende nationale Selbstbewußtsein, Urquelle des wilhelminischen Chauvinismus, »im Angesicht eines verächtlichen Gegners zu üben und zu rechtfertigen«.[63]

Solche Mechanismen wirkten überall mit, wo sich im Kaiserreich der mittelständische Rechtsradikalismus organisierte. Sie schienen allerdings durch die »Ideen von 1914« außer Kraft gesetzt, dem nationalistischen Aufbruchsrausch zu Beginn des Weltkriegs, der eine klassenübergreifende Solidargemeinschaft, vor allem an der Front, entstehen ließ. Doch die Revolution zerstörte alle Frontkameradschaft, was nicht wenige Menschen gegen die neue Ordnung aufbrachte – Reservoir einer sich formierenden rechtsradikalen Gegenrevolution.[64]

Zu den Vorläufern dieser Bewegung gehörte auch ein kleiner Verein Münchner Eisenbahnarbeiter, die neben dem Haß auf die Juden und die Republik einem kleinbürgerlichen Gefühlssozialismus frönten. »Deutsche Arbeiterpartei« nannte sein Gründer, ein biederer Werkzeugschlosser namens Anton Drexler, die im Januar 1919 entstandene Organisation, mit der er nach der Beseitigung der bayerischen Räteherrschaft durch die Militärs Anschluß an die neuen Herren suchte.[65]

Die Partei wäre wohl wie so manche andere Politsekte bald wieder in der Versenkung verschwunden, hätte nicht eine Laune der Geschichte an einem Septemberabend des Jahres 1919 den Gefreiten Hitler in eine DAP-Versammlung katapultiert. Er war einer jener uniformierten V-Männer, mit denen das Münchner Reichswehrgruppenkommando politische Zusammenkünfte überwachen und nach flüchtigen Rätefunktionären fahnden ließ. Hitler wollte schon wieder gehen, da fesselte ihn die Rede eines DAP-Mitglieds, das für die Trennung Bayerns vom Reich plädierte. Das erregte Hitler so heftig, daß er sich sofort einmischte und den Separatisten in einer furiosen Replik zu Boden redete. Drexler war über den verbalen Ausbruch Hitlers begeistert: »Mensch, der hat a Gosch'n, den kunnt ma braucha!«[66] Der Gefreite ließ sich von Drexler als »Werbeobmann« anheuern und trat in die Partei ein.[67] Bald zählte Hitler zu den provozierendsten Rednern in München. Die Menschen strömten zusammen, wenn sein Name auf den Plakaten stand, die eine Kundgebung der DAP ankündigten, und immer stand ein Spektakel bevor, eine »Gaudi«, sobald Hitler an das Rednerpult trat, um abzurechnen mit der »Judenrepublik«, den »Reichszertrümmerern«, dem »blutgierigen Kapitalismus« im In- und Ausland.

So erbittert, so bösartig hatte noch kein Redner über tatsächliche oder vermeintliche Gegner gesprochen, voller Aggressivität und Zerstörungswut – ein neurotischer Psychopath, der seine Reden mit dem ganzen Haß auf die Mächte durchtränkte, die der Mann aus Braunau für die Fehlschläge seines Lebens verantwortlich machte: die bürgerliche Welt, das Judentum, die Bürokratie.

Nichts war in diesem Leben glatt verlaufen: Auf der Linzer Realschule war Adolf Hitler ein Versager gewesen, Opfer eines dominierenden Vaters und einer allzu weichherzigen Mutter, belastet mit Pubertätsproblemen weit über die Adoleszenz hinaus, ohne das befreiende Erlebnis von Freundschaft und Mitmenschlichkeit, schon früh in den Fesseln einer unüberwindbaren Egozentrik und narzißtischen Weltschau.[68]

Zur eigentlichen Lebenskrise aber war es 1907 gekommen, als der Achtzehnjährige die Aufnahmeprüfung an der Wiener Kunstakademie verpatzt und kurz darauf auch seine Mutter verloren hatte. Ein Jahr später raffte er sich noch einmal zu einem Versuch an der Akademie auf, doch der neuerliche Fehlschlag machte alle seine Künstlerträume zunichte. Er driftete ab in die Subkultur der Bohemiens, Penner und verkrachten Genies, ein Mann ohne Familie und Freunde, bald auch auf der Flucht vor den österreichischen Militärbehörden, die den Wehrdienstverweigerer Hitler suchten.[69]

Erst der Weltkrieg gab seinem Leben so etwas wie eine Ordnung. Er meldete sich 1914 freiwillig zum Dienst in einem bayerischen Infanterieregiment, mit dem er an die Westfront zog. Dort galt Hitler als ein tapferer Soldat und guter Kamerad, freilich auch als Eigenbrötler, reichlich »spinnert« mit seinem verstiegenen Hurrapatriotismus, der ihn bis zuletzt an den deutschen Endsieg glauben ließ.

Desto hysterischer reagierte der eine Senfgasvergiftung auskurierende Hitler im Reservelazarett in Pasewalk, als er auf einer Versammlung am 10. November 1918 vom Waffenstillstand und Sturz der Monarchie erfuhr. Ihm seien »die Augen wieder schwarz« geworden, erzählte Hitler später, blind habe er sich auf sein Feldbett zurückgetastet. In der folgenden Nacht aber habe er eine »übernatürliche Vision« gehabt; Stimmen hätten ihm befohlen, Deutschland vor den Verrätern zu retten, worauf er habe wieder sehen können. Hitler: »Ich aber beschloß, Politiker zu werden.«[70] So melodramatisch wird es in Pasewalk wohl kaum zugegangen sein, denn der vermeintliche Revolutionsgegner marschierte noch Monate später brav in den Reihen der »Roten« mit.

Nach der Entlassung aus dem Lazarett kehrte Hitler zum Ersatzbataillon seines Regiments in München zurück und ließ sich am 15. April 1919, kurz nach Bayerns Absturz in die kommunistische Rätediktatur, zum Bataillons-Rat wählen, wo er als Sympathisant der Sozialdemokratie galt[71] – Erklärung für die auffallend positiven Urteile, die noch der spätere Hitler im vertrauten Kreis über die revolutionäre Verdienste der SPD fällte.[72]

Selbst als die Reichswehrtruppen und antikommunistischen Freikorps schon auf München zumarschierten, trug der Soldat Hitler noch immer die Armbinde der von den Kommunisten geschaffenen »Roten Armee«. Kaum verwunderlich, daß ihn Freikorpsmänner im Mai nach ihrem Einzug in München für einen »Roten« hielten und verhafteten, bis Offiziere des Regiments Hitler wieder befreiten.

Sie hatten bessere Verwendung für den Mann, der einem von ihnen »vorkam wie ein umherirrender Hund, auf der Suche nach einem Herrn«.[73] Sie holten Hitler als Informanten in die Kommission, die das Verhalten der Soldaten des Regiments in der Rätezeit untersuchte, und auch der Hauptmann Karl Mayr, ein mit Propagandaaufgaben betrauter Offizier des Reichswehrgruppenkommandos, hatte Verwendung für ihn.

Mayr war's denn auch, der als erster Hitlers demagogische Begabung erkannte. Er setzte ihn als Agitator im politischen Unterricht der Truppe ein, schickte ihn zu »antibolschewistischen Lehrgängen« in den Entlassungslagern der Reichswehr und ließ sich auch von ihm politisch beraten, was aus dem Gefreiten Hitler einen »Herrn Hitler« machte.[74]

Geschickt paßte sich Hitler der Mentalität seiner neuen Chefs an. Deren antikommunistisches und antirepublikanisches Weltbild machte er sich rasch zu eigen. Auch deren antisemitische Ressentiments? Manches spricht dafür, daß Hitlers Judenhaß erst aus dieser Zeit stammt. Aus seinen Jugend- und Kriegsjahren sind kaum antisemitische Äußerungen überliefert.

Antisemitische Kurzschlüsse boten sich hingegen 1919 gleichsam reihenweise an, und die Militärs erlagen ihnen auch prompt mit Haut und Haaren: Juden hatten eine führende Rolle beim kommunistischen Umsturz in Rußland und Bayern gespielt, die Jüdin Rosa Luxemburg den Spartakusaufstand in Berlin mitinszeniert, der Jude Béla Khun in Ungarn revoltiert, was selbst den intelligenten Mayr dazu verführte, die Juden für »schädliche Elemente« zu halten, die »wie Krankheitserreger ausgestoßen oder ›verkapselt‹ werden« müßten.[75]

Entsprechend propagierte Hitler, zum erstenmal am 16. September 1919, gesetzliche Sondermaßnahmen gegen die vermeintlichen »Vorrechte des Juden«, deren letztes Ziel »unverrückbar die Entfernung der Juden überhaupt« sein müsse[76] – Stichworte, mit denen der V-Mann der Reichswehr (bis März 1920) die Agitation der Deutschen Arbeiterpartei anheizte und ihr bald einen Widerhall in der Öffentlichkeit sicherte, die sie in kurzer Zeit zur stärksten Partei in München werden ließ.

Immer häufiger traten ehemalige Soldaten in die DAP ein und luden sie mit der Aggressivität einer verlorenen, in ihrem Selbstwertgefühl tief verwundeten Frontgeneration auf. Allmählich drang die Partei auch über die Grenzen Münchens hinaus. In der Provinz entstanden erste DAP-Ortsgruppen, was die Partei nun mit der ganzen ländlichen Welt konservativer Einwohnerwehren und rechtsradikaler Wehrorganisationen verband.

Deren maßgebliche Köpfe aber träumten davon, aus Bayern eine antirepublikanische »Ordnungszelle« zu machen, aus der heraus man eines Tages das verhaßte Demokratenregime in Berlin stürzen könne. Zunehmend geriet dabei Hitler in ihr Visier, dem sie ob seiner fanatischen Brandreden gegen die »Judenrepublik« das Zeug zum Aufrührer wider Berlin zutrauten.

Doch Hitler war mitnichten die wagemutige Führernatur, für die ihn die Anti-Berlin-Frondeure in der Provinz hielten. Dem Mann, der im Krieg die Beförderung zum Unteroffizier ausgeschlagen und bei dem kein Vorgesetzter jemals Führereigenschaften erkannt hatte, fehlte dazu nahezu alles. Er war unreif, rechthaberisch und schwer depressiv. In der Partei galt er als ein Choleriker, der starr seinen Weg gehe und im Grunde niemandem traue außer den zwielichtigen Figuren, mit denen er sich umgebe.

Zudem hatte der »chronische Zauderer«[77] schwerlich den Ehrgeiz, die Führung der Partei oder gar eines Aufstands gegen Berlin zu übernehmen. Er war jung und lebensgierig. Er scheute regelmäßige Arbeit und liebte das Reisen und die Nähe vermögender Frauen, von denen er sich gern als »König von München« anhimmeln ließ.[78]

Auch Drexler verdroß, daß sein Chefpropagandist am Innenleben der Partei kaum teilnahm. Nicht einmal an der Formulierung des Parteiprogramms mochte Hitler mitwirken,[79] jenem zu Unrecht belächelten 25-Punkte-Papier, das doch schon alles enthielt, was später die Sprengkraft des Nationalsozialismus ausmachte: den Ausschluß der Juden, »Land und Boden zur Ernährung unseres Volkes«, Förderung des Mittelstandes und das Verlangen nach einem nationalen Sozialismus.

Als am 24. Februar 1920 im Festsaal des Münchner »Hofbräuhaus« vor 2000 jubelnden Parteigenossen das Programm und zugleich der Beschluß verkündet wurde, die DAP in Nationalsozialistische Deutsche Arbeiterpartei umzubenennen, war Hitler nur als zweiter Redner vorgesehen.[80] Kaum einer der Jubler hätte damals in ihm den künftigen Führer der NSDAP gesehen.

Er selber auch nicht. Hitler sah sich immer nur in der Rolle des »Trommlers«. Sein Metier war die Propaganda, das Aufpeitschen von Menschenmengen, die agitatorische Vorbereitung des langen Marsches nach Berlin. Anführen aber, so meinte er, würde den Marsch ein Größerer, der noch kommen werde. Hitler: »Wir sind ja alle ganz kleine Johannesnaturen. Ich warte auf den Christus.«[81]

Daß er dann doch ein Jahr darauf an die Spitze der Partei geriet, war eher Zufall denn langfristige Planung. Und hing wiederum mit seiner Trommlerrolle zusammen: Drexler wollte, ohne ihn zu informieren, die NSDAP mit einer anderen völkischen Partei fusionieren, was Hitler seiner zentralen Propagandafunktion beraubt hätte. Beleidigt trat er aus der Partei aus und provozierte damit eine veritable Krise, erschreckte doch selbst seine Kritiker die Aussicht auf den Verlust ihres einzigen Publikumsmagneten.

Jetzt erwachte in Hitler jäh der Ehrgeiz. Er stellte Bedingungen für seinen Wiedereintritt, die praktisch darauf hinausliefen, ihm die Partei zu überantworten. Drexler kapitulierte. Am 29. Juli 1921 wählte die NSDAP Hitler zum Ersten Vorsitzenden, der daraufhin prompt der nach dem Vereinsrecht organisierten Partei eine Satzung aufdiktierte, die Drexlers Schöpfung zu einer autoritären Führerpartei machte.[82]

Der diktatorische »Führer« war Hitler damit freilich noch längst nicht, wie er schon einen Monat später merken sollte. Die aufstandslüsternen Anführer der inzwischen offiziell aufgelösten Freikorps drängten ihm im August die Idee auf, eine paramilitärische Parteitruppe für den Tag X zu schaffen, diszipliniert, bewaffnet und jederzeit schlagbereit: die Sturm-Abteilung, kurz SA.

Deutlicher konnte Hitler kaum demonstriert werden, wie wenig er Herr seiner eigenen Partei war. Die SA, bald das gefürchtetste Terrorinstrument der NSDAP im politischen Straßenkampf, hörte kaum auf Hitlers Befehle. Die eigentliche Kommandogewalt über sie besaßen ehemalige Offiziere, Vertraute des untergetauchten Freikorpsführers Hermann Ehrhardt, der die SA auch weitgehend finanzierte und ihr auf Umwegen über die Reichswehr Waffen beschaffte.[83]

Aus diesem Kreis erwuchs schließlich auch der zunehmende Druck, der Hitler 1923 zwang, sich mit anderen rechtsradikalen Gruppen zu einem »Deutschen Kampfbund« zu verbinden und den Schlag gegen Berlin vorzubereiten.[84] Als im Oktober ruchbar wurde, daß der in München zur Macht gelangte rechtskatholische Generalstaatskommissar von Kahr den »Marsch nach Berlin« zu einem Abfall Bayerns vom Reich nutzen wolle, drängten die SA-Führer Hitler zum sofortigen Losschlagen.[85]

So löste Hitler die Wahnsinnstat des Novemberputsches aus, ohne jedoch sein Initiator zu sein. Selbst sein theatralischer Pistolenschuß gegen die Decke des »Bürgerbräukeller«, mit dem er am Abend des 8. November 1923 Kahr und dessen Minister zur gemeinsamen »nationalen Erhebung« zwingen wollte, sollte Hitler nicht die Führung des Putsches sichern. Er hatte schon nach einem Größeren ausgesandt, dem er die Leitung überließ: General Erich Ludendorff, dem Feldherrn des Weltkriegs.

Der klägliche Zusammenbruch des Putsches und das Ende der Partei stürzten Hitler in Verzweiflung und Depression. Bei NS-Anhängern untergekommen, spielte er mit dem Gedanken des Selbstmords und setzte sogar schon einmal spielerisch die Pistole dazu an, die ihm jedoch die resolute Helene Hanfstaengl (»Was machen Sie denn!«) entriß.[86]

Doch bald gewann sein alter Hang, für eigenes Versagen immer andere verantwortlich zu machen, wieder die Oberhand. Zudem wollte es seine Fortune, daß der Staatsanwalt in dem folgenden Hochverratsprozeß just ihn zum alleinigen Anstifter des Putsches aufwertete – Chance für Hitler, den spektakulären Prozeß mit seiner Suada zu beherrschen und dabei in die Rolle des völkischen Messias zu schlüpfen.

Voll begann diese Metamorphose freilich erst in der Landsberger Festungshaft, zu der ihn der Volksgerichtshof in München verurteilt hatte. Der Beifall, der sein Auftritt vor Gericht bei den Parteianhängern ausgelöst hatte, die Fanpost aus allen Gegenden Deutschlands und nicht zuletzt die Verehrung, die er in Landsberg unter den Mithäftlingen und sogar unter dem Gefängnispersonal genoß, versetzten Hitler zunehmend in den Wahn, selber der auserwählte Führer zu sein, auf den er so lange Zeit gewartet hatte.

In der Zelle 7 machte sich Hitler daran, mit zwei Fingern auf einer klapprigen Schreibmaschine sein bisheriges Leben umzuschreiben. Seite um Seite stilisierte er sich zum Führer der »nationalen Bewegung« empor, der – von allen Deutschen ersehnt – nur auf seine Stunde wartet.[87]

Ein phantastischer Anblick, wie da ein Mann sein ganzes Leben umfrisierte: Alle Fehlschläge und Sackgassen der eigenen Biographie schwanden dahin, Logik und Konsequenz traten an ihre Stelle. In »Mein Kampf« war es dann nachzulesen. Da hatte er schon in Wien die »jüdische Gefahr« erkannt, da war ihm bereits im Krieg die Notwendigkeit eines deutsch-britischen Bündnisses aufgegangen, da war er der NSDAP von Anbeginn ein zielsicherer Führer gewesen.

Zu dieser Selbsterhöhung paßte auch, daß Hitler nun für sich beanspruchte, die alleingültige NS-Interpretation zu bieten. In »Mein Kampf« war niedergeschrieben, was fortan die Weltanschauung des Nationalsozialismus hieß. Es war ein Sammelsurium von Ideen und Stichworten, zusammengeklaubt aus wilhelminischem Sozialimperialismus, national-sozialem Gedankengut zionistischer Sozialisten und deutscher Liberaler, rassistischen Theorien, katholischer Soziallehre und etwas Marxismus.

In seinem Mittelpunkt stand die pseudoreligiöse Verherrlichung der deutschen Nation, die als das Maß aller Dinge galt. Ihr wurden die meisten großen Leistungen abendländischer Geschichte zugeschrieben, ihr eine Unvergleichlichkeit attestiert, die sie zur Rolle des bestimmenden Volkes in Europa legitimiere.

Alle Außenpolitik, ja alle Geschichte wurde als ein »ewiger Kampf« der Rassen und Völker verstanden, in dem sich das deutsche Volk behaupten und bewähren müsse, wolle es nicht untergehen. »Kampf« war das zentrale Bewegungsprinzip des Nationalsozialismus: Kampf als ein Element persönlicher Leistungssteigerung, Kampf als Movens der Politik und Wirtschaft, auch der NSDAP (die »Kampfzeit« nannte sie später die Periode ihres Aufstiegs zur Macht, »alte Kämpfer« ihre Wegbereiter).

Aus diesem Kampfbegriff leitete sich alles ab, was den Kern nationalsozialistischer Politik ausmachte: die Glorifizierung von Männlichkeit, Härte und Opferbereitschaft, die Reinerhaltung der rassischen Volkssubstanz, eine von jeder multilateralen Bindung losgelöste Außenpolitik und die Wiederherstellung der deutschen Großmachtposition mit dem Fernziel einer Eroberung neuen Lebensraums im Osten, der das Reich wirtschaftlich autark (»blockadefest«) machen sollte.

Zu solchem Fitmachen für den völkischen »Daseinskampf« rechnete auch die Umgestaltung der Gesellschaft, in der es in erster Linie um nationalistische Potenzsteigerung gehen sollte. Das war Hitlers Art sozialer Revolution: die Auflösung aller Verkrustungen des bürgerlichen Klassenstaates in einer Leistungs- und Volksgemeinschaft, technisch-industriell hochmodern und sozialverträglich mit voller Chancengleichheit für alle Deutschen, sofern sie nicht wie Juden und Zigeuner als »Fremdrassige« von vornherein ausgegrenzt wurden.

Hier war die andere Seite der Volksgemeinschaftsideologie: die Ausschaltung all dessen, worin Hitler die Zersetzung des totalen Nationalstaats sah. Den Pluralismus der Parteiendemokratie zählte er ebenso dazu wie den Internationalismus der Marxisten und Katholiken, humanitäre Bestrebungen ebenso wie die Ansätze zu kollektiven Konfliktlösungen in der Außenpolitik. Sie waren für Hitler nichts anderes als Symptome und Fermente nationaler Auflösung, subsumiert in der Haßfigur des »internationalen Judentums«.

Schauerliche Vorstellungen, die hier skizziert wurden, und doch wäre es verfehlt, Hitlers »Mein Kampf« als die Festschreibung einer Ideologie, gar als ein Handelskonzept zu verstehen. Es war eine zeitbedingte Propagandaschrift, in ihrer Aggressivität und gleichzeitigen Vagheit ebenso typisch für Hitler wie für den Nationalsozialismus, den sie ungewollt vorführte als einen »beinahe inhaltslosen, jedenfalls letztlich unverbindlichen Fanatismus bloßer, an sich selbst glaubender und vorwärtsdrängender Energie«, wie ein Historiker urteilt.[88]

Die Führerrolle aber, die sich Hitler in seinem Buch zuschrieb, hatte er schon in Landsberg unter Mithäftlingen und Wärtern zu praktizieren begonnen. Er hielt Häftlingsversammlungen ab und empfing eingelieferte Parteigenossen zum Rapport, wobei die Münchner Staatsanwaltschaft sogar gelegentlich assistierte: »Der Schäferhund des Hitler darf bei der Besprechung mitgeführt werden.«[89]

So war Hitler für den Wiederaufbau der Partei nicht übel gerüstet, als er im Dezember 1924 aus der Haft entlassen wurde. Von der inzwischen verbotenen NSDAP fand er freilich kaum noch etwas vor. Sie war auf die Hälfte ihres früheren Höchstbestandes (55 000 Mitglieder) zusammengeschrumpft und in unzählige Gruppen und Cliquen zerfallen, die schwerlich noch zu einem gemeinsamen Nenner fanden.[90]

Hitler ließ sich jedoch nicht entmutigen, zumal er willige Anhänger fand, die ihm beim Zusammenleimen der Parteischerben halfen. Geduldig bereiste er in Bayern eine NS-Ortsgruppe nach der anderen, gewann selbst widerspenstigste Lokalgrößen für sich und schwatzte der Münchner Landesregierung die Genehmigung zur Neugründung der Partei ab – gegen das Versprechen, nie wieder zu putschen und stets auf legalem Kurs zu bleiben.

Nach einigen Wochen hatte er genügend »Nazis«, wie sie sich selber nannten, beisammen, um die Parteigründung zu riskieren. Die meisten waren einverstanden, und so konnten schließlich die zerstrittenen NS-Unterführer am 27. Februar 1925 bei der Taufe der neu-alten NSDAP im »Bürgerbräukeller« vor 4000 Parteianhängern Versöhnung feiern und ihrem Adolf Hitler ewige Treue schwören.[91]

Hitler aber machte sich sogleich daran, die Partei auszuweiten. Als eine Art Lumpensammler las er im rechtsextremistischen Milieu alles auf, was sich nach Zusammenschluß und neuer Führung sehnte: Splittergruppen der völkischen Bewegung, die unter Ludendorff während des NSDAP-Verbots eine Scheinblüte erlebt hatte, Überbleibsel der Freikorps und neue Gruppierungen eines sich »links« verstehenden Nationalsozialismus im Norden und Westen Deutschlands.

Sie boten der NSDAP die Chance, aus der provinziellen Enge Bayerns herauszukommen und sich in allen Gebieten der Republik als eine reichsweite Partei zu etablieren. Immer weitere rechtsradikale Gruppen schlossen sich Hitlers Partei an, was freilich nie ganz glatt ablief: Die streitsüchtigen Haufen der nationalsozialistischen Koalition rauften sich nur schwer zusammen, meist unter neuen Absplitterungen und Zellteilungen.

Doch Hitler überlebte alle Krisen der Partei, auch die schwerste Herausforderung seiner Führungsposition durch die NS-Linken um Gregor und Otto Strasser im Herbst 1925. Die fanden, unter einem arbeiterfremden Hitler laufe die NSDAP Gefahr, »auf die Ebene einer radikalisierten Nur-Antisemiten- und Kleinbürger-Partei abzurutschen«, wie eines ihrer Blätter schrieb.[92] Hitler aber stellte sich dem Kampf und setzte sich gegenüber den Straßers durch.

Dabei zeigte sich jedoch, daß es neben dem Krakeeler und Massenaufpeitscher Hitler noch einen anderen gab, den »leisen Hitler«, wie ihn sein späterer Jugendführer nannte,[93] den Mann, der die Partei am lockeren Zügel führte und durchaus widersprüchliche Meinungen neben sich duldete. Er war offen für jedes Experiment und hielt sich in NS-internen Kontroversen meist bedeckt, was ihn freilich schon früh in den Geruch brachte, entscheidungsscheu zu sein.

Anders als Stalin und Mussolini war Hitler in der Partei nicht auf die Vernichtung seiner Rivalen und Gegenspieler aus, solange sie seine Autorität zumindest formal anerkannten. Typisch dafür war die Behandlung der 1926 unterlegenen NS-Linken durch Hitler: Er beauftragte Gregor Strasser mit dem Aufbau eines Parteiapparats, was den Hitlerkritiker zur Nr. 2 der NSDAP machte, ernannte den Provokateur Joseph Goebbels, der den Parteiausschluß des »kleinen Bourgeois Adolf Hitler« beantragt hatte,[94] zum Gauleiter in Berlin und überließ dem Freikorpsführer Franz Pfeffer von Salomon das Kommando über die neue SA, was er allerdings noch bitter bereuen sollte.

Sein vorsichtiger Umgang mit Abweichlern trug nicht wenig dazu bei, die rivalisierenden NS-Gruppen immer mehr auf Hitler auszurichten, über den sich die Kontrahenten noch am ehesten einigen konnten: als der scheinbar über allen Kontroversen stehende Integrator der Bewegung, als der publikumswirksamste Vermittler des Nationalsozialismus, dessen Sprache und Botschaft keiner so beherrschte wie der »Prophet« Hitler.

Da zudem die NS-Ideologie zu dürftig war, um die heterogenen Elemente auf die Dauer zusammenzuhalten, bedurfte die NSDAP schon aus Überlebensgründen einer messianischen Führerfigur, befähigt, die Anhänger an die Partei zu binden – Geburtsstunde des beispiellosen Personenkults um Hitler (»Du Held der

Front, Du Führer aus Not«), der später ein ganzes Volk um seinen Verstand bringen sollte.

Hitler aber war skrupellos genug, die Existenznöte der Partei zu seinem eigenen Vorteil auszuschlachten, womit sich auch erwies, daß der Aufstieg dieses dämonisch-zerstörerischen Unruhestifters zugleich die Geschichte seiner Unterschätzung war. Immer mehr stilisierte sich Hitler zum allwissenden und allmächtigen Führer der NSDAP empor und lenkte alle ihre Energien auf das eine Ziel, das ihm unverrückbar vor Augen stand, seit er Landsberg verlassen hatte: die Eroberung der totalen Macht in Deutschland.

1927/28 setzte sich die NSDAP mit den braununiformierten Marschkolonnen der SA in Bewegung. Ein Feldzug voller Aggressivität und Gewaltsamkeit begann, angetrieben von den rüden Sprüchen Hitlers und seiner Unterführer. »Wir treiben Katastrophenpolitik«, tönte Gregor Straßer, »weil nur die Katastrophe, das ist der Zusammenbruch des liberalen Systems, die Bahn frei macht für jenen neuen Aufbau, den wir ›Nationalsozialismus‹ nennen.«[95]

Eine Welle wüster Drohungen gegen Republik und Demokratie lief den Rollkommandos der SA voran, jede Order ihrer Führer verhieß der Parteiarmee, dem Weimarer Staat brutalsten Kampf anzusagen. In den »Nationalsozialistischen Briefen« stichelte ein Parteigenosse: »Keinen Mann diesem System, wenn es Schwierigkeiten hat! Jede Schwächung des Systems ist eine Chance für uns! Und wenn die Spießer dreimal ›Bolschewismus‹ zetern und für die Nippes ihrer Kommoden zittern, was schert uns das?«[96]

Tausende von SA-Männern, auf den Straßen- und Saalkampf monatelang vorbereitet, schwärmten in den Proletariervierteln der Städte aus und verwickelten Kommunisten und Sozialdemokraten in blutige Schlägereien, galt doch der »Kampf gegen den Marxismus« und die »Eroberung der Straße« als ihre vordringlichste Aufgabe.

Ihren Furor bekamen freilich auch bürgerliche Republikaner zu spüren. »Sie, meine Herren«, drohte der sächsische Landtagsabgeordnete und SA-Führer Manfred von Killinger demokratischen Parlamentariern, »wollen uns Nationalsozialisten den Fehdehandschuh hinwerfen. Tun Sie es ruhig, wir heben ihn lachend auf. Aber hüten Sie sich davor, daß wir Ihnen nicht den Fehdehandschuh eines Tages vorwerfen . . . in Form von abgeschlagenen Köpfen Ihrer Oberbonzen.«[97]

Das bedeutet natürlich nun nicht, daß es ohne die Nationalsozialisten keinen politischen Terror in Deutschland gegeben hätte. Er hatte sich längst tief in die deutsche Gesellschaft eingefressen. Gewaltsamkeit war zu einem Kennzeichen politischer und sozialer Konfliktaustragung geworden. Wo andere Demokratien auf Dialogfähigkeit und Konsensbedürfnis setzten, vergiftete in Deutschland eine Art sozialer Militarismus die politischen Auseinandersetzungen.

Schon in der Monarchie arteten Massenstreiks und Wahlkämpfe nicht selten in Orgien der Gewalt aus. Die blutigen Nachkriegswirren mit ihren Fememorden, dem »weißen« Terror der Freikorps und dem »roten« der proletarischen Hundertschaften blockierten vollends den Weg in die zivilen Umgangsformen einer demokratischen Streitkultur. Anschläge auf politische Gegner und Überfälle auf deren Parteiversammlungen und Umzüge gehörten zum Alltag der Weimarer Republik.

Der schwache Staat verlor einen Teil seines Gewaltmonopols an aktivistische Minderheiten und die hinter ihnen stehenden Parteien, die sogenannte Selbstschutzorganisationen unterhielten. Das waren militante Privatarmeen, die die eigene Parteibasis vor dem Zugriff des Gegners schützten und selber aggressive Propagandavorstöße ins »feindliche« Territorium unternahmen.

Jede größere Partei in Deutschland besaß einen solchen »Wehrverband« und baute ihn noch fieberhaft aus: die Deutschnationale Volkspartei den ihr nahestehenden »Stahlhelm«, die KPD ihren »Roten Frontkämpferbund« und deren Nachfolgeorganisationen (»Antifaschistische Junge Garde«, »Kampfbund gegen den Faschismus«), die SPD ihr »Reichsbanner Schwarz-Rot-Gold« und nicht zuletzt die NSDAP ihre »Sturm-Abteilung«: schlagbereite Kohorten, die sich in ihrer Mentalität wie die meisten Deutschen jener Zeit nicht von den jahrzehntelang eingeübten militaristischen Verhaltensweisen lösen konnten.

Verräterisch schon ihre Sprache. Die Politik war ihnen ein »Schlachtfeld«, politische Auseinandersetzungen spielten sich an »Fronten« ab, »Stürme« und »Garden« suchten die »Vernichtung des Feindes«. Man trat in »Marschsäulen« auf, kleidete sich in graues bis braunes Uniformtuch und besaß geheime Waffenlager für die »Stunde X«.

Am perfektesten schienen die Kommunisten organisiert zu sein, die mit ihren Hausgemeinschaften, Kontrollausschüssen und Schlägertrupps wesentliche Zentren in den Arbeitervierteln der Großstädte beherrschten. Dort lag die eigentliche Domäne der Kommunistischen Partei, ein fast exterritoriales Labyrinth überfüllter Wohnblocks und unüberschaubarer Straßenschluchten, in das sich kein bürgerlicher Politiker und kaum die Polizei hineinwagte.

Vor allem Berlins ultrarote Kiezkommunen in Wedding, Friedrichshain und Neukölln waren so etwas wie Symbole der wachsenden Macht der KPD im deutschen Proletariat – Verlockung für die Nationalsozialisten, just hier ihren massenagitatorischen Hauptschlag anzusetzen. Nichts schien propagandistisch lohnender, als gerade in Berlin vor einem teils angewiderten, teils faszinierten bürgerlichen Publikum die roten Bollwerke durch »Gegenterror« zu knacken.

Der Angriff der Braunen kam freilich nicht von außen, sondern aus dem Inneren der Kieze. In geduldiger Kleinarbeit unter Federführung des Berliner Gauleiters Goebbels, der seinem Parteiorgan nicht ohne Grund den Titel »Der Angriff« gegeben hatte, waren junge Proletarier für das Hakenkreuz gewonnen worden, meist Mitglieder von Jugendbanden, die mit anderen im KPD-Dienst stehenden heftig verfeindet waren. Sie verfügten bald über eigene Stützpunkte in den Slums, die späteren »Sturmlokale« der SA: Sammelpunkte und Sprungbretter für den Generalangriff der Nazis auf die Proletarierviertel.

Daraus entstand ein erbitterter Kleinkrieg politisch aufgeputschter Prügelgarden, die einander keinen Pardon gaben. Sie droschen immer brutaler aufeinander los, bei den Schlägereien um die Kontrolle von Kneipen und Hinterhöfen, bei den Überfällen auf gegnerische Marschkolonnen, bei der Sprengung von Parteiversammlungen der anderen Seite.

Der Berliner Bandenkrieg griff auf andere Städte über, zusehends verdüsterten die blutigen Auseinandersetzungen der Extremisten die deutsche Szene. Die Schlägereien hatten makabre Folgen. Allein 1930 zählte die NSDAP 17 Tote und 2500 Verletzte, die KPD 1930/31 insgesamt 96 Tote und 18 000 Verletzte, ganz zu schweigen von den Opfern militanter SPD-Gruppen, die der braune Terror ebenfalls traf, wenn auch in geringerer Stärke.[98]

Perversion der politischen Kultur ohne Ende: Selbst nach ihrem Tod mußten die »Gefallenen« noch der eigenen Partei dienen – auf theatralischen Begräbnisfeiern, die prompt zu Anlässen neuer Überfälle der Gegenseite wurden, oder als »Blutzeugen der Bewegung« wie der SA-Sturmführer Horst Wessel, dessen Fahnenlied später die ganze Nation bei offiziellen Anlässen singen mußte. Er war einer der rabiatesten Schläger in Friedrichshain, bis ihn ein KP-naher Zuhälter im Januar 1930 in einem Streit um die auf den Strich geratene Freundin Wessels erschoß.[99]

Die unterschiedlichen Verlustzahlen ließen jedoch bereits ahnen, daß die Nationalsozialisten bei ihren Provokationen auf die Dauer am längeren Hebel saßen. Ihre Rollkommandos schlugen präziser und noch blutgieriger zu als die kommunistischen, was die Anhänger Hitlers zusehends mehr mit dem Terrorismus identifizierte. Jeder neue Bericht der Polizei illustrierte es: »C. hat am 5. 9. 30 den Kommunisten Johann Classen erschossen . . . mit einem dolchartigen Messer schwer verletzt . . . trug eine Stahlrute bei sich . . . Schläge mit Gummiknüppeln . . . erschoß einen Andersdenkenden . . .«[100]

Doch mit Straßenterror allein ließ sich Macht in Deutschland nicht gewinnen. Hitler wußte das. Er hatte frühzeitig die Konsequenzen erkannt, die sich aus seinem Legalitätskurs für die Partei ergaben. Sie mußte sich taktisch verändern, den Konfliktformen des demokratischen Parteienstaates halbwegs anpassen.

Die alte NSDAP war eine konterrevolutionäre Kleinbürgerpartei gewesen, allein auf den raschen, staatsstreichartigen Umsturz der politischen Verhältnisse ausgerichtet. Der neuen NSDAP war dieser Weg versperrt. Sie mußte konkurrenzfähig werden, sich in allen Sektoren der Gesellschaft engagieren und dort Wähler gewinnen, um mit dem Stimmzettel die absolute Mehrheit im Reich zu erreichen. Womit die Todfeinde der Demokratie deren Logik besser verstanden als die republikanischen Parteien mit ihrem antiquierten Klienteldenken.

Hitler fand in Gregor Strasser einen tüchtigen Manager, der ihm den Apparat schuf, mit dem die Partei in die Gesellschaft eindringen konnte. Als Reichsorganisationsleiter, praktisch Generalsekretär der NSDAP, schob er die Organisationen des Nationalsozialismus immer weiter in das deutsche Alltagsleben vor: mit Gau- und Kreisleitungen in den Provinzen, mit Ortsgruppen und Stützpunkten in den Städten, mit Fachabteilungen und Planungsstäben in der Zentrale (»Reichsleitung«).[101]

Sowenig auch solche Professionalisierung der Partei dem Bürokratieverächter Hitler behagte[102] – er ließ Strasser den Vortritt bei dem Versuch, die »aktivsten, tatkräftigsten Elemente der Nation«, zu denen Hitler in erster Linie die Arbeiterschaft zählte,[103] für sich zu gewinnen. Der linke NS-Flügel unter den beiden Straßers verstand die NSDAP sogar als eine sozialistische Partei ohne Marx – Inspiration für den Reichsorganisationsleiter, immer mehr Arbeiter in die Partei zu ziehen.

Geschickt machte sich die NSDAP die Unfähigkeit der marxistischen Arbeiterparteien zunutze, die nach der Inflation proletarisierten, aus ihrer sozialen Halterung gerissenen Bevölkerungsschichten bürgerlicher Herkunft zu integrieren. Die linken Ideologen sahen in ihnen nichts als künftige Proletarier, hatten kein Gespür für ihre bürgerliche, gar ihre nationale Gefühlswelt – und überließen sie den Nazis.[104]

Aber auch in der klassenbewußten Arbeiterschaft gewann die NSDAP an Boden. Sowenig sich auch der harte Kern der marxistischen und katholischen Arbeiterbewegung als für Nationalsozialisten ansprechbar erwies – an den Rändern der Arbeiterklasse fanden die Naziparolen gleichwohl Anklang: erst unter den vom Lande stammenden Arbeitern, dann bei den schwach organisierten Arbeitern öffentlicher Dienstzweige wie Bahn, Post und Elektrizität, schließlich bei Jungarbeitern und dauerhaften Erwerbslosen.

Später trieb die Krise der Gewerkschaftsbewegung auch ehedem Organisierte in die Reihen der gewerkschaftsähnlichen NS-Betriebszellen-Organisation (NSBO). Sie war weitherzig und diffus genug, selbst Anhänger sozialistischer Splitterparteien, darunter nicht wenige vom Kurs Moskaus enttäuschte Kommunisten, aufzusaugen und in ihren Reihen mitmarschieren zu lassen.

Und je mehr die NSDAP die Arbeiterschaft hofierte, desto eilfertiger mußten ihre Führer zusagen, nach der Machtergreifung der Partei Hand an den bürgerlichen Klassenstaat zu legen. Hitler versprach eine »wahrhafte Revolution von geschichtlichem Ausmaß«, die volle »Lösung der sozialen Frage«, deren Verschleppung er dem Bürgertum als schwerste Unterlassungssünde anlastete, weshalb es das Reich nie wieder führen dürfe.[105]

Nichts als Phrasen? Keineswegs. Neue Forschungen[106] haben ergeben, daß es den radikaleren NS-Führern mit dem Umbau der Gesellschaft durchaus Ernst war. Entscheidend schien Hitler, »daß die Nation so organisiert ist, daß zwangsläufig die untersten fähigen Köpfe nach oben kommen«.[107] Abbau bürgerlicher Bildungsprivilegien, Erhöhung der sozialen Mobilität, Gleichheit der Startchancen, Öffnung aller Berufe für jeden Bewerber unabhängig von seinem sozialen Status – Stichworte auch der Nationalsozialisten.

Das verlockte immer mehr Arbeiter, sich mit Hitlers Partei einzulassen. Sie hatte bald unter allen nichtmarxistischen Parteien die meisten Arbeiter in ihren Reihen. Mit 26,3 Prozent stellte die Arbeiterschaft bereits 1930 die größte Sozialgruppe in der NSDAP, wenn sie damit auch noch im Vergleich zu ihrem Anteil an der Gesamtbevölkerung unterrepräsentiert war (im Gegensatz zur SA, in der der Arbeiteranteil weit über 50 Prozent lag).[108]

Zusehends schob sich die NSDAP zwischen die Klassen und etablierte sich als eine Art Zufluchtsstätte für die seit dem Ersten Weltkrieg sozial in Bewegung geratenen Bevölkerungsschichten, die weder proletarisch noch bürgerlich sein wollten. Die Partei wurde zu einem Magneten, der auch widersprüchlichste Protestpotentiale der Gesellschaft an sich zog, allen voran eine hochgradig politisierte und emotionalisierte Jugend, die der kleinbürgerlich-bürokratische Stil republikanischer Politik ebenso abstieß, wie sie der Radikalismus und Gemeinschaftskult der Nationalsozialisten beeindruckte.

Aus Schulklassen, Hörsälen und Werkshallen strömten immer mehr junge Menschen unter das Hakenkreuz, getrieben von jugendlicher Aggressivität, Gruppendynamik und einer Sehnsucht nach militanter Veränderung ihrer Umwelt. Mit ihnen kam ein antiautoritäres Element in die Partei, wurden doch die jungen Wilden im Braunhemd nicht nur der republikanischen Lehrerschaft zum Alpdruck, sondern gelegentlich auch der NS-Führung.

Sie traten so zahlreich in die NSDAP ein, daß die Partei allmählich einer radikalen Jugendbewegung glich. Die SA bekam »die soziale Funktion einer Jugendgruppe, vergleichbar mit heutigen Rockergruppen oder jugendlichen Gangs«, wie eine Historikerin urteilt,[109] und auch die Hitlerjugend und der NS-Schülerbund setzten die juvenilen Bandenkriege auf Straßen und Schulhöfen fort, die zu einer weiteren Verrohung der politischen Sitten beitrugen.

Die NSDAP verjüngte sich dabei so rasant, daß sie verzweifelten Ordnungshütern der Republik schon als »*die* Partei der Jugend« galt. Tatsächlich war die Jugend in ihr überrepräsentiert: 42 Prozent der Parteimitglieder vor 1933 waren zwischen 16 und 28 Jahre alt, in der SA machte diese Altersgruppe sogar 77 Prozent der Mitgliedschaft aus – eine Marge, die andere Parteien (SPD: 19 Prozent) ganz schön alt aussehen ließen.[110]

Jugend, Arbeiterschaft, Kleinhandel, Bauernstand – die NSDAP erlangte eine soziale Vielfalt, die sie zu einer Volkspartei machte, der ersten in Deutschlands Geschichte. Sie war so breitflächig angelegt, daß sie auf alle Fragen der Gesellschaft eine Antwort zu wissen schien, auf den Drang nach Veränderung ebenso wie die Sehnsucht nach der Restauration.

Es war diese Palette vager Angebote, die die NSDAP zur eigentlichen Nutznießerin des deutschen Elends werden ließ, als 1930 die Sturzbäche der Weltwirtschaftskrise Deutschland überfluteten. Bis dahin war die Partei kaum aus dem Getto demütigender Wahlresultate und Meinungsbefragungen hinausgekommen. Obwohl inzwischen auf knapp 100 000 Mitglieder angewachsen, hatte sie bei den Reichstagswahlen im Mai 1928 nur 2,6 Prozent der abgegebenen Stimmen erlangt.[111]

Doch der Einbruch der Depression jagte die Wähler- und Mitgliederzahlen der Partei jäh in die Höhe. »Im Gleichschritt mit der sich verschärfenden Wirtschaftskrise«, wie es zwei Schweizer Wahlforscher umschreiben,[112] stiegen die Chancen der Nazis von Monat zu Monat. Wo immer sich die Arbeitslosenquoten erhöhten, wuchsen entsprechend die Wählerprozente der NSDAP – wo sie allerdings fielen, sanken auch die NS-Prozente.

Schon der erste Höhepunkt auf der Fieberkurve der Massenarbeitslosigkeit brachte der Partei einen dramatischen Durchbruch an den Wahlurnen. Im Sommer 1930 war die Arbeitslosenquote bei 14,4 Prozent angelangt, im September erzielte die NSDAP bei den Reichstagswahlen »einen in der parlamentarischen Geschichte noch nie erlebten ›Erdrutsch‹«:[113] Sie erhielt 18,3 Prozent der gültigen Stimmen, was zweitstärkste Partei bedeutete.

»Ein schwarzer Tag für Deutschland«, klagte der Schriftsteller Graf Kessler,[114] und recht hatte er: Von diesem ersten Triumph von Hitlers Erweckungsbewegung sollte sich die Republik nie wieder erholen. Selbst militante Republikaner resignierten, auch und vor allem die Linksintelligenzia. In der »Weltbühne« stand: »Es ist vorbei. Man legt die Hände in den Schoß und wartet auf Hitler.«[115]

Und die noch immer steigende Arbeitslosigkeit trieb weitere Wählermassen in die Reihen der Braunen, obwohl mitnichten alle Erwerbslose, wie später eine Legende wollte, die NSDAP wählten (arbeitslose Arbeiter entschieden sich noch immer mehrheitlich für KPD und SPD). Gleichwohl war es das Klima von Angst und Auflösung, das auch von der Krise noch nicht erfaßte Schichten für Hitler einnahm – mit beklemmendem Ergebnis: Bei den Reichstagswahlen im Juli 1932 wurde die NSDAP mit 37,3 Prozent stärkste Partei in Deutschland.[116]

Die Protestwähler aber ahnten kaum, was sie da mit ihrem Stimmzettel anrichteten. Sie schoben eine aggressive Partei an die Schalthebel der Macht, die nichts anderes war und kannte als die Negation des Bestehenden: ohne konkretes Programm, angetrieben von einer unsäglichen Machtgier, beherrscht von einem fragwürdigen Führungspersonal und von ideologischen Prämissen, die jeden besonnenen Deutschen um den Schlaf bringen mußten.

Doch die Masse der NS-Wähler glaubte nicht für die braune Ideologie zu votieren, nicht einmal für die Nazipartei in ihrer Totalität. Selbst Hitler war für sie weniger der Prophet des Nationalsozialismus als der mächtigste Lautsprecher ihrer eigenen Ressentiments, Enttäuschungen und Sehnsüchte, Verkörperung der Volksbewegung gegen Weimar, zu der inzwischen die NSDAP geworden war.

Solches Wählerverhalten förderte die Partei noch durch ihre allein auf Stimmzettelerfolge ausgerichtete Taktik. Der allzu irritierende Antisemitismus war aus dem Katalog ihrer Wahlkampfthemen nahezu verschwunden, außenpolitische Forderungen wurden in NS-Kundgebungen kaum behandelt, ganz zu schweigen von Hitlers kriegerischem Lebensraumkonzept, das der Führer der NSDAP wohlweislich für sich behielt.

Desto mehr konzentrierte sich die NSDAP auf einen wutschnaubenden Antimarxismus, mit dem sie eine weitverbreitete Stimmungslage traf. Ihre Attacken auf den Genossenfilz und Doktrinarismus der »undeutschen« Sozialdemokratie fand Anklang bei Menschen, die immer mehr dazu neigten, ihre persönliche Misere für das Resultat der politischen Unfähigkeit des Weimarer Systems zu halten, als dessen Hauptträgerin nach wie vor die SPD mit ihren militanten Gewerkschaften galt. Es war diese Grundstimmung, die Millionen von Wählern zunehmend an den Herausforderer Hitler band. Primär können denn auch nicht Ideologie, nicht einmal die demokratischen Defizite Weimars den Aufstieg der NSDAP zur größten Massenbewegung (1932: fast 850 000 Parteimitglieder und 700 000 SA-Männer) erklären. Die Antwort ist simpler: Die katastrophale Wirtschaftslage mit den beklemmenden Perspektiven für ihr eigenes Leben ließ unzählige Menschen jene Partei favorisieren, die am lautesten radikale Abhilfe und Erneuerung versprach.

Damit erweist sich das Unvermögen des Weimarer Establishments, die Staats- und Wirtschaftskrise in den Griff zu bekommen, als die eigentliche Ursache der Massenerfolge des Nationalsozialismus. Millionen Deutsche wählten die antirepublikanische Alternative, womit sie freilich im Prinzip kaum anders handelten als die Wähler späterer Generationen. Wie heute Inflation, Arbeitslosigkeit und Wirtschaftswachstum das Wahlverhalten der Menschen beeinflussen, so bestimmte auch damals die Massenverelendung den Zug zu den radikalen Parteien, speziell zur NSDAP.

Was zunehmend mehr Menschen an der NS-Bewegung faszinierte, war ihr Lebensstil, ihre jugendliche Dynamik, diese Mischung aus Terrorismus und Zukunftsgläubigkeit, aus Gemeinschaftsgefühl und Erneuerungswillen. Sie waren es, die einer wachsenden Menge die Zuversicht eingaben, allein eine so fanatisch-militante Partei besitze noch die Energie, mit der Krise fertig zu werden.

Doch diese Stimmung würde nicht ewig währen, das hektische Auf und Ab von Ein- und Austritten in der NSDAP warnte Hitler vor falschem Optimismus. Schon folgte dem Erfolg des Juli 1932 ein empfindlicher Rückschlag bei den Novemberwahlen, in denen die Partei nur noch 33,1 Prozent der Stimmen erhielt. Was wiederum ganz der Entwicklung auf dem Arbeitsmarkt entsprach: Im Herbst war die Arbeitslosenquote auf 39,6 Prozent gesunken.[117]

Das aber genügte nicht, die Partei an die Macht zu bringen. Die Wahlkämpfe des Jahres 1932 lehrten Hitler, daß der NSDAP der Sprung in die absolute Mehrheit kaum gelingen werde. Mit allenfalls 38 Prozent schien das Wählerreservoir der Partei nahezu völlig ausgeschöpft. Schon machte sich in der Partei Resignation breit.

Für Hitler ergab sich daraus klar: Die Partei mußte sich nach rechts öffnen und Anschluß an die traditionellen Eliten in Staat und Gesellschaft finden, um mit deren Hilfe, gleichsam über die Hintertreppe, an die Macht zu gelangen. Das war nicht ohne Aussicht, denn dem hart bedrängten Präsidialregime fehlte die Massenbasis, ohne die auch Kurt von Schleicher auf die Dauer nicht regieren konnte.

Der braune Bürgerschreck NSDAP mauserte sich zu einer halbwegs bürgernahen Partei, die ihre anstößigsten Radikaltouren abgelegt zu haben schien. Die Polemik gegen den bürgerlichen Klassenstaat wurde leiser, die Breitseiten gegen den politischen Katholizismus wichen der Propagierung eines »positiven Christentums«, was nicht wenig dazu beitrug, der NSDAP kräftiger als bis dahin die größte Wählergruppe zu erschließen: den Stimmenblock der Frauen.

Lange Zeit hatte der Männerchauvinismus der NSDAP die Masse der weiblichen Wählerschaft davon abgeschreckt, Hitlers Partei zu wählen. Sie galt als frauenfeindlich, voller primitiver Abneigungen gegen die Frauenemanzipation, die NS-

Propagandisten als »jüdische Erfindung« denunzierten. Hitler hatte einen Horror vor »politisierenden Weibern«, und es war gewiß kein Zufall gewesen, daß die NSDAP schon auf ihrer ersten Generalversammlung im Januar 1921 beschlossen hatte, Frauen von der Parteiführung auszuschließen.[118]

Theoretiker der Partei wie Alfred Rosenberg und Gottfried Feder verfochten zudem ein biologistisches Gesellschaftsbild, in dem die Frau auf Mutterschaft und Haushaltsarbeit reduziert war, Dienerin männlicher Überlegenheit und vorrangig dazu da, durch vermehrten Kinderreichtum die angeblich von Geburtenrückgang und Familienauflösung bedrohte Nation vor dem Untergang zu bewahren. Karrieren in Beruf und Politik waren dabei verpönt, galt doch den beiden NS-Ideologen das Eindringen der Frauen in die »männliche« Berufswelt als eine naturwidrige Verirrung des anderen Geschlechts.[119]

Wer daraus allerdings auf die Absicht der Nazis schloß, nach ihrer Machtergreifung die Frauen aus dem Berufsleben wieder zu entfernen und zu »Gebärmaschinen« umzufunktionieren, verkannte den parteiinternen Stellenwert von Rosenbergs abstrusen Ideen. Sie waren in der NSDAP immer umstritten gewesen. Straßer fand es abwegig, der berufstätigen Frau die Existenzberechtigung abzuerkennen, ganz zu schweigen von den militanten NS-Feministinnen, die gegen Rosenbergs »Paschakultur« polemisierten und Hitler vorhielten, ein nationalsozialistischer Männerstaat beraube das Volk seines »unveräußerlichen Rechts auf Führung durch die besten Deutschen beider Geschlechter«.[120]

Der Hickhack belegte, daß die Partei auch in der Frauenpolitik keine einheitliche Linie besaß. Frauenfragen ging sie meist pragmatisch-opportunistisch an, was sich nicht erst nach 1933, sondern bereits in den Wahlkämpfen davor erweisen sollte: Die Jagd nach Frauenstimmen bewirkte einen erheblichen Kurswechsel der NSDAP.

Die Parteiführung, die einst keine Frau unter sich hatte dulden wollen, richtete auf einmal 1931 den Frauen eine eigene Hauptabteilung ein, die die NS-Frauenführerin Elsbeth Zander übernahm. Im ganzen Land begannen Gauleiterinnen, die allerorten am Rande der NSDAP entstandenen völkisch-christlichen Frauengruppen zu einer einheitlichen Organisation, der Nationalsozialistischen Frauenschaft, zusammenzufassen, mit der sie schließlich auch nahezu autonom in den Wahlkampf eingriffen.[121]

Wer bisher noch nicht begriffen hatte, wie dehnbar nationalsozialistische Ideologie sein konnte, erhielt jetzt eine gründliche Lektion. Die Wahlaufrufe der Partei zur Reichstagswahl im Juli 1932 bekannten sich feierlich zur Gleichberechtigung der Frau und verhießen ihr verstärkten Zugang zu Hochschulen und allen Berufen außerhalb der Politik – Auftakt einer frauenintensiven Wahlagitation, die immer mehr Frauen aus jenem Teil, der ohnehin zu nationalkonservativen Positionen neigte, zum Votum für Hitler verführte.[122]

Rätselhaft aber blieb feministischen NS-Gegnerinnen, was so viele Frauen, speziell aus dem Mittelstand, bewog, sich ausgerechnet mit der »frauenfeindlichen« Nazipartei einzulassen. Hitlers Magnetismus, beliebte Erklärungsformel männlicher Interpreten, konnte nicht alleinige Ursache sein. Eher traf schon die Erkenntnis zu, daß nationale Minderwertigkeitskomplexe und bohrendes Unbehagen über die verwirrend-zerstörerischen Geburtswehen der industriellen Moderne beileibe kein Vorrecht der Männer waren.

Entscheidend aber kamen die Rückschläge und Frustrationen der Frauenemanzipation hinzu, die viele Frauen an deren Wert zweifeln ließen. Die Zahl der Frauenjobs in der Industrie war in den letzten Jahren dramatisch zurückgegangen, die Weltwirtschaftskrise hatte die Mehrfachbelastung der Frauen durch Familie und Beruf ins schier Unerträgliche gesteigert.

Da mochten sich zusehends mehr Frauen in die Arme der braunen Massenbewegung flüchten, die ihnen nicht nur eine neue Zukunft in Haushalt und Familie versprach, sondern auch Sicherung ihrer Arbeitsplätze und bessere Chancen für ein beruflich-soziales Engagement. Solche Verheißungen flößten Vertrauen ein, zumal führende Nationalsozialistinnen »nicht im Traum daran dachten, die Frauen in ein kleinkariertes Hausfrauendasein zurückzubefördern«, wie eine US-Historikerin konstatiert.[123]

Mit dem wachsenden NS-Engagement bürgerlicher Wählerinnen öffnete sich Hitlers Partei allmählich auch der obere Mittelstand, der bis dahin Stütze der liberalen Parteien gewesen war. Beamte, Kaufleute und junge Akademiker strömten in Strassers Abteilungen und brachten mit, was die Partei bis dahin kaum besessen hatte: Fachwissen, einen Hauch von intellektueller Brillanz und ernsthafte Konzepte für die Überwindung der deutschen Krise.

Unversehens geriet die NSDAP in den Ruf, die einzige Partei in Deutschland zu sein, die eine glaubwürdige Politik zur Bekämpfung der Wirtschaftskrise besitze. Es klang schon recht gescheit, was Straßer zum erstenmal im Reichstag am 10. Mai 1932 als »Wirtschaftliches Sofortprogramm« vortrug: die Krise durch ein aktives Arbeitsbeschaffungsprogramm zu bekämpfen und zu überspielen, mittels öffentlicher Aufträge, welche durch öffentliche Schulden finanziert werden sollten, die später in der Hochkonjunktur wieder abzuzahlen seien.[124]

Das steigerte noch die Hoffnungen, die immer mehr Menschen in die NSDAP setzten, allerdings auch die Spannungen in der Partei. Hitlers Flirt mit der traditionellen Rechten, schon 1931 in der kurzlebigen »Harzburger Front« versucht, ging vielen Nationalsozialisten wider den Strich, vor allem den aus den Freikorps stammenden Führern der SA, die den Legalitätskurs der Parteiführung immer nur widerstrebend mitgemacht hatten.

Sie hatten schon früher durch spektakuläre Aktionen wie die »Meuterei« des Berliner SA-Führers Stennes im August 1930 ihrem Ärger über Hitlers angeblich systemkonformen Kurs (»Adolf verrät uns!«) Luft gemacht – für Hitler bedrohlich genug, um der SA 1931 seinen Freund Ernst Röhm, einen Exhauptmann und Homosexuellen, als neuen Chef vorzusetzen. Röhm militarisierte die SA so rücksichtslos, daß sie wieder auf Hitlerkurs gebracht schien. Doch selbst er konnte Hitler auf Dauer nicht vor neuen Querschüssen der SA bewahren. Kaum waren die Juliwahlen von 1932 vorbei, in denen die Partei die absolute Mehrheit verfehlt hatte, wurde es wieder hektisch im Braunhemdenheer: Mecklenburgs SA-Führer revoltierte gegen die Parteiführung, die fränkische SA sagte sich völlig von Hitler los, in Schwaben, Kassel und im Berliner Wedding brach alle SA-Disziplin zusammen.[125]

Auch in der Parteiorganisation kamen Zweifel an Hitler auf, in zahllosen Ortsgruppen und Kreisverbänden bildeten sich Oppositionszirkel. Die Lage der NSDAP wurde immer desolater: Ihre Kassen waren nach den vielen Wahlkämpfen erschöpft, die Entlohnung der Parteiangestellten gefährdet.

Im Dezember 1932 geriet die Partei vollends in die Krise, als es über der Frage der von Strasser leidenschaftlich vertretenen, von Hitler aber abgelehnten Beteiligung am Kabinett Schleicher zum Bruch zwischen den beiden Naziführern kam. Hitler verlangte starr den Kanzlerposten für sich, während Straßer schon längst Bedenken gekommen waren, einem so hemmungslosen Mann wie Hitler die Macht allein zu überlassen.

Wütend zerschlug daraufhin Hitler den ganzen Führungsapparat Straßers. Die Reichsorganisationsleitung entmachtete er zugunsten der Gauleiter, wichtige Abteilungen der Zentrale wurden aufgelöst und das Management der Reichsleitung »auf seine wenigen sinngemäßen Aufgaben beschränkt«, wie der »Führer« dekretierte. Womit die Partei wieder in ihre alte Strukturlosigkeit zurückfiel, »ein Sammelsurium fragmentarischer Büros und Interessen, zusammengehalten nur durch ihre Loyalität zu Hitler«.[126]

Entsetzt sah der aus seinen Ämtern ausgeschiedene Straßer dem Wüten seines Führers zu. Ihm wurde unheimlich: »Es ist schon schlimm genug, wenn einer ein Bohemien ist, wenn er dazu hysterisch ist, dann gibt es eine Katastrophe.«[127]

Am 30. Januar 1933 war die Katastrophe da: Adolf Hitler in der Reichskanzlei. Die Herrschsucht der restaurativen Kräfte des Präsidialregimes hatte Hitler und seine Partei gerettet. Joseph Goebbels konnte es kaum fassen: »Wir sitzen in der Wilhelmstraße. Hitler ist Reichskanzler. Wie im Märchen!«[128]

Ein Intrigenspiel unter Hindenburgs erzkonservativen Ohrenbläsern hatte das Märchen wahr gemacht. Sie machten sich zunutze, daß der greise Präsident des Reichskanzlers von Schleicher überdrüssig war, dessen plötzlich nach links ziehende Politik einer »Querfront« Reichswehr–Gewerkschaften, letzte Überlebenschance der Republik, ihm ebenso mißfiel wie die ausbleibenden Erfolge von Schleichers Wirtschaftspolitik.

Als der Kanzler am 23. Januar bei Hindenburg beantragte, den Reichstag angesichts des »Notzustandes des Staates« aufzulösen, Neuwahlen aber zunächst um ein paar Monate hinauszuschieben, verweigerte ihm der Reichspräsident die Genehmigung zu so verfassungswidrigem Tun – Ermunterung für den rachsüchtigen Franz von Papen, sich endlich für die eigene Ausbootung aus dem Kanzleramt durch Schleicher zu revanchieren.

Den Sturz des »verräterischen« Exfreundes betrieb Papen seit Anfang Januar. Er hatte in aller Stille angefangen: durch Anbahnung geheimer Verbindungen zu Hitler und dem deutschnationalen Parteichef Alfred Hugenberg, mit denen Papen –

unter seiner Führung, versteht sich – Schleicher ausmanövrieren und ein neues Kabinett bilden wollte.

Dabei assistierte auch ein Zirkel NS-naher Bankiers und Industrieller, die Hitlers Wirtschaftsberater Wilhelm Keppler zusammengebracht hatte. Das waren zwar noch nicht die Großen der Schwerindustrie, die ihre Zurückhaltung gegenüber der NSDAP erst nach Hitlers Machtübernahme aufgaben, doch selbst der kleine Kepplerkreis gab mit seinen hochwillkommenen Finanzspritzen für die darbenden Nazis schon einen Vorgeschmack auf jene kommende unheilige Allianz zwischen NS-Partei, Großindustrie und Militär, die den eigentlichen Umsturz in Deutschland erst bewirken sollte.[129]

Beinahe aber wäre Papens Projekt an dem Starrsinn Hitlers gescheitert, der sich nicht mit der ihm zugedachten Rolle der Nr. 2 begnügen mochte. Er verlangte die Kanzlerschaft für sich, als Chef eines neuen, wiederum von Parlament und Parteien unabhängigen Präsidialkabinetts, was auf den entschiedenen Widerstand Hindenburgs stieß. Der hatte von Präsidialkabinetten genug und wollte wieder parlamentarisch regieren – mit einem Kabinett der äußersten Rechten.

Schon schienen die Gespräche mit Hitler gescheitert, da nahmen ihm seine Gehilfen die Verhandlungsführung unauffällig aus der Hand. Bei einem Tee im Berliner Haus des Sektimporteurs Joachim von Ribbentrop, eines neuen Ratgebers von Hitler, hatte einer die rettende Idee: Man müsse dem Führer das Präsidialkabinett wieder ausreden und Hindenburg eine Regierung Hitler–Papen–Hugenberg mit der Aussicht anbieten, in sofortigen Neuwahlen die noch fehlenden Stimmen für die Mehrheit im Reichstag zu erlangen.[130]

Diese Teestunde bei den Ribbentrops vergaß keiner, der an ihr teilgenommen hatte. 24. Januar 1933: Geburtsstunde des Dritten Reiches.

Absurd, wie sich hier Handlanger jäh selbständig machten und ihre Chefs manipulierten. Die Ribbentrop, Göring, Frick und Meißner verstanden sich darauf: Hitler und Papen zum Verzicht auf ihre ursprünglichen Pläne zu bewegen, Hindenburg für die Kandidatur Hitlers reif zu machen und den wetterwendischen Hugenberg langfristig für ein »Kabinett der nationalen Konzentration« zu interessieren.

Hindenburg gab schließlich nach und war mit einer Kanzlerschaft Hitlers einverstanden, die er vorher nie hatte akzeptieren wollen. Den Rest erledigte Papen, nun in der Rolle eines »Homo regius« der Kabinettsbildung. Noch ehe der isolierte Schleicher so recht begriff, wie übel ihm der »Freund« mitspielte, war er praktisch schon durch die Betrauung seines alten Nebenbuhlers Werner von Blomberg mit dem Wehrministerium aus der Reichswehrführung ausgeschaltet – unentbehrliche Voraussetzung für den Start von Hitlers Kanzlerschaft.

Die NS-infizierten Volksmassen aber durchschauten nicht, auf welch dunklen Hintertreppen der Führer der NSDAP (Papen: »Wir haben ihn uns engagiert«)[131] in die Reichskanzlei gelangt war. Sie sahen ihn nur endlich »an der Macht«. Und der neue Kanzler-Redner enttäuschte sie nicht: Seine Ankündigung eines alles rettenden Vierjahresplans elektrisierte die Phantasie vieler Deutscher wie kaum eine andere Regierungserklärung zuvor.

»Dieses Manifest«, jubelte der »Völkische Beobachter«, das Zentralorgan der NSDAP, werde »in seiner unerhört aufrüttelnden, schonungslos offenen, von innerer Kraft getragenen Sprache vom Volk empfunden wie eine Befreiung aus der seelischen Erstarrung der letzten Jahre«.[132]

Hunderttausende von Plakaten mit dem Text von Hitlers Aufruf klebten bald an Litfaßsäulen und Häuserwänden, Inspiration und Signal für den nationalsozialistischen Propagandaapparat, auch seinen letzten Mann zu mobilisieren. Mit der Parole des Vierjahresplans sollte noch einmal ein gigantischer Wahlfeldzug in Bewegung gesetzt werden, einzig darauf gerichtet, die Partei bei den Neuwahlen am 5. März endgültig über die Schallmauer der 40 Prozent hinwegzubringen, in das gelobte Land der absoluten Mehrheit.

Doch seltsam, der protzigen Ankündigung Hitlers folgten keine Taten. Woche um Woche verging, ohne daß auch nur die vagsten Umrisse eines Beschäftigungsprogramms der neuen Regierung erkennbar wurden. Keine Kabinettsvorlage hatte Hitlers Vierjahresplan zum Gegenstand, nicht ein einziger Referentenentwurf in den Ministerien enthielt einen Ansatz dazu, die Stichworte des Kanzlers in konkrete Pläne umzusetzen.

Die Reichsminister agierten, als sei niemals von einem Vierjahresplan die Rede gewesen. Superminister Hugenberg, Herr über die Wirtschafts- und Agrarressorts im Reich und in Preußen, mißtraute aktiven Beschäftigungsprogrammen. Reichsfinanzminister Lutz Graf Schwerin von Krosigk zeigte ebenfalls starke Zurückhaltung, auch der Rest des Kabinetts schien desinteressiert.

Nur Günther Gereke, Reichskommissar für Arbeitsbeschaffung, ein Mann aus dem Kabinett Schleicher, versuchte fortzusetzen, was er schon unter dem Kanzler-General mit einem »Sofortprogramm« begonnen hatte: durch Vergabe von öffentlichen Arbeiten an die Gemeinden (Straßenbau, Meliorationen, Kanalisierungsprojekte, Bau von Randsiedlungen) die Arbeitslosigkeit abzubauen und dem finanziellen Ruin der Kommunen entgegenzuwirken. Doch er hatte einen schweren Stand im Kabinett. Sein 500-Millionen-Etat lenkte die Begehrlichkeit anderer Ministerien auf sich, denen Schwerin von Krosigk keine zusätzlichen Mittel freigeben mochte.

Auch Hitler machte keine Miene, seinem Vierjahresplan echtes Leben einzuhauchen. Nirgendwo verriet er, was er sich konkret unter dem »umfassenden Angriff gegen die Arbeitslosigkeit« vorstellte. Hitler hatte früher in der Schaffung neuer Siedlungsgebiete einen Ausweg aus Überbevölkerung und wirtschaftlichen Nöten gesehen, doch an Details war er nie interessiert gewesen. Auch die Massenarbeitslosigkeit des Februar 1933 konnte ihn nicht bewegen, sich deutlicher zu äußern.

Schon am 2. Februar ließ Hitler in der Kabinettsrunde erkennen, daß er gar nicht an eine Fixierung seines Vierjahresplanes dachte. Am liebsten wollte er alle Arbeitsbeschaffungspläne auf die Zeit nach der Märzwahl vertagen. Hitler im wirtschaftspolitischen Ausschuß der Reichsregierung: »Reformen können erst dann in Angriff genommen werden, wenn sich das Volk für oder gegen die Regierung entschieden hat.«[133]

Allmählich merkten auch Naive im Lande, daß hinter Hitlers Vierjahresplan nichts als Wählerfang steckte. Ihren Unmut bekam Hitler auf den Kundgebungen der Partei um so drastischer zu spüren, je mehr sich der Wahlkampf zuspitzte. Immer häufiger polemisierten Arbeitslose und andere Krisenopfer gegen die Untätigkeit der neuen Regierung, angespornt von abtrünnigen Nazis, die Hitler ob seiner »zehn Tage, die die Welt *nicht* erschütterten«, verhöhnten.[134]

Nicht ohne rhetorische Mühe setzte sich Hitler gegen seine Herausforderer zur Wehr. »Ich habe es abgelehnt«, rief er am 10. Februar auf einer Massenversammlung im Berliner Sportpalast, »jemals vor dieses Volk hinzutreten und billige Versprechungen zu geben. Ich habe nie gesagt, der Wiederaufstieg Deutschlands sei eine Frage von nur wenigen Tagen.« Und am 15. Februar beschwor er in Stuttgart seine Zuhörer: »Ich verlange von dir, deutsches Volk, daß du uns, nachdem du den anderen vierzehn Jahre Zeit gegeben hast, vier Jahre Zeit gibst.«

Am ärgsten aber geriet er in Beweisnot, wenn ihm Kritiker die Inhaltsleere seines Vierjahresplans vorwarfen. Hitler: »Auf Programme kommt es nicht an, entscheidend ist die Entschlußkraft . . . Daher ist der erste Punkt unseres Programms: Fort mit allen Illusionen!«[135]

Doch auch die bewährteste Suada konnte nicht verdecken, daß Hitler kein eigenes Konzept (außer jenem von Strasser) für die Bewältigung der Wirtschaftskrise besaß. Er bemühte sich auch gar nicht, sich eines zu erarbeiten oder erarbeiten zu lassen, glaubte er doch ernsthaft, ohne einen konkreten Plan auskommen zu können. Just eben begann nämlich die von den so viel verlästerten Kabinetten Papen und Schleicher eingeleitete aktive Konjunkturpolitik zu greifen.

Bereits im Herbst 1932 hatte es Anzeichen gegeben, die auf eine leichte Besserung der Lage hindeuteten. Die Konkurse waren zurückgegangen, die Aktienkurse gestiegen, der Groß- und Einzelhandel belebte sich wieder. Das setzte sich in der Umbruchstimmung nach dem 30. Januar 1933 noch kräftiger fort, späte Frucht des Kabinetts Papen, das mit seinen Steuergutscheinen zur Erhöhung der kaufkräftigen Nachfrage und zum Beginn der Arbeitsbeschaffung beigetragen hatte.

Es war nicht ohne Ironie, daß diese Politik, die Hitler noch im November 1932 als »teils unzulänglich, teils undurchdacht, teils völlig unbrauchbar, ja sogar gefährlich« verurteilt hatte,[136] jetzt ihm zugute kam. Denn was NS-selige Deutsche in den nächsten Wochen dem angeblich so effizienten Naziregime gutschrieben, ging in Wahrheit bis zum Juni 1933 fast ausschließlich auf die Pionierarbeit der beiden vorangegangenen Kabinette zurück: die zeitweilige Abnahme der Arbeitslosigkeit und die allmähliche Erhöhung der Industrieproduktion.

Das befreite Hitler von dem Zwang, sofort ein eigenes Wirtschaftsprogramm vorweisen zu müssen. Er konnte auf Zeit spielen. Sein Blick war ohnehin auf anderes gerichtet: auf die Eroberung der politischen Macht, die Durchsetzung nationalsozialistischer Ziele ohne Abstriche.

Gleich am 30. Januar waren die Stoßtrupps und Beauftragten der NSDAP ausgeschwärmt, um die wichtigsten Machtpositionen in Besitz zu nehmen. Nicht ohne Bedacht hatten sich die Nationalsozialisten der Innenministerien versichert, was

sie in den Besitz des Polizeiapparates brachte, Hauptrequisit in allen Umsturzplä-
nen des Jahrhunderts. Das galt vor allem in Preußen, das 1932 durch einen Gewaltstreich des Kanzlers Papen unter die Reichsexekutive gefallen war und in dem nun
Hermann Göring, einer der beutegierigsten Gefolgsleute Hitlers, als Kommissar
des preußischen Innenministeriums nahezu schrankenlos herrschte.

Was sich in Jahren politischer Ohnmacht und Frustration angestaut hatte, entlud
sich jetzt Tag um Tag in Preußen. Nationalsozialisten übernahmen Schlüsselstellungen in der Verwaltung, SA-Führer verdrängten noch republiktreue Polizeipräsidenten von deren Posten, Aktionsgruppen von SA und NSBO besetzten Büros
der Freien Gewerkschaften und sprengten Parteiversammlungen des demokratischen Gegners.

Eine erste Terrorwelle überspülte das Land, jeder neue Tag brachte Meldungen von
sogenannten Übergriffen militanter Anhänger der »nationalen Revolution«. Zwar
behaupteten später die Propagandisten des NS-Regimes, bei der nationalen Revolution sei es unblutig zugegangen wie bei keiner anderen zuvor, doch für den
betroffenen Bürger zählte schon jede psychologische Pression und Drangsalie-
rung, die von brüllenden Marschkolonnen und den Gegner niederknüppelnden
SA-Kommandos ausging.

Selbst Parteifunktionäre erschraken ob solcher Ausbrüche der Gewalt. Als SA-
Männer im schlesischen Liegnitz die dortige Gewerkschaftszentrale verwüsteten,
fand der zuständige Kreisleiter, die »sinnlose Zerstörung« sei schlimmer als alles,
was der kommunistische Spartakusaufstand 1919 angerichtet habe.[137]

Doch Hitler konnte das Treiben seiner Schockbataillone gar nicht hemmungslos
genug sein, die Dynamik der Partei und ihrer Massenorganisationen paßte ihm in
das Konzept seiner Machteroberung. Je mehr die Partei mit ihren terroristischen
Aktionen den demokratischen Gegner unter Druck setzte und damit zugleich die
Konservativen einschüchterte, desto eher konnte Hitler den Griff seiner Koali-
tionspartner lockern.

Denn keinen Augenblick vergaß der Kanzler Hitler, wie ungefestigt seine Stellung
noch war. Er und seine Partei waren ja nicht aus eigener Kraft an die Macht gekommen, sondern nur auf dem intrigenreichen Umweg einer Allianz mit den autoritären Gruppen der traditionellen Führungseliten. Dies war beileibe nicht die von der
NSDAP ersehnte nationalsozialistische Machtergreifung, sondern eben nur eine
»nationale Revolution«.

Jede Kabinettssitzung bewies das aufs neue. Dort sah sich Hitler mit seinen beiden
Parteigenossen Göring (Reichsminister ohne Geschäftsbereich) und Dr. Wilhelm
Frick (Reichsinnenminister) einer Phalanx rechtskonservativer Minister gegenüber, die er nicht ausgewählt hatte und die nicht selten durchblicken ließen, daß sie
hier weniger als Hitlers Minister denn als Aufpasser des Reichspräsidenten amtier-
ten.

Entsprechend dürftig waren die Befugnisse des Reichskanzlers Hitler. Er konnte
keinen einzigen Offizier der Reichswehr ernennen oder absetzen, was allein Hindenburg vorbehalten blieb. Wehrminister von Blomberg und sein Kollege vom

Auswärtigen Amt, der Berufsdiplomat Constantin Freiherr von Neurath, agierten so autonom, daß es sie zuweilen nicht ungewöhnlich dünkte, Weisungen des Reichskanzlers durch Gegenweisungen zu unterlaufen.

Auch die grundlegende Politik des Kabinetts bot Hitler kaum einen Ansatz zu eigener Initiative. Das meiste hatten schon andere entworfen und festgelegt. Der nächste Akt der Wiederaufrüstung, das Zweite Rüstungsprogramm (Ausrüstung eines 21-Divisionen-Feldheeres bis 1938), war noch vom Kabinett Schleicher beschlossen worden, die Wirtschaftspolitik von den Vorgängerregierungen weitgehend fixiert, die Wende der Außenpolitik nach Südosteuropa von Brüning vorgezeichnet.

Hitler sah sich eingespannt in Machtstrukturen und Handlungsabläufe, die er anfangs nur geringfügig beeinflussen konnte. Daß die Außen- und Militärpolitik des neuen Regimes »von Anfang an im Zeichen der ideologischen Grundüberzeugungen des Nationalsozialismus« gestanden habe, wie ein namhafter Historiker meint,[138] ist mithin ein Mißverständnis. Hitler setzte nur fort, was die Vorgänger angefangen hatten.

Er zeigte dabei sogar ein so schwaches Profil, daß sich hohe Beamte im Auswärtigen Amt wie der Abteilungsleiter Gerhard Köpke schon über »die hervorragende Charaktereigenschaft Hitlers, seine Weichheit«, Sorgen machten.[139] Auch Mussolini hörte von seinen Agenten in Berlin, der neue Reichskanzler sei ein Ideologe, Träumer und Romantiker, der mehr rede als regiere.[140]

In Wirklichkeit hatte dieser »Träumer« längst eine klare Vorstellung darüber, wie sich der konservative Einschließungsring im Kabinett sprengen ließ. Die Eroberung der absoluten Mehrheit bei den kommenden Wahlen war der eine Weg, sich mehr Aktionsfreiheit zu sichern. Der andere, weit wichtigere war, sich mit der Macht zu liieren, die noch immer als der stärkste Ordnungsfaktor im Lande galt: der Reichswehr.

Eine Verständigung mit ihr schien Hitler dringend geboten, galt es für ihn doch, die Reichswehr ebenso zum Rückzug aus der Innenpolitik zu bewegen, wie sie als Partner künftiger Expansionspolitik zu gewinnen. Zudem war noch so manches auszuräumen, was in der Vergangenheit die Beziehungen zwischen der Reichswehr und der NSDAP vergiftet hatte.

Noch war in der Truppe Hitlers jahrelange Diffamierung der Reichswehr als einer »vollkommen lebensfremden toten Organisation« in der Hand instinktloser »Bürogenerale« unvergessen, auch sein allen Parteigenossen auferlegtes Verbot, im Landes- und Grenzschutz mitzuarbeiten.[141] Selbst dem milden Marinechef Erich Raeder schien es einfach horribel, wie ein solcher »nationaler« Mann »in so verbrecherischer Weise ... alle Fäden gefährden [könne], die wir angesponnen haben«.[142]

In den letzten Jahren hatte sich zwar das Verhältnis Reichswehr–NSDAP etwas gebessert, doch es blieb zwielichtig, wofür schon die SA sorgte. Dort baute sich unter der Leitung ehemaliger Freikorpsoffiziere eine militärisch ehrgeizige Gegenmacht auf, die keinen Zweifel daran ließ, daß sie nach der Machtergreifung des

Nationalsozialismus die Rolle der Reichswehr übernehmen werde, in einem künftigen »Volksheer«.

So ergriff Hitler gleich die erste Gelegenheit, die ihm Reichswehrminister von Blomberg bot, um sich den Militärs zu erklären. Für den Abend des 3. Februar hatte der Chef der Heeresleitung, General Kurt Freiherr von Hammerstein-Equord, die nach Berlin gerufenen Gruppen- und Wehrkreisbefehlshaber zu einer kleinen Feier im Speisesaal seines Amtssitzes in der Bendlerstraße gebeten, zu der sich nun auch Hitler einladen ließ.

Die Zusammenkunft mit dem neuen Reichskanzler verlief anfangs nicht ohne Peinlichkeit. Hammerstein stellte seinen Gast ein bißchen von oben herab den Kameraden vor, die Generale und Admirale blieben steif und kühl. Dann aber, nach dem Essen, erhob sich Hitler und hielt eine zweieinhalbstündige Rede über seine künftige Politik, die die Militärs nicht wenig beeindruckte und für einen Stimmungsumschwung sorgte.

Die Rede[143] war ganz darauf angelegt, die Militärs für den Sprecher zu gewinnen. Die Reichswehr, so hielt Generalleutnant Liebmann, Befehlshaber im Wehrkreis V, die Worte Hitlers fest, sei und bleibe die »wichtigste und sozialistischste Einrichtung des Staates«, dabei »unpol[itisch] und überparteilich« wie eh und je. Es sei auch »keine Verquickung v[on] Heer und SA beabsichtigt«. Alle müßten zusammenwirken, um das »Ziel der Gesamtpolitik: Wiedergewinnung der politischen Macht«, also der totalen außenpolitischen und militärischen Aktionsfreiheit Deutschlands, zu erreichen.

Dazu sei, so Hitler weiter, die »völlige Umkehrung der gegenwärtigen innenpolitischen Zustände« notwendig. Liebmann schrieb immer schneller mit: »Ausrottung des Marxismus mit Stumpf und Stiel . . . Ertüchtigung der Jugend und Stärkung des Wehrwillens mit allen Mitteln. Todesstrafe für Landes- und Volksverrat. Straffste autoritäre Staatsführung.« In der Außenpolitik aber müsse für die Regierung weiterhin gelten: »Kampf gegen Versailles. Gleichberechtigung in Genf . . . Sorge für Bundesgenossen.«

Hier allerdings wurde Hitler vorsichtig. Es sei »falsch, sich zu sehr auf den Gedanken der Gleichberechtigung festzulegen«. Er wußte Besseres: »Wir müssen im geheimen wirtschaftlich und militärisch alle Vorbereitungen hundertprozentig treffen und erst, wenn wir dies erreicht haben, hervortreten«, denn nie dürfe man vergessen: »Gefährlichste Zeit ist die des Aufbaues der Wehrmacht. Da wird sich zeigen, ob Frankreich Staatsmänner hat; wenn ja, wird es uns Zeit nicht lassen, sondern über uns herfallen (vermutlich mit Ost-Trabanten).«

Was aber mit der dann gewonnenen Macht anfangen? Hitler gab sich unentschlossen: »Jetzt noch nicht zu sagen. Vielleicht Erkämpfung neuer Exportmöglichkeiten, vielleicht – und wohl besser – Eroberung neuen Lebensraums im Osten und dessen rücksichtslose Germanisierung.« Ein anderer Mitschreiber, Major von Mellenthin, notierte Hitlers Alternative so: »Wenn dies [Aufbau der Wehrmacht] erreicht ist, dann ist der Entschluß zu fassen: Absatzmärkte oder Kolonien? Ich bin für Kolonien.«[144]

Kaum einem der Zuhörer aber kamen Bedenken ob der Risiken einer so radikalen Politik. Die Militärs hatten wenig gegen Hitlers Ankündigungen einzuwenden. Der autoritäre Staat, den ihnen Hitler versprach, entsprach durchaus dem gesamtgesellschaftlichen Kriegskonzept der Schleicherschule, der Vorstellung, schon in Friedenszeiten alle Ressourcen der Nation für den Fall eines Krieges zu mobilisieren – Gemeinsamkeiten, die bald viele Militärs ins Lager Hitlers führten.

Zudem waren die hohen Militärs auch von anderen Kanzlern Brandreden gegen Marxismus und Pazifismus (Schleicher: »Volkszersetzende Giftstoffe«) gewohnt.[145] Und die expansionistischen Fernziele Hitlers? Ähnliches stand in den Thesenpapieren maßgeblicher Abteilungsleiter in Truppenamt und Marineleitung, etwa in der Denkschrift Otto von Stülpnagels aus dem März 1926 oder in der Niederschrift einer Besprechung der Marineleitung vom 22. Juli des gleichen Jahres, die sich streckenweise wie eine Kopie von »Mein Kampf« ausnahm.[146]

Da konnten die Zuhörer Hitlers seine Rede nur »außerordentlich befriedigend« (so Raeder) finden.[147] Einige meinten zwar, der neue Kanzler nehme den Mund reichlich voll, doch dem General Beck schien die Ansprache so normal, daß er schon nach ein paar Tagen nicht mehr genau wußte, was Hitler gesagt hatte.[148] »Business as usual« galt für die Militärs auch nach dem 3. Februar.

Die Historiker allerdings wollten es später anders sehen. In ihrer Optik hatte Hitler den »Gesamtentwurf seiner Politik«[149] vorgelegt und schon den Weg in den katastrophalen Lebensraumkrieg gegen Rußland vorgezeichnet, getreu den Thesen in »Mein Kampf« und Hitlers »Zweitem Buch«. Für manche Interpreten war Hammersteins Speisesaal sogar der geschichtliche Ort, an dem Hitler zum erstenmal »den Generalen seine Kriegspläne . . . darlegte«.[150]

Das greift nun freilich viel zu weit. »Kriegspläne« hat Hitler am 3. Februar ganz gewiß nicht ausgebreitet. Auch legte er sich mitnichten auf einen Kurs der Lebensraumeroberung im Osten fest, wie schon sein Plädoyer für die Erwerbung von Kolonien zeigte, das immerhin das gerade Gegenteil des Lebensraumkonzepts war, was jeder Leser von »Mein Kampf« wußte.

Nein, Hitler entwickelte am 3. Februar 1933 kein konkretes Programm, sondern hielt eine Werberede. Die allerdings hatte fatale Folgen: Sie begründete die Achse Hitler–Blomberg, um die sich hinfort die Politik des neuen Regimes drehen sollte, ließ jene Partnerschaft entstehen, die zu einer entscheidenden Voraussetzung für Hitlers Herrschaft in Deutschland wurde.

Für die Militärs hatte Hitler das erlösende Wort gesprochen: keine Gefährdung der militärischen Monopolstellung der Reichswehr durch die SA, Erhöhung der Reichswehr zur wichtigsten Einrichtung des Staates, Rückzug der Streitkräfte aus der Innenpolitik. Mit dieser »Entpolitisierung« der Reichswehr konnten sich die meisten Generale und Admirale abfinden, weil ihnen ohnehin Schleichers politische Betriebsamkeit nie sonderlich behagt hatte.

Das paßte auch in das Konzept der neuen Reichswehrführung, die nun allerdings unter Entpolitisierung keineswegs einen Abschied von der Politik verstand. Ihr maßgeblicher Kopf, Oberst Walther von Reichenau, neuer Chef des Ministeramtes im Reichswehrministerium, sah in der Entpolitisierung nur eine taktische Variante der Schleicherschen Politik, eine Tarnformel, mit der die Reichswehr ihren Anspruch auf Machtteilhabe in dem künftigen Staat anzumelden hatte.

Für Reichenau stand eisern fest : »Hinein in den neuen Staat, nur so können wir die uns gebührende Position behaupten.«[151] Was die Reichswehr bald zu einem bedenkenlosen Helfer der braunen Machteroberung machte, die sich stets auf die wohlwollende »Neutralität« der örtlichen Reichswehrkommandos stützen konnte. Mochte sich dabei auch noch mancher traditionelle, auf den Rechtsstaat fixierte Soldat schwertun, letztendlich gaben doch fast immer die alten antidemokratischen Instinkte der Militärs den Ausschlag.

Reichenau sprach schon wie ein Nazi, wenn er Ende Februar den Wehrkreisbefehlshabern einschärfte: »Morsches im Staat muß fallen, das kann nur mit Terror geschehen. Die Partei will gegen den Marxismus rücksichtslos vorgehen. Aufgabe der Wehrmacht: Gewehr bei Fuß.«[152] Und der liebenswürdig-schwache Reichswehrminister von Blomberg, stets weicher als sein Intimus Reichenau, schwärmte: »Es wird ein Glück sein, wenn diese Bewegung bald zu der von ihr erstrebten Totalität kommt.«[153]

Einer solchen Reichswehr mochte sich Hitler gern anvertrauen, zumal ihm im Augenblick auch gar keine Alternative blieb. Ihre Macht war größer denn je. Sie bestimmte weitgehend allein Tempo und organisatorischen Rahmen der Aufrüstung. Eine Weisung Hitlers räumte dem Reichswehrminister die ausschließliche Verantwortung für die Landesverteidigung ein, und bald folgte auch eine Entscheidung des Kabinetts, die die Reichswehr von jeder Rechnungsprüfung durch den 1927 etablierten Staatssekretärsausschuß befreite.[154]

Hitler aber ließ sich keine Gelegenheit entgehen, sich in flammenden Ansprachen zur »Wiederwehrhaftmachung des deutschen Volkes« zu bekennen. Für die nächsten vier bis fünf Jahre, so erklärte er am 8. Februar vor dem Kabinett, müsse der Grundsatz deutscher Politik lauten: »Alles für die Wehrmacht. Deutschlands Stellung in der Welt werde ausschlaggebend bedingt durch die deutsche Wehrmacht. Davon hänge auch die Stellung der deutschen Wirtschaft in der Welt ab.«[155]

Das war nur folgerichtig für einen Mann wie Hitler, der kaum anders als in sozialdarwinistischen Zwangsvorstellungen dachte, doch war es auch folgerichtig, gar opportun für eine Partei, die um jede Wählerstimme kämpfte? Wohl kaum. Die Wahlstrategen und Ökonomen der NSDAP hatten der Wiederaufrüstung nie eine zentrale Bedeutung beigemessen, trotz aller hemmungslosen Agitation gegen Versailles.

Angesichts des Massenelends stand für sie anderes im Vordergrund. Konjunkturbelebung, Arbeitsbeschaffung, Wohnungsbau, Investitionskontrolle, Kreditschöpfung, Siedlung – das zählte jetzt, das war politisch mitentscheidend. Es waren diese Versprechungen, die das »Wirtschaftliche Sofortprogramm« der NSDAP von 1932 zu einem brisanten Dokument gemacht hatten. Und die Aufrüstung? Das Sofortprogramm ignorierte sie. Hitler aber wollte beides, Beschaffungs- und Rüstungsprogramm, miteinander verbinden, womit er freilich nur wiederholte, was die

Reichswehrführung schon 1932 gefordert hatte: wirtschaftliches Wachstum durch vermehrte Staatsausgaben vor allem auf dem Rüstungsgebiet anzufachen und die Vergabe aller Ausgaben der öffentlichen Hand nach primär militärischen Gesichtspunkten auszurichten.[156]

Ebendies propagierte nun Hitler im Kabinett: »Alles für die Wehrmacht!« Gereke rief er ekstatisch zu: »Die Beseitigung der Arbeitslosigkeit wird das Werk von uns Nationalsozialisten sein! Wir werden das deutsche Volk wieder wehrhaft machen. Wir werden Kasernen und Flugplätze errichten. Wir werden die neuesten und modernsten Flugzeuge entwickeln. Alles das hilft, die Arbeitslosigkeit zu lindern.«[157]

Als jedoch der Reichsverkehrsminister Freiherr von Eltz-Rübenach den Bau eines Staubeckens in Oberschlesien mit den Mitteln aus Gerekes Etat finanzieren wollte, stellte sich Hitler dagegen, zumal auch Blomberg prompt einwandte, in erster Linie müsse an den unmittelbaren Bedarf der Reichswehr gedacht werden. Jede Arbeitsbeschaffungsmaßnahme, dozierte Hitler, müsse »unter dem Gesichtspunkt beurteilt werden, ob sie notwendig sei vom Gesichtspunkt der Wiederwehrhaftmachung des deutschen Volkes«. Das Staubeckenprojekt wurde vertagt.[158]

Hitler ereiferte sich dabei so lauthals, daß es den Ministern bald zuviel wurde. Schließlich gebe es, murrte Reichsarbeitsminister Seldte, »neben den rein wehrpolitischen Aufgaben auch noch andere volkswirtschaftlich wertvolle Arbeiten, die man nicht vernachlässigen dürfe«. Auch Schwerin von Krosigk ließ sich durch Hitlers Wortschwall nicht von seinem Kurs abbringen: Ungerührt strich er die Wunschliste des Reichswehrministeriums, das 100 Millionen Reichsmark aus dem Etat von Gerekes Sofortprogramm beanspruchte, um die Hälfte zusammen.[159]

Hitler wurde ärgerlich, als der Finanzminister dann auch noch den Etatplan für den Aufbau der geplanten Luftwaffe kürzen und statt der verlangten 42,3 Millionen nur 20 Millionen Mark freigeben wollte. Das sei ja, klagte er, der »minimalste Betrag, den man überhaupt in Erwägung ziehen könne«. Worauf eine neue Epistel über den Vorrang des Militärs folgte: »Alle anderen Aufgaben müssen hinter der Aufgabe der Wiederaufrüstung zurücktreten.«[160]

Wer Hitler nach seinen Worten beurteilte, mußte von der Betriebsamkeit des neuen Reichskanzlers für die »Wiederwehrhaftmachung« ungemein beeindruckt sein. Doch die Minister im Kabinett lernten rasch, zwischen Hitlers Worten und Taten zu unterscheiden. Da klaffte eine allzu große Lücke, die der ahnungslosen Umwelt allerdings meist entging.

Ergebnis: Die große Heeresvermehrung, die man Hitler zugetraut hatte, blieb aus, die schon in der Republik gestartete Wiederaufrüstung in ihrem konventionellen Rahmen. Hitler veranlaßte Blomberg Mitte Februar, auf höhere Anforderungen im Etatjahr 1933 zu verzichten. Eltz-Rübenach bekam doch Geld für seinen Staudamm und die anderen Minister am Ende die Mahnung ihres Kanzlers, sich »bei der Aufrüstung größte Zurückhaltung aufzuerlegen«.[161]

Nach einer völligen Kehrtwendung Hitlers indes sah aus, was er dann überraschend propagierte, als sich der Wahlkampf immer mehr erhitzte. Der Mann, der eben noch »alles für die Wehrmacht« opfern wollte, gab sich jäh als ein eifriger Apostel des zivilen Konsums.

Vermutlich waren es Meldungen über die Schwächen der NS-Wahlpropaganda, die Hitler handeln ließen. Mit Parolen wider Versailles allein waren zusätzliche Wählerschichten nicht zu gewinnen, vor allem nicht jene aus dem Reservoir der Nichtwähler, ohne die der Durchbruch der NSDAP in die absolute Mehrheit ein Traum bleiben mußte. Auch die Masse der Arbeitslosen erwies sich als schwer ansprechbar. Eher wuchs dort die Neigung zu den hochaktiven Kommunisten.

Die Stimmung im Lande, schrieb Sachsens geschäftsführender Ministerpräsident Schieck am 6. Februar an Hitler, »ist äußerst gedrückt und vielfach verzweifelt. Es ist nicht zu verwundern, daß unter diesen Verhältnissen eine radikale Propaganda, namentlich diejenige von Kommunisten geleiteter Erwerbslosenräte, leichtes Spiel hat.«[162] Mißstimmung machte sich selbst in der NSDAP breit, ohnehin verwirrt über Hitlers Pakt mit der »Reaktion«.

Jede neue Hiobsbotschaft machte es Hitler mehr zur Gewißheit, daß er reagieren mußte. Wie aber? Er benötigte etwas Konkretes, ein mitreißendes Signal, das die Sehnsüchte der Menschen nach Status und Sicherheit mit der bereits vage erkennbaren Belebung der Konjunktur verband. Plötzlich kam ihm eine Idee, so recht nach dem Geschmack des Autonarren und Technikfreaks.

Am 11. Februar zog er sich einen schwarzen Gehrock an und ließ sich zu den Ausstellungshallen am Kaiserdamm fahren, wo sich eben die Elite der Kfz-Industrie versammelte, um die Internationale Automobil- und Motorradausstellung zu eröffnen. Hitler hatte sich ausbedungen, die Eröffnungsrede zu halten, was einiges Aufsehen erregte. Noch nie hatte ein Reichskanzler auf einer Automobilausstellung gesprochen.

Vollends Verwunderung aber löste aus, was Hitler sagte, als er hinter dem Rednerpult in der Halle I stand. Er sprach wie ein Automanager zu anderen Automanagern: Nun müsse Schluß sein mit den »kleinlichen schikanösen Bewachungs- und Kontrollmethoden« des Staates gegenüber der Autoindustrie, »die Art unserer Steuergesetzgebung« habe lange genug »dem deutschen Automobilbau ohne Zweifel schweren Schaden« zugefügt. »Milliarden an Arbeitsstunden«, tadelte Hitler, »wurden vergeudet, während unser Straßennetz immer mehr verkommt!«

Dann wurde er konkret. Er werde die »heute wohl wichtigste Industrie« durch ein Bündel von Maßnahmen fördern, darunter »1. Herausnahme der staatlichen Interessenvertretung des Kraftwagenverkehrs aus dem Rahmen des bisherigen Verkehrs« und »2. allmähliche steuerliche Entlastung«.

Entscheidend aber war ihm der dritte Punkt: »Inangriffnahme und Durchführung eines großzügigen Straßenbauplanes«. Er sah schon Millionen von Automobilisten auf der Fahrt ins Glück. Hitler mit Seherblick: »Wenn man früher die Lebenshöhe von Völkern oft nach der Kilometerzahl der Eisenbahnschienen zu messen versuchte, dann wird man in der Zukunft die Kilometerzahl der für den Kraftverkehr geeigneten Straßen anzulegen haben.«[163]

Die Zuhörer waren so verblüfft, daß sie kaum begriffen, was sie da gerade miterlebt hatten: die Geburtsstunde des Autobahnbaus im Dritten Reich, den ersten eigenen Beitrag des neuen Regimes zur Krisenbekämpfung. Nur Geschichtskundige mögen geahnt haben, daß sie einer Art Premiere beiwohnten. Hitler sprach unweit der Stelle, an der zwölf Jahre zuvor die erste deutsche Autobahn, die 8,9 Kilometer lange Avus, eingeweiht worden war.[164]

Autobahnen – das Stichwort reizte Hitler, seit er es zum erstenmal gehört hatte. Die Italiener bauten bereits ihre Autostradas in größerem Stil, auch in Deutschland lagen Pläne für eine Nord-Süd-Autobahn bereit. Das animierte Hitler. Er wollte das ganze Reich mit einem Netz von »Automobilstraßen« überziehen, Transmissionsriemen der von ihm anvisierten »Volksmotorisierung«.

Und wo Autobahnen erdacht und geplant wurden, da konnte der Volkswagen nicht mehr fern sein, Traum von Millionen Menschen, die sich hinaussehnten aus Enge, Misere und Fremdbestimmung. Die Nationalsozialisten waren fix genug, auch diese Landschaft des deutschen Gemüts zu besetzen. »Das Reich des Automobils ist ein demokratisches Reich«, schrieb der »Völkische Beobachter« am Tag von Hitlers Rede und wußte schon, »nicht der Rolls-Royce und seine Klassengenossen«, sondern das »Volksauto« werde dereinst »dem Reich des Automobils sein Gesicht und seine Verfassung geben«.[165]

Doch Deutschlands Automanager hatten für Hitlers Visionen kaum einen Blick. Die Lage der Branche schien zu rosigem Optimismus keinen Anlaß zu geben. Trotz spürbarer Trendwende und besserer Absatzzahlen klagte Geheimrat Allmers, der Präsident des Reichsverbandes der Autoindustrie, »daß unsere Werke schwer zu kämpfen haben«. Die »Not im Kraftfahrgewerbe« war nicht nur für die »Kölnische Zeitung« offenkundig.[166]

Desto bizarrer mußte es scheinen, daß Hitler just auf den Aufschwung in der Autobranche setzte. Dabei waren seine Überlegungen ganz simpel: Ließ sich der Absatz in der Kfz-Industrie beleben, so mußte sich das auf andere Wirtschaftsbereiche wie eine Initialzündung auswirken, zunächst auf Zuliefererbetriebe, dann auf andere von der Autoindustrie abhängige Unternehmen, etwa Fabriken für elektrische Ausrüstungen oder Polstereien – und das bei einem »sofortigen Gewinn zahlreicher Arbeitsplätze, ohne daß dafür große Investitionen erforderlich waren«.[167]

Das überraschende daran war, daß Hitlers Rechnung (oder die seiner Berater) aufging. Das Signal vom Kaiserdamm wirkte sofort. Im März 1933 verzeichnete die Autoindustrie 42 Prozent mehr Zulassungen neuer Privatkraftwagen als im gleichen Monat des Vorjahres. Auch danach gingen die Absatzzahlen weiterhin nach oben, zumal bald ein Teil der versprochenen Steuererleichterungen folgte wie das geänderte Kraftfahrzeugsteuergesetz, das alle nach dem 31. März 1933 neu zugelassenen Pkw von der Kfz-Steuer befreite.[168]

Die Autoindustrie war in Bewegung geraten und zog die ihr verbundenen Branchen mit. Stahl- und Walzwerke meldeten verstärkte Aktivitäten, Farb- und Lackfabriken, Sägewerke und Webereien zogen nach. Das hieß zugleich Arbeit für mehr Menschen, wodurch »die Kfz-Fabriken zu einem kraftvollen Arbeitslosensauger wurden«, wie ein Autor notiert.[169] Einige Fabriken registrierten sogar schon Vollbeschäftigung, so die Auto-Union AG im April.[170]

Kaum ein Experte aber zweifelte daran, daß Hitler zu dem Aufschwung wesentlich beigetragen hatte. »Die deutsche Autoindustrie«, so hieß es später in einer Studie des Handelsministeriums der USA, »hat 1933 mit Siebenmeilenstiefeln die Depression hinter sich gelassen, und es war die Naziregierung, die ihr die Stiefel verpaßte.«[171]

Natürlich wäre es absurd, den Wiederaufstieg der Kfz-Industrie allein auf Hitler zurückzuführen. Der Trend nach oben hatte viele Gründe. Den Automobilausstellungen folgten stets ein paar Wochen lebhafteren Absatzes. Zudem offenbarten die Mitte April vorliegenden Zahlen des Instituts für Konjunkturforschung, daß selbst manche Insider die Lage der Kfz-Branche bei Jahresbeginn zu pessimistisch beurteilt hatten.[172] Gleichwohl blieb es rätselhaft, daß Hitler schon Anfang Februar wußte, was die Branche offiziell erst zwei Monate später aus der Statistik erfuhr. Der Fall verriet, daß der Naziführer ungleich größere Einblicke in die Wirtschaft hatte, als man ihm zutraute.

Selbst die Historiker hatten später Mühe, in Hitler etwas anderes zu sehen als einen blutigen Dilettanten in Fragen der Wirtschaftspolitik. Als unerschütterlicher Glaubenssatz galt, daß Hitler sich für die Wirtschaft nicht interessiert, ja, sie unverhüllt verachtet habe. Es konnten sogar gelehrte Abhandlungen über »Hitlers Weltanschauung« erscheinen, ohne seine wirtschaftlichen Auffassungen zu berühren, wobei die bizarre Idee Pate stand, Hitlers Denken habe ohnehin nur um zwei Themen, Krieg und Judenvernichtung, gekreist.[173]

Dabei enthüllte schon das unheilvollste Produkt Hitlerscher Gewaltideologie, die Erweiterung deutschen Lebensraums, wie häufig er sich mit wirtschaftlichen Fragen beschäftigte. Nicht rassistische Ideologie stand an seinem Anfang, sondern Wirtschaftliches. Hitler meinte, angesichts der Schrumpfung der Märkte infolge wachsender Industrialisierung der Agrarländer bleibe Deutschland nur die kriegerische Eroberung der Ostgebiete, um das gestörte Gleichgewicht zwischen Bevölkerungsentwicklung und Ernährungsgrundlage wiederherzustellen.[174]

Wirtschaft faszinierte Hitler, er war durchaus von der Schlüsselrolle der Wirtschaft für den Erfolg seines Regimes überzeugt. Eine autonome Bedeutung wollte er der Wirtschaft allerdings nicht einräumen. Er sah sie ausschließlich im Dienst des Staates, sowenig er auch die privatkapitalistischen Besitzverhältnisse antasten mochte. Hitler verstand: Ohne die Initiative und den Egoismus der Privatwirtschaft werde es keinen Aufschwung in Deutschland geben.

Er war dabei ebensowenig ein Romantiker der Reagrarisierung wie ein Ideologe der Bedürfnislosigkeit. Hitler setzte vielmehr auf wirtschaftlichen Fortschritt, auf Steigerung des Lebensstandards, moderne Technik, Innovation. Vor einem Mitarbeiter schwärmte er: »Denken Sie an Faust! Ein faustischer Wille, eine faustische Erfassung der Natur und ihrer Kräfte, der Möglichkeiten der Technik und des menschlichen Genies, sie müssen die wahren Merkmale einer erwachenden neuen Zeit sein.«[175]

Nichts aber begeisterte Hitler (»Ich bin, ich sage es ganz offen, ein Narr der Technik«) mehr als die Welt des Autos. Schon 1927 malte er sich aus: »Wir leben in einem Zeitalter der Motorisierung der Welt . . . Die Motorisierung der Welt macht ungeheure Fortschritte. Sie kriecht in Städte und Dörfer. Mehr und mehr beginnt sie die Kraft des Menschen und des Tieres zu ersetzen, durch die Kraft der motorgetriebenen Maschinen.«[176]

Hitlers närrische Vorliebe für Motoren und schnelle Autos wußte vor allem ein Mann zu befriedigen, der hinter der Kanzlerrede vom 11. Februar 1933 stand. Es war der Münchner Daimler-Benz-Direktor Jakob Werlin, der Hitler seit 1923 mit Benzwagen belieferte und automobilistisch beriet.[177] Unermüdlich war er, wenn es galt, den Führer der NSDAP mit den Neuerungen der Branche vertraut zu machen, schier unerschöpflich der Strom seiner Anregungen und Tips, den er zu Hitlers Schreibtisch lenkte: Vorschläge über steuerliche Entlastungen der Autoindustrie, Skizzen neuer Automodelle, Hinweise auf wichtige Persönlichkeiten der Branche.

Allmählich kristallisierte sich dabei der ehrgeizige Plan heraus, die im Vergleich zum Ausland weit zurückliegende Autoproduktion Deutschlands auf Weltniveau zu bringen und aus den Deutschen ein Volk von Autofahrern zu machen. Das hatte freilich nur Sinn, wenn zugleich auch neue Straßen gebaut wurden, denn die für den Autoverkehr freigegebenen Straßen Deutschlands befanden sich in einem katastrophalen Zustand: 65 Prozent der Straßendecken waren nahezu völlig zerstört.[178]

Allerdings machten sie auch schon im Normalzustand das Autofahren zum Abenteuer. Die Straßen in den Städten gingen noch an, doch schon die »Durchfahrten durch Dörfer glichen eher Höllenschaukeln, denn die Bürgermeister zwangen die ungeliebten Autos gern mit Hilfe von Schlaglöchern oder Katzenkopfpflaster zum Bremsen«.[179] Dann aber erst die Landstraßen: Ihr Schotter und ihre konvex gewölbten Decken erlaubten nur das Fahren in der Straßenmitte und ließen die Fahrer nicht selten bei Gegenverkehr im Straßengraben landen.

Hier wußte Hitler einen Ausweg. Er hatte von einem Parteigenossen gehört, der eine Vorstellung darüber habe, wie man Straßenbau und Krisenbekämpfung miteinander verbinde. Er wollte Fernstraßen bauen, die ermöglichten, Hunderttausende von Arbeitslosen auch außerhalb ihrer angestammten Berufe zu beschäftigen und zugleich das Straßennetz entscheidend zu verbessern.

Der Mann hieß Fritz Todt und war Oberingenieur bei der Münchner Straßenbaufirma Sager & Woerner. Er führte seit langem einen einsamen Kampf gegen das technische Desinteresse einer nur profitinteressierten Industrie und den Unverstand der eigenen Partei. Die wollte nichts von »Automobilstraßen« hören, im Gegensatz zu der späteren Propagandalegende, Hitler mit seiner NSDAP sei der Erfinder der deutschen Autobahnen gewesen.[180] Hitler mag tatsächlich einmal, wie alte Nazis erzählten, 1924 auf einem Blatt Papier eine »Kraftwagenstraße« entworfen haben, doch die Autobahnidee hatten andere vorangebracht, in erster Linie ein Verein, der sich den holprigen Namen HAFRABA zugelegt hatte. Sein voller

Name, Verein zur Vorbereitung der Autostraße *Hansestädte–Frankfurt–Basel*, verriet schon, was er vorhatte: den Bau einer 881 Kilometer langen Nord-Süd-Autobahn.[181]

Doch der Verein fand keinen Partner im Staatsapparat. Die schwachen Kanzler der Republik wagten nicht die Auseinandersetzung mit der störrischen Leitung der Reichsbahn, die sofort gegen den möglichen Konkurrenten Front machte. Auch unter den Parteien regte sich nur matte Zustimmung. Eine indes bekämpfte die HAFRABA-Pläne besonders heftig: die NSDAP.

Straßer und seine Wirtschaftspolitische Abteilung lehnten jeden Autobahnbau als unproduktiv und überflüssig ab. Die NS-Ökonomen standen noch ganz im Banne des renommierten Volkswirtschaftlers Werner Sombart, der die Partei beschwor, diese »Straßen für den heiteren Lebensgenuß reicher Leute« auf keinen Fall zu bauen; ein Verzicht auf Autobahnen könne nur »zum Segen des Volkes, zum Heil seiner Regierung« ausschlagen.[182] Todt wurde abgewiesen.

Er gab jedoch nicht auf. Todt fand Unterstützung bei Leuten, die in dem nationalistischen, aber auch ebenso industriekritischen Kampfbund der deutschen Architekten und Ingenieure saßen. Die ließen sich gern dazu anstiften, ein Straßenbauprojekt zu erarbeiten, in dem einmal nicht die Interessen der Privatwirtschaft Vorrang haben sollten.

Daraus entstand ein ambitiöser Plan: innerhalb von fünf Jahren Autobahnen in Länge von 5000 bis 6000 Kilometer zu bauen, wobei 600 000 Menschen, etwa 10 Prozent der damals registrierten Arbeitslosen, beschäftigt werden sollten. Todt und seine Freunde wollten dabei weitgehend auf den Einsatz von Maschinen verzichten, damit nicht am Ende moderne Technik und Rationalisierung wieder zunichte mache, was zweitwichtigster Zweck des Projekts war: die Arbeitslosigkeit abzubauen.[183]

Deshalb wollte Todt auch Bau und Betrieb der Autobahnen nicht privaten Gesellschaften allein überlassen, da sie »nur nach der finanziellen Rendite der rationellsten Bauweise arbeiten würden«. Zentrale Planung und die Kontrolle der Privatfirmen sollten vielmehr in der Hand des Staates liegen, der auch das Gros der Kosten (Gesamtsumme: 5 Milliarden Reichsmark) zu tragen habe.[184]

Das alles faßte Todt in einer Denkschrift zusammen, sobald er eine Chance sah, in der Partei doch noch zum Zuge zu kommen. Nach dem Sturz Gregor Straßers und der Zerschlagung seines Apparats war es soweit. Im Januar 1933 schickte Todt sein Papier an Hitler.

Der griff Todts Idee auf, als er einen zündenden Gedanken für den Wahlkampf der Partei suchte. So floß schließlich alles in Hitlers Rede vom 11. Februar ein: Todts Autobahnprojekt, Werlins Steuerpläne, dazu auch noch etwas Gedankengut Schleichers, der schon im Januar vorgehabt hatte, die Kfz-Steuer zu senken und dies »noch vor Durchführung« der . . . Automobilausstellung« bekanntzugeben.[185]

Hitler konnte mit der öffentlichen Wirkung seines Auftritts am Kaiserdamm zufrieden sein. Das Schlagwort von der »Motorisierung des deutschen Volkes«

zündete zumindest in den mittleren Einkommensschichten und weckte dort Hoffnungen auf eine baldige Erhöhung der Lebensqualität. Straßenbaufirmen, Fahrschulen, Gemeinden und Arbeitsämter machten mobil, auch der HAFRABA.

Gleich nach Hitlers Rede meldete sich der HAFRABA-Vorsitzende Willy Hof in der Reichskanzlei und erläuterte dem Kanzler die Pläne seines Vereins, die dieser jedoch schon im wesentlichen kannte. Überglücklich verabschiedete sich Hof, hatte doch Hitler durchblicken lassen, daß sich der Autobahnbau weitgehend auf die Pläne der HAFRABA stützen werde.[186]

Anfang März war Hof wieder in der Reichskanzlei, diesmal eingeladen zu einer Kabinettssitzung, auf der er abermals über die HAFRABA-Pläne referierte. Prompt erhob der Reichsbahn-Generaldirektor Dorpmüller schwere Bedenken gegen das Projekt. Doch Hitler setzte sich durch, nicht zuletzt durch sein Zugeständnis, Bau und Betrieb aller Autobahnen Dorpmüllers Deutscher Reichsbahn-Gesellschaft zu übertragen.[187]

Hof erhielt den Auftrag, seinen Verein in eine Gesellschaft umzuwandeln und mit Experten der HAFRABA zunächst die Linienführung der Autobahnen festzulegen. Das Abenteuer »Reichsautobahnen« nahm erste Konturen an, Beginn eines Jahrhundertwerks, das schon in wenigen Jahren Millionen Deutsche in seinen Bann schlagen sollte, denkwürdigstes Monument nationalsozialistischer Faszinations- und Verführungskunst.

Die Militärs aber konnten Hitlers Ausflügen in die Volksbeglückung keinen rechten Geschmack abgewinnen. In ihrer Sicht mußte Hitlers Volksmotorisierung wie ein Gegenprogramm zur »Wiederwehrhaftmachung« wirken. Ebenso deutet es auch ein Historiker: »Die am zivilen Verbraucher orientierte ›Motorisierung des deutschen Volkes‹ entpuppte sich als Alternative zur Aufrüstung und nicht als Teil der Kriegsvorbereitung selbst.«[188]

Schon die Förderung von Privatkraftwagen, namentlich von Kleinwagen, lag nicht im Interesse der Reichswehr. Das leichte Fahrwerk der Kleinwagen machte sie für einen Einsatz im Kriegsfall ungeeignet, aber auch den meisten der größeren Modelle fehlte Geländegängigkeit. Dagegen wurde die für das Militär allein interessante Lkw-Produktion vom Reich nicht gefördert.[189]

Nicht anders die Autobahnen. Einen militärischen Sinn konnte das Reichswehrministerium in ihnen kaum erkennen, eher eine Gefahr. Autobahnen würden im Kriegsfall den Kampfflugzeugen des Gegners als Richtungsanzeiger dienen können. Militärische Kolonnen boten überdies »auf den hellen Betonbändern der Autobahnen ... Luftangriffen ein so günstiges Ziel, daß ihre Bewegung ein untragbares militärisches Risiko darstellte«.[190]

Die Militärs sahen mithin keinen Anlaß, zivilistischen Phantasien von einem Zukunftskrieg auf den Autobahnen näherzutreten. Die Motorisierung des Heeres steckte ohnehin noch in den Anfängen. Für Blombergs Planer war es selbstverständlich, daß auch der nächste Krieg wie alle seine Vorgänger seit 1870 transportmäßig auf der Eisenbahn, nicht aber auf den Straßen geführt werden würde (was sich später im Zweiten Weltkrieg bewahrheiten sollte).

Kein Wunder, daß die Autobahnen nicht nach militärischen Gesichtspunkten gebaut wurden. Wie sollten sie auch? In erster Linie wurden nur Teilstrecken in Angriff genommen, für die der HAFRABA schon Baupläne besaß, und der war nun gewiß ein kommerzielles Unternehmen, dem jeder militärische Ehrgeiz fehlte. Was ein Blick in die weite Zukunft bestätigt: Hätten die 1939 fertiggestellten Teilstrecken strategische Bedeutung besessen, so hätte sich aus ihrer Anlage nur die absurde Folgerung ergeben, daß Hitler damals einen Angriffskrieg gegen Italien und Dänemark plante.[191]

Die »Straßen des Friedens«, wie Todt sie nannte, blieben Instrumente ziviler Wirtschaftsplanung und politischer Manipulation. Von Anfang an war Propaganda mit im Spiel gewesen, denn die Ankündigung des Autobahnbaus und der Volksmotorisierung sollte helfen, die Wahlchancen der NSDAP bei der entscheidenden Stimmabgabe am 5. März 1933 zu verbessern.

Auf diesen 5. März waren alle Energien der Nazipartei konzentriert, war jeder SA-Mann, jeder Parteigenosse, jeder NS-Werber ausgerichtet. Hunderterlei die Wege, auf denen die Braunen ihre Botschaft an den Wähler heranzubringen wußten. Da gab es Trupps mit besonders geschulten Reichsrednern und Gaurednern, da gab es Spezialversammlungen, SA-Aufmärsche, Plakatpropaganda, da schütteten Flugzeuge Millionen von Flugblättern auf das Land und ratterten ganze Kolonnen von Lautsprecherwagen durch die Provinz.

Die NS-Propaganda versetzte Millionen Deutsche in »einen Taumel blinder Glaubensseligkeit«, wie ein Historiker formuliert.[192] Schon der Ausbruch der Massenseele am 30. Januar hatte gezeigt, welche beinahe religiöse Erwartungen die Menschen an den Namen Hitler knüpften. Was sie seither von ihm gesehen hatten, steigerte noch das unhaltbare Verlangen, dem Wundertäter alle Hindernisse aus dem Weg zu räumen.

Dazu die Furcht, die alles lähmte und alles möglich erscheinen ließ, Furcht, die keine ruhige Überlegung mehr erlaubte. Da wuchs der unstillbare Wunsch vieler, allzu vieler Menschen, sich einem scheinbar außergewöhnlichen Mann anzuvertrauen, notfalls sogar hinzunehmen, was herkömmlicher Moral widersprach.

In dieses Pulverfaß der Ängste, Hoffnungen und Erregungen flog am Abend des 27. Februar jäh ein Funke. Ihn hatte ein schwärmerischer Rätekommunist aus Holland namens Marinus van der Lubbe gezündet, der in keiner deutschen Rechnung vorkam. Er wollte ein Fanal gegen den »Faschismus« setzen und steckte mit ein paar Kohleanzündern das ganze Reichstagsgebäude am Berliner Platz der Republik in Brand.[193]

Der sofort alarmierte Göring mochte nicht an einen einfachen Brand glauben, sondern witterte etwas Großes dahinter. Darin wurde er von dem ihn begleitenden Ludwig Grauert, dem Leiter der Polizeiabteilung des preußischen Innenministeriums, bestärkt, der meinte, hinter dem Brand stecke sicher die »Kommune«. Er hatte gehört, daß kurz vor Ausbruch des Brands der KPD-Fraktionschef Torgler als letzter Abgeordneter den Reichstag verlassen habe.[194] Grauerts Verdacht faszinierte Göring, im Nu war er davon überzeugt, daß der Brand nur ein Anfang sei,

Auftakt eines lang geplanten Putsches der Kommunisten, der jeden Augenblick ausbrechen könne. Seinen zweifelnden Pressechef fuhr er an: »Das war nicht ein Mann. Das waren zehn, zwanzig Männer. Mensch, wollen Sie denn nicht begreifen? Das war die Kommune. Das ist das Signal zum kommunistischen Aufstand!«[195]

Göring ließ sich von seiner fixen Idee nicht mehr abbringen und riß auch den am Tatort erschienenen Hitler mit sich, der völlig die Nerven verloren hatte. Er wetterte gegen die heimtückischen Mächte, die die Wahl hintertreiben wollten, und verlangte hysterisch, alle kommunistischen und sozialdemokratischen Funktionäre zu verhaften, ja die Reichstagsabgeordneten der KPD sofort aufzuhängen.[196]

Gespenstisch, wie da die beiden führenden Nazis ihrer eigenen antikommunistischen Greuelpropaganda erlagen. Sie glaubten ernsthaft, daß ein kommunistischer Aufstand unmittelbar bevorstand. Das Revolutionspathos der KPD, die in offenen Propagandaschriften und in geheimen Instruktionen ständig den »Massenaufstand« ankündigte, konnte manchen Uneingeweihten zu der Annahme verleiten, die Partei Moskaus plane einen Gewaltstreich gegen den an die Macht gekommenen deutschen Faschismus.

Selbst hohe Polizeibeamte, seit Jahren Beobachter des kommunistischen Untergrundapparats, rechneten damals zumindest mit Sabotageaktionen der KPD gegen öffentliche Verkehrsbetriebe und Elektrizitätswerke.[197] Das war so falsch wie manches, was die Polizei über die KPD zu wissen meinte. In Wirklichkeit hatte die KPD-Führung (zum Ärger militanter Genossen) jeden Gedanken an einen Aufstand aufgegeben und längst begonnen, die Partei auf die illegale Arbeit in einer Hitlerdiktatur umzustellen.

Dennoch war Göring entschlossen, den Schlag gegen die KPD mit größtem Getöse zu führen. Noch in der Nacht zum 28. Februar schwärmten Kommandos der preußischen Polizei aus, um sämtliche kommunistische Abgeordnete des Reichstags, der Länderparlamente und Stadtverordnetenversammlungen und alle Parteifunktionäre zu verhaften. 4000 Namen standen zunächst auf den schwarzen Listen, die schon in der Republik aufgestellt worden waren.[198]

Die Jagd auf die Kommunisten aber wurde zum Auftakt eines systematischen Abbaus von Bürgerrechten. Um die Kommunistenhatz zu legalisieren, entwarf Reichsinnenminister Frick eine Notverordnung, die zwar formal nur der »Abwehr kommunistischer staatsgefährdender Gewaltakte« galt, praktisch aber den Ausnahmezustand über Deutschland verhängte.[199]

Durch Paragraph 1 der Verordnung wurden wesentliche Grundrechte der Verfassung außer Kraft gesetzt, unter ihnen die Freiheit der Person, das Recht auf freie Meinungsäußerung, die Presse-, Vereins- und Versammlungsfreiheit, die Unverletzlichkeit des Brief-, Post- und Fernsprechgeheimnisses, der Schutz von Eigentum und Wohnung. Ebenso einschneidend war Paragraph 2, der die Reichsregierung ermächtigte, in die Souveränität der Länder einzugreifen, wenn diese »die zur Wiederherstellung der öffentlichen Sicherheit und Ordnung nötigen Maßnahmen« nicht ergreifen würden.

Diese »Notverordnung des Reichspräsidenten zum Schutz von Volk und Staat« vom 28. Februar 1933 war der große juristische Knüppel, mit dem fortan in Deutschland alle oppositionellen Regungen als staatsgefährdend niedergeschlagen werden konnten. Sie bereitete schon die Gleichschaltung der noch nicht unter NS-Kontrolle stehenden Länder vor und stellte einen ersten Einbruch in die rechtsstaatliche Ordnung dar, fehlten doch der Notverordnung wesentliche Rechtsgarantien, so das Prinzip richterlicher Nachprüfung von staatlichen Maßnahmen, das Beschwerderecht, die Fixierung von Tatbeständen, auf die die NO anzuwenden war – reiches Feld für behördliche Willkür.

Doch die krisengeschüttelten Deutschen hatten keinen Blick für die tödliche Gefährdung ihrer Freiheiten, im Massenelend und Straßenterror waren die individuellen Bürgerrechte ziemlich billig geworden. Zudem erregte neben der wirtschaftlichen Not nichts so sehr wie die angebliche rote Revolutionsgefahr, die echte Furcht und Panik in Bürgerköpfen verbreitete.

Der kommunistische Bürgerschreck war jedoch nicht nur ein Produkt der NS-Propaganda. Er wurde jeden Tag durch den blutrünstigen Wortradikalismus der KPD und den Straßenterror ihrer Selbstschutzorganisationen aufs neue gefördert. Die Erinnerung an die kommunistischen Aufstände in den ersten Jahren der Republik war noch wach, die Abhängigkeit der stalinistischen Partei von Moskau eine ständige Provokation des deutschen Bürgers, so maßlos er auch die kommunistische Gefahr überbewertete.

So sahen es viele Bürger nicht ungern, daß die neue Reichsregierung »kurzen Prozeß« mit den Kommunisten machte. Die rüde Verfolgung regte sie nicht auf. Zum erstenmal machte die nationalsozialistische Propaganda, so ein britischer Historiker, »die praktische Erfahrung, daß Terror gegen ohnehin diskreditierte Minderheiten Popularitätszuwachs verschaffen kann«.[200]

Hitler mit seiner unübertroffenen Witterung für Massenstimmungen steigerte denn auch noch einmal die antikommunistische Haßpropaganda, um den letzten Wähler für den Nationalsozialismus zu gewinnen. Schamlos nutzten die Partei und ihre Vertreter im Staatsapparat die Macht, die ihnen durch die Notverordnung vom 28. Februar zugefallen war.

Was vor allem die Sozialdemokratie zu spüren bekam, auf die sich nun die Brachialpolitik der Nazis konzentrierte. In Preußen verboten die Behörden eine SPD-Zeitung nach der anderen wegen angeblich staatsgefährdender Veröffentlichungen, und bald gab es keine SPD-Kundgebung mehr, in der nicht Polizisten auf jedes Wort der Redner aufpaßten und sofort einschritten, wenn sie glaubten, eine »staatsfeindliche« Äußerung gehört zu haben. Auch die Gutgläubigsten merkten allmählich, daß dies kein normaler Wahlkampf mehr war. Stoßtrupps der SA störten systematisch die Wahlkundgebungen der SPD, aber auch anderer republikanischer Parteien. Demokratische Funktionäre wurden auf offener Straße von SA-Männern, die jetzt als »Hilfspolizisten« figurierten, überfallen, und der Terror gegen die Sozialdemokratie nahm so überhand, daß die Partei die meisten ihrer Kundgebungen in geschlossene Säle verlegen mußte.

Dazu all die Enttäuschungen, Demütigungen und Selbstvorwürfe, die die noch standhaften Formationen der Republiktreuen immer mehr zusammenschrumpfen ließen: Hunderte von ihren besten Funktionären in wilde KZ verschleppt, die Organisation von ständigen Polizeischikanen bedroht, Tausende entmutigt und irritiert von den Absetzbewegungen führender Republikaner, unter denen die Flucht Otto Brauns in die Schweiz am Vorabend der Wahl wohl die beklemmendste war.[201]

So schien alles auf den totalen Nazisieg am 5. März hinauszulaufen, und doch ging die vermeintliche Schicksalswahl vorbei, ohne den Nationalsozialisten den vollen Triumph gebracht zu haben. Gewiß, ihre Stimmengewinne waren enorm, 43,9 Prozent der Wähler hatten für die Partei votiert. Für demokratische Arbeiterführer ein deprimierender Anblick: Die NSDAP hatten fast ebensoviel Arbeiter gewählt wie die »klassische« Arbeiterpartei SPD.[202]

Indes, schon die erste Auswertung einzelner Wahlergebnisse verriet, daß die Krisenpropaganda der NSDAP mit ihren großspurigen Versprechungen kaum gewirkt hatte. Die Masse der Arbeitslosen hatte sich den Nazis verweigert. Wo immer in einem Wahlkreis überdurchschnittlich hohe Arbeitslosigkeit herrschte, hatte die NSDAP relativ schlecht abgeschnitten.

Bis zuletzt hatten die NS-Wahlkämpfer erwartet, daß sich die meisten erwerbslosen Wähler für ihre Partei entscheiden würden. Sie täuschten sich darin ebenso wie später die Historiker, die im Massenheer der Arbeitslosen die sicherste Gefolgschaft der NSDAP und in dessen Votum die eigentliche Ursache für den bestürzenden Wahlerfolg von Hitlers Bewegung sahen.

In Wirklichkeit hatten nur 17 Prozent der arbeitslosen Wähler für die NSDAP gestimmt. Der größte Stimmenblock der Erwerbslosen war an die verfolgte, aus taktischen Gründen dennoch weiterhin zugelassene KPD gegangen, doppelte Herausforderung der Nationalsozialisten, die keine Mühe gespart hatten, Moskaus Partei zum Staatsfeind Nr. 1 zu kriminalisieren.[203]

Die Wahl des 5. März 1933 enthielt eine Lektion, die die NS-Führer so rasch nicht mehr vergessen sollten. Keine Magie Hitlers, keine terroristischen Exzesse konnten die politisch-soziale Lage in Deutschland wirksam verändern. Die demokratischen Parteien hatten kaum größere Verluste erlitten als in den Wahlen zuvor – allen Pressionen der Nazis zum Trotz.

Allein der neuerliche Anstieg der Arbeitslosigkeit hatte der NSDAP noch einmal einen kräftigen Wählerschub gebracht.[204] Deutlicher konnte sich abermals nicht offenbaren, wie eng Wirtschaftslage und Erfolg der NSDAP voneinander abhingen: Dauerthema für das künftige NS-Regime.

2. Amoklauf einer Revolution

Adolf Hitler wollte nicht glauben, was er da eben hörte. Erbost stand er im Arbeitszimmer Hermann Görings, der führende Parteigenossen eingeladen hatte, mit ihm den Wahlabend des 5. März 1933 zu verbringen, und starrte auf die Männer, die einzelne Wahlresultate hochrechneten. Für sie gab es am Ende keinen Zweifel mehr: Die NSDAP hatte die absolute Mehrheit verfehlt.

Hitler brütete vor sich hin, dann brach es aus ihm heraus: Nun werde man also, wetterte er, »die Bande« doch nicht los, jedenfalls nicht, solange Hindenburg noch lebe.[1]

Die Bande – das waren Hugenberg, Papen und Seldte mit ihrer »Kampffront Schwarz-Weiß-Rot«, die 8 Prozent der Wählerstimmen erhalten hatte. Ohne sie konnte Hitler nicht regieren. Nur mit den Stimmen der Kampffront ließ sich die absolute Mehrheit im Reichstag zusammenbringen, die Reichspräsident von Hindenburg versprochen worden war und von der er seine Zustimmung zur Fortsetzung des Kabinetts Hitler abhängig machte.

Hitler wollte sich schon in die unerwartete Lage fügen, da befreite ihn eine politische Eruption ohnegleichen aus aller Verlegenheit. Erst waren es ein paar Einheiten der SA, die siegestrunken auf die Straßen stürzten, um ihre Gegner zu jagen, dann rotteten sich fanatisierte Volkshaufen in Stadt und Land zusammen, um alles niederzutrampeln, was sich der braunen Erweckungsbewegung noch entgegenstellte.

Der zweite, der eigentliche Akt der nationalsozialistischen Machtergreifung hatte begonnen. Es war ein Erdrutsch, der die gewohnte politische Welt der Deutschen radikal veränderte – durch einen Prozeß teils erzwungener, teils freiwilliger Gleichschaltung, in dem sich nationaler Erweckungseifer und simpler Anpassungsdrang, die sozialen Ressentiments zu kurz gekommener Bevölkerungsschichten und die Beutegier nationalsozialistischer Funktionäre miteinander verbanden.

Ihre ersten Opfer waren die meist von bürgerlichen Parteien gestellten Länderregierungen, die sich bis dahin dem Sog der »nationalen Revolution« entzogen hatten. Sie hatten in der Regel eine Schwäche: Ihnen fehlten parlamentarische Mehrheiten. Und das machten sich die Nazis zunutze.

In Hamburg hatten sie noch am 5. März losgeschlagen, mit der Forderung der örtlichen NSDAP, einen Parteigenossen mit der Leitung der Polizei zu betrauen. Als sich der Senat weigerte, rotteten sich nationalsozialistische Polizeibeamte zusammen und hißten auf Gebäuden der Hamburger Polizei die Hakenkreuzfahne. Der Senat reagierte so hilflos, daß Frick eingriff und einen SA-Führer zum kommissarischen Polizeibeauftragten des Reiches ernannte, wobei als Begründung diente, der Senat könne die öffentliche Sicherheit nicht mehr gewährleisten. Der Senat trat zurück, Hamburg war gleichgeschaltet.[2]

Das war das Muster, nach dem nun alle weiteren Gleichschaltungsoperationen abliefen: Forderung nach einer Besetzung des höchsten Polizeipostens durch einen Nationalsozialisten, daraufhin putschähnliche Massenkundgebungen der Partei, Hissen der Hakenkreuzfahne auf öffentlichen Gebäuden, Intervention von Frick.

So geriet ein Land nach dem anderen in die Gleichschaltungsmaschinerie der Nazipartei. Am 6. März fielen Bremen und Lübeck, am 7. März zwangen SA- und SS-Einheiten die hessische Regierung zum Rücktritt, am 8. März rissen hohe NS-Funktionäre in Baden, Württemberg und Sachsen die Macht an sich, am nächsten Tag war Bayern an der Reihe.[3]

Ohne jeden Sinn und höheren Auftrag begannen Gruppen der NSDAP, ihre eigene Revolution zu machen: Stoßtrupps der Partei, meist Männer aus der SA, stürmten die Rathäuser und rissen die Leitung der Gemeinden an sich. Sie störten Gerichtsverhandlungen und jagten jüdische Richter und Staatsanwälte davon. Sie brachen in jüdische Geschäfte ein, um Akten zu beschlagnahmen und das Personal zu »arisieren«.

Sie boykottierten jüdische Krankenhäuser und organisierten Protestdemonstrationen gegen Banken und Börsen. Bis in Universitäten und Theater drangen ihre »Kommissare« vor, um Lehrkörper und Schauspielerensembles zu zwingen, sich von Juden und Demokraten zu »säubern«. Nichts schien ihrem Zugriff zu entgehen: Kulturgemeinden, Interessenverbände, Berufsgenossenschaften, Parteien.

Selbst in die internen Auseinandersetzungen der evangelischen Kirche um eine Vereinheitlichung und soziale Öffnung ihrer Organisation mischten sie sich ein. Die Partei animierte die NS-nahe Glaubensbewegung der »Deutschen Christen« (DC) zu einer Machtergreifung in der Kirche, um einen Kandidaten Hitlers an deren Spitze zu bringen, was allerdings zunächst mißlang: Der Gegenkandidat wurde gewählt, worauf in Preußen die Kirche in die Hand eines rüden Staatskommissars geriet, der den DC fast alle kirchliche Macht überließ.[4]

Unsäglich der Terror, den die braunen Herren in jenen Tagen praktizierten. Die Berliner SA schickte Greifkommandos aus, die wahllos politische Gegner überfielen, meist Kommunisten und linke Sozialdemokraten, aber auch liberale Bürger, die irgendwann einmal den SA-Männern unangenehm aufgefallen waren. Die SA-Rowdys verschleppten ihre Opfer in Schuppen, Bunker, Keller und abgelegene Wälder, um sie dort in »wilden« (im Gegensatz zu den staatlich anerkannten) Konzentrationslagern festzuhalten und zu malträtieren.

Entsetzt beobachtete der deutsche Bürger, wie barbarisch die Nazis mit ihren Gegnern, tatsächlichen oder eingebildeten, umsprangen. Diese Szenen des Machtrauschs vergaß er nie wieder: brüllende SA-Männer auf rasenden Lastwagen, Anrempeleien in Lokalen, Herunterschubsen von den Bürgersteigen, Einbrüche in Villen und Wohnungen einst mächtiger Republikaner und immer wieder das Wegschleppen verängstigter, geschlagener Menschen – das brannte sich im Gedächtnis des Bürgers ein.

Was er nicht sah, war freilich noch weit übler: die oft viehische Behandlung von Häftlingen in den Konzentrationslagern der SA und SS. Die Verschleppten wurden auf Hungerrationen gesetzt, mußten auf faulendem Stroh schlafen, ständig neuen Brutalitäten ausgesetzt. Die Häftlinge, notierte ein hoher Beamter der Polizei nach der Durchsuchung eines SA-Lagers, »waren tagelang stehend in enge Schränke gesperrt worden, um ihnen ›Geständnisse‹ zu erpressen. Die ›Vernehmungen‹ hatten mit Prügeln begonnen und geendet; dabei hatte ein Dutzend Kerle in Abständen von Stunden mit Eisenstäben, Gummiknüppeln und Peitschen auf die Opfer eingedroschen. «[5]

Aber auch in den staatlich kontrollierten KZ, eingerichtet nach den ersten Massenverhaftungen von Kommunisten im Gefolge des Reichstagsbrands, ging es nur um Grade ziviler zu. Die Lager von Dachau, Oranienburg, im Moor des Emslands und in Sonnenburg galten mit ihren rüden Prügelstrafen und schießwütigen Wachen schon frühzeitig als Synonyme von Machtrausch und Menschenverachtung.

»Kazett« – das wurde zusehends mehr zu der schweigenden, allgegenwärtigen Drohung, die fortan über jedem Deutschen schwebte. Sie war bewußt in die Welt gesetzt, um jeglichen Oppositionsgeist zu lähmen. Ihr Hauptzweck, so formuliert einer, der jahrelang ihr Opfer war, bestand in der »Ausschaltung jedes wirklichen oder vermuteten Gegners der nationalsozialistischen Herrschaft. Absondern, diffamieren, entwürdigen, zerbrechen und vernichten – das waren die Formen, in denen der Terror in Wirksamkeit trat. «[6]

Deutschland war nahe daran, in einer Flut von Gewalt und Willkür unterzutauchen, die allem hohnsprach, was die Nationalsozialisten an Ordnung und Erneuerung versprochen hatten. »Jeder verhaftet jeden«, klagte der in Bayern amtierende SA-Gruppenführer Wilhelm Schmid, der sich noch einen Sinn für rechtsstaatliche Ordnung bewahrt hatte, »jeder bedroht jeden mit Schutzhaft, jeder droht jedem mit Dachau. «[7] Und Bayerns neuer NS-Justizminister Hans Frank sah bereits den ganzen Staat »mit Chaos bedroht« – manche hielten die Gefahr schon für schiere Wirklichkeit.[8]

Sowenig auch der chaotische Gleichschaltungsterror der Braunen das Unterste zuoberst kehren und die gesellschaftliche Wirklichkeit verändern konnte – schlimm genug war, was der Aufstand fanatischer Provinzialität und hemmungsloser Beutegier im Lande anrichtete.

Nie zuvor hatte eine politische Wende dem geistigen Deutschland üblere Wunden geschlagen als die »Erneuerung« im Zeichen des Hakenkreuzes. Tausende »unerwünschter« Bücher wurden öffentlich verbrannt, ein Fünftel der deutschen

Schriftsteller verließ in den folgenden Monaten das Land, über 14 Prozent des deutschen Hochschulpersonals, darunter allein 20 Nobelpreisträger, wurden aus politisch-rassischen Gründen entlassen – horrender Substanzverlust, der nie wieder wettgemacht werden konnte.[9]

Unwiederbringliche Verluste auch im Staatsapparat: Teile der Verwaltung konnten kaum noch arbeiten, der bürokratische Kreislauf war gestört. Am ärgsten traf es die Kommunen. 560 der leitenden Gemeindebeamten waren bis Ende Mai 1933 von ihren Ämtern vertrieben, meist ersetzt durch unfähige Altnazis, denen jede Verwaltungserfahrung fehlte. Von den Oberbürgermeistern der Städte mit mehr als 200 000 Einwohnern waren Ende 1933 noch 14,3 Prozent im Amt, abgelöst nicht selten von Kreisleitern der Partei, die ihre Freunde auf die wichtigsten Gemeindeposten hievten und sich kaum um Anordnungen von »oben« kümmerten.[10]

Wie auf der Kommunalebene, so auch auf jener der gleichgeschalteten Länder. Dort gaben die Gauleiter den Ton an, praktisch unbeschränkte Könige im Reiche Hitlers, obwohl sie inzwischen zu Reichsstatthaltern ihrer Länder bestellt worden und damit eigentlich dem Reichsinnenminister unterstellt waren. In Wirklichkeit unterstanden sie allein Hitler, was wiederum in der verqueren Verwaltungspraxis des neuen Staates wenig bedeutete.

Begehrte niemand gegen diesen Wahnsinn auf, gab es keine Macht mehr, die sich dem rasenden Abbau von Rechten, Kompetenzen, Anstand und Loyalität entgegenstellte? Couragierte einzelne opponierten gewiß, doch die großen Institutionen des Landes versagten völlig. Kirche und Militär schwiegen, die demokratischen Parteien hatten im Wahlkampf ihren letzten Schneid eingebüßt, und auch die Gewerkschaften beherrschte nur die Furcht, durch Proteste Entlassungen von Arbeitern und Angestellten zu provozieren.

Konkurrenzneid und die desolate Lage auf dem Arbeitsmarkt verschlossen manchem NS-Gegner den Mund, selbst scheinbar unabhängigen Wissenschaftlern. Als der Chemiker Otto Hahn für den Gedanken warb, sich mit einem Protestschritt renommierter Hochschullehrer vor gefährdete jüdische Kollegen zu stellen, winkte der Doyen der deutschen Physiker müde ab. Max Planck: »Wenn Sie heute 30 solcher Herren zusammenbringen, dann kommen morgen 150, die dagegen sprechen, weil sie die Stellen der anderen haben wollen.«[11]

Es gehörte zu diesem Wahnwitz, daß sogar jüdische Amtsinhaber an den antijüdischen Aktionen mitwirkten. Leitende Professoren wie R. Goldschmidt, der Direktor des Kaiser-Wilhelm-Institutes für Biologie, entließen ihre jüdischen Mitarbeiter, und es fehlte auch nicht an zionistischen Funktionären, die sich Hitler in ausführlichen Denkschriften als Helfer bei der »Lösung der Judenfrage« anboten.[12]

Doch nicht Not und Terror allein erklären die verblüffend rasche Gleichschaltung großer Teile der Nation. Dazu gehörte mehr: freiwillige Unterordnung, Glaube an den »Retter« Hitler, Resignation oder bloßer Opportunismus.

Kein Druck der NSDAP zwang die Reichswehrführung, den nationalsozialistischen Hoheitsadler in der Truppe einzuführen und sich von jüdischen Offizieren zu trennen, keine NS-Manipulation war Ursache, daß das Episkopat der katholischen Kirche in einer Kundgebung am 28. März der jahrelangen Verurteilung des Nationalsozialismus als einer kirchenfeindlichen Lehre entsagte. Und niemand hatte die sozialdemokratischen Gewerkschaften, den ADGB, gezwungen, sich nach der Märzwahl von der SPD loszusagen und eine Loyalitätserklärung für die neuen Herren abzugeben.[13]

Solche Selbstgleichschaltung verlief im Grunde weit reibungsloser als die erzwungene. In Vereinen und Interessenverbänden übernahmen Nationalsozialisten die Vorstände, organisierten sich nach dem NS-konformen Führerprinzip oder begnügten sich damit, Loyalitätserklärungen an die Adresse der Partei abzugeben, was nicht ausschloß, daß die Verbände schon bald gegenüber dem NS-Regime einen ebenso munteren Lobbyismus betrieben wie in der Republik.

Bei soviel Anpassungssucht und Unterwerfungsneigung fiel es Hitler nicht schwer, seine Macht weiter auszubauen. Er hatte inzwischen das Kabinett durch Nationalsozialisten erweitert und dort die Zügel zusehends herrischer an sich gezogen, wobei ihm ein quicker Parteigenosse assistierte, der seit dem 13. März als Reichsminister für Propaganda und Volksaufklärung dazugehörte: Joseph Goebbels, der Mephisto des neuen Regimes, künftiger Erfinder von dessen publikumswirksamsten Mythen und Lebenslügen.

Wie kaum ein anderer Spitzenfunktionär der NSDAP wußte der katholische Buchhaltersohn aus dem Rheinland und Doktor der Philosophie, damals 35 Jahre alt, dem Nationalsozialismus einen Hauch von intellektueller Brillanz und Raffinesse einzuatmen. Nicht ohne Grund war der »Wunderrebbe von Berlin« (»Weltbühne«) das bevorzugte Haßobjekt linker Intellektueller, witterten sie doch in ihm einen verderbten Geistesverwandten, gleichsam einen Klassenverräter: glaubenslos wie sie, doch an die Stelle eiskalter Ratio die Skrupellosigkeit des Führermythos setzend.

Joseph Goebbels war der Typ des Obernazis mit dem »dialektisch geschulten, durch alle Höllen des Zweifels gegangenen Intellekt«, wie ihn ein Historiker analysiert:[14] Gegner und dann Bewunderer Hitlers, völkischer Sozialist, Anhänger einer Bündnispolitik mit der Sowjetunion, Kritiker des braunen Antisemitismus und schließlich sein hemmungsloser Wegbereiter – Ausweis einer nimmermüden Wendigkeit, die Goebbels nun völlig in den Dienst des Regimes stellte.

Schon bei der Inszenierung des Berliner Fackelzuges am 30. Januar, seiner ureigenen Idee, hatte Goebbels bewiesen, wie sehr er die Machtinteressen der Nazipartei mit den Erwartungen und Sehnsüchten der Massen zu bündeln verstand. Jetzt plante er als Reichspropagandaminister im großen, als Hitler zu raschem Ausbau seiner Macht ansetzte.

Für den Frühlingsanfang des 21. März dachte sich Goebbels eine Riesenshow aller nationalen Organisationen aus, die Deutschlands »Wiedererweckung« und die vermeintliche Vermählung von Nationalsozialismus und Preußentum kulthaft zum Ausdruck bringen sollte. Das war Goebbels' Idee: die Eröffnung des neuen Reichstages in Potsdam, an der Geburtsstätte des Preußentums, stattfinden zu lassen und daraus einen Symbolakt der Versöhnung des alten mit dem neuen Deutschland zu machen.

Der 21. März war Goebbels eingefallen, weil an diesem Tag 1871 Bismarcks erster Reichstag zusammengetreten war, und auf die Hohenzollern und ihren größten Kanzler war auch die ganze Feier ausgerichtet. Veteranen der Bismarckschen Einigungskriege wurden herangeschafft, die Kanonen und Fahnen der alten Armee bereitgestellt und der Hauptakt in die Garnisonskirche verlegt, über dem Sarkophag Friedrichs des Großen.

Dann kamen sie, pünktlich um 12 Uhr, zur Photoszene auf den Stufen der Garnisonskirche unter Glockengeläute und Böllersalut: Hindenburg, in die alte Feldmarschallsuniform gezwängt, und Hitler im schwarzen Cut. Der Reichskanzler ging auf den Reichspräsidenten zu, reichte ihm die Hand und machte dabei eine tiefe Verbeugung vor dem Greis.[15]

Der »Tag von Potsdam« – eine Großtat politischer Illusionskunst, die Millionen Deutsche verführte, nationale Träume und Schäume für Realitäten zu halten. Kein anderer Propagandatag hat die Masse der Deutschen derartig von der häßlichen Wirklichkeit auf den Straßen abgelenkt, die das Gegenteil nationaler Versöhnung offenbarte: Rachsucht der Sieger und Verfemung der Unterlegenen, roher, gewaltsamer Triumph des einen Volksteils über den anderen, eine schauerliche Travestie der vielgerühmten Volksgemeinschaft.

Doch die meisten Deutschen nahmen diese Wirklichkeit kaum noch wahr und flüchteten sich in die Traumwelt des Dr. Joseph Goebbels. Hitler aber nutzte die nationale Aufbruchstimmung des Potsdamer Tages dazu, seine plebiszitär bestätigte Vormachtstellung nun auch noch legalistisch zu perfektionieren.

Am 23. März trat der Reichstag in der Berliner Krolloper zusammen, um ein »Gesetz zur Behebung der Not von Volk und Reich« zu beraten. Es sollte die Reichsregierung auf die Dauer von vier Jahren ermächtigen, ohne Befragung des Reichstages Gesetze zu beschließen. Das Ermächtigungsgesetz überantwortete der Reichsregierung die dem Reichstag vorbehaltene Gesetzgebung und übertrug dem Reichskanzler das bis dahin dem Reichspräsidenten zustehende Recht, die Gesetze auszufertigen.[16]

Das bedeutete nichts anderes als die Ausschaltung der Verfassung, das definitive Ende der Weimarer Republik. Dabei war das Ermächtigungsgesetz gar nicht nötig, denn die Reichstagsbrandverordnung vom 28. Februar 1933 hatte all dies schon staatsstreichartig vorweggenommen. Doch Hitler, im jahrelangen Kampf gegen die Republik auf legalistische Taktik fixiert, bestand darauf, sein Ermächtigungsgesetz zu bekommen.

Und er bekam es. Die Führer der Zentrumspartei, die allein noch diese letzte Entmachtung des Reichstags hätten verhindern können, stimmten zu, geködert von vagen Versprechungen, die Reichsregierung werde mit dem Vatikan ein Konkordat abschließen, das in der Republik parlamentarisch nie durchsetzbar gewesen war.[17] So blieb es allein dem SPD-Vorsitzenden Otto Wels vorbehalten, Hitler in einer mutigen Rede ein kompromißloses Nein entgegenzuschleudern.

Als das Ergebnis der Abstimmung (441 dafür, 94 dagegen) bekannt wurde, sprangen die NS-Abgeordneten von ihren Plätzen auf und stürmten brüllend zur Regierungsbank, um Hitler zu feiern. Es war ein enormer Triumph für ihn: Allein drei Reichskanzler der Republik hatten für das Gesetz gestimmt. Der »Völkische Beobachter« jubelte danach: »Ein historischer Tag. Das parlamentarische System kapituliert vor dem neuen Deutschland. Das große Unternehmen nimmt seinen Anfang! Der Tag des Dritten Reiches ist gekommen!«[18]

Indes, je zuversichtlicher Hitler auf seine Diktatur zusteuerte, desto mehr wurde ihm die eigene Partei zum Problem. Hitler hegte Zweifel, ob er sich ihrer noch ganz sicher sein könne. Schon die anarchischen Anfänge der Gleichschaltung nach dem 5. März, diese »Revolution von unten«, mußten sein Mißtrauen erregen. Denn er hatte das Brachialunternehmen der Parteigenossen weder bestellt noch gesteuert. Er war dessen größter Nutznießer, aber nicht sein Initiator.

Hitler wird schwerlich übersehen haben, daß in der braunen Märzrevolution auch ein Stück Aufruhr und Argwohn gegen ihn selbst steckte. Es gab Kader in der Partei, die ihn alles andere als gerne im Kreise der »Herrenreiter« sahen. Viele Ortsgruppen und SA-Einheiten »befolgten nur noch die Anweisungen der NS-Führung, die ihnen paßten, und jene nicht, die ihnen mißfielen«.[19] Und es gab nicht wenige Parteigenossen, die aufgebrochen waren, sich auf eigene Faust Posten und Pfründe zu sichern.

Jetzt rächte sich, daß der Beseitigung von Strassers Parteiapparat keine adäquate Organisation gefolgt war. Aus Furcht vor einem neuen Strasser hatte Hitler die Parteileitung seinem Sekretär Rudolf Heß überlassen, einem blassen, gehemmten und in pseudoreligiöser Verehrung des Chefs aufgehenden Weltkrieg-I-Flieger, der mit seinen schwachsinnigen Sprüchen selbst Nazis nervte: »Hitler ist die Partei! Die Partei ist Deutschland! Sieg Heil!«[20]

Er stand einer Politischen Zentralkommission (PZK) vor, die in Ländern und Kommunen die Arbeit überwachen und koordinieren sollte. Autorität besaß sie jedoch nicht. Keinem einzigen der nahezu schrankenlos agierenden Gauleiter wäre es eingefallen, dem weltfremden Heß ein Mitspracherecht einzuräumen.[21]

So schlingerte die von Woche zu Woche rapide wachsende NSDAP praktisch führungslos dahin: mit einem Hitler, der in die höheren Sphären der Reichskanzlei entschwunden war, mit dem Schwärmer Heß und einer einflußlosen Reichsleitung an der Spitze, mit intrigierenden Gau- und Kreisleitern, die mehr an der Sicherung eigener Belange als an jener der Partei interessiert waren.

Da war es nur folgerichtig, daß sich die Organisationen und Gliederungen der Partei allmählich selbständig machten. Die nationalsozialistischen Kommissare und Sonderbeauftragten hörten auf keinen Befehl der Münchner Zentrale, und die Horden von SA und SS folgten eigenen Gesetzen.

Die Schwäche von Heß und seinen Mitarbeitern machten sich auch Kräfte auf dem linken Parteiflügel zunutze, um ihre eigenen Interessen voranzubringen. Es war ein bunter Haufen unzufriedener Altnazis, der sich dort formierte: Mittelstandsideologen, Arbeiterführer, Kleinhändler, Proletarier und arbeitslose SA-Männer, einzig zusammengehalten von dem, was Strasser einmal »die antikapitalistische Sehnsucht« genannt hatte.

Sie hatten sich in zwei der einflußreichsten Vorfeldgruppen der Partei organisiert. Die eine war die Nationalsozialistische Betriebszellen-Organisation (NSBO) unter dem ehemaligen Handlungsgehilfen Reinhold Muchow, eine Art Gewerkschaft der NSDAP, während der Kampfbund für den gewerblichen Mittelstand, geleitet von dem baltischen Wirtschaftsjournalisten Theodor Adrian von Renteln, als die Hochburg der Kleinhandelsinteressen in der Partei galt.

Im Grunde paßten sie nur schlecht zusammen, die Kleinhändler und die Gewerkschaftler. Muchows Funktionäre agitierten für den nationalen Sozialismus und billigeren Konsum, Rentelns Männer hingegen stritten für Gewinnvermehrung durch Schließung aller Warenhäuser, Konsumgenossenschaften und Kettenläden, die ebendiesen billigeren Konsum erst ermöglichen konnten. Was jedoch NSBO und Kampfbund miteinander verband, war das gemeinsame Feindbild: der Haß gegen Großbanken, Kartelle und Trusts, die sie in der Hand der »jüdischen Internationale« wähnten. [22]

Heftiger Antisemitismus trieb vor allem den Kampfbund, in dem sich die ganze Aggressivität und Hilflosigkeit des alten Mittelstandes niederschlug, der mit den Konsequenzen der modernen Industriegesellschaft nie fertig geworden war. Einzelhandel und Handwerk führten ein erbittertes Rückzugsgefecht gegen die übermächtige Konkurrenz der Großproduzenten und Warenhäuser, die mit ihren flexibleren Herstellungs- und Verkaufsmethoden effektiver als der Kleinhandel auf den Massenkonsum reagieren konnten.

Preisverfall und Kreditkrise verschärften noch die Existenzängste des Mittelstandes, die sich in dumpfen Ressentiments gegen die Moderne und ihre angeblichen jüdischen Schrittmacher entluden. In dieser Optik erschienen die Juden als die eigentlichen Verursacher der mittelständischen Misere, was den Kleinhandel (neben dem Akademikerstand) zum virulentesten Herd des deutschen Antisemitismus machte.

Wie ihre Vorfahren in der Bismarckzeit, so bezogen auch die mittelständischen Antisemiten der dreißiger Jahre ihre griffigsten Parolen aus dem Umstand, daß Juden im Handel und Gewerbe eine Rolle spielten, die in auffallendem Gegensatz zu ihrem geringen Anteil an der Gesamtbevölkerung (1933 etwa 0,8 Prozent) stand. Juden beherrschten die Textilindustrie, im Eisen- und Schrotthandel befanden sich 40 Prozent der Unternehmen in jüdischem Besitz. Ein Fünftel der Privatbanken gehörten Juden, sie kontrollierten vier Fünftel des Umsatzes aller deutschen Warenhäuser. [23]

Es hätte schon eines genaueren Hinschauens bedurft, um zu erkennen, daß der jüdische Einfluß in der Wirtschaft gleichwohl seit langem zurückging. Doch die krisengeschüttelten Kleinhändler und Handwerker waren nicht dazu aufgelegt, in der Judenfrage zu differenzieren.

In ihrer panischen Furcht vor dem sozialen Abstieg suchten sie krampfhaft nach einem Sündenbock, und wer war geeigneter dazu als die traditionelle Horrorfigur

»des« Juden, fratzenhaft genug, alle erlittene geschäftliche Unbill gleichsam
schlagartig zu erklären. Das machte den Mittelstand für die rassistischen Parolen
der NSDAP anfällig, deren Propagandisten hier ihre gläubigste Gefolgschaft fanden. Schon in den späten zwanziger Jahren hatten sich NS-nahe Aktionskomitees
zur Verteidigung des gewerblichen Mittelstandes gebildet, die sich 1932 zu einem
Kampfbund vereinigten, der sich bald als eine der zugkräftigsten Hilfstruppen der
Nazipartei erweisen sollte.

Kaum einer der NS-Führer aber nahm Anstoß daran, wie hoffnungslos antiquiert
das Programm des Kampfbundes war. Mit seiner Forderung nach Aufhebung der
Gewerbefreiheit, Abschaffung von Warenhäusern und dem Verbot aller syndikats-
eigenen Absatzorganisationen peilte er praktisch eine Rückkehr zu vorindustriellen Verhältnissen an.[24] Hitler nahm's gelassen hin.

Zudem war dem Kampfbund bald im gewerkschaftlichen NSBO ein scheinbarer
Gegenspieler erwachsen, dessen Gründung die Mittelständler lange Zeit hatten
verhindern wollen. Die in kommunistischer Zellenmanier arbeitende NSBO hatte
denn auch eigentlich nur eine Propagandatruppe zur Gewinnung von Arbeiter-
stimmen sein sollen, doch die Wirklichkeit in den Betrieben trieb sie rasch in
gewerkschaftliche Bahnen.

Ihr blieb keine andere Wahl. Die NSBO-Männer mußten sich mit Fragen betrieblicher Sozialpolitik befassen, um in der Arbeiterschaft Gehör zu finden. Folglich
rückten in ihrer Arbeit sozialpolitische und arbeitsrechtliche Aufgaben immer
mehr »neben die ideologische Tätigkeit, ja, sie traten nun in den Vordergrund:
Errichtung von Unterstützungskassen, Auszahlungen von Beihilfen, Lohnver-
handlungen, Streikbeschlüsse usw.«.[25]

Das entsprach ganz den Vorstellungen des schwärmerischen Sozialisten Muchow,
der von der gesellschaftlichen Emanzipation einer »nationalisierten« Arbeiterschaft und einer Einheitsgewerkschaft unter NS-Führung träumte. Wobei er die
»historischen Leistungen« sozialdemokratischer Gewerkschaftsarbeit freimütig
anerkannte, sogar Gemeinsamkeiten zwischen SPD und NSDAP entdeckte, nicht
unähnlich dem religiösen Sozialisten Paul Tillich, der damals allen Ernstes fand,
deutscher Sozialismus könne sich nur durch eine Vereinigung von Sozialdemokratie und Nationalsozialismus verwirklichen.[26]

Muchow wußte auf der Klaviatur solcher Utopien gut zu spielen, was die NSBO
immer weiter nach links rücken ließ. Zudem erhielt sie kräftigen Zuzug sozialrevo-
lutionärer Kräfte aus den müde gewordenen Gewerkschafts- und Parteiorganisationen der Linken, aus SPD, KPD und ultralinken Splittergruppen. Auch das hatte
Folgen: Die NSBO-Basis radikalisierte sich zusehends.[27]

Der Druck von unten aber nötigte die Führung der NSBO, ihr antikapitalistisches
Programm laufend zu verschärfen. Mit der stürmischen Ausweitung der Organisation (1933: eine Million Mitglieder) wuchsen auch ihre Ansprüche. Die NSBO
verlangte die Führung der Arbeiterschaft und Kontrolle über die Sozialpolitik im
künftigen NS-Staat, außerdem Ablösung der kapitalistischen Wirtschaftsordnung
durch ein auf Bedarfsdeckung statt Gewinn ausgerichtetes System.[28]

Das Programm eines wettbewerbslosen Wirtschaftssystems verriet freilich, daß die Ziele der NSBO von den restaurativen Vorstellungen des Kampfbundes gar nicht so weit entfernt waren. Auch Rentelns »Handwerkersozialismus« gab sich mit seinem Verlangen nach Verstaatlichung von Großbanken und Abschaffung der Monopole durchaus antikapitalistisch.

Das ließ NSBO und Kampfbund näher zusammenrücken, zumal beide Hitler auf einem Weg sahen, der das Ende ihrer Pläne und Ambitionen bedeuten konnte. So hatten sich Renteln und Muchow die Wende in Deutschland nicht vorgestellt: Hitler war die Allianz mit den konservativ-großbürgerlichen Mächten eingegangen, auch mit jenem Großkapital, das für Mittelständler und NS-Gewerkschaftler das Böse schlechthin verkörperte. Und das hieß praktisch: kein Ende des »jüdischen« Kapitalismus, keinen Umsturz der bürgerlichen Ordnung, keinen nationalen Sozialismus.

Muchow und Renteln aber waren entschlossen, sich solcher Verfälschung des Nationalsozialismus entgegenzustellen. Sie machten mobil, um ihre Interessen durchzusetzen, ehe sich Hitlers persönliches Herrschaftssystem unrevidierbar verfestigte. Sie fanden noch eine dritte Organisation, die dabei mitmachen wollte, immer schlagbereit, immer auf Beute aus: die SA.

Mit der SA war auch einmal der Mann verbunden gewesen, der dem Duo Renteln/Muchow zum Stichwortgeber werden sollte. Der Fabrikantensohn Otto Wagener, früher Teilhaber einer Sperrholzhandlung und ehemaliger Stabschef der SA, war Wirtschaftsberater Hitlers gewesen und konnte die kaltschnäuzige Art nicht vergessen, mit der sein Führer den wirtschaftspolitischen Apparat Strassers zerschlagen hatte, worin er einen Liebesdienst für das Großkapital witterte.[29]

Auch Wagener hatte dabei seinen Posten verloren und war bei Hitler nicht mehr gefragt. Wagener mußte noch froh sein, daß ihm Heß in seinem Berliner Verbindungsstab eine kleine Dienststelle überlassen hatte, die den hochtrabenden Namen »Wirtschaftspolitisches Amt« trug.[30] Sie war so in der Nähe der Reichskanzlei untergebracht, daß Wagener auf eine kecke Idee verfiel: auch ohne Hitlers Zustimmung in die Wirtschaftspolitik einzugreifen.

Hochfliegende Pläne hatte Wagener dabei. Er wollte Deutschland eine neue Wirtschaftsordnung verpassen und ein berufsständisches System einführen, mit drakonischen Schutzbestimmungen für den Mittelstand und harten Auflagen für die Großindustrie. Die wirtschaftlichen Interessenverbände sollten entmachtet werden, die Gewerkschaften ganz verschwinden und ein autarkistisches Konjunkturprogramm in riesigen Dimensionen die erträumte Bedarfsdeckungswirtschaft in Gang setzen.[31]

Doch wie das Programm verwirklichen? Wagener war ein Feldherr ohne Armee, ihm fehlte eine Hausmacht in der Partei. Da kam ihm die wachsende Unzufriedenheit von NSBO und Kampfbund mit dem angeblich konservativ gewordenen Hitler zupaß. Wagener, Muchow und Renteln verabredeten sich zum gemeinsamen Feldzug gegen das verhaßte »jüdisch-kapitalistische« System.

Es bedurfte freilich keines Stichworts von Wagener, um die Stoßtrupps von NSBO,

Kampfbund und SA in Bewegung zu setzen. Sie waren seit dem 5. März auf den Beinen, stets bereit, den Gegner zu treffen, wo immer sie ihn wähnten. Doch was anfangs nur ein Dschungel von Rache, Besitzgier und Zufall gewesen war, ließ plötzlich ein System erkennen.

Jüdische Geschäfte und Warenhäuser waren die ersten, die der Schlag der aufgeputschten Demonstrantenhaufen traf. »Tietz unterstützt Rotmord!« kreischte der »Völkische Beobachter« am 6. März zu der Veröffentlichung eines angeblichen, in Wirklichkeit gefälschten Briefes der Berliner Firma Hermann Tietz, der beweisen sollte, das jüdische Kaufhaus habe den Wahlkampf der KPD finanziert – Auftakt einer Haßkampagne gegen jüdische Unternehmen, die fast alle deutsche Großstädte erfaßte.[32]

SA-Posten zogen vor jüdischen Geschäften auf und versuchten mit Sprechchören, das Publikum am Kauf zu hindern. Ladenbesitzer wurden gezwungen, die Hakenkreuzfahne aufzuziehen, Schaufenster mit antisemitischen Parolen beschmiert: »Deutsche, kauft nicht in jüdischen Geschäften!« SA-Männer sperrten die Eingänge der Geschäfte, kontrollierten Personalausweise von Käufern oder durchsuchten die Verkaufsräume nach angeblich versteckten Waffen flüchtiger Kommunisten.[33]

Noch übler agierten die Krawallhaufen, die der Kampfbund in Warenhäuser und Konsumläden schickte. »Im Geschäft der Epa«, meldete die »Augsburger Postzeitung« am 11. März aus Magdeburg, »wurden im Laufe der Räumung von unbekannten Personen Schreckschüsse abgegeben. Durch den entstehenden Tumult wurden Frauen und Kinder zu Boden gerissen. Verschiedene Käufer und Angestellte wurden mißhandelt.«[34]

Nicht weniger gefährlich waren die Rowdys, wenn sie auf leisen Sohlen daherkamen, so bei der Besetzung des Warenhauses Leonhard Tietz in Kassel am 9. März. Ein Reporter der »Frankfurter Zeitung« notierte: »Ein Zivilist mit Filmkamera und Leica hielt die trotz der Besetzung eintretenden Käufer im Bilde fest.«[35]

Auch wenn sie nachts erschienen, um in Warenhäusern einzubrechen oder jüdische Lebensmittelhändler zu verprügeln, waren sie lautlos, fast schemenhaft, was auch ihrer Absicht diente: Furcht zu erwecken, Juden und Käufer abzuschrecken.

Es war gleichwohl erst der Anfang eines Terrorfeldzuges, der sich von Woche zu Woche steigerte. Jüdische Abteilungsleiter großer Warenhäuser wurden willkürlich wegen »Verdunkelungsgefahr« verhaftet, das »Ehape« in Pirmasens von unbekannten Tätern in Brand gesetzt, die Lebensmittelabteilung eines großen Kaufhauses in Stuttgart durch Stinkbomben ruiniert.[36]

Erpressungen, Drangsalierungen, Entwürdigungen ohne Zahl: Ein SA-Trupp überfiel ein Geschäft der »Wohlwert«-Kette in Dessau, schlug auf das Personal ein und verbrannte Geschäftspapiere. Andere SA-Männer drangen in die Frankenthaler Zweigstelle der Deutschen Bank ein und erzwangen sich Einsicht in die Konten jüdischer Firmen.[37] Banken und Börsen gehörten bald zu den beliebtesten Angriffszielen.

Gegen sie wurden meist die Stoßtrupps der NSBO aktiv, verstärkt durch »eine Eintrittswelle aus extrem linken Gruppen« der Arbeiterbewegung, deren Ambitionen sich »für das Bewußtsein mancher im Grunde nur unwesentlich von den sozialrevolutionären Zielen der Linkskreise in NSBO und SA unterschieden«, wie ein Historiker anmerkt.[38] Bei den NSBO-Aktionen schlugen nicht wenige Genossen mit, die kurz zuvor noch in den republikanischen Schutzorganisationen mitmarschiert waren – später willkommene Gelegenheit für die NS-Führung, die Ausschreitungen der NSBO auf kommunistische »Provokateure« zu schieben.

Systematischer als die Aktionen der NSBO waren jene gegen Kettenläden, Einheitspreisgeschäfte und Konsumvereine, die vom Kampfbund organisiert wurden. Sie erzwangen die Schließung von Erfrischungsräumen und Handwerksbetrieben in Warenhäusern, erpreßten den Verkauf von Kettenläden an Einzelhändler und mobilisierten Menschenketten vor den Zweigstellen der Konsumgenossenschaften, um den Antransport von Lebensmitteln zu verhindern.

Hinter dieser ersten Angriffswelle folgte sofort eine zweite. Sie war fast unauffällig, weil sich die Drahtzieher hier nicht des öffentlichen Radaus, sondern der leisen Verbandsintrige und Hinterzimmerkabale bedienten. Jetzt kam der erste entscheidende Punkt des Wagenerprogramms an die Reihe: die Ausschaltung der Interessenverbände.

Am 1. April 1933 besetzte Otto Wagener mit einem SA-Trupp die Räume der Geschäftsführung des Reichsverbands der Deutschen Industrie (RDI) und verlangte einen sofortigen Umbau der Verbandsspitze. Geheimrat Kastl, geschäftsführendes Mitglied des RDI-Präsidialrats, müsse wegen seiner bekannten »Ablehnung der nationalsozialistischen Bewegung« abtreten, auch hätten alle »der Rasse nach jüdischen Mitglieder« des Präsidiums und der Geschäftsführung den Verband zu verlassen. Ihre Aufgaben würden Vertrauensleute der Partei übernehmen.[39]

Es war bezeichnend für das Chaos in Deutschland, daß keiner der RDI-Herren die Eindringlinge nach ihrer Legitimation fragte. Eilfertig ließen die Vorstandsmitglieder des Reichsverbandes vertrauteste Kollegen und Freunde fallen. Der RDI-Vorsitzende Gustav Krupp von Bohlen und Halbach verstieg sich sogar später gegenüber Wagener zu einer so glühenden Loyalitätserklärung, daß Fritz Thyssen, der einzige Nazi in der Verbandsspitze, fand, einer solchen Überstürzung habe es nicht bedurft.[40]

Genauso widerstandslos zeigten sich die Innungen, Kammern und Verbände, die in den folgenden Wochen von der Gleichschaltungswelle überspült wurden. Fast immer gab es dabei auch willfährige Opportunisten, die bei dem Machtwechsel in den Organisationen eifrig assistierten.

Oft waren die Verbände schon von Nationalsozialisten unterwandert, wie etwa der Deutsche Bankbeamten-Verein, den die eigene NS-Basis zwang, mit der NSBO zu verhandeln und einen neuen Vorstand aus Parteimitgliedern zu bilden. Auch der Gewerkschaftsbund der Angestellten wurde von den Parteigenossen unter seinen Mitgliedern genötigt, den Vorstand abzuberufen und an dessen Stelle einen der NSBO genehmen einzusetzen.[41]

Ebenso lautlos operierten die Funktionäre des Kampfbundes. Am 21. März zwangen sie das fast ausschließlich mit jüdischen Kaufleuten besetzte Präsidium des Verbandes deutscher Waren- und Kaufhäuser zum Rücktritt. Kurz darauf graulten sie die Vertreter der Großbetriebsverbände aus der Hauptgemeinschaft des deutschen Einzelhandels hinaus und inszenierten eine Revolte im Vorstand der Hauptgemeinschaft, die ihnen alle Schlüsselpositionen sicherte.[42]

Ähnlich lief auch die Gleichschaltung der angeschlossenen Verbände der Hauptgemeinschaft ab. Gleichschaltung aber hieß hier, wie ein Kenner erläutert: »1. Rücktritt aller jüdischen Vorstandsmitglieder, 2. nationalsozialistischer Vorsitz und 51 %ige Mehrheit im Vorstand, außerdem Kontrolle der Geschäftsführung, 3. organisatorische und personelle Veränderungen im Einvernehmen mit der örtlichen Kampfbundführung.«[43]

Das war gerade erst in Bewegung gesetzt, da prasselte schon ein dichter Hagel von Eingaben und Forderungen auf die Reichsregierung nieder. Phantastisch, was sich die Kampfbundführer alles ausgedacht hatten: ein eigenes Ministerium für den Mittelstand, Sondersteuern für Warenhäuser, Einheitspreisgeschäfte und Filialbetriebe, Beseitigung aller Konsumgenossenschaften, Werbeverbote für Einheitspreisgeschäfte, Widerruf von Schankkonzessionen für Großbetriebe, Verbot neuer Kaufhäuser.[44]

Hitler wird erkannt haben, was da auf ihn zurollte. Jedes Protesttelegramm bedrängter Konsumvereine und Wirtschaftsverbände, jedes Beschwerdepapier belagerter Banken und Börsen, das die Reichskanzlei erreichte, mußte Hitler signalisieren, daß Teile der Partei die Politik des wirtschaftlichen Wiederaufbaus hintertrieben. Die NS-Randale stellte in Frage, was die Reichsregierung seit den enttäuschenden Märzwahlen ernsthafter als bis dahin in Angriff genommen hatte.

Nur zu gut wußte Hitler, daß sich allein in der Wirtschaft das Schicksal des Regimes entschied. Wie die Massenarbeitslosigkeit die Nazis an die Macht gespült hatte, so stand und fiel die NS-Herrschaft in Deutschland mit deren Lösung: ohne Aufschwung keine Stabilisierung des Regimes, ohne florierende Wirtschaft keine deutsche Wiederaufrüstung.

Hamburgs neuen Bürgermeister Krogmann erklärte Hitler am 15. März, das Reich brauche »Ruhe und eine starke Wirtschaft«; dazu gehöre, die Kaufkraft der sieben Millionen Arbeitslosen zurückzugewinnen, deren Wiederbeschäftigung daher »die Hauptaufgabe« seiner Regierung sei.[45] So hörten es auch andere Besucher in der Reichskanzlei: rasche Beseitigung der Arbeitslosigkeit, rasante Ankurbelung der Wirtschaft.

Hitler forderte »große öffentliche Arbeitsbeschaffungsmöglichkeiten noch in diesem Jahr«, über die er allerdings kaum mehr wußte, als daß ihre Finanzierung schwierig sein werde. Der Staat war praktisch bankrott. Die Reichshaushaltsrechnung für 1932/33 schloß mit einem Fehlbetrag von 1,8 Milliarden Mark ab, neue Steuern waren aussichtslos. Staatsanleihen wiederum hatten angesichts des zerrütteten Kapitalmarktes keine Chancen mehr.

Auch der ausländische Kapitalmarkt war der Regierung weitgehend versperrt.[46] Blieb nur der Ausweg, Arbeitsbeschaffungsprogramme auf dem Umweg über die Reichsbank zu finanzieren. Doch Deutschland war nicht Herr über seine Notenbank. Die Reichsregierung hatte sich 1924 gegenüber den Reparationsmächten verpflichten müssen, die Kredite der Notenbank an das Reich auf 100 Millionen Mark zu begrenzen. Das stand im Bankengesetz vom 30. August 1924, das ohne Zustimmung der Mächte nicht geändert werden durfte. Lediglich eine Gesetzesnovelle von 1926 erlaubte der Reichsbank, bis zu einer Höhe von 400 Millionen RM Reichsschatzwechsel zu diskontieren.[47]

Größere Beweglichkeit und Phantasie aber hemmte der übervorsichtige Reichsbankpräsident Hans Luther, der aus Furcht vor einer neuen Inflation jede Ausweitung der Kredite ablehnte. Seine zaghafte Politik hatte schon in der Bankenkrise von 1931 einiges dazu beigetragen, die Chancen einer raschen Krisenbewältigung zu ramponieren.

Hitler indes hatte bereits einen Mann ausgemacht, der ihn von Luther und dessen unbeweglichem System befreien sollte, den »Zauberer« der Währungsstabilisierung von 1923, von dem er sich die Erlösung von allen finanziellen Kalamitäten erhoffte: Hjalmar Schacht.

Schacht erzählte später gern, Hitler habe eines Tages Luther zu sich gerufen und ihn gefragt, mit welchem Beitrag sich die Reichsbank an der Finanzierung von Arbeitsbeschaffungsmaßnahmen beteiligen könne; Luther habe eine so niedrige Summe genannt, daß er vom Kanzler unwirsch verabschiedet worden sei. Der habe ihm daraufhin die gleiche Frage gestellt. Er, Schacht, habe zwar keine konkrete Summe genannt, wohl aber versichert, »daß die Reichsbank soviel zur Verfügung stellen muß, wie notwendig sein wird, um auch den letzten Arbeitslosen von der Straße zu bringen«.[48]

In Wirklichkeit war Hitler längst entschlossen gewesen, Schacht wieder auf den Posten zu setzen, den er schon einmal (1924–1930) innegehabt hatte. Bereits im Sommer 1931 meditierte Hitler darüber, »einem Mann wie Schacht als Reichsbankpräsidenten« die Finanzierung eines nationalsozialistischen Beschaffungsprogramms zu überlassen – zu Wageners Entsetzen, der dringend davon abriet, sich mit diesem Exdemokraten und »Exponenten der internationalen jüdischen Geld- und Finanzwirtschaft« einzulassen.[49]

Doch Hitler ließ sich nicht mehr davon abbringen, den ob seines Sarkasmus gefürchteten Schacht in seine Dienste zu nehmen. Am 16. März 1933 ernannte er ihn zum Präsidenten der Reichsbank, Luther erhielt einen Botschafterposten im Ausland.

Wenn Hitler allerdings erwartet hatte, Schacht werde ihm ein fertiges Konzept für die Beseitigung der Massenarbeitslosigkeit offerieren, so wurde er enttäuscht. Der Zauberer hatte kein Konzept. Er war so rat- und hilflos wie die meisten anderen Theoretiker und Praktiker der Wirtschaft, die aus dem festgefahrenen Zug des orthodoxen Wirtschaftsliberalismus nicht herauskamen.

Von den schon in Strassers Sofortprogramm propagierten Methoden moderner

Krisenbekämpfung hielt Schacht nichts. Er bevorzugte die alten, unwirksam gewordenen Mittel: Senkung der Löhne, mehr Sparsamkeit, Ansiedlung von Arbeitslosen. Noch auf der Generalversammlung der Reichsbank am 7. April polemisierte er gegen »die phantastischsten Arbeitsbeschaffungspläne«, die in die Welt gesetzt würden, und erklärte, der »sogenannten« Ankurbelung der Wirtschaft könnten »Notstandsarbeiten wie Gräben ziehen, Sand karren und Wege beschottern nicht nennenswert dienen«.[50]

Schachts Ratlosigkeit irritierte Hitler, zumal auch der von seinen Gegnern grotesk überschätzte »Wirtschaftsdiktator« Hugenberg zur Krisenbewältigung nichts beitrug. Der »Konfusionsrat«, wie Spötter den wilhelminischen Geheimrat nannten, hatte sich zwischen die Aktenberge des Reichsernährungsministeriums zurückgezogen, nur noch die agrarischen Interessen im Kopf, von deren Pflege nicht zuletzt die Durchschlagskraft von Hugenbergs Partei abhing.[51]

Dabei war er als Minister der Agrarier ungemein aktiv, freilich meistens auf Kosten der Exportindustrie und der Verbraucher. Hugenberg erzwang die Verdoppelung der Einfuhrzölle für landwirtschaftliche Produkte, setzte maßlose Getreidesubventionen für die ostelbischen Großagrarier durch und bereitete den Boden für eine radikale Entschuldung der Bauern auf Kosten der Gläubiger, was ihn in der Landwirtschaft so populär machte, daß die NSDAP schon um ihre Vorherrschaft auf dem Lande fürchtete.[52]

Für Industrie und Beschaffungsprogramme aber zeigte Hugenberg nur mäßiges Interesse. Die im Reichswirtschaftsministerium entwickelten Ansätze zu einer aktiven Konjunkturpolitik verkümmerten unter dem meist abwesenden Superchef. Von ihm kam keine Initiative zu dem vielberufenen Generalangriff auf die Arbeitslosigkeit.

Zu allem Ungemach ging nun auch noch eine Mine hoch, die Hitler des einzigen Mannes beraubte, dessen Arbeit bisher einige Aktivität des Kabinetts in der Krisenbekämpfung suggeriert hatte. Am 23. März verhafteten Beamte der politischen Polizei den Reichskommissar Gereke, der beschuldigt wurde, als Vorsitzender des Verbandes der preußischen Landgemeinden (Landgemeindetag) ihm anvertraute Gelder veruntreut zu haben.[53]

Den Fall Gereke in die Reihe der Gewaltakte nationalsozialistischer Gleichschaltung einzuordnen hieße allerdings, ihn politisch arg zu strapazieren. Im Grunde ging es um kleinkarierte Verbandsquerelen und um die Nöte eines phantasievollen Mannes, der in seinem Leben stets etwas zuwenig Geld besessen hatte.

Die Geschichte spielte zwischen drei Männern: dem schwerverschuldeten Gereke, einem intimen Freund namens Artur Freigang und dem intriganten Ministerialrat z. D. Schellen, der nicht verwinden konnte, immer nur den Zweiten im Landgemeindetag spielen zu müssen. Ein Zerwürfnis zwischen den Freunden bewog Freigang im Februar 1933 dazu, sich auf die Seite Schellens zu schlagen und ihm Belastungsmaterial über Gereke auszuhändigen, das dem Zweiten ermöglichte, endlich der Erste zu werden.

Und schon war die Affäre da: Freigang behauptete in einer Strafanzeige, Gereke habe durch falsche Angaben den Landgemeindeverband 1928 veranlaßt, ihm eine Aufwandsentschädigung von rund 75 000 Mark zu zahlen. Er habe auch heimlich aus der von ihm geleiteten Verbandszeitschrift jährlich 100 000 Mark für sich abgezweigt. Selbst Quittungen sollte Gereke gefälscht haben, um die vom Verband 1932 zur Verfügung gestellten, aber nicht verbrauchten 400 000 Mark aus dem Fonds des Ausschusses für Hindenburgs Wiederwahl zurückzubehalten.[54]

Gereke stürzte und wurde nach einem Prozeß vor dem Berliner Landgericht zu zweieinhalb Jahren Gefängnis wegen fortgesetzter Untreue verurteilt, was Hitler in nicht geringe Verlegenheit versetzte, war doch der Reichskommissar eine Art Symbolfigur des regierungsamtlichen Kampfes gegen die Arbeitslosigkeit gewesen. Ein adäquater Ersatz für Gereke fand sich nicht. So gingen seine Aufgaben zunächst an die Reichsanstalt für Arbeitsvermittlung und Arbeitslosenversicherung, dann aber an das Reichsarbeitsministerium über.[55]

In so mißlicher Lage mußte die Spektakelkampagne der braunen Ultras gegen Warenhäuser und Konsumgenossenschaften Hitler empfindlich treffen. Was die NS-Radikalen trieben, war ökonomische Selbstverbrennung: Viele Warenhäuser standen vor dem Bankrott, die meisten Konsumgeschäfte waren hoffnungslos verschuldet. Eine Fortsetzung der Kampagne aber erhöhte die Gefahr, daß dieser Wirtschaftszweig völlig verkam und weitere Hunderttausende arbeitslos wurden.

Propagandaminister Goebbels sah denn auch bereits im Aktionismus von NSBO und Kampfbund unverhüllte Sabotage, der man nur noch mit brutalsten Mitteln begegnen könne. In sein Tagebuch schrieb er: »Wir dürfen am Ende nicht vor der Todesstrafe zurückschrecken, da sonst die Gefahr besteht, daß die Revolution, die unentwegt weitergehen muß, den Händen des Führers entrissen wird.«[56]

Doch Hitler war nicht der Mann, der sich frontal gegen militante Minderheiten in der NSDAP stellte. Er war gewohnt, Krisen der Partei auszusitzen und erst im letzten Augenblick die Initiative an sich zu reißen. Die offene Konfrontation lag ihm nicht. Zudem besaß Hitler gar nicht die Macht, die Herausforderer zur Räson zu bringen, denn mit der Liquidierung von Straßers Parteiapparat und der Entmachtung der Münchner NS-Zentrale hatte er sich selber eines durchgreifenden Führungsmittels beraubt.

Anfangs versuchte er allerdings noch, die ruinösen »Einzelaktionen« aufmüpfiger Parteigenossen durch ein paar pathetische Befehle zu stoppen. Am 10. März erging von ihm ein Erlaß an die NSDAP, der alle Parteigenossen zu »höchster Disziplin« ermahnte und »Störungen des Geschäftslebens« durch eigenmächtige Aktionen verbot.[57] Die Order verpuffte, weil es in der Reichsleitung niemanden gab, der den Anordnungen des Führers der NSDAP in den Gauen und in der Basis Geltung verschaffen konnte.

Statt jedoch nun Heß mit seiner PZK echte Autorität zu verleihen, überließ es Hitler dem Kabinett, mit den Revoluzzern fertig zu werden. Die Minister wurden auch sogleich aktiv. Am 12. März verhängte Göring in Preußen ein Verbot aller

»Einzelaktionen«, zwei Tage später folgte Frick mit einem Runderlaß an die Länderregierungen, der sie zu schärferem Vorgehen gegen »Übergriffe« unautorisierter Parteiorgane ermunterte, am 20. März beschloß das Reichskabinett schwere Strafen gegen »Provokateure, die in Uniform auftreten«.[58]

Doch auch der Staat scheiterte, mußte scheitern bei einer Partei, die seit ihrer Entstehung den Staat rüde bekämpft hatte und deren aggressivste Elemente auch jetzt nicht davon ablassen mochten, ungerührt von den beschwörenden Appellen des Parteiverwesers Heß, mehr »Selbstbeherrschung« zu üben und nicht zu vergessen, daß die Kampfzeit vorüber sei.[59]

Die Energie der staatlichen Aufpasser ließ rasch nach, zumal sie nie sicher waren, ob Hitler immer hinter ihnen stand. Seine Haltung blieb ambivalent. Sosehr er auch die Verdrängung der Radikalen aus den sensitiven Bereichen der Wirtschafts- und Sozialpolitik wünschte, sowenig wollte er sie total ausschalten – ihre Krawalle, ihre »Dynamik« und Betriebsamkeit waren es nicht zuletzt, die es Hitler ermöglichten, seine Ziele am Kabinettstisch durchzusetzen und sich dem erschrockenen Bürgertum als der Überwinder des Chaos zu präsentieren.

Zudem lag es im Interesse seiner Politik, die militanten Kräfte der Partei nicht zur Ruhe kommen zu lassen. Mehr noch als die Aktivität der NSDAP mußte Hitler ihre Inaktivität fürchten; sie hätte der Partei vor Augen geführt, daß sie ihre Rolle ausgespielt hatte. Schneller als jemals von ihr erwartet hatte sie ihre Gegner eingebüßt, die ihr jahrelang Elan und Potenz verliehen hatten.

Was aber, wenn die NSDAP merkte, daß Hitler nicht vorhatte, sie an der realen Macht im neuen Staat zu beteiligen? Dann stand die Partei zur Diskussion, wuchs die Gefahr heran, daß sich ihre Energien gegen die eigenen Führer kehrten. Also mußte man der Partei, wie es später der NS-Jurist Hans Frank ausdrückte, neue »Gegner finden, mit denen [sie] existenzlegitimierend ›kämpfen‹ konnte«.[60]

Einen solchen Gegner gab es schon, zumindest in der Mythologie der Partei: das Judentum. Seit ihren Anfängen in der bayerischen Ecke des kleinbürgerlich-völkischen Antisemitismus galt ihr der »ewige Jude« als der Alleinverursacher aller Krankheiten der Zeit, den zu entfernen nichts als ein Akt der Gesunderhaltung des eigenen Volkes sei. Ohne Judenhaß war der Nationalsozialismus nicht denkbar, die Kriminalisierung der Juden gehörte zu seinem Einmaleins, begünstigt noch durch das Hochkommen neuer antisemitischer Stimmungen im Gefolge der weltweiten Wirtschafts- und Sozialkrise.

Doch der Antisemitismus der NSDAP war nicht nur, wie es der NS-Theoretiker Gottfried Feder umschrieb, »gewissermaßen der gefühlsmäßige Unterbau unserer Bewegung«.[61] Er hatte in der Parteigeschichte stets auch eine funktionelle Bedeutung gehabt, war der ideologisch diffusen NSDAP zugleich Klammer, Antriebskraft und Surrogat gewesen.

Das galt vor allem nach dem 30. Januar: Der Antisemitismus war zu einem Revolutionsersatz für alle Gruppen in der Partei geworden, die sich durch Hitlers Pakt mit der Rechten um »ihre« Revolution betrogen fühlten. Jüdische Bürger zu kujonieren, Geschäfte von Juden zu boykottieren und jüdische Anwälte zu jagen gab den Zukurzgekommenen im Braunhemd ein Gefühl jener schrankenlosen Macht, die ihnen im Staatsapparat zusehends verwehrt wurde.

Der Antisemitismus der NSDAP war zudem schwammig genug, den Radikalen ein weites Aktionsfeld zu bieten. Ein konkretes antisemitisches Programm besaß die Partei nicht. Ihre Vorstellungen blieben vage und erschöpften sich mehr oder weniger in Forderungen nach einer totalen Ausschaltung des angeblich übermächtigen jüdischen Einflusses in Wirtschaft und Kultur.

Auch Hitlers monomanisch-neurotischer Judenhaß, hemmungslos artikuliert in »Mein Kampf«, bot kein Handlungskonzept. Seit Hitler Reichskanzler war, trat er offiziell in der Judenfrage kaum noch hervor und mied schon aus Rücksicht auf das Ausland jede Aufstachelung zu antijüdischen Exzessen, was freilich die antisemitischen Gruppen in der Partei nicht daran hinderte, just unter Berufung auf Hitler immer fanatischer gegen die jüdische Minderheit mobil zu machen.

Hitler ließ die Ultras gewähren, solange sie dadurch beschäftigt waren und seine Politik nicht ernsthaft störten. Doch sein doppelbödiges Spiel wurde bald durch die weltweite Empörung des demokratischen Auslands über die antijüdischen Krawalle durchkreuzt. Das Dritte Reich traf, was im Jargon der NS-Propagandisten »die jüdische Greuelpropaganda« hieß.[62]

Tatsächlich waren es meist jüdische Intellektuelle und Finanziers gewesen, die im Ausland als erste auf den Gleichschaltungsterror in Deutschland reagiert hatten. Sie organisierten in Europa und in den USA Komitees, Klubs und Vereine, um deutsche Emigranten zu unterstützen und die Weltöffentlichkeit gegen Hitlers Deutschland zu mobilisieren. Bei einer antinazistischen Demonstration in London am 26. März führten Autos Plakate mit sich, auf denen stand: »Juda erklärt Deutschland den Krieg!«[63]

Gelder wurden gesammelt, Zeitungen gegründet und Kampagnen inszeniert. Rasch stießen prominente Journalisten, Wissenschaftler, Geistliche und Gewerkschaftler zu diesem Kreuzzug gegen die »Nazi barbarians«, auch Profis der Politagitation wie der Kominternpropagandist Willy Münzenberg, die mit dem anfingen, was sie die Aufklärung über den deutschen Faschismus nannten.

Dabei wurde freilich so eifrig aufgeklärt, daß den antifaschistischen Propagandisten auch manche »Enthüllung« unterlief, die sich nachher als falsch erwies. Vor allem Münzenbergs »Schüsse ins Blaue« waren berühmt.[64] Daraus entstanden zuweilen Gruselstorys, die der antinazistischen Sache eher schadeten als nutzten – Grund für deutsche Sozialdemokraten, vor solchen »geradezu blödsinnigen Sensationsberichten« zu warnen.[65]

Diese »Greuelpropaganda« erleichterte es dem NS-Regime, die abenteuerlichen Storys zu widerlegen und damit zugleich die Masse der zutreffenden Berichte unglaubwürdig zu machen. Doch bald änderten die Antinazis ihre Vorgehensweise. Bisher hatten sie sich mit verbalen Attacken begnügt, um Berlin zur Einstellung der judenfeindlichen Exzesse zu zwingen. Jetzt aber organisierten sie einen Boykott, der auf die schwächste Stelle von Hitlers Deutschland zielte: seine wirtschaftliche Krisenanfälligkeit.

»Ein bellum judaicum«, drohte am 13. März Joseph Tenenbaum vom American Jewish Congress, der militantesten unter den großen jüdischen Organisationen der USA, »bedeutet für Deutschland Boykott, Untergang und Verderben, bedeutet das Ende der deutschen Hilfsquellen und das Ende aller Hoffnungen auf den Wiederaufstieg Deutschlands.«[66]

Der Warenboykott gegen Deutschland blieb keine leere Drohung. Am 18. März beschloß die Organisation der Jewish War Veterans, alle deutschen Waren, Dienstleistungen und Schiffahrtsgesellschaften in den USA zu boykottieren, und bald folgten andere jüdische US-Organisationen. Dann schwappte die Welle nach England über, wo sich der Boykott mit dem gerade angelaufenen Werbefeldzug »Buy British« verband.[67]

Von Tag zu Tag wuchs die Zahl der Boykotteure. In Litauen, Holland, Frankreich, Ägypten, Griechenland, Polen – überall organisierten jüdische Gemeinden und ihre Sympathisanten Käuferstreiks gegen Deutschland. Jeder Tag brachte neue Hiobsbotschaften für Berlin: Stornierung von Buchungen auf deutschen Atlantikschiffen, Zurückziehung von Aufträgen für deutsche Firmen, antideutsche Verbote in Geschäften der Londoner City, Kinoboykott in Athen.[68]

»Boykott breitet sich weiter aus«, meldete die »New York Times« am 25. März. Im Londoner »Daily Herald« erklärte ein prominenter jüdischer Vertreter, der Boykott habe bereits »den deutschen Außenhandel um Hunderttausende von Pfund Sterling geschädigt« – die Beobachter in den deutschen Botschaften und Konsulaten sahen es kaum anders.[69]

Je deutlicher sich aber ein Erfolg des Boykotts abzeichnete, desto aggressiver reagierten die Anführer der judenfeindlichen Kampagne in Deutschland. Sie propagierten einen »Gegenboykott«, wobei sich wiederum maßgebliche Funktionäre des Kampfbundes hervortaten. In ihren Büros lagen schon die Listen und Pläne für größere Aktionen bereit, darunter auch ein reichsweiter Boykott aller jüdischen Geschäfte und Warenhäuser.

Die judenfeindliche NS-Fraktion, in der sich nun der fränkische Gauleiter Julius Streicher, der wohl rabiateste Antisemit der Partei, immer mehr nach vorn spielte, drängte Hitler zu einem Schlag gegen den jüdischen Wirtschaftseinfluß im Reich. Durch eine Art Geiselnahme des deutschen Judentums, so argumentierte sie, lasse sich das »Weltjudentum« und seine Kritik am nationalsozialistischen Deutschland ein für allemal zum Schweigen bringen.[70]

Jäh geriet Hitler, von den Boykottnachrichten aus dem Ausland ohnehin bereits in Panikstimmung versetzt, unter den Druck der antisemitischen Ultras. Als schließlich am 26. März im Reich durch Diplomatenberichte ruchbar wurde, daß der American Jewish Congress am nächsten Tag auf einer Massenkundgebung in New York den Weltboykott gegen Deutschland ausrufen werde, verlor Hitler völlig die Nerven.[71]

Noch am gleichen Tag rief er Goebbels zu sich auf den Obersalzberg. Was die beiden Männer miteinander erörterten, ist im Detail nicht bekannt, nur der fatale Beschluß, der dabei fiel: permanenter Boykott aller jüdischen Geschäfte, Warenhäuser, Anwaltskanzleien und Arztpraxen durch die NSDAP, beginnend am 1. April.[72]

Hitler überließ Goebbels die propagandistische Vorbereitung der Aktion. Der Minister verfaßte einen »Aufruf der nationalsozialistischen Parteileitung«, den Hitler am Nachmittag des 27. März billigte, ehe der Text in allen Zeitungen stand. Er rief dazu auf, im ganzen Reich »Aktionskomitees« zu bilden, die jedes jüdische Unternehmen boykottieren sollten, um den »Lügen und Verleumdungen von geradezu haarsträubender Perversität« ein Ende zu machen.[73]

Schon am 30. März konnte Goebbels notieren: »Der Boykott ist in der Organisation fertig. Wir brauchen jetzt nur auf den Knopf zu drücken, dann läuft er an.«[74] Die Organisation lag freilich nicht in seiner, sondern in Streichers Hand, der inzwischen mit dreizehn anderen Spitzenfunktionären der Partei ein »Zentralkomitee zur Abwehr der jüdischen Greuel- und Boykotthetze« aufgestellt hatte.[75]

Wer dort wirklich Regie führte, verriet bereits der erste Aufruf des Zentralkomitees. »Als Leiter der Gaukomitees«, hieß es da, »empfiehlt es sich, die Gauführer des Kampfbundes des gewerblichen Mittelstandes zu ernennen, da diese NS-Organisation gemäß ihrer Eigenart über die notwendigen Unterlagen und Erfahrungen für den Aufbau der Abwehrbewegung verfügt.«[76]

Auf den Kampfbund kam es in der Tat an. Er war es gewesen, der vor allem zum Judenboykott getrieben hatte. Seine Listen, Spitzelberichte und Anweisungen dirigierten die Rollkommandos von SA und SS zu den jüdischen Geschäften. Und wer noch nicht begriffen hatte, daß der Kampfbund hinter allem stand, ahnte es vielleicht am 4. April, als die Organisation von Streichers Komitee nun auch offiziell auf den Kampfbund überging.[77]

Rentelns Funktionäre kümmerten sich freilich wenig um die Befehle des Zentralkomitees, die einen »schlagartigen« Beginn der Aktion am 1. April pünktlich um zehn Uhr vorsahen. Der Kampfbund schickte seine Leute schon am 28. März los. In Essen, Duisburg und Bochum, in Wittenberge, Eberswalde, Schwedt, Prenzlau und Kiel besetzten seine Stoßtrupps jüdische Geschäfte und riegelten sie ab.[78]

Bestürzt beobachteten Hitlers konservative Partner, was die Nazis mit ihrem Judenhaß anrichteten. Der Judenboykott drohte das Land in einen Wirtschaftskrieg mit dem westlichen Ausland zu stürzen. Schacht rechnete sich schon aus, was am Ende stehen werde: weitere Millionen von Arbeitslosen, Abzug des jüdischen Auslandskapitals, Vernichtung des letzten deutschen Exports.

Steckte in solchen Bedenken auch eine Spur von Scham oder gar Empörung über die steigende Diffamierung der Juden? Wohl kaum. Die meisten Kritiker Hitlers im Staatsapparat neigten zu dem »normalen«, alltäglichen Antisemitismus, wie er auch andere Gesellschaften Europas durchtränkte. Uralte christliche Vorurteile gegen das Volk der »Gottesmörder«, verstärkt durch das persönliche Erlebnis jüdischer Überrepräsentation in Universität und Beruf, verstellten ihnen den Blick auf die Inhumanität antisemitischer Praktiken.

Konservative Politiker und Beamte waren sogar schon vor Hitlers Machtantritt dazu übergegangen, Maßnahmen zur Ausgrenzung »unerwünschter« Juden zu initiieren. Im Oktober 1932 hatte das Reichsinnenministerium Richtlinien für die Einbürgerung von »Angehörigen niederer Kultur« (gemeint: die aus dem Osten eingewanderten Juden) verschärft, zwei Monate später hatte im preußischen Innenministerium der Regierungsrat Hans Globke, später Konrad Adenauers graue Eminenz, Namensänderungen von dem Nachweis »arischer« Abstammung abhängig gemacht.[79]

Und nach der Märzwahl von 1933 war es wiederum ein Konservativer gewesen, Hugenbergs Staatssekretär Paul Bang, der weiter an der Schraube der rechtlichen Diffamierung jüdischer Menschen in Deutschland drehte. Bang drängte die Reichskanzlei zu »einer bewußt völkischen Gesetzgebung« gegen die Ostjuden, erster Anstoß zu den dann später folgenden Gesetzen über die »Entjudung« im Reich.[80]

Dennoch trennten Fragen der Taktik und des Augenmaßes die gemäßigten Antisemiten von den Rassefanatikern in der NSDAP. Trotz ihrer Ressentiments konnten sie sich Wirtschaft und Handel ohne jüdisches Ingenium nicht vorstellen, und vollends selbstmörderisch dünkte sie, die in London und New York maßgebliche jüdische Finanz- und Handelswelt, auf deren Sympathie, zumindest Neutralität jedes Regime in Deutschland angewiesen war, durch antisemitische Exzesse zu provozieren.

Schacht und seine Gesinnungsfreunde dachten ähnlich wie Mussolini, der damals einem Vertrauten erklärte, man dürfe sich »niemals mit den Juden und der Kirche in eine Auseinandersetzung einlassen, in beiden Fällen kämpfe man mit einem unsichtbaren Gegner«.[81] Daher auch Schachts Abneigung gegen den Boykott des 1. April: Er war ihm zu laut, zu kontraproduktiv.

Kaum war Hitler am 29. März nach Berlin zurückgekehrt, da ersuchten ihn Schacht und Reichsaußenminister von Neurath, den Boykott wieder abzusagen. Sie sahen keinen Handlungsbedarf: Auf der New Yorker Massendemonstration des American Jewish Congress war es – auf Druck des Weißen Hauses hin – nicht zur Ausrufung des antideutschen Boykotts gekommen, auch der Ton in westlichen Zeitungen war zurückhaltender geworden.[82]

Doch Hitler lehnte es ab, die Vorbereitungen für den Judenboykott einstellen zu lassen. Diese »Abwehrmaßregel gegen die jüdische Greuelpropaganda im Ausland«, so erklärte er vor dem Kabinett, habe »organisiert werden müssen, weil sonst die Abwehr aus dem Volk heraus von selbst gekommen wäre und leicht unerwünschte Formen angenommen hätte«.[83]

Selbst als Neurath mit seinem Rücktritt drohte, mochte Hitler nicht nachgeben. Er wollte sich auf keinen Fall frontal gegen den Boykott stellen, offensichtlich »unfähig, dem Drängen [der antisemitischen Ultras] zu einer direkten Aktion zu widerstehen«, wie die US-Botschaft in einem Bericht an das State Department in Washington vermutete.[84]

Doch als Schacht und der Reichssparkommissar Saemisch am nächsten Tag ihrem Kanzler vortrugen, daß der Boykott schweren wirtschaftlichen Schaden anrichten und die Wiedergesundung Deutschlands gefährden werde, verriet Hitler erste

Anzeichen einer Unsicherheit.[85] Er konnte nicht länger ignorieren, daß die antisemitische Spektakelkampagne seinen ureigenen Interessen zuwiderlief.

Was die NS-Boykotteure erzwingen wollten, konfrontierte Hitler einem Dilemma, aus dem es schwerlich einen Ausweg gab. Sie betrieben die völlige Zerstörung des jüdischen Wirtschaftsbesitzes im Reich, ohne den jedoch eine rasche Erholung der deutschen Wirtschaft unmöglich war – und von ebendieser Erholung hingen letztlich Erfolg und Weiterexistenz des NS-Regimes ab. Nichts aber war für Hitlers Image so gefährlich wie der Verdacht, durch eine extremistische Politik die Wirtschaft des Landes noch übler zu ruinieren als seine Vorgänger.

So mag Hitler spätestens am 30. März doch noch erwogen haben, auf den Judenboykott zu verzichten. Zumindest hatte Schacht aus ihm herausgehört, er sei zu einem Kompromiß bereit, wenn die andere Seite ihren Boykott einstelle und sich von der »Greuelpropaganda« distanziere. Es war natürlich naiv, von Demokratien eine solche Beschränkung der Meinungsfreiheit zu erwarten, und doch krallte sich Schacht verzweifelt an diese Illusion.

Schacht und Neurath fanden Helfer, die es ebenfalls für möglich hielten, die Kampagne des Auslands zu stoppen und Hitler den Judenboykott wieder auszureden. Selbst einige Nationalsozialisten fanden es opportun, die beiden Minister zu unterstützen, auch Göring, der noch wenige Tage zuvor durch seine Brandreden vor der SA die Krise angeheizt hatte, angesichts des antideutschen Warenboykotts jedoch umgeschwenkt war, es aber nicht wagte, Hitler offen von der Aktion abzuraten.

Unter Schachts und Neuraths Federführung formierte sich eine Koalition, wie sie wunderlicher kaum denkbar war. Konservative Wirtschaftler und Diplomaten, gemäßigte Nazis, sozialdemokratische Parteiführer, jüdische Bankiers, evangelische Geistliche – jeder von ihnen machte mit, patriotisch genug, um Schaden vom Vaterland abwenden zu wollen, aber auch darauf erpicht, eigene Interessen zu wahren und sich das Wohlwollen des Regimes zu sichern.[86]

Am erstaunlichsten war die Rolle, die führende Sozialdemokraten dabei spielten – erstaunlich freilich nur für Zeitgenossen, denen der zunehmend anpasserische Kurs der SPD nach dem 5. März entgangen war. Nach und nach baute die Partei ihre antinazistische Position ab, in der verzweifelten Hoffnung, im NS-Staat auch für sich eine Nische zu finden.

Selbst das große Nein der Sozialdemokratie gegen das Ermächtigungsgesetz zerfaserte in der Anpassungspolitik der einzelnen SPD-Landtagsfraktionen. Es fiel auf, daß sie zwar das Gesetz weiterhin »ablehnten«, aber dabei mit beschwichtigenden Erklärungen, die fast wie Entschuldigungen klangen, um gut Wetter baten«, wie es ein Historiker formuliert.[87]

Da war es nur noch ein kurzer Weg bis zur aktiven Teilnahme der SPD an der Abwehrpropaganda des Regimes. Mitglieder des Parteivorstandes wie Otto Wels, Paul Hertz und Friedrich Stampfer ließen sich von Göring mit Sonderpässen ausstatten und in die Bekämpfung der »jüdischen Greuelpropaganda« einweisen. Sie fuhren ins Ausland, um die über den Naziterror erregten Genossen der Sozialistischen (Arbeiter-)Internationale umzustimmen.[88]

So hatte jeder seinen Auftrag: Wels, Hertz und Stampfer bearbeiteten die sozialistischen Parteiführungen in Nord- und Westeuropa, der Hamburger Bankier Max Warburg sollte jüdische Organisationen in New York zu Erklärungen gegen den antideutschen Boykott animieren, eine Delegation deutscher Zionisten unter dem Spitzenfunktionär Martin Rosenbluth wirkte in London auf jüdische Prominente ein, der preußische Oberkirchenrat depeschierte an Kirchen in den USA – immer mit den gleichen fragwürdigen Argumenten: Es gebe keine Judenverfolgung in Deutschland, stoppt die »Greuelpropaganda«.[89]

Hinter dem Sperrfeuer der Telegramme und geheimen Botschaften wurden Neuraths Diplomaten aktiv, nur auf ein Ziel ausgerichtet: die Regierungen Englands und der USA zu distanzierenden Erklärungen, ja, zu einer Verurteilung des Boykotts gegen Deutschland zu veranlassen. Berlins Lobbyisten hatten gut vorgearbeitet. Die Kabinette der Westmächte zeigten sich bereit, Hitler entgegenzukommen, wenn der auf seinen Boykott verzichte.[90]

Hitler schien dazu entschlossen, als Neurath am 31. März im Kabinett beantragte, den Boykott abzusagen, falls sich die Regierungen in London und Washington von der »Greuelpropaganda« distanzierten und den Boykott deutscher Waren unterbänden. Der Kanzler war einverstanden. Würden die Westmächte entsprechende Erklärungen abgeben, so wollte er den Boykott vertagen.[91]

Ein paar Stunden später konnte Neurath bieten, wonach Hitler verlangt hatte. Nahezu alles war in Berlin eingetroffen: Anti-Boykott-Erklärungen jüdischer Organisationen und der Jewish Agency in Palästina, abwiegelnde Botschaften einiger prominenter Juden, auch ein alle Boykotts verurteilendes Kommuniqué der britischen Regierung.[92]

Nur Washington zeigte sich noch etwas zögerlich. Als jedoch der US-Geschäftsträger George A. Gordon kurz vor Mitternacht Neurath auch eine distanzierende Erklärung des State Department für den Fall der Absage des deutschen Judenboykotts ankündigte, hatte sich die Lage im Reichskabinett schon wieder völlig geändert.[93] Hitler war zurückgezuckt und wollte seine Zusage nicht mehr einhalten. Er bestand plötzlich wieder auf Durchführung der »Judenaktion«.

Fürchtete Hitler den Amoklauf einer aufgeputschten, um ihren Boykott geprellten SA? Gordon hielt immerhin die Version für vertretbar, Hitler habe »befürchtet, bei einer Absage der Aktion just am Vorabend des Tages, an dem sie alle auf das angenehme und billige Tyrannisieren und Einschüchtern der Juden aus waren, mit einer weitgehenden Befehlsverweigerung rechnen zu müssen – ein Risiko, das er natürlich nicht eingehen kann«.[94]

Noch einmal versuchten Schacht und seine Vertrauten, Hitler umzustimmen. Schließlich ließ er sich einen Kompromiß abhandeln: ein bißchen Boykott zur Beruhigung der Scharfmacher in der Partei, ein bißchen Mäßigung bei der öffentlichen Behandlung der Juden, insgeheim aber forcierte Vorbereitung der »Entjudung« von Verwaltung, Justiz und Gesundheitswesen.[95]

Womit praktisch der auf unbeschränkte Zeit angesetzte Boykott abgebrochen war, noch ehe er begonnen hatte. Goebbels mußte es allerdings der Öffentlichkeit anders darstellen. Noch am späten 31. März erklärte er, da »die Greuelhetze im Ausland im Abflauen begriffen« sei, werde der Boykott am Abend des 1. April »eine Pause« bis zum Mittwoch, dem 5. April, erfahren. Goebbels drohte: Wenn bis dahin die Hetze nicht »absolut eingestellt« sei, werde der Boykott »am Mittwoch um zehn Uhr aufs neue einsetzen, dann allerdings mit einer Wucht, die bis dahin noch nicht dagewesen ist«.[96]

In Wahrheit hatte weder Hitler noch Goebbels vor, den Boykott über den Abend des 1. April hinaus fortzusetzen. Natürlich wußten sie, daß es eine absolute Einstellung der antinazistischen Kampagne nicht geben werde. Das Ultimatum von Goebbels war nur ein Scheinmanöver, das vor der Partei den Teilrückzug Hitlers tarnen sollte.

Der Boykott des 1. April lief denn auch recht lustlos an, hatte doch die Aktion für die eigentlichen Drahtzieher schon ihren Reiz verloren. Zudem mahnten die noch in den letzten Stunden vor der Aktion eiligst ausgegebenen Parteibefehle, »jegliche Ausschreitung... mit allen Mitteln zu verhindern«. Parole: »Keinem Juden wird auch nur ein Haar gekrümmt.«[97]

Zwei amerikanischen Diplomaten, die durch die Straßen Berlins fuhren, erschien noch am Mittag die Boykottaktion »eine lahme Angelegenheit, ganz unbeeindruckend, ziemlich schlecht organisiert und nur halbherzig ausgeführt«. Kaum 20 Prozent der jüdischen Geschäfte in der Berliner Innenstadt wurden boykottiert, die meisten der Geschäfte hatten geschlossen. Auch schien die SA keineswegs im vollen Einsatz.[98]

Erst im Laufe des Tages wurde die Aktion munterer, am Ende waren etwa 80 Prozent der jüdischen Geschäfte von zumindest einem SA-Posten belagert. Doch zu nennenswerten Zwischenfällen kam es selten. »Ich habe das Gefühl«, schrieb ein Beobachter, »daß die meisten Leute auf der Straße die Sache mehr oder weniger für einen Spaß hielten (wenn sie nicht selber betroffen waren!) und daß sie trotz des Boykotts auch weiterhin in ihrem Lieblingsgeschäft einkaufen werden.«[99]

Ein Korrespondent der »Frankfurter Zeitung« notierte in Berlin: »Die ganze Leipziger Straße ist belebt wie bei einem Volksfest. Die Friedrichstraße desgleichen. SA und Polizei fordern zum Weitergehen auf und sorgen dafür, daß sich die dichtesten Gruppen von Zeit zu Zeit zerstreuen.«[100]

Der britische Schriftsteller Christopher Isherwood (»Good-bye to Berlin«) sah »kleine Gruppen von Passanten«, die das Treiben der SA »interessiert, amüsiert oder auch teilnahmslos« beobachteten. Selbst für manchen der verstörten jüdischen Ladenbesitzer hatte der ganze Spektakel noch »den Anschein des Einmaligen, des Unwirklichen, ja des Kuriosen«.[101]

Derart skurril erschien manchem Zuschauer das martialische Aufgebot der Braunhemdler, daß er nun erst recht in den boykottierten Läden einkaufte. In einigen Städten, so in München, gab es einen wahren Käufersturm auf jüdische Geschäfte, was den »Völkischen Beobachter« prompt veranlaßte, »die Unvernunft eines Teiles des Publikums« zu tadeln, »das sein sauer verdientes Geld den Volksfeinden und hinterlistigen Verleumdern geradezu aufdrängte«. Auch in Hannover, klagte das

Parteiblatt, habe sich das Publikum »verschiedentlich mit Gewalt in die Geschäfte hineinzudrängen versucht«.[102]

Die meisten SA-Männer nahmen es hin, ohnedies an der verwässerten Aktion kaum noch richtig interessiert. Manchem mag dabei auch unbehaglich gewesen sein wie einem SA-Mann in Spandau, der sich bei »seinem« Juden für den Boykott entschuldigte (»Es ist nur so eine Maßnahme«), oder jenem anderen, der Isherwood belustigt zunickte, als der Brite mit einem Einkaufspäckchen aus einem belagerten Warenhaus herauskam.[103]

Deutlicher konnte sich kaum offenbaren, daß der Judenboykott auf der ganzen Linie gescheitert war. Angesichts seiner Unpopularität hatte Streicher bereits am Nachmittag erklären müssen, daß die Aktion am Mittwoch auf keinen Fall fortgesetzt werden würde.[104] Goebbels' Agitatoren mußten schon primitiv lügen, um den offensichtlichen Fehlschlag des 1. April in einen »vollen Erfolg« umzumünzen. Dreist verbreitete das Propagandaministerium die Version, der Boykott habe sein Ziel völlig erreicht, denn die ausländische »Greuelpropaganda« sei gestoppt worden.[105]

In Wirklichkeit war alles schiefgegangen: Auch die nochmalige Steigerung der antijüdischen Propaganda in den letzten Märztagen hatte die Masse der Bevölkerung nicht bewegen können, sich mit dem Boykott zu solidarisieren. Zudem gab es mit manchem boykottierten Unternehmen Ärger, weil es sich gar nicht in jüdischem Besitz befand, und vollends verheerend war für das Regime das Echo, das dieser Tag deutscher Infamie in der kritischen Weltöffentlichkeit fand: Kein anderes Ereignis des Jahres 1933 hat das Dritte Reich in der Welt so moralisch stigmatisiert wie der Judenboykott.

Am ärgsten aber mußte die Antisemiten verstören, daß der erste Anschlag auf den jüdischen Wirtschaftsbesitz mißlungen war. Der 1. April 1933 hatte der NS-Führung, wie es ein Historiker umschreibt, »eine überaus wichtige Lektion erteilt«:[106] Die Möglichkeiten nationalsozialistischer Judenpolitik waren begrenzt, solange die Wirtschafts- und Sozialkrise ungelöst blieb.

Für die deutschen Juden brachte das freilich nur wenig Entlastung, denn nun wurden viele von ihnen Opfer jenes ominösen »Kompromisses«, den Hitler mit seinen bürgerlichen Ministern geschlossen hatte. Ein neues Horrorwort ging um: »Entjudung« der Verwaltung.

Schon wenige Tage nach dem Boykott folgten die ersten antisemitischen Gesetze, die eine Ära gnadenloser »Säuberung« des Staatsapparats von jüdischen Amtsträgern eröffnete. Eine Fülle staatlicher Dekrete hagelte auf das deutsche Judentum nieder, noch dazu begleitet von einer »über das Reich flutenden Welle illegaler Maßnahmen, die vom Berufsverbot über Diskriminierungen bis hin zu körperlichen Mißhandlungen reichten«.[107]

Am 7. April erließ die Reichsregierung ein »Gesetz zur Wiederherstellung des Berufsbeamtentums«, das unter anderem auch die Zwangspensionierung jüdischer Beamter in Reich, Ländern, Kommunen und öffentlichen Körperschaften vorsah.[108] Deren Entlassung war Gegenstand von Paragraph 3 des Gesetzes, dem bald ein Name anhaftete, der den Juden, aber auch vielen anderen Deutschen zum Alpdruck werden sollte: Arierparagraph.

Womit sich eine Kernforderung deutscher Antisemiten erfüllte, die schon im späten 19. Jahrhundert in ihren Vereinssatzungen vorschrieben, Deutscher könne nur sein, wer arischer Abstammung sei – Ausfluß der damals aufgekommenen rassisch-biologischen Deutschtumsideologie, in der die Germanen und mithin die »reinen« Deutschen als vermeintliche Erben jener indogermanischen Adelsgruppen im Vorderasien der vorchristlichen Zeit, die sich Arier nannten, die Rolle eines Lichtvolks spielten.

Arierparagraphen besaßen bereits die Studentenvereine von 1880 und der 1893 gegründete Deutsche Handlungsgehilfen-Verband, die ihr Deutschtum so aggressiv auslegten, daß es »jede Gemeinschaft mit Juden ausschließt«, wie ein DHV-Funktionär formulierte.[109] Da brauchten Fricks Beamte nur die alten Arierparagraphen zu kopieren, um daraus eine Waffe rassistischer Ausgrenzungspolitik zu machen.

Zug um Zug weitete das Reichsinnenministerium den Kautschukbegriff der »Entjudung« aus. Erst waren es Beamte im Staatsdienst, die vom Arierparagraphen des Berufsbeamtengesetzes erfaßt wurden, dann traf er Angestellte, Arbeiter, Richter, Lehrer und Hochschulpersonal, schließlich auch Berufsgruppen außerhalb des öffentlichen Dienstes: Rechtsanwälte, Notare und Ärzte, Juden in Ehrenämtern, Makler, Künstler. Ein ganzes Jahrhundert der Emanzipation und Humanisierung wurde revidiert, die Juden zusehends zu Parias der Nation gestempelt. Eine menschenverachtende Prozedur war in Bewegung gesetzt, an deren Ende die weitgehende soziale Ausgrenzung und staatsbürgerliche Entrechtung des deutschen Judentums stehen sollte.

Die Ministerialbürokratie zog diesem Prozeß freilich noch gewisse Grenzen, gegen die das Antisemitenlager in Partei, SA und Kampfbund desto wütender aufbegehrte – Beginn eines hektischen Rivalen- und Kompetenzkampfes um die Kontrolle der Judenpolitik des Regimes, die damit zugleich jedwede Kohärenz verlor.

Die »Entjudung« nahm immer verwirrendere Formen an, zumal sich bald erwies, daß es in den internen Auseinandersetzungen der Judengegner oft weniger um ideologische denn machtpolitische Positionen ging. Sie kamen aus ihrem Grabenkampf kaum heraus: hier die eher zögerliche Bürokratie, dort die fanatischen Judenhasser der NS-Bewegung – und in der Mitte ein vage-zwielichtiger Hitler, meist dazu aufgelegt, bei Entscheidungen in der Judenpolitik »nicht als Scharfmacher zu agieren, sondern der weniger radikalen Lösung den Vorzug zu geben«.[110]

Die Pressionen der Ultras aber nahmen noch zu, je mehr ihnen der Verdacht kam, daß einflußreiche Männer in den Berliner Ministerien die »Entjudung« bremsten. Ihnen mußte auffallen, daß 1935 gut 60 Prozent der jüdischen Anwälte Deutschlands erneut zugelassen worden waren, 7000 von ursprünglich 9000 jüdischen Ärzten weiterhin praktizierten.[111] Auch wer im Krieg gedient oder schon vor dem 1. August 1914 die Beamtenlaufbahn eingeschlagen hatte, konnte auf seinem Posten bleiben.

In der Wirtschaft sahen sich die Juden sogar förmlich dazu aufgestachelt, der »Entjudung« Widerstand entgegenzusetzen. Die »Deutsche Allgemeine Zeitung« rügte am 10. April 1933 »die Neigung zur kampflosen Selbstaufgabe« gegenüber dem Druck der NSDAP, während die »Frankfurter Zeitung« räsonierte: »Sieht man nicht den wirtschaftlichen Schaden, der angerichtet werden muß, wenn man sich stur auf die Parole versteift: Juden heraus?«[112]

Hinter solcher Kritik standen nicht selten Freunde Schachts und Beamte aus Görings preußischer Verwaltung, die den zügellosen Judenhaß einzudämmen versuchten. Erlasse des preußischen Innenministeriums stoppten Ende April die fristlose Entlassung jüdischer Arbeitnehmer. Auch Preußens Arbeitsgerichte sahen sich ermuntert, die »wilden« Entlassungsaktionen bedrängter Betriebe nicht länger zu akzeptieren.[113]

Dabei wurde Insidern deutlich, daß der Kampf um den Boykott des 1. April eine Liaison hinterlassen hatte, die für die Wirtschaftspolitik des Regimes noch weitgehende Konsequenzen haben sollte. Es war die Achse Göring–Schacht.

Dem Reichsbankpräsidenten imponierte offenkundig, wie sich Göring gegenüber den Scharfmachern der Partei durchzusetzen verstand. Der populäre Kampfflieger des Ersten Weltkrieges, damals 40 Jahre alt, Reichstagspräsident, Kommissar im preußischen Innenministerium und Reichskommissar für die Luftfahrt, agierte in den NS-eigenen Dschungelkämpfen mit einer Mischung aus Brutalität, Unverfrorenheit und Jovialität, als sei Preußen sein Privatbesitz.

Das sonderbare an ihm aber war, daß er gar nicht der typische Nazi war, für den ihn seine Gegner hielten. Mit der NSDAP konnte Göring nur wenig anfangen. Er hatte in ihr keine Hausmacht, er saß in keinem ihrer Führungsgremien, und auch ihre Ideologie war ihm ziemlich gleichgültig. Lange Zeit war sogar umstritten gewesen, ob er überhaupt Mitglied der Partei sei.[114]

Der »dickfellige, bramsige Göring«, wie ihn Strasser nannte, galt bei Altnazis als ein Karrierist, korrupt, von der Schwerindustrie ausgehalten, »ein Champignon-Pilz auf dem Nährboden der Partei« (so der Göringfeind Wagener).[115] Seine Stellung in der Partei beruhte allein auf der Zweierbeziehung zu Hitler, der ihn einst wegen seines prestigereichen Pour le mérite, mit dem er im Krieg dekoriert worden war, in die NSDAP geholt und sich später seiner vielfältigen Verbindungen zu den alten Eliten in Wirtschaft und Politik bedient hatte, um die Koalition des 30. Januar 1933 abzusichern.

So war Göring die Herrschaft in Preußen zugefallen, das er eigenwillig regierte. Nicht wenig davon verriet, wie er wirklich war: egoistisch, raffgierig, prunk- und putzsüchtig, Rammbock einer rücksichtslosen Nazifizierung des öffentlichen Lebens und doch zugleich ein Pragmatiker, nicht ohne Witz und Intelligenz, ja mitunter großzügig, solange die Wirkung der Morphiumspritzen anhielt, von denen er seit seiner Verwundung im Naziputsch von 1923 abhängig war.[116]

Bei aller Hemmungslosigkeit aber offenbarte Göring eine Vorliebe für die Traditionen des alten Preußen, hinter der ein anderes Staatskonzept als das totalitäre der NSDAP sichtbar wurde. Es war das Konzept eines autoritären Staates konventioneller Machart, von einer allmächtigen Bürokratie gesteuert, ohne Parteien und Gewerkschaften, aber mit einer freien Wirtschaft, Einschränkung des staatlichen Terrors und weitgehender Wahrung rechtsstaatlicher Prinzipien.

Auch Uneingeweihten mußte auffallen, daß die meisten Schlüsselposten in Preußens Staatsapparat von Nationalsozialisten frei geblieben waren. SA-Führer und Parteifunktionäre kommandierten zwar jetzt in Rathäusern, Polizeipräsidien und Landratsämtern, doch in Görings engster Umgebung waren sie selten. Dort herrschten andere Typen vor: Görings ehemalige Kriegskameraden, Freunde aus der Industrie, deutschnationale Beamte.

Die Partei irritierte vor allem, daß Göring die Staatssicherheit im neuen Preußen ausgerechnet einem ehemaligen Demokraten anvertraut hatte. Oberregierungsrat Rudolf Diels, ein Intrigant von hohen Graden, war nach dem Reichstagsbrand von Göring beauftragt worden, mit einer kleinen Gruppe von Kripobeamten eine Sonderabteilung für die Bekämpfung des Kommunismus aufzubauen.

Als die im Berliner Polizeipräsidium untergebrachte Abteilung zu groß wurde, siedelte Diels mit seinen Leuten in eine geräumte Kunstgewerbeschule in der Prinz-Albrecht-Straße 8 über. Allmählich zog er alle politischen Sonderdezernate von Preußens Kriminalpolizei an sich und vereinigte sie mit seiner Abteilung zu einer geheimniskrämerischen Superbehörde, die er in Erinnerung an den alten preußischen Polizeistaat des 19. Jahrhunderts »Geheimes Staatspolizeiamt« nannte. Ein Postbeamter, der dazu einen Laufstempel entwerfen sollte, erfand die Abkürzung »Gestapa«, woraus der Volksmund das unheilvollste Wort machte, das es zwölf Jahre lang gab: Gestapo.[117]

Mit ihren Razzien, Schutzhaftbefehlen und Fahndungslisten bürokratisierte die Gestapo die Jagd auf Kommunisten und andere NS-Gegner, entriß aber auch der SA einige ihrer übelsten Konzentrationslager und nahm sie in eigene Regie. Das begründete einen Dauerkonflikt zwischen Diels und örtlichen SA-Führern, der auch den zunächst widerstrebenden Göring in den Kampf gegen die zusehends mächtiger werdende SA hineinzog.[118]

Schacht konnte daraus die Hoffnung schöpfen, in Göring einen Partner gegen die Ultras der Partei zu finden. Was die beiden so verschiedenen Männer miteinander verband, hatte bereits ihr Zusammenspiel bei der Abwehr des Judenboykotts offenbart: die Abneigung gegen die radikalen Extratouren der antikapitalistischen NS-Fraktion.

Hitler machte freilich keine Miene, auf die Einflüsterungen Görings und Schachts zu hören. Er scheute vor jeder offenen Konfrontation mit den Scharfmachern der Partei zurück, ja er ließ nach dem Boykott seinen Zweifel durchblicken, ob es opportun sei, Göring die ganze Macht in Preußen zu übertragen. Wochenlang blockierte er die Ernennung Görings zum Ministerpräsidenten, die der »treue Paladin« (Göring über Göring) sogleich nach den preußischen Landtagswahlen des 5. März erwartet hatte.[119] Seit Papens »Preußenschlag« im Juli 1932 gab es keinen preußischen Ministerpräsidenten mehr. Seine Funktionen nahm ein Reichskommissar wahr, und das war kein anderer als der Vizekanzler von Papen.

Hitler wollte ihn aus Koalitionsarithmetik auf dem Posten belassen, spielte wohl auch mit dem Gedanken, das Preußenamt eines Tages selber zu übernehmen und wie in der Bismarckzeit mit dem Kanzleramt zu vereinigen. In dem eben fertiggestellten Reichsstatthaltergesetz, das die Machtverhältnisse in den Ländern neu regelte, war bereits vorgesehen, daß die Rechte des Reichsstatthalters in Preußen dem Reichskanzler zustünden.[120] Einer aber kam dabei gar nicht vor: Göring.

Der aber inszenierte prompt ein Manöver, mit dem er Hitler zwang, ihn doch zum Ministerpräsidenten zu ernennen. Ohne Wissen seines Führers bestach er den nationalsozialistischen Landtagspräsidenten Hanns Kerrl mit der Aussicht auf ein Ministeramt dazu, den neugewählten Landtag, in dem die Rechtskoalition die absolute Mehrheit besaß, zum 8. April einzuberufen und die Wahl des Ministerpräsidenten auf die Tagesordnung zu setzen. Der überrumpelte Hitler gab nach. Am 10. April war Göring preußischer Ministerpräsident.[121]

Zu Görings Triumph kam noch eine eher unbeabsichtigte Morgengabe Hitlers hinzu, die seine Macht weit mehr stärken sollte als die Kür zum Ministerpräsidenten. Eine Gruppe militärischer Chiffrierer und Abhörexperten, unzufrieden mit der Abwehrabteilung im Reichswehrministerium, hatte Hitler vorgeschlagen, sie mit Kollegen von Abwehr, Polizei und Diplomatie zu einer eigenen Kodeknacker- und Lauschbehörde zusammenzufassen, direkt der Reichskanzlei unterstellt. Hitler war nicht interessiert und trat die Bittsteller an Göring ab.[122]

Göring muß sofort erkannt haben, wie nützlich es für ihn sein würde, über eine zentrale Schnüffelorganisation zu verfügen. Den Korvettenkapitän Hans Schimpf und seine vier Dechiffrierer, die sich Mitte April bei Göring meldeten, brachte er im Dachgeschoß des Reichskommissariats für die Luftfahrt unter. Dort richteten sie ein »Forschungsamt« ein, Keimzelle einer gefürchteten Lauschbehörde, die bald den ganzen Telefon- und Telegrammverkehr in Deutschland kontrollierte.[123]

Forschungsamt, Gestapo, dazu die militärisch ausgerichtete Schutzpolizei, demnächst auch die Luftwaffe – Görings Macht wuchs von Woche zu Woche. Kaum war er Ministerpräsident, da erließ er ein Gesetz (Erstes Gestapogesetz vom 26. April 1933), das Diels' Behörde weitere Vollmachten einräumte. Das Gestapa trat nun an die Stelle des Landeskriminalpolizeiamtes und richtete in den Regierungsbezirken nachgeordnete Exekutivstellen, sogenannte Stapostellen, ein.[124]

Eine mächtigere Polizei als die Gestapo Görings ließ sich kaum noch denken. Der inneren Verwaltung war praktisch jeder Einfluß auf die politische Polizei entzogen. Schon bald durften die staatlichen Polizeibehörden keine politischen Abteilungen mehr unterhalten. Und die Regierungspräsidenten waren nahezu machtlos gegenüber den Stapostellen, obwohl sie ihnen formal noch unterstellt waren. Görings Gestapo konnte jeden Preußen, ungehindert von der Justiz, verhaften und in ein Konzentrationslager einweisen, und dies auf unbestimmte Zeit. Sie allein besaß die Vollmacht, die gefürchteten Schutzhaftbefehle auszustellen. Bedenkt man noch, daß ihr schon die Reichstagsbrandverordnung vom 28. Februar 1933 die Möglichkeit eröffnet hatte, ohne richterliche Befehle Hausdurchsuchungen und

Verhaftungen vorzunehmen, Eigentum zu beschlagnahmen, Telefongespräche abzuhören und Briefe zu öffnen, so bekommt man eine Vorstellung von der Macht Görings und seiner Organe.

Zu soviel Macht gehörte natürlich auch ein zünftiger Stab, der den Ehrgeiz des »dicken Hermann« in Pläne und Aktionen umsetzen konnte. Im Staatsministerium, dem traditionellen Amtssitz des preußischen Ministerpräsidenten, etablierte sich ein Stabsamt, so vielgliedrig organisiert, daß Eingeweihte darin schon eine Nebenreichskanzlei erkennen wollten.

Federführend im Stabsamt war Ministerialdirektor Erich Neumann, ein deutschnationaler Jurist und Volkswirtschaftler, der seinen Chef immer mehr gegen den ökonomischen Radikalismus der NSDAP scharfmachte.[125] Er rekrutierte Wirtschaftsexperten und zog Fäden ins Lager Schachts und der Industrie, sicher, daß die entscheidende Auseinandersetzung mit der antikapitalistischen Fronde bald kommen werde.

So formierte sich unauffällig eine konservative Alternative zur linken NS-Fraktion, die freilich nicht mit den konservativen Kräften im Parteienlager um Hugenberg und Papen identisch war, wohl aber vieles umfaßte, was innerhalb und am Rande der NSDAP als bürgerlich-konservativ galt. Ihre Führer warteten ab, solange sich Hitler weigerte, in grundsätzlichen Fragen der Wirtschaftspolitik Farbe zu bekennen. Noch behaupteten die NS-Linken das Feld. Sie waren es, die jetzt zu ihren größten Schlägen ausholten.

3. Fast ein Wunder

Am Abend klingelte im Direktionsbüro der Firma R. Karstadt AG das Telefon. Eine rauhe, ungeduldige Stimme meldete sich und verlangte nach dem verantwortlichen Mann des Unternehmens. Der Anrufer, ein SA-Mann, der irgendeinen Namen und Dienstgrad nannte, machte es kurz: »Entweder Sie entlassen sofort den jüdischen Leiter Ihrer Potsdamer Filiale, oder wir schlagen Ihren Laden kaputt!«[1]

Anrufe oder Drohbriefe solcher Art erhielten in diesem April 1933 viele Kaufleute und Verbandsfunktionäre in Deutschland. Man kannte das schon: Der Kampfbund für den gewerblichen Mittelstand und seine Kumpane in SA und NSBO waren wieder auf dem Marsch, diesmal gegen die Kammern und Berufsverbände der Wirtschaft, die sich bisher der Überrolltechnik der NS-Linken entzogen hatten.

Jetzt forcierte der Kampfbund, was Nationalsozialisten den »ständischen Aufbau« nannten. Das hatte nichts mit den ständestaatlichen Theorien des rechtskatholischen Sozialphilosophen Othmar Spann gemein, der die mittelalterliche Zunftordnung auf den modernen Staat projizieren wollte. Es ging um das berufsständische Konzept des NS-Programms, das freilich so vage war, daß Hitlers Stabsleiter Robert Ley spottete, er habe »noch nie zwei Nazis getroffen, die einer Meinung über den ständischen Aufbau gewesen wären«.[2]

Nicht so die Führer des Kampfbundes. Sie wußten ganz genau, was sie sich darunter vorzustellen hatten. Ständische Wirtschaftsverfassung bedeutete für sie: radikale Veränderung des Verbandswesens der gewerblichen Wirtschaft unter Zurückdrängung der Großindustrie, Festschreibung des Vorrangs von Einzelhandel und Handwerk, Schutz des Mittelstandes vor industrieller Konkurrenz.

Entsprechend schlugen sie los. In kurzer Zeit eroberten die Kampfbündler eine Verbandsposition nach der anderen. Sie brachten den Deutschen Sparkassen- und Giroverband unter ihre Kontrolle, um einen besseren Ausgangspunkt für den Generalangriff auf die Großbanken zu gewinnen, und bald saßen sie auch in den Vorständen von nahezu allen Handwerks- und Gewerbeverbänden, deren Interessen dem Kampfbund völlig gleichgeschaltet wurden.

Anfang Mai hatten sie ihr erstes Nahziel erreicht: die Kontrolle über den Deutschen Industrie- und Handelstag (DIHT), die Dachorganisation aller Handelskammern, denen jeder wirtschaftliche Betrieb in Deutschland angehören mußte. Am 3. Mai proklamierte der Kampfbund »die Bildung von Ständen und Berufskammern«, zusammengefaßt in den Reichsständen des Deutschen Handels und des Deutschen Handwerks, zu deren Präsident sich Theodor Adrian von Renteln wählen ließ.[3]

Der Gewaltstreich erzürnte selbst den desinteressierten Reichswirtschaftsminister Hugenberg, der freilich kaum durchschaute, worum es eigentlich ging. Zur Bändigung Rentelns setzte er ausgerechnet dessen Stichwortgeber Wagener ein, den er zum Reichswirtschaftskommissar ernannte und mit außerordentlichen Vollmachten ausstattete – zum Ärger Hitlers, der nur mit Mühe zu bewegen war, dem Comeback des ehemaligen Beraters nachträglich zuzustimmen.[4]

Wagener deckte denn auch prompt den Kampfbund. Er setzte umgehend das (von den Kampfbündlern bereits entmachtete) DIHT-Präsidium ab und ernannte Renteln zum neuen Präsidenten und dessen Stellvertreter Hilland zum Geschäftsführer. Empört verlangte Hugenberg, diesen Streich »sofort rückgängig zu machen«, doch Wagener berief sich auf angebliche Wünsche der NSDAP und blieb bei seiner Entscheidung.[5]

Deutlicher konnte sich nicht offenbaren, wie sehr jetzt die antikapitalistische NS-Fronde den Ton angab. Es war nicht das erste Mal, daß sie sich gegenüber der Reichsregierung durchgesetzt hatte. Von der Ernennung sogenannter Mittelstandskommissare bis zum Verbot neuer Einheitspreisgeschäfte realisierte der Staat zahlreiche Forderungen des Kampfbundes, zumal manche von ihnen plausibel waren. Die Kreditkrise und eine Rationalisierungsmanie hatten schwere Wettbewerbsverzerrungen hinterlassen, die der Korrektur bedurften.

Schon am 18. März hatte die Reichsregierung zwei Gesetze erlassen, die die Verdoppelung der Gewerbesteuer für Warenhäuser und die Einführung einer kommunalen Filialsteuer vorsahen. Am 27. März war Hessen mit einem Gesetz gefolgt, das die verdoppelte Warenhaussteuer auf Einheitspreisgeschäfte ausdehnte und die Pflichtbesteuerung von Filialbetrieben zum Höchstsatz einführte.[6]

Im April wartete das Reichsfinanzministerium mit der Ankündigung einer »Mittelstands-Schutzsteuer« auf, die jedem Betrieb mit einem Jahresumsatz von mehr als 400 000 Reichsmark auferlegt werden sollte. Auch wurde an einem Gesetz zum Schutz des Einzelhandels gearbeitet, das mit seinem Verbot neuer Einzelhandelsgeschäfte zwar nur den alten eine Atempause verschaffen wollte, aber gleichzeitig zur »prinzipiellen Abkehr von der Gewerbefreiheit« führen mußte.[7]

Das Reichskabinett mußte sich schließlich unter dem Druck des Kampfbundes auch dazu verstehen, die Frage der Verstaatlichung aller Großbanken auf die Tagesordnung zu setzen. Eine Kommission sollte »vorhandene Unzulänglichkeiten« des Bankwesens untersuchen und Änderungsvorschläge erarbeiten – willkommene Gelegenheit für die Kampfbündler und ihre Verbündeten, gegen die Macht des Großkapitals zu agitieren.[8]

Diese Anfangserfolge spornten die Ultras nur an, ihren Druck auf Regierung und Parteiführung noch zu verstärken. Nie zufrieden mit den Erlässen und Maßnahmen der Ministerialbürokratie, stellten sie zusehends extremere Forderungen. Jetzt verlangten sie die Schließung von Handwerksbetrieben und Lebensmittelabteilungen in Warenhäusern, wollten die Konsumgenossenschaften beseitigt sehen und wetteiferten in der Produktion immer neuer, »auf Erdrosselung der Warenhäuser und Filialbetriebe zielender Steuerentwürfe«.[9]

Im Lärm ihrer Kampagne aber fiel kaum auf, daß es um den Partner des Kampfbundes, die NSBO, recht still geworden war. Muchows Funktionäre hatten immer weniger Geschmack an den restaurativen Parolen der NS-Mittelständler. Als Handlanger für den engstirnigen Einzelhandel mochten sie sich denn doch nicht mißbrauchen lassen.

Zudem brachte die Aktivität des Kampfbundes die NSBO bei ihrer eigenen Klientel in nicht geringe Verlegenheit. Der Feldzug gegen Warenhäuser und Konsumgenossenschaften gefährdete die Arbeitsplätze von rund 90 000 Menschen, unter ihnen manche, die nach dem 30. Januar in die NSBO eingetreten waren. Sie verlangten von den Zellenleitern immer häufiger Auskunft darüber, was die Organisation unternehme, um ihre Jobs zu sichern.[10]

Das drängte die NSBO-Funktionäre in eine Gegenposition zum Kampfbund, der sie kaum ausweichen konnten, wollten sie nicht ihre Mitglieder verlieren. Es war die alte Geschichte: Die Führung der Zellenorganisation geriet unter den Druck ihrer radikaleren Basis, die sie auf ihre gewerkschaftlichen Pflichten verwies, was die Funktionäre wiederum zum Handeln trieb – ein Grund mehr für sie, nun auch die Gleichschaltung und Eroberung der herkömmlichen Berufsverbände in Angriff zu nehmen.

Reinhold Muchow verfolgte dabei einen ehrgeizigen Plan. Er wollte alle Gewerkschaften in eine einzige Organisation pressen, die alten Verbände von jeglichem Klassendenken säubern und sie zur führenden gesellschaftlichen Kraft machen, ohne die im neuen Deutschland keine Politik mehr möglich sein würde: Einheitsgewerkschaft auf NS-Art.

Den NSBO-Chef faszinierte der Gedanke, mit einem Schlag die knapp acht Millionen gewerkschaftlich organisierter Arbeitnehmer, ein Viertel der 32 Millionen beschäftigungsfähiger Personen in Deutschland, unter seine Führung zu bringen.[11] Ihm kam dabei zu Hilfe, daß die Führer der Gewerkschaften etwas Ähnliches planten, allerdings mit umgekehrtem Vorzeichen. Angesichts der totalitären Herrschaftsansprüche des Nationalsozialismus wollten sie die in zahllose Verbände und Richtungen gespaltenen Gewerkschaften vereinigen, um ihnen wenigstens eine Überlebenschance zu sichern.

Der christliche Gewerkschaftschef Bernhard Otte und sein Kollege Wilhelm Leuschner vom sozialdemokratischen Allgemeinen Deutschen Gewerkschafts-Bund (ADGB) hatten mit anderen Gewerkschaftlern beschlossen, einen »Führerkreis« zu bilden, der Grundsätze für den Aufbau einer Einheitsgewerkschaft ausarbeiten sollte.[12] Auch für den NSBO, gewerkschaftlich immerhin ernst zu nehmen, war eine Rolle vorgesehen – Chance für Muchow, sich in die Einigungsgespräche einzuklinken.

Er war sofort entschlossen, die Führung der Gespräche an sich zu reißen und den ADGB auszumanövrieren, was durch dessen Anpassungskurs noch erleichtert wurde. Nicht wenige Genossen rieten dem müden ADGB-Bundesvorsitzenden Theodor Leipart, sich mit der NSBO zu arrangieren. Mancher stand schon im Lager der Nazis wie Hermann Seelbach, Leiter der ADGB-Schule in Bernau, und die ADGB-Vertreter in der Hamburger Bürgerschaft, die nach dem Bruch mit der SPD in der Fraktion der NSDAP hospitierten.[13]

Als sich Leipart tatsächlich zu Verhandlungen mit einer NSBO-Delegation bereit erklärte, stand Muchows Entschluß schon fest, die sozialdemokratischen Gewerkschaften, den ADGB und den Allgemeinen freien Angestellten-Bund (Afa-Bund), durch einen Gewaltstreich zu entmachten und die übrigen Verbände in eine Einheitsgewerkschaft nationalsozialistischer Ausrichtung zu zwingen.

Hitler hielt sich dabei ziemlich bedeckt, zumal er Muchow und dessen NSBO im Verdacht hatte, einer Art braunem Marxismus zu frönen. Letzten Endes, echote Ley später als Stimme seines Herrn, »war die NSBO ebenso auf dem klassenkämpferischen Gedanken aufgebaut wie die Gewerkschaften auch. Es war hier gedanklich, ideenmäßig kein Unterschied.«[14]

Zudem scheute Hitler stets davor zurück, Arbeiterinteressen frontal anzugehen. Nichts fürchtete er mehr als den Unmut unzufriedener Arbeiter, die den Staat in Frage stellten. Er wußte wie Ley, daß in den Freien Gewerkschaften noch immer »die besten, fanatischsten und schärfsten Gegner des Nationalsozialismus« saßen.[15] Ein falsches Wort, eine unbedachte Aktion – und schon sah Hitler den »roten Aufruhr« leibhaftig vor sich.

Daher spielte er auch anfangs mit dem Gedanken, die Gewerkschaften unter einem Reichskommissar zusammenzufassen, der möglichst aus der SPD stammen sollte. Er hatte dafür August Winnig, den wegen seiner rechtsextremen Sympathien aus der Partei ausgeschlossenen Bauarbeiterführer des Ersten Weltkriegs, vorgesehen, dessen Kandidatur bereits vom ADGB gutgeheißen worden war.[16]

Mit Muchows Absichten freundete sich Hitler erst an, als die Idee aufkam, die Ausschaltung der sozialdemokratischen Gewerkschaften mit einem Propagandacoup ohnegleichen zu koppeln. Den hatte Goebbels dem Kabinett am 24. März skizziert: den 1. Mai, den legendären Kampf- und Feiertag der internationalen Arbeiterbewegung, zum »Feiertag der nationalen Arbeit« zu erheben.[17]

Das am 10. April 1933 erlassene 1.-Mai-Gesetz irritierte nicht wenige Arbeiter. Was der Arbeiterbewegung im jahrzehntelangen Kampf nicht gelungen war, schafften die Nazis mit einem Federstrich: die ganze Nation am Tage der Arbeitersolidarität zur Ehrung all der Leiden und Hoffnungen einer um ihre Emanzipation ringenden Schicht zu mobilisieren.

Goebbels und Hitler aber waren zynisch genug, diesen scheinbaren Triumph der Arbeiterschaft mit deren gleichzeitiger Entmündigung zu verbinden. Wenn es ihnen gelang, die Gewerkschaften zur Teilnahme an der ersten Maifeier des Regimes zu bewegen und der Öffentlichkeit damit die Fata Morgana einer beginnenden Volksgemeinschaft vorzugaukeln, dann war der folgende Schlag gegen die sozialdemokratischen (»Freien«) Gewerkschaften politisch abgefedert, mit einem Wort: risikolos. Das gab bei Hitler den Ausschlag.

In seinem Auftrag stellte Muchow ein »Aktionskomitee zum Schutze der Deutschen Arbeit« zusammen, in dem Funktionäre der NSBO Modelle für eine Vereinigung der Gewerkschaften unter NS-Kontrolle und einen Plan für den Handstreich auf die Freien Gewerkschaften ausarbeiteten. Am 16. April legte Muchow sie Hitler vor, der alles billigte.[18]

Doch wenn Reinhold Muchow geglaubt haben sollte, nun freie Bahn vor sich zu haben, so wurde er bald bitter enttäuscht. An seine Seite drängte sich ein kleiner, cholerischer Rheinländer, dem Hitler schließlich die Leitung des Aktionskomitees übertrug: Robert Ley.

Der Aufstieg des Weltkrieg-I-Fliegers und promovierten Chemikers hing mit einer Wende in den Beziehungen zwischen Hitler und der Parteileitung in München zusammen. Lange Zeit hatte auch Ley im Schatten der Ohnmacht gelebt, zu der die Zentrale von Hitler verurteilt worden war: ein Prahlhans und gefürchteter Demagoge, seit einer Kopfverwundung im Ersten Weltkrieg schwerer Alkoholiker, in der Jugendzeit nach einem Versicherungsbetrug des Vaters Opfer gesellschaftlicher Verfemung und daher voller Haß auf die bürgerliche Welt.[19]

Dabei gehörte er seit Straßers Ausscheiden zu den Großen der Partei. Der ehemalige Gauleiter von Rheinland-Süd stand als Stabsleiter Hitlers der Politischen Organisation (PO) vor, dem Funktionärskorps der NSDAP. Er war mithin der zuständige Mann für Schulung, Personalpolitik und Strukturfragen, wobei er sich meist als ein brillanter Organisator, freilich mit einem Zug zur Gigantomanie, erwies.

Sein Ehrgeiz blieb jedoch unbefriedigt, solange Hitler die Parteileitung ohne Autorität dahintreiben ließ. Ley erging es nicht besser als den machtlosen fünfzehn Reichsleitern, die mit ihm zusammen die Reichsleitung der NSDAP bildeten und deren vier Lenkungsorgane beaufsichtigten: die Reichsorganisationsleitung und Politische Zentralkommission, das Amt des Reichsschatzmeisters und den Untersuchungs- und Schlichtungsausschuß.[20]

Allmählich merkte aber auch Hitler, daß ihm die Schwäche der Münchner Zentrale mehr schadete als nutzte. Sie machte die Partei unbeweglich, was besonders gefährlich war, weil sie sich unter dem Massenansturm neuer Mitglieder (Gesamtstärke der NSDAP Ende März 1933: rund 1,5 Millionen) immer mehr zu einem diffusen Mammutgebilde aufblähte.[21]

Mit ihren 33 Gauleitern, 827 Kreisleitern und Tausenden von Ortsgruppen- und Zellenleitern[22] war die Partei unhantierbar geworden. Sie schien eher ein Gefangener denn ein Lenker der unzähligen Gliederungen der Partei wie der SA, SS und Hitlerjugend, des NS-Studentenbunds und der NS-Frauenschaft, ganz zu schweigen von den angeschlossenen Verbänden der NSDAP, die alle Bereiche der Gesellschaft abdecken sollten, vom NS-Lehrerbund bis zur NS-Volkswohlfahrt.

Irgendwann im April muß Hitler »zu der Schlußfolgerung gekommen sein, daß die NSDAP durch ihre eigenen Gliederungen und die gleichgeschalteten Staatsorgane ins Abseits gedrängt werden würde, wenn er nicht zumindest eine teilweise

Wiederherstellung der Macht zulasse, die die Reichsleitung unter Straßer besessen hatte«.[23] Hitler warf das Steuer seiner Politik scheinbar völlig herum: alle Macht der Reichsleitung!

Am 12. April bedeutete Hitler den Gauleitern, seine »Amtsleiter der Reichsleitung« seien ihre Vorgesetzten, nicht »nur Berater«. Die Reichsleiter, schrieb Hitler, »sind meine Vertreter für das ihnen zugewiesene Ressort und damit im Rahmen ihrer Aufgaben Vorgesetzter sämtlicher Gauleiter der Partei. Ihren Anordnungen und Befehlen ist unbedingt nachzukommen.«[24] Zusehends verstärkte Hitler die Münchner Zentralgewalt über die Gliederungen und angeschlossenen Verbände der Partei.

Die meisten seiner Aufgaben als Oberster Leiter der PO delegierte Hitler an den Stabsleiter Ley, während der PZK-Chef Heß zum nominellen Leiter der Partei avancierte. Am 21. April dekretierte Hitler: »Den Leiter der Politischen Zentralkommission, Pg. Rudolf Heß, ernenne ich zu meinem Stellvertreter und erteile ihm Vollmacht, in allen Fragen der Parteileitung in meinem Namen zu entscheiden.«[25]

Der Schwärmer Heß war begeistert, ohne zu ahnen, in welche Schlangengrube er sich begab. Als »Stellvertreter des Führers« (StdF) besaß er jetzt die Richtlinienkompetenz in der Partei, war theoretisch Herr der NSDAP. Er durfte sich nun auch zulegen, was ihm als Chef der PZK von Hitler noch verwehrt worden war: einen Stab mit Sachbearbeitern, Adjutanten und Beauftragten, den ihm ein bulliger Apparatschik namens Martin Bormann organisierte.

Auf dem Papier hatte die Macht des Rudolf Heß kaum noch Grenzen. Ohne seine Zustimmung konnte kein Parteifunktionär (»Politischer Leiter«) ernannt werden, er war allein zuständig für die parteiamtlichen Interpretationen der NS-Ideologie, er entschied über die Parteilinie im Verkehr mit dem Staat.

Doch bald wurde ein Fallstrick Hitlers sichtbar, der für seine Herrschaftspraktiken typisch war. Hitler hatte zwar Heß wortreich die Leitung der Partei übertragen, aber »vergessen«, ihm Ley zu unterstellen. Statt zum Stabsleiter von Heß in dessen Funktion als Hitlers Stellvertreter ernannt zu werden, war Ley eine Macht für sich geblieben, was Heß verstören mußte, weil er ohne Leys Unterstellung nicht über das Korps der Politischen Leiter, das Rückgrat der Partei, gebieten konnte.

Heß wollte das sofort nachholen, doch Ley verweigerte sich ihm unter Berufung auf angebliche Weisungen Hitlers.[26] Dieser aber war zu keiner eindeutigen Stellungnahme zu bewegen – Beginn eines jahrelangen Heckenschützenkrieges zwischen dem Alkoholiker und dem Puritaner, der den Parteiapparat fast ebenso lähmte wie die einstige Ohnmacht der Zentrale.

Ley aber hatte sich in den Konkurrenten schon so verbissen, daß ihm jede Hilfe von außen recht war, mit der er das Lager des StdF unter Druck setzen konnte. Da kam ihm Muchows gewerkschaftlicher Ehrgeiz geradezu recht, zumal die neue Einheitsgewerkschaft, in welcher Form auch immer, an die Partei angebunden werden sollte, wofür wiederum der Reichsorganisationsleiter Ley zuständig war.

Womit Robert Ley just das anpeilte, was Hitler mit seiner Kurskorrektur hatte verhindern wollen: daß Gliederungen und angeschlossene Verbände ihren Willen der Partei aufzwangen. Ebendies führte Ley auf lange Sicht im Schilde: mit einer von ihm geführten Supergewerkschaft Heß auszumanövrieren. Später wird er sich mit ihr sogar über die Partei hinwegsetzen wollen, um sie ganz überflüssig zu machen.

Kein Wunder, daß Ley dem Organisator Muchow nicht mehr von der Seite wich und allmählich die Regie des 1. Mai selber übernahm. Er stand auch primär hinter der Politik der Versprechungen und Erpressungen, die am Ende die Führer der Gewerkschaften bewog, das Maifestival des neuen Regimes zu unterstützen.

Von Gewerkschaft zu Gewerkschaft lief die Welle der Erklärungen, die sämtlich dazu aufriefen, »sich allerorts an der von der Regierung veranlaßten Feier festlich zu beteiligen« (so der Bundesvorstand des ADGB).[27] Goebbels' Propaganda lieferte dazu die Begleitmusik. Vom frühen Morgen des 1. Mai an dröhnte Sozialistisches aus Radios und Zeitungsspalten mit Arbeiterliedern, Hörspielen, Proletarieressays, Lesungen von Arbeiterdichtern: Einstimmungen für die Marschkolonnen, die sich überall in Deutschland zu Maikundgebungen formierten und das Land in Volksfeststimmung versetzten.

Gut zehn Millionen Menschen brachte das Regime auf die Beine, die größte Massendemonstration, die je eine nichtkommunistische Regierung in Friedenszeiten mobilisiert hatte. Nur wenige durchschauten freilich die Tricks, mit denen die Nazis die Massenstimmung hier und da noch »verbesserten«. Delegationen von Betrieben in den Kleinstädten wurden auf Drängen der Partei nach Berlin entsandt, um die dortige Demonstration zu verstärken, und auf den Zechen des Ruhrbergbaus fanden Belegschaftsversammlungen statt, erzwungen durch Markenkontrollen, mit denen Saumselige oder gar Oppositionelle ermittelt werden sollten.[28]

Doch der Massenrausch des 1. Mai 1933 war mehr als ein Werk von Propagandisten und Manipulatoren. Die Kundgebungen hinterließen bei vielen Teilnehmern einen »ungeheuren Eindruck«.[29] Das hatte es in Deutschland noch nicht gegeben: Direktoren und Unternehmer zogen Arm in Arm mit ihren Arbeitern und Angestellten singend durch die Straßen, christliche und sozialdemokratische Gewerkschaftsabordnungen marschierten hinter NS-Formationen her, »Arbeiter der Stirn und der Faust« (NS-Jargon) echoten die Parolen des Regimes.

Selbst kritische Beobachter waren beeindruckt. »Ja, es ist wirklich ein schönes, ein wundervolles Fest«, schrieb der französische Botschafter André François-Poncet, »die Deutschen und die Ausländer, die ihm beiwohnen, nehmen den Eindruck mit, daß ein Hauch der Versöhnung und der Einigkeit über dem Dritten Reich wehe.«[30]

Doch schon am nächsten Morgen folgte dem schönen Schein die brutale Wirklichkeit. Schlag zehn Uhr drangen Stoßtrupps der SA und SS in die Zentralen, Büros und Bankfilialen der sozialdemokratischen Gewerkschaften ein und verhafteten das Führungspersonal. Verbandsvorsitzende, Bezirkssekretäre und Filialleiter des

ADGB, des Afa-Bundes und der Bank der Arbeiter, Angestellten und Beamten AG wurden abgeführt.

Zugleich durchkämmten Suchkommandos die Gewerkschaftshäuser und schleppten Akten, Kontobücher und Listen weg. Es war das ersehnte »Belastungsmaterial«, das Ley und Muchow dazu benutzen wollten, eine Lawine von Korruptionsprozessen gegen die Gewerkschaftsführer loszutreten. Sie benötigten es auch, um über den Generalstaatsanwalt am Berliner Landgericht I, bei dem eine Strafsache gegen »Leipart und Genossen« anhängig wurde, in den Besitz des Gewerkschaftsvermögens zu gelangen.[31]

Angebliche Korruption und politischer Mißbrauch von Gewerkschaftsgeldern mußten auch zur Begründung des Coups herhalten. Es sei darum gegangen, so ließ Ley verlauten, die Finanzierung marxistischer Parteien durch die Gewerkschaften zu unterbinden und dem Marxismus in Deutschland »seine materielle Grundlage zu nehmen«,[32] was auf die in der Bevölkerung weit verbreitete Abneigung gegen den Genossenfilz im Dreieck von Gewerkschaften, SPD und Eiserner Front zielte.

Nach einer Stunde war die Aktion vorüber. In der breiten Öffentlichkeit hatte sie kaum einer wahrgenommen. Der Kassenbetrieb der Gewerkschaftsbank war weitergelaufen, als sei nichts geschehen, und auch die Masse der Gewerkschaftsmitglieder blieb zunächst noch ahnungslos. Erst allmählich begriff sie das Ungeheuerliche: Die größte demokratische Gewerkschaftsbewegung der Welt war ausgeschaltet worden, Millionen deutscher Arbeiter rechtlos gemacht, der Fähigkeit zur Selbstverwirklichung und Verteidigung ihrer Interessen beraubt.

Dennoch rührte sich gegen den Überfall kaum ein Widerstand. Die hilflose Rolle der Gewerkschaften in der Wirtschaftskrise und im Untergang der Republik hatte allzu viele ihrer Mitglieder resignieren lassen. Auch schreckte das Beispiel so mancher Genossen ab, die ihre demokratische Überzeugungstreue in den Prügelstätten der SA und SS hatten bitter bezahlen müssen.

Außerdem waren Muchow und Ley schlau genug, nur das obere Funktionärskorps des ADGB und Afa-Bunds auszuschalten. Die Ortsausschußvorsitzenden des ADGB arbeiteten mit ihren Angestellten ebenso weiter wie die ADGB-Vertreter in den Betriebsräten. Sie arrangierten sich mit den inzwischen eingesetzten NSBO-Kommissaren, wobei auch später in der Bundesrepublik renommierte Gewerkschaftler kooperierten.[33]

Die glimpfliche Behandlung des Gros der sozialdemokratischen Gewerkschaftsfunktionäre bewog die anderen Gewerkschaften, über das offenkundige Unrecht des Nazistreichs hinwegzusehen. Sie machten sogar aktiv mit, denn nun folgte der nächste Akt im Einigungsszenario von Ley und Muchow.

Die beiden verlangten in nahezu ultimativer Form den Beitritt aller Gewerkschaften zu ihrem Aktionskomitee. Eine Organisation nach der anderen schloß sich dem Komitee an, insgesamt 239 Gewerkschaftsverbände, darunter auch Ottes christlicher Gesamtverband, dem das Komitee allerdings eine gewisse Selbständigkeit beließ – die christlichen Gewerkschaftler wurden noch für den Abstimmungskampf im katholischen Saarland gebraucht.[34]

Am 5. Mai konnte Ley seinem Führer melden, daß sich alle wichtigen Arbeiter- und Angestelltenverbände dem Komitee »bedingungslos unterstellt« hätten.[35] Jetzt kam der triumphale Schlußakt. Ley berief die Vertreter der angeschlossenen Verbände und der NSBO zu einem Kongreß am 10. Mai in Berlin, auf dem in Anwesenheit Hitlers die größte Sozialorganisation des Dritten Reiches gegründet wurde: die Deutsche Arbeitsfront (DAF).

Alles lief nach Plan, die Struktur der DAF hatte Muchow entworfen. Ein Mammutverband der Arbeiter und Angestellten entstand, so zusammengeschmolzen aus NS-Organisationen und Gewerkschaftsverbänden, daß sich daraus zwei »Säulen« ergaben: ein Gesamtverband der Arbeiter mit vierzehn und ein Gesamtverband der Angestellten mit neun Einzelverbänden, zusammengehalten an der Spitze durch ein Zentralbüro, dessen elf Amtschefs mit dem Führer der DAF und den Vorsitzenden der beiden Gesamtverbände den Kleinen Konvent der Deutschen Arbeitsfront bildeten.[36]

Natürlich wurden alle Schlüsselposten mit Nationalsozialisten besetzt. Ley übernahm die Rolle des Führers der DAF, Muchow wurde ihr Organisationsleiter, sein NSBO-Stellvertreter Walter Schuhmann und der Danziger Gauleiter Albert Forster erhielten die Leitung über die Gesamtverbände. Auf den nachgeordneten Positionen und im Zentralbüro saßen meist Funktionäre der NSBO.[37]

Nur in dem einflußlosen Großen Konvent, einem Beraterausschuß, hatte Muchow den Vertretern der christlich-liberalen Arbeiterbewegung einige Plätze überlassen. Otte und sein Vorstandskollege Friedrich Baltrusch gehörten dazu, aber auch der entschiedene NS-Gegner Jakob Kaiser, der dagegen gewesen war, in das Ley-Muchow-Komitee einzutreten.[38]

Die gewerkschaftlichen Formen der neuen Organisation verleiteten manchen demokratischen Arbeiterführer zu dem Irrglauben, die DAF sei die Einheitsgewerkschaft, die sie immer gewollt und erträumt hatten. Nicht jeder war freilich so blind wie Otte, der im »Zentralblatt« seiner Gewerkschaft jubelte: »Die neue, geeinte Gewerkschaftsbewegung wird ein Glied des staatlichen Ganzen sein, sie wird national und sozial, aber frei von jeder Parteipolitik sein.«[39]

Die gewaltige Macht, die sich in der DAF zusammenzuballen schien, konnte allerdings auch kritischere Beobachter beeindrucken. Noch nie waren die Interessen von Arbeitern und Angestellten so geschlossen vertreten gewesen wie hier: Acht Millionen Mitglieder, in einem disziplinierten Mammutverband zusammengefaßt, angeführt von ehrgeizigen Spitzenfunktionären der herrschenden Partei – das war einmalig in Deutschland.

Sie ließ auch bald ihre Muskeln spielen. Ihre Funktionäre gingen in Industrie und Handel »drauf und dran, einen frisch-fröhlichen Klassenkampf zu führen«, wie ein Reichstreuhänder später monierte.[40] Für Unternehmer und Betriebsleitungen wurden die DAF-Funktionäre zu gefährlichen Kontrahenten, da sie jederzeit mit der Intervention der Partei drohen konnten.

Sie griffen tief in das Betriebsleben ein, zumal inzwischen Ley und der unvermeidliche Wagener eine Verfügung erlassen hatten, durch die in den dreizehn Bezirken der DAF sogenannte »Bezirksleiter der Wirtschaft und der Arbeit« eingesetzt wurden, die über Tarife, Arbeitsschutz und Rechtsfälle wachen sollten.[41] Das ermöglichte den Vertretern der DAF, Mißständen nachzuspüren und sozialpolitischen Konfliktstoff hochzuspielen, um sich bei der noch abwartend-mißtrauischen Masse der Arbeitnehmer anzubiedern.

Leys Sendboten verlangten Verbesserungen von Arbeitsbedingungen und verhinderten zuweilen Rationalisierungsmaßnahmen auf Kosten der Belegschaft, beispielsweise die Stillegung und den Verkauf der westfälischen Kohlenzeche »Sachsen«, womit sie 1600 Bergleuten die Arbeitsplätze erhielten. Sie legten sich auch bei Entlassungen quer und inszenierten sogar gelegentlich Streiks gegen »reaktionäre« Unternehmensleitungen.[42]

In deren Befugnisse mischten sie sich immer mehr ein. Die DAF ließ in den Betrieben Fragebogen über Löhne und Arbeitsbedingungen verteilen, was sofort Ärger mit der übergangenen Betriebsleitung einbrachte. Auch lohnpolitisch wurde sie aktiv. Sie forderte die Heraufsetzung der Löhne in der Bauindustrie, ja, Ley versprach schon eine allgemeine Anhebung der Mindestlöhne.[43]

Das lief oft so rüde ab, daß sich die Unternehmer in die Revolution von 1918 zurückversetzt wähnten. Der DAF-Jargon klang auch manchmal danach. Ein DAF-Funktionär drohte auf einer Tagung in Münster: »Die noch an der Macht befindlichen Großindustriellen mögen sich in ihrer Sprache mäßigen, sonst könnte es sein, daß sie mit Gewalt beseitigt werden.« Bei einem DAF-Schulungskurs des Gaus Westfalen-Nord probte man schon den Aufstand gegen die Unternehmer: »Sorgt dafür, daß die schwarz-weiß-rote Fahne des Kapitals von den Zechengerüsten heruntergeholt wird!«[44]

Mancher Unternehmer trauerte schon den alten Gewerkschaftlern nach, die inzwischen auf Druck der DAF aus den Betriebsräten entfernt worden waren. Die Gewerkschaftler, auch der Linken, waren für die Unternehmer immerhin berechenbar gewesen, der bedenkenlose Populismus der DAF-Funktionäre, namentlich jener aus den Reihen der NSBO, aber ließ keine Vertrauensbasis aufkommen.

Verständlich, daß sich die Unternehmer gegen die DAF zur Wehr setzten, »wie sie sich 1918 und 1919 organisiert hatten, um sich gegenüber dem radikalen Sozialismus zu behaupten«.[45] Sie schlossen sich enger zusammen, in einem Reichsstand der Deutschen Industrie, und mobilisierten ihre Freunde in den Berliner Ministerien.

Anfangs setzten sie auf das »natürliche« Auseinanderfallen der DAF, die aus ihren Geburtswehen nicht herauszukommen schien. Die Mammutorganisation steckte in einer finanziellen Krise, da die Mitgliedsbeiträge weitgehend ausblieben und die juristischen Fragen des ADGB-Vermögens noch ungeklärt waren. Selbst Ley sah damals in der DAF vor allem »ein absolutes Chaos von Gedanken«, einen »völligen Wirrwarr«.[46]

Doch der quirlige DAF-Boß schaffte es immer wieder, die Krisen seiner Organisation zu überwinden. So verlegte sich der Reichsstand auf eine andere Taktik. Seine Manager und Justitiare verwickelten die DAF in komplizierte Verhandlungen über

Entscheidungsbefugnisse im Betrieb, die letztlich nur dem Ziel dienten, »den Einfluß der populistischen Kräfte in der NSBO und in der DAF zurückzudrängen«[47] und das »Führerprinzip« im Unternehmen durchzusetzen, will sagen die Herr-im-Haus-Position des Unternehmers unter den Rahmenbedingungen des NS-Staates.

Die Vertreter des Reichsstandes erhielten dabei Unterstützung von den Reichsministerien, die der Aufstieg der DAF ebenso verdroß wie die Industrie. Der Aktionismus der DAF mußte alle Ministerien alarmieren, die an einem störungsfreien Aufschwung der Wirtschaft interessiert waren.

Vor allem das Reichsarbeitsministerium war davon betroffen, hatte es doch in der Wirtschaftskrise immer weitere Befugnisse in der Tarifpolitik erlangt. Ohne seine Schlichtungsdienste schien kein größerer Lohnkonflikt in Deutschland mehr lösbar. Desto heftiger reagierte das Ministerium, als sich herumsprach, daß die DAF auch den Anspruch erhob, eigenmächtig Tarifverträge abzuschließen.

Sofort schob das Ministerium einen Riegel dagegen vor – mit einer Kabinettsvorlage, die am 19. Mai Gesetz wurde. Es sah die Ernennung von »Treuhändern der Arbeit« vor, die im ganzen Reich den Abschluß von Tarifverträgen überwachen und den Arbeitsfrieden in den Betrieben sichern sollten. Entscheidend daran: Sie waren Beamte des Reiches, ernannt von der Reichsregierung und der Dienstaufsicht des Reichsarbeitsministeriums unterstellt.[48]

Das Treuhändergesetz war allerdings mehr als ein Coup zur Ausschaltung eines lästigen Konkurrenten. Es hat Geschichte gemacht. Dieser 19. Mai 1933 signalisierte das offizielle Ende der Lohnkämpfe in Deutschland und den Start in das Abenteuer des wirtschaftlichen Aufschwungs nach Machart des NS-Staates.

Ein Passus des Gesetzes besagte nämlich, daß »bis zur Neuordnung der Sozialverfassung« allein die Treuhänder der Arbeit berechtigt seien, verbindliche Tarifverträge mit den Unternehmern zu »regeln« (im Gegensatz zu »Vereinigungen von Arbeitnehmern«, sprich DAF, die das Recht dazu verloren).[49] Damit hatte sich der Staat die Möglichkeit gesichert, einen konjunkturellen Aufschwung vor unerwünschten Lohnforderungen und daraus folgenden Preissteigerungen zu bewahren, Voraussetzung für den wirtschaftlichen Wiederaufstieg.

Das war der Augenblick, auf den die Arbeitsbeschaffer und Konjunkturexperten der Ministerien gewartet hatten. Schon zu lange gewartet hatten, wie manche fanden, die sich an das Lavieren Hitlers nicht gewöhnen mochten, der allen Entscheidungen in der Wirtschaftspolitik auswich und sich gern in wolkige Reden über die kommende »Arbeitsschlacht« flüchtete.

War er durch das Treiben der antikapitalistischen Ultras verunsichert, oder irritierte ihn die Vielzahl der Krisenrezepte – Hitler entzog sich allen Beratungen über ein Arbeitsbeschaffungsprogramm. Er glaubte nicht, daß sich die Arbeitslosigkeit restlos beseitigen lasse, und schwadronierte lieber, wie am 23. März im Kabinett, über die Notwendigkeit, »die gesamte Aktivität des Volkes auf das rein Politische abzulenken, weil die wirtschaftlichen Entschlüsse noch abgewartet werden müßten«.[50]

Das wäre wohl noch einige Zeit so weitergegangen, hätte nicht die Auflösung von Gerekes Kommissariat die Lage verändert. Am 25. April beschloß das Kabinett, »die Geschäfte des Reichskommissars für Arbeitsbeschaffung auf das Reichsarbeitsministerium überzuleiten«.[51] Das gab endlich dem Arbeitsministerium die Chance, offiziell die Pläne vorzutragen, die es bereits ausgearbeitet hatte.

In Franz Seldtes Ministerium saßen Leute, die es grotesk fanden, allein auf die Wirkungen der Beschäftigungspolitik früherer Regierungen zu setzen. Die hatten sich mit Halbheiten abgefunden: Das Kabinett Papen war nie über die Politik mittelbarer Arbeitsbeschaffung hinausgekommen und hatte den direkten Staatseingriff gescheut, das Kabinett Schleicher hingegen zwar den Mut zur unmittelbaren Arbeitsbeschaffung durch den Staat gefunden, aber zu geringe Finanzmittel dafür eingesetzt.

Das wollten die Beamten des Arbeitsministeriums und ihre Kollegen vom Wirtschafts- und Finanzressort jetzt nachholen, mit einem großzügigen »Generalangriff auf die Arbeitslosigkeit«. Statt Schleichers 500 Millionen Mark setzten sie zunächst 1,5 Milliarden an, differenzierten ihr Beschaffungsprogramm stärker und gingen auf breiterer Front vor, um endlich die Krise in den Griff zu bekommen.[52] Ein Bündel von Maßnahmen sollte die Massenarbeitslosigkeit gleich von zwei Seiten angehen. Durch vermehrte öffentliche Arbeiten wollten die Krisenstrategen den Bedarf an Arbeitskräften erhöhen und zugleich durch Prämien das Angebot an Arbeitskräften verringern. Das hieß praktisch Rückführung berufstätiger Frauen in den Haushalt, Wegdrücken jugendlicher Arbeitsloser in den Freiwilligen Arbeitsdienst, Beschäftigung von Erwerbslosen im Wohnungs-, Straßen- und Wasserwegebau, Verbesserungen der kommunalen und landwirtschaftlichen Infrastruktur, Meliorationen, Bau vorstädtischer Kleinsiedlungen.

Was hier ausgearbeitet worden war, sah dem Wirtschaftlichen Sofortprogramm der NSDAP von 1932 recht ähnlich, und das wiederum war nicht zuletzt das Produkt eines jüdischen Fabrikanten und Publizisten gewesen, der seine ganze Hoffnung auf die braune Antisemitenpartei gesetzt hatte, weil »diese Partei heute leider Gottes die einzige [ist], die auf wirtschaftspolitischem Gebiet Aktivität entfaltet«, wie er im Juni 1932 an einen Mitstreiter schrieb.[53]

Er hieß Robert Friedländer-Prechtl und gehörte zu einem Kreis konservativer Außenseiter der Wirtschaftspolitik, die angesichts des Versagens aller herkömmlichen Instrumente der Krisenbewältigung nach unorthodoxen Auswegen aus der Depression suchten. Die »Reformer«, wie sie sich selber nannten, waren Vorläufer des Keynesianismus, der später von John Maynard Keynes formulierten Lehre von der Vollbeschäftigung.

Diese Reformer hatten eine ebenso einfache wie revolutionäre Idee. Sie fanden, der Mangel an Kapital, womit Wirtschaftsliberale das Ausbleiben des Aufschwungs erklärten, sei eine eingebildete Krankheit. Man könne ihr rasch abhelfen: durch Vergabe öffentlicher Arbeiten, die – auf dem Weg defizitärer Kreditausweitung finanziert – die in der Krise stillgelegten Produktionskräfte aktivieren und zu Initialzündungen des Wiederaufstiegs aus der Talsohle werden würden.

Der Privatkapitalismus, schrieb Friedländer-Prechtl in einem aufsehenerregenden Buch (»Die Wirtschaftswende«, 1931), sei nicht in der Lage, die Krise zu bewältigen. Das könne nur noch der Staat durch »ungewöhnliche und einzigartige Maßnahmen«, etwa durch Großarbeiten wie den Bau eines reichsweiten Autobahnnetzes, Elektrifizierung der Bahnen, Anlage von Ferngasleitungen, Errichtung von Wasserkraftwerken usw.[54]

Allerdings sei es mit der Ankurbelung der Wirtschaft nicht getan, argumentierte der Autor weiter, denn Weltwirtschaftskrise und Autarkismus der Großmächte konfrontierten Deutschland mit einer wachsenden Verringerung der Nachfrage, die der Wiederbelebung des deutschen Exports enge Grenzen setze. Aus dieser Sackgasse gebe es indes einen Ausweg: Stärkung des Binnenmarktes, Förderung eigener Autarkie durch Entwicklung heimischer Rohstoffe und Industrieverfahren, Rationalisierung und Schaffung größerer Wirtschaftsräume in Europa.[55]

Ein erstaunliches Buch, dessen Wiederentdeckung man dem Historiker Gerhard Kroll verdankt. Es enthielt bereits alles, was ein Jahr später den Kern von Straßers wirtschaftlichem Sofortprogramm ausmachte und dann in die Wirtschaftspolitik des NS-Regimes einging. Vom Autobahnbau bis zum staatlichen Arbeitsdienst und zur Autarkiepolitik wurde nahezu alles im Dritten Reich Wirklichkeit – kein Wunder, daß im Staat des Judenhasses der Name dieses nichtarischen Wegbereiters nie genannt werden durfte.[56]

Natürlich war Friedländer-Prechtl nicht der einzige, der Hitlers Partei die wirtschaftspolitischen Stichworte lieferte. Ein anderer Reformer, der Oberregierungsrat Wilhelm Lautenbach vom Reichswirtschaftsministerium, tüftelte 1931 ein komplettes Arbeitsbeschaffungsprogramm aus, das vorsah, die einzelnen Projekte durch Sonderkredite der Reichsbank und eigens zu diesem Zweck gegründete Kreditinstitute vorzufinanzieren,[57] während ein dritter Reformer, der Lübecker Industrielle Heinrich Dräger, ein »Arbeitsprogramm der gesteigerten Bedarfsdeckung« entwarf.[58]

Dräger war auch der Mann, der die Reformer an die ihm nahestehende NSDAP weitervermittelte. Er hatte eine »Studiengesellschaft für Geld- und Kreditwirtschaft« gegründet, in der unkonventionelle Rechte, aber auch kreative Linke wie die beiden Gewerkschafter Wladimir Woytinski und Fritz Tarnow saßen, die wirtschaftspolitisch ähnlich dachten wie die Reformer, sich aber im ADGB mit ihren Beschäftigungsplänen nicht durchsetzen konnten.[59]

Es gehörte mit zu den verhängnisvollen Unterlassungssünden der Republik und ihrer Verteidiger, daß keine demokratische Partei bereit war, die Ideen der Reformer ernsthaft zu prüfen. Desto begieriger griff sie die NSDAP auf, deren Führer froh waren, nach den wirren Wirtschaftstheorien eines Gottfried Feder (»Brechung der Zinsknechtschaft«) ein griffiges Konzept für die Lösung der brennendsten Fragen deutscher Gegenwart in die Hand zu bekommen.

Die von den Reformern empfohlenen Staatseingriffe und wirtschaftlichen Lenkungsmaßnahmen paßten nur zu gut zur autarkistischen Wirtschaftsphilosophie des Nationalsozialismus. Sie konkretisierten erst mit ihren neuen Methoden und

Instrumentarien, was die Nazipartei noch recht vage projektiert hatte: die Unterordnung der Wirtschaft unter den Primat der völkischen Politik, die Sicherung der Vollbeschäftigung (»Recht auf Arbeit«), die Lenkung der Wirtschaft durch Kontrolle der Investitionen, Preise und Löhne bei voller Bejahung des kapitalistischen Privateigentums und Gewinnstrebens.[60]

Über die Partei und die Querverbindungen der Reformer in der Bürokratie flossen die neuen Ideen auch in die Arbeitsbeschaffungsprojekte ein, die im Frühjahr 1933 in den Berliner Ministerien entstanden. Die Vorstellungen von Friedländer-Prechtl und Lautenbach ließen sich auch unschwer in dem Beschaffungsprogramm wiedererkennen, das die Beamten des Arbeitsministeriums seit Mitte April forcierten.

Doch die Arbeitsbeschaffer des Ministeriums hatten immer wieder das gleiche Problem, und das hieß Hitler. Er war für Beschaffungspläne kaum ansprechbar. Und je mehr er sich verweigerte, desto weniger zeigte der bequeme Reichsarbeitsminister Seldte Lust, Hitler mit den Beschaffungsplänen seines Hauses zu bedrängen.

Immerhin gab er dann doch am 22. April ein umfangreiches Papier (»Vorschläge des Reichsarbeitsministers zur Arbeitsbeschaffung«) in den Geschäftsgang der Reichskanzlei. Zur Begründung hieß es, das Memorandum möge als Unterlage für die zu erwartenden Beratungen des Kabinetts über eine »programmatische Erklärung« des Reichskanzlers zur Arbeitsbeschaffung dienen.[61]

Doch Seldtes Hoffnung, Hitler werde auf der zentralen 1.-Mai-Kundgebung das Beschaffungsprogramm verkünden, zerschlug sich. Der Kanzler wich einer Entscheidung aus, zumal sich im Kabinett sofort Kritik an den Vorschlägen des Arbeitsministeriums rührte. Schacht versprach sich nichts von dem Beschaffungsprogramm, Hugenberg war gegen jede »künstliche Arbeitsbeschaffung«.[62]

Da Seldtes Beamte die Frage der Finanzierung noch offengelassen hatten, konnte Hitler das Thema vertagen. Doch das Arbeitsministerium ließ nicht mehr locker. Nach der Auflösung von Gerekes Kommissariat brachte es das Finanzministerium ins Spiel, das nun für die Finanzierung öffentlicher Arbeitsvorhaben zuständig war. Dort saß als Staatssekretär ein Mann aus Drägers Studiengesellschaft: Fritz Reinhardt, ein naiver, hitlergläubiger Nationalsozialist, ehedem Finanzbeamter, der sich seit langem auf die Finanzierung von Beschaffungsprogrammen spezialisiert hatte.

Die Referenten im Arbeitsministerium konnten noch von Glück reden, daß sich Reinhardt ihres Vorhabens annahm und nicht der orthodoxe Monetarist Schwerin von Krosigk, der schon als Finanzminister Papens und Schleichers alle finanziell forscheren Beschaffungsprojekte zu Fall gebracht hatte. Reinhardt machte sich daran, die Vorlage aus dem Arbeitsministerium so umzuschreiben, daß sie für Hitler akzeptabel war.

Reinhardt rechnete aus, daß für die restlose Eingliederung der Arbeitslosen in den Wirtschaftsprozeß 5 bis 6 Milliarden Reichsmark nötig seien, wollte sich jedoch zunächst mit einer Milliarde begnügen. Er erweiterte die alte Vorlage um Projekte mittelbarer Arbeitsbeschaffung und erfand neue Finanzierungsmethoden und steuerliche Anreize, darunter eine »Spende zur Förderung der nationalen Arbeit«, Steuervergünstigungen für private Investitionstätigkeit usw.[63]

Aber auch dieses »Reinhardtprogramm« beeindruckte Hitler wenig, konnte doch sein Verfasser nicht konkret sagen, wie die Mittel für die großen Arbeitsvorhaben aufgebracht werden sollten. Schacht lehnte von vornherein jede Geldschöpfung ab, und auch Hitler gab sich ganz als besorgter Währungshüter, teilte er doch mit Freund und Feind die geradezu abergläubische Furcht vor einer neuen Inflation.

Nun war es am Reichswirtschaftsministerium, das gestrandete Reinhardtprogramm wieder flottzumachen. Lautenbach wurde in die Reichskanzlei entsandt, um Hitler ein Privatissimum über die Finanzierung öffentlicher Beschaffungsprogramme zu halten.

Hitler hörte eine Weile zu, dann warf er ein, die von Lautenbach vorgeschlagene Kreditausweitung sei doch Inflation. Der Oberregierungsrat versuchte es mit Humor: »Herr Hitler, Sie sind jetzt der mächtigste Mann in Deutschland. Nur eines können Sie nicht: Sie können unter den gegenwärtigen Umständen keine Inflation machen, soviel Sie sich auch anstrengen mögen.« Hitler gab zurück, die Bankiers, mit denen er spreche, seien aber ganz anderer Meinung. Lautenbach: »Bankiers sind wie Hefebazillen. Wie diese Alkohol fabrizieren, ohne davon zu wissen, so die Bankiers Kredit, ohne sich darüber klar zu sein.«[64]

Hitler schien beruhigt, doch für Gespräche über das Reinhardtprogramm war er weniger denn je zu haben. Wochenlang bemühte sich Seldte um einen Termin bei Hitler, um mit ihm das Programm zu erörtern. Endlich wurde auf den 11. Mai eine Chefbesprechung in der Reichskanzlei anberaumt, doch Hitler erschien nicht. Am 18. Mai eine neue Chefbesprechung, Hitler blieb wieder fern.[65]

Erst der Schnellschuß des Treuhändergesetzes vom 19. Mai brachte die Dinge endgültig in Fluß. Ohne das Zusatzstück eines weiträumigen Beschaffungsprogrammes hing der jäh verhängte Lohnstopp der Reichsregierung in der Luft, konnte in der Öffentlichkeit als reiner Willkürakt zugunsten der Unternehmer verstanden werden. Hitler blieb keine Wahl mehr.

Am 31. Mai 1933 versammelte er in der Reichskanzlei die führenden Männer der Wirtschafts- und Sozialpolitik, insgesamt 31 Personen, und stellte das Reinhardtprogramm zur Diskussion. Fast alle waren dafür, den Versuch zu wagen, wenn auch mit Abstrichen. Schwerin von Krosigk fand es nicht unbedenklich, »den Etat je Jahr mit 200 bis 250 Millionen RM zu belasten«. Schacht befürchtete, daß das Programm nicht ausreiche. Sie mochten sich indes nicht direkt gegen die Vorlage stellen. Nur Hugenberg stimmte dagegen. Dieses »Aushilfsmittel für den Augenblick«, trotzte er, werde »die natürlichen Faktoren der Wirtschaft« nicht in Bewegung setzen.[66]

Doch niemand hörte mehr auf den alten, starren Mann, das Reinhardtprogramm war beschlossen. Einen Tag später stand es als »Gesetz zur Verminderung der Arbeitslosigkeit« im Reichsgesetzblatt. Die häufig angekündigte, immer wieder vertagte »Arbeitsschlacht« hatte begonnen.

Noch ehe sie aber erste deutliche Konturen annehmen konnte, stürzte die Spitze der Wirtschaftspolitik in eine Krise, die wieder alles in Frage zu stellen schien. Ausgelöst hatte sie der Mann, der gegen das Reinhardtprogramm votiert hatte: Alfred Hugenberg.

Der Wirtschafts- und Agrarminister war in den vergangenen Wochen zusehends ins Abseits geraten. Durch das Ermächtigungsgesetz und die Ausschaltung des Reichstages hatte Hugenberg seine Schlüsselrolle als Hitlers Mehrheitsbeschaffer verloren. Seine Partei, die sich inzwischen in »Deutschnationale Front« (DNF) umbenannt hatte, hielt sich auch nur noch mühsam gegenüber den terroristischen Pressionsmanövern der Gleichschalter, was einen DNF-Prominenten nach dem anderen ins Nazilager überwechseln ließ.

Blieb Hugenberg nur die agrarische Gefolgschaft, die er mit waghalsigen Geschenken bei guter Laune hielt. Seine Konzessionen an die reformunwilligen Bauern kannten kaum noch Grenzen: höhere Einfuhrzölle, extremer Vollstreckungsschutz für die verschuldeten Bauernbetriebe, weitreichende Schuldenerlässe.

Im Kabinett agitierte er so heftig gegen den Freihandel und billige Agrarimporte, daß er selbst den konservativen Ministern allmählich auf die Nerven ging. Sie fürchteten Hugenbergs »Dummheiten« bald mehr als die immerhin noch berechenbare Machtgier Hitlers.

Da gruselte es dem Außenminister von Neurath nicht wenig, als er erfuhr, Hugenberg habe es sich persönlich vorbehalten, die deutsche Delegation auf der am 12. Juni in London beginnenden Weltwirtschaftskonferenz zu leiten. Neurath sah in der Konferenz eine Chance, mit den offiziell auf die Wiederbelebung des Freihandels orientierten Westmächten ins Gespräch zu kommen, um Deutschland aus seiner selbstverschuldeten Isolierung herauszumanövrieren, doch Hugenberg konnte alles verderben. Er hatte für die Konferenz nie Sympathie gehegt, weil er von ihr Zollsenkungen befürchtete – Grund für Neurath, die Delegation mit Männern seines Vertrauens aufzufüllen, die auf Hugenberg aufpassen sollten.[67]

Neuraths düstere Vorahnungen trogen nicht, denn der eigensinnige »Konfusionsrat« suchte just von London aus seine innenpolitischen Gegner durch einen Donnerschlag zu übertrumpfen. Am 16. Juni konfrontierte er die Weltöffentlichkeit mit einem brisanten Memorandum, in das er alle Forderungen hineingeschrieben hatte, mit denen er im Kabinett nicht durchgekommen war. Er lehnte den Freihandel ab, verlangte die Rückgabe der deutschen Kolonien und dazu noch Siedlungsland im Osten, was prompt einen geharnischten Protest Moskaus auslöste.[68]

Erregt stellte der nach London mitgereiste Neurath seinen Kollegen zur Rede und ließ das fatale Papier zu einer privaten Arbeit erklären, die mit der deutschen Delegation nicht abgesprochen worden sei. Als Hugenberg daraufhin mit einem giftigen Interview antwortete, verhinderte der Reichsaußenminister dessen Veröffentlichung. Beleidigt reiste Hugenberg nach Deutschland zurück.[69]

Schon die nächsten Stunden in Berlin verrieten, daß Hugenbergs Position durch die Londoner Affäre unhaltbar geworden war. Die DNF befand sich in voller Auflösung, und auch die Hoffnung Hugenbergs auf ein rettendes Wort des Reichspräsidenten erwies sich als Illusion.[70] Hindenburg, seinen Freunden noch nie ein zuverlässiger Helfer, rührte sich nicht.

Als jetzt auch noch Neurath in der Rolle des Racheengels in Berlin erschien und Hugenbergs Rückreise zur Londoner Konferenz vereitelte, hatte der Superminister ausgespielt. Er selber freilich merkte es noch immer nicht. Eine sechsstündige Kabinettssitzung am 23. Juni wurde zum Scherbengericht über Hugenberg, doch der zeigte sich uneinsichtig. Goebbels notierte: »Alles nimmt an, er tritt zurück. Aber er denkt nicht daran.«[71]

Hitler aber konnte gelassen zusehen, wie sich die anderen darin überboten, den lästig gewordenen Machtteilhaber aus seinen Ämtern zu drücken. Am 22. Juni schien Hitler noch entschlossen, Hugenberg zu halten, angeblich wegen eines ihm am 30. Januar gegebenen Wortes,[72] doch nur allzugern paßte er sich der Anti-Hugenberg-Stimmung im Kabinett an.

»Alle meinen, Hugenberg müsse ab«, schrieb sich Goebbels am 26. Juni auf. Einen Tag später warf der deutschnationale Parteichef das Handtuch.[73] Alfred Hugenberg, der Steigbügelhalter der Nazis, stürzte ins Bodenlose.

Nun aber zeigte sich erneut, wie blitzschnell Hitler unerwartete Situationen für sich zu nutzen verstand. Den Abgang Hugenbergs beutete er sogleich dazu aus, die zu Fassaden erstarrten Parteien außer der NSDAP zu beseitigen und damit seine Diktatur wieder um ein Stückchen perfekter zu machen. Mit der gewohnten Mischung aus Pression und Selbstaufgabe ging auch dieser Gewaltakt über die Bühne.

Schon am 22. Juni hatte Reichsinnenminister Frick die SPD verboten, wobei ihm die militante Politik einer in Prag etablierten Exilzentrale der Partei, der »Sopade«, die zu der anpasserischen SPD-Führung im Reich in Konkurrenz trat, einen willkommenen Vorwand lieferte: Sie hatte zum gewaltsamen Sturz des Hitlerregimes und zur Bildung antifaschistischer Widerstandsgruppen in Deutschland aufgerufen. Der Untergang der SPD riß auch ihren Wahlverbündeten vom 5. März, die linksbürgerliche Staatspartei, mit sich. Deren Landtagsmandate wurden kassiert, ehe sich die Partei vollends auflöste.[74]

In immer rascherem Tempo »welkten die Parteien dahin, wie von einer geheimnisvollen Krankheit befallen«.[75] Am 28. Juni löste sich die Deutschnationale Front auf, am 29. die Deutsche Volkspartei, am 4. Juli die Bayerische Volkspartei, einen Tag darauf das Zentrum.[76] Ihre paramilitärischen Organisationen hatten sich schon früher verflüchtigt: das Reichsbanner aufgelöst, der Kampfbund der Kommunisten in den Untergrund weggetaucht, der rechtskonservative Stahlhelm der SA unterstellt.

Es hatte etwas Unheimliches an sich, wie hier binnen weniger Tage ein Kernstück politischer Kultur verschwand, einfach aufgegeben und im Stich gelassen von einer hunderttausendfachen Anhängerschaft, die nichts anderes mehr zu kennen schien als den Kotau vor dem braunen Zeitgeist. Opportunismus, Wunschdenken, Treulosigkeit – auch dies ein Spiegelbild der deutschen Volksseele im Sommer 1933.

Mitte Juli war Hitler der ersehnten Alleinherrschaft um einen Schritt näher, jede Möglichkeit zu legaler politisch-organisierter Opposition beseitigt. Die NSDAP wurde per Gesetz zur »einzigen politischen Partei« erklärt und alle Versuche zur Neubildung von Parteien mit einer Zuchthaus- oder Gefängnisstrafe bis zu drei Jahren bedroht.[77]

Wer daraus allerdings auf eine erneute Machterweiterung der Nazipartei schloß, wurde rasch eines anderen belehrt. Hitler hatte nicht vor, der NSDAP im Staatsapparat eine echte Machtteilhabe einzuräumen, wie das Gerangel um die Nachfolge Hugenbergs deutlich offenbarte.

Zwar konnte und wollte Hitler nicht verhindern, daß der »Reichsbauernführer« Richard Walther Darré, ein Apostel der restaurativen Blut-und-Boden-Variante des Nationalsozialismus, der mit seinem agrarpolitischen Apparat längst alle landwirtschaftlichen Verbände beherrschte, den Posten des Reichsernährungs- und Reichslandwirtschaftsministers erhielt. Doch mit dem Kandidaten der Partei für das Wirtschaftsressort mochte sich Hitler nicht anfreunden.

Das war kein anderer als Otto Wagener, der seit Mai in der Parteipresse als der künftige Reichswirtschaftsminister gehandelt wurde. Er selber fühlte sich schon als der kommende Mann der deutschen Wirtschaftspolitik und entwarf große Pläne, die darauf zielten, »das System des Wirtschaftsliberalismus durch ein nationalsozialistisches zu ersetzen«, wie er formulierte.[78]

Gleich nach der Nachricht von Hugenbergs Rücktritt hatte Wagener alle seine Lobbyisten in der Partei, in Verbänden und Kammern bestürmt, Hitler seine Ernennung zum Reichswirtschaftsminister nahezulegen. Den ganzen 28. Juni über kamen Hermann Cordemann, Wageners Stabsleiter, und seine Mitarbeiter nicht mehr vom Telefon weg: Telegramm auf Telegramm ging hinaus, um auch den letzten Helfer für den Chef zu aktivieren.

Als Wagener am Abend in die Reichskanzlei bestellt wurde, schien er am Ziel seiner Wünsche zu stehen. Da tauchte plötzlich Göring mit einem Aktenordner auf und schob sich noch vor Wagener in Hitlers Arbeitszimmer. Görings Akte sollte Wagener zum Verhängnis werden: Sie enthielt die Mitschriften aller Telefongespräche von Wageners Stab, den Göring von seinem Forschungsamt hatte überwachen lassen.[79]

Hitler sah jäh ein finsteres Komplott vor sich, um ihn unter Druck zu setzen. Wütend rief er Wagener herein. »Ich hatte«, knurrte er, »Sie eigentlich kommen lassen, um Ihnen zu sagen, daß ich Sie zum Staatssekretär im Reichswirtschaftsministerium ernennen wollte. Nun aber ist das aus!«[80] Als sich Wagener verteidigen wollte, ließ Hitler den Informanten Göring aus den Telefonprotokollen vorlesen. Goebbels, der kurz darauf in die Reichskanzlei kam, sah nur noch »Wageners dummes Gesicht« mit allen Zeichen der Verbitterung.[81]

Otto Wagener war ein gebrochener Mann, schon bald darauf zur Unperson degradiert, von der Partei und seinen bisherigen Freunden wie ein Aussätziger gemieden. Ebenso arg traf es seine Helfer. Noch in der Nacht zum 29. Juni tickerte über den Fernschreiber eine eilige »Mitteilung der Reichspressestelle der NSDAP«, in der stand: »Die ehemaligen Parteigenossen Hauptmann a.D. Cordemann, Hauptmann a.D. von Marwitz, Hauptmann a.D. Wolff und Hauptmann a.D. Dr. Zucker, sämtlich in Berlin, haben durch telegraphische und telephonische Einwirkung auf Gauleiter, Handelskammern, Wirtschaftsunternehmungen usw. versucht, dem Führer die Freiheit notwendiger Entschließungen zu rauben. Sie wurden auf Anordnung des Führers sofort ihrer Ämter enthoben und aus der Partei ausgeschlossen. Auf Befehl des Kanzlers wurden sie in Haft genommen und in ein Konzentrationslager eingeliefert.«[82]

Göring hatte mit seinem Material zur Ausschaltung von Wageners Kreis beigetragen, er präsentierte nun auch einen Kandidaten für Hugenbergs Nachfolge. Es war ein Mann der Großindustrie: Dr. Kurt Schmitt, 46 Jahre alt, Generaldirektor der Allianz und Stuttgarter Verein Versicherungs-AG, seit ein paar Wochen auch Mitglied der NSDAP. Hitler stimmte zu.

Der neue Minister galt freilich als ein so überzeugter Gegner jeglicher Planwirtschaft, daß es Hitler vorzog, zur Beschwichtigung der NS-Linken den Altnazi Feder zum Staatssekretär Schmitts zu ernennen, nicht ohne ihm mit dem Ministerialdirektor Hans Ernst Posse, einem Profi der Außenhandelspolitik, einen zweiten Staatssekretär an die Seite zu stellen: »Posse und Non-Posse«, wie lateinkundige Insider (*posse* = können) witzelten.[83]

Schmitt aber ließ keinen Zweifel daran, daß mit seiner Berufung ins Reichswirtschaftsministerium ein grundlegender Kurswechsel verbunden war. Er stoppte die berufsständischen Experimente in der Wirtschaft und handelte Heß einen Erlaß ab, durch den in der Partei jede Erörterung von Fragen des ständischen Aufbaus verboten wurde. Das Wirtschaftspolitische Amt der NSDAP wurde aufgelöst und der Rest wirtschaftlicher Parteistellen einem »Beauftragten des Reichskanzlers für die Wirtschaft« unterstellt, zu dem Wilhelm Keppler, der industrienahe Wegbereiter des 30. Januar, ernannt wurde.[84]

Am 7. Juli signalisierte Heß einen weiteren Rückzug der NSDAP aus der Wirtschaftspolitik: Er verbot jede weitere Aktion gegen Warenhäuser. »In einer Zeit, da die nationalsozialistische Regierung ihre Hauptaufgabe darin sieht, möglichst zahlreichen arbeitslosen Volksgenossen zu Arbeit und Brot zu verhelfen«, erklärte Heß, »darf die nationalsozialistische Bewegung nicht dem entgegenwirken, indem sie Hunderttausenden von Arbeitern und Angestellten in den Warenhäusern und den von ihnen abhängigen Betrieben die Arbeitsplätze nimmt.«[85]

Schmitts Ständestopp und Heß' Erlasse entzogen auch dem Kampfbund für den gewerblichen Mittelstand die Grundlage zu weiteren Aktionen gegen Kammern und Verbände. Er geriet nun zusehends unter die Kontrolle des StdF. Im August löste ihn Heß völlig auf und verteilte dessen Mitglieder auf zwei neue Gliederungen der NSDAP, die Nationalsozialistische Handwerks-, Handels- und Gewerbeorganisation (NS-Hago) und den Gesamtverband Deutscher Handwerker, Kaufleute und Gewerbetreibende (GHG), die nun beide der Parteiführung direkt unterstellt wurden.[86]

Allmählich begriff die Partei, daß es nicht nur um wirtschaftspolitische Korrekturen ging. Hinter Schmitts Politik standen konservative Kräfte mit und ohne Parteibuch, die nichts Geringeres anvisierten, als die NSDAP aus allen entscheidungsträchtigen Positionen in Staat, Wirtschaft und Gesellschaft wieder zu verdrängen, zumindest aber ihre Macht einzufrieren und zu neutralisieren.

Typisch dafür war Wilhelm Frick, stets mehr Bürokrat denn Nationalsozialist, der die NSDAP am liebsten gleich zusammen mit den anderen Parteien aufgelöst hätte. In seiner Sicht hatte sich die Partei überlebt. Er wollte ihr nur noch eine propagandistische Rolle zubilligen, eine Funktion im Staatsapparat keinesfalls. [87]

Frick wurde nicht müde, seinem Kanzler in Vorträgen und Aktennotizen zu belegen, wie sehr die undisziplinierten Organisationen der Partei die Effizienz des neuen Staates beeinträchtigten. Die Kampagne der antikapitalistischen NS-Gruppen, so etwa Fricks Argumentation, gefährde die Bewältigung der Massenarbeitslosigkeit, und die Organisationswut der Partei beschwöre die Gefahr herauf, daß neue parastaatliche Sondergremien entstünden, die die Leistungsfähigkeit der allgemeinen Verwaltung ramponierten.

Ihm hatte es vor allem der Wildwuchs der meist von der SA unterhaltenen Kommissare und Sonderbeauftragten angetan, gegen den der Reichsinnenminister immer schärfer vorging. In einem Runderlaß vom 10. Juli an die Länder verlangte Frick, das »revolutionäre« Kommissarwesen »auf schnellstem Wege« abzubauen, da »jede Art von Nebenregierung mit der Autorität des totalen Staates unvereinbar« sei. [88]

Er fand in den Ländern Bundesgenossen, die sich seiner Erlasse gerne bedienten, um sich ihrer braunen Quälgeister zu entledigen. Bayerns Ministerpräsident Ludwig Siebert, ein NS-Bürokrat wie Frick, entzog der SA in wenigen Wochen alle staatlich-wirtschaftlichen Machtmittel, und auch in Preußen läutete Görings Bürokratie das Ende der nationalsozialistischen Kommissariate, Hilfspolizeien und Sonderverwaltungen ein. [89] In den Berliner Ministerien dachten manche Beamte noch weiter. Im Hause Fricks projektierte man bereits eine völlige Trennung von Staat und Partei, während Preußens konservativer Finanzminister Johannes Popitz eine neue Gemeindeordnung ausarbeiten ließ, die der NSDAP ihre Monopolstellung in den Kommunen nehmen und sie unter strenge Staatsaufsicht stellen, ja vom Wohlwollen der Bürokratie abhängig machen sollte. [90]

Unversehens formierte sich eine Koalition der Etablierten, die von den NS-Aufsteigern und den Traditionsträgern des Staatsapparats bis zur Großindustrie und zu den alten konservativen Eliten in Stadt und Land reichte: eine Abwehrfront, lautlos darauf aus, dem Expansionismus der noch immer von einer zweiten, der »echten« Nazirevolution träumenden NS-Gruppen den Boden zu entziehen.

Eine solche regimeinterne Gewichtsverlagerung konnte Hitler nicht unberührt lassen, denn er bedurfte der etablierten Kräfte in Staat und Industrie: Ohne sie konnte er die Wirtschaft nicht in Schwung bringen, sein Regime nicht stabilisieren. Er hatte längst begriffen, daß es auch in seinem Interesse lag, den NS-Ultras nun entschieden Halt zu gebieten. So schien es für ihn nur eine Entscheidung zu geben: Schluß mit der Revolution – zunächst einmal.

»Die Revolution«, so schärfte Hitler den Reichsstatthaltern auf einer Zusammenkunft am 7. Juli ein, »ist kein permanenter Zustand, sie darf sich nicht zu einem Dauerzustand ausbilden. Man muß den freigewordenen Strom der Revolution in das sichere Bett der Evolution hinüberleiten.« Weniger wolkig und den eigentlichen Punkt treffend: »Mit Wirtschaftskommissaren, Organisationen, Konstruktionen und Theorien werden wir die Arbeitslosigkeit nicht beseitigen.«[91]

Der Massenpsychologe Hitler wußte jedoch, daß es mit der bloßen Absage der Revolution nicht getan war. Der Gleichschaltungsterror der Partei und ihrer Gliederungen hatte allzu viele Menschen in Deutschland erregt und verletzt. Auch Reichspräsident von Hindenburg drängte, Hitler möge dem Volk endlich den inneren Frieden bringen – und hinter Hindenburg stand die Reichswehr, mit der Hitler mehr denn je rechnen mußte.

Hitler verstand: Er mußte »Frieden und Versöhnung« zu seiner Parole machen, um glaubwürdig zu wirken. Nirgendwo fehlte sie krasser als in dem Feldzug der Schikanen und Übergriffe gegen die christlichen Kirchen, namentlich die katholische, deren Internationalität und Verfilzung mit der Zentrumspartei und dem Vatikan für die völkischen Erben des Antiultramontanismus stets ein Reizthema gewesen war.

Da war nach dem 30. Januar so manche alte Rechnung rüde beglichen worden, die noch aus der Zeit stammte, als katholische Kleriker den Nationalsozialismus als kirchenfeindlich verurteilt und den Eintritt von Katholiken in die NSDAP mit dem Ausschluß von den Sakramenten bedroht hatten.[92] Hunderte von Geistlichen wurden in KZ verschleppt, unzählige Jugendgruppen der Kirche von der HJ überfallen, deren karitative Arbeit behindert.[93]

Noch mehr aber erregte die protestantisch geprägte Oberschicht, was sich in der evangelischen Kirche abspielte: der Versuch einer völkisch-protestantischen Fraktion in der NSDAP, mit Hilfe des Pfarrerbunds der »Deutschen Christen« die hoffnungslos zersplitterte Kirche nach dem nazistischen Führerprinzip umzufunktionieren und für das Regime manipulierbar zu machen.[94]

Die NS-Protestanten bedienten sich dabei der weitverbreiteten Forderung nach Vereinheitlichung und Erneuerung der Kirche, um deren Umbau zu einer »Reichskirche« durchzusetzen, mit einem »Führer« an der Spitze, zu dem sie einen Favoriten Hitlers, den ehemaligen Wehrkreispfarrer Ludwig Müller, hochhieven wollten. Tatsächlich wurde ein Verfassungsentwurf für eine Reichskirche ausgearbeitet, doch als am 27. Mai die Wahl des ersten Reichsbischofs anstand, fiel Müller durch – geschlagen von dem Pfarrer Friedrich von Bodelschwingh, einem mutigen Verteidiger kirchlicher Unabhängigkeit und Staatsferne.[95]

Darüber fiel die Kirche auseinander, denn allzu offenkundig war, unter welchem NS-Druck die ganze Reform zustande gekommen war. Die führenden Kirchenmänner der Altpreußischen Union traten von ihren Posten zurück, worauf die preußische Regierung alle kirchlichen Vertretungen in ihrem Lande auflöste und die Kirche am 24. Juni einem Staatskommissar unterstellte, der nun vollends den Deutschen Christen zur »Machtergreifung« verhalf.[96]

Als auch noch Hitler in die innerkirchlichen Auseinandersetzungen hineingezogen wurde und aus lauter Prestigehuberei auf die Wahl »seines« Müller bestand, war die Spaltung der Kirche schier unabwendbar. Bodelschwingh trat zwar zurück, doch sogleich machten oppositionelle Geistliche unter dem Berliner Pfarrer Martin Niemöller, »Freunde einer staatsfreien, allein auf Gottes Wort gegründeten Kirche«, wie sie sich nannten, gegen Müllers neuerliche Kandidatur Front.[97]

Welche Emotionen damit aufgewühlt worden waren, bekam Hitler selber zu spüren, als er am 28. Juni das Verwaltungsgebäude des Vereins deutscher Zeitungsverleger in Berlin besuchte und dabei plötzlich der Pfarrer Erich Backhaus, ein energischer Gegner der Deutschen Christen, auf ihn zusprang. »Herr Reichskanzler«, rief er, »bewahren Sie die evangelische Kirche vor Zerspaltung und Vergewaltigung!«

Erst wollte Hitler den Pfarrer abschütteln, der aber blieb so beharrlich an seiner Seite, daß er sich dann doch auf ein Gespräch einlassen und sich rechtfertigen mußte. Ja, zürnte er, die Kirche habe ihn mit der Wahl Bodelschwinghs vor den Kopf gestoßen, jetzt aber hänge ihm die Sache zum Halse heraus, die Kirche solle sehen, wie sie allein fertig werde. Dann etwas versöhnlicher: Dabei habe er doch nur die Einheit der Kirche gewollt.[98]

Als ihn jedoch zwei Tage später Hindenburg »als evangelischer Christ wie als Oberhaupt des Reiches« in einem öffentlichen Brief ermahnte, Frieden in der Kirche zu stiften, schwenkte Hitler um.[99] Nicht ohne Raffinesse benutzte er den Brief des Alten, um die zerstrittenen Kirchenparteien zum Kompromiß zu zwingen. Frick mußte das Kunststück fertigbringen, alle protestantischen Gruppen zur Ausarbeitung einer Reichskirchenverfassung zu vereinigen, die in wenigen Tagen stehen sollte.

Sowenig auch Hitler glauben konnte, damit den Kirchenkonflikt zu beenden, so war er doch brennend daran interessiert, möglichst rasch dem Lande eine Art Lösung präsentieren zu können. Er peilte zunächst nichts anderes an als eine Scheinlösung, die für den Augenblick genügte, ohne den Weg in eine radikalere Zukunft zu verbauen.

Noch laborierten die Protestanten an ihrer Verfassung, da überraschte Hitler die Öffentlichkeit am 8. Juli mit der Nachricht, daß die Reichsregierung soeben mit dem Vatikan ein Reichskonkordat vereinbart habe[100] – für die NS-Gegner unter den Katholiken eine Katastrophe, bedeutete das Konkordat doch, daß die Kurie endgültig die Zentrumspartei hatte fallenlassen und den »entpolitisierten« Katholizismus in Deutschland dem guten Willen Hitlers überantwortete.

Die protestantische Oberschicht aber war tief beeindruckt, freilich auch die Mehrheit des katholischen Klerus. Hitler hatte sich die Opferung des politischen Katholizismus und die Anerkennung durch den Vatikan einiges kosten lassen und mancherlei konzediert: den staatlichen Schutz der Geistlichen bei ihrer seelsorgerischen Arbeit, Religionsunterricht in katholischen Bekenntnisschulen, freien Verkehr des Vatikans mit dem deutschen Klerus, Fortbestand katholischer Organisationen, die allerdings undefiniert blieben.[101]

Dem Ausgleich mit der konservativsten Macht der Welt folgte wenige Tage später das Arrangement mit dem Protestantismus. »Nachdem gestern«, telegraphierte Hitler am 12. Juli an Hindenburg, »das Verfassungswerk der Deutschen Evangelischen Kirche zum Abschluß gebracht ist, sind heute die Verhandlungen über die Beilegung des preußischen Kirchenkonflikts in einer für Staat und Kirche gleichermaßen befriedigenden Weise zu Ende geführt worden.«[102]

Der alte Herr war zufrieden, denn er durchschaute nicht, wie fragwürdig der von Hitler forcierte Kompromiß war, der zwar der Kirche eine einheitliche Organisation, aber auch Müller die Wahl zum Reichsbischof sicherte: Beginn einer »Zeit des großen Scheinfriedens, über den sich bald nahezu die gesamte Kirche – und gewiß nicht ungern! – täuschen ließ«, wie einer ihrer Chronisten meint.[103]

Hitler verstand es, die beiden Abkommen mit dem wirtschaftspolitischen Kurswechsel zu verbinden und alle drei zu epochalen Ereignissen emporzustilisieren. Der 14. Juli 1933 galt ihm und seinen Bewunderern als ein »Epochedatum«, weil an diesem Tag das Reichskabinett zusammentrat, um die beiden Kirchengesetze und das Ende der Revolution zu billigen. »Keine Eingriffe mehr«, notierte Goebbels. »Glänzende Stimmung.«[104]

Adolf Hitler aber ließ sich von dankbaren Industriellen und erleichterten Kirchenfürsten als der Überwinder der Revolution feiern, der wieder Frieden und Versöhnung ins Land gebracht habe. Nun sei bewiesen, daß er »Taten wirken kann von weltgeschichtlicher Größe«, schrieb der Münchner Kardinal Faulhaber am 24. Juli an Hitler: »Uns kommt es aufrichtig aus der Seele: Gott erhalte unserem Volk unseren Reichskanzler!«[105]

Bedenkenlos liierten sich die Kirchenhierarchien dem neuen Regime, ohne Blick für den Abbau der Menschenrechte und Normen, der ununterbrochen weiterging. Sie sahen von Hitler nur »bedeutsame Kräfte für den Frieden und den Aufbau unseres Volkes wachgerufen«,[106] blind ergeben den Traditionen jahrhundertealter Autoritätsverherrlichung und nur allzu froh, ihre schier unausrottbaren obrigkeitsstaatlichen Instinkte auf den neuen Monarchen im Braunhemd zu übertragen.

Bis in die untersten Volksschichten reichte dieser Wunderglaube und verband sich mit der Aufbruchstimmung, die die just angelaufene »Arbeitsschlacht« des Regimes allerorten weckte. Das ganze Land war von einer seltsamen Euphorie erfaßt, von einer »Jetzt-ans-Werk«-Stimmung, die fast alle Gruppen der Gesellschaft durchdrang und die Grenzen von Konventionen und Klassen sprengte, nicht unähnlich dem Ausbruch der Leidenschaften im August 1914.

So auch jetzt: Das Ende des Gleichschaltungsterrors und die Ankündigung immer kühnerer Beschaffungsprogramme spülten bei vielen Menschen die letzte Hemmung fort, sich der »neuen Zeit« restlos anzuvertrauen.

Alles schien auf einmal machbar, die Bewältigung der lebensbedrohenden Wirtschafts- und Sozialkrise war nicht länger nur das Gerede verantwortungsscheuer Politiker und machtloser Gewerkschaftsfunktionäre. Sowenig auch das Unbehagen über die neuen Machthaber und ihre Gewaltpraktiken schwand, ihre Krisenrezepte flößten Vertrauen ein und animierten zum Mitmachen.

Da mochte kaum noch einer zurückstehen und sich vom großen Ganzen ausschließen. Allzulange waren die Menschen zum »Feiern« verurteilt gewesen; viele von ihnen hungerten nach Arbeit und sinnvoller Tätigkeit, wollten heraus aus der erzwungenen Lethargie und Isolation. Sie sehnten sich nach Engagement und Aufnahme in eine Gesellschaft, die Not und Ausweglosigkeit nicht mehr kennen sollte.

Es waren oft die aktivsten und reformfreudigsten Elemente der Gesellschaft, die das Aufbaupathos des Regimes mitriß. Das hörte sich für viele Menschen gut an, was die NSDAP da in immer neuen Variationen verbreitete: »Glaube nicht, daß das Problem der Arbeitsbeschaffung in den Sternen gelöst wird. Du selbst mußt mithelfen, es zu lösen. Du mußt aus Einsicht und Vertrauen alles tun, was Arbeit schaffen kann.«[107]

Tausende meldeten sich bei Arbeitsbeschaffungsstäben und Parteistellen, bereitwillig akzeptiert, wenn sie den »bestimmten Typ« darstellten, der bevorzugt wurde: »jung, beweglich, engagiert, intelligent, verantwortungsfreudig, unkonventionell und unbürokratisch«.[108] Ein NS-Aktivist weiß noch: »Honoratioren aus dem ›Establishment‹ waren nicht gefragt... Unserer Meinung nach waren wir nicht zuletzt durch die Ratlosigkeit und mangelnde Initiative der älteren Generation in die große Wirtschaftskrise hineingeraten.«[109]

Initiative war alles, was zählte, Kompetenzen gab es kaum. Die Aufgaben stellten sich die Mitarbeiter oft selber. »Ich brauchte bei niemandem rückzufragen, mich bei niemandem zu rechtfertigen«, erzählt einer, der dabei war. »Das einzige, was von mir erwartet wurde, war: Ich mußte funktionieren, das heißt Erfolg haben.«[110]

Diese Pionieratmosphäre lockte junge Akademiker, innovationsfreudige Unternehmer und verkannte Genies an, die aus dem Kaninchenbau starrer Zuständigkeiten und hemmender Laufbahnrichtlinien hinauswollten. Ideenreiche Neuerer wie der Architekt Albert Speer und der Autokonstrukteur Ferdinand Porsche fanden rasch den Weg zu den Machthabern, berauscht von den schier grenzenlosen Chancen, die sich auf einmal boten.

Die Straßenbauingenieure, die Todt vor seinen Führer schleppte, staunten nicht schlecht, als der ihnen für den Autobahnbau Carte blanche gab. Ihnen schien es schon märchenhaft, daß Hitler den »Nur«-Ingenieur Todt mit dem Posten eines Generalinspektors für das Straßenwesen betraut hatte. Vollends phantastisch aber war ihnen, daß die neue Superbehörde frei bleiben sollte von des deutschen Technikers »jahrzehntelanger Gängelung durch Wirtschaft und Verwaltung«.[111]

Ähnlich erging es Erfindern und Querdenkern, die sich jäh vom Staat umworben sahen. Daß ein Reichskanzler stundenlang mit Ingenieuren und Technikern über deren Probleme diskutierte, als sei er einer von ihnen, beeindruckte sie ungemein. Hitler geriet ins Schwärmen: »Es ist herrlich, in einer Zeit zu leben, die ihren Menschen große Aufgaben stellt.«[112]

Hier offenbarte der NS-Staat eine Fähigkeit, in der er unübertroffen bleiben sollte: Menschen zu mobilisieren und zu motivieren. Von den Werbetrommeln des staatlichen Propagandaapparats blieb keine gesellschaftliche Gruppe, kein Verein und keine Behörde verschont. Jugendorganisationen, Gliederungen der NSDAP, Kirchen, Berufsverbände – alle sahen sich aufgerufen, angetrieben, ermahnt.

Selbst die Juden: Reichswirtschaftsminister Schmitt hatte sich in den Kopf gesetzt, auch ihre Intelligenz und Energie für die Arbeitsschlacht zu nutzen. Ohne die Mitwirkung der rund 100 000 jüdischen Wirtschaftsbetriebe konnte er sich einen deutschen Wiederaufstieg nicht vorstellen.

Schon auf der »historischen« Sitzung am 14. Juli hatte Schmitt das Kabinett bewogen, die Erlasse zurückzuziehen, die es den Behörden untersagten, Juden öffentliche Aufträge im Rahmen der Arbeitsbeschaffung zu erteilen. Die neuen Richtlinien ließen vielmehr jüdische Bewerber wieder zu und schrieben den Staatsorganen vor, »weitläufige Untersuchungen nach der Ariereigenschaft der etwa in Frage kommenden Personen« zu unterlassen.[113]

Schmitt setzte damit praktisch für seinen Amtsbereich den Arierparagraphen außer Kraft. »Eine Unterscheidung zwischen arischen und nichtarischen Firmen innerhalb der Wirtschaft« halte er »nicht für durchführbar«, schrieb er an Renntelns DIHT. Und übereifrigen Gleichschaltern bedeutete er nicht ohne Spott, die Suche nach Ariernachweisen in Aufsichtsräten diene »nicht den vordringlichsten Aufgaben der Arbeitsbeschaffung«.[114]

Fortan mußte sich die NSDAP daran gewöhnen, daß in der Wirtschaft andere Regeln galten als in den übrigen Lebensbereichen. Auch Hitler mußte sich anpassen, was ihm schwer genug fiel. Doch er war schon so auf die Arbeitsschlacht fixiert, daß er fast alles schluckte, was ihm sein Wirtschaftsminister unter dem Rubrum »Wiederaufstieg« zumutete.

Als jedoch Schmitt den Hermann-Tietz-Konzern mit Reichskrediten vor dem Bankrott bewahren wollte, bockte Hitler. Das zweitgrößte jüdische Warenhaus durch Kredite des NS-Staates zu retten, mochte der Judenhasser um keinen Preis akzeptieren. Er lehnte ärgerlich ab. Doch Schmitt gab nicht nach. Zwei Stunden lang traktierte er Hitler mit Expertisen und Geschäftsunterlagen, um ihm zu beweisen, welcher Schaden der Gesamtwirtschaft entstünde, wenn der Konzern mit seinen 14 000 Angestellten zusammenbreche. Am Ende willigte Hitler ein. Die dem Reich nahestehende Akzept- und Garantiebank erhielt Weisung, sich an der Sanierung zu beteiligen.[115]

Natürlich konnte auch Schmitt nicht die Atmosphäre der Rechtsunsicherheit und Diffamierung beseitigen, in der jüdische Unternehmen weiterhin arbeiten mußten. Der Prozeß lautloser Verdrängung (»Arisierung«) der Juden aus der Wirtschaft kam keineswegs zum Stillstand.

Dieser Prozeß hatte viele Gesichter, mal »freundschaftliche Arisierung« geheißen, wenn ein Unternehmer arische Geschäftsfreunde als Teilhaber gewinnen konnte, mal kalte Arisierung durch Zutritt von Banken oder gar direkte Liquidation.[116] Doch die Erlasse Schmitts gaben den jüdischen Wirtschaftsbetrieben etwas mehr Halt, ermöglichten ihren Unternehmern und Managern, jene Vitalität und Phantasie voll zu entfalten, die die Juden auch in den düstersten Stunden der Bedrängung nicht verloren. Wobei ihnen allerdings auch zugute kam, daß auf die Arbeitsgerichte noch einiger Verlaß war und die neue autoritäre Betriebsordnung jüdischen »Betriebsführern« weitgehende Autonomie sicherte.

Am besten verfuhren dabei die großen und mittleren Wirtschaftsbetriebe, die Krise und Boykott nichts anhaben konnten. Unter Schmitts besonderem Schutz standen vor allem Unternehmen, die Export betrieben, denn die Steigerung des deutschen Außenhandels gehörte auch zu den Zielen der Arbeitsschlacht.

Das lockte deutsche Zionisten in das Reichswirtschaftsministerium, um sich Schmitt als Helfer seiner Exportpolitik anzudienen. Sie offerierten einen ungewöhnlichen Plan: Die zionistische Bewegung wolle für eine rasante Steigerung des Exports deutscher Waren nach Palästina sorgen, wenn das Reich die Auswanderung deutscher Juden dorthin zu finanziell erträglichen Bedingungen ermögliche. Beides müsse dann miteinander verrechnet werden, in einem Transferabkommen, auf hebräisch: Haavara.[117]

Die Zionisten hatten ihre eigenen Gründe, sich dem NS-Regime so zu empfehlen. Schon bei den Auseinandersetzungen um den Judenboykott des 1. April war aufgefallen, wie willig sich Funktionäre der Zionistischen Vereinigung für Deutschland (ZVfD) von Göring in den Abwehrkampf gegen die »jüdische Greuelpropaganda« hatten einspannen lassen. Kein jüdischer Boykottkongreß, auf dem Zionisten nicht ihre bremsende Hand zeigten. Ihre These: Nicht der Boykott Deutschlands, sondern die Gründung des jüdischen Staates sei die richtige Antwort auf den Nazismus.[118]

Für sie war der Einbruch des Nationalsozialismus keineswegs die Katastrophe gewesen, die er für die Masse der deutschen Juden bedeutete, sondern eine einmalige Chance, den Zionismus zu verwirklichen. Den 30. Januar 1933 sahen die deutschen Zionisten vorrangig als eine Niederlage des westlich-aufgeklärten Judentums samt seiner assimilatorischen Ideologie.

»Eine Weltanschauung«, schrieb die »Jüdische Rundschau«, das Zentralblatt der deutschen Zionisten, »ist zusammengebrochen. Wir wollen ihr nicht nachjammern, sondern an die Zukunft denken.«[119] Diese Zukunft aber lag für die Zionisten nur in Palästina, allein dort werde die Judenfrage gelöst, die es nicht ohne Grund gebe, wie der Berliner Rabbiner Joachim Prinz in einer Schrift darlegte: »Wir wünschen an die Stelle der Assimilation das Neue gesetzt: das Bekenntnis zur jüdischen Nation und zur jüdischen Rasse.«[120]

Welche Versuchung für jüdische Nationalisten, unter dem Druck des deutschen Rassismus der zionistischen Idee den Sieg zu erfechten, der ihnen im human-demokratischen Klima der Weimarer Republik versagt geblieben war! Mit den Nazis aber glaubten sie sich arrangieren zu können, gab es doch Gemeinsamkeiten zwischen Zionismus und Nationalsozialismus, wie der ZVfD in einem Memorandum für Hitler am 21. Juni diskret anklingen ließ: die Pflege der rassischen Substanz, der Glaube an die nationale Wiedergeburt des eigenen Volkes.[121]

So sah der Berliner ZVfD-Vorsitzende Georg Landauer keinen Hinderungsgrund, mit dem Reichswirtschaftsministerium ins Geschäft zu kommen. Am 20. Juni hatte er in einem Brief das Haavaraprojekt angeboten, das Ministerium war nicht abgeneigt.[122] Steigerung der deutschen Ausfuhr nach Palästina, Förderung der jüdischen Auswanderung unter Schonung der deutschen Devisenbestände – das mußte Schmitts Beamte interessieren.

Regierungsrat Hans Hartenstein, Devisenspezialist und letzter Sozialdemokrat in der Führungsequipe des Ministeriums, setzte sich am 13. Juli mit Landauer zusammen, der dann führende Zionisten des Auslands hinzuzog: Funktionäre und Experten der Jewish Agency, der jüdischen Interessenvertretung in Palästina, und einen Konfidenten des weltzionistischen Exekutivrates, den Bankier Elizier Siegfried Hoofin.[123]

In kurzer Zeit einigten sich Hartenstein und Hoofin in allen wesentlichen Detailfragen. Die Grundzüge des Abkommens lagen durch die Vorarbeit der ZVfD schon seit langem fest: Ankauf deutscher Waren durch jüdische Händler in Palästina, Verrechnung des im Lande bleibenden Exporterlöses mit den Einzahlungen der jüdischen Auswanderer auf einem Sperrkonto in Deutschland, finanzielle Starthilfe für die Einwanderer in Palästina.[124]

Daraus wurde schließlich das Haavaraabkommen vom 28. August 1933, der erste Vertrag eines deutschen Staates mit dem jüdischen Palästina, bald wütend attakkiert von jüdischen NS-Gegnern und nationalsozialistischen Judenhassern. Allzu überraschend war für die meisten Zeitgenossen die unheilige Allianz zwischen Nazis und Zionisten, obwohl sie sich längst angekündigt hatte und noch manche bizarr-makabre Blüte produzieren sollte.

Die Verhandlungsführung Hartensteins aber verriet etwas von der Energie und Wendigkeit, mit der das Reichswirtschaftsministerium jede Chance wahrnahm, die Ausgangslage für den Start in den Aufschwung zu verbessern. Das Reinhardtprogramm lief jetzt auf vollen Touren. Ministerien und Arbeitsstäbe wetteiferten darin, alle Energien der Nation für die Arbeitsschlacht zu mobilisieren.

Sie hatte nur noch wenig Ähnlichkeit mit den Bemühungen früherer Regierungen, die Wirtschaft aus einer Talsohle herauszureißen. »Die Arbeitsschlacht«, erkannte der Doktorand Karl Schiller, der spätere Bundeswirtschaftsminister, »hat den Begriff ›Arbeitsbeschaffung‹ von dem Bereich der sachlich begrenzten ›Notstandsarbeit‹, über den großen, aber zeitlich auf die Depression beschränkten Umfang einer ›Wirtschaftsankurbelung‹ hinweg erhoben und erweitert zu einem übergreifenden Einsatz aller Kräfte des Staates, der Bewegung und des Volkes auf der ganzen Linie des wirtschaftlichen Lebens.«[125]

Das NS-Regime setzte sich damit freilich einem Erfolgszwang aus, dem es sich so leicht nicht mehr entziehen konnte. Binnen kurzer Zeit wollte es den Sprung in die volle Konjunktur erzwingen, wollte Millionen von Menschen wieder in den Arbeitsprozeß eingliedern und die Industrie aus ihrer Erstarrung befreien, was dem Deutschland jener Tage eine unerhörte Dynamik, aber auch eine Hektik ohnegleichen verlieh.

Doch die überzeugenden Erfolge blieben anfangs aus, der Binnenmarkt belebte sich nicht so rasch wie erwartet. Was auch immer die Reichsregierung unternahm, die Initialzündung zur erhöhten Aktivität der privaten Unternehmen und die sekundären Wirkungen der Arbeitsbeschaffungsmaßnahmen des Staates verpufften.

Das lag vor allem an den Maßnahmen, die im Mittelpunkt des Reinhardtprogramms standen. Es ging ihm um arbeitsintensive Beschaffung, was bedeutete, in erster Linie Gebäudeinstandsetzungen, Straßenbau, Tiefbauarbeiten und Bodenkultivierungen zu fördern. Das waren aber oft Arbeiten, die weit entfernt vom Heimatort der Arbeiter ausgeführt werden mußten. Dadurch entstanden Ausgaben für Anfahrt, Unterkunft und Verpflegung, was den nur knapp über dem Arbeitslosengeld liegenden Lohn arg zusammenschrumpfen ließ.

Zudem bediente sich die Regierung meist kleiner Unternehmer und Handwerker, die kein Interesse daran hatten, ihre Gewinne für Investitionen oder den Konsum zu nutzen. Unverbesserliche Sparer, die sie waren, verwendeten sie ihre Profite fast ausschließlich »für die Tilgung ihrer Schulden aus der Zeit der Krise und für die Erhöhung ihrer Kassenbestände«.[126]

Die Großindustrie wiederum zeigte sich an der Beschäftigungspolitik des Regimes kaum interessiert, die für die meisten ihrer Wortführer nichts als suspekter »Staatsinterventionismus« war. Auch die verbale Anpassung an die Wirtschaftspolitik des NS-Staats und der Eintritt »ihres« Schmitt in das Reichskabinett konnte sie nicht davon abbringen, die Anhänger des orthodoxen Wirtschaftsliberalismus zu bleiben, die sie immer gewesen waren.

So mußten die Berliner Krisenstrategen in den anderen Teil ihres Programms (Verminderung des Arbeitskräfteangebots) ausweichen, um gegenüber der Öffentlichkeit wenigstens ein paar vordergründige Erfolge vorweisen zu können. Am leichtesten ging das mit dem Freiwilligen Arbeitsdienst, dem etwa 200 000 jugendliche Arbeitslose überwiesen wurden, womit sie zunächst einmal aus der Arbeitslosenstatistik verschwanden, was denn auch der Zweck der Übung war.[127]

Andere Aushilfsmittel kamen hinzu, die weitere Arbeitslose statistisch beseitigten: die »Landhilfe«, durch die rund 100 000 junge Arbeitslose aus Industriegebieten für mindestens ein halbes Jahr in die Landwirtschaft abrückten, und das »Landjahr« in Bayern und Preußen, das schulentlassene Kinder der Großstädte ebenfalls in der Landwirtschaft beschäftigen sollte, um sie am sofortigen Eintritt ins Berufsleben zu hindern.[128]

Das verstrickte die Krisenbewältiger in einen grotesken Kampf mit der Arbeitslosenstatistik. Das Propagandabedürfnis des Regimes machte es nämlich erforderlich, bei jeder Zwischenbilanz lautstark nachzuweisen, wie erfolgreich die ganze Beschaffungspolitik sei – Anlaß für voreilig urteilende Beobachter, auf das genaue Gegenteil zu schließen: den Fehlschlag der Arbeitsschlacht. US-Botschafter William E. Dodd, ein engagierter NS-Gegner, ließ sich keine Gelegenheit entgehen, Washington vor den optimistischen Angaben der Nazis zu warnen. »Das Geschäftsleben zeigt kaum Anzeichen einer Besserung«, schrieb er am 28. Juli und hielt die Meinung »unparteiischer Beobachter« fest, »daß die Reichsregierung mit ihren Arbeitslosenzahlen ein betrügerisches Spiel treibt«.[129]

Wen will es da wundern, daß manche NS-Funktionäre wild um sich schlugen, weil der Durchbruch in den Aufschwung nicht gelingen wollte? Wegen »wirtschaftlicher Sabotage« wurden Unternehmer verhaftet wie ein Essener Firmenchef, der gegen den Einspruch seiner NSBO-Zelle Arbeiter entlassen hatte, oder ganze Vorstände abgesetzt wie jener der Standard-Gummi-Werke in Ostpreußen, der angeblich deutschen Wirtschaftsinteressen geschadet hatte.[130]

Regierungspräsidenten und Bürgermeister verfielen auf die Idee, Firmen und Geschäfte ohne Rücksicht auf Bedarf und Wirtschaftlichkeit zur Einstellung von Arbeitslosen zu zwingen. Wehe aber, wenn sie sich weigerten! Dann erhielten sie Drohbriefe wie diesen des Lübecker Regierungspräsidenten Böhmcker: »Sie werden aufgefordert, sofort den Arbeiter Z. einzustellen. Ihre gesamte wirtschaftliche Lage läßt es zu, noch einen weiteren Arbeiter zu beschäftigen. Sollten Sie dieser Aufforderung nicht nachkommen, so wird die Regierung Sie nicht mehr als zur Volksgemeinschaft gehörend betrachten.«[131]

Gemeindevorsteher wurden von ihren Aufsichtsbehörden gleich reihenweise genötigt, Vollzugsmeldung zu erstatten nach dem Motto: Arbeitslose weg! »Es ist dafür zu sorgen«, so hieß es im Erlaß eines Regierungspräsidenten, »daß die dortige Gemeinde bis zum 1. September ds. Js. frei von Arbeitslosen ist. Meldung über die Zahl der Erwerbslosen ist bis zum 15. September einzureichen.«[132]

Die Berliner Ministerien hatten Mühe, solche Gewaltkuren zu unterbinden, die nur die wirtschaftliche Lage verfälschten. Es sei »auf die Dauer unerträglich«, wetterte Schmitt in einer Rede, »einen Unternehmer, der faktisch nur drei Arbeiter beschäftigen kann, [zu] zwingen, sechs Arbeiter zu beschäftigen«.[133]

Das Kabinett stoppte auch die Agitation der Partei gegen das »Doppelverdienertum«, die immer mehr zu frauenfeindlichem Denunziantentum verkam. Zwar mühte sich die Reichsregierung, Haushalte mit mehr als einem Arbeitseinkommen im Interesse völlig erwerbsloser Haushalte zum Verzicht auf zusätzliche Verdienstmöglichkeiten zu bewegen, doch die wilden Aktionen der NSDAP zur Entlassung mitverdienender Ehefrauen traf oft »die besten und leistungsfähigen Menschen«, wie das Kabinett monierte.[134]

Es blieb nicht die einzige Korrektur an den Krisenrezepten der Partei. Manche der neuen Instrumentarien hatten sich rasch als wertlos erwiesen, namentlich jene, die aus den Tagträumen nationalsozialistischer Reagrarisierung stammten und die Rückentwicklung Deutschlands zu einer biologistisch-autarkistischen Bauerngesellschaft mit der Lösung der Wirtschaftskrise kombinieren wollten.

Noch in den ersten Wochen des Regimes liefen die Rezepte mancher NS-Führer darauf hinaus, »die Strukturkrise der Wirtschaft durch Hebung der Landwirtschaft und Siedlungsmaßnahmen zu überwinden«.[135] Die Vorstellung, in einem Akt genossenschaftlicher Selbsthilfe Millionen von Arbeitslosen auf herrenlosem Land im deutschen Osten anzusiedeln, in einer reineren, allen Konflikten der Industriegesellschaft entrückten Welt, faszinierte damals viele Deutsche.

Doch als der neue Ernährungsminister Darré seine ersten Gesetze (Reichserbhofgesetz, Reichsnährstandsgesetz, Erbhofentschuldungsgesetz) vorlegte, mit denen er das Bauerntum dem »Kampf des Wirtschaftslebens« entziehen wollte, stellten sich Schacht, Schmitt und Seldte gegen solchen Rückmarsch.[136] Da erwies sich auch, wie wenig Hitler an einer Reagrarisierung interessiert war. Bei der Vorlage des Erbhofgesetzes, das Bauernhöfe von einer bestimmten Größe an zu unveräußerlichem Besitz erklärte, murrte er: »Darré idealisiert den Bauern viel zu sehr.«[137]

Das zeigte sich auch beim Streit um Darrés Entschuldungsgesetz. Mit ihm wollte der Minister die auf den Erbhöfen lastenden Schulden in einem Zug tilgen und dafür alle Bauern, auch die nichtverschuldeten, zu einer jährlichen Solidarabgabe in Höhe von 1,5 Prozent des steuerlichen Einheitswertes ihrer Höfe verpflichten. Hitler hatte das Gesetz schon gebilligt. Er wich aber wieder zurück, als Reichsbankdirektorium, Finanz- und Wirtschaftsministerium das Gesetz unter Beschuß nahmen. Ihr Haupteinwand: Die gleichmäßige Verteilung der Schuldenlast auf Betroffene und Nichtbetroffene untergrabe das Leistungsprinzip und bestrafe die erfolgreichen Bauern.[138]

Hitler ließ das Gesetz fallen, das immerhin auch einen Weg zur Erwerbung von Siedlungsland wies. Doch er war am Siedeln nicht mehr interessiert. Zudem fehlten Hitler und Darré der Mut zu einer Strukturreform der großen ostdeutschen Güter, durch die allein brauchbares Siedlungsland hätte geschaffen werden können.

Mit den Siedlungsplänen versagte zugleich das Instrument, von dem sich völkische Romantiker die Verwirklichung ihrer Träume erhofft hatten: der Arbeitsdienst. 1931 vom Kabinett Brüning als Freiwilliger Arbeitsdienst (FAD) zur Linderung der Not vor allem jugendlicher Arbeitsloser gegründet, von fast allen Parteien unterstützt und als Keimzelle einer klassenüberwindenden Solidargemeinschaft verstanden, war er rasch das Opfer nationalsozialistischer Gleichschaltung geworden.[139]

Dort bestimmte zusehends der ehemalige Oberst Konstantin Hierl, Staatssekretär für den FAD im Reichsarbeitsministerium, ein starrer, frustrierter Kommißkopf, der disziplinierte und reglementierte, was den Arbeitsdienstlern der Republik freiwillig-spontane Anstrengung gewesen war. Hierl hielt den pluralistischen FAD für »Pfusch- und Flickwerk« und bootete die meisten seiner NS-fremden Führer aus.[140]

Der stramme Nazi hatte grandiose Pläne. Hierl wollte den FAD, bisher 250 000 Mann stark, zu einem Millionenheer erweitern, halb Instrument vormilitärischer Ausbildung, halb Werkzeug der Arbeitsbeschaffung und sozialer Aussöhnung. Ein Gesetz sollte eine zweijährige Dienstpflicht für jeden Deutschen zwischen 18 und 25 Jahren festlegen und der Arbeitsdienst mit großen Erd- und Siedlungsarbeiten in die Arbeitsschlacht entscheidend eingreifen.[141] Hitler war davon so beeindruckt, daß er in seiner Rede zum 1. Mai die Einführung der Arbeitsdienstpflicht noch »in diesem Jahr« ankündigte, was er freilich bald bereuen sollte. Als nämlich Hierl Ende Mai sein Dienstpflichtgesetz dem Kabinett vorlegte, erhob das Reichsfinanzministerium Einwände gegen ein so aufwendiges Unternehmen. Hierl mußte das

Deutsche mit Hitlergruß bei einer NS-Kundgebung 1934:
Warten auf den Messias

Oben: Kampagne Berliner Einzelhändler gegen Warenhäuser
zu Beginn der Weltwirtschaftskrise 1929
Unten: Massenarbeitslosigkeit in Deutschland:
Berliner Erwerbslose in einer öffentlichen Wärmstube 1930

Oben: 30. Januar 1933: Von der NSDAP organisierter Fackelzug in Berlin
(nachgestellte Filmszene)
Unten: Adolf Hitler mit den Mitgliedern seines ersten Kabinetts (v.r.n.l.: Hugenberg,
v. Papen, v. Blomberg, Fritsch, Göring, Schwerin v. Krosigk, Gereke, Seldte)

Oben: Brand des Berliner Reichstages in der Nacht des 27. Februar 1933
Unten: Polizeirazzia in der kommunistischen Parteizentrale
im Karl-Liebknecht-Haus in Berlin

wird das Reich zerstöret — wenn ihr einig seid und treu"

1

Nationalsozialisten

NS-Propagandaplakat für die Wahl am 5. März 1933

Norddeutsche Ausgabe / Ausgabe A
84. Ausg. • 46. Jahrg. • Einzelpreis 20 Pf.

Ausgabe A / Norddeutsche Ausgabe
Berlin, Sonnabend, 25. März 1933

VÖLKISCHER BEOBACHTER

Herausgeber Adolf Hitler

Kampfblatt der national-sozialistischen Bewegung Großdeutschlands

Der Wille des deutschen Volkes erfüllt:

Der Reichstag übergibt Adolf Hitler die Herrschaft

Annahme des Ermächtigungsgesetzes mit der überwältigenden Mehrheit von 441 gegen 94 Stimmen der S.P.D. / Einstimmige Annahme auch im Reichsrat / Hitlers historische Abrechnung mit den Novembermännern

Der Führer gibt die Regierungserklärung bekannt

Der geschichtliche Tag im Deutschen Reichstag:

Die Kapitulation des parlamentarischen Systems vor dem neuen Deutschland

Die vernichtende Abfuhr des S.P.D.-Vorsitzenden Wels durch Adolf Hitler

Der Führer verpflichtet S.A. und S.S. zu weiterer treuer Gefolgschaft

Berlin, 24. März.

Die große Arbeit beginnt!

Adolf Hitler

NS-Triumphbericht über die Annahme des Ermächtigungsgesetzes durch den Reichstag

Oben: NS-Terror 1933: Zusammentreiben von Demokraten und Juden
in einer Berliner SA-Kaserne
Unten: NS-Aufbruchspropaganda 1933:
Szene aus dem Hans-Steinhoff-Film »Hitlerjunge Quex«

Reichsbankpräsident Hjalmar Schacht in seinem Büro 1934:
Mit Mefowechseln in den Aufschwung

Papier wieder zurückziehen. Hitler verschob das Gesetz. Erst 1935 wurde es Wirklichkeit, allerdings in einer erheblich verwässerten Form.[142]

Die Opposition des Finanzministeriums war nur allzu berechtigt, denn der Arbeitsdienst erwies sich als unfähig, anspruchsvolle Aufgaben zu lösen. Hierls Hoffnungen auf einen »Großeinsatz« seiner Organisation im Straßen- und Kanalbau, bei Bodenkultivierungen und Landgewinnung erfüllten sich nicht. Der FAD kam über Arbeiten in der Forstwirtschaft und im Wegebau nicht hinaus.

Das Pathos vom »Segen der Handarbeit« konnte nicht ersetzen, was dem FAD an handwerklichem Können und Sachverstand fehlte. Die Vergeudung von menschlicher Arbeitskraft und gutem Willen in seinen Reihen war horrend. So waren beispielsweise vier Arbeitsdienstler nötig, um die Leistung eines geschulten Arbeiters zu erbringen.[143]

Außerdem war der FAD schlecht geführt, denn an die Stelle des von Hierl hinausgeworfenen Fachpersonals waren vielfach kaputte Typen und Beutejäger getreten, die kaum organisatorisches Talent besaßen und sich munter aus den Kassen des Arbeitsdienstes bedienten. Ihr hemmungsloses Treiben führte bald zu einer Krise der Organisation und zu einer hochnotpeinlichen Untersuchung, die ein abenteuerliches Maß an Korruption bloßlegte. (Das miserable Führerkorps blieb ein Dauerproblem auch des späteren Reichsarbeitsdienstes.)

Nicht einmal im Autobahnbau wurden dem FAD größere Aufgaben übertragen, obwohl Generalinspektor Todt schon aus Sparsamkeit (die Arbeitskräfte des FAD waren um die Hälfte billiger als die privater Unternehmungen) dazu neigte, ihn stärker heranzuziehen. Am Ende mochte Todt den Arbeitsdienst nur zum Roden, Holzfällen und zur Entwässerung einsetzen.[144]

Allerdings hatte auch Fritz Todt seine Schwierigkeiten und Krisen, denn das von der NS-Propaganda so gefeierte Jahrhundertwerk der Autobahnen hielt anfangs keineswegs, was sich Todt von ihm versprochen hatte. Das Kriseninstrument Autobahn wollte zunächst nicht greifen. Der arbeitschaffende Wert des Autobahnbaus blieb gering, seine Sekundärwirkungen waren mager.

Vor allem entpuppte sich das Heer der 600 000 Erwerbslosen, dem Todt mit seinem Riesenprojekt wieder Arbeit hatte geben wollen, als ein Phantom. Der Autobahnbau zog zunächst so wenige Arbeitskräfte an sich, daß die Propagandisten dazuerfinden mußten, um die wirkliche Zahl der Bauarbeiter zu verschleiern. Hitler sprach in seinen Reden gern davon, daß »wir Hunderttausende ansetzen« – knapp 4000 waren es damals tatsächlich.[145]

Mancher Erwerbslose wäre noch abgeschreckt worden, hätte er vorher gewußt, unter welch entwürdigenden Verhältnissen die meisten Autobahnarbeiter schufteten. In schäbigen Baracken, aber auch in Scheunen und Ställen untergebracht, nur mit primitivstem Handwerkszeug ausgerüstet, mußten sie für armselige Löhne arbeiten. Der durchschnittliche Stundenlohn betrug 68 Pfennig, wozu noch sogenannte Bedarfsdeckungsscheine im Wert von 25 Reichsmark bei vier vollen Arbeitswochen hinzukamen, die zur Anschaffung von Kleidung, Wäsche und Hausrat in Sondergeschäften berechtigten.[146]

»Das alles wirkt deprimierend auf die Leute«, notierte ein Beobachter, »und nur ganz starke Charaktere überdauern diese Zeit, die sie als Strafarbeit empfinden, in männlicher Haltung.«[147] Solche Arbeiter konnten kaum zur Belebung der Nachfrage beitragen, mochten auch durch die Bedarfsdeckungsscheine die in der Krise »gesteigerte Neigung zur Geldhortung bekämpft und die neugeschaffene Kaufkraft in die Konsumgüterindustrie weitergeleitet werden«.[148]

Zudem waren die Autobahnarbeiter ständig in Bewegung. Fortwährend wurden neue Bauabschnitte aufgerissen, scheinbar wahllos und ohne jeden Zusammenhang. Das war System und Verlegenheit zugleich. Möglichst viele Baustellen, verteilt auf das ganze Land, sollten den Kampf des Regimes gegen die Arbeitslosigkeit demonstrieren und gleichzeitig verschleiern, daß das mit soviel Getöse am 27. Juni aus der Taufe gehobene Unternehmen »Reichsautobahnen« (RAB) über keinen Gesamtplan verfügte.

Gebaut wurde nur, was die HAFRABA, inzwischen umbenannt in »Gesellschaft zur Vorbereitung der Reichsautobahnen e. V.«, schon Jahre vorher geplant hatte. Dennoch dauerte es noch Monate, ehe sich Hitler am 23. September 1933 im Frankfurter Stadtwald zum Spatenstich der ersten RAB-Teilstrecke Frankfurt–Mannheim–Heidelberg einfinden konnte, um mit gewohnter Suada das »Zeitalter der Autobahnen« zu eröffnen.[149]

Doch was hier so zögerlich und scheinbar konfus begann, sollte gleichwohl schon in kurzer Zeit zum Symbol des Aufschwungs werden. Ursprünglich gestartet, um dem im kommenden Winter zu erwartenden saisonalen Beschäftigungsrückgang aufzufangen, wurde der Autobahnbau allmählich zur zweiten Angriffswelle in der Arbeitsschlacht, zu dem aller Welt sichtbaren Ausbruch aus der Depression.

Je mehr Arbeitslose im Autobahnbau (1934 waren es bereits 83 863) beschäftigt wurden, desto deutlicher erwiesen sich Todts Bauabschnitte als Stätten höchster arbeitsmarktpolitischer »Umschlagsgeschwindigkeit«, um mit Karl Schiller zu sprechen.[150] 90 Prozent der Autobahnarbeiter mußten ehemalige Arbeitslose sein. Sie durften nicht länger als vierzig Stunden in der Woche arbeiten, und dies auch nur unter weitgehendem Verzicht auf Maschinen, um den nachrückenden Kollegen, die sie nach 26 Wochen ablösten, nicht die Arbeit wegzunehmen.[151]

Das alles erinnerte ein wenig an Keynes' Bonmot, besser, als in der Krise nichts zu tun, sei es allemal, leere Bierflaschen mit Zehnpfundnoten in stillgelegten Bergwerken zu vergraben und sie von Unternehmern wieder ausbuddeln zu lassen.[152]

Doch am Ende funktionierte das System Autobahnbau. Dem Studiosus Schiller bot sich auf einmal »ein Bild von der Planmäßigkeit und Zielstrebigkeit des Aufbaus und vom Gewicht der Autobahnen für die direkte und indirekte Arbeitsbeschaffung«.[153]

Das Experiment glückte auch, weil keines der Kriseninstrumente so beweglich wie die RAB war. Sie ermöglichte, in kürzester Zeit viele Arbeitslose an vielen Bauabschnitten zu beschäftigen, aber auch die Arbeiten sofort wieder abzubrechen, wenn das Geld ausging oder eine Schlechtwetterperiode anbrach.

Doch mehr noch als Arbeitereinsätze und Baustatistiken war es die Faszination des Projekts selber, die auf Millionen Deutsche ausstrahlte und sie in ihrer Aufbruchstimmung bestärkte. Die Autobahnen beschäftigten zunehmend die Phantasie der Öffentlichkeit und weckten in vielen Menschen den Wunsch, auch zu denen zu gehören, die dereinst im eigenen Wagen auf den Betonbändern einer besseren Zukunft entgegenfahren würden.

So wurde die Autobahn zum sichtbarsten Ausdruck des Aufschwungswillens, der die Nation immer stärker erfaßte. Das Signal, das Todts Organisation gesetzt hatte, wirkte weit über den Autobahnbau hinaus. Auch der konventionelle Straßenbau war in Bewegung geraten. Dank Todts Bohren hatte das anfänglich widerstrebende Finanzministerium 106 Millionen Reichsmark bewilligt, was die Kommunen anspornte, Straßen zu reparieren und auszubauen.[154]

Das brachte neue Orders in die Auftragsbücher der Baustoffindustrie und des Tiefbaus, die rasch wieder expandierten. Besonders deutlich profitierte der Tiefbau mit seinen Straßen- und Brückenbauten. Er lief bereits einer neuen Hochkonjunktur entgegen; im Frühjahr 1934 sollte er wieder den Beschäftigungshöchststand der Spitzenjahre 1927/29 erreichen.[155]

Die Aussicht auf bessere Straßen beflügelte auch die Umsätze der Autoindustrie, die allerdings schon seit dem Frühjahr auf dem Weg nach oben war. Das beschleunigte sich jetzt immens. Bis zum Jahresende nahm die Zulassung neuer Personenkraftwagen im Vergleich zum Vorjahr um 118,2 Prozent zu, jene der Lkw um 66,4 Prozent.[156]

Nun zog ein Wirtschaftszweig den anderen mit sich, löste eine schier endlose Kettenreaktion aus: beginnend in der Bauwirtschaft und der Kfz-Industrie, dann überspringend auf das Baunebengewerbe, weiterlaufend in der eisen- und metallerzeugenden Industrie, im Holzgewerbe usw. Der Staat aber drängte die Unternehmer zu immer größerer Aktivität und Risikobereitschaft, zumal Schacht inzwischen das finanzielle Mittel gefunden hatte, alles in Bewegung zu halten.

Schacht war im Juni Vorsitzender einer Finanzkommission des Kabinetts geworden, die »allein und autoritativ« alle Fragen der Finanzierung der Beschaffungspolitik und der Aufrüstung regeln sollte.[157] Manchem schien es ein kitzliger Auftrag für den Mann, der noch kurz zuvor jede Geldschöpfung und die Subventionierung von Milliardenprogrammen zur Krisenbewältigung abgelehnt hatte.

Der »Zauberer« setzte sich jedoch keck über sein Gerede von gestern hinweg und entschied sich für kurzfristige Kreditschöpfung. »Vorfinanzierung durch Wechsel« hieß sein Trick. Der war freilich nicht so neu, wie es Schacht später gern darstellte. Die Idee hatte schon Lautenbach gehabt, sie war bereits von Papens Regierung vorsichtig erprobt worden: Arbeitsbeschaffungswechsel.

Das ging so: Unternehmer, die vom Staat mit öffentlichen Arbeiten beauftragt worden waren, stellten Wechsel auf ein staatliches Finanzierungsinstitut aus, das sie akzeptieren mußte. Die mit dem Akzept versehenen Wechsel, formal den Handelswechseln entsprechend, konnten dann bei der Reichsbank eingelöst (in der Bankensprache: diskontiert) werden. Dieser verschlungene Weg war der einzige, den das Bankengesetz von 1924 der Reichsbank erlaubte, um dem Staat mittels Geldschöpfung Kredite zukommen zu lassen.

Für die riesigen Beschaffungsprogramme des NS-Staates hatte das System jedoch zwei Schwächen. Die Wechsel besaßen nur eine Umlaufzeit von drei Monaten und bezogen sich auf Summen, die eng limitiert und vorher von den Beteiligten festgelegt worden waren. Das änderte Schacht drastisch. Er verlängerte die Verfallzeit auf fünf Jahre und erklärte sich bereit, die Reichsbank Arbeitsbeschaffungswechsel in jeder Höhe diskontieren zu lassen, vorausgesetzt, das Reich sichere vorher zu, die Wechsel nach fünf Jahren einzulösen.[158]

Schacht durchbrach damit das klassische Deckungsprinzip der Notenbanken. Im Falle der Reichsbank schrieb es vor, der Notenumlauf müsse stets zu 40 Prozent durch Gold und Devisen und zu 60 Prozent durch »gute Handelswechsel« gedeckt sein.[159] Da aber in der Depression die guten Handelswechsel immer geringer geworden waren, hatte die Reichsbank – Gefangene ihres eigenen Prinzips – auch den Notenumlauf reduzieren müssen, zum Schaden der krisengebeutelten Wirtschaft.

Mit seinem neuen System aber schuf nun Schacht das Geld, das die Wirtschaft dringend benötigte. Er setzte kühn auf die Erholungskraft der brachliegenden Produktionsanlagen, in seiner Optik gesund genug, sich durch Geld und Staatsaufträge wieder in Bewegung bringen zu lassen. Für die Unternehmer aber wurde Schachts Wechsel mit seiner vierprozentigen Zinsausstattung und unbeschränkten Konvertierbarkeit zu »einem Papier, in welchem man jederzeit Geld sowohl kurzfristig wie längerfristig anlegen konnte«.[160]

An Schachts Papiere heftete sich bald ein geheimnisvolles Kürzel, das für Insider zu einem Synonym des Aufschwungs wurde: Mefo, Abkürzung für die im August entstandene Metallurgische Forschungsgesellschaft mbH, eine Gründung der Reichsbank und des Reichswehrministeriums unter Beteiligung der Schwerindustrie, die die künftige Aufrüstung vorfinanzieren sollte.[161] Die eigentliche Aufrüstung lief zwar erst später an, doch die Mefowechsel standen schon Pate bei den Arbeitsbeschaffungswechseln anderer Finanzierungsinstitute des Staates.

Die Arbeitsschatzanweisungen, die die Finanzierung des Reinhardtprogramms sicherten, wurden ebenso nach der Mefomethode gehandhabt wie der 600-Millionen-Kredit, den die Reichsbank dem Autobahnunternehmen einräumte.[162] Die Mefowechsel lockten und trieben die deutschen Unternehmer an, ohne diese Papiere schien in der Wirtschaft nichts mehr zu gehen.

Schachts System ermöglichte es, daß von nun an Millionen und Milliarden in die Wirtschaft gepumpt wurden. Von Monat zu Monat strömte mehr Kapital in Industrie- und Agrarbetriebe, belebte Produktion und Umsätze. Bis Mitte 1934 erlangten die Arbeitsbeschaffungswechsel die Höhe von 2 Milliarden Reichsmark, bis Ende 1935 werden die allein durch Kreditschöpfung gewonnenen Arbeitsbeschaffungsmittel 6 Milliarden übersteigen.[163]

Ein dichter Regen von Zuschüssen, Darlehen und Steuerbegünstigungen ging auf die Wirtschaft nieder, alle eingesetzt zur Verstärkung und Beschleunigung des

Aufschwungs: Zuschüsse für Länder, Gemeinden und Gemeindeverbände zu Strukturverbesserungen, Darlehen für Ergänzungsarbeiten im Wohnungsbau, Steuervorteile bei Mehrbeschäftigung von Arbeitskräften und Ersatzbeschaffungen.

Nicht in allen Sektoren der Wirtschaft war der Staat jedoch so freigebig, wie die Schaffung von Zwangskartellen für die von der Krise besonders schwer betroffenen Industriezweige zeigte. Sie schützte der Staat vor Konkurrenz und belegte sie sogar mit Investitionsverboten: Anfänge des späteren Lenkungssystems des NS-Regimes.

Noch rigider ging es in dem System zu, das die Nationalsozialisten in der Landwirtschaft errichteten, dem einzigen Sektor, auf dem sie ihre ständischen und planwirtschaftlichen Vorstellungen verwirklichen konnten. Der Reichsnährstand, eine Zwangsorganisation zur Regelung von Produktion, Absatz und Preisen, zog alle landwirtschaftlichen Betriebe vom Erzeuger bis zum letzten Händler unter seinem Dach zusammen und ermöglichte es dem Reichsernährungsministerium, Festpreise zu bestimmen, um die in der Krise verfallenen Verkaufserlöse für Agrarprodukte wieder zu erhöhen.

In der Industrie aber scheute das Regime vor Reglementierungen solcher Art zurück, hier waren Tatenlust und Unternehmergeist gefordert. »Wir erwarten«, beteuerte Schmitt vor Industriellen, »die Gesundung der Wirtschaft auf die Dauer nicht von einer stärkeren Betätigung des Staates in der Wirtschaft, sondern von der wieder wachsenden Initiative der Unternehmungen.«[164]

Die wurde auch immer wieder angemahnt und aufgestachelt, versüßt durch Staatsgelder, die unternehmerischem Elan winkten. Ein zweites Reinhardtprogramm, im September begonnen, versprach Unternehmern für Instandsetzungsarbeiten und Umbauten Kapitalzuschüsse bis zu 50 Prozent.[165] Auch war das Reichsfinanzministerium fast unerschöpflich im Produzieren neuer Steuererleichterungen und Ermäßigung von Sozialabgaben.

Unter solchem Ansporn faßte die deutsche Wirtschaft wieder Tritt, wuchs fast überall die Produktion. Die Ernteerträge von Weizen, Roggen und Sommergerste schossen 1933 nach oben, die Roherzförderung verdoppelte sich, die Produktion von Walzwerkerzeugnissen stieg von 42,8 Prozent ihres Höchststandes im Jahr 1928 auf 55,7 Prozent, die Ledererzeugung von 80,4 auf 97,7 Prozent.[166] Von der Steinkohlenförderung bis zur Holzgewinnung schien alles zu wachsen.

Auch die Aufrüstung? Eine hartnäckige Version will den Aufschwung zu einem Produkt der Rüstungspolitik machen. Das Arbeitsbeschaffungsprogramm sei »von Rüstungsgesichtspunkten gesteuert« worden, heißt es in einem Standardwerk der NS-Geschichte, die Rüstungsinvestitionen hätten als Initialzündung die Aufschwungbewegung ausgelöst.[167]

Gewiß nahm auch die Reichswehr am Arbeitsbeschaffungsprogramm teil, allerdings nur im Rahmen einer Verbesserung ihrer Infrastruktur, was bedeutete: Straßenbau auf militärischem Gelände, Instandsetzung von Kasernen, Arbeiten an strategisch wichtigen Brücken und Befestigungsanlagen. Das war Inhalt eines

Vierjahresprogramms, dessen bescheidener Gesamtumfang (425,5 Millionen Reichsmark) sich nun kaum mit den Milliarden der zivilen Arbeitsbeschaffung vergleichen läßt.[168]

Selbst wenn man den Gesamtetat der Reichswehr im Rechnungsjahr 1933/34 (746 Millionen Reichsmark) berücksichtigt und mit den übrigen öffentlichen Investitionen (2,4 Milliarden Reichsmark) vergleicht, wird daraus noch kein ausschlaggebender Beitrag zum Aufschwung. Ein Historiker urteilt zu Recht: »1933/34 ... konnten die geringen Aufträge aus dem Reichswehrministerium noch keinen entscheidenden Einfluß in Richtung auf einen Konjunkturaufschwung nehmen.«[169]

Das Beschaffungsprogramm war primär auf zivile Ziele gerichtet, wollte und mußte Konsumwünsche wecken und die Sehnsucht nach privatem Wohlstand zur Aktivierung der Wirtschaft nutzen, ohne die wiederum keine Stabilisierung des NS-Regimes möglich war. Hitler wußte es genau: Allein aus der Lösung des Arbeitslosenproblems, mit dem die Gegner nicht fertig geworden seien, erklärte er auf einer Tagung am 5. August, werde die NSDAP einen ungeheuren Gewinn an Autorität ziehen, wie sie noch kein Regiment vor dem Nationalsozialismus besessen habe.[170]

Die Propaganda versäumte denn auch keine Gelegenheit, jedes Anzeichen erhöhten Lebensstandards und vermehrter Lebensfreude zu registrieren. In den meisten Autowerken herrschte bereits Vollbeschäftigung, die Möbelfachgeschäfte verzeichneten unerwartete Umsatzrekorde, Krisenopfer wie Kino und Theater waren zu neuem Leben erwacht. Auch dies durfte natürlich nicht fehlen, bejubelt von den Bevölkerungspolitikern der NSDAP: 1933 waren 300 000 mehr Ehen geschlossen worden als im Vorjahr.[171]

Dabei wurden die Schwächen und Mängel dieses Aufschwungs fast völlig in den Hintergrund gedrängt. Daß das Agens der Lohn-Preis-Spirale fehlte, alle Gesetze des Markts aufgehoben waren, ja das Ganze durch die politische Entmannung wesentlicher Teile der Arbeiterschaft erkauft war, wurde in der Öffentlichkeit ebenso vernebelt wie das schneckenhafte Tempo der Einkommenssteigerung und das Hinterherhinken des Gros der Konsumindustrie gegenüber den vom Staat besonders geförderten Produktions- und Investitionsgüterindustrien.

Auch wer das in der Bevölkerung durchschaute, hielt gleichwohl die Schattenseiten des Aufschwungs für reparabel. Für die meisten Menschen in Deutschland zählte nur, daß die jahrelange Erstarrung wich und immer mehr bekamen, was sie so bitter entbehrt hatten: Arbeit, ein Stück Selbstvertrauen, Lebenslust.

Die Machthaber hatten bald klotzige Erfolge zu bieten, am Jahresende gar einen echten Durchbruch: Im November 1933 war die Zahl der Arbeitslosen auf 3,7 Millionen gesunken. Deutschland hatte damit 2,2 Millionen Erwerbslose weniger als im Januar des Jahres. Zugleich war die Menge der Beschäftigten um 2,5 Millionen angestiegen, also um 230 000 mehr, als die offizielle Arbeitslosenstatistik verlassen hatten. Was bedeutete: Zum erstenmal bröckelte auch der graue Block der unregistrierten Arbeitslosen ab.[172]

In einem Jahr die Arbeitslosigkeit um ein Drittel zu verringern – das mußte den Millionen Deutschen, die seit einem Jahrzehnt keine Vollbeschäftigung mehr kannten, wie ein Mirakel erscheinen. Selbst kritische Historiker dünkte dies noch später »ein enormer Erfolg«, der »nahezu ans Wunderbare« grenze.[173] Und »Hitlers Wirtschaftswunder«, wie der Aufschwung bald genannt wurde, breitete sich immer rasanter aus: Am 31. März 1934 sank die Zahl der Arbeitslosen um eine weitere Million, begleitet von einem ersten Anstieg der Arbeiterstundenverdienste und zunehmenden Wachstumsraten in Handel und Industrie.

Kein Ereignis hat so rasch und dauerhaft das Naziregime befestigt, der Legendenbildung Vorschub geleistet, nichts die Masse der Deutschen so an den Staat Adolf Hitlers gebunden wie der in der Welt einmalig geradlinige Abbau der Massenarbeitslosigkeit. Das hinterließ tiefe, unauslöschliche Spuren in einem Volk, für das damals wie heute »die Schaffung von Arbeitsplätzen das zentrale Kriterium erfolgreicher Politik« bedeutete.[174]

Es mußte für die Zukunft Deutschlands verhängnisvoll sein, daß ausgerechnet der nationalsozialistische Staat im sensibelsten Bereich des Alltags eine Kompetenz bewies wie kein anderes Regime vor ihm. Und es war ebenso folgenreich, daß Hitlers »Gebt-mir-vier-Jahre-Zeit«-Sprüche schon so rasch eine Realität erhielten, die ihnen kaum einer zugetraut hatte.

Die Verwirrung, die sich darob in den Reihen deutscher Antinazis breitmachte, zeigte so mancher prominente Sozialdemokrat auf beklemmende Art. Paul Löbe, der letzte Vorsitzende der SPD im Reich, nannte es »eine Heldentat, die mir Achtung abnötigen würde«, gelänge den Nazis die Beseitigung der Arbeitslosigkeit, und auch der spätere Widerstandskämpfer Julius Leber beobachtete nicht ohne Faszination »das große Experiment« des Nationalsozialismus, »Millionen Deutscher aus ihrer Lebensangst herauszuführen«, wobei er sogar der Abschaffung der Demokratie eine »innere Rechtfertigung« nicht absprechen mochte, sei es doch unwesentlich, »ob einige Juden oder Sozialdemokraten oder Pfarrer mißhandelt würden«.[175]

Wer wollte es den Millionen meist unpolitischer Deutscher verargen, daß auch sie solchen »Heldentaten« ihre Achtung bezeugten, ja kritiklos bejubelten? Immer mehr Menschen gerieten in den Sog des NS-Regimes, dessen offensichtliche Leistungsfähigkeit auch Menschen beeindruckte, die es weit von sich gewiesen hätten, als Sympathisanten des Nationalsozialismus zu gelten.

Die Befreiung von ärgster sozialer Not förderte eine Stimmung, der die Sicherung von Arbeitsplätzen und die Verwirklichung gesellschaftlicher Ansprüche wichtiger schien als die Rückgewinnung politischer Freiheit. Es war ein neues Wohlstands- und Aufsteigerdenken, gepaart mit der Sehnsucht nach sozialer Integration und einer Abkehr von den pluralistisch-verwirrenden Tendenzen des deutschen Nationalstaats, das dem NS-Regime wachsende Zustimmung zutrug.

Diese Zustimmung darf man sich jedoch nicht als eine Einbahnstraße vorstellen, gar die Deutschen als alleinige Beute einer raffinierten Propaganda sehen. Volksmehrheit und Regime bedingten einander, ja schaukelten sich gegenseitig hoch mit ihren Erwartungen und Ansprüchen, mit ihrer Überschätzung der eigenen Kraft und Rolle, den falschen Vorstellungen, die sie voneinander hegten.

Das eine war nicht ohne das andere denkbar: Hitlers Auserwähltheitswahn nicht ohne die erwartungsvolle Führerseligkeit breiter Massen, die Herrschaft des Nationalsozialismus nicht ohne ihre wachsende Popularität, die Nazifizierung der bürgerlichen Gesellschaft nicht ohne die Verbürgerlichung der NSDAP, die Mitarbeit der Arbeiterschaft nicht ohne Befriedigung ihrer dringendsten materiellen Bedürfnisse. Das gab dem Regime einen starken populistischen Zug, eine Abhängigkeit von Masseninstinkten und Volksstimmungen, die die Herrschenden nie aus dem Blick verloren.

Nirgendwo manifestierte sich diese gegenseitige Abhängigkeit deutlicher als in dem Rummel um Hitler, den ein Aberwitz jäh zum Hauptarchitekten des Aufschwungs gemacht hatte. Da verdichteten sich die Sehnsüchte vieler Menschen nach Führung und Integration mit den Ambitionen der Nazipropaganda zu einem Hitlerkult, der nicht zuletzt auch den anfangs vorsichtig agierenden Hitler zusehends enthemmte.

Das war nicht ohne Ironie: Der Mann, der noch wenige Monate zuvor die Lösbarkeit des Arbeitslosenproblems bezweifelt hatte, sah sich zum Helden einer wirtschaftlich-sozialen Großtat aufgewertet, die er nur recht zögernd hatte angehen lassen. Das ahnten natürlich die Volksgenossen nicht, die mit ihren Zuschriften, Erklärungen und Selbstverpflichtungen Medien und Ämter überschütteten, geschickt aufgefangen und noch vergröbert von Goebbels' Agitation.

Mehr und mehr Deutsche glaubten an den »Retter aus Not und Elend« (Naziparole), dem allmählich eine Autorität zuwuchs, wie sie kein deutscher Kanzler seit Bismarck besessen hatte. Wann immer Hitler die Reichskanzlei verließ und durch die Straßen fuhr, hefteten sich ihm sogleich dichte Trauben verzückt »Heil!« schreiender Passanten an, entschlossen, die Hand oder wenigstens einen Blick des Messias zu erhaschen.

»Der Obersalzberg«, meldete Oberbayerns Regierungspräsident am 19. August 1933 über Hitlers Ferienresidenz, »ist zu einer Art Wallfahrtstätte geworden. Die Gegend um das Haus Wachenfeld wird ständig von Verehrern und Verehrerinnen umstanden. Selbst auf Spaziergängen in einsamen Gegenden wird der Herr Reichskanzler von einem Schwarm zudringlicher Verehrer und Neugieriger verfolgt.«[176] Rasch etablierte sich um den Berghof ein Devotionalienhandel mit Hitlerbildern und Hitlerschriften, der reißenden Absatz fand.

Mochten auch NS-Gegner in der evangelischen Kirche murren, dem Kanzler werde »vielfach Verehrung in einer Form dargebracht, die allein Gott zusteht« – der Glaube an den »uns von Gott gesandten Führer«, wie ihn Mecklenburgs evangelischer Landesbischof Heinrich Rendtorff nannte,[177] nahm von Tag zu Tag absurdere Züge an und drohte auch den letzten Rest von Vernunft und Unterscheidungsvermögen in Deutschland zu ersticken. Wie 88 Schriftsteller zeigten, die sich im Oktober beeilten, »vor Ihnen, Herr Reichskanzler, das Gelöbnis treuester Gefolgschaft feierlichst abzulegen«. Otto Bangert reimte:

Er stieg empor aus Urwelttiefen
und wurde ragend wie ein Berg.
Und während wir ins Elend liefen
und bebend nach dem Retter riefen,
begann er groß sein heilig Werk.

Er steht mit aufgereckten Händen
im Untergange einer Welt,
Verzweiflung zuckt an allen Enden,
doch wie mit heißen Feuerbränden
sein Geist die wüste Nacht erhellt.

Ins ferne Morgenglühen weist er,
und alle Herzen sind entbrannt.
Die Fäuste beben und die Geister –
nun baue deinem Volk, o Meister,
ein neues hohes Vaterland![178]

So aberwitziger Hitlerkult wurde manchmal selbst hohen Nazis zuviel, die ihren Führer nur zu gut kannten. Goebbels höhnte: »Wir überlassen es anderen, die vor einigen Monaten noch auf der gegnerischen Seite zu finden waren und sich vielleicht in Begeiferung und Verleumdung des Führers geradezu überboten, ihn heute mit peinlichem Pathos und falschem Zungenschlag zu verherrlichen.«[179]
Doch die Planer der Arbeitsschlacht verstanden den Zugewinn an Popularität, den das Regime erfuhr, für sich zu nutzen. Sie wußten nur zu gut, daß die Wirtschaft noch keineswegs über den Berg war. Nicht ohne Grund gerieten jetzt NS-Sozialwerke wie das im September gegründete »Winterhilfswerk des deutschen Volkes« ins Scheinwerferlicht der Propaganda – geballte Anstrengung des Regimes, durch Inszenierung riesiger Spendenaktionen für Arbeitslose (1933/34: 358 Millionen RM) Rückschläge in der Arbeitsschlacht abzufangen, allerdings auch die Menschen bis in ihren letzten privaten Bereich zu gängeln.
Um einer erneuten Zuspitzung der Lage vorzubeugen, verschärften die bürokratisch-autoritären Strategen des Aufschwungs ihren Lenkungsapparat und die Kontrolle über die Wirtschaft und Arbeitnehmerschaft. Wobei es nur logisch schien, daß die NSDAP auch bei der nun folgenden Fixierung der wirtschaftspolitischen Rahmenbedingungen des NS-Staates ausgeschlossen blieb.
Es waren wiederum Konservative, die hier den Ton angaben, freilich Konservative der autoritärsten Art: meist deutschnationale Beamte, Juristen und Volkswirte, seit Jahren im Umgang mit Arbeitgebern und Arbeitnehmern geübt, selber zum Teil aus der Wirtschaft stammend und seit kurzem auch im Besitz eines NS-Parteibuches.
Wer allerdings von ihrer Industrienähe auf eine besondere Anfälligkeit für industrielle Interessen schloß, erlag einem Irrtum. Schmitt und der federführende

Mann im Reichsarbeitsministerium, Ministerialdirektor Werner Mansfeld, ehedem Justitiar des Vereins für bergbauliche Interessen, wollten der Industrie keine unabhängige Verbandspolitik mehr zubilligen, sondern sie allein auf ihre Nützlichkeit für den Staat abstellen.

Ihr Hauptangriffsziel war der Reichsstand der Deutschen Industrie, der nicht ohne Erfolg versuchte, durch eine »ständische« Reorganisation möglichst alle Industriezweige dem unmittelbaren Zugriff des NS-Staates zu entziehen. In dieser Hochburg des orthodoxen Liberalismus saßen auch die schärfsten Kritiker staatlicher Arbeitsbeschaffung, die im Grunde die ganze Staatshilfe beim Aufschwung für unnötig hielten. Der RDI-Vorsitzende Krupp hatte noch im Februar von Hitler verlangen wollen, die Staatsausgaben auf das Niveau der Wilhelminischen Zeit vor 1900 zurückzustufen.[180]

Dem bereitete nun Schmitt ein Ende. Er ließ sich ein Gesetz zuschreiben, das ihn ermächtigte, wirtschaftliche Interessenverbände zu errichten und aufzulösen, ihre Vorsitzenden zu bestellen und abzuberufen (Gesetz über die Vorbereitung des organischen Aufbaus der deutschen Wirtschaft vom 27. Februar 1934), und machte sich daran, den Arbeitgeberorganisationen jede Selbständigkeit zu nehmen.[181]

Schmitt verpaßte der gewerblichen Wirtschaft ein Organisationsschema, das auf das NS-Führerprinzip ausgerichtet war. Ein »Führer der deutschen Wirtschaft«, zu dem Philipp Keßler, ein hoher Verbandsfunktionär der Elektroindustrie, bestellt wurde, sollte die industriellen Fachverbände zu zwölf Hauptgruppen zusammenfassen und sie einer rigiden Kontrolle unterziehen.[182]

In diesem System gab es das traditionelle Selbstverwaltungsprinzip der Industrie- und Handelskammern nicht mehr, auch keine autonomen Interessenverbände der gewerblichen Wirtschaft. Alles sollte zusammenschnurren zu einem einzigen Befehlsstrang vom Reichswirtschaftsministerium abwärts über den Führer der Wirtschaft bis zu den fachwirtschaftlichen Spitzenverbänden, denen die Rolle von Lenkungsorganen der staatlichen Wirtschaftspolitik zugedacht war.

Damit gerieten der Reichsstand und die ihm nahestehenden Interessenverbände unter den Druck der Wirtschaftsbürokratie. Wobei ihnen Schmitt und seine Beauftragten schließlich auch das Ärgste abverlangt hatten: die Vereinigung mit ihrem ruppigsten Gegenspieler, Leys Arbeitsfront.

Die Herren der Schwerindustrie hatten sich lange dagegen gewehrt und jeden Interessenverband, der sich der DAF anschloß, als Verräter am freien Unternehmertum behandelt. Erst mit dem Beitritt des Arbeitgeberverbandes der papierverarbeitenden Industrie am 25. Oktober war »das Eis gebrochen«, wie ein NS-Autor später rühmte.[183] In der Tat: Immer mehr Unternehmerverbände traten der DAF bei, um sich später ganz aufzulösen.[184]

Nun aber geriet die DAF in die Daumenschrauben des Reichsarbeitsministeriums, wo schon Mansfeld auf seinen Einsatz gewartet hatte. Er drängte Ley, die DAF zu einer Arbeitnehmer und Arbeitgeber gleichermaßen umfassenden Organisation umzubauen, auf jede gewerkschaftliche Arbeit zu verzichten und die sozialpolitischen Aktivitäten der DAF in den Betrieben drastisch einzuschränken.

Für Robert Ley müssen das düstere Zukunftsperspektiven gewesen sein, hatte er sich doch die endgültige Rolle der Deutschen Arbeitsfront anders vorgestellt: als eine »staatlich verankerte« Einheitsgewerkschaft, als Herrin über die gesamte Sozialpolitik des Dritten Reiches. Doch er hatte schon gemerkt, daß Hitler dabei kaum mitspielte. Als ihm Ley vortrug, es sei nun »wohl an der Zeit, daß wir . . . staatlich als Arbeitsfront die Anerkennung bekommen würden«, blockte Hitler ab. Es wich jeder Festlegung aus: »Wir wollen einmal abwarten, was aus diesem Wechselbalg wird.«[185]

Ley mußte sich damit abfinden, die wenigen Vorteile zu nutzen, die ihm das Forderungspaket von Mansfeld bot. Er würde eine noch größere Organisation bekommen und sie der Partei anschließen können, was seine Chancen im NS-internen Machtkampf entscheidend verbesserte. Größter Vorteil: Die Auflösung der gewerkschaftlichen Einzelverbände der DAF würde Ley aus der Umklammerung der sozialrevolutionären NSBO-Fraktion befreien, die auch ihm allmählich lästig wurde.

Nach dem Tod Muchows, der im September 1933 bei einem Schießunfall umgekommen war, hatte Ley schon angefangen, den Einfluß der NSBO in den Betrieben zurückzudrängen. Er verbot ihr wiederholt Einmischungen in die innere Verwaltung der DAF-Verbände. Auf sein Betreiben hin hatte die NSBO auch ihre Nachwuchsorganisation an die HJ abtreten und einer Festschreibung ihrer Maximalstärke (1,1 Millionen Mitglieder) zustimmen müssen.[186]

Damit war die NSBO freilich noch nicht ausmanövriert, im Gegenteil: Ihre aggressiven Kampagnen trugen ihr in der Arbeiterschaft zunehmend Sympathien ein. Ein Stopp aller gewerkschaftlichen Aktivitäten aber mußte die NSBO an der Wurzel treffen – ein Grund für Ley, dem Umbau der DAF zuzustimmen.

So unterschrieb auch Ley den Aufruf, mit dem Seldte, Schmitt und Keppler am 27. November 1933 die Gründung einer neuen, diesmal straff hierarchisch organisierten DAF proklamierten, der in Zukunft alle arbeitenden Menschen in Deutschland vom Hilfsarbeiter bis zum Generaldirektor angehören sollten. Die DAF verlor ihre gewerkschaftliche Säulen-Struktur, statt der Fachverbände sollte es nur noch einzelne Mitglieder geben.[187]

Sie wurde nun zu einer allumfassenden Organisation umfunktioniert, ohne konkrete sozialpolitische Kompetenzen und aufgebaut nach dem NSDAP-Schema mit einem Reichsleiter an der Spitze, der mit seinen Beauftragten in Bezirken, Gauen, Kreisen, Ortsgruppen und Betriebsgemeinschaften die »Gefolgschaft« der DAF führte. Sie sollte nicht mehr nach dem gewerkschaftlichen Berufsprinzip, sondern nach einem Betriebs- und Industrieprinzip organisiert werden: die DAF-Zellen und DAF-Blöcke eines Betriebes zu einer Betriebsgemeinschaft zusammengefaßt, die Betriebsgemeinschaften eines Wirtschaftszweiges zur Reichsbetriebsgruppe.[188]

Noch war der Umbau auf halbem Wege, da schaltete sich Mansfeld erneut ein. Jetzt folgte der Schlußstein des Unternehmens: ein Paragraphenwerk, das die arbeitsrechtlichen Beziehungen neu regelte und mithin auch die künftige Arbeit der DAF programmierte. Es war das Gesetz zur Ordnung der nationalen Arbeit (GOA) vom 20. Februar 1934.

Das Gesetz schrieb fest, was nur als die totale politische Entmündigung des deutschen Arbeiters gelten konnte. Kaltblütig rissen seine Verfasser »den ganzen institutionellen Apparat ab, den die Gewerkschaften seit der Geburt der Arbeiterbewegung geschaffen hatten«.[189] Sie beseitigten die Betriebsräte und führten statt dessen Vertrauensräte ein, die jedoch nur beratende Funktionen hatten.[190]

Alle Macht im Betrieb schien in der Hand des »Betriebsführers«, wie der Unternehmer nun hieß. Er stand dem Vertrauensrat vor und hatte das letzte Wort bei der Aufstellung der Kandidaten für die Vertrauensratswahlen. Er besaß das Anordnungsrecht im Unternehmen, er erließ die Betriebsordnung für die »Gefolgschaft«, er formulierte die Lohn- und Arbeitsbedingungen.[191]

So extrem hatte noch kein Gesetz seit den Zeiten Kaiser Wilhelms die Herr-im-Haus-Position des deutschen Unternehmers fixiert. Ein halbes Jahrhundert betrieblicher Sozialpolitik schien aufgehoben, die Emanzipation des Arbeiters gestoppt. Indes, die Autoren des GOA wären keine autoritären Bürokraten gewesen, hätten sie den Unternehmern wirklich die Alleinherrschaft im Betrieb überlassen. Sie taten es mitnichten.

Schon die Einführung einer besonderen »sozialen Ehre«, die jedem Gefolgschaftsmitglied zugeschrieben wurde, und einer dazugehörigen Gerichtsbarkeit mußte die Unternehmer irritieren. Denn das Soziale Ehrengericht saß außerhalb des Betriebes und war eine Einrichtung des Staates. Es konnte in alle Winkel des Betriebs hineinleuchten und sogar Unternehmer und Manager richten, wenn sie ihre Stellung im Betrieb mißbraucht oder die Arbeitskraft von Betriebsangehörigen »bösartig« ausgenutzt hatten. Höchststrafen: Geldbußen bis zu 10 000 Reichsmark oder Verlust des Rechts zur Betriebsführung.[192]

Noch ärgerlicher war für die Unternehmer, daß das GOA die Institution der Treuhänder der Arbeit beibehielt. Die »Reichstreuhänder«, mit unbeschränkter Vollmacht in allen Lohnfragen ausgestattet, waren die eigentlichen Herren. Sie galten als die Garanten des Betriebsfriedens, sie kontrollierten, sie fungierten vor den Sozialen Ehrengerichten als Staatsanwälte.

Allerdings waren die Treuhänder gehalten, möglichst mit sanfter Hand zu operieren. Sie griffen nur in extremen Fällen ein, ließen im Grunde alles beim alten und beschränkten sich meist darauf, die abgelaufenen, noch von den Gewerkschaften ausgehandelten Tarifverträge zu verlängern.

Das moderate Verhalten der Treuhänder läßt ahnen, was hinter dem Arbeitsordnungsgesetz steckte: nicht ein Liebesdienst für die Unternehmer, auch nicht ein reaktionärer Anschlag auf die moderne Sozialpolitik, sondern eine technokratische Operation. Auf die Entpolitisierung und Pazifizierung des Betriebes als Keimzelle des wirtschaftlichen Wiederaufstiegs kam es den GOA-Verfassern an.

Eine neue Grundlage für die Fortsetzung des Aufschwungs zu schaffen, Wettbewerbsfähigkeit und Rentabilität der Firmen vom Druck kollektiver Lohnforderungen freizuhalten – darum ging es Mansfeld und seinen Leuten. Sie faszinierte der

»Traum von totaler manegerieller Herrschaft in der Industrie«, wie es ein Historiker ausdrückt:[193] die Vorstellung, den Betrieb als Schauplatz des Klassenkampfes zu entsorgen und ihn zu einer sachorientierten Leistungsgemeinschaft umzuformen, umzuformen durch ein eher elastisches System der Lohnbildung auf der jeweiligen Betriebsebene und durch die innere Bindung des Arbeitnehmers an seinen Betrieb.

Das verblüffende war, daß dies mitnichten auf den einhelligen Widerstand der Arbeiterschaft stieß. Allzu viele hatten dort resigniert, verdrossen über die Sterilität der alten Gewerkschaften und voller Zweifel an den überkommenen klassenkämpferischen Positionen.

Da mochte sich mancher Arbeiter und Angestellte der Hoffnung hingeben, in seinem Betrieb eine Art Not- und Schicksalsgemeinschaft zu finden, die am Ende die Alltagsprobleme ihrer Angehörigen selbständig lösen könne. Kameradschaft am Arbeitsplatz war dann keine Phrase mehr, sondern ein Stück echter Solidarität jenseits aller Ideologie, eine Welt für sich.

In diese Welt beginnender Harmonie und Betriebsverbundenheit aber paßten die klassenkämpferischen Untertöne der NSBO nicht mehr hinein, auch nicht der Expansionismus des DAF-Chefs Ley. Daher Manfelds Strategie, die NSBO möglichst ganz auszuschalten und die DAF auf propagandistisch-betreuerische Aufgaben im Betrieb abzudrängen.

Ley mußte sich zunächst mit dieser Beschränkung begnügen, wenn er auch nicht der Mann war, der sich von seinen Zielen abbringen ließ. Er hatte ohnehin genug damit zu tun, den Umbau der DAF durchzusetzen, denn der stieß auf immer größere interne Schwierigkeiten.

Noch gab es starke Kräfte in der DAF, die Leys Unterschrift unter die Erklärung des 27. November 1933 als Kapitulation vor dem »reaktionären« Staatsapparat auslegten. Die durch die Auflösung der DAF-Fachverbände um ihre Pfründe gebrachten Funktionäre der NSBO, aber auch ihre Sympathisanten in der SA und in der NS-Hago formierten sich zum letzten Gefecht – im Namen der verketzerten Zweiten Revolution.

Sie fanden in dem SA-Stabschef Röhm einen einflußreichen Sprecher, der seinen Fehdehandschuh lauthals allen Leuten hinwarf, die »den Sinn der deutschen Revolution nicht begriffen« hätten. »Es ist hohe Zeit«, polterte Röhm in den »Nationalsozialistischen Monatsheften«, dem ideologisch maßgeblichen Parteiorgan, »daß die nationale Revolution aufhört und daß daraus die nationalsozialistische wird! Ob es ihnen paßt oder nicht – wir werden unseren Kampf weiterführen. Wenn sie endlich begreifen, um was es geht: mit ihnen! Wenn sie nicht wollen: ohne sie! Und wenn es sein muß: gegen sie!«[194]

DAF und Partei wurden so unruhig, daß selbst Hitler in der fernen Reichskanzlei aufschreckte und auf raschen Gegenkurs ging. Er ließ vom Reichsinnenministerium ein pathetisches Gesetz zur Sicherung von Partei und Staat ausarbeiten, das am 1. Dezember 1933 verkündet wurde. Röhm und Heß wurden zu Reichsministern ohne Geschäftsbereich ernannt, »zur Gewährung engster Zusammenarbeit

141

der Dienststellen der Partei und der SA mit den öffentlichen Behörden«, wie es im Gesetz dazu hieß.[195]

Was indes nur als Ablenkungsmanöver gedacht war, sollte unabsehbare Folgen für den ganzen NS-Staat haben. Ernst Röhm begnügte sich nicht mit der papierenen Ministerwürde. Er fing an, ein SA-Ministerium aufzubauen, was prompt eine herrische Gegenmacht auf die Szene rief: die Reichswehr.

4. Die Stunde der Generale

Im Haus 38/42 der Königin-Augusta-Straße in Berlin, Sitz des Reichswehrministeriums, hasteten Adjutanten und Sekretärinnen durch die Korridore, um in den Abteilungen die schon bereitliegenden Akten abzuholen. Der Chef hatte um rasche Erledigung ersucht: Generalleutnant Ludwig Beck, Chef des Truppenamtes des Heeres, war in Eile.

Kaum einer merkte ihm die innere Erregung an, mit der er in diesen Dezembertagen des Jahres 1933 seine Orders erteilte. In seinem nüchtern-kühlen, nur von einem Moltkebild beherrschten Arbeitszimmer im dritten Stock des 660-Zimmer-Gebäudes[1] saß der General Beck da wie immer, beherrscht und scheinbar emotionslos, und doch waren es für ihn die aufregendsten Tage seines bisherigen Lebens.

Was Beck zur Eile antrieb, waren Nachrichten und Gerüchte, die auch andere Offiziere im RWM in Aufregung versetzten. Nahezu alle waren sich darüber klar, was sie bedeuteten: Die traditionelle Rolle des deutschen Militärs war in Gefahr, die Reichswehr dabei, von der rabiatesten Macht auf deutschen Straßen beiseite geschubst zu werden.

Anlaß der Irritation im Haus 38/42 war die am 1. Dezember eingegangene Mitteilung, der SA-Stabschef Ernst Röhm sei ins Reichskabinett berufen worden, als Reichsminister ohne Geschäftsbereich und Mitglied des Reichsverteidigungsrates.[2] Damit nicht genug: Bald waren Gerüchte aufgetaucht, die besagten, Röhm ziehe seine besten Unterführer in Berlin zusammen, um mit ihnen ein SA-Ministerium aufzubauen.

Röhm in der Reichsregierung – das mußte die Generale der Reichswehr zutiefst erschrecken. Der ehemalige Hauptmann, nach dem Münchner Naziputsch von 1923 wegen Beihilfe zum Hochverrat aus der Reichswehr entlassen, machte keinen Hehl daraus, daß ihm die führende militärische Rolle im Reich Adolf Hitlers zukomme.[3] Eben erst, bei seinem 46. Geburtstag, hatte sich Röhm ob seiner »Großtat« feiern lassen, »die Braune Armee der deutschen Revolution aus dem Nichts heraus zum ersten Machtfaktor des Staates« geschaffen zu haben.[4] Die Militärs hatten allen Grund, die explosive Kraft dieser SA zu fürchten. Sie war zu einem Alpdruck aller etablierten Mächte in Deutschland geworden. Selbst

Nationalsozialisten erschraken vor Röhms Mammutorganisation, die ständig in Bewegung war: unzufrieden und aufmüpfig, ohne Aufgaben, »eine unruhige Armee von Revolutionären, schwer zu kontrollieren und gefährlich unzuverlässig«.[5]

Vor allem die Arbeitslosigkeit ließ die SA-Männer nicht zur Ruhe kommen. Ein Drittel von ihnen war beschäftigungslos; in den Großstädten gab es Einheiten, deren Mitglieder bis zu 80 Prozent ohne Arbeit waren. Vom wirtschaftlichen Aufschwung profitierten sie noch kaum. Zwar waren die Behörden gehalten, 50 Prozent aller freiwerdenden Stellen mit SA-Männern zu besetzen, doch die meist ungelernten Röhm-Leute nahm man ungern.[6] Die Hauptsorge des SA-Mannes »war der nächste Tag, seine größte Furcht, überflüssig zu werden«.[7]

Bohrende Lebensangst und in jahrelanger »Kampfzeit« hochgeputschte Eroberer-allüren schlugen sich in einem Rabaukentum nieder, das vor keiner Gesellschaftsschicht und keiner Institution haltmachte. Desto ärger traf die SA der Versuch der etablierten Welt, sie aus nahezu allen Lebensgebieten wieder auszuklammern. Gerade zur Elite einer neuen Zeit emporstilisiert, sah sich die SA plötzlich zum Paria der Nation verurteilt.

»Wir werden in die Ecke gestellt wie die alten Frontschweine«, moserten SA-Leute,[8] und bald ging in dem Millionenheer eine derart brisante Unzufriedenheit um, daß Röhm dringend Abhilfe durch die Partei verlangte. Die stiefmütterliche Behandlung der SA, schrieb er am 22. Mai 1933 an die Reichsleitung der NSDAP, müsse ein Ende haben, denn die Lage in der SA sei »ernst und verbittert«, ja das Gefühl der Zurücksetzung habe »einen Grad erreicht, der mich mit ernstester Besorgnis erfüllt«.[9]

Das bewog Hitler, der SA eine Rolle in der Aufrüstung zu verschaffen, nicht zuletzt, um sie zu beschäftigen. Die Reichswehr benötigte immer mehr Rekruten, die vor allem die SA stellen konnte: Rekruten für den schon 1932 beschlossenen Aufbau des Neuen Friedensheeres, einer aktiven Berufsarmee mit kurzdienenden Ergänzungsmannschaften, aber auch Personal für den Grenzschutz, der milizartigen Einwohnerwehr unter Leitung der Reichswehr.

Die Reichswehrführung war durchaus bereit, sich des Rekrutenpotentials der SA zu bedienen. Blomberg und Reichenau glaubten, mit der SA auskommen zu können. Sie hatten schon vor 1933 im ostpreußischen Grenzschutz (Blomberg war damals Wehrkreisbefehlshaber in Ostpreußen gewesen, Reichenau sein Stabschef) mit den Braunen gute Erfahrungen gemacht.[10]

So hatte man sich dann unter Hitlers Vorsitz geeinigt, der SA eine Rolle in der vormilitärischen Ausbildung zu geben. Ihre Führer sollten gemeinsam mit Reichswehrpersonal in sogenannten Sportlagern jährlich 250 000 SA-Männer für den künftigen Dienst in der Armee schulen, die SA zudem einen größeren Part im Grenzschutz übernehmen, der ebenfalls reorganisiert wurde.

Für Röhm und seine Männer schien eine Sehnsucht in Erfüllung zu gehen, denn keine Parteimiliz in Deutschland hatte sich in den letzten Jahren so gründlich auf militärische Aufgaben vorbereitet wie die SA. Sie fühlte sich seit langem als das nationalsozialistische Volksheer der Zukunft. Alles in der SA war auf das Soldatische ausgerichtet; bis in absurdeste Details wurde das Militär nachgeahmt.

Wenn die großen SA-Verbände ins Gelände ausrückten und »Manöver« spielten, konnten oberflächliche Beobachter leicht meinen, daß da schon ein veritables Heer heranrücke: gelenkt von dem militärisch organisierten Stab des Obersten SA-Führers (OSAF), gegliedert in fünf Obergruppen, die Armeen entsprachen, und achtzehn Gruppen im Stil von Armeekorps, darunter Brigaden (Divisionen), Standarten (Regimenter), Sturmbanne (Bataillone) und Stürme (Kompanien).

Und keiner wußte den diffusen Haufen besser zu dirigieren und anzutreiben als der kleine, dickliche Mann mit dem von Granatsplittern ruinierten Gesicht, der diesem Heer Idol und oberster Capo war: Ernst Röhm, ein derber, zupackender Troupier, Homosexueller und voller Verachtung für die Werte der bürgerlichen Gesellschaft, nur an Männern interessiert und am Krieg, der ihm »Jungbrunnen, Hoffnung und Erfüllung zugleich« war.[11]

Er hatte einen großen Traum, von dem er nicht abließ: deutscher Kriegsminister und Gründer eines richtigen Heeres zu werden. »Ich bin der Scharnhorst der neuen Armee«, renommierte er gern,[12] und damit war es ihm Ernst. Der Kompanieführer Röhm hatte in den Grabenkämpfen des Ersten Weltkriegs erlebt, daß die alten Kommißformeln der Wirklichkeit des modernen Krieges nicht mehr gerecht wurden.

Der braune Haudegen empfand dunkel: »Da muß etwas Neues her, versteht ihr mich? Eine neue Disziplin. Ein neues Organisationsprinzip. Die Generale sind alte Schuster. Denen kommt keine neue Idee.«[13]

Er aber glaubte, eine neue Idee gefunden zu haben: die Idee der Miliz. Bei seiner Arbeit mit den bayerischen Einwohnerwehren in den Nachkriegswirren war Röhm aufgegangen, welche Dynamik in einer vom ganzen Volk getragenen Truppe mit schwachen ständigen Kadern und kurzfristig ausgebildeten Soldaten lag – im Gegensatz zur Berufsarmee, die immer in Gefahr war, sich von der Gesellschaft abzukapseln und innerlich zu verknöchern.

Röhm schwebte vor, die Reichswehr in ein Milizheer umzurüsten, was die Umbaupläne des Reichswehrministeriums durchaus begünstigten. Im Grunde waren hier Röhms Ideen schon vorweggenommen. Auch Schleicher hatte eine Wehrmacht auf Milizbasis angepeilt: Das »Neue Friedensheer« war ein Rahmenheer aus Berufssoldaten, das sich jährlich durch eine Miliz von 85 000 kurzfristig dienenden Rekruten ergänzen sollte.[14]

Noch stärkeren Milizcharakter hatte der Grenzschutz, den Reservisten aus allen Kreisen der grenznahen Bevölkerung stellten, wobei die Mannschaften meist von den großen Gütern stammten, die Offiziere aus der alten wilhelminischen Herrenschicht der Güter und Kleinstädte. In der Agrarkrise aber waren an die Stelle der jungen Landarbeiter, die in die großen Städte abwanderten, immer mehr SA-Männer getreten.

Auf ebendiesen Grenzschutz setzte nun Röhm. Unter seiner Führung sollte sich der Grenzschutz ausweiten, zur Domäne der SA und schließlich zum Kern eines

Milizheeres werden. Stand es erst einmal, so sollte es mehr und mehr die ganze Reichswehr in sich aufsaugen.

Doch die Führer der Reichswehr merkten rasch, was Röhm vorhatte, und blockten seine Pläne ab. Röhms Forderung, eine größere Anzahl von SA-Führern in den Grenzschutz zu übernehmen, wiesen die Militärs brüsk zurück. Auch an die heißbegehrten Waffen- und Munitionslager des Grenzschutzes wollten sie die SA nicht heranlassen.

Was als Zusammenarbeit geplant war, artete in kurzer Zeit in einen Kleinkrieg um Kompetenzen und Zuteilungen aus. Die SA-Männer fühlten sich von den Militärs arrogant behandelt, während die Truppenführer der Reichswehr zusehends weniger Lust hatten, ihre besten Ausbilder in die Sportlager einer SA abzustellen, die keinen Hehl aus ihrer Absicht machte, eines Tages die »reaktionäre« Reichswehr von ihrer Monopolstellung zu verdrängen.

In diesem Grabenkampf schien Röhm Ende des Jahres einen entscheidenden Punktsieg über seine Gegenspieler errungen zu haben. Hitlers Entschluß, Partei und SA durch Ernennung ihrer beiden Führer zu Reichsministern zu befriedigen, bot dem SA-Chef die Chance, ein eigenes Ministerium in die Hand zu bekommen, mit dem er sich in der Militärpolitik gleichberechtigt neben dem Reichswehr- und Reichsluftfahrtministerium etablieren konnte.

Indes, welche Kompetenzen sollte das SA-Ministerium haben? Röhm verlangte immer mehr: eine Ausweitung der Befugnisse auf dem Gebiet der vormilitärischen Ausbildung, die Federführung in allen Fragen des Grenzschutzes, Teilhabe an den Planungen für die Landesverteidigung.

Was immer davon auch im Truppenamt bekannt wurde – die Gerüchte über Röhms Pläne genügten, um den Amtschef Beck, einen der prononciertesten Gegner engerer Zusammenarbeit mit der SA, zu einem sofortigen Gegenzug anzuspornen. Er drängte Reichswehrminister von Blomberg, einen Trennungsstrich zwischen Heer und SA zu ziehen. Blomberg war schließlich einverstanden, zumal sich dies mit den gerade bekanntgewordenen Aufrüstungsvorstellungen Hitlers notdürftig in Einklang bringen ließ.

Wie aber auf die Herausforderung der SA reagieren? Beck kannte nur ein Mittel: alles abzuschaffen, was Röhm einen Ansatzpunkt bot, sich in die Wehrpolitik einzuschalten. Und das bedeutete: keinen Grenzschutz mehr, Schluß mit den Milizexperimenten, sofortiger Übergang zum Prinzip der allgemeinen Wehrpflicht.

Entsprechend handelten die Militärs. Ohne Hitler vorher zu informieren, beschlossen sie einen Kurswechsel, der die bisherigen Grundsätze des Heeresaufbaus zu Lasten von Röhms Ambitionen veränderte. Wer es noch nicht begriffen hatte, erfuhr es jetzt: Dies war nicht die Stunde Röhms, sondern der Generale.

Mit einer Hektik ohnegleichen folgten die Memoranden und Befehle des Generals Beck. Am 14. Dezember 1933 präsentierte er eine Denkschrift seiner Organisationsabteilung, die (wie auch von Hitler gefordert) den Aufbau eines Friedensheeres von 300 000 Mann in fünf Jahren, gestützt auf eine einjährige Wehrdienstpflicht, vorsah. Am 15. Dezember erging vom Truppenamt eine Weisung, die ältere

Instruktionen über den Heeresumbau abänderte, am 18. Dezember eine weitere Verfügung, den »Aufbau unseres Heeres zu beschleunigen«.[15]

Dann kam der Streich gegen die SA. »Alle Kommandos zu SA-Sportlagern«, so der Chef der Ausbildungsabteilung des Truppenamts, »werden mit 31. 3. 34 aufgehoben. Sie sind künftig nur im beschränkten Umfang mit ausdrücklicher Genehmigung des Rw. Min. zugelassen . . . Sämtliche Lehrtrupps werden am 1. 4. 1934 aufgelöst. Schriftliche Verfügung folgt. Das der SA auf Übungsplätzen gewährte Gastrecht muß mit dem 1. 4. 34 ebenfalls aufhören.«[16]

Am 20. Dezember rief Blomberg die Befehlshaber der Wehrkreise nach Berlin, um sie über den neuen Kurs aufzuklären. Größte Sorge des Ministers: »Bestrebungen der SA, eine eigene Wehrmacht zu gründen«. Deshalb sei es wichtig, erläuterte Blomberg, daß von nun an »außer der vormilitärischen Ausbildung alles bei der Reichswehr liegt (Leitung und Vorbereitung der Aufstellung, militärische Ausbildung usw.)«.[17]

Die versammelten Generale ahnten noch nicht, was Ludwig Beck, der spätere Widerständler gegen Hitler, da in Bewegung gesetzt hatte: die geballte Wiederaufrüstung Deutschlands, die bald wichtigste Stützpfeiler der Versailler Friedensordnung sprengen und eine neue Ära des Wettrüstens der Großmächte heraufbeschwören sollte. Das war mehr als ein militärisches Programm. Beck zeichnete praktisch schon wesentliche Ziele der künftigen Außenpolitik des Dritten Reiches vor.

Becks Konzept von einem Verteidigungskrieg an allen Fronten setzte nämlich voraus, daß die wichtigsten der Deutschland im Versailler Vertrag auferlegten Beschränkungen zuvor beseitigt waren. Das hieß, die verbotene allgemeine Wehrpflicht wiedereinzuführen, das entmilitarisierte Rheintal militärisch erneut in Besitz zu nehmen und das von Frankreich beherrschte Saarland zurückzuholen – Themen für Hitlers künftige Politik.

General Beck hatte auch schon genaue Vorstellungen über Reihenfolge und Termine der nächsten Aktionen. Die Wiedereinführung der allgemeinen Wehrpflicht fixierte er bei der Berliner Besprechung auf den »nächsten Sommer«, den Marsch ins Rheinland spätestens auf das Jahr 1935. Daß bis dahin auch das Saargebiet zum Reich zurückgekehrt sein würde, stand für Beck außer Frage.[18]

Merkwürdig nur, wie wenig Hitler und die Nationalsozialisten bei diesem Aufbruch in die volle Aufrüstung mitwirkten. Nicht Hitler hatte die Dezemberbeschlüsse der Reichswehr initiiert. Eine entsprechende Weisung aus der Reichskanzlei gibt es nicht; der Kurswechsel des Wehrministeriums erfolgte autonom.

Die Aktion konnte auch Hitler kaum in seine Politik passen. Die abrupte Wendung der Reichswehr gegen die SA mußte seine Schwierigkeiten mit dem cholerischen Röhm wieder verschärfen, dessen Anhängerschaft er gerade durch die Militärs einigermaßen beschäftigt glaubte. Auch eine allzu konkrete Festlegung auf Endziele der Aufrüstung widersprach Hitlers Taktik, die Westmächte zu bilateralen Rüstungsgesprächen zu animieren und dabei auszuloten, welche deutsche Heeresstärke ihnen zuzumuten sei.

Hitler blieb nichts anderes übrig, als Röhm die Idee eines SA-Ministeriums wieder auszureden und ihn auf geduldige Verhandlungen mit der Reichswehrspitze zu verweisen. Die aber hatte keinen Platz mehr für die SA, ja, sie verschärfte noch den Konflikt mit Röhm. Die Aufrüstung Deutschlands lief ohne die Braunhemden-armee an.

Das will nun freilich nur schlecht zu dem Bild Hitlers als allmächtiger »Herr und Meister des Dritten Reiches«[19] passen, das sich eine hitlerzentrische Geschichts-schreibung zurechtgelegt hat. Hitler soll sich demnach von Anfang an die Militär- und Außenpolitik nach seinem Willen zurechtgebogen haben, Zug um Zug ein Programm totalitärer Herrschaft und außenpolitischer Expansion verwirklichend, das er schon in den zwanziger Jahren in »Mein Kampf« und in seinem zweiten Buch niedergelegt habe.

Solche »Hitlerologie« läuft auf eine personalistisch-teleologische Deutung der Nazi-Ära hinaus, die in der Maxime gipfelt, daß alles von Bedeutung im Dritten Reich geschehen sei, weil es Hitler so gewollt und schon seit langem so geplant habe. Da die Hitlerologen die NS-Geschichte immer nur von ihrem Ende her abhandeln, erhalten bei ihnen auch vagste Äußerungen Hitlers den Rang konkre-ter Absichtserklärungen und prophetischer Bestätigungen, getreu der unter ihnen verbreiteten »Gleichung W = A (Worte gleich Aktionen), der Vermutung also, daß die Leute tun, was sie sagen«, wie ein Kritiker spottet.[20]

Da ist es dann nur folgerichtig, in »Mein Kampf« den »Entwurf einer Herrschaft« oder gar den »Fahrplan eines Welteroberers«[21] zu sehen – Inspiration für viele Interpreten, Hitlers Handeln eine unerhörte Planmäßigkeit und Zielstrebigkeit zu attestieren, eine bösartige Rationalität, die von nichts anderem als den in »Mein Kampf« festgelegten »Endzielen« ihre Richtung und Dynamik bezieht.

Das ist so lebensfremd gedacht, daß man sich wundert, diesen gleichsam antifa-schistisch umgekehrten Hitlerkult noch immer in ernsthaften Geschichtsbüchern anzutreffen. Überzeugen kann er nicht. Ist es schon irreal, sich einen Staatsführer zu konstruieren, der seine Politik nach einem Jahre zuvor entworfenen Programm ausrichtet, so grenzt es ans Absurde, ausgerechnet den Bohemien Hitler, den keine Norm und keine Struktur fesseln konnte, zu einem programmgesteuerten Syste-matiker zu machen.

Er war ein »Mann der Improvisation, des Experimentierens und der Augenblicks-eingebung«,[22] eher Propagandist völkischer Regeneration und internationaler Bin-dungslosigkeit denn ein Manager der Macht mit detaillierten Strategien und Kon-zepten, wiewohl ihm die ideologischen Prämissen der »Kampfzeit« nie aus dem Kopf gingen. Aber selbst die alte Forderung nach Eroberung neuen Lebensraums im Osten blieb lange Zeit eine Propagandaformel, eine »ideologische Metapher«[23] für die nationalistische Potenzsteigerung, die er fanatisch predigte.

Zudem agierte Hitler nicht auf einer leeren Bühne, sondern inmitten eines Umfel-des widerstreitender Einflüsse und Machtgruppen, was vollends gegen eine Perso-nalisierung des NS-Phänomens spricht. Sie blendet die politischen und gesell-schaftlichen Kräfte völlig aus, die dem Dritten Reich, Produkt einer Koalition nationalsozialistischer Führungsgruppen und konservativ-autoritärer Eliten, seinen polykratischen Charakter geben. Das Regime, so die Erkenntnis eines NS-Forschers, wurde beherrscht von »einer multidimensionalen Machtstruktur, bei der Hitlers eigene Autorität nur ein Element war (wenn auch ein sehr wichtiges)«.[24]

Dieses Labyrinth der Kräfte und Gegenkräfte hatte Hitler anfangs nur eine beschränkte Rolle in der Außen- und Militärpolitik gelassen, namentlich in den ersten Monaten nach dem 30. Januar, als seine Herrschaft noch ungefestigt war. Seinem Einfluß waren auch institutionell Grenzen gesetzt: Hindenburg hatte sich ausbedungen, daß das Reichswehr- und Außenministerium von allem NS-Zugriff frei zu bleiben habe.

Kaum verwunderlich, daß man in der Außen- und Militärpolitik zunächst keine Nationalsozialisten in Schlüsselstellungen antraf. Die Außenpolitik des neuen Regimes lief erst einmal ohne die Nazipartei ab. Selbst die Errichtung eines Außenpolitischen Amtes der NSDAP unter dem von Hitler wenig geschätzten NS-Chefideologen Alfred Rosenberg war mit seinen 24 Mitarbeitern keine ernsthafte Konkurrenz für das AA.[25]

Die Außen- und Militärpolitik blieb die Domäne traditionalistischer Diplomaten und Soldaten, zu dem sie nach der autoritären Wende von 1930 wieder geworden war. Ihre Stimmführerschaft in Fragen nationaler Machtpolitik wurde von den Nationalsozialisten kaum angetastet, obwohl sie weit aggressivere, allerdings auch diffusere und widersprüchlichere Vorstellungen vom »deutschen Wiederaufstieg« hegten als die alten Funktionseliten.

Die hatten nie aufgehört, in den Kategorien der traditionellen Machtpolitik zu denken. Kriegsniederlage und Zusammenbruch von 1918 waren nicht nachhaltig genug gewesen, um Deutschlands konservative Eliten zum Umdenken zu veranlassen. Deutsche Großmacht, ja Vorherrschaft in Mitteleuropa blieb das zäh verfolgte Ziel.

Auch das gehörte zu den schlimmen Folgen des Scheinfriedens von Versailles: daß seine Demütigungen und Halbheiten die deutschen Führungsschichten daran gehindert hatten, selbstkritisch über die imperialistischen Sünden der wilhelminischen Vorkriegspolitik nachzudenken. Statt dessen war nationalistischer Trotz die Antwort gewesen, eine diplomatische Engstirnigkeit, die in der einseitigen Verfolgung nationaler Interessen ohne Rücksicht auf internationale Zusammenhänge den alleinigen Zweck deutscher Politik sah.

Entsprechend massiv war ihr revisionistisches Programm, das sogar Krieg nicht ausschloß, hatte doch selbst der milde Stresemann gemeint, »daß letzten Endes immer diese großen Fragen durch das Schwert entschieden werden«.[26] Expansiveres konnte eine konventionelle Diplomatie kaum anvisieren: Wiederherstellung der deutschen Grenzen von 1914, Anschluß Österreichs an das Reich, deutsche Vormachtstellung im Osten und Südosten Europas, Rückgewinnung der früheren Kolonien und Erwerbung neuer.[27]

So stand es in der Denkschrift, die Staatssekretär Bernhard Wilhelm von Bülow, der führende Kopf des Auswärtigen Amtes, im März 1933 dem Reichskabinett als

Programm der künftigen Außenpolitik präsentierte. Ihm war Versailles die »Wurzel allen Übels«, die herauszureißen jedes Opfers wert sei, auch einer Komplizenschaft mit den Nationalsozialisten, deren Demagogie und terroristische Praktiken den Diplomaten Bülow freilich so anwiderten, daß er sich kurze Zeit mit dem Gedanken eines Rücktritts trug.[28]

Doch Bülow machte (wie die meisten Diplomaten) weiter mit, voller Illusion über den »weichen« Hitler, den er für steuerbar und dessen Massenbewegung für unentbehrlich bei der endgültigen Überwindung von Versailles hielt. »Die Ziele der deutschen Außenpolitik«, schrieb Bülow, »werden in erster Linie durch den Versailler Vertrag bestimmt. Seine Revision, die vitalste Aufgabe Deutschlands, beansprucht den größten Teil der verfügbaren Energien.«[29]

Die Erfolgsaussichten für ein solches Revisionsprogramm waren so übel nicht. Rußland war allerdings als Partner des deutschen Revisionismus ausgeschieden, seit es 1932 zur Sicherung seiner Westgrenzen Nichtangriffsverträge mit Polen und dessen Verbündeten Frankreich abgeschlossen hatte, die praktisch Stresemanns Berliner Vertrag mit der UdSSR entwerteten.

Den Rest besorgte die Kommunistenverfolgung des NS-Regimes: Die deutsch-sowjetischen Beziehungen vereisten, mochte Hitler auch der Verlängerung des Berliner Vertrages zustimmen. Am Ende mußte die Reichswehr auf Drängen Moskaus ihre Versuchsstationen in der Sowjetunion zumachen – Ende der geheimen Militärallianz zwischen den beiden Outcasts von Versailles.[30]

Ansonsten aber sah es für die zynischen Revisionsstrategen rund um Bülow düster genug aus, um sie heiter zu stimmen. Sie hatten, anders als Stresemann mit seiner friedlichen Ausgleichspolitik, immer auf Katastrophe und Zerstörung gesetzt. Und sie bekamen beides in ausreichendem Maße: Die Weltwirtschaftskrise hatte die europäische Nachkriegsordnung in den Grundfesten erschüttert und die japanische Aggression gegen die Mandschurei 1931/32 erstmalig die Unfähigkeit des Völkerbunds enthüllt, Weltkrisen in den Griff zu bekommen.

Überall in der Welt brachen alte, mühsam eingekapselte Konflikte zwischen den Völkern wieder auf. In Europa und Asien probten Nationalisten und Revisionisten, was sie den Aufstand der »Habenichtse« nannten, womit sie alle Staaten und Nationen meinten, die 1919 bei der Neuverteilung der Welt zu kurz gekommen waren.

Das strahlte auch auf die Phalanx der Deutschland gegenüberstehenden Mächte aus. Das faschistische Italien, auf neue Macht im Hinterland der Adria aus, hatte die Revision der Versailler Staatenordnung auf seine Fahnen geschrieben, Großbritannien und Frankreich steckten tief in der Wirtschaftskrise, Rußland geriet in die ersten Turbulenzen des Stalinismus, auch in Frankreichs osteuropäischem Allianzsystem kriselte es – Ansatzpunkte zuhauf für Deutschlands revisionistische Diplomatie.

Nur in der hochexplosiven Frage der deutschen Aufrüstung fanden die Mächte noch immer leidlich zusammen, um das für sie Ärgste zu verhindern. Zwar war es Schleicher noch im Dezember 1932 gelungen, die Hauptmächte der Genfer Abrüstungskonferenz in einer feierlichen Erklärung auf den Grundsatz festzulegen, Ziel der Verhandlungen müsse sein, »Deutschland und der anderen durch die [Friedens-]Verträge abgerüsteten Staaten die Gleichberechtigung zu gewähren in einem System, das allen Nationen Sicherheit bietet«,[31] doch diese »deutsche Gleichberechtigung« war Papier geblieben.

Die Großmächte hatten keine Lust, die Leerformel vom Dezember 1932 mit Leben auszufüllen. Sie konnten es gar nicht. Erfüllten sie nämlich die Sicherheitsvorstellungen Frankreichs, so gab es keine deutsche Gleichberechtigung, will sagen kein deutsches Nachrüsten auf den Stand der anderen Mächte. Wurden aber die französischen Wünsche nicht befriedigt, dann kam in Genf überhaupt keine Abrüstungskonvention zustande.

So war Schleicher nur noch ein Ausweg geblieben: den französischen Widerstand durch das Angebot einer betont defensiv strukturierten Aufrüstung Deutschlands aufzuweichen. Das geplante Neue Friedensheer mit seinen Milizelementen und seiner Schwerpunktverlagerung auf Defensivwaffen, vor allem Panzer- und Fliegerabwehr, schien auch Hitler ein chancenreicher Anknüpfungspunkt für eine bilaterale Verständigung mit Frankreich.

Sonderliche Aufmerksamkeit widmete er dieser Frage freilich nicht. Hitlers Interesse war zunächst allein darauf gerichtet, den nationalsozialistischen Umsturz gegenüber dem schockierten Ausland mit Hilfe einer verschleiernden Diplomatie abzuschirmen. Beschwichtigung des Auslandes war alles, was jetzt bei diesem Reichskanzler zählte, fürchtete er doch nichts mehr als eine bewaffnete Intervention der Großmächte.

Da sah er es gar nicht ungern, daß die Abrüstungskonferenz nicht von der Stelle kam. An ihren Verhandlungstischen war noch keine Lösung der Rüstungsprobleme in Sicht, blieben folglich Inhalt und Ausmaß der deutschen Aufrüstung offen, was dem abwartenden Hitler durchaus gefiel.

Doch der Reichswehrminister war nicht der Mann, der solche Hinhaltepolitik goutierte. Kein anderer Soldat versteifte sich so auf die massive Aufrüstung Deutschlands wie der General der Infanterie Werner von Blomberg, dessen abenteuerliche Rüstungsideen selbst Schleicher auf die Nerven gegangen waren. Der Pommer, 55 Jahre alt, Generalstabsoffizier im Ersten Weltkrieg und 1927–1929 Chef des Truppenamtes, hatte als Leiter der deutschen Militärdelegation an den fruchtlosen Genfer Verhandlungen teilgenommen und favorisierte seither einen deutschen Alleingang in der Rüstungspolitik.[32]

Seine verbindlichen Umgangsformen und ein gewisses impulsiv-schwärmerisches Wesen, das ihm bei Spöttern den Spitznamen »Gummilöwe« eingetragen hatte, täuschte leicht über die Zähigkeit hinweg, mit der Blomberg seine Ideen und Pläne verfolgte. Auch Hitler bekam sie zu spüren. Unermüdlich drängte der Wehrminister das Kabinett zur »Tat«, für ihn gab es nur einen Kurs: Schluß mit Genf, deutsche Aufrüstung jetzt und allein!

Da aber Hitler keine Miene machte, in der Rüstungspolitik initiativ zu werden, nahm ihm Blomberg die Federführung zusehends aus der Hand. Zeitweilig war er es, der den deutschen Kurs in Genf und damit ein Stück deutscher Außenpolitik bestimmte, halb ermuntert, halb gebremst von dem Reichsaußenminister von Neurath, der bei aller Förderung der Aufrüstungspläne aufpaßte, daß das außenpolitische Monopol des AA nicht in die Hände der Militärs überging.

Als Frankreichs Luftfahrtminister Pierre Cot am 17. Februar einen neuen Abrüstungsplan präsentierte, der eine Standardisierung der europäischen Armeen auf Milizbasis vorsah, war Blomberg sofort dagegen. Hier wurde jene international definierte Rüstung vorgeschlagen, die er auf keinen Fall akzeptieren wollte. Ohne Hitler zu informieren, wies er die Delegation in Genf an, mit den Franzosen erst einmal »Vorfragen« zu klären. Sie aber waren so strittig, daß Blombergs Weisung auf ein »glattes Nein« hinauslief, wie ein Delegationsmitglied empfand.[33]

Neurath spielte dabei mit, da er in seinem krankhaften Mißtrauen gegen Franzosen nichts auf den Cotplan gab. Schon Anfang Februar hatte er den französischen Botschafter André François-Poncet, der ihm zweiseitige Verhandlungen über einen Beistandspakt offerierte, abblitzen lassen – ohne Rücksprache mit Hitler.[34]

Das aber verärgerte Rudolf Nadolny, den deutschen Delegationschef in Genf, der sich einer absurden Lage ausgesetzt sah. Wochenlang hatte er im Auftrag Schleichers das Milizsystem als eine Basis der Verständigung angepriesen. Jetzt aber, da die Franzosen mit dem Cotplan darauf positiv reagierten, zwangen ihn die Weisungen aus Berlin, ebendies als einen finsteren Angriff auf die Kampfkraft der Reichswehr zu denunzieren.

Nadolny alarmierte Hitler und schickte ihm Mitte März seinen Stellvertreter, Freiherrn von Rheinbaben, der dem Kanzler in Anwesenheit Blombergs und Neuraths darlegte, wie schwierig die Lage in Genf geworden sei. Da erwies sich, daß Hitler keineswegs die ablehnende Haltung der beiden Minister teilte. Immer die Interventionsgefahr vor Augen, plädierte er für ein geschmeidiges Eingehen auf den Cotplan.[35]

Hitler sprach wie Schleicher, nicht ohne Grund. Schleichers Milizpläne, nun doch noch international hoffähig geworden, schienen Hitler auch einen Ausweg aus dem latenten Konflikt mit der SA zu eröffnen. Eine Reichswehr mit kurzer Dienstzeit, stets auf neue Ergänzungsmannschaften angewiesen, konnte der SA ein ergiebiges Tätigkeitsfeld bieten – ein Motiv mehr für Hitler, Interesse für den Cotplan zu bekunden.

Er ermahnte Rheinbaben, mit den Franzosen in Genf pfleglich umzugehen. Am 17. März gab es ihm Hitler noch schriftlich: »Keine Sabotage. Hinarbeiten auf positiven Abschluß, der vertragloser Aufrüstung vorzuziehen ist ... Keine Einwendung gegen elastische Taktik hinsichtlich des französischen Planes zur Uniformierung der europäischen Heere. Möglichkeit grundsätzlicher deutscher Zustimmung.«[36]

Doch Blomberg und Neurath mochten sich nicht von Hitler in ihre Pläne dreinreden lassen. Prompt erging am 22. März eine Gegenorder des Auswärtigen Amtes, die Hitlers Weisung wieder aufhob. Die Besprechung beim Reichskanzler, hieß es

spitz, habe nur »informatorischen Charakter« gehabt, »lediglich die letzte Entscheidung der Minister« sei relevant – ein deutlicher Hinweis darauf, wer damals
in der deutschen Außenpolitik wirklich entschied.[37]
Der Cotplan geriet jedoch bald in den Hintergrund, überschattet von den Kriegsge-
rüchten, die zunehmend die europäische Szene verdüsterten. Die drohende deutsche Aufrüstung und die Ausbrüche nationalistischer Hybris in Deutschland animierten Generalstäbe und zivile Möchtegernstrategen, phantastische Pläne für
einen Präventivkrieg gegen den deutschen Störenfried zu produzieren. »Da draußen«, tönte Brigadegeneral Arthur C. Temperley, der Militärexperte der britischen
Abrüstungsdelegation, »läuft wieder mal ein tollwütiger Hund herum, und wir
müssen uns energisch zusammentun, um ihn entweder abzuknallen oder ihn so
lange einzuschließen, bis die Krankheit vorüber ist.«[38]
Das sonderbare daran aber war, daß die Kriegspläne im Grunde gar nicht gegen das
NS-Regime zielten. Sie galten fast allein der vermuteten deutschen Aufrüstung
und ihren zerstörerischen Folgen für den Status quo in Europa. Entstanden waren
die Einmarschpläne denn auch in der Zeit, als Brüning und Schleicher in Deutschland regiert hatten.
Schon Anfang der dreißiger Jahre erwog der französische Generalstab den Plan,
zur Verhinderung der deutschen Aufrüstung das entmilitarisierte Rheinland zu
besetzen, und aus dieser Zeit stammte auch der Beschluß des polnischen Generalstabes, einen auf den französischen Marschall Foch zurückgehenden Plan von 1923
wiederzubeleben, im Fall einer politischen Krise Schlesien und Ostpreußen als
»Faustpfänder« deutschen Wohlverhaltens zu okkupieren.[39]
Daß ernst gemeint war, was da in der Umgebung des Diktators Jósef Pilsudski überlegt wurde, hatten schon die Tage nach der Reichstagswahl vom 5. März 1933
bewiesen. In den Morgenstunden des 6. März hatte Pilsudski ein Bataillon seiner
Marineinfanterie vertragswidrig auf der Westerplatte im Danziger Hafen landen
lassen, weil angeblich gegen das dortige polnische Munitionslager ein Angriff der
örtlichen SA drohte. Zugleich marschierten polnische Truppenverbände in Thorn,
Grodno und im Raum Danzig auf.[40]
Kurz darauf tauchte in Paris der polnische General Wieniawa-Dlugoszewski auf,
der von Pilsudski Order hatte, die Führer der französischen Armee für eine
gemeinsame Aktion gegen Deutschland zu gewinnen.[41] Generalinspekteur Maxime Weygand, ehedem Berater Pilsudskis, war nicht abgeneigt, wie auch der deutsche Botschafter in Paris vermutete. Der »Gedanke einer gewaltsamen, rechtzeiti-
gen Verhinderung der vermeintlich drohenden Gefahr« gewinne in Frankreichs
Regierung und Generalstab an Gewicht, meldete Roland Köster am 14. März an
das AA.[42]
Die Kriegshysterie trieb Großbritanniens sozialistischen Premierminister Ramsay
MacDonald dazu, einen Ausweg aus der Genfer Sackgasse zu suchen. Er ahnte
zwar, daß die Aufrüstung Deutschlands nicht mehr zu verhindern sei, doch er wollte um nahezu jeden Preis versuchen, sie zumindest zu verzögern und zu beschränken. Dazu hatte sich schon Anthony Eden, Parlamentarischer Staatssekretär im

Foreign Office, eine Rüstungs- und Sicherheitskonvention ausgedacht, der Mac-Donald nun eine Chance gab. Eden schlug vor, die Stärke der Armeen in Europa zahlenmäßig festzulegen und ihre Bewaffnung und Ausrüstung zu begrenzen. Der MacDonaldplan, wie er von Stund an hieß, erlaubte künftig kein größeres Geschützkaliber als das von 10,5 Zentimetern, postulierte ein Verbot von Luftbombardements und setzte auch Höchstzahlen für Kampfflugzeuge fest.[43]

Doch der Plan hatte eine Schwäche. Die Armeestärken unterschiedlicher Staaten zahlenmäßig festzulegen hieß praktisch, in Europa ein Klassensystem zu schaffen, in dem einige Staaten gleich, andere aber noch gleicher waren. Am wenigsten gleich aber war das Land, dem der MacDonaldplan in erster Linie galt. Deutschland sollte keine Luftwaffe unterhalten dürfen, nur die Hälfte der Frankreich zugebilligten Armeestärke (200 000 Mann) besitzen und Geschütze bis zu 10,5 Zentimetern erst nach einer Übergangszeit.[44]

Als Lord Hailsham, der hochkonservative Kriegsminister in MacDonalds Koalitionsregierung, die deutschen Passagen des Plans las, riet er, die ganze Sache fallenzulassen. Kein Kriegsminister, prophezeite der Lord, könne so etwas akzeptieren. Doch das Kabinett überstimmte ihn.[45]

Tatsächlich legten sich Blomberg und seine Vertreter in Genf sofort quer, sobald der Premier den Plan am 16. März publik gemacht hatte. Auch Neurath stellte sich dagegen, obwohl er durchaus zu einer auf lange Fristen angelegten, multilateral vereinbarten Aufrüstung tendierte. Nur Hitler und Nadolny reagierten wieder weicher, konnten sie doch nicht übersehen, daß der MacDonaldplan deutschen Vorstellungen weitgehend entgegenkam: Er beseitigte die Militärbestimmungen des Versailler Vertrages und ermöglichte Verstärkung und Umbau der Reichswehr.[46]

Die Differenzen in der deutschen Führung blieben freilich folgenlos, da der MacDonaldplan von französischer Seite her unter Beschuß geriet. Die Regierung in Paris fand, es gehe nur noch darum, Deutschland die Verantwortung für das Scheitern in Genf zuzuschieben, und selbst die britische Diplomatie, fest in der Hand einer deutschfeindlichen Gruppe unter ihrem Leiter Sir Robert Vansittart, strengte sich für die »Appeasementpolitik« der MacDonald und Eden nicht sonderlich an: Ende der ersten Verhandlungsrunde um den MacDonaldplan.[47]

Den Stillstand in Genf aber nutzte Mussolini dazu, ein eigenes Projekt auf die diplomatische Bühne zu katapultieren, dazu ausgedacht, ihn zum Führer Europas hochzuhieven. Er wollte den Völkerbund völlig entmachten und Europa unter ein Diktat der Großmächte zwingen: durch Wiederherstellung des 1914 zerstörten Konzerts der europäischen Mächte, in dem fortan England, Frankreich, Italien und Deutschland den Ton angeben sollten – unter der Stabführung des Duce, versteht sich.[48]

Das brisante an Mussolinis Paktentwurf war, daß er die Mitgliedstaaten auf den »Grundsatz der Revision der Friedensverträge« verpflichten wollte. Diese Verträge seien zu ändern, falls »Verhältnisse« einträten, »die zu einem Konflikt zwischen den Staaten führen können«. Sie sollten sogar notfalls über den Kopf der beteilig-

ten Staaten hinweg geändert werden, wenn sie das Pech hatten, zu den »Kleinen«
zu zählen – Anspielung auf Polen, gegen das die deutschen Energien abzulenken
Mussolini angesichts der hektischen NS-Aktivitäten in Österreich genügend
Anlaß sah.[49]

Das hatte es noch nicht gegeben: Die antirevisionistischen Mächte von Versailles
sollten sich jetzt selber zum Revisionismus bekennen. Es war eine absurde Formel,
die indes der kleine schlaue Mann in Rom den schockierten Franzosen durch die
Aussicht schmackhaft zu machen suchte, fortan werde allein noch von den »Großen Vier« über die europäische Sicherheit entschieden.

Zudem machte Mussolini den Eintritt der Deutschen in seinen Klub von einer Vorbedingung abhängig. Deutschland sollte sich verpflichten, die ihm theoretisch
zugestandene Gleichberechtigung nur in den »Stufen zu verwirklichen, die sich
aus sukzessiven Abkommen ergeben, die zwischen den vier Mächten auf normalen
diplomatischen Wegen abzuschließen sind«.[50]

London und Paris gingen auf Mussolinis Spiel scheinbar ein, nur Neurath und seine Diplomaten mochten sich für das Projekt nicht erwärmen. Ihnen schien es
bedenklich, sich im Zustand deutscher Schwäche an eine Mächtegruppe zu binden,
die Berlin kaum richtig beeinflussen könne, zumal geführt von einem wetterwendischen Staatsmann, auf den kein Verlaß sei.

Aus den Bedenken wurde ungenierter Widerwille, je mehr sich Mussolini als ein
Spielball in den Händen der routinierten Diplomaten Englands und Frankreichs
erwies. Sie handelten ihm von seiner Paktidee einen Kernpunkt nach dem anderen
ab: Das garstige Wort »Revision« verschwand, das Prinzip der Vertragsänderun-
gen ohne Mitsprache des betroffenen Staates fiel, die Verwirklichung deutscher
Gleichberechtigung wurde von der Anerkennung des MacDonaldplans abhängig
gemacht.[51]

Neurath wollte daraufhin die Verhandlungen mit Rom abbrechen, da der Pakt
»gänzlich wertlos« geworden sei,[52] doch Hitler bestand auf Fortsetzung. Er witterte eine Chance, internationalen »Goodwill« zu demonstrieren, und das hatte das
Regime in diesem Augenblick nötiger denn je.

Just jetzt schlug das kritische Weltecho auf die Brutalität der nationalsozialistischen Machteroberung nach Deutschland zurück. Der Judenboykott vom 1. April
und die Verfolgung politischer Minderheiten hatten »alles vernichtet, was in vierzehn Jahren an Vertrauen und Ansehen für Deutschland wiedergewonnen worden
war«, wie Graf Kessler notierte.[53] Verheerender konnte kein Land moralisch und
politisch isoliert sein.

Die außerdeutschen Aktivitäten der Nationalsozialisten lieferten noch zusätzlichen Zündstoff. Der Rausch der Wahlerfolge und Gleichschaltungen im Reich hatte aktivistische NS-Gruppen in den Nachbarländern dazu animiert, es den reichsdeutschen Parteigenossen nachzumachen und mit dem Stimmzettel oder auch mit
Brachialgewalt die Macht in ihren Ländern zu erobern. In Danzig und Österreich,
im Saar- und Sudetenland setzten Hitlers auslandsdeutsche Ableger zum Sturm
an.

Der Export der NS-Revolution scheiterte jedoch fast überall, nur in Danzig erreichten die Nationalsozialisten ihr Ziel. Die NSDAP unter Gauleiter Albert Forster erzwang in der Hansestadt Neuwahlen und erzielte bei den Volkstagswahlen am 28. Mai 1933 ein Traumergebnis, das sogar die NS-Wahlerfolge im Reich überschattete: Fast 51 Prozent der Stimmen fielen ihr zu und damit die absolute Mehrheit. »Großartig, Forster!« telegraphierte Hitler.[54]

Österreichs Bundeskanzler Engelbert Dollfuß aber hatte keine Lust, sich von »seinen« Nazis so einfach abwählen zu lassen. Seit der Ausschaltung des Parlaments am 15. März diktatorisch regierend, nur gestützt auf die Christlichsoziale Partei und die halbfaschistische Heimwehr, stellte Dollfuß die nationalsozialistischen Herausforderer frontal und setzte ihnen hart zu – allzu hart, wie Anhänger der Verfassung fanden.[55]

Schon die ersten NS-Erfolge bei den Gemeinderatswahlen in Niederösterreich Ende April genügten Dollfuß, weitere Teile des Rechts- und Verfassungsstaates außer Kraft zu setzen. Am 11. Mai ließ er die bevorstehenden Landtags- und Gemeindewahlen absagen, zwei Wochen später legte er die Arbeit des Verfassungsgerichtshofes lahm, am 19. Juni folgte sein Verbot der NSDAP – Auftakt eines erbitterten Kleinkriegs zwischen dem Regime und der nun wild um sich schlagenden Nazipartei.[56]

In ihr, offiziell »Landesgruppe Österreich« der NSDAP geheißen, drängten desperat-anarchistische Elemente nach vorn, die die enttäuschten Anhänger der Partei zu einem Alles-oder-nichts-Kampf gegen den austrofaschistischen Staat aufstachelten. Die Parole griff auch der in München sitzende NS-Landesinspektor Theo Habicht auf, ein scharfmacherischer Reichsdeutscher, den Hitler 1931 der notorisch unfähigen und zerstrittenen Landesgruppenführung aufgezwungen hatte. Der wußte nur noch ein »sicheres« Rezept: mit Straßenterror und Attentaten die Partei in Österreich an die Macht zu bomben.

NS-Kommandos überfielen daraufhin jüdische Geschäfte und Büros der Heimwehr, legten Böllerschüsse gegen Telefonanlagen und Wasserleitungen und inszenierten Sprengstoffanschläge in Straßen und auf Sportplätzen, wobei es Tote und Verletzte gab – blutiger Dilettantismus einer um ihren Wahlerfolg geprellten Partei, gegen die nun Dollfuß' Staatsmacht unnachsichtig einschritt. Tausende verdächtiger Nazis wurden verhaftet und in KZ-ähnliche »Anhaltelager« gesperrt, die illegale Partei unter schärfste Polizeiüberwachung gestellt.[57]

Solche Verfolgung versetzte Hitler und seine Unterführer in rasende Wut. Statt den Amoklauf ihrer Genossen zu stoppen, gossen sie noch Öl ins Feuer. Reichsdeutsche NS-Funktionäre mischten sich in die innerösterreichischen Auseinandersetzungen ein, und bald machten auch die Massenmedien des Reiches mit gröbster Hetze gegen Dollfuß' »Volksverrat« mobil.

Selbst das reichte Hitler noch nicht. Gegen die Einwände des AA veranlaßte er das Kabinett, einen Wirtschaftskrieg gegen Österreich zu entfesseln, der den Wiener Kanzler zu Fall bringen sollte. Von der Drosselung des deutschen Holzimports bis zur Einführung der »Tausendmarksperre«, Sonderabgabe für die Erteilung eines

Urlaubervisums nach Österreich, die dessen Fremdenverkehrsindustrie schwer treffen mußte, blieb nichts unversucht, die Alpenrepublik unter Druck zu setzen.[58]

Neurath und Bülow aber brauchten einige Zeit, ehe sie sich zum Widerstand gegen eine so selbstmörderische »revolutionäre« Außenpolitik aufrafften. Zum erstenmal sahen sie sich in einer Kardinalfrage der deutschen Außenpolitik von Hitler und der NSDAP völlig ausgeschaltet. Allein Hitler bestimmte den Kurs der Österreichpolitik, allein er entschied über die Aktivitäten der österreichischen Nazis, deren Aussichten er allerdings meist nur aus der verzerrten Optik Habichts kannte.[59]

Hitler hatte denn auch Mühe, die österreichischen NS-Chaoten bei der Stange zu halten, die dem Aufpasser Habicht ohnehin mißtrauten, der noch kurz zuvor mit Dollfuß über einen Eintritt von Nationalsozialisten in dessen Kabinett verhandelt hatte. Die Renitenz der österreichischen Parteigenossen kühlte selbst Hitler ab, zumal deren Katastrophenpolitik sein Regime in den Augen des Auslands immer mehr belastete – Chance für das AA, die Kontrolle über die Österreichpolitik wieder zurückzuerlangen.

Für die deutschen Diplomaten hatten die Nazis in Wien schon genug Unheil angerichtet. Kanzler Dollfuß war – Folge von NS-Terror und deutschem Wirtschaftsboykott – vollends an die Seite Mussolinis gerückt, der sich zum Schutzherrn österreichischer Unabhängigkeit aufwarf und damit auch die behutsamere, langfristige Gleichschaltungs- und Anschlußpolitik des Auswärtigen Amtes auf Jahre hinaus blockierte.

Mehr noch: Terror und Gegenterror in Österreich ließen im restlichen Europa eine hektische Krisenstimmung aufkommen, die Hitlers Regime noch ärger isolierte. Er habe im Ausland, klagte ein deutscher Journalist britischen Diplomaten im Mai, seit der Erklärung des unbeschränkten U-Boot-Krieges durch Deutschland im Jahre 1917 keine so antideutsche Stimmung erlebt, und auch Neurath, der im Sommer 1933 seine alte britische Wirkungsstätte (er war dort 1930–1932 Botschafter gewesen) besuchte, war von dem politischen Klimasturz entsetzt: »Ich habe London nicht wiedererkannt.«[60]

Das blieb nicht ohne Wirkung auf die Politik der Westmächte in Genf. Nicht, daß sich ihre Regierungen von der Empörung der demokratischen Öffentlichkeit vorantreiben ließen; sie blieben in dem engen Rahmen ihrer machtpolitischen Denkschablonen und hatten keinen Blick für die Zerstörungskraft des Nationalsozialismus. Die innerdeutschen Vorgänge würden die britischen Interessen nicht berühren, schrieb der zuständige Abteilungschef im Foreign Office auf einen Botschaftsbericht aus Berlin.[61]

Doch die Diplomaten der Westmächte bedienten sich der öffentlichen Entrüstung, für sie Druckmittel und Rechtfertigung, um den Deutschen in der Rüstungsfrage noch weniger zuzugestehen. Die Unterhändler Blombergs und Neuraths merkten es, als am 28. April in Genf die Abrüstungskonferenz weiterging. Jetzt wollte Eden den Deutschen nur noch 200 000 Mann konzedieren, wenn sie der Vereinheitlichung der europäischen Wehrsysteme im Sinne des Cotplans, also dem Umbau der Reichswehr zu einer reinen Miliztruppe, zustimmten. Gleichzeitig zielte er auf das Verbot aller paramilitärischen Organisationen in Deutschland, denn Großbritannien könne es nicht zulassen, daß es im Reich neben einer 200 000-Mann-Armee auch noch eine Miliz gebe.[62]

Noch unzugänglicher zeigte sich Eden, als Nadolny die fehlende waffenmäßige Gleichbehandlung Deutschlands im MacDonaldplan beanstandete. Der Brite gab kühl zurück, ein Mehr an Waffen könne Deutschland nicht gewährt werden. Die Vertreter Frankreichs und der USA schlossen sich an: Sie hätten Order von ihren Regierungen, keine deutsche Aufrüstung zuzulassen.[63]

Allmählich enthüllte sich, was hinter solcher Härte steckte: der Versuch der Westmächte, Deutschland unter Druck zu setzen und es auf eine relativ zahme Minirüstung festzulegen, die es ihnen erlauben würde, die heikleren Fragen der deutschen Wiederbewaffnung mindestens auf das Ende des Jahrzehnts zu vertagen. Es war eine gewagte Taktik, denn sie lief Gefahr, genau zu bewirken, was sie verhindern sollte: den Rückzug Deutschlands aus seinen internationalen Bindungen und Verpflichtungen.

Prompt reagierten die Deutschen erbost. »Die Zeit der Diktate [ist] vorbei«, wetterte Blomberg am 8. Mai in einem Interview.[64] Neurath drohte drei Tage später in der »Leipziger Illustrierten Zeitung«, der zu erwartende »unbefriedigende Ausgang der Konferenz« werde Deutschland zwingen, sich die Luftwaffe und schwere Artillerie allein zuzulegen, die der MacDonaldplan dem Reich verweigere.[65]

Schon plädierte der Reichsaußenminister im Kabinett für den Auszug aus Genf, da erlag Hitler der westlichen Pressionspolitik. Er geriet in Panik, aufgeschreckt von einer kriegerischen Rede, in der Lord Hailsham in sofortiger Replik auf den aggressiven Artikel Neuraths dem Reich westliche Sanktionsmaßnahmen angedroht hatte.[66]

Es war nicht die einzige Nachricht, die Hitler alarmierte. Seit Ende April erhielt er Meldungen, wonach sich die polnische Armee zum Angriff auf die deutschen Grenzen rüste. Polens Diktator hatte noch einmal versucht, die Westmächte für seinen Kriegsplan zu gewinnen. Er schlug vor, die Regierungen Polens, Frankreichs und Englands sollten gemeinsam den Völkerbund auffordern, eine Kommission zur Untersuchung der deutschen Rüstung nach Berlin zu entsenden. Lehne die Reichsregierung sie ab, »so sollte die französische Armee das Rheinland besetzen, die polnische Ostpreußen und Schlesien«.[67]

Einfall der Polen und Franzosen – die Nachrichten bestürzten Hitler. Sie mußten ihm als eine Bestätigung all dessen erscheinen, wovor er immer gewarnt hatte, schon in seiner Rede vor den Generalen und Admiralen am 3. Februar: eine Intervention Frankreichs und seiner »Osttrabanten«.

Seither wußte er noch klarer, wie schwach die Reichswehr im Falle einer Invasion war. Im März hatte der Chef des Truppenamtes, General Adam, in einem Memorandum konstatiert: »Wir können zur Zeit keinen Krieg führen. Wir müssen alles tun, um ihn zu vermeiden, selbst um den Preis diplomatischer Niederlagen ...

Aber auch wenn wir alles tun, um ihn zu vermeiden, und dem Feind auch jeden Vorwand zum Krieg nehmen: Wir können den Krieg nicht verhindern, wenn die anderen ihn präventiv führen wollen.«[68]

Ebendies aber schien nach Hailshams Polterrede ernsthaft zu drohen, was Hitler veranlaßte, sofort die Bremsen zu ziehen. Auf der nächsten Kabinettssitzung, am 12. Mai, erklärte er, solange Deutschland den ultimativen Forderungen der Gegenseite konfrontiert sei, müßten »wir uns bei der Aufrüstung größte Zurückhaltung auferlegen«. An eine Aufrüstung mit normalen Mitteln glaube er nicht mehr, aber auch eine einseitige Aufrüstung sei im Augenblick nicht möglich. Man brauche eine neue Methode, die zugleich der Konfrontation in Genf die Grundlage entziehe.[69]

Wie aber taktieren? Neurath hatte eine Idee: eine versöhnliche Kanzlerrede vor dem Reichstag, die das ganze Volk mobilisiere und die außenpolitische Lage entspanne. Hitler griff den Vorschlag auf und ließ den Reichstag zum 17. Mai einberufen. Weitergehende Vorschläge Neuraths aber ignorierte er, denn die liefen doch nur wieder auf eine Konfrontation in Genf hinaus.

Hitler hörte jetzt auf andere Ratgeber, auf Nadolny, der zu ihm mit der Warnung vordrang, nicht durch Forcierung der deutschen Forderungen die Genfer Konferenz platzen zu lassen,[70] und auf den wunderlichsten Berater, den sich Nationalsozialisten für ihren Führer vorstellen konnten: Exkanzler Brüning.

Das Säbelrasseln des Regimes hatte Heinrich Brüning provoziert, Hitler seinen Rat anzubieten. Es war, was er später ein »patriotisches Opfer« nannte: Noch voller Illusionen über die neuen Machthaber und die Lebensfähigkeit der bedrängten Zentrumspartei, half er Hitler bei der Formulierung der 17.-Mai-Rede.[71]

Dabei kamen sich die beiden Männer so nahe, daß Hitler dem Zentrumsführer einen hohen Regierungsposten, die Delegationsleitung auf der damals bevorstehenden Weltwirtschaftskonferenz, anbot.[72] Immerhin ließ sich Brüning bewegen, die damals formal noch vorhandenen Parteien des Reichstages für den 17. Mai zu einer Demonstration zugunsten der Reichsregierung zu überreden, wozu gehörte, mit den Nationalsozialisten »für eine Resolution zu stimmen, die in vorsichtigen Ausdrücken den einmütigen Willen zum Ausdruck brachte, sich einer Aktion, wie sie Pilsudski den Franzosen vorgeschlagen hatte, zu widersetzen« – so später Brüning.[73]

Die Parteiführer waren einverstanden, auch die Sozialdemokraten. Zustimmung der SPD zu Hitlers Außenpolitik? Das verlangt nach einer genaueren Erklärung.

Mit der Allerweltsformel »Anpassung an das Naziregime« ist es freilich nicht getan. Auch der nazistische Terror gegen die zusehends zerbröckelnde SPD, der sich bis zu Morddrohungen gegen ihre Abgeordneten steigerte, reicht zur Erklärung nicht aus. Die Motive für das Mitmachen führender Sozialdemokraten reichten tiefer, weit in das Selbstverständnis einer Partei hinein, die sich immer schwergetan hatte, ein natürliches Verhältnis zur eigenen Nation zu finden.

Der doktrinäre Internationalismus ihres linken Flügels hatte es den Feinden der Sozialdemokratie nicht selten leichtgemacht, sie pauschal in den Geruch nationaler Unzuverlässigkeit zu bringen. Allerdings: Der Kampf der SPD-Linken gegen jede Verbesserung der Landesverteidigung und ihre Neigung zu einer Art nationalem Selbsthaß hatten selbst manche bürgerlichen Sympathisanten der Partei verstört.

Nach dem Schock des 30. Januar aber hatte auch hier ein Nachdenken über Versäumtes, eine kritische Überprüfung überkommener Positionen eingesetzt. Schon Wels' berühmte Rede gegen das Ermächtigungsgesetz hatte aufhorchen lassen. Der Mitvorsitzende der SPD bediente sich offenkundig, wie ein Kritiker konstatiert, »der Sprache des Nationalismus«[74] und hob weniger auf die Verteidigung von Freiheit und Verfassung denn auf die Verdienste der Sozialdemokratie im Kampf gegen Versailles und beim Wiederaufbau des Staates nach 1918 ab. So war die Mehrheit der Reichstagsfraktion trotz aller Bedenken bereit, an der Demonstration des 17. Mai mitzuwirken, mochte auch der inzwischen emigrierte Otto Wels heftig dagegen opponieren. Als er jedoch die Fraktion per »Parteibefehl« zum Boykott der Reichstagssitzung vergattern wollte, begehrte sie gegen den alten Chef auf: »Wir brauchen uns vom Ausland her keine Vorschriften machen zu lassen.«[75]

Auch die Sozialdemokraten applaudierten deshalb Hitler am 17. Mai, was er ihnen freilich leichtmachte. »Eine sanftere Friedensrede hätte auch Stresemann nicht halten können«, fand noch später Wilhelm Högner, einer der SPD-Abgeordneten, die für die Resolution gestimmt hatten. Bayerns nachmaliger Ministerpräsident konnte nie vergessen, wie bei der Stimmenabgabe seiner Fraktion »ein Beifallssturm der anderen Abgeordneten« losgebrochen war: »Selbst unser unversöhnlichster Gegner, Adolf Hitler, schien einen Augenblick bewegt. Er erhob sich und klatschte uns Beifall zu.«[76]

Hitlers »Friedensrede« mußte in der Tat verblüffen. Der Anti-Versailles-Demagoge zeigte sich nach allen Seiten offen: Er wertete den MacDonaldplan als »eine mögliche Grundlage für die Lösung« der Rüstungsfragen, er lobte den »weit ausschauenden und richtigen« Viererpaktplan Mussolinis und bot Polen die Hand zur Verständigung, um »Wunden zu schließen und zu heilen«[77] – zum Verdruß Neuraths und Bülows, die plötzlich ihr antipolnisches Programm desavouiert sahen.

Zum erstenmal griff Hitler autonom in die Außenpolitik ein. Nadolny wies er an, im Hauptausschuß der Genfer Konferenz am 19. Mai den MacDonaldplan als Basis für die abzuschließende Abrüstungskonvention zu akzeptieren, und ebenso durfte der Botschafter am 8. Juni an dem Beschluß der Konferenz mitwirken, auf der Grundlage des britischen Plans an die Ausarbeitung der Konvention zu gehen.[78] Selbst Blomberg war jetzt bereit, über die Standardisierung der Armeen und eine Kürzung der zwölfjährigen deutschen Dienstzeit zu verhandeln.[79]

Hitler ließ sich nun auch nicht länger vom AA daran hindern, den Viererpakt endgültig zu akzeptieren, der nach Görings dilettantischen Verhandlungen in Rom aus Bülows Sicht vollends »zur Unmöglichkeit geworden« war. Kurze Zeit ließ sich Hitler von Neurath noch einmal umstimmen, dann aber gab er seine Zusage. Am 7. Juni wurde der Pakt paraphiert, bald darauf von Hitler öffentlich gefeiert als ein »Lichtblick im Leben der Völker Europas«.[80]

Auch in der Polenpolitik fing Hitler an, eine eigene Handschrift zu zeigen. Den Anlaß dazu bot Pilsudski, den die Ablehnung seiner Interventionspläne durch Paris und London ebenso deprimierte, wie ihn die antipolnischen Untertöne in Mussolinis Viererprojekt alarmierten – Grund für den Warschauer Diktator, das Gespräch mit Hitler zu suchen.[81]

In einer Unterredung mit dem polnischen Botschafter Wysocki am 2. Mai hatte sich Hitler bereits so verständigungsbereit gezeigt, daß Pilsudski an weiteren Kontakten interessiert war, zumal sich der Ton der deutschen Medien gegenüber Polen mäßigte.[82] Danzigs neuem Senatspräsidenten, dem Nationalsozialisten Hermann Rauschning, bedeutete Hitler, alle Streitfälle der Freien Stadt mit Warschau möglichst rasch aus der Welt zu schaffen, da er »entschlossen [sei], sich mit Polen zu vertragen«,[83] und schon war in seiner 17.-Mai-Rede das Stichwort gefallen, das Pilsudski elektrisieren mußte: Nichtangriffspakt.

Hinter solchen Hitlerschen Gesten der Kooperation stand jedoch kein Abrücken vom Rüstungskurs, sondern nur, was Hitler die »neue Methode« nannte: sich den Mächten anzupassen, vertragliche Vereinbarungen nicht zu scheuen, solange die eigene Rüstung nicht in der Lage sei, die Gleichberechtigung mit Leben auszufüllen.

Anders als den Militärs, die in Genf stur die totale Gleichberechtigung verlangten, schien es Hitler ein naives Verfahren, sich erst um eine papierene Bestätigung deutscher Gleichberechtigung zu bemühen und dann mit der Wiederaufrüstung zu beginnen. Für ihn tat sich dabei eine gefährliche Lücke auf, ein Moment der Wehrlosigkeit, der fremde Mächte verlocken könne, die deutsche Aufrüstung gewaltsam zu stoppen. Hitler hielt nur den umgekehrten Weg für gangbar: erst aufzurüsten und dann die internationale Anerkennung einzuholen, also die Welt einfach vor vollendete Tatsachen zu stellen – Modell jener Politik der Täuschungen und Überraschungscoups, die den künftigen internationalen Stil der Berliner Machthaber bestimmen sollte.

Das bedeutete auch, die Gespräche in Genf als eine Nebelwand zu benutzen, hinter der desto emsiger der geheime Aufbau der Wehrmacht beginnen konnte. Die dilatorische Verhandlungstaktik der Westmächte spielte dabei den deutschen Aufrüstern noch in die Hände. Paris und London hatten Mühe, eine gemeinsame Linie zu finden, und vertagten die Abrüstungskonferenz erst auf Ende Juni, dann auf den Oktober.

Das nutzten die Männer in Berlin, um ihren Aufrüstungsapparat in schnellere Bewegung zu versetzen. Vorangekommen war er noch kaum. Am 1. April 1933 war zwar das Zweite Rüstungsprogramm angelaufen, doch sein Umfang war noch ungewiß, seine Finanzierung nicht gesichert. Auch der Umbau des Heeres entwickelte sich nur schleppend. Kampfwert und Personalstärke des Heeres hatten sich seit der Kanzlerschaft Schleichers kaum verändert.[84]

Nicht anders das Bild bei der Marine. Ihre 15 000 Mann verfügten nicht einmal ganz über die Kriegsschiffe, die ihnen der Versailler Vertrag erlaubte, und selbst das bescheidene, 1932 beschlossene Umbauprogramm, das bis 1938 diese Lücke (neben dem Bau einiger U-Boote und eines Flugzeugträgers) schließen sollte, hatte erhebliche Startschwierigkeiten.[85]

Nur bei der getarnten, weil verbotenen Militärfliegerei ging es zügiger voran, vorwärtsgetrieben von Göring, der sich im rüden Freibeuterstil nationalsozialistischer Unterführer die Truppe schuf, die er sich schon immer erträumt hatte: die Luftwaffe.

Der ehemalige »Richthofen«-Kommodore hatte nicht eher Ruhe gegeben, bis ihm von Hitler neben seinen preußischen Ämtern auch ein »Reichskommissariat für den Luftverkehr« im Reichsverkehrsministerium zugestanden worden war. Daraus machte Göring im Februar ein selbständiges Kommissariat »für die Luftfahrt« und eine Oberste Reichsbehörde, Ende April gar ein Reichsministerium für Luftfahrt[86] – zum Ärger von Blomberg, der nichts weniger goutierte als eine selbständige Luftwaffe, noch dazu in einem eigenen Ministerium zusammengefaßt und daher vom Reichswehrminister nur schwer zu kontrollieren.

Hitler hielt sich da heraus und überließ es Göring, sich mit Blomberg zu verständigen. Göring unterstellte sich theatralisch dem »Reichsverteidigungsminister und Befehlshaber der gesamten Wehrmacht« (Blombergs neuer Titel) und gelobte Gehorsam, wußte er doch, wie sehr er von diesem abhängig war.[87] Das Reichswehrministerium besaß die Offiziere, die er für seine Luftwaffe benötigte, es kontrollierte das sogenannte Luftschutzamt, das die 1930 entstandenen illegalen Fliegereinheiten (drei Staffeln mit 36 Maschinen) führte, es verwaltete die Gelder für die Finanzierung der Fliegertruppe.[88]

Blomberg überließ Göring ein paar Heeresoffiziere, etwas Geld und das LS-Amt, das zum Grundstock des Reichsluftfahrtministeriums wurde. Dort führte bald ein organisatorisches Talent von hohen Graden Regie: Staatssekretär Erhard Milch, ein ehemaliger Direktor der Lufthansa, der neben dem irrlichternd-bramarbasierenden Göring »der Mann [war], der die Knochenarbeit im Ministerium leistete«, wie ein Kenner urteilt.[89]

Das RLM wuchs zu einem formidablen Unternehmen an, nicht ohne puerile Freude an Tarnnamen, Phantasieuniformen und Deckadressen, mit denen es sich der Öffentlichkeit und vor allem den ausländischen Aufpassern zu entziehen versuchte. Mit geringem Erfolg, denn die Geheimdienste der Westmächte durchschauten rasch, wer sich hinter dem »Deutschen Luftsportverband« mit seiner »Fliegerschaft« und seinen »Reklamestaffeln« verbarg.

Große Sprünge konnte die Luftwaffe allerdings nicht machen; die deutsche Finanzmisere des Frühjahrs 1933 setzte ihr zunächst enge Grenzen. Von den 40 Bomberstaffeln, die Anfang 1932 geplant worden waren, blieben ganze 9 übrig, als im April 1933 die erste Aufstellungsweisung der Hitler-Ära hinausging.[90] Auch diese neun Staffeln der Luftwaffe waren indes Augenwischerei. Das vorhandene Flugmaterial reichte gerade zur Aufstellung eines Behelfsbombergeschwaders, das ebenfalls nur auf dem Papier stand; die »Bomber« waren Verkehrsmaschinen der Lufthansa, die auch weiterhin ihren kommerziellen Dienst verrichteten.[91] So schrumpfte die vielberufene »Wiederwehrhaftmachung« auf ein Bündel organisatorischer Maßnahmen zusammen: Einsetzung eines Reichsverteidigungsrates des Kabinetts zur Vorbereitung des Verteidigungsfalls, Umbau der Ersatzorganisation des Heeres, Intensivierung der militärischen Ausbildung, Entwurf eines Arbeitsplans für den Aufbau einer Kriegswirtschaft.

Erst in der Sommerpause der Genfer Konferenz wurden die Aufrüstungsmaßnahmen konkreter. Inzwischen war eine spektakuläre Entscheidung gefallen: Reichsbankpräsident Schacht hatte Hitlers Ministern seinen Trick mit den Mefowechseln vorgeführt, der zum erstenmal die Finanzierung der Gesamtrüstung als machbar erscheinen ließ.

Auf einer Kabinettssitzung, vermutlich am 8. Juni, in der Schwerin von Krosigk über die Schwierigkeiten einer Finanzierung großer Rüstungsvorhaben referierte, platzte Schacht plötzlich heraus: »Ich habe eine Idee, wie man noch Mittel schaffen kann.« Hitler wollte wissen, welche Summen ihm dabei vorschwebten. Schacht: »Einige Milliarden Reichsmark.«[92]

Dann entwickelte er seinen Plan. Er könne, erklärte Schacht, dank des neuen Finanzierungssystems auf Wechselbasis für die nächsten acht Jahre Rüstungsgelder in Höhe von 35 Milliarden Mark bereitstellen, vorausgesetzt, daß gewisse Bedingungen eingehalten würden: keine Übertretung der Gesamtsumme, Beginn der Rückzahlungen spätestens nach fünf Jahren, Kontrolle des Geld- und Kapitalmarktes, Festhalten am Preis- und Lohnniveau.[93] Hitler stimmte zu, den anwesenden Militärs verschlug's die Sprache.

Bald darauf saßen Vertreter der Reichsbank, des Reichswehrministeriums und der Großindustrie in der Metallurgischen Forschungsgesellschaft zusammen, die künftig als Akzeptant der freigebig ausgestellten Rüstungswechsel fungieren sollte. Die Finanzierung der Aufrüstung schien gesichert.[94] Jetzt konnten die Militärs anfangen, langfristige Programme für die Aufrüstung und die Erweiterung des Heeres zu entwerfen.

Sie stockten zunächst die Pläne aus der Zeit Schleichers auf, um die ärgsten Löcher der Landesverteidigung zu stopfen. Dann planten sie im Großen. Ein Achtjahresprogramm entstand, das zwei Phasen der Aufrüstung vorsah: den Aufbau eines Verteidigungsheeres in den ersten vier Jahren, dann seine Ausweitung zu einem Heer mit offensiveren Fähigkeiten in den folgenden Jahren.[95]

Doch woher die dafür notwendigen Rekruten nehmen, wo sich ein Reservoir militärischer Reserven für den Mobilmachungsfall schaffen? Die militärisch ausgebildeten Jahrgänge aus der Zeit der Monarchie liefen aus, die Sicherung eines Nachwuchses auf dem traditionellen Weg, durch Rekrutierungen im Rahmen einer allgemeinen Wehrpflicht, war der Reichswehr durch Versailles verwehrt.

Als mögliche Personalreserve blieb ihr nur das Menschenreservoir der Wehrorganisationen, Überbleibsel jener paramilitärischen Verbände der Weimarer Parteien, die wie kein anderes Phänomen den militaristischen Lebensstil der Zeit verkörperten. Zwei von ihnen interessierten die Militärs besonders: der rechtskonservative »Stahlhelm«, Deutschlands größter Veteranenverband, und die SA mit ihrer meist jugendlichen Anhängerschaft.

Schon Schleicher hatte versucht, sich die SA als Personalreserve der Reichswehr zu öffnen. Er hatte Röhm 1931 für seine Aufrüstungspläne gewonnen und immer mehr SA-Männer in die Ausbildungslager des von ihm geschaffenen Reichskuratoriums für Jugendertüchtigung geholt, das mit einem Programm vormilitärischer Schulung exzessive Nachwuchswerbung für die Reichswehr betrieb.[96]

Das entwickelte nun Reichenau weiter. Blombergs Alter ego verband alte Vorstellungen Schleichers mit Röhms Milizideen zu einem Konzept, das auf die völlige Militarisierung der deutschen Jugend hinauslief. Reichenaus »Wehrstaat« sollte alle jungen militärfähigen Jahrgänge erfassen: erst die Jungen zwischen sechs und vierzehn Jahren zwecks »körperlicher Ertüchtigung«, dann die Fünfzehn- bis Siebzehnjährigen, die in Geländesport und Kleinkaliberschießen trainiert werden sollten, schließlich die Achtzehnjährigen, auszubilden von der SA als Rekruten für den künftigen Dienst in der kleinsten Gefechtseinheit der Reichswehr.[97]

Walther von Reichenau warf damit heiligste Überzeugungen des preußisch-deutschen Militärs über Bord. Er war den Traditionalisten im Heer immer etwas unheimlich gewesen. Der aus dem 1. Garde-Feldartillerieregiment hervorgegangene Oberst, 48 Jahre alt, Süddeutscher, Liebhaber britischer Lebensart und Sportler, der sich gern mit seinen Soldaten im Boxring und auf dem Fußballplatz maß, galt als unorthodox und modern, allerdings auch als so skrupellos, daß manche ihn für einen Nazi hielten, was er gewiß nicht war.[98]

Revolutionär war in der Tat, was er konservativen Militärs zumutete. Nicht nur, daß sich die Reichswehr mit der SA die Rekrutenausbildung teilen sollte. Die ganze traditionelle Rolle des Militärs wurde in Frage gestellt, war doch nach Reichenaus Vorstellung die Reichswehr »nicht mehr ›Schule der Nation‹, sondern die Organisation der bewaffneten ›Spezialisten‹ der Kriegführung«[99]: Wesentliche Teile des militärischen Drills sollten in die Hand einer reichswehrfremden Macht, eben der SA, übergehen.

Damit fiel zugleich, nicht zuletzt im Blick auf die Genfer Verhandlungen, eine Vorentscheidung für den Umbau der Reichswehr zu einer Miliztruppe – gegen den Widerstand einer orthodoxen Fraktion, für die nur ein voll ausgebildetes, lang dienendes Heer mit Wehrpflichtigen akzeptabel war. Doch Reichenau blieb dabei und dekretierte: »Die künftige deutsche Wehrmacht wird eine Wehrmacht mit überwiegend kurzfristiger Ausbildung sein.«[100]

Selbst Blomberg beschlich zuweilen ein Unbehagen, wenn er an die möglichen Konsequenzen von Reichenaus Wehrstaat dachte. Nichts fürchtete der Minister mehr, als daß die Reichswehr durch ein Zusammenspiel mit der SA ihr Waffenmonopol verlor. Blomberg warnte: »Von dem Prinzip, daß alle Waffen der Wehrmacht gehören und daß die gesamte Landesverteidigung allein Sache der Wehrmacht ist, darf um keinen Fingerbreit abgewichen werden.«[101]

Natürlich dachte Reichenau nicht daran, der SA eine mitentscheidende Rolle in der Wehrpolitik einzuräumen. Noch ehe sich der Oberst mit der SA einließ, fädelte er eine Intrige ein, durch die er Röhms Organisation erst einmal politisch entmannen wollte. Er stiftete den Stahlhelmführer Seldte dazu an, den expansionsgierigen

Röhm mit dessen eigenen Waffen zu schlagen: durch einen Masseneintritt geschlossener Gruppen des Stahlhelms in die SA, der die dortigen Mehrheitsverhältnisse (700 000 »echte« SA-Männer, 500 000 in die SA übergetretene Stahlhelmer) umstürzen mußte.[102]

Doch die Kabale mißlang, Röhm fing die Stahlhelminvasion geschickt ab. Er teilte die SA in drei unterschiedliche Verbände auf, in die »aktive« SA, der er 500 000 SA-Männer, aber nur 314 000 Stahlhelmer zuteilte, in die »SA-Reserve I« mit 450 000 Stahlhelmern und die »SA-Reserve II« mit restlichen Stahlhelmern und Überläufern anderer Wehrorganisationen.[103] Am Ende war Röhm mächtiger als je zuvor: Mehr als zwei Millionen Mann standen jetzt unter seinem Kommando.

Reichenau fühlte sich gleichwohl stark genug, auch so mit der SA zu Rande zu kommen. Er wußte Hitler auf seiner Seite, der froh war, daß ihm die Militärs eine Möglichkeit boten, die aggressive Betriebsamkeit der SA von den heiklen Feldern der Innen- und Sozialpolitik auf das scheinbar harmlosere der Aufrüstung abzulenken, zumal dies Röhms eigentlichem Ehrgeiz entgegenkam.

Reichenau konnte denn auch bald mit Röhm eine Vereinbarung aushandeln, die Hitler den Führern von SA, SS und Stahlhelm auf einer Tagung in Bad Reichenhall am 1. Juli 1933 verkündete. Das Reichskuratorium für Jugendertüchtigung wurde von der SA übernommen und in eine Dienststelle »Ausbildungswesen« (AW) umbenannt, der fortan ein (Röhm allerdings fernstehender) SA-Mann, der von der rivalisierenden SS »entliehene« Gruppenführer Friedrich Wilhelm Krüger, vorstand. Die SA mußte sich freilich die Macht mit der Reichswehr teilen; das Reichswehrministerium war für die Planung des Ausbildungsprogramms zuständig und stellte auch das Gros des Lehrpersonals.[104]

War schon diese Abmachung recht lückenhaft formuliert, so war die Absprache über die Mitarbeit der SA im Grenzschutz noch unpräziser. Welche Rolle ihre Führer dort übernehmen sollten, hatte Reichenau bewußt offengelassen, und auf die heikelste Frage, wieweit die SA auch Zugang zu den Waffenlagern des Grenzschutzes haben werde, hatte er sich erst gar nicht eingelassen.

Bei so vagen Vereinbarungen konnten Konflikte nicht ausbleiben. Am ehesten klappte noch die Zusammenarbeit zwischen Reichswehr und SA in Krügers Ausbildungslagern, obwohl die militärische Ahnungslosigkeit der AW-Kursanten in einem grotesken Mißverhältnis zu dem arroganten Herrenbewußtsein stand, das in der SA als Ausweis eines angeblich neuen Soldatentums galt. Blomberg machte es noch milde: »Auch die jungen Leute dieser Verbände werden bald einsehen . . . , daß zum Soldatsein mehr gehört als Aufmärsche vollführen und guten Willens sein.«[105]

Ärgerlicher für die Reichswehr war, was sich bald in der Grenzschutzfrage anstaute. Örtliche SA-Führer verlangten, ihre Männer in geschlossenen Formationen im Grenzschutz einzugliedern und ihnen selber Kommandoposten im Grenz- und in dem rückwärtiger gelegenen Landesschutz zu übertragen. Die Reichswehr lehnte dies ab, schlug aber vor, die SA möge ihre besten Leute zu den Ausbildungslehrgängen des Grenzschutzes schicken.

Als die SA von dem Angebot kaum Gebrauch machte, richtete die Reichswehr Sonderlehrgänge für SA-Führer ein. »Das Ergebnis«, erinnert sich General M. Fretter Pico, damals Stabsoffizier bei der 1. Kavalleriedivision, »war eine Katastrophe! Kaum ein Drittel der an Lehrgängen teilnehmenden SA-Führer konnte in den Grenzschutz als Führer oder in den Karteien des Landesschutzes als Führer aufgenommen werden.«[106]

Doch Röhms Beauftragte mochten die Urteile der militärischen Ausbilder nicht akzeptieren, der SA-Brigadeführer Lehmann fuhr einen Reichswehroffizier an: »Ihr habt schlechten Willen gezeigt, ihr wollt einfach nicht!«[107] Desto unverhüllter verlangten sie jetzt die Kontrolle über den Grenzschutz und seine Waffenlager – vermehrter Ansporn für die Reichswehr, der SA den Zugang zu schweren Waffen zu versperren (nur an Pistolen und Gewehre mochten die Militärs sie heranlassen).

Weit brisanter aber war, daß manche SA-Einheiten aus der »Kampfzeit« noch Waffen besaßen und sie nun dazu benutzten, um sich einen eigenen Grenzschutz zu schaffen, ohne sich um die Reichswehr zu kümmern, der Hitler inzwischen alle Wehrorganisationen in Landesschutzsachen unterstellt hatte. Der im Oder-Warthe-Bogen zuständige SA-Chef ließ eigenmächtig Personen zur SA einziehen und militärisch ausbilden, andere SA-Verbände veranstalteten verbotene Manöver »mit grauenhaften dilettantischen Gefechtsbildern«, wie ein Beobachter der Reichswehr monierte.[108]

Die Reibungen zwischen Reichswehr und SA wurden so heftig, daß Reichenau immer wieder vermitteln mußte. Mitte August holte er hohe SA-Führer und Vertreter des Reichswehrministeriums zu einer »Friedenskonferenz« in Bad Godesberg zusammen, zu der auch Hitler erschien. Er hielt eine Rede, die offenkundig darauf angelegt war, Röhm vor Extratouren zu warnen. Die Reichswehr, so Hitler, sei der Waffenträger der Nation, der SA dagegen obliege die weltanschauliche Schulung des Volkes. Doch Röhm überhörte den warnenden Unterton.[109]

Noch ehe aber die Aufrüstungsplaner im Reichswehrministerium vollends begriffen hatten, welchen gefährlichen Partner da Reichenau engagiert hatte, standen sie schon vor einer neuen Schallmauer. Sie mochten wohl Strukturen entwerfen und organisatorische Rahmen für die Heereserweiterung skizzieren, aber inhaltlich konnten sie ihre Pläne nicht ausfüllen. Wie personalstark die neue Wehrmacht sein, welche Waffen und Ausrüstung sie haben würde, was für eine Wehrorganisation – die Planer mußten passen, und das hatte meist einen Grund: Genf mauerte.

Jetzt zeigte sich die Kehrseite von Hitlers »neuer Methode«. Da der Diktator, schon um sein Regime international aufzuwerten, ein Arrangement mit den Genfer Mächten anstrebte, wurde er zusehends abhängig von den Manövern und Entscheidungen der federführenden Westmächte. Sie aber waren mehr denn je entschlossen, die deutsche Aufrüstung zu verhindern.

Die treibende Kraft dabei war die französische Diplomatie. Alarmierende Nachrichten über die geheime Aufrüstung in Deutschland, aber auch eine noch nachwirkende Verärgerung über Mussolinis Zumutung, im Viererpakt Deutschland den gleichen Großmachtrang zuzubilligen wie dem vermeintlich mächtigen Frankreich, stachelten sie zu dem Versuch auf, mit einem Geniestreich alle deutschen Aufrüstungspläne zu durchkreuzen.

Schon am 2. Mai hatte der französische Ministerrat unter Ministerpräsident Édouard Daladier beschlossen, in der Abrüstungskonferenz ein neues Konzept durchzusetzen. Statt der bis dahin geforderten Sicherheitsgarantien durch andere Mächte verlangte die Pariser Runde jetzt deutsche Vorleistungen, die der eigentlichen Abrüstung vorausgehen müßten: Herabstufung der deutschen Berufsarmee auf das Milizniveau, Auflösung von SA, SS und Stahlhelm, internationale Kontrolle von Deutschlands Staatshaushalt und Rüstung.[110]

Dazu tüftelten die Minister eine Abrüstungskonvention aus, die es Frankreich erlaubte, erst in den vierziger Jahren, wenn überhaupt, essentiell abzurüsten. Die Konvention sollte acht Jahre währen und zwei verschiedene Perioden umfassen: eine vierjährige »Bewährungsfrist«, nach der geprüft werden sollte, ob deutscher Vertragstreue zu trauen sei, woran sich dann, fiel die Prüfung für Deutschland günstig aus, als zweite Phase die Abrüstung aller Staaten anschloß. Ging das Examen allerdings für die Deutschen schlecht aus, dann drohten ihnen Strafen, »Sanktionen«.[111]

Eden war nicht wenig verstört, als ihn Ministerpräsident Daladier in Paris am 8. Juni in den Plan einweihte. Einer Überwachung und Sanktionen mochte er nicht zustimmen; Eden konnte den Franzosen nur raten, Deutschland mehr entgegenzukommen. Allenfalls für den Gedanken einer Erprobungsphase konnte sich der Brite erwärmen, obwohl er auch dagegen Bedenken anmeldete.[112]

In London aber redete sich der Staatssekretär seinen ganzen Ärger von der Seele. In einem Papier für das Kabinett klagte Eden am 4. Juli, das alles sei entmutigend und biete keinerlei Aussicht, von den Deutschen akzeptiert zu werden; wenn die Franzosen tatsächlich ihre Vorschläge in Genf präsentierten, dann würden die Deutschen möglicherweise die Abrüstungskonferenz endgültig verlassen. Eden sah nur einen Ausweg: den Franzosen ihren Plan schleunigst wieder auszureden.[113]

Briten und Franzosen verabredeten sich zu Verhandlungen, die am 18. September in Paris beginnen sollten. Das französische Kabinett aber ahnte, was die Briten vorhatten, und nutzte die ihm verbleibende Zeit, um den Gegenspieler in London zu verunsichern.

Ein diplomatischer Nervenkrieg gegen das Kabinett MacDonald hob an: Drohungen mit einem militärischen Alleingang Frankreichs ins Rheinland, Enthüllungen über die SA, Tatarennachrichten über Mussolinis »Einverständnis« mit dem Pariser Plan, Demarchen im Foreign Office – alle zu dem Zweck eingesetzt, den britischen Widerstand gegen die neue Abrüstungspolitik Frankreichs zu überwinden.[114]

Allmählich geriet die britische Position ins Wanken, denn die französischen Pressionen ließen MacDonald nur die Wahl zwischen zwei Übeln: Anpassung an die französischen Vorstellungen oder Verzicht auf jede Abrüstungskonvention. Bei solcher Alternative konnte dem Premier freilich die Entscheidung nicht schwerfallen, schloß er doch einen Verzicht auf ein Abkommen von vornherein aus.

Auf diese Konvention hatte MacDonald seine ganze Europapolitik ausgerichtet: ohne Abrüstungskonvention keine Begrenzung der deutschen Aufrüstung und keine Festschreibung der europäischen Rüstungen, die allein jenes Wettrüsten der Mächte verhindern konnte, das auch das militärisch geschwächte Großbritannien zum Aufrüsten zwingen würde – für den Pazifisten MacDonald die garstigste unter allen Alternativen.

So war der Premierminister für Paris schon halb gewonnen, als er am 18. September seine Unterhändler losschickte. Daladier war zudem klug genug, den letzten britischen Widerstand gegen die Idee der Erprobungsperiode durch einige Zugeständnisse aufzuweichen. Für die zweite Phase der Abrüstung, allerdings erst an ihrem Ende, sagte er veritable Reduzierungen des französischen Rüstungsmaterials zu.[115]

Die heikelsten Fragen (Überwachungssystem, Sanktionen) wurden hingegen ausgeklammert. Die Franzosen nahmen das hin, denn für sie blieb ausschlaggebend, daß die Briten den Hauptpunkten ihres Konzepts zustimmten: Zweiteilung der Abrüstungskonvention, Bewährungsfrist für die Deutschen, in dieser Phase keine Freigabe von Defensivwaffen an die Reichswehr.[116]

Erstaunlich, wie rasch die Briten ihre Furcht vor einer scharfen Reaktion Berlins verdrängten. Neue Erkenntnisse über die brutale Natur des NS-Regimes? Eine gängige Erklärung besagt, der fortschreitende Prozeß totalitärer Gleichschaltung in Deutschland und die zunehmenden Berichte über die geheime Aufrüstung im Reich hätten in London »die Nervosität und Besorgnis ... über eine mögliche Radikalisierung der deutschen Außenpolitik« so gesteigert, daß England keine andere Wahl geblieben sei.[117]

In Wirklichkeit war dem Kabinett in London solche Nervosität und Besorgnis völlig fremd. »Das Ausmaß der Aufrüstung in Deutschland beeindruckte sehr wenig«, fand ein Forscher nach Durchsicht der britischen Kabinettsakten.[118] Die innerdeutsche Entwicklung beschäftigte die britischen Minister (im Gegensatz zur Öffentlichkeit) kaum, war doch für sie etwa das Schicksal der deutschen Juden nur »eine Detailfrage, die für die deutsch-englischen Beziehungen keine ausschlaggebende Rolle spiele«, wie Clifford Norton vom Foreign Office im August einem deutschen Diplomaten erklärte.[119]

Nicht die Aggressivität der Berliner Machthaber, sondern ihre vermeintliche Schwäche bestimmte denn auch die Taktik in London und Paris. Das Zurückweichen Hitlers in der Maikrise bestärkte die Westmächte in dem Glauben, durch eine Kollisionsstrategie die deutschen Rüstungswünsche nahezu auf Null bringen zu können.

»Kapitulation« hieß das Schlüsselwort, das damals in Paris umging, und auf die Kapitulation, zumindest aber einen Rückzug der Deutschen in der Rüstungsfrage war die französische Politik angelegt. In Erwartung deutschen Ausweichens, so analysiert ein Historiker, »suchte man die Konfrontation, der dann die ›defaite‹ [Niederlage] und die ›capitulation‹ folgen sollten«.[120] Ärger konnte man die neuen Führer in Berlin wohl kaum verkennen.

Dabei zweifelten nur wenige Experten daran, daß Deutschland, wer immer dort auch regieren mochte, dem Plan der Westmächte niemals zustimmen würde. Schon das Wort »Bewährungsfrist«, fand später selbst Temperley, habe das Projekt »von Anfang an hoffnungslos« gemacht: »Es klang so, als wolle man einen Sträfling bedingt freilassen.«[121] Das mußte alle in Deutschland aufbringen, die nur auf eine günstige Gelegenheit warteten, mit der verhaßten Genfer »Schwatzbude« Schluß zu machen.

Dennoch hatte der Völkerbundverächter Hitler damals nicht die Absicht, mit Genf zu brechen. Den Völkerbund brauchte er noch für die diplomatisch-propagandistische Absicherung des Regimes. Der Auszug aus der Genfer Weltorganisation, zweifellos ein Fernziel Hitlerscher Außenpolitik, war auf einen späteren Zeitpunkt verschoben.

Der Kanzler war sich darin mit Neurath einig, der seit seinem deprimierenden Besuch in England wieder vorsichtiger taktierte. Er schrieb am 12. September an Nadolnys Delegation: »Genf ist ein Kampfplatz, der noch vielfach für die Einstellung der öffentlichen Meinung der Welt von Bedeutung ist. Diesen Platz kampflos unseren Gegnern zu überlassen wäre ein Fehler, solange die Zeit für ein Ausscheiden Deutschlands aus dem Völkerbund noch nicht gekommen ist.«[122]

Hitler reagierte auch relativ ruhig, als ihn die ersten Nachrichten über den französischen Plan erreichten. Er lehnte zwar (so in einem Gespräch mit dem Präsidenten der Abrüstungskonferenz) den Gedanken einer Bewährungsfrist ab, da er der »Ehre der Nation« abträglich sei, doch er ermunterte zugleich Neurath, seine Bemühungen um das Zustandekommen einer Abrüstungskonvention zu verstärken.[123]

Am 21. September reiste Neurath zur Herbstsitzung des Völkerbundes, nicht ohne Optimismus, war doch in Berlin noch nicht bekannt, wieweit die britische Regierung die Vorstellungen Frankreichs unterstützte (der Entscheidungsprozeß in London zog sich bis in die letzten Septembertage hin). Neurath sprach zweimal mit dem britischen Außenminister Sir John Simon, wobei er sich »in einem Umfang zugänglich und kompromißbereit zeigte, wie es für das Jahr 1933 einzigartig war«.[124]

Der Reichsaußenminister lehnte dabei keineswegs Überwachungssystem und Zweiteilung der Abrüstungskonvention ab. Er verlangte jedoch, Deutschland schon in der Erprobungsperiode zumindest »Muster« bisher ihm verbotener Defensivwaffen zuzubilligen.[125] Das lehnte Simon ab. Er ließ dabei allerdings noch manches offen, was wiederum bei Neurath die Hoffnung nährte, die Briten umstimmen zu können, zumal Mussolini inzwischen einen Abrüstungsplan vorgelegt hatte, der bei aller Ähnlichkeit mit dem französischen den Deutschen für die Erprobungszeit genau das konzedierte, was Neurath forderte: Defensivwaffen.[126] Immerhin waren die Briten so interessiert, daß sie von Neurath wissen wollten, an welche und wie viele Waffen die Deutschen dächten. Neurath fragte am 24. September telegraphisch im Reichswehrministerium an und bekam plötzlich drastisch zu spüren, daß man dort schon auf den völligen Bruch mit Genf hinsteuerte.[127] Blomberg und seine Planer wollten nicht länger ihre Arbeit vom Hin und Her der Abrüstungskonferenz abhängig machen. Bereits am 5. September hatte Oberst Karl-Heinrich von Stülpnagel, Abteilungschef im Truppenamt, dem französischen Militärattaché in Berlin angekündigt, Deutschland werde demnächst die Konferenz verlassen.[128] Entsprechend die weitere Taktik der Militärs: Kompromißvorschläge wie der Mussolinis fanden im Reichswehrministerium sofort ein negatives Echo, noch ehe sich das Auswärtige Amt dazu geäußert hatte.

Daher paßte die Anfrage Neuraths den Militärs so gar nicht in ihre Politik. Blomberg traf sich zwar am 25. September mit Bülow, um Auskunft zu geben, doch Zahlen mochte er nicht nennen. Der General machte ein paar grobe Angaben, die dann Bülow nach Genf telegraphierte.[129]

Ohne Wissen Bülows aber schickte Blomberg ein eigenes Telegramm an die Delegation in Genf, in dem er das Ergebnis der Besprechung nahezu auf den Kopf stellte. Man war dort nicht über die offizielle deutsche Forderung nach qualitativer Gleichstellung der Reichswehr hinausgegangen. Blomberg indes wies die Delegation unter Berufung auf die Besprechung mit Bülow an, in ihren Gesprächen mit der Gegenseite schon für den Beginn der Abrüstung die volle (»quantitative«) Ausrüstung der Reichswehr mit schweren Defensivwaffen zu verlangen.[130]

Mit wachsendem Verdruß sah der düpierte Bülow, daß die Militärs nicht begriffen, wie ihr blinder Drang zur unilateralen Aufrüstung das gesteckte Ziel verfehlte. Nicht militärische Sicherheit für das Reich würde an seinem Ende stehen, sondern ein hemmungsloses Wettrüsten der Großmächte, in dem sich Deutschland angesichts seiner beschränkten Ressourcen nur totrüsten konnte.

Neurath aber witterte in Blombergs Telegramm einen Anschlag auf seine Verhandlungsführung. Diese »undurchsetzbare Aufrüstungsforderung«, giftete der Außenminister, könne von den Westmächten als ein »taktischer Vorstoß Deutschlands zur Sprengung der Konferenz« mißdeutet werden und sei augenblicklich wieder zurückzunehmen.[131] Doch Blomberg weigerte sich, gestützt auf Hitler.

Hitler indes geriet durch den Streit der Minister in nicht geringe Verlegenheit. Gegen die Reichswehr mochte er sich nicht stellen, Neurath aber auch nicht desavouieren. Folglich wich Hitler jeder Entscheidung aus. Er gab beiden recht: Bei einem Vortrag Blombergs am 27. September hieß er dessen umstrittenes Telegramm ausdrücklich gut, drei Tage später lobte er Neurath ob seiner Verhandlungsführung, nicht ohne hinzuzufügen, es sei »falsch, mehr [an Waffen] zu verlangen, als wir aus technischen, finanziellen und politischen Gründen in den nächsten Jahren tatsächlich anschaffen können«.[132]

Grotesk: Hitler unterstützte zur gleichen Zeit zwei verschiedene Positionen der deutschen Rüstungsdiplomatie, die sich einander völlig ausschlossen. Nicht selten lavierte er so zwischen den Antipoden in seiner engsten Umgebung. Oft entschied er sich nach dem Ratgeber, der ihm zuletzt vorgetragen hatte.

Drohte allerdings die Austragung kontroverser Standpunkte in seiner Gegenwart, dann mied sie Hitler nach Möglichkeit. So verfuhr er auch mit Mussolinis Abrüstungsplan: Die Andeutung entschiedener Einwände des Reichswehrministeriums genügte ihm, den Vorschlag des Duce unerledigt liegen und Rom ohne Antwort zu lassen.

Bei einem so schwankenden Kanzler fiel es Neurath schwer, das außenpolitische Monopol des AA gegen den Druck des Militärs zu verteidigen. Er konnte sich nur darauf berufen, daß Hitler seiner Genfer Linie zugestimmt und ihn beauftragt habe, »eine Abrüstungskonvention zustande zu bringen, selbst wenn dabei nicht alle unsere Wünsche erfüllt würden«.[133]

Das war nun so evident, daß selbst Blomberg zurückstecken mußte. Er bequemte sich zu einer Neuformulierung seiner Weisung, freilich auf so grobschlächtige Art, daß daraus sogleich wieder eine neue maximalistische Forderung wurde. »Der deutschen nationalen Sicherheit«, hieß es, »entspricht nur ein Rüstungsstand, der auch bezüglich des Materials über dem französischen liegt. Gleichstellung mit Frankreich bedeutet für Deutschland nicht die Verwirklichung der nationalen Sicherheit.«[134]

Noch bot Neurath seinem britischen Kollegen ein Gespräch über die zahlenmäßige Begrenzung deutscher »Musterwaffen« an, da lief am Morgen des 4. Oktober ein Telegramm aus London ein, das alle Hoffnungen des Reichsaußenministers zunichte machte. Nun war es heraus: Die Briten hatten Paris zuliebe den MacDonaldplan entscheidend verändert.

Der deutsche Geschäftsträger in London, Fürst Otto von Bismarck, meldete, Simon habe soeben ein Memorandum abgeschlossen, das er am 14. Oktober beim erneuten Zusammentreten der Generalkommission der Abrüstungskonferenz in Genf vortragen wolle. Seine Vorschläge liefen auf einen revidierten MacDonaldplan hinaus: Zweiteilung der Abrüstungskonvention, Erprobungszeit für die Deutschen, darin keine Berücksichtigung deutscher Forderungen nach militärischer Gleichberechtigung.[135]

Das mußte die Führer der Reichswehr alarmieren, stellte doch Bismarcks Ankündigung alles in Frage, was sie seit Jahren geplant und vorbereitet hatten. Für die deutschen Militärs, so urteilt ein Historiker, hatte jeder Genfer Vertrag »in dem Augenblick seinen Sinn verloren, in dem nicht mit dem Tage des Abschlusses Weisung an die Reichswehr ergehen konnte, mit der Aufrüstung zu beginnen«[136] – und gerade dies blockierte der Plan Simons.

Blomberg handelte sofort, noch am Vormittag des 4. Oktober erschien er bei Hitler in der Reichskanzlei. Welcher Argumente sich der General bedient hat, läßt sich nicht mehr rekonstruieren. Nur das Ergebnis ist bekannt. Als Staatssekretär von Bülow ein paar Stunden später hinzustieß, waren die Würfel schon gefallen: Auszug aus der Abrüstungskonferenz, Bruch mit dem Völkerbund.[137]

Bülow blieb nur noch die diplomatietechnische Abwicklung einer Aktion, die nun deutlich Hitlers Handschrift trug. Der Demagoge hatte sofort erkannt, daß ihm die Konfrontationspolitik der Westmächte eine ideale Gelegenheit lieferte, die deutsche Mitgliedschaft im Völkerbund aufzukündigen und sich obendrein noch als der beleidigte Hüter des »unverfälschten« MacDonaldplans aufzuspielen – unter dem Beifall einer Nation, die dem Völkerbund kaum eine Träne nachweinte.

Der erfahrene Diplomat Bülow aber rührte keine Hand, um Hitler und Blomberg an diesem wahnwitzigen Akt außenpolitischer Selbstverbrennung zu hindern. Er mußte wissen, daß der geplante Coup in keinem Verhältnis zu dessen Ursache stand, denn die britische Unnachgiebigkeit würde nicht von langer Dauer sein, der italienischen Sympathien war Berlin ohnehin sicher. Nicht ohne Grund wetterte Mussolini später, die »absurden« Deutschen würden mit ihrem Bubenstreich »ein ganzes Haus anzünden, um ein Ei zu kochen«.[138]

Der übergangene Neurath, erst am Abend des 4. Oktober von der Entscheidung Hitlers und Blombergs informiert, scheint noch versucht zu haben, seinen Kanzler von dem Beschluß wieder abzubringen.[139] Doch Hitler wies Neurath ebenso ab wie den nach Berlin geeilten Nadolny, der ihn auch umstimmen wollte.

Allerdings unternahm das Auswärtige Amt noch einen schwachen Versuch, mit den Westmächten im Gespräch zu bleiben. »Sollte das Zurückgehen auf den Konventionsentwurf MacDonalds«, wies das AA am 9. Oktober die Delegation in Genf an, »abgelehnt werden und die Beratung eines neuen Entwurfs nicht verhindert werden können, so soll sich die Delegation dieser Beratung nicht entziehen.«

Doch das Reichswehrministerium wachte darüber, daß Verhandlungen keine neuen Chancen erhielten. Es hatte schon am 6. Oktober in einer Weisung festgelegt, über eine Neufassung des MacDonaldplans dürfe in Genf nicht gesprochen werden.[140]

Als Mussolini noch im letzten Augenblick vermitteln und vom AA nähere Einzelheiten über die von Deutschland beanspruchten Waffen wissen wollte, mußte ihm Neurath eine Absage erteilen. Das Auswärtige Amt war an die »strikte Weisung des RWM gebunden, keine Rüstungszahlen bekanntzugeben, auf die Deutschland festgelegt werden könnte«.[141]

Hitler und die Militärs igelten sich immer mehr ein, zumal sie befürchteten, daß ein vorzeitiges Bekanntwerden ihres Genfer Coups die Briten zu Konzessionen veranlassen könnte, die Deutschland in schwere Verlegenheit versetzen würden. London war ohnehin schon wieder schwankend geworden. MacDonald erwog jetzt, den Deutschen doch ein paar Waffen in der Versuchsperiode zuzugestehen, darunter 250 Kampfflugzeuge. Erst die Note der Reichsregierung vom 6. Oktober, in der sie die sofortige Rückkehr zum alten MacDonaldplan verlangte, ruinierte auch diesen letzten Ansatz zu einem Kompromiß.[142]

Da liefen schon die Vorbereitungen für den Überraschungsschlag auf Hochtouren, mit einer Geheimniskrämerei, wie sie noch keine deutsche Regierung in Friedenszeiten praktiziert hatte. Allenfalls sieben Menschen waren in das Unternehmen eingeweiht; außer Blomberg und Neurath wußte kein Minister, was bevorstand.[143]

Erst am Abend des 13. Oktober klärte Hitler das Kabinett auf und begründete das Vorhaben: Die gleichberechtigte Behandlung Deutschlands im Völkerbund und auf der Abrüstungskonferenz sei nicht gewährleistet, deshalb werde das Reich aus beiden Gremien ausscheiden. Den Ministern war's recht. Dröhnend bekundete Seldte »im Namen des Frontsoldatentums« seine »uneingeschränkte Zustimmung«.[144]

Dann rollte alles planmäßig ab. Am folgenden Vormittag hielt Simon in Genf die erwartete Rede (härter noch als von Bismarck angekündigt), um 15 Uhr ging dem Präsidenten der Konferenz das Austrittsschreiben der Reichsregierung zu. Schließlich trat Hitler vor die Mikrophone der Rundfunksender, um der Nation zu verkünden, was in seinem Pathos ein Schlußstrich unter »die bewußte Deklassierung unseres Volkes« war.[145]

Ein radikaler Einschnitt, eine historische Wende war dieser 14. Oktober 1933 allemal. Das »folgenschwerste Ereignis seit der Ruhrbesetzung« (so Graf Kessler)[146] signalisierte das unwiderrufliche Ende von Stresemanns Außenpolitik und eröffnete zugleich die Serie jener außenpolitischen Kraftakte und Wochenendcoups des Dritten Reiches, die fortan Europa nicht mehr zur Ruhe kommen lassen sollten.

Beklemmend schon die ersten Folgen des 14. Oktober. Das Kartenhaus von Mussolinis Viermächtepakt stürzte zusammen (der Vertrag wurde nie ratifiziert), die Abrüstungsverhandlungen in Genf versandeten hoffnungslos, während der Völkerbund vollends in die Krise geriet, war doch Deutschland in diesem Jahr nach Japan schon der zweite große Staat, der sich aus den Bindungen der Weltorganisation löste.

Resignation, wohin man schaute: Die USA zogen sich vorsichtig von der Abrüstungskonferenz zurück, die völlig überraschten Westmächte fanden zu keiner gemeinsamen Aktion gegen den deutschen Rechtsbrecher, was wiederum Polen bewog, seine antideutschen Interventionspläne endgültig aufzugeben.

Am 21. Oktober versammelte Marschall Pilsudski die Spitzen der polnischen Armee und Diplomatie in einer Konferenz, um mit ihnen die Konsequenzen zu überdenken, die sich für das Land aus Hitlers Aktion ergaben. London und Paris schienen handlungsunfähig, Polen nur noch der Weg eines Arrangements mit dem Deutschen Reich offenzustehen – Ansporn für Pilsudski, am 15. November seinen neuen Berliner Botschafter Lipski mit einem konkreten Verhandlungsangebot zu Hitler zu schicken.[147]

Der aber ahnte noch nichts von diesem Kurswechsel und agierte eher nervös, mehr denn je voller Furcht vor einer Intervention der Großmächte. Erregt beschwor er die Unterführer der NSDAP auf einer Berliner Tagung am 18. Oktober, »auch nur den geringsten Anschein von Revanchegeist und Chauvinismus« zu unterlassen. Nie dürften sie vergessen, »wie bedenklich die außenpolitische Situation Deutschlands z. Zt. noch sei und daß Frankreich, wenn es inzwischen nicht schwach geworden wäre, das Vorgehen Deutschlands kaum dulden könne«.[148]

Hitler sah das Regime so gefährdet und von aller Welt isoliert, daß er sich künstlich Mut machte – mit einem propagandistischen Unternehmen, das die Volksmassen an seine Seite treiben sollte. Er hatte inzwischen den erst im März gewählten Reichstag aufgelöst und für den 12. November Neuwahlen ausgeschrieben, die er mit einer Volksabstimmung über die Aktion des 14. Oktober verband, erstes jener plebiszitären Spektakel, mit denen Hitler von Zeit zu Zeit seine Stellung festigte. Das Risiko, das er dabei scheinbar einging, war gering. Bereits die ersten Massenversammlungen der NSDAP offenbarten, wie populär der Bruch mit dem Völkerbund war. Eine Flut von Ergebenheitsadressen und Zustimmungserklärungen ergoß sich über das Land, die auch Menschen erfaßte, die gemeinhin nicht als Anhänger des NS-Regimes galten.

Sie verriet, daß der Völkerbund für Millionen Deutsche noch immer das Reizwort war, das es stets gewesen, Negativsymbol und Konservator des Versailler Friedens, »der kein Frieden im eigentlichen Sinne des Wortes war, sondern eine Fortsetzung des Krieges gegen Deutschland mit anderen Mitteln«, wie ein Genfer Insider, der US-Delegationschef Hugh R. Wilson, formulierte.[149] Selbst liberale und sozialistische Völkerbundsidealisten, die in der Weltorganisation Ansätze zu einer neuen Politik ökonomisch-politischer Interessenverflechtung der Staaten, mithin einer dauerhafteren Friedenssicherung sahen, hatten allmählich erkennen müssen, daß auch in Genf letztlich nur die Dschungelgesetze der alten Machtpolitik galten.

So konnte in einem Volk, das seine Enttäuschungen und Fehlschläge nicht eigenen Mängeln zuschrieb, sondern gern auf das Walten fremder Mächte und den bösen Versailler Vertrag schob, stets auf weitgehende Zustimmung stoßen, wer den Austritt Deutschlands aus dem Völkerbund forderte. Viele Demagogen der Zeit hatten es getan. Schleicher hatte damit gedroht, die Kommunisten ihn 1932 im Reichstag beantragt, die Rechtsparteien ihn ständig verlangt.[150]

Das mag erklären, warum an der Abstimmungskampagne des Naziregimes, die Hitler schließlich eine 95prozentige Zustimmung erbringen sollte, auch Menschen mitwirkten, deren Differenzierungsvermögen man Besseres zugetraut hätte. Martin Niemöller dankte »unserem Führer« im Namen von 2500 evangelischen Pfarrern für »die mannhafte Tat« des 14. Oktober, während Ludwig Quidde, der Senior der zerschlagenen pazifistischen Bewegung, Hitler die Friedfertigkeit seiner Absichten bescheinigte, um am Ende gar zu entdecken, der Nationalsozialismus habe »für die praktische Politik die Grundsätze und Forderungen des Pazifismus übernommen«.[151]

Doch selbst das Trommelfeuer der eigenen Propaganda konnte Hitler nicht völlig von den Ängsten befreien, die ihn ob des für ihn unheimlichen Schweigens der Westmächte beschlichen. Seine bohrende Invasionsfurcht ließ ihn noch mehr die Nähe des Militärs suchen, dem nun weitere Macht zuwuchs. Dem Reichswehrminister räumte Hitler außerordentliche Vollmachten ein, traute er doch allein Blomberg die Fähigkeit zu, innere Unruhen im Falle eines Sanktionskrieges niederzuschlagen.

»Der Reichswehrminister«, so beschloß das Kabinett am 24. Oktober, »trifft alle Maßnahmen, die zum Schutz der nationalen Sicherheit und wehrpolitischen Belange auf den Gebieten der Abwehr und der Propaganda erforderlich sind. Er stellt die hierfür erforderlichen Richtlinien auf, an die sich die Reichsressorts und die beteiligten Landesbehörden gebunden halten.«[152]

Auch Blomberg wurde von Hitlers Hysterie angesteckt und wies sein Ministerium an, Land und Armee auf den Verteidigungsfall vorzubereiten. Denn daran ließen er und seine Militärs nun keinen Zweifel mehr: daß einer fremden Invasion Deutschlands »ohne Rücksicht auf militärische Erfolgsaussicht bewaffneter Widerstand entgegenzusetzen« sei, wie eine Order des Wehrministeriums besagte.[153]

Die Planung der Abwehr überließ Blomberg dem Generalleutnant Beck, dem neuen Chef des Truppenamts des Heeres, der am 1. Oktober dem NS-Gegner Adam gefolgt war. Blomberg beauftragte ihn, ab sofort »zur einheitlichen Vorbereitung auf einen zukünftigen Krieg« alle Probleme der Gesamtkriegführung zu bearbeiten,[154] was Beck, solange in Berlin die Invasionsfurcht anhielt, zum wichtigsten Mitarbeiter des Reichswehrministers machte.

Eigentlich kam diese Rolle dem Chef der Heeresleitung, General von Hammerstein-Equord, zu, doch der lässige Grandseigneur ließ alles schleifen. Optimisten trauten zwar diesem »NS-Gegner der ersten Stunde«[155] einen Staatsstreich gegen das Naziregime zu, doch in Wirklichkeit hatte er längst resigniert. Auch im Dienst mochte sich Hammerstein-Equord zu keiner größeren Aktivität mehr aufraffen. Die Heeresleitung in der Bendlerstraße 14 war »nur noch ein Trümmerhaufen«, wie ein Kenner fand.[156]

So waren die Offiziere des Heeres froh, den General Beck im Truppenamt zu haben, der ihnen die Führung bot, die unter Hammerstein-Equord verlorengegangen war. Und der neue Amtschef ließ jeden in der Wehrmacht wissen, daß er härter als sein Vorgänger die Interessen des Heeres vertreten werde, auch gegenüber der SA und ihrem Protektor Reichenau.

Auch Blomberg bekam bald zu spüren, daß dem Chef des Truppenamtes die ganze Richtung Reichenaus nicht paßte. Ludwig Beck war ein Wortführer der Traditionalisten in der Armee, die sich nie mit den »neumodischen« Ideen des Reichswehrministeriums samt Milizgedanken und SA-Partnerschaft abgefunden hatten. Vor allem ihre verdrießlichen Erfahrungen mit Röhms Leuten brachten sie gegen die Berliner Wehrmachtführung auf.

Als Kommandeur der 1. Kavalleriedivision hatte Beck fast täglich erlebt, was es bedeutete, mit den braunen Rabauken auskommen zu müssen. Seinen Verdruß teilten auch andere Truppenführer, woraus bald eine solide Anti-SA-Fronde entstand. Ihre Anhänger forderten immer häufiger, die Zusammenarbeit mit der SA auf ein Mindestmaß herunterzuschrauben und das Gros des militärischen Ausbildungspersonals aus den AW-Lagern zurückzuziehen.

Dahinter verbarg sich freilich mehr als der Unmut über die SA. Für die orthodoxe Fraktion ging es primär darum, die traditionelle Vormachtstellung der preußisch-deutschen Militärelite über alle politischen und gesellschaftlichen Wandlungen hinweg zu erhalten und erneut zu befestigen. Zu befestigen nicht in einem Wehrstaat mit der SA, sondern in einem autoritären Regime, in dem die zentrale Funktion der Armee unangefochten und unteilbar war.

Kein Soldat wußte das gläubiger zu begründen als Beck, dem seit 1918 eine Restauration des alten preußischen Militärstaates vorgeschwebt hatte. Der Moltkebewunderer, 53 Jahre alt, Sohn eines rheinischen Eisenhüttenunternehmers, gelernter Artillerist und passionierter Reiter, war fixiert auf das »Idealbild einer autoritär-militärisch mobilisierten Gesellschaft in einem charismatischen Führerstaat«, in dem sich Militärelite und NS-Funktionärskorps zur »gemeinsamen Führung« zusammenfinden.[157]

Immer auf der Suche nach der »starken Regierung . . ., der auch der größte militärische Führer auf die Dauer nicht entraten kann«,[158] sah er in Hitler seit langem die nationale Integrationsfigur, die Armee und Land von den Folgen des verlorenen Weltkriegs befreien könne. Daher seine jahrelange Propagierung von Hitlers Kanzlerkandidatur, daher seine Zustimmung zum Umsturz des 30. Januar, für Beck »der erste große Lichtblick seit 1919«.[159]

Das brachte Beck bei Hitler in den irrigen Ruf, ein Anhänger des Nationalsozialismus zu sein. Den Naziführer hatte 1930 beeindruckt, wie energisch der damalige Regimentskommandeur Beck für drei Offiziere eingetreten war, die sich vor dem Reichsgericht wegen nationalsozialistischer Umtriebe in seiner Truppe hatten verantworten müssen. Hitler ließ den Namen Beck für eine spätere Karriere vormerken, wobei ihm allerdings entging, daß der Traditionalist Beck nicht aus nationalsozialistischer Sympathie gehandelt hatte, sondern aus Empörung über die »Einmischung« der zivilen Justiz in Angelegenheiten des Militärs.[160]

Es war mithin nicht ohne Ironie, daß der ahnungslose Hitler just den SA-Gegner Beck dem Reichswehrminister für einen hohen Posten empfahl, als dieser im Herbst 1933 leitende Funktionen in der Reichswehr mit regimekonformen Offizieren besetzte. Beck geriet so an die Spitze des Truppenamtes, was Hitler noch bitter bereuen sollte.[161]

Die Offiziere im RWM aber merkten bald, daß sich im Truppenamt etwas geändert hatte. Es begann mit einer scheinbar harmlosen Weisung Becks vom 27. Oktober, durch die der Reitunterricht des Heeres für die SA eingeschränkt wurde.[162] Andere Befehle und Instruktionen folgten, die immer das gleiche Ziel anpeilten: die Zusammenarbeit zwischen Reichswehr und SA einzuschränken.

Das brachte Beck rasch in einen Gegensatz zu Reichenau, der zur gleichen Zeit die Wehrkreiskommandos ermahnte, die Interessen der SA weitgehend zu berücksichtigen und die Verbindung zu ihr um keinen Preis abreißen zu lassen.[163] Doch Beck konnte den Streit mit dem mächtigen Reichenau wagen, hatte doch die Berliner Nervosität nach dem 14. Oktober die Stellung des Truppenamtschefs erheblich aufgewertet.

Reichenau sah sich denn auch zunehmend an den Rand gedrängt. Nicht er, sondern der Gegenspieler Beck fand immer mehr die Aufmerksamkeit Blombergs. Wie wenig Rückhalt der Chef des Ministeramtes zudem in der Reichswehr besaß, erwies sich, als Hammerstein-Equord noch im Oktober sein Abschiedsgesuch einreichte. Darauf schlug das Heerespersonalamt vor, den Generalleutnant Werner Freiherr von Fritsch, Befehlshaber im Wehrkreis III (Berlin), zum neuen Chef der Heeresleitung zu ernennen.

Blomberg indes, an die Ohnmacht der Hammersteinschen Heeresleitung schon allzu gewöhnt, lehnte den Vorschlag ab und forcierte statt dessen die Kandidatur Reichenaus. Dagegen begehrten wiederum konservative Generale auf, die den ehrgeizigen »Nazi« auf keinen Fall an der Spitze des Heeres sehen wollten. Als auch Hindenburg sein Veto einlegte, drohte der verärgerte Blomberg mit seinem Rücktritt. Da wurde es dem alten Herrn zuviel. Er ließ den Minister antreten und belehrte ihn ungnädig über die Prärogativen des Reichspräsidenten. Fritsch bekam den Posten.[164]

Konservativer und politikfremder ging es nun wirklich nicht mehr: Der 53jährige Rheinländer Fritsch, Artillerist und Pferdenarr wie Beck, von Kennern als brillanter Generalstäbler und Truppenführer geschätzt, ja mancherorts verehrt, war ein starrer Traditionalist, der noch an der Vorstellungswelt des Feudalismus hing. Autos und Radios waren ihm ein Ärgernis, flirtenden Salondamen wich der ewige Junggeselle ebenso aus wie politisierenden Generalen.[165]

Nach diesem Sieg der orthodoxen Fraktion kapselte sich die Heeresführung zusehends vom Reichswehrministerium ab, dessen NS-nahe Experimentiersucht ihrer Vorstellung von der Autonomie des Militärs im autoritären Staat widersprach. Ein seltsam antizyklischer Vorgang inmitten der Nazifizierung der Gesellschaft: Das Heer zog sich immer mehr auf restaurative Positionen zurück.

Beck aber säumte nicht, den zeitweiligen Prestigeverlust Reichenaus zur Verwirklichung der traditionellen Vorstellungen vom Ausbau des Heeres zu nutzen. Er hatte erkannt, daß der Austritt aus dem Völkerbund dem Heer die Chance bot, sich von der SA völlig frei zu machen. In seiner Optik gab es keinen Grund mehr, dem kritischen Ausland die harmlosere, die Milizversion der deutschen Aufrüstung anzubieten. Jetzt konnten die Rüstungsplaner so arbeiten, wie sie es im Grunde immer gewollt hatten: auf der Basis der allgemeinen Wehrpflicht.

Dieser Sichtweise mochte sich Blomberg nicht ganz verschließen, kamen doch auch ihm gelegentlich Bedenken, ob es mit der SA so weitergehen könne. Vor allem aber irritierte ihn die diplomatische Taktik Hitlers, der nach dem 14. Oktober keineswegs den Befehl zur verstärkten Aufrüstung erteilt hatte, wie von den Militärs erwartet worden war.

Auch Beck warf später Hitler »das Versäumnis des 14. 10. « vor, »die Karte der [vollen] Aufrüstung nicht gleich mit auf den Tisch gelegt zu haben«.[166] Ihm mißfiel, daß sich der Kanzler in neue Gespräche mit den Westmächten eingelassen hatte, durch die zumindest die personellen und waffenmäßigen Obergrenzen einer deutschen Aufrüstung abermals verhandelbar wurden.

Hitler hielt in der Tat auch nach dem Bruch mit dem Völkerbund an seinem Konzept fest, durch möglichst bilaterale Absprachen mit den Großmächten die Aufrüstung der Reichswehr außenpolitisch abzusichern. Die vermeintliche Gefahr einer bewaffneten Intervention des Auslands hatte ihn schon bald bewogen, London und Paris eine Offerte zu machen.

Am 24. Oktober skizzierte Hitler dem britischen Botschafter Sir Eric Phipps eine Rüstungskonvention, die das Einfrieren der Rüstungen Frankreichs, Polens und der Tschechoslowakei vorsah, für Deutschland hingegen eine veritable Nachrüstung. Für das Reich verlangte er eine 21 Divisionen starke Friedensarmee von insgesamt 300 000 Mann bei einjähriger Wehrdienstpflicht und entsprechender Ausrüstung, wollte aber auf schwere Waffen und Bomber verzichten. Diesen Vorschlag unterbreitete Hitler einen Monat später auch dem französischen Botschafter.[167]

Damit bot sich den beiden Westmächten noch einmal eine Gelegenheit, Hitler international zu binden und Deutschlands Aufrüstung zu begrenzen. Illusionär? In diesem frühen Stadium Hitlerscher Herrschaft keineswegs, wie später das deutsch-britische Flottenabkommen zeigen sollte.

»Wäre es nicht ratsam«, schrieb Phipps am 21. November nach London, »diesen höllisch dynamischen Mann Hitler bald zu binden? Nämlich zu binden durch ein Abkommen, das seine frei und stolz gegebene Unterschrift trägt? Durch eine seltsame Laune seiner geistigen Beschaffenheit könnte er sich sogar bewogen fühlen, sie zu honorieren.«[168]

Englands Regierung war nicht abgeneigt, auf der Basis von Hitlers Vorschlag mit Berlin über eine Rüstungskonvention direkt zu verhandeln. Auch Mussolini drängte zu einem Neuanfang. Nur das Kabinett in Paris zögerte, noch immer davon überzeugt, die deutsche Aufrüstung lasse sich völlig verhindern, entweder durch eine Strafexpedition oder eine hochnotpeinliche Untersuchung des Völkerbundes an Ort und Stelle.

Doch welch anderer Kurs als jener der Verhandlungen mit Hitler blieb den Westmächten? Sie standen, wie es Mussolini formulierte, vor der häßlichen Alternative, »zwischen einer illegalen Aufrüstung Deutschlands und Annahme der deutschen Vorschläge wählen« zu müssen.[169] Die Briten entschieden sich für Verhandlungen, am Ende auch die Franzosen, um nicht gänzlich in die Isolierung zu geraten.

Nicht nur mußte das immer konzessionsbereitere Zugehen der Briten auf die deutschen Aufrüstungswünsche die Pariser Regierung alarmieren, sondern auch das offenkundige Bestreben Belgiens, sich aus seinen Bündnisbindungen mit Frankreich zu lösen. Am aufregendsten klangen indes für die französischen Politiker die Nachrichten aus Warschau: Pilsudski machte Ernst damit, sich mit Hitler zu liieren.

Am 28. November hatte der deutsche Botschafter in Warschau den Entwurf eines Nichtangriffspaktes vorgelegt, der selbst Pilsudski überraschte.[170] Es war der Vertrag, den keine Regierung der Weimarer Republik hätte abschließen können, »ohne einen Empörungssturm der nationalen Opposition hervorzurufen, die einen solchen Vertrag als ›Verzicht‹- oder ›Erfüllungspolitik‹ gebrandmarkt hätte«.[171] Hitler garantierte die Einfrierung des deutsch-polnischen Konflikts für ein Jahrzehnt, sowenig er auch auf die revisionistischen Forderungen des Reiches verzichtete.

Wie hatte es doch noch in Bülows Denkschrift, diesem Plädoyer für eine neue Teilung Polens, geheißen? »Eine Verständigung mit Polen ist weder möglich noch erwünscht.«[172] Hitler brach mit dieser Tradition Weimars. Polen als Gegner der deutschen Aufrüstung zu neutralisieren, war ihm einen Preis wert. Prompt feierte er Polen, das den deutschen Nationalisten immer nur ein »Saisonstaat« gewesen war, als »Vorposten gegen Asien, dessen Vernichtung ein Unglück . . . wäre«,[173] was Pilsudskis Großmachtträumen nicht wenig schmeichelte, mochte der Marschall auch der Haltbarkeit des Paktes mit Hitler wenig trauen.

Für die Pariser Sicherheitspolitik aber war der deutsch-polnische Nichtangriffspakt eine mittlere Katastrophe, die sich schon im Dezember, ein Monat vor seinem Abschluß, deutlich abzeichnete. Polens Disengagement versetzte Frankreichs osteuropäischem Allianzsystem einen schweren Schlag und ermöglichte Hitler, zum erstenmal den Ring der selbstverschuldeten Isolierung Deutschlands zu durchbrechen.

Da Hitler im November auch Frankreich einen Nichtangriffspakt angeboten hatte, ließ sich Paris auf einen Notenwechsel ein, wodurch es mitten in das bilaterale Rüstungsgespräch mit Berlin hineingeriet, an dem nun auch England massiv mitwirkte – Gelegenheit für Hitler, sich als Apostel eines Einfrierens der europäischen Rüstungen zu gerieren.[174]

Die deutschen Militärs aber durchschauten nicht, was der Kanzler da mit den Westmächten trieb. Über Hitlers Zahlenspiele mit Heeresstärken und Waffenkaliber war das Reichswehrministerium nur mangelhaft informiert. Die spärlichen Zusammenkünfte Hitlers mit seinen Militärs trugen zudem dazu bei, daß die Generale von dem 300 000-Mann-Vorschlag erst relativ spät erfuhren.

Sie waren noch Ende November so ahnungslos, daß sie bei der damals fälligen Fortsetzung der Erweiterung und Umstrukturierung des Heeres auf den Umbauplan Schleichers vom November 1932 zurückgreifen mußten.[175] Es war eine Geste der Verlegenheit: Neue Orders aus der Reichskanzlei lagen nicht vor.

Erst da sickerte plötzlich durch, was Hitler den Westmächten offeriert hatte. Die Militärs waren verstimmt. Beck hatte nicht vor, sich mit den von Hitler genannten 21 Divisionen zu begnügen. Für ihn war nur ein Friedensheer mit 36 Divisionen akzeptabel.[176] Auch Blomberg konnte kaum fassen, was Hitler den anderen Mächten als deutsche Obergrenzen anbot.

Ein Friedensheer von 300 000 Mann, ohne Bomber und schwere Waffen – das widersprach allem, was Blomberg als Voraussetzungen für die »Verwirklichung der nationalen Sicherheit« genannt hatte. Die Franzosen allein hielten 600 000 Mann unter Waffen, der Reichswehrminister aber hatte postuliert, Gleichstellung nur mit Frankreich bedeutete keine deutsche Sicherheit.

Gleichwohl klammerten sich Blomberg, Beck und Reichenau an die ihnen inzwischen auch offiziell übermittelten Zahlen Hitlers, konnten sie doch nicht ausschließen, daß der Kanzler bei den weiteren Verhandlungen mit Briten und Franzosen noch darunter ging. Seit Hitlers pompöser Rede vom 3. Februar hatten die Militärs gelernt, seinen Ankündigungen zu mißtrauen. Man mußte also, so die Reaktion der Militärs, rasch zugreifen und Hitler festlegen, zumal der Konflikt mit der SA die Handlungsfreiheit der Reichswehrführung zusehends einschränkte.

Viel Zeit blieb ihnen jedoch nicht, denn auch Röhm hatte gemerkt, daß sich der Bruch mit dem Völkerbund für seine Pläne ausschlachten ließ. In den letzten Wochen des Jahres sah der SA-Stabschef einen Weg vor sich, auf dem er scheinbar sicher an sein Ziel gelangen konnte: über die Errichtung eines SA-Ministeriums, das ihm Hitler eben zugesichert hatte.

Jetzt mochten die Militärs nicht länger warten. Ohne zu zögern, peitschte Beck die Beschlüsse und Orders durch, die den beschleunigten Aufbau des 300 000-Mann-Heeres in Gang setzten, wobei es nicht ohne Witz war, die SA im Namen der verschärften Wiederaufrüstung aus dem militärischen Apparat hinauszudrücken.

Hitler aber hatte das in dieser Form nie gewollt. Die Aktion Becks stürzte ihn in nicht geringe Verlegenheit. Sie mußte das mühsam bewahrte Kräftegleichgewicht in der NSDAP gefährden, das nicht zuletzt darauf beruhte, die unangepaßte SA auf parteifernen Gebieten zu engagieren. Wenn aber die SA ihren Platz in der Aufrüstung verlor, was sollte dann aus ihr werden? Es war die Frage, die Hitler nicht beantworten konnte.

Im Grunde war ihm die SA zu einem unerträglichen Ballast geworden. Innenpolitisch störte sie seine Beziehungen zur Reichswehr, außenpolitisch die zu den Westmächten, die immer wieder auf den Militarismus der »Braunen Armee« abhoben. Am liebsten hätte wohl Hitler die SA seiner Rüstungskonvention geopfert, ihre internationale Kontrolle hatte er Phipps schon angeboten.[177]

Doch NS-interne Gründe versagten es Hitler, sich von der SA zu trennen. Er hielt auf gute Beziehungen zu seinem Freund Röhm, sowenig er auch von seiner Standardformel abwich, die Reichswehr sei der Waffenträger der Nation, die SA der weltanschauliche Erzieher des deutschen Volkes. Für Hitler war allein die Wehrmacht das Droh- und Schlaginstrument künftiger Expansion. Er überließ es allerdings anderen Leuten, dies der SA zu verklaren; er selber bekundete stets nur »grundsätzliche Übereinstimmung« mit ihr.

Dieses Spiel aber hatten nun die Militärs mit ihren Dezemberbeschlüssen durchkreuzt, gegen die sogleich der empörte Röhm seinen Führer zu Hilfe rief. Eine mißliche Lage für Hitler: Er konnte Röhm nicht länger verhehlen, daß dessen Milizidee keine Chance habe, jemals verwirklicht zu werden.

Desto mehr drängt er Blomberg, eine Formel zu finden, die auch Röhm und die SA wenigstens formal zufriedenstellen würde. Der Minister zeigte sich willig, denn ihm waren schon wieder Bedenken gekommen, ob sich das Auseinanderrücken von Heer und SA so rasch durchsetzen lassen würde, wie Beck glaubte.

Allzu rasch hatte sich nämlich erwiesen, wie mächtig die SA im militärischen Bereich schon geworden war. Sie beherrschte fast völlig die Grauzonen der Landesverteidigung; die Kontrolle über die Grenzschutzverbände und deren Waffen lag in ihrer Hand. So stark war ihre Stellung dort, daß die Befehle des Truppenamtes über die Beendigung der Zusammenarbeit mit der SA zum 1. April 1934 teilweise wieder rückgängig gemacht werden mußten.[178]

Da sich auch mancher Truppenführer an die SA gewöhnt hatte, hielt es Blomberg zunächst für opportun, Röhm noch engere Kooperation anzubieten. Im Januar

1934 offerierte ihm der Wehrminister in einer Denkschrift die gemeinsame Leitung des Grenzschutzes Ost, ohne allerdings zu erwähnen, daß es diesen Grenzschutz nach den neuen Plänen des Generals Beck in anderthalb Jahren nicht mehr geben würde.[179]

Röhm lehnte gleichwohl Blombergs Offerte ab. Er war entschlossen, alles für sich zu verlangen. Er wollte den ganzen Grenzschutz haben und bestürmte Hitler, seine Bedenken in der Milizfrage zurückzustellen und einer Umwandlung des Heeres in eine Miliz unter seinem Kommando zuzustimmen. Hitler konnte sich nur mit Mühe des Ansturms des alten Kumpanen erwehren. »Nein, nein, ich kann das nicht. Du verlangst zuviel«, hörten Bedienstete in der Reichskanzlei ihren Chef rufen, als Röhm wieder einmal bei ihm war.[180]

Röhm ließ sich nicht entmutigen und fixierte seine Forderungen in einer Denkschrift, die er am 1. Februar an Blomberg schickte. Was in dem Papier stand, ist nicht überliefert – nur der Nutzen, den Blomberg, Beck und Reichenau daraus zogen: Sie deuteten die Denkschrift schlankweg als eine Kriegserklärung gegen die Reichswehr.

Für Blomberg traf es sich gut, daß er die Wehrkreisbefehlshaber gerade nach Berlin beordert hatte. Er kam ihnen sofort mit der schlechten Nachricht. »Heute eingegangene Gegendenkschrift Röhms«, notiert sich General Liebmann, »fordert nicht mehr und nicht weniger als folgendes: Das Gesamtgebiet der Landesverteidigung ist die Domäne der SA. Die Wehrmacht hat die Aufgabe, Mannschaften und Führer auszubilden und sie als fertiges Material der SA zu überweisen. Die militärischen Führer treten als ›Berater‹ den SA-Führern an die Seite!«[181]

Als reiche das noch nicht, behielt sich Reichenau, inzwischen auch ganz im SA-feindlichen Fahrwasser, für den nächsten Tag noch eine Überraschung vor. Die Herren hatten sich eben beim Chef der Heeresleitung versammelt, da reichte ein Adjutant dem Generalmajor von Reichenau ein Schreiben herein. Ein Teilnehmer erinnert sich: »Reichenau bat Fritsch, die Besprechung zu unterbrechen, da er es für wichtig halte, dieses Schreiben zu verlesen. Es kam von Röhm und hatte etwa folgenden Inhalt: ›Ich betrachte die Reichswehr nur noch als eine Ausbildungsschule für das deutsche Volk. Die Kriegführung und daher auch die Mobilmachung ist in Zukunft Sache der SA.‹ Das war eine offene Kampfansage.«[182]

Die Militärs waren empört. Fritsch schwor feierlich, daß »er sich mit aller Kraft und seiner ganzen Person den Ansprüchen der SA widersetzen werde«, und selbst SA-Freunde wie Liebmann protestierten: »Derartiges ist selbstverständlich unmöglich.«[183] Keiner von ihnen aber merkte, daß sie einer »wirkungsvollen Regie«[184] erlegen waren.

Erst späteren Historikern kam der Verdacht, daß Blomberg die Denkschrift Röhms bewußt falsch interpretiert hatte. Röhm, so argwöhnt ein Forscher, sei es vermutlich nicht um das »Gesamtgebiet der Landesverteidigung« gegangen, sondern um jenes des Landes- und Grenzschutzes.[185] Das allein würde Sinn machen, will man nicht annehmen, Röhm sei völlig durchgedreht: Auf den Grenzschutz kam es ihm zunächst in erster Linie an.

Doch die Manipulation hatte ihren Zweck schon erfüllt. Die Militärs ließen Hitler ihren Unmut spüren und erwarteten von ihm eine klare Entscheidung gegen die SA. Aber war sie überhaupt von einem solchen Mann zu erwarten? Möglich sei allerdings auch, schrieb sich Liebmann auf, »daß es zunächst noch bei dem gegenwärtigen Schwebezustand bleibt, weil offener Kampf noch ungünstiger wäre. Neue Schritte zur Herbeiführung einer klaren Entscheidung [Hitlers] werden sofort unternommen.«[186]

Was waren das für »neue Schritte«? Anpasserische Gesten des Reichswehrministeriums, die helfen sollten, Hitler in das Lager der Militärs zu ziehen. Dazu gehörte die Einführung von »Richtlinien für die Wehrpropaganda«, die besagten, im Vordergrund militärpolitischer Informationsarbeit habe die Durchdringung der Reichswehr mit nationalsozialistischem Gedankengut zu stehen. Auch das Parteiabzeichen durfte von nun an jeder Nationalsozialist in der Truppe an seiner Uniform tragen.[187]

Beschämendster Akt der Anpassung: die Übernahme des Arierparagraphen, dem 70 jüdische Offiziere und Soldaten zum Opfer fielen. Wegen eines taktischen Vorteils im Kampf gegen die SA warf die Reichswehrführung traditionelle Prinzipien der Kameradschaft, Ehre und Treue über Bord, und es blieb ein geringer Trost, daß es wenigstens in der Heeresleitung einen Aufrechten gab, der dies offen als einen »Verstoß auf dem Gebiet des Ethischen« geißelte, der sich einmal bitter rächen werde. Sein Name: Erich von Manstein.[188]

Wie skrupellos sie aber auch taktierten – Blomberg, Reichenau und Beck waren sich nicht gewiß, ob Hitler auf ihrer Seite stand. Denn Röhm ließ nichts unversucht, den alten Freund doch noch für sich zu gewinnen. Ihm blieb praktisch keine Wahl: Die Reichswehr machte Miene, die SA aus der Landesverteidigung auszuschließen oder sie auf den Gebieten, in denen sie noch die SA dulden wollte, unter ihren Befehl zu zwingen. Da mußte Röhm sich einfach an die Hoffnung klammern, Hitler werde ein Machtwort sprechen, das allein verhindern könne, daß die SA mit ihren unzufriedenen Millionen zum gefährlichen, regimebedrohenden Unruheherd würde.

So bestürmte er seinen Führer erneut, vor allem mit dem Argument, es könne nicht im Interesse des Nationalsozialismus liegen, die Reichswehr mit ihrem reaktionären Offizierskorps sich selbst zu überlassen. Allein eine Entwicklung zur Miliz – so Röhm – werde das Militär der Partei und dem Volk öffnen. Die Revolutionierung der Reichswehr von unten herauf sei die große Chance, die er, Ernst Röhm, dem Führer biete.

Das klang auch für Hitler verlockend, die Nazifizierung des Militärs schwebte ihm als Fernziel ebenso vor wie Röhm. Immerhin ließ er sich von dem Stabschef bewegen, eine Liste höherer SA-Führer zu akzeptieren, deren Aufnahme in die Reichswehr er schließlich Hindenburg vorschlug, was freilich ein rasches Ende nahm: Der alte Generalfeldmarschall lehnte Röhms Leute heftig ab.[189] Es machte Hitler wieder einmal bewußt, wie wenig er an den Realitäten vorbeikam, und diese Realitäten hießen im Februar 1934: Hindenburg und seine Reichswehr.

Nichts konnte Hitler denn auch bewegen, dem Drängen Röhms nachzugeben. Ihm war es zudem eine unheimliche Vorstellung, Röhm zum Reichswehrminister zu ernennen. Noch abenteuerlicher aber mußte es ihn dünken, daß die Dilettanten und Rabauken im Braunhemd die Berufssoldaten der Reichswehr ersetzen sollten. Nein, Hitler benötigte die Reichswehr, er baute auf ihre Leistungsfähigkeit und ihren Professionalismus.

Allmählich durchschauten auch die besorgten Herren im Reichsverteidigungsministerium, wie sich das RWM jetzt nannte, daß Hitler nicht die militärischen Pläne Röhms unterstützte. Daraufhin wurden die Militärs etwas kecker. Beck ließ die Oberste SA-Führung zu Gesprächen einladen, um mit ihr Richtlinien für das künftige Verhältnis zwischen Reichswehr und SA festzulegen. Becks »Vorschlag für Zusammenarbeit mit SA« (so der Titel des schließlich vom Ministerium ausgearbeiteten Papiers) fehlte allerdings die Verbindlichkeit Blombergscher Offerten. Es lief praktisch auf ein Diktat des Militärs hinaus.

Gleich zu Beginn hieß es in den Richtlinien: »1. Reichsverteidigungsminister trägt allein Verantwortung für Vorbereitung der Reichsverteidigung. 2. Aufgabe der Wehrmacht: Militärische Vorbereitung der Reichsverteidigung, Mobilmachung, Führung im Kriege.« Der SA hingegen wurde nur die vor- und nachmilitärische Ausbildung zugestanden, nach den Richtlinien des Reichswehrministeriums. Die »Mitwirkung im besonderen Grenzschutz« und die »Beteiligung an Mob[ilmachungs]-Vorbereitungen« sollten bis zum Abbau des Grenzschutzes gelten, die SA dort überdies den Wehrkreisbefehlshabern und Kommandeuren der Grenzabschnitte unterstellt sein.[190]

Das war ein so schwerer Prestigeverlust für die SA, daß es Hitler für opportun hielt, die beiden Parteien zu einer Versöhnungsfeier zu laden. Am 28. Februar, dem Geburtstag Schlieffens, rief er die höchsten Führer von Reichswehr, SA und SS in den marmorgetäfelten Vortragssaal des Reichswehrministeriums und beschwor sie in einer laut Blomberg »packenden und erschütternden« Rede, Frieden zu halten.[191]

»Der Zweck dieser Rede war«, wußte später noch ein Zuhörer, der damalige Generalmajor Freiherr von Weichs, »seinen Entschluß darzulegen, daß er den Vorschlag Röhms, eine SA-Miliz zu bilden, ablehne, sondern entschlossen sei, aus der Reichswehr ein Volksheer nach dem Vorbild der alten Armee zu bilden. Er begründete dies mit kriegsgeschichtlichen Beispielen, um nachzuweisen, daß eine Miliz, wie Röhm sie vorschlug, für die Landesverteidigung nicht ausreiche. Die SA habe sich auf politische Aufgaben zu beschränken.«[192]

Unter Hitlers Augen mußten daraufhin Blomberg und Röhm den »Vorschlag« unterzeichnen, der in der Legende bald zu einem Abkommen wurde. Die Militärs waren begeistert, ein »Gefühl der Befriedigung« registrierte Weichs.

Bei einem anschließenden Sektfrühstück im Huldschinskypalais, dem Berliner Amtssitz des SA-Stabschefs, begossen Röhm und Blomberg die kommende Zusammenarbeit. Röhm gelobte »unbedingte Befolgung« der neuen Richtlinien. Als aber die Militärs gegangen waren, ließ der SA-Chef alle Zurückhaltung fallen und wetterte gegen den »Verrat« Hitlers. »Was der lächerliche Gefreite erklärte, gilt nicht für uns«, grölte er, »wenn nicht mit, so werden wir die Sache ohne Hitler machen.«[193]

Wie erstarrt saß der SA-Obergruppenführer Viktor Lutze dabei und merkte sich Röhms Worte. Er witterte Hochverrat. Lutze eilte davon, seinen Führer zu warnen. Das NS-Regime schlidderte in seine bisher schwerste Krise.

5. Die Bluthochzeit

Der »Völkische Beobachter« signalisierte »höchste Alarmstufe«, Adolf Hitler witterte »eine Katastrophe«.[1] Die Nachrichten von den Banken und Handelskammern klangen düster wie lange nicht. Eine Außenhandelskrise drohte alles wieder zunichte zu machen, was das nationalsozialistische Regime mit seiner »Arbeitsschlacht« in Bewegung gesetzt hatte.

Hiobsbotschaft auf Hiobsbotschaft folgte. Die Gold- und Devisenbestände des Reiches schrumpften unaufhaltsam zusammen, der deutsche Export schien restlos am Ende. Erich Schmidt, Abteilungsleiter der Deutschen Bank, rechnete sich schon in einem Memorandum aus, wann der Tag komme, an dem die Devisennot zur Rohstoffnot werde und den ganzen Aufschwung in Deutschland wieder in Frage stelle.[2]

Der handelspolitische Rückschlag des Frühjahrs 1934 mußte Hitler und sein Regime schwer treffen. Der Mann, »der das deutsche Volk reicher machen wollte« (so ein britischer Historiker),[3] sah seine beste Trumpfkarte gefährdet. »Hitler am Rande der Katastrophe«, orakelte der Londoner »Evening Standard«, und kommunistische NS-Gegner machten gar schon in Deutschland »wachsende Massenempörung und Aufschwung des antifaschistischen Kampfes« aus.[4]

Am ärgsten bedrohte die Devisen- und Rohstoffkrise das Werk der Militärs, die eben erst den Durchbruch in die Aufrüstung gefeiert hatten. Noch im Februar schien ihnen alles geglückt, die Wehrreform perfekt, die Heeresvermehrung endgültig gesichert. Am 1. April sollte es losgehen; dann würden die ersten 50 000 Rekruten in die Kasernen einrücken.[5]

Entsprechend klotzig schossen die Militärausgaben des Reichsetats nach oben. Für das Rechnungsjahr 1934/35 waren einschließlich der Mefowechsel 4 Milliarden Reichsmark (im Vorjahr 746 Millionen Reichsmark) vorgesehen, was etwa das Vierfache dessen war, was in der öffentlich-verschleiernden Fassung des Reichshaushaltsplans stand.[6]

Großspurig auch die Beschaffungspläne: Die Luftwaffe plante die Bereitstellung von 4021 Flugzeugen bis zum Herbst 1935, die Marine den Bau von 8 Kampfschiffen, 3 Flugzeugträgern, 18 Kreuzern, 48 Zerstörern und 72 U-Booten.[7] Auch das Heer wollte kräftig zulegen. Der Aufbau motorisierter Großverbände und die Aufstellung eines Panzerversuchsverbands, Keimzelle der künftigen Panzertruppe, waren bereits beschlossen.[8]

Kaum einer der führenden Militärs aber stellte sich die Frage, ob eine so ehrgeizige Aufrüstung auch wirtschaftlich machbar sei. Für die meisten Soldaten war es selbstverständlich, daß nun auch die Reichswehr in den Genuß des Aufschwungs komme. Aufschwung und Aufrüstung – in den Augen der Militärs hing das untrennbar zusammen.

Nur ein paar Wirtschaftsoffiziere um Oberst Georg Thomas, der im Reichswehrministerium die neue Gruppe »Wehrwirtschafts- und Waffenwesen« aufbaute, wußten, wie wenig die deutsche Industrie auf die Aufrüstung vorbereitet war. Die Berichte aus den Wehrkreiskommandos ließen keinen Zweifel daran: Auch im zweiten Jahr der NS-Herrschaft war das Gros der deutschen Unternehmer mitnichten wehrfreudiger als in der Zeit der Republik.

Wer freilich die Aufrüstungssprüche Hitlers (»Alles für die Wehrmacht«) allzu wörtlich nahm, konnte leicht wähnen, daß die deutsche Wirtschaft immer mehr auf militärische Belange, schlimmer noch, auf den Krieg ausgerichtet werde. Uneingeweihte im In- und Ausland glaubten daran zutiefst, alarmiert von Presseberichten und Erzählungen deutscher Emigranten über Hitlers angeblich fieberhaft wachsende »Kriegsindustrie«.

Oberst Thomas wußte es besser. Eifernder Advokat der neuen Lehre von der »Wehrwirtschaft«, die danach verlangte, die deutsche Industrie bereits im Frieden auf die Bedürfnisse des Krieges umzustellen und die Durchhaltefähigkeit der Armee durch eine »Tiefenrüstung« (Anlage von Rohstofflagern, Ausweitung von Engpaßproduktionen u. a.) zu verbessern, sah er sich in seiner Arbeit zusehends von einer unerwarteten Folge der Aufschwungpolitik behindert: dem wachsenden Anspruchsdenken vieler Deutscher.

So schwer auch der Alpdruck der Massenarbeitslosigkeit (Januar 1934: 3,8 Millionen) noch auf dem Lande lastete, so gab es doch bereits Sektoren der Gesellschaft, die vom wirtschaftlichen Aufschwung kräftig profitierten. Vor allem in den mittleren Einkommensschichten machte sich gesteigerte Lebenslust breit, leicht erkennbar an den überfüllten Lokalen und Kinos, den wieder farbiger werdenden Bademoden und extensiven Freizeitangeboten.

Das war von den neuen Machthabern durchaus so gewollt. »Hebung des Lebensstandards« hieß die populäre Parole, mit der sich die Führer des NS-Regimes abermals als die raffinierten Massenpsychologen erwiesen, die sie waren. Sie hatten rasch erkannt, wie leicht sich ein desorientiertes Volk von einer konsumgerichteten Beschäftigungspolitik an ein System der Unfreiheit gewöhnen läßt und damit diesem System sogar noch zu einer pseudodemokratischen Legitimation verhilft.

Die Propagandisten wurden denn auch nicht müde, das Volk zu unverdrossener Konsum- und Leistungssteigerung anzustacheln, allen voran Hitler, der geradezu die Rolle eines Verbraucheranwalts übernahm. »Das entscheidende«, schärfte er im September 1933 Vertretern der Wirtschaft ein, »ist nicht, daß alle sich beschränken, sondern daß alle sich bemühen, vorwärtszukommen und sich zu verbessern. Die deutsche Wirtschaft kann nur bestehen unter einer ganz bestimmten Bedarfshöhe.«[9]

Weckung neuer Bedürfnisse, wirtschaftlicher Fortschritt, Verbesserung des Lebensstandards waren seine Stichworte. Später malte sich Hitler aus: »Wenn es gelingt, immer mehr Bedürfnisse zu erzielen und umgekehrt dem einzelnen klarzumachen, die Befriedigung der Bedürfnisse erreichst du nur durch Arbeit, immer wieder durch Arbeit, dann werden wir allmählich den Lebensstandard unseres Volkes immer mehr heben, und viele Momente, die erst klassenspaltend oder... gesellschaftszertrümmernd wirken, werden dann klassenverbindend im Laufe der Zeit.«[10]

Die Reichsregierung pumpte Millionenbeträge in die Wirtschaft, um Ansprüche anzureizen und neue Arbeitsplätze zu schaffen. Mochten auch noch die Wachstumsraten der Verbrauchsgüterindustrie hinter jenen der Produktions- und Investitionsgüterindustrie kläglich herhinken, Gehälter und Löhne auf ihrem Krisenniveau bleiben – der Konsum stieg deutlich an, wie die Zuwächse der Hausrat- und Möbelindustrien, der Textil- und Autoproduktion zeigten.

Die Förderung des Massenkonsums kollidierte jedoch bald mit dem Programm der »Wiederwehrhaftmachung«, dem sich die Militärs ebenso verschrieben hatten wie Hitler. Solange die Vorräte an Rohstoffen und Halbfabrikaten aus der Krisenzeit dazu ausreichten, auch die Wünsche der Militärs zu befriedigen, blieb der Konflikt verborgen. Er entbrannte indes in aller Schärfe, als die Devisen- und Rohstoffbestände Deutschlands immer mehr vom nichtmilitärischen Konsum aufgesogen wurden.

Die Konsequenzen bekamen die Militärs rasch zu spüren. Wichtige Lieferanten der Reichswehr wie die Zinnwerke Wilhelmsburg mußten aus Mangel an Rohstoffen ihre Arbeit einstellen, andere standen vor dem Übergang zur Kurzarbeit. Und überall haperte es mit dem Geld: Nach Deutschland gelieferten Nickelreserven drohte die Beschlagnahme durch die ausländischen Exporteure, weil die Devisen zur Bezahlung der Waren fehlten. Einige Kautschuktransporte waren an die Lieferfirmen schon wieder zurückgegangen.[11]

Folge: Auf zahlreichen Gebieten stockte die Aufrüstung der Reichswehr. Rohstoffengpässe und schleppende Lieferzeiten der Firmen verzögerten die Fertigung von Infanteriewaffen, während die Forderungen der leichten Artillerie nur zur Hälfte gedeckt wurden und Munition zu einem noch »geringeren Prozentsatz« geliefert werden konnte, wie das Heereswaffenamt monierte.[12]

Eine rasche Besserung der Lage aber war nicht in Sicht, denn Deutschland litt seit Anfang 1934 an den Folgen einer Außenhandelskrise, die von Woche zu Woche an Brisanz zunahm. Gold und Devisen flossen aus dem Reich schier pausenlos ab. Am 30. Dezember 1933 hatte die Reichsbank noch über einen Devisen- und Goldbestand von 395 Millionen Reichsmark verfügt, Ende März 1934 war er auf 245 Millionen und vier Monate später gar auf 77 Millionen Mark zusammengeschrumpft.[13]

Der deutsche Außenhandel befand sich seit 1930 in einem nahezu unaufhaltsamen Rückgang. Das hatte sich lange Zeit auf die Handelsbilanz nicht negativ ausgewirkt, da die Einfuhr noch rascher zurückging als die Ausfuhr, so daß sich immerhin noch 1933 ein Ausfuhrüberschuß von 667 Millionen Reichsmark ergab.[14] Dann aber brachte Deutschlands isolierter Konjunkturaufschwung die Handelsbilanz völlig aus dem Gleichgewicht: Die Einfuhr stieg wieder an, die Ausfuhr sackte weiter ab – beklemmendes Passivsaldo für 1934.

Die Gründe dafür lagen auf der Hand. Zweieinhalb Millionen ehemalige Erwerbslose hatten wieder Arbeit, sie aßen mehr und wollten besser leben. Das schlug sich auch in der Einfuhrstatistik nieder. Die Importe von Wolle, Eisenerz und Kautschuk nahmen zu, auch Fertigwaren aus dem Ausland waren mehr gefragt. Vor allem stieg die Nachfrage nach ausländischen Lebensmitteln, hatten sich doch die einheimischen infolge der den deutschen Bauern gewährten Preiserhöhungen erheblich verteuert.[15]

Das erklärte freilich noch nicht den Niedergang der deutschen Exporte. Vieles spielte da mit, Ökonomisches ebenso wie die Brachialpolitik des Regimes: die anhaltende Talfahrt des Welthandels, die Zollerhöhungen und Importverbote westlicher Staaten, die aus Inflationsfurcht unterlassene Abwertung der Reichsmark und nicht zuletzt der Boykott deutscher Waren.

Das schreckte Unternehmer vom Exportgeschäft ab, zumal der Binnenmarkt mit seiner steigenden Konjunktur und seinen stabilen Preisen leichtere Profite versprach. Just die Preisentwicklung aber war es, die der deutschen Wirtschaft zu schaffen machte. Jahrelang hatte sie den krisenbedingten Preisverfall der Rohstoffe und Lebensmittel für sich genutzt, doch inzwischen hatten sich die »terms of trade« geändert. Die Einfuhrpreise stiegen an, was die heimische Wirtschaft zwang, mehr auszugeben und dafür mehr zu exportieren.

Ebendas war die Krux: Deutschland mußte mehr exportieren, doch es konnte nicht einmal den gewohnten Stand halten. Unentwegt gingen die Exportziffern zurück, waren Wirtschaft und Staat gezwungen, die Gold- und Devisenbestände anzugreifen, um nicht ganz von den Importen abgeschnitten zu werden.

Die Militärs aber mußten befürchten, daß der Augenblick nicht mehr fern war, da der Nachschub an Waffen, Munition und Gerät ernsthaft gefährdet sein würde. Prompt stellten sie sich gegen die Politik des Massenkonsums und verlangten »rücksichtslose Maßnahmen, um das Volk zur Sparsamkeit und Bescheidenheit zu erziehen«, wie es in einem Papier des Reichswehrministeriums hieß.[16]

Sie wollten auch nicht länger den Zivilisten die Wirtschaftspolitik allein überlassen und verlangten ein veritables Mitspracherecht. Thomas vor allem machte sich zu ihrem Sprecher. Er wollte an die Spitze der seit langem geforderten kriegswirtschaftlichen Organisation einen Offizier gesetzt sehen, der als Staatssekretär im Reichswirtschaftsministerium die rüstungs- und wehrwirtschaftlichen Aktivitäten aller Ministerien und NS-Dienststellen steuern sollte.[17]

Doch Hitler zeigte keine Lust, sich von solchen Freaks der Wehrwirtschaft seinen Kurs vorschreiben zu lassen. Ihm schien es absurd, mitten im Aufschwung düstere

Austerityparolen auszugeben und damit die Loyalität der eben erst vom Regime gewonnenen Massen wieder zu verlieren.

Statt dessen verfolgte er eine Doppelstrategie, die der Wirtschaftspolitik des Dritten Reiches einen seltsam schizophrenen Zug verlieh: aufzurüsten für einen späteren Krieg und doch die wachsenden Ansprüche der Industriegesellschaft zu befriedigen. Keinen Augenblick vergaß Hitler, was eine Kernbedingung nationalsozialistischen Überlebens war: ohne Hochkonjunktur der Wirtschaft keine Sicherung des Nazisystems, ohne Durchbruch in die NS-Welt klassenüberwindender »Volksgemeinschaft« keine dauerhafte Bindung der Massen an das Regime.

Dies hatte damals sogar Vorrang vor der Wiederwehrhaftmachung, zumal deren Ausmaß und Tempo weniger vom Willen Hitlers und seiner Militärs als vom Auf und Ab der Rüstungsverhandlungen mit den Westmächten abhingen. Es waren diese im Januar 1934 begonnenen Gespräche über einen Abschluß bilateraler Rüstungskonventionen, die Hitler zögern ließen, seinen Militärs den Weg in die volle, ungehemmte Aufrüstung freizugeben.

Er hatte noch nicht von seiner Idee gelassen, die deutsche Aufrüstung durch zweiseitige Vereinbarungen mit London und Paris außenpolitisch abzusichern. Wobei Hitler den Westmächten, zumindest Großbritannien, erstaunlich weit entgegenkam: Der völligen Entmilitarisierung und internationalen Kontrolle von SA, SS und Stahlhelm stimmte er zu, auch die Leitsätze des grundlegenden britischen Rüstungsmemorandums vom 29. Januar akzeptierte er, obwohl sie der Reichswehr nur 250 000 Mann (statt der verlangten 300 000) und eine Luftwaffe erst nach zweijähriger Wartezeit zubilligten.[18]

So nahe waren sich London und Berlin schon gekommen, daß die darob schockierten Franzosen die Verhandlungen mit einem Donnerschlag abbrachen, der sich gleichermaßen gegen Hitler und die Briten richtete. In einer Note vom 17. April lehnte das Pariser Kabinett auch die von London konzedierte Teilaufrüstung Deutschlands ab und wollte mit den Deutschen nur noch im Rahmen des Völkerbundes weiterverhandeln, den sie doch gerade erst verlassen hatten.[19]

Solange aber Hitler noch auf eine Fortsetzung der Rüstungsgespräche hoffen konnte, war er nicht bereit, sich von den eigenen Militärs in seiner politischen Beweglichkeit behindern zu lassen. Deren Planperfektionismus lag ihm ohnehin nicht. Ihm entzog er sich immer wieder, wie seine Agitation für die »Volksmotorisierung«, ein Lieblingsprojekt Hitlers, offenbarte.

Schon den Autobahnbau hatten Hitler und Todt in Gang gesetzt, ohne die Reichswehr daran zu beteiligen. Weder wurden die Strecken nach strategischen Gesichtspunkten angelegt, wie es die Philosophie der Tiefenrüstung verlangt hätte, noch sah sich die Reichswehrführung von Hitler ermuntert, den Reichsautobahnen eine Rolle in ihrem Aufrüstungsprogramm zuzuweisen.

Auch als das Wirtschafts- und Finanzministerium am 14. Dezember 1933 mit der I.G. Farbenindustrie einen »Benzinvertrag« abschlossen, der zum Auftakt eines großangelegten Ausbaus der synthetischen Treibstofferzeugung werden sollte, fehlte die Reichswehr.[20] Dabei war die Benzinversorgung eine Existenzfrage der künftigen Luft- und Panzerwaffe. Doch die Militärs waren an den Verhandlungen nicht beteiligt.

Ähnlich beim nächsten Akt der Motorisierungskampagne. Kein Soldat saß mit im Berliner Hotel »Kaiserhof«, als Hitler Ende Januar 1934 dem Autokonstrukteur Ferdinand Porsche auseinandersetzte, was er sich unter einem »Volkswagen« vorstellte. Hitler: »Sie fragen, zu welchem Preis der Wagen hergestellt werden soll? Das kann ich Ihnen sagen. Jeder Preis unter tausend Mark ist mir recht.«[21]

Porsche stimmte zu, politisch naiv genug, in Adolf Hitler nichts als den Autonarren und Technikfan zu sehen, der ihm die Chance seines Lebens bot. Er hatte den Wagen, den sich Hitler wünschte, im Prinzip längst fertig. Das »Volksauto«, das Porsche 1931/32 für die Zündappwerke geschaffen hatte, »kam dem späteren VW schon sehr nahe«, wie sein Biograph weiß: »Motor nach der Hinterachse, Getriebe im Heck, windschlüpfrige Karosserie und vorn das Reserverad.«[22]

Was ihm Porsche schließlich als ein »vollwertiges Gebrauchsfahrzeug« aufzeichnete, beeindruckte Hitler ungemein. Kurz darauf beauftragte er den ob der drohenden Konkurrenz wenig begeisterten Reichsverband der Deutschen Automobilindustrie, mit Porsche einen Konstruktionsvertrag abzuschließen und ihn seinen VW bauen zu lassen: Beginn der Erfolgsgeschichte eines unverwüstlichen Publikumsmagneten.[23]

Die Militärs aber sahen in Hitlers Volksmotorisierung nichts als einen »unverantwortlichen Raubbau an unseren Gummi- und Betriebsstoffvorräten«, wie das Heereswaffenamt in einer Denkschrift vom 20. Juni mäkelte. Ihm paßte die ganze Lebensstandardpropaganda der Reichsregierung nicht, die nur »überall den Wunsch nach Lohnerhöhungen« wecke und die Aufrüstung gefährde.[24]

»Warum«, stichelte Thomas, der Hauptverfasser der Denkschrift, »wird das Volk nicht dazu angehalten, Entbehrungen und Einschränkungen auf sich zu nehmen, um die Wirtschaftsnot zu überwinden?«[25] Da Hitler nicht reagierte, entwarfen die Militärs ein eigenes Wirtschaftsprogramm: vorrangige Sicherung der für die Aufrüstung wichtigen Rohstoffeinfuhren, Importverbote für Genußmittel, schärfste Zentralisierung des Außenhandels, Erschließung heimischer Erzvorkommen und Entwicklung von Ersatzstoffen.[26]

Doch wie dieses Gegenprogramm durchsetzen? Mit Hitler mochten sich die Militärs nicht anlegen. Als Zielscheibe ihrer Kritik erwählten sie sich statt dessen den Mann, der im Reichskabinett für die konsumorientierte Beschäftigungspolitik vor allem verantwortlich zeichnete: Reichswirtschaftsminister Schmitt.

Ihn hatten die Militärs ohnehin seit langem im Verdacht, der Aufrüstung wenig Sympathie entgegenzubringen und im Verein mit dem Reichsfinanzminister Schwerin von Krosigk jede Gelegenheit zu nutzen, Forderungen der Reichswehr nach mehr Rohstoffen und mehr Geld zu kappen. Kurt Schmitts Politik lief in der Tat dem Programm der Militärs frontal zuwider: Sie war auf die beschleunigte Verstärkung der Konsumkraft breiter Bevölkerungsschichten aus, ohne Rücksicht auf den damit erneut steigenden Importbedarf und dessen abträgliche Folgen für die Devisenbilanz.[27]

Zudem hatte Schmitt den Militärs den Tort angetan, die Aufnahme eines militärischen Staatssekretärs in seinem Ministerium schlankweg abzulehnen – Grund genug für das Reichswehrministerium, den Sturz des Ministers zu betreiben. Thomas hatte dafür eine griffige Formel gefunden. Er verlangte, an Schmitts Stelle einen »Wirtschaftsdiktator« einzusetzen, einen Mann von »äußerster Energie und Autorität«, der als Beauftragter des Reichskanzlers die gesamte Wirtschaft zu leiten und »auf die Bedürfnisse des Krieges« einzustellen habe.[28]

Fortan schossen sich die Militärs auf den Reichswirtschaftsminister ein, wobei ihnen im Kabinett ein ehrgeiziger Machtbewerber half, der nicht übel Lust hatte, Schmitts Posten zu übernehmen: Schacht. Das war just der Wirtschaftsdiktator, den Thomas stets im Blick hatte, wenn er über die angeblichen Unzulänglichkeiten Schmitts lamentierte.[29]

Schacht und die Militärs warfen sich in ihrem Spiel gegen Schmitt geschickt die Bälle zu. Beklagte sich Blomberg am 20. Mai in einem Brief an Hitler über das Versagen Schmitts, der nichts unternehme für den Aufbau der überfälligen kriegswirtschaftlichen Organisation, so folgte Schacht auf einer Kabinettssitzung am 7. Juni mit einer Brandrede gegen Schmitts »falsche Außenhandelspolitik«, die die notwendige Einheit von Währungs- und Wirtschaftspolitik untergrabe.[30]

Doch noch ehe Schmitts Gegner an ihr Ziel gelangten, geriet die Wirtschaft noch tiefer in die Krise und riß nun auch das Regime mit sich. Der Mangel an Devisen und Rohstoffen hatte inzwischen katastrophale Proportionen angenommen. Die exportorientierten Branchen drosselten ihre Produktion, die mit zunehmenden Absatzschwierigkeiten ringende Konsumgüterindustrie reagierte mit Entlassungen und Kurzarbeit. Auch der Kohlenbergbau und die eisen- und metallverarbeitende Industrie schlidderten in arge Engpässe.[31]

Arbeiter und Angestellte gerieten in eine üble Schere: hier der »horrende Preisanstieg für Grundnahrungsmittel, der in den veröffentlichten Statistiken weitgehend verschleiert wurde«,[32] dort das offenkundige Sinken der Reallöhne. Auch zerrten Hamsterkäufe, Wohnungsknappheit und steigende Mieten an den Nerven der Menschen, von der drohenden Welle örtlich bedingter Entlassungen und Arbeitsverkürzungen gar nicht zu reden.

Jäh schlug die bis dahin dem Regime so günstige Volksstimmung um und machte sich in lautem Ärger Luft, von keiner Propaganda und keiner Gestapo gezügelt. Bis in die Partei reichte der Unmut, dort noch angeheizt von unzufriedenen SA-Männern und frustrierten Funktionären, die in den wirtschaftlichen Rückschlägen nur eine Bestätigung ihrer Auffassung sahen, daß Hitlers Pakt mit der »Reaktion« in die Katastrophe führe.

So kritisch schien die Lage geworden, daß der Prager Außenminister Beneš bereits »die Tage des Naziregimes in Deutschland für gezählt« hielt.[33] Auch der italienische Botschafter Cerrutti konnte sich im Mai partout »nicht vorstellen, wie man etwa in zwei Monaten weiterwirtschaften wolle«, während der US-Gesandte Messersmith prophezeite, Deutschland werde im Herbst eine neue Regierung haben.[34]

Den Kassandras entging dabei allerdings, daß sich der Aufschwung trotz aller Widrigkeiten bruchlos fortsetzte, auch der Eisblock der Arbeitslosigkeit allmählich zusammenschmolz. Doch der Blick der meisten fremden Beobachter war auf anderes, auf scheinbar Dramatischeres gerichtet: auf die Anzeichen von Mißvergnügen und Renitenz im ganzen Land. Die Einheitsfassade des NS-Regimes hatte Risse bekommen.

Sie zeigten sich meist dort, wo der ungleichmäßig vorankommende Aufschwung noch nicht griff: in Großstädten, in denen sich die Arbeitslosigkeit hartnäckiger hielt als in anderen Gegenden, in den ostdeutschen Agrarräumen mit ihren notorisch schlechten Transportverhältnissen und Absatzchancen, in den besonders krisenanfälligen Wirtschaftsbereichen wie der Textilindustrie.

Dabei erwiesen sich das Rheinland, Hessen, Sachsen und Schlesien als die dunkelsten Flecke auf der Landkarte des Aufschwungs. Dort lebte fast die Hälfte aller Arbeitslosen.[35] Am ärgsten waren das Rheinland und Schlesien dran, invasionsträchtige und militärisch nahezu ungeschützte Gebiete, in denen die Privatwirtschaft ungern investierte; sie blieben Reservate mangelnder Versorgung, die unter immer neuen Wellen von Preiserhöhungen und Lohnkürzungen litten.

Im Ruhrgebiet stiegen beispielsweise im Sommer 1934 die Lebensmittelpreise um fast 20 Prozent, die Textilpreise um 20 bis 30 Prozent, was selbst die Gestapo erschreckte.[36] »Die breiten Massen des Industriegebiets«, schrieb die Staatspolizeistelle Dortmund in einem Lagebericht, »leben in der Hauptsache von Brot und Kartoffeln. Solche Preissteigerungen müssen deshalb einfach eine Katastrophenstimmung erzeugen.« Die Kölner Gestapo warnte schon davor, »die Breite und Tiefe dieser Mißstimmung« zu ignorieren, bestehe doch »die Gefahr, daß sich diese Unzufriedenheit letzten Endes in einer Gegnerschaft zu Staat und Bewegung auswirken kann«.[37]

Die Unzufriedenheit rührte sich längst öffentlich, auf Jahrmärkten und Volksfesten, wobei sich die Bauern, die Hätschelkinder des Regimes, als die ruppigsten Kritiker entpuppten. Sie waren verärgert über das staatliche Verbot des Selbstvermarktens von Milch, Butter und Eiern, auch hing ihnen der Zorn über die aberwitzigen Regelungen des Reichserbhofgesetzes noch immer an, die Tausende enterbter Bauernabkömmlinge in die Stadt trieben.[38]

Die Markttage der Bauern in den Städten, meldete ein Konfident des sozialdemokratischen Exils, hätten fast den »Charakter von politischen Versammlungen« angenommen, auf denen »alles über den ›Saustall‹, über die Bonzenwirtschaft, über den Volksbetrug schimpft«. Der Beobachter staunte nicht wenig: »Von einer Furcht vor den Nazis kann man bei den Bauern schon längst nicht mehr sprechen. Im Gegenteil, bekannte Nazis gehen den Bauern aus dem Weg, um von diesen nicht zur Rede gestellt zu werden, wann man denn endlich mit der Verwirklichung der Versprechungen beginnen wolle.«[39]

Auch in den Betrieben regte sich Protest, allerdings verhaltener als auf den Markttagen der Bauern. Kritische Arbeiter und Angestellte übten sich eher in lautloser Verweigerung: Die Masseneintritte in die DAF stagnierten, die Kameradschaftsabende der NS-Betriebsgruppen waren schlecht besucht. Noch peinlicher aber wirkte, daß bei den Vertrauensrätewahlen im Frühjahr 36 Prozent der Wahlberechtigten den Urnen ferngeblieben waren.[40]

Die Mißstimmung griff auch auf andere Bevölkerungsschichten über, selbst regimetreue Kreise brachte die NSDAP gegen sich auf. Die Inkompetenz, Machtgier und Korruption der Partei gerieten in das Schußfeld von Bürgern, denen der Hitlerismus noch nicht alle Maßstäbe ruiniert hatte. Es war nicht ohne Ironie: Die »Bewegung«, die jahrelang von der Parteifeindlichkeit autoritätshöriger Massen gelebt und alle Parteien hatte überflüssig machen wollen, wurde nun selber zum Opfer massiver Animosität.

Ein paar Monate hatten genügt, auch Gutgläubigen die ganze Dürftigkeit und Machtbesessenheit der NSDAP zu enthüllen: den schrankenlosen Egoismus einer diffus-vielgliedrigen Partei, zur »totalen« Beherrscherin des neuen Staates emporstilisiert und doch unzufrieden mit der Handlangerrolle, die ihr Hitler zuwies, rasch zu einem riesigen Dienstleistungs- und Versorgungsunternehmen aufgebläht, das immer mehr Bereiche der Gesellschaft durchdrang.

Unvergessen war die Hemmungslosigkeit, mit der im Frühjahr 1933 schier endlose Scharen von Parteigenossen über Gemeinden, Verbände und Staatsstellen hergefallen waren und sie in Besitz genommen hatten. Meist waren es »alte Kämpfer« der Partei, oft ohne fachliche Qualifikation, allein ausgestattet mit der Halbbildung und Reglementiersucht politisch fanatisierter Kleinbürger.

Die Erinnerung an die »Futterkrippenwirtschaft« des demokratischen Parteienstaates, beliebter Topos der Nazipropaganda vor der Machtergreifung, verblaßte angesichts der rüden Beutemacherei der neuen Herren. Sie langten dickfelliger zu. Zehntausende altgedienter Beamter und Angestellter mußten ihre Posten in den Gemeinden räumen, um den Altnazis Platz zu machen. In Sachsen wurden beispielsweise 1933 gut 96 Prozent der alten Kämpfer der dortigen NSDAP im öffentlichen Dienst untergebracht, insgesamt 13 200 NS-Veteranen.[41]

Sie zogen Freunde und Kumpane aus der Partei nach, die zu einem braunen Genossenfilz zusammenwuchsen, in dem Vetternwirtschaft und Korruption gediehen wie noch nie in der deutschen Geschichte. Ein System skrupelloser Bereicherung breitete sich aus, das beileibe nicht allein auf die Kommunen beschränkt blieb. Viele nahmen daran teil: NS-Treuhänder gleichgeschalteter Organisationen, die sich von den »Betreuten« bestechen ließen, DAF-Funktionäre, die mit dem Vermögen der beseitigten Gewerkschaften freigebig umgingen, Parteiführer, die illegale Spenden für sich eintrieben – alle aufgebrochen nach dem Motto von Hamburgs stellvertretendem Gauleiter Henningsen: »Jetzt sind wir an der Reihe!«[42]

Am profitabelsten agierten dabei Gau- und Kreisleiter. Da ihnen die Schatzmeister und Buchprüfer der parteieigenen Finanzverwaltung relativ scharf auf die Finger sahen, schufen sie sich Geldquellen außerhalb der Partei. Sie erpreßten von Unternehmern Schutzgelder als Sicherheiten gegen SA-Randale, zwangen bürgerliche Verleger zum Verkauf ihrer Zeitungen an die Gauleitungen und zogen Fördervereine zu ihrem eigenen Vorteil auf.

Die cleversten Gauleiter engagierten sich in wirtschaftlichen Unternehmungen, vor allem in der Elektrizitätswirtschaft und im öffentlichen Bankenwesen. Gauleiter Mutschmann kontrollierte die AG Sächsische Werke, mit denen er die gesamte Energiepolitik Sachsens beherrschen wollte, Wilhelm Murr in Württemberg forcierte die Gründung der Energieversorgung Schwaben AG, der mecklenburgische Gauleiter Hildebrandt wollte unbedingt eine eigene Landesbank haben.[43]

Die wirtschaftliche Macht, die so der Partei oder ihren Spitzenfunktionären zuwuchs, verband sich mit einer steigenden Sucht nach Beherrschung und Überwältigung aller noch unangepaßten Kräfte von Staat und Gesellschaft. Es gab bald keine Behörde und keine Berufsgruppe, in die nicht der Tausendfüßlerapparat der NSDAP mit seinen unzähligen Gliederungen und angeschlossenen Verbänden hineinwirkte.

Niemand schien vor den Nachstellungen der Partei und ihrer Aufpasser sicher zu sein. In Ministerien und Ämtern hielten Vertreter der NSDAP meist die Personalreferate besetzt, um über sie Einfluß auf die Behörden und deren Beamte zu gewinnen. Ihre Dossiers waren gefürchtet, denn ohne die allein von der Partei ausgestellten politischen Leumundszeugnisse kam in Deutschland keine Karriere mehr voran.[44]

Die Partei maßte sich an, das Leben aller Beamten und Angestellten im öffentlichen Dienst, namentlich der NS-Mitglieder unter ihnen, bis in den privatesten Bezirk auszuforschen, galt ihr doch als wichtigste Maxime: »Die Menschenführung ist allein Aufgabe der Partei.«[45] Wehe, wenn einer angezeigt wurde, keine Parteizeitung zu lesen, Angehöriger einer »Systempartei« gewesen zu sein oder die NS-Regel zu verletzen, »daß der Gruß des Deutschen in jeder Lebenslage ›Heil Hitler‹ ist«!

Aber nicht nur die Staatsdiener, alle Berufe und Bevölkerungsschichten unterlagen der aufdringlichen Beobachtung durch die Partei. Ihr Observationsnetz reichte bis in die kleinsten Zellen des deutschen Alltags, bis in Betriebe und Wohnhäuser: berüchtigt bald der schier allmächtige Blockwart, der durch seine »tägliche, selbstverständliche, ja oft unbewußte Aufsicht über die Hausbewohner mehr zur Stärkung des Regimes [beitrug] als die Geheime Staatspolizei«.[46]

Machtmißbrauch und Korruption der Partei waren so augenfällig, daß sie bei vielen Menschen rasch in Verruf geriet, zumal sich herumsprach, daß ihr Funktionärskorps von den sozialen Nöten der Zeit recht unberührt blieb. Wer in der Partei arbeitete, hatte scheinbar ausgesorgt. Ihre Angestellten wurden weit besser entlohnt als jene in Staat und Privatwirtschaft. Das dreizehnte Monatsgehalt gab es nur in der Partei, und unübersehbar waren die Privilegien, die sie ihren Funktionären zukommen ließ.[47]

Der rasche Prestigeverfall der NSDAP und die Außenhandelskrise aber aktivierten in diesem Frühjahr 1934 Gegenkräfte, die mancher schon totgesagt hatte. Kleine Gruppen der marxistischen Linken, auch einige aus dem Lager des politischen Katholizismus, hatten den Gleichschaltungsterror von 1933 überlebt, neue Gruppen waren hinzugekommen. Ein Kampfruf tauchte verstärkt auf, war auf Häuser-

wände und Litfaßsäulen gepinselt, stand in Flugblättern und auf Handzetteln:
Kampf dem Faschismus!

Das Stichwort zog Menschen an, die sich mit dem Verlust der politischen Freiheit
in Deutschland nicht abfinden mochten und sich der Manipulation und dem Terror
des Nazisystems aktiv entgegenstemmten. Sozialdemokraten, Kommunisten und
linke Katholiken organisierten sich, auf der Suche nach wirkungsvollen Formen
einer Abwehr, die Aussichten auf die Beseitigung der Diktatur eröffneten.

Die Anzeichen scheinbar wachsenden Widerstandes elektrisierten die Zirkel deut-
scher Emigranten in Europa, vor allem die sechs Sozialdemokraten, die in Prag ein
Büro errichtet hatten, das sie »Sopade« nannten, Kürzel für die Exilführung der
Sozialdemokratischen Partei Deutschlands. Die Sechs[48] wähnten sich durch ihre
Informanten über die angeblich revolutionäre Situation in Deutschland glänzend
unterrichtet. Niemand glaubte wohl so fest wie sie daran, daß sich aus den aktiven
Resten der verbotenen SPD und anderer Linksparteien »in kurzer Zeit eine breite
revolutionäre Volksbewegung zum Sturz der Diktatur entfesseln« lasse.[49]

Schon Anfang 1934 hatte die Sopade zum Aufstand gegen das NS-Regime aufgerufen und jeder illegalen Gruppe »Unterstützung und Förderung« zugesagt, »deren
revolutionärer Geist dafür bürgt, daß ihre Tätigkeit dem Sturz der nationalsozialistischen Diktatur im Rahmen der Einigkeit der Arbeiterklasse dient«.[50] Nicht ohne
finanzielles Polster (2 Millionen Reichsmark vom Parteivermögen hatte die Sopade ins Ausland gerettet), half sie bei der Organisierung von Widerstandszellen im
Reich. Außenstellen in Grenznähe hielten Kontakt zu den Genossen in Deutschland, Nachrichtenverbindungen entstanden und »Lesezirkel«, die zu Trägern einer
antifaschistischen »Wahrheitspropaganda« werden sollten.[51]

Im Mai hielt Sopadechef Otto Wels die illegale Arbeit schon für so aussichtsreich,
daß er sich deren führende Männer zu einem konspirativen Treff in Brüssel bestellte. Wels drängte auf rasche Intensivierung der Widerstandsarbeit und Vorbereitungen für eine Machtübernahme in Deutschland, da er überzeugt war, »daß das NS-
Regime über kurz oder lang zusammenbrechen würde«.[52]

Doch die Expansion des sozialistischen Untergrunds blieb aus. Die ideologischen
Konflikte in seinen Reihen, die Auseinandersetzungen über die Politik der alten
SPD, über eine Aktionseinheit mit den Kommunisten und die Rolle der Sopade im
illegalen Kampf, lähmten den Widerstand. Es brauchte allerdings noch Monate,
bis die Sechs in Prag verstanden, daß sie einer frommen Selbsttäuschung erlegen
waren: In Deutschland gab es keinen aktionsfähigen Widerstand. Volksstimmung
und Repressionsapparat des Regimes ließen ihn nicht zu.

Die verfolgten Kommunisten hatten es bereits auf grausame Art an sich erfahren.
Gleich nach dem Reichstagsbrand von den Nazis zum Staatsfeind Nr. 1 erklärt, war
die KPD zum Objekt einer gnadenlosen Hatz von Polizei und SA geworden, wobei
noch das Denunziantentum einer aufgehetzten Bevölkerung und der Massenver-
rat in den eigenen Reihen übel mitspielten. In wenigen Monaten löste sich die
einst so disziplinierte Partei in einen Torso auf. Übrig blieben gejagte, verhöhnte
und entrechtete Menschen.

Sie machten dennoch im Untergrund weiter, mit Verlusten und Opfern, wie sie keine andere Partei in der Illegalität zu verzeichnen hatte. Von den 300 000 Mitgliedern der Kommunistischen Partei Deutschlands wurden 1933/34 über 60 000 verhaftet, 2000 starben in den Gefängnissen, Konzentrationslagern oder in anderen Prügelstätten des Regimes.[53]

Dabei hatte sich die KPD mit ungewöhnlicher Gründlichkeit seit Jahren auf den illegalen Kampf vorbereitet; schon 1932 waren Teile des Parteiapparates in den Untergrund gegangen. Doch die Verhaftung der KPD-Führungskader war dann im Frühjahr 1933 so rasch und überfallartig erfolgt, daß die Parteigliederungen völlig gelähmt wurden. Die angeschlossenen Organisationen wie die »Rote Hilfe« und die »Revolutionäre Gewerkschaftsopposition« fielen von der KPD sofort ab, die meisten Parteigruppen in den Kleinstädten und auf dem Lande stellten ihre Arbeit ein.[54]

In den Industrieorten aber formierte sich die KPD erneut, wobei sich ein Drittel der alten Mitglieder noch einmal mobilisieren ließ.[55] Doch die starren Parteibürokraten, die die zusammengeschrumpfte Massenpartei »wie eine zentralistische Kaderorganisation von Berufsrevolutionären«[56] führten, setzten ihre Genossen durch eine doktrinäre Unterschätzung des NS-Regimes und dessen Anhangs in der Bevölkerung immer fataleren Schlägen des Gegners aus.

Da die illegale Rumpf-KPD zudem in Sozialdemokraten nur klassenverräterische Sozialfaschisten sah und den höchsten Zweck ihres Widerstandes im »Kampf für die Sowjetmacht«,[57] konnte ihr kaum Unterstützung aus der übrigen Bevölkerung zuwachsen. Die Kommunisten blieben trotz allen Opfermuts im Sinne Maos »Fische auf dem Trockenen«, eingesperrt in die Doktrinen der Moskauer Orthodoxie und auch physisch nahezu unbeweglich in den allzu übersichtlichen, von Spitzeln durchsetzten Arbeitervierteln der Industriezentren.

Einem so selbstzerstörerischen Widerstand mochte sich die Masse der sozialdemokratischen Anhängerschaft nicht verschreiben. Die meisten SPD-Mitglieder hatten sich nach der Zwangsauflösung ihrer Partei in die proletarische Solidargemeinschaft der Arbeitersiedlungen und Zechenkolonien zurückgezogen, entschlossen, »gewissermaßen politisch zu ›überwintern‹«, wie es ein Historiker umschreibt.[58]

Sie führten dort in ihren Hausgemeinschaften und Sportgruppen, in ihren Gesangs- und Wandervereinen ein eigenes Leben, scheinbar völlig unberührt von den Zumutungen des Regimes. Wer mag, kann darin eine »Bewahrung der organisatorischen Binnenstruktur« sozialdemokratischer Existenz unter den Bedingungen des Dritten Reiches sehen.[59] Schärferen Augen wird sich freilich auch hier nur eine neue Variante jenes Immobilismus der deutschen Sozialdemokratie offenbaren, die schon beim Untergang Weimars eine verhängnisvolle Rolle gespielt hatte.

Allzu idyllisch wird man sich jedoch diese Solidargemeinschaft nicht vorstellen dürfen. Sie war ständig vom Denunziantentum und nationalsozialistischer Proselytenmacherei gefährdet. Auch und gerade in Arbeitersiedlungen »war das schlimmste unter Hitler, daß der eine dem anderen nicht mehr trauen durfte. Politisch unterhalten konnte man sich, wenn man dagegen war, nur noch mit den engsten Nachbarn und Verwandten, ansonsten hat man die Schnute gehalten«.[60]

Zu solcher Vorsicht war aller Anlaß, denn Tausende ehemaliger Genossen standen längst im Lager des Nationalsozialismus. »Stimmungsmäßig verfügt die Regierung über den meisten Anhang in der Arbeiterschaft«, schrieb ein Informant der Sopade im April 1934 nach Prag, und ein anderer Beobachter fand, daß gerade »das Verhalten der Arbeiter dem Faschismus gestattet, sich immer mehr auf sie zu stützen«.[61]

In dieser Welt zwischen Anpassung und Rückzug ins Private konnte sich der Widerstand gegen die Naziherrschaft nur mühsam entwickeln. Am ehesten gedieh er noch an den Rändern der untergegangenen Partei, in jenem Niemandsland zwischen Sozialdemokratie und Kommunismus, in dem Aktivisten und Sektierer sozialistischer Observanz mit der Politik der alten SPD-Führung haderten. Ehemalige Reichsbannerfunktionäre waren es, die im Herbst 1933 am Niederrhein eine illegale Organisation (»Germania-Kreis«) mit paramilitärischen Zügen schufen,[62] Parteilinke hingegen, die in Mittel- und Norddeutschland konspirative Gruppen aufstellten: den »Roten Stoßtrupp« in Berlin mit sozialdemokratischen Studenten, die »Sozialistische Front« aus Arbeitern und Jugendlichen im Raum Hannover, die Gruppen »revolutionärer Sozialisten« in Sachsen und Thüringen.[63]

Anfangs hatten die Gruppen regen Zulauf aus alten Kadern der SPD und der von ihr abgesplitterten Sozialistischen Arbeiterpartei (SAP), was verständlich ist: Widerstand war damals praktisch nur eine »Fortsetzung der zum Teil bürgerkriegsähnlichen Konfrontation zwischen der sozialistischen Linken und den Nationalsozialisten, die sich schon vor 1933 entwickelt hatte«.[64] Später stießen neue Anhänger hinzu, meist junge Arbeitslose, die begierig waren, ihrem tristen Leben mehr Bedeutung und Inhalt zu geben, einen Hauch von Abenteuer und Wagemut.

Das ließ den sozialistischen Widerstand zunächst recht eindrucksvoll aufblühen. Für die Zeit 1933/34 sind SPD-nahe Widerstandsgruppen in vierzig Städten nachgewiesen, rund tausend Parteifunktionäre nahmen an ihnen teil.[65] Gewiß waren es in der Regel nur kleine Gemeinschaften zwischen zwanzig und fünfzig Mitgliedern, doch einige brachten es auch zu größerer Anhängerschaft; der »Rote Stoßtrupp« zählte beispielsweise in seiner Blütezeit 3000 Mitglieder.[66]

Als erfolgreichste Organisation galt »Neu Beginnen«, eine Gruppe marxistischer Fundamentalisten, theoretisch brillant und konspirativ hochbegabt, allerdings vom totalitären Zeitgeist auch schon so angesteckt, daß ihre Ideologie Sopade-internen Kritikern als »roter Faschismus« galt.[67] Es mußte demokratische NS-Gegner verstören, welche radikalen Konsequenzen hier aus dem Versagen des parlamentarischen Systems von Weimar gezogen wurden: keine demokratische Reformpolitik mehr, keinen Pluralismus, nur noch sozialistische »Parteidiktatur nach dem Muster der Bolschewisten«, wie ein SPD-Analytiker interpretierte.[68] Der Rückgriff so mancher Widerstandsgruppen auf das antiliberal-revolutionäre

Erbe des Marxismus erschwerte dem sozialistischen Untergrund den Zugang zu dem noch regimekritischen Teil der Bevölkerung. Ihre bescheidenen Flugblattaktionen fanden nur ein geringes Echo, zumal die Hauptarbeit des Widerstandes zunächst dem Zusammenhalt und der Tarnung der jeweiligen Gruppe diente.

Was davon konkrete Widerstandsarbeit war, geriet bald in das Fadenkreuz der Gestapo, die mit ihren Spitzeln und Überraschungsschlägen den Untergrund schwer dezimierte. Das zwang die Widerständler, nur noch in kleinsten Einheiten zu agieren und auf Tuchfühlung zu Nachbargruppen zu verzichten, denn meist kam die Gestapo einer illegalen Gruppe auf die Spur, wenn diese versuchte, mit einer anderen Kontakt aufzunehmen.

Die Widerstandskämpfer vereinsamten so immer mehr: der Verbindung zu den Massen beraubt, ohne griffiges Konzept für die Lösung der dringendsten Sozialprobleme, nur noch auf den wie ein Wunder ersehnten Militärputsch hoffend – eine trostlose Alternative für Demokraten.

Mehr noch als Verfolgung und Verrat aber mußten die Untergrundkämpfer die Wirtschaftspolitik des Regimes fürchten, die den illegalen Kampf zu einem Wettlauf mit der Zeit machte. Widerstand und Arbeitslosigkeit hingen eng zusammen, sie bedingten geradezu einander. Je schneller es dem Regime gelang, die Massenarbeitslosigkeit zu beseitigen, desto mehr verlor der Widerstand seine aktivsten Kräfte, ebenjene Arbeitslosen, die das Gros der Illegalen stellten und deren scheinbar hoffnungslose Lage bisher ein Antrieb gewesen war, nur im Kampf gegen das Regime und dessen kapitalistische Klientel einen Ausweg aus der Krise zu sehen.

In einem sich voll verwirklichenden Wirtschaftsaufschwung aber würde organisierter Widerstand kaum noch eine Chance haben. Das zeichnete sich bereits ab: Wer in den Arbeitsprozeß wieder eingegliedert war, hatte meist weniger Freizeit, manchmal auch geringere Lust, für den Widerstand zu arbeiten.

Niemand verstand diese Zusammenhänge so gut wie die Propagandisten des Regimes, die raffiniert genug waren, ehedem prominente Sozialdemokraten gegen die illegale Arbeit der eigenen Genossen auszuspielen. Kein Geringerer als der letzte SPD-Chef Paul Löbe, Ende 1933 aus dem KZ entlassen, drängte die Sopade, die Propaganda gegen das Dritte Reich einzustellen – mit dem halsbrecherischen Argument, ohne sie wären längst alle sozialdemokratischen Häftlinge frei und hätten alle Sozialdemokraten wieder Arbeit.[69]

Desto hartnäckiger versteiften sich Sopade und Widerstand auf eine Katastrophenpropaganda, die nicht zuletzt auch die eigene Anhängerschaft in dem Glauben bestärken sollte, die deutsche Wirtschaft und mit ihr das NS-System seien am Ende. Die Rohstoff- und Devisenkrise bot dazu genügend Agitationsstoff. Den »Bankrott der faschistischen Arbeitsbeschaffung« bekundete auch schon der »Pressedienst der KPD Ruhrgebiet«, Sozialisten und Kommunisten polemisierten gegen Hitlers »Massenbetrug« an der Arbeiterschaft.[70] Jede Nummer des Sopadeorgans »Sozialistische Aktion« verriet, wie verzweifelt-gläubig der Widerstand auf den wirtschaftlichen Zusammenbruch des NS-Regimes setzte. »Der Traum ist aus, die Lage ist katastrophal«, trumpfte das Kampfblatt im Mai 1934 auf, Hitlers »Weg in den Abgrund« sei ausgemacht: Bald werde »kein Terrorapparat stark genug sein, um dem aus dem Untergrund emporschlagenden Feuer der Revolution Einhalt zu gebieten«.[71]

Solche Rhetorik mischte sich in den Chor der unzufriedenen Bauern, Kleinhändler und Arbeiter, der – noch verstärkt durch den Lärm der unbefriedigten SA – allmählich so laut wurde, daß selbst dickfelligste NS-Funktionäre aufschraken. Keiner reagierte allerdings so hysterisch die der Propagandaminister Goebbels.

Ihm erschien die Kritik am Regime gefährlich genug, um ihr mit einer geballten Aktion entgegenzuwirken. Am 3. Mai stand in allen deutschen Zeitungen: »Die Reichspropagandaleitung der NSDAP hat . . . eine umfassende Versammlungs-Propagandaaktion angeordnet, die sich insbesondere gegen die Miesmacher und Kritikaster, gegen die Gerüchtemacher und Nichtskönner, gegen Saboteure und Hetzer richten wird, die immer noch glauben, die klare Aufbauarbeit des National-sozialismus stören zu können.«[72]

Eine Flut von Reden, Pamphleten, Presseberichten und Rundfunkkommentaren ergoß sich über das Land, entfesselt vom Reichspropagandaministerium und seinem Chef. Goebbels tönte: »Packt sie euch, tretet ihnen entgegen, und ihr werdet sehen, wie sie feige zurückweichen, wenn ihnen einer die Wahrheit sagt. Laßt euch nichts mehr gefallen! Ruft sie zur Ordnung! Stemmt euch dagegen, daß sich jedes hergelaufene Subjekt erlauben darf, am Aufbau unserer Bewegung herumzunörgeln!«[73]

Das wurde so schrill vorgebracht, daß sich nun erst recht das Gefühl verbreitete, das Hitlerregime stecke in einer tiefen Krise. Die Berichte ausländischer Korrespondenten in Deutschland trugen noch dazu bei, das Bild eines Pulverfasses entstehen zu lassen, das jeden Augenblick hochgehen könne. Der jählings militärgläubige Pazifist Otto Wels kombinierte schon: »Der erste Funke kann von der Reichswehr kommen.«[74]

Allmählich wurde den Satrapen Hitlers in der Provinz die Kampagne von Goebbels unheimlich, einige stoppten sie in ihrem Herrschaftsgebiet. Der schlesische Gauleiter Helmuth Brückner hielt den Propagandafeldzug für »unnötig und schädlich«, auch sein Kollege Kube aus der Kurmark maulte, die Aktion löse nur Unruhe aus, die wirklichen Feinde des Nationalsozialismus würden ohnehin »mit den groben Mitteln öffentlicher Reden nicht getroffen«.[75]

Bei manchen Kritikern von Goebbels aber stellte sich ein bohrender Verdacht ein: Wie denn, wenn sich die unzufriedenen und regimegegnerischen Kräfte mit der verbitterten SA verbanden? Das klang phantastisch, und doch war unbestreitbar, daß es Gemeinsamkeiten zwischen den Unzufriedenen und den NS-Gegnern gab: hier wie dort Kritik an der NSDAP, an der Wirtschaftspolitik, an Restauration und Kapitalismus.

Die Kommunisten im Untergrund hatten in den proletarischen Einheiten der SA schon »eine hochexplosive Mischung« ausgemacht, deren leichte »Entzündbarkeit« sie für den Widerstand nutzen wollten.[76] Deshalb galt ihnen im Sommer

1934 als eine Hauptaufgabe, die SA zu unterwandern und für sich zu gewinnen, in der Sprache der »Roten Fahne«: den »betrogenen einfachen SA-Leuten zu helfen, die klassenbewußte Opposition in den Stürmen zu organisieren«.[77]

Etablierte und Gegner des Regimes ahnten gleichermaßen, daß die Loyalität der SA zum NS-Staat fragwürdig geworden war. Nach ihrer Ausschaltung aus Wirtschafts- und Militärpolitik zeigte sie sich aggressiver denn je. Manche ihrer Führer ließen schon durchblicken, daß sie einen anderen Staat wollten als den des 30. Januar 1933.

Röhm spielte sich zusehends als Wächter des »revolutionären« NS-Erbes auf. Kein Massenaufmarsch der SA, keine Fahnenweihe, keine Eröffnung von SA-Heimen, ohne daß der Stabschef eine Rede hielt, mit immer neuen Anklagen und Beschwörungen, stets in die gleiche Richtung: Kritik an der »Verbonzung« der Partei und an der »unsozialistischen« Politik des Regimes, Brandmarkung der »Reaktion«, die die SA beiseite schiebe und den Nationalsozialismus verfälsche.

Mancher hohe NS-Funktionär horchte auf, war doch auf Röhms Parteitreue wenig Verlaß. Nichts band ihn an die NSDAP; er war nicht über die Partei, sondern allein durch Hitler an die Spitze der SA gelangt. Für Belange der Partei war Röhm kaum zu haben. Er machte auch keinen Hehl daraus, wie sehr ihn die Macht- und Raffgier der Parteibürokraten anwiderte.

In seinen Tagträumen gaukelte sich Röhm vor, von Hitler den Auftrag erhalten zu haben, »mit der SA die Partei aufzurollen«, wie er einem Freund erzählte.[78] Natürlich war Hitler nichts so Phantastisches eingefallen, doch auch das Hirngespinst verriet, wie sich der Stabschef der SA sah: als den Gralshüter, der über »Reinheit« von Nationalsozialismus und Regime zu wachen habe.

Röhms Wahn fand ein vielstimmiges Echo in seiner Mammutorganisation, die mit ihren Sonderbeauftragten und Kommissaren vermehrte Machtteilhabe ansteuerte. Die SA besaß zwar nicht mehr die beherrschende Position wie in den Wochen nach der Machtergreifung, dennoch schob sie sich als eine dritte Macht zwischen Staat und Partei, damit die Herrschaft der NS-Funktionäre und der Beamtenschaft bedrohend.

Am stärksten war ihre Macht noch in Preußen. Dort hatten sich Ministerialbürokratie und Gemeindeverwaltungen in einem dichtmaschigen Netz von SA-Aufpassern verfangen: Sonderbevollmächtigte der SA in allen Ministerien und bei allen Oberpräsidenten, Sonderbeauftragte der SA bei allen Regierungspräsidenten und Landräten, die meisten Polizeipräsidien in der Hand von SA-Führern, die berüchtigtsten Konzentrationslager eine Domäne der SA.

Unverlierbar hatte sich die Schreckensherrschaft der SA in den Tagen der Machtergreifung in das Gedächtnis des Bürger eingebrannt. Zügellos war damals Jagd auf Republikaner, Antinazis und Juden gemacht worden. Unvergessen war die berüchtigte »Ic«, die SA-eigene Terrorzentrale in Berlins Stresemannstraße, die jene Menschenjagd steuerte, die meist in einem der 50 wilden KZ endete, die die SA allein in der Hauptstadt unterhielt: hochbrisantes Gemisch aus politischem Fanatismus, sozialen Ressentiments und unverhülltem Verbrechertum.[79]

Nur mühsam war es Göring gelungen, wenigstens die übelsten Exzesse der SA zu stoppen. Er, der selber die SA im Februar 1933 geholt hatte, um alles niederzuwalzen, was sich nationalsozialistischer Machteroberung entgegenstellte, war der SA-Chaotiker rasch überdrüssig geworden. Ihr Terror störte nicht nur die Arbeit des Staatsapparats, er ruinierte auch das von Göring so eifrig gepflegte Image eines Herolds der autoritär-altpreußischen Ordnung.

Göring verbot im Hochsommer 1933 allen Parteiorganisationen das eigenmächtige Verhaften von Menschen, löste die von der SA beherrschte Hilfspolizei auf und ließ den Gestapochef Diels die meisten wilden KZ schließen.[80] Eine Zentrale Staatsanwaltschaft im preußischen Justizministerium begann sogar, KZ-Verbrechen der SA zu ermitteln und die Schuldigen vor Gericht zu stellen.[81]

Das brachte ein Stück Rechtsstaatlichkeit nach Preußen zurück, bedeutete freilich zugleich noch mehr Macht für das Geheime Staatspolizeiamt in Berlin und seine Staatspolizeistellen in den Regierungsbezirken. Die »Stapo« (so das offizielle Kürzel) erhielt die alleinige Kompetenz, Menschen in ein KZ einzuweisen.[82] Seit dem zweiten Gestapogesetz vom 30. November 1933 war sie auch eine selbständige Behörde, nur noch dem Ministerpräsidenten unterstellt, der sie über einen Inspekteur leitete.[83]

Trotz solcher Machtkonzentration kam Göring an den harten Kern des SA-Kartells nicht heran. Görings Macht war begrenzt, ja, sie nahm ab, seit ihm in dem Reichsinnenminister Frick ein gefährlicher Gegner erwachsen war. Wilhelm Frick, pedantischer Wegbereiter des zentralistisch-bürokratischem Einheitsstaates, hatte sich geschworen, der preußischen Übermacht im Reich und damit auch Görings Sonderstellung ein Ende zu setzen.

»Reichsreform« hieß das Stichwort, das Frick und seine engsten Mitarbeiter umtrieb. Die territoriale Neugliederung des Deutschen Reiches und die Reform des bisherigen Reich-Länder-Verhältnisses, schon in der Weimarer Verfassung vorgesehen, war ein altes Projekt. Es setzte die Auflösung des zu groß geratenen Preußen voraus, an dessen hartnäckigem Widerstand die Reichsreform stets gescheitert war, gleichgültig, ob im Lande die Roten oder die Schwarzen regierten.

Jetzt aber wollte Frick die Gleichschaltung der Länder dazu benutzen, endlich im Reich Ordnung zu schaffen, Ordnung freilich im Sinne des herrischen (»totalen«) Staates, der dem unverbesserlichen Bürokraten vorschwebte. Entsprechend radikal seine Idee der Reichsreform: Abschaffung der Länder und ihre Ersetzung durch reichsunmittelbare Verwaltungseinheiten (»Reichsgaue«), Aufbau einer Reichspolizei durch Zentralisierung aller Länderpolizeien unter dem Dach seines Ministeriums, Schaffung einer bis in die letzte Provinz reichenden Reichsbürokratie.[84]

Das aber mußte für Göring das Ende Preußens und seiner eigenen Macht bedeuten. Im Januar 1934 hatte Frick ein Gesetz über den Neuaufbau des Reiches durchgedrückt, das die Reichsstatthalter in den Ländern (also auch Göring) der Dienstaufsicht des Reichsinnenministers unterstellte. Auch war bereits im Reichskabinett beschlossen worden, noch im Laufe des Jahres die preußischen Ministerien mit den Reichsministerien zu vereinigen.[85]

Hinter diesen Plänen stand Hitler, dem der Mann in Preußen zu eigenwillig geworden war. Nicht, daß er Fricks Reichsreform sonderlich goutierte. Im Gegenteil: Hitler lag nichts ferner als die Etablierung und Festigung einer staatlichen Zentralgewalt mit ihren Gesetzen und Regeln. Der totale Staat des Dr. Frick hatte keinen Platz in seinen Plänen. Hitler peilte vielmehr eine Führergewalt an, neben und über dem Staat, an keine Normen gebunden, allein auf ihn und seinen Willen ausgerichtet.

Das verstand der Aktenhuber Frick nie: daß Hitler seine Reformpläne nur unterstützte, solange sie halfen, ihn gefährlich dünkende Machtzusammenballungen in den Ländern aufzulösen. So war es schon bei der Einsetzung der Reichsstatthalter als Aufsichtsorgane der Reichsgewalt im April 1933 gewesen. Hitler hatte damals ausschließlich mächtige, an die Spitze von Landesregierungen gelangte Gauleiter zu Reichsstatthaltern bestellt. Damit hatte er sie gezwungen, ihre Ministerpräsidentenposten zu räumen und sie Nationalsozialisten aus dem zweiten Glied zu überlassen, womit ihnen automatisch Gegenkräfte zuwuchsen. [86]

Nur in Preußen hatte das Spiel seinen Zweck verfehlt. Göring war Ministerpräsident und Reichsstatthalter geblieben, was ihm Hitler in einer schwachen Stunde konzediert hatte. Er hatte das längst bereut: Göring führte sich wie ein Alleinherrscher in seinem Lande auf, unbekümmert um die Wünsche der Reichskanzlei.

Typisch dafür war der dreiste Streich gewesen, den Göring an der Spitze einer Fronde konservativer Beamter im Dezember 1933 Hitler und Frick gespielt hatte. Gegen Hitlers ausdrückliches Verbot ließ Göring vom preußischen Ministerrat zwei Gesetze, das Gemeindeverfassungs- und das Gemeindefinanzgesetz, beschließen, die die Machtstellung der Partei in den Kommunen zugunsten einer etatistisch-bürokratischen Staatsaufsicht erheblich reduzierten. Von Hitler zur Rede gestellt, wollte Göring darin nur ein Mißverständnis sehen, die Gesetze aber nahm er nicht zurück. [87]

Hitler revanchierte sich durch eine ostentative Unterstützung von Fricks Reichsreform, was eine deutliche Warnung für Göring war, den Bogen nicht zu überspannen. Er wußte, daß sich die Autonomie seiner Ministerien nicht mehr halten ließ. Um sich wenigstens die Kontrolle über den Polizeiapparat zu sichern, amputierte Göring das Innenministerium, ehe es Frick in die Hände fiel. Erst unterstellte er die Gestapo seiner Leitung, im März 1934 auch die preußische Landespolizei. [88]

Doch wie lange würde Frick das hinnehmen? Göring blieb nicht viel Zeit. Verlor er auch die Herrschaft über die Polizei, dann mußte er unweigerlich in die Abhängigkeit der SA geraten. Göring konnte sich in Preußen nur halten, wenn er einen Partner fand, der ehrgeizig und machtlüstern genug war, um sich gegen die SA und die Reichsbürokratie durchzusetzen.

Es gab eine solche Kraft im Lande, radikal, fanatisch und düster wie die schwarze Uniform, die ihre Anhänger trugen, um sich von dem plebejischen Braun jener SA abzuheben, der sie einst entsprossen war und widerwillig immer noch unterstand: Heinrich Himmlers Schutz-Staffel, die SS.

Wo immer in diesem Frühjahr die Furcht vor SA und Krise die Etablierten des Regimes zusammenführte, war sie dabei, ein williger Exekutor der Parteiführung, die sie fast unauffällig in strategisch wichtige Positionen für die kommende Auseinandersetzung mit Röhm schob. Das war stets die Aufgabe der SS gewesen: jeden Augenblick die Befehle Hitlers und der Reichsleitung blindlings zu exekutieren, die Führer der Partei zu schützen und in ihr eingesickerte Gegner aufzuspüren.

Die SS war so eine eigene Macht in der Partei geworden. Ohne sie lief in der NSDAP nichts mehr: Ihr supergeheimer Sicherheitsdienst (SD) schnüffelte auch in den kleinsten Parteizellen, ihre bewaffneten Politischen Bereitschaften galten als die diszipliniertesten Terrorinstrumente der Parteiführung. Auch Hitler mochte seine Sicherheit nur noch einer SS-Truppe anvertrauen, die seit September 1933 seinen Namen trug: Leibstandarte-SS Adolf Hitler, kurz LAH.

Doch dem bombastischen Ehrgeiz ihres »Reichsführers-SS« war selbst dies noch zuwenig. Den ehemaligen Agronomen und Hühnerfarmer Heinrich Himmler, Jahrgang 1900, Sohn eines Münchner Gymnasiallehrers, faszinierten abstruse Ideen von Germanenorden und biologistischer Aufzucht.[89] »Wie ein Saatzüchter, der eine alte gute Sorte, die vermischt und abgebaut ist, wieder rein züchten soll«,[90] wollte er die SS hochputschen zu einem elitären Männerorden »guten deutschen Blutes«, dazu berufen, die tragende Führungsschicht in Hitlers Reich zu bilden.

Solchen Wahnideen hätte sich Himmler vollends ergeben, wäre nicht an seiner Seite ein Mann gewesen, der den spießigen Ordensmystiker auf konkretere, jedoch nicht weniger verhängnisvolle Bahnen lenkte. Der SS-Brigadeführer Reinhard Heydrich, Gründer und Leiter des SD, 28 Jahre alt, ehemaliger Funkoffizier und wegen einer unappetitlichen Frauenaffäre aus der Reichsmarine hinausgeworfen, war ein böses Genie der Ausforschung und Nachrichtenbeschaffung.[91] Er hatte eine genaue Vorstellung davon, was man in einer Diktatur mit der SS anfangen könne.

Die »lebendige Registriermaschine, das Gehirn, das alle Fäden kannte und sie immer wieder knüpfte« (Himmler über Heydrich),[92] konnte nur in den Begriffen des Polizeistaats denken. Die SS mit der Polizei zu einem Staatsschutzkorps zu verbinden, SD-Führer auf die Schlüsselposten dieser Reichspolizei zu setzen, war Heydrichs Idee: Beginn eines Überwachungssystems, wie es die Welt noch nicht gesehen hatte.

Fast ungeduldig stieß Heydrich seinen Chef an, etwas aus dem Posten des Münchner Polizeipräsidenten zu machen, der ihm im März 1933 zugefallen war. Heydrich ließ sich von ihm die Leitung der Politischen Polizei übertragen, gemeinsam schufen sie in Bayern das düstere Machtdreieck SS–Polizei–Konzentrationslager, das bald in ganz Deutschland Schule machen und sich in einem Horrornamen subsumieren sollte: Dachau.[93]

Das erste KZ im Reich, Brutstätte einer barbarischen Straf- und Prügelordnung, aber auch unzähliger vertuschter Mordfälle, brachte Bayerns Politischem Polizeikommandeur den Ruf drakonischer Tüchtigkeit und Systematik ein. Manchen von SA-Revoluzzern heimgesuchten NS-Potentaten außerhalb Bayerns verlockte es, auch so einen Himmler zu besitzen. Das gab ein paar Leuten um Heß' Stabsleiter Bormann die Idee ein, dem SS-Chef auch die Polizei anderer Länder zu übertragen, ja die ganze deutsche Polizei.

Unversehens sah sich Himmler im späten Herbst 1933 auf einem Siegeszug durch die Länder, deren Machthaber meist froh waren, von dem scheinbar so effizienten Reichsführer-SS aus den Querelen mit größenwahnsinnigen Polizeipräsidenten und Kommissaren der SA erlöst zu werden. Himmler übernahm eine politische Länderpolizei nach der anderen.[94] Wer aber noch zögerte wie Braunschweigs Ministerpräsident Klagges, sich mit Himmler einzulassen, bekam einen Wink, daß die Reichsleitung in München dessen Ernennung zum Polizeichef wünsche.[95]

Göring indes konnte sich wochenlang nicht entschließen, mit dieser SS zu paktieren. Er hatte eine instinktive Abneigung gegen Himmler und Heydrich, der kalte Fanatismus des schwarzen Puritanerordens war ihm unheimlich. Gegen Heydrich war von ihm im Frühjahr 1933 ein Haftbefehl erlassen worden, weil der SD-Chef versucht hatte, hinter seinem Rücken im preußischen Polizeiapparat Fuß zu fassen. Auch jetzt wollte Göring noch zur Bedingung machen, daß Heydrich in München bleibe, was Himmler indes ablehnte.[96]

Doch welche andere Wahl blieb Göring in seiner mißlichen Lage? Am Ende mußte er froh sein, daß sich seine Interessen mit jenen der beiden SS-Führer einigermaßen deckten. Auch Himmler und Heydrich waren an einer Zerstörung der SA-Macht interessiert, ohne die die SS niemals von der SA freikommen würde, auch sie profitierten von einer Lahmlegung der Frickschen Reichsreform, die ihre eigenen Reichspolizeipläne bedrohte.

Am 20. April 1934 wurde man sich einig. Göring lieferte der SS die Gestapo aus, wenn er auch formal deren Chef blieb: Himmler wurde stellvertretender Chef und Inspekteur der Stapo, Heydrich übernahm das Gestapa in der Prinz-Albrecht-Straße.[97] Der zufriedene Heß legte ein paar Wochen später noch eine Morgengabe drauf; er erhob den SD zum exklusiven Nachrichtendienst der Partei.[98]

Der Pakt des 20. April, Abschluß der Besitznahme aller politischen Polizeibehörden durch die SS, sollte weitreichende Folgen haben. Die kurzfristigen waren am ehesten erkennbar: Wie ein Magnet zog die Achse Göring–Himmler alle SA-gegnerischen Kräfte im Lande an sich und ließ eine buntgemischte Koalition entstehen, die von der Parteibürokratie bis in das Juste-milieu bayerischer Führungseliten und die Vorstandsetagen der Großindustrie reichte. Jeder hatte ein Interesse an der Ausschaltung der SA, jeder konnte von der Entmachtung Röhms und seiner Unterführer Nutzen ziehen.

Aber wie mit der SA fertig werden? Zunächst ging es den SA-Gegnern wohl nur darum, den Einfluß der Massenorganisation zurückzudrängen und deren Chef zu neutralisieren. Das hieß praktisch: die SA aus ihrer Machtstellung zwischen Partei und Staat zu vertreiben, das Netz ihrer Sonderbeauftragten, Polizeipräsidenten, Kommissare und Rollkommandos zu zerreißen.

Mancher mag dabei auch eine radikale Verminderung der Personalstärke und die Entmilitarisierung der SA ins Auge gefaßt haben. Hitler dachte in solchen Bahnen. Sein Angebot an die Westmächte, die SA um zwei Drittel zu verkleinern und die Rumpf-SA unter internationaler Inspektion zu entmilitarisieren, stellte einen Versuch Hitlers dar, sich mit Hilfe des Auslands des leidigen Problems zu entledigen.[99] Dem Besucher Anthony Eden offenbarte Hitler am 21. Februar in einem seltenen Gefühlsausbruch, wie satt er die ganze SA habe: Sein »gesunder Menschenverstand und politischer Instinkt« würden ihm nie erlauben, eine zweite Armee im Staat zu dulden, »nie, nie!«[100]

Doch Hitlers Ausbruchmanöver war im April am Widerstand der französischen Diplomatie gescheitert. Seither verfiel er in Untätigkeit, nicht bereit und willens, die offene Auseinandersetzung mit der SA zu wagen.

Da brachte Röhm ungewollt ein neues verschärfendes Element in die Pläne der SA-Gegner. Er begann fast fieberhaft, die SA zu bewaffnen. Das war doppelt dramatisch für das Regime, da die Bewaffnung geheim vor sich ging und gleichwohl Hitler vor den Militärs bloßstellte, hatte er doch immer wieder beteuert, die Reichswehr sei der einzige Waffenträger der Nation.

Röhm kümmerte sich nicht darum. Er ließ bei jeder SA-Gruppe eine bewaffnete Stabswache in Stärke von einer Kompanie aufstellen, die mit Karabinern und schweren Maschinengewehren ausgerüstet wurde.[101] Das allein bedeutete bereits, daß Röhm 5000 bewaffnete Männer zur Verfügung stehen würden. Damit begnügte er sich jedoch nicht. In der SA wurden weitere bewaffnete Einheiten gebildet, in Berlin etwa ein »Wachregiment« für die Gruppe und »Wachbataillone« für die Brigaden.[102]

Je mehr Waffen aber die SA auf dem schwarzen Markt kaufte, desto nervöser reagierten ihre Gegner. Die Reichswehrführung alarmierte Hitler und verlangte seine Intervention, ohne freilich viel zu erreichen.[103] Sie hätte wohl noch härter gedrängt, wäre ihr bekannt gewesen, was alles in den SA-Depots lagerte. Später hat man die Waffen der SA gezählt: 177 000 Gewehre, 651 schwere und 1250 leichte Maschinengewehre, genug, um den Schußwaffenbedarf von zehn Infanteriedivisionen der Reichswehr zu befriedigen.[104]

Aber auch das wenige, was Göring, Himmler und Heß wußten, reichte aus, sie in einen hysterischen Aktionismus zu stürzen. Warum bewaffnete Röhm seine SA so hektisch, was veranlaßte ihn, mit Frankreichs Botschafter und Militärattaché emsig Umgang zu pflegen?[105] Gewohnt, dem Gegenspieler stets die übelsten Motive zu unterstellen, fürchteten sie einen vernichtenden Schlag Röhms gegen ihre Positionen und Privilegien, möglicherweise mit Hilfe des Auslands. Dagegen kannten sie nur ein Radikalmittel: weg mit Röhm.

Wahrscheinlich gehörte Heydrich zu denen, die schon frühzeitig die barbarischste Lösung des Röhmproblems anvisierten. Nur ein toter Stabschef, so könnte er gemeint haben, würde totale Sicherheit vor der SA verbürgen; eine formelle Absetzung Röhms oder ein Schauprozeß gegen Hitlers ältesten Freund, der NS-Interna wie kein anderer kannte, hätte das Establishment nicht beruhigen können.

Heydrich mag die anderen allmählich mitgerissen haben, den opportunistischen

Himmler nicht weniger als den Morphinisten Göring, dessen flüchtige Jovialität kaum über seine grenzenlose Macht- und Besitzgier hinwegtäuschen konnte. Mord – für manchen Nationalsozialisten kein abschreckendes Wort.

Eine Partei wie die NSDAP, im Zeitalter von Freikorps und Fememorden entstanden, typisches Produkt der Kriminalisierung deutscher Politik in der Endphase der Weimarer Republik, hatte für scheinbar unlösbare innerparteiliche Konflikte auch immer das Hilfsmittel der Gewalt gekannt. »Daß man einen Mann um die Ecke bringt, das wird bei uns nicht so tragisch aufgefaßt. Eine solche Einrichtung gehört mit zu unserer Organisation«, philosophierte einmal der Röhmintimus Georg Bell. »Wir sagen, das ist Selbstschutz, Sie sagen da: Mord. Ich finde nichts dabei, wenn einer aus moralischen Gründen im Interesse der Partei beseitigt wird.«[106]

Doch wie die Aktion gegen die SA in Gang setzen? Heydrich, der Ende April ihre Federführung übernahm, brauchte zunächst einmal einen Vorwand für das Unternehmen. Er benötigte Belastungsmaterial, ohne das Hitler der Aktion schwerlich zustimmen würde.

Als Vorwand boten sich die Bewaffnung der SA und die Spannungen zwischen ihr und der Reichswehr an. Kombinierte man nun beides mit dem Revolutionsgerede der SA, auch mit ihren gelegentlichen Kontakten zu den Franzosen, so ließ sich eine Putschabsicht der SA konstruieren: Putsch gegen die Reichswehr, aber auch Putsch zur Errichtung des von Röhm und seinen Unterführern erträumten SA-Staates. Und das war Hochverrat, für Nazis ein todeswürdiges Verbrechen.

Entsprechend verfuhr Heydrich. Anfang Mai ließ er Beamte der Gestapo und SD-Mitarbeiter ausschwärmen, um Material gegen die SA zu sammeln. Die Ausbeute war jedoch mager. Der schlesische SD-Führer Ernst Müller-Altenau lieferte Meldungen über die Bewaffnung der SA, aus denen er schloß, in Schlesien bereite die SA eine Aktion gegen die Reichswehr vor, und vom SD-Oberabschnitt Dresden lagen ähnliche Erkenntnisse über Sachsen vor.[107]

Dagegen standen jedoch ebenso viele Indizien, die auf die absolute Regimetreue der SA hindeuteten. Oberst von Rabenau, der Stadtkommandant von Breslau, urteilte Anfang Mai, ein Aufstand der SA sei unwahrscheinlich, was auch andere Truppenführer fanden.[108]

Doch Heydrich ließ nicht locker. Er erhoffte sich zusätzliches Belastungsmaterial aus den Panzerschränken des Reichswehrministeriums. Generalmajor von Reichenau war nicht abgeneigt, mit ihm zu kooperieren. Er verschaffte Heydrich Verbindungen zu allen wichtigen Leuten in der Reichswehr, die sich auf ihre Art mit der SA beschäftigten.

Daraus entstand eine Achse Göring–Blomberg–Himmler, sowenig auch Heydrich den neuen Partner in die letzten Ziele seines Unternehmens eingeweiht haben mag. Von den Militärs wußte wohl keiner, daß er einer Mörder-AG assistierte. Die Soldaten fragten nicht viel und halfen. Fortan fütterte Kapitän zur See Conrad Patzig, Leiter der Abwehrabteilung des Reichswehrministeriums, die Gestapo mit den Informationen seines Apparates.

Die Militärs hatten offenbar keine Bedenken, sich mit einer Macht einzulassen, deren Herkunft aus dem Morast des rechtsextremen Politterrorismus so offenkundig war. Das schneidige Auftreten der SS imponierte einem Berufsstand, der von alters her gewohnt war, blinden Gehorsam und starre Disziplin mit Charakterstärke zu verwechseln. »Bestes Menschenmaterial in fast ausschließlich wehrfähigem Alter«, notierte das Truppenamt des Heeres über die SS.[109]

Sie besaßen sogar schon ein gemeinsames Kind zusammen. Die Leibstandarte-SS Adolf Hitler ging auf den General Friedrich Graf von der Schulenburg, ehedem Generalstabschef der Heeresgruppe Deutscher Kronprinz, zurück, der Himmler eingeredet hatte, er müsse dem neuen Reich nun auch eine neue Garde schaffen.[110] Worauf im März 1933 aus den SS-Standarten jeweils die drei fähigsten Männer herausgezogen und in Berlin zu einer Stabswache zusammengestellt worden waren, die der ungeschlachte, aber auch bauernschlaue SS-Gruppenführer Josef (»Sepp«) Dietrich übernahm.[111]

Die Ausbildung der Truppe besorgten zwei Infanterieregimenter, vor allem das feudale IR 9, Traditionsträger der alten Potsdamer Garden und noch so aristokratisch, daß später seine Angehörigen, darunter auch ein sich gern als Vergangenheitsbewältiger profilierender Bundespräsident, es für einen Hort des Widerstandes gegen Hitler hielten.[112] Die SS-Männer auf dem Truppenübungsplatz Jüterbog merkten davon nichts: Die Ausbilder von »Graf Neun« legten sich ordentlich ins Zeug, um die Leibgardisten des Führers zu schußsicheren Einzelkämpfern zu erziehen.

Auch danach hielten die Neuner Kontakt zu »ihrer« SS. Sie waren bei der Fahnenweihe der LAH ebenso dabei wie bei deren erstem Auftreten auf dem Reichsparteitag der NSDAP.[113] Ihre altpreußischen Gardevorstellungen flossen ungehemmt in die Leibstandarte, zumal die LAH vom Heer abhängig blieb, was sich auch äußerlich dokumentierte: Waffen aus Beständen des Heeres, Übernahme der Heeresvorschriften, militärische Formationsbegriffe statt der in der SS üblichen.[114]

Führer der Leibstandarte waren auch gerngesehene Besucher im Reichswehrministerium und knüpften die Bande zwischen SS und Heer fester. So fiel kaum noch auf, daß zusehends mehr SS-Führer den Weg zu Reichenau fanden und den Schlag gegen die SA besprachen. Über das Schicksal der SA war man sich einig. »Ich sage Ihnen, die werden uns noch einmal aus der Hand fressen« – so Reichenau zu einem späteren SS-General.[115]

Davon profitierte auch Heydrich, dessen Nachrichtenfluß nun in Gang kam. Alarmierendes über die SA war allerdings noch immer nicht dabei; starken Tobak aber benötigte er, wenn es Göring und Himmler gelingen sollte, Hitler für eine Aktion gegen die SA zu gewinnen. Der spielte noch nicht richtig mit, ja, ahnungslos durchkreuzte er die Arbeit der Konspirateure.

Die sich von Woche zu Woche steigernden Massenaufmärsche der SA gaben Hitler noch einmal eine Chance, mit ausländischer Hilfe wenigstens halbwegs das SA-Problem zu entschärfen. Der SA-Spektakel rief den britischen Botschafter Phibbs auf den Plan, der in Röhms Massenparaden ein ernstes Hindernis für die von Berlin gewünschte Wiederaufnahme der Rüstungsgespräche sah. Als auch Hindenburg dem Kanzler bei einer Zusammenkunft am 28. Mai riet, die SA-Aktivitäten einzuschränken, schritt Hitler ein.[116]

Am nächsten Tag bat Neurath den Botschafter zu sich und eröffnete ihm, der Reichskanzler habe der SA den Befehl erteilt, ihre militärischen Übungen einzustellen.[117] Phibbs erfuhr auch, was dahintersteckte. Hindenburg und die Führer der Reichswehr, meldete er am 30. Mai nach London, seien der Auffassung, durch eine Beschränkung der SA-Aktivitäten habe das Reich mehr Aussicht, die Zustimmung der Westmächte zu seiner Aufrüstung zu erhalten. Phibbs schrieb: »Hitler teilt diese Meinung und schickt daher die SA in einen Urlaub.«[118]

Das war Hitlers Trick: die SA einfach zu beurlauben, sie gleichsam erst einmal aus dem Blickfeld zu räumen und an den Gedanken zu gewöhnen, daß es außenpolitische Gründe gebe, nicht mehr in voller Stärke aufzutreten. Plante er noch mehr? Dem US-Geheimdienst in Paris ging damals der Bericht eines amerikanischen Korrespondenten zu, der aus sicherer Berliner Quelle wissen wollte, daß Hitlers Sonderbotschafter Joachim von Ribbentrop den Auftrag habe, den Westmächten die völlige Auflösung der SA »im Austausch gegen Konzessionen in der Materialfrage der deutschen Aufrüstung« anzubieten.[119]

Immerhin waren es auch außenpolitische Gründe, mit denen Hitler am 4. Juni Röhm bewog, der Beurlaubung der SA zuzustimmen. Röhm schied, so vermutet ein Historiker, »in dem Glauben, Hitler stehe auf seiner Seite, befinde sich jedoch unter solchem Druck, daß ihm nichts anderes übrigbleibe, als ihn [Röhm] um die Einschränkung der SA-Aktivitäten zu bitten«.[120]

Drei Tage später war die sensationelle Nachricht heraus: Die SA wurde für den Monat Juli beurlaubt. Röhm zog sich zu einem »mehrwöchigen Krankheitsurlaub« in den oberbayerischen Kurort Bad Wiessee zurück, nicht ohne sich mit der drohenden Erklärung zu verabschieden, »die Feinde der SA« sollten sich ja nicht »in der Hoffnung wiegen, die SA werde aus ihrem Urlaub nicht mehr oder nur zum Teil wieder einrücken«.[121]

Röhms Suada konnte nicht darüber hinwegtäuschen, daß er eine schwere Schlappe erlitten hatte. Die Generale der Reichswehr atmeten auf, die Lage entspannte sich. Keinen aber störte die von Hitler verordnete Pause so empfindlich wie den Planer Heydrich, denn einer in den Urlaub abgetretenen SA konnte man schwerlich einen Staatsstreich unterschieben. Noch war Heydrich ratlos, da eröffnete ihm die plötzliche Abreise des Reichspräsidenten von Hindenburg zu seinem ostpreußischen Gut Neudeck ein neues Manövrierfeld.

Am 4. Juni war der alte Herr früher als üblich aus Berlin abgereist, eine breite Spur von Gerüchten über seinen Gesundheitszustand hinter sich lassend.[122] Anfang Mai war er an einem Blasenleiden erkrankt, was Anlaß zu der Vermutung gab, daß die Tage des Sechsundachtzigjährigen gezählt seien. Schon ging das Wort seines Leibarztes Sauerbruch um, mit dem Ableben des Reichspräsidenten müsse in Kürze gerechnet werden.[123]

Mit Hindenburgs Tod aber stellte sich die deutsche Machtfrage, scheinbar durch den 30. Januar 1933 endgültig entschieden, noch einmal in voller Schärfe. Wer sollte neues Staatsoberhaupt werden? Für Hitler gab es keinen Zweifel: er und kein anderer. Von Anfang an war er entschlossen gewesen, Alleinherrscher in Deutschland zu werden. Solange Hindenburg lebte, war ihm das Ziel versagt. Erst in der Stunde von Hindenburgs Tod schien der Weg frei.

Doch es gab noch Kräfte in Deutschland, die ebendies um jeden Preis verhindern wollten. Ihre Stichwortgeber saßen im Stab des Vizekanzlers Franz von Papen, jenes geschwätzigen und unzuverlässigen Steigbügelhalters Hitlerscher Kanzlerschaft, den gleichwohl ein Treppenwitz der Zeitgeschichte in die Rolle eines Bremsers des Regimes befördert hatte. Sie schien ihm noch einmal die Möglichkeit zu bieten, sein altes, 1933 gescheitertes Konzept einer »Zähmung« Hitlers zu verwirklichen.

Das war nun freilich nicht mehr sein eigenes Konzept, sondern das einer kleinen Gruppe autoritär-konservativer Intellektueller und Beamter hinter ihm, die sich zunutze machen wollte, was dem heruntergekommenen Papen noch geblieben war: ein gewisses Renommee in bürgerlichen Rechtskreisen und die Verbindung zu Hindenburg, der eigensinnig an seinem »Fränzchen« festhielt.[124]

Wortführer dieser Gruppe war der Oberregierungsrat Herbert von Bose, ein ehemaliger Nachrichtenoffizier, der die Pressestelle des Vizekanzleramtes leitete und in dessen Schutz ein Netz von NS-Gegnern in Bürokratie und Society geschaffen hatte. Zäh und einfallsreich verfolgte er sein Ziel, Hitlers Macht zu beschränken und die übelsten Folgen der Naziherrschaft, Meinungsterror und Rechtswillkür, zu beseitigen.[125]

Dabei bediente sich Bose vordergründig der gleichen Taktik wie sein Gegenspieler Heydrich. Er schürte die Furcht vor einem SA-Putsch. Mit ihr wollte er die Reichswehr zu einer politischen Intervention gegen Hitler aufreizen.

Sein Plan war, mit Hindenburgs Hilfe der Reichswehr die vollziehende Gewalt in die Hand zu spielen und sie zu veranlassen, die SA auszuschalten und Hitler zur Umbildung des Kabinetts zu zwingen, in das auch General von Fritsch, der Chef der Heeresleitung, eintreten sollte. Danach sollte Hindenburgs Nachfolge geregelt werden, möglichst mit einem Prinzen aus dem alten Kaiserhaus.[126]

Natürlich wußte Bose, daß eine solche Politik nicht mit Blomberg und Reichenau zu machen war. Er setzte eher auf den hochkonservativen Fritsch, dessen Politikfremdheit er allerdings nicht durchschaute, und auf einige Generale in den Wehrkreisen. Auch Schleicher wollte er an sich heranziehen.[127] Im April war Boses engster Mitarbeiter, der Rechtsanwalt Edgar Jung, Verfasser von Papens wichtigsten Reden, bei dem Exkanzler gewesen, der mit ihm gern »über all diese Probleme geplaudert hatte«.[128]

In dieser Lage aber mußte Hindenburgs Abreise und die Beurlaubung der SA den Planer Bose ebenso hart treffen wie Heydrich. Jäh entfielen zwei Voraussetzungen von Boses Plan: die sichere Verbindung zu Hindenburg, der in Ostpreußen nur noch schwer zugänglich sein würde, und die Aussicht auf einen Reichswehr-SA-Zusammenstoß. Entspannung war jetzt das letzte, was Bose benötigte. Er brauchte Aufregung, Unruhe, Spektakel – und er schuf sie.

Jung arbeitete seit Dezember 1933 an einer Rede, mit der Papen einmal schonungslos die ganze Willkür des Nationalsozialismus geißeln sollte. Da kam es Bose gelegen, daß Papen zu einer Veranstaltung des Universitätsbundes in Marburg eingeladen worden war, wo er eine Rede halten sollte. Rasch spitzten Bose und Jung den Redetext noch einmal zu, dann drückten sie ihn Papen in die Hand.[129]

Folgsam kletterte der Vizekanzler am 18. Juni im Auditorium maximum der Universität Marburg auf das Rednerpodium und wetterte gegen »all das, was an Eigennutz, Charakterlosigkeit, Unwahrhaftigkeit, Unritterlichkeit und Anmaßung sich unter dem Deckmantel der deutschen Revolution« ausbreite. Durch den Beifall der Studenten drangen Papens Stichworte: »Verwechslung von Vitalität mit Brutalität ... Kein Volk kann sich den ewigen Aufstand von unten leisten ... Terrormethoden in der Domäne des Rechts.«[130]

Die »brausende Zustimmung«,[131] die Papens Rede im ganzen Land fand, feuerte Bose an, seine Chance voll zu nutzen. Der wütende Goebbels lieferte dazu noch unfreiwillig die willkommene schrille Begleitmusik. Er verbot den Zeitungen, die Ansprache zu veröffentlichen, und ließ Polizisten die Restauflage eines Sonderdrucks der Rede in einer Berliner Druckerei beschlagnahmen. Dennoch ging der Text von Hand zu Hand, zumal ihn inzwischen auch die »Frankfurter Zeitung«, zumindest in einem Teil der Auflage, ausführlich zitiert hatte.[132]

Papen aber, jäh in den Ruf gelangt, die mutigste Rede seit dem 30. Januar 1933 gehalten zu haben, ließ sich von Bose weiter aufwiegeln. Erst solle er, schärfte ihm der Oberregierungsrat ein, bei Hitler gegen die Unterdrückung seiner Rede durch einen statusminderen Minister protestieren, dann zu Hindenburg fahren und von diesem entschiedene Maßnahmen gegen die braune »Anarchie«, sprich die Ausrufung des Belagerungszustandes, verlangen.

Am 19. Juni stand Papen vor Hitler, doch der Kanzler fing den Vorstoß seines Vize geschickt ab. Er stimmte sogleich in die Klage über das »ungehörige« Benehmen des Propagandaministers ein, meinte jedoch, daß es schicklicher sei, wenn Kanzler und Vizekanzler gemeinsam dem Reichspräsidenten über die Lage im Reich vortragen würden, was ihm freilich erst in ein paar Tagen möglich sei. Papen ließ sich darauf ein und hatte damit schon Boses Zug um seine Wirkung gebracht.[133]

Denn Hitler säumte nicht, Papen bei Hindenburg zuvorzukommen. Er wußte, daß er rasch handeln mußte. Was Papen letztlich vorhatte, konnte auch Hitler leicht durchschauen: mit der Kandidatur eines Hohenzollernprinzen und anschließender Wiedereinführung der Monarchie ihm den Weg ins Reichspräsidentenamt zu verlegen. Er mußte sofort nach Neudeck, um sich selber von Hindenburgs Gesundheitszustand überzeugen und abschätzen zu können, wieviel Zeit ihm noch blieb, den Kampf um die Präsidentennachfolge für sich zu entscheiden.

Doch als Hitler am 21. Juni in brennender Sonnenglut die Freitreppe von Schloß Neudeck hinaufstieg, trat ihm unerwartet Generaloberst von Blomberg entgegen. Hindenburg hatte ihn nach dem Aufruhr über die Papenrede rufen lassen. Er überließ ihm auch weitgehend das Gespräch mit Hitler.[134]

Blomberg formulierte: Es sei dringend notwendig, den inneren Frieden des Reiches wiederherzustellen, für Radikalinskis sei im neuen Deutschland kein Platz mehr. Hitler verstand. Blomberg spielte auf die Schlüsselrolle der Reichswehr bei jeder Regelung der Präsidentenfrage an; wollte Hitler das Militär für seine Kandidatur gewinnen, dann mußte er ihren lästigsten Rivalen opfern: die SA.

Auf der Rückreise nach Berlin muß sich Hitler entschlossen haben, eine Aktion gegen die SA zu unternehmen, die die Reichswehr zufriedenstellen würde. Er verlor keine Zeit mehr, denn schon am folgenden Vormittag alarmierte Sepp Dietrich seine Leibstandarte für einen »Sonderauftrag«.[135]

Bald darauf erfuhr Blomberg von Hitler, was diesem vorschwebte. Er wolle, erklärte Hitler, eine Konferenz aller höheren SA-Führer nach Bad Wiessee einberufen, sie verhaften und mit ihnen »abrechnen«.[136] Dietrich sollte dabei den Hauptschlag führen: mit Teilen der Leibstandarte nach Südbayern ausrücken, auf Bad Wiessee vorstoßen und sich dort mit einer SS-Einheit aus dem KZ Dachau zum Überfall auf Röhms Ferienquartier vereinigen.

Doch Heydrich mißtraute der Entschlußkraft seines Führers. Hitler konnte sich denn auch in den nächsten Tagen nicht schlüssig werden, was mit Röhm geschehen solle. Jedem Gesprächspartner kündigte er damals etwas anderes an: dem SA-Obergruppenführer Lutze die Absetzung Röhms, Blomberg seine Verhaftung, dem SA-Führer Ritter von Krausser die Versöhnung mit dem alten Freund.[137]

Auf einen so schwankenden Führer war kein Verlaß – für die Verschwörer um Heydrich ein Grund, gegen Hitler, aber auch gegen die Militärs eine Lawine von Gerüchten, Falschmeldungen und manipulierten SA-Befehlen loszutreten, die sämtlich suggerierten, daß die SA einen Überfall auf die Reichswehr plane. Ironie: Die Falsifikate mischten sich mit ähnlich fragwürdigen »Enthüllungen«, deren sich Bose bediente, um die Reichswehr in Alarmstimmung zu versetzen und sie bereit zu machen für den Belagerungszustand.

Grotesk, wie da Heydrich und Bose getrennt und doch gemeinsam die Nerven der Militärs bewußt mit ihren Horrornachrichten ramponierten. Und sie hatten Erfolg damit: Der führenden Generale bemächtigte sich eine Katastrophenstimmung, in der sie jeden Augenblick einen Überfall der SA erwarteten.

Als am 23. Juni ruchbar wurde, daß sich Röhm zweimal kurz hintereinander mit seinen Unterführern in München und Bad Reichenhall getroffen habe, verloren die hohen Militärs vollends den Kopf.[138] Die Wachen im Reichswehrministerium wurden verstärkt, schußbereite Karabiner an Abteilungsleiter ausgegeben. Am 24. Juni wies Fritsch die Wehrkreisbefehlshaber an, ihre Truppen unauffällig zusammenzuziehen, was einer Teilmobilmachung des Heeres gleichkam.[139]

In solcher Hysterie bedurfte es nur noch eines Beweises, um die Reichswehr in Bewegung zu setzen. Er lag – wie von Geisterhand hingeworfen – auf dem Schreibtisch des Abwehrchefs Patzig, als dieser am Morgen des 26. Juni sein Büro betrat: ein Papier, in dem Röhm die SA anwies, sich voll zu bewaffnen. Aus diesem angeblichen Befehl Röhms folgerte Patzig, daß der befürchtete Überfall der SA auf die Reichswehr unmittelbar bevorstehe. Er hastete mit dem Papier zu Reichenau, der nur einen Satz sprach: »Nun wird es aber höchste Zeit.«[140]

Reichenau suchte Blomberg auf, der auch nicht länger warten wollte. Der Minister kontaktierte die Reichskanzlei, am nächsten Tag trugen die beiden Generale Hitler vor und drängten ihn zur Tat. In dieser Sitzung am 27. Juni, so urteilt ein Historiker, »fiel ohne Zweifel die letzte Entscheidung über Röhms politisches Schicksal«.[141]

Göring, Himmler und Heydrich hatten endlich freie Bahn. Jetzt konnten sie praktisch autonom agieren, zumal Hitler am Morgen des 28. Juni Berlin verließ, um Westdeutschland zu besuchen – fern der Nachrichtenzentralen, allein angewiesen auf die drei Gefolgsmänner und ihre Meldungen und Gerüchte.

Sie beeilten sich, ihre letzten Vorbereitungen für das große Morden zu treffen, denn Mord war beschlossen: nicht nur die Liquidierung Röhms und seiner wichtigsten Unterführer, sondern auch anderer Opponenten und Abweichler des Regimes. Die Mordlisten lagen seit langem bereit. In fast allen SD-Oberabschnitten wurden Abschußkataloge erarbeitet, immer neue Namen kamen auf die Listen.

Jungs Verhaftung am 25. Juni durch die Gestapo hatte Heydrich zudem einen »Täter«-Kreis erschlossen, der ihm bis dahin unbekannt gewesen war. Die Vernehmung erbrachte Hinweise auf Boses Arbeit, auch offenbarten die in Jungs Wohnung gefundenen Papiere weitere Spuren, wobei die Fahnder der Gestapo vor allem eine Ministerliste elektrisierte.[142] Sie wußten allerdings nicht, daß es eine Leidenschaft des Intellektuellen Jung war, sich ständig neue antinazistische Kabinettslisten auszudenken, ohne jeden Bezug zur Realität.

In den Papieren standen die Namen von Männern, die nichts von Jungs gefährlichem Hobby ahnten, gleichwohl bei der Gestapo als Gegner des Regimes bekannt waren. So gerieten auch sie auf Heydrichs Mordliste: neben Bose Kurt von Schleicher, ein Intimus des früheren Kanzlers, General Ferdinand von Bredow, und der Katholikenführer Erich Klausener.[143]

Boses konspirative Arbeit schien durchschaut, und doch war gerade er es, der nun Heydrich in Zugzwang versetzte. Die Panik der Militärs ermutigte Bose, jetzt bei Hindenburg vorzustoßen und die Einschaltung der Reichswehr zu fordern. Ein entsprechendes Dossier für den Reichspräsidenten war schon abgefaßt. Spätestens am 30. Juni, dem letzten Tag vor Beginn des SA-Urlaubs, sollte Papen in Neudeck vortragen, was Bose in seinem Papier verlangte: Verhängung des Belagerungszustandes, Verkleinerung von SA und NSDAP, Entmachtung Hitlers durch Umbildung der Reichsregierung.[144]

Eine Schwierigkeit blieb: Hindenburg ließ sich kaum noch sprechen. Da tauchte am 28. Juni sein schwerfälliger Sohn Oskar in Berlin auf, den Bose überreden konnte, Papen für den 30. Juni eine Audienz in Neudeck zu verschaffen. Begriffen hatte Jung-Hindenburg freilich nichts. Als er Fritsch aufsuchen wollte und ihn nicht antraf, wandte er sich ausgerechnet an Blomberg, um zu erfahren, was Bose eigentlich vorhabe.[145]

Blomberg war sofort hellwach und rief Reichenau herbei. Kurz darauf wußte auch Heydrich, welche tödliche Gefahr ihrem Unternehmen drohte. Die drei zögerten keinen Augenblick, ihren Gegenspielern zuvorzukommen.

Noch am Nachmittag des 28. Juni versetzten sie ihre Truppen und Greiferkommandos in volle Alarmbereitschaft. Himmler wies die SS-Einheiten an, die zuständigen Reichswehrstellen zu kontaktieren, während Fritsch in den Kasernen des Heeres Voralarm auslösen und mobile Kampfgruppen bereitstellen ließ.[146] »An SS Waffen abgeben, wenn sie diese will«, notierte ein Oberst im Reichswehrministerium als allerhöchste Weisung.[147]

Das Ministerium mobilisierte nun auch die Leibstandarte. Ein Befehl des Heeres wies die LAH an, umgehend zwei Schützenkompanien zusammenzustellen und für die Fahrt nach Bayern marschbereit zu machen; die Fahrabteilung 5 des Heeres erhielt außerdem Befehl, 35 Lkw für den Transport von Dietrichs Männern bereitzustellen.[148] Derweil rückte ein Bataillon des Infanterieregiments 19 aus, um die Straße Schliersee-Tölz-Tegernsee zu sichern,[149] Vorsichtsmaßnahme für den Fall, daß aus München ein Entlastungsangriff der SA für ihre in Bad Wiessee gefährdeten Führer drohte.

Inzwischen kannte auch Hitler, der auf einer Hochzeit in Essen weilte, die neue Lage. Papens drohende Intervention bei Hindenburg versetzte auch Hitler in fiebrige Erregung, jetzt wollte er den Schlag gegen Röhm nicht länger hinauszögern. Im Hotel »Kaiserhof« rief er seine engsten Reisebegleiter zu sich und hielt Kriegsrat mit ihnen.[150]

Da platzte Görings just aus Berlin eingeflogener Staatssekretär Paul Körner ins Zimmer, mit Nachrichten vom Forschungsamt, das Röhms Telefongespräche abgehört hatte.[151] Was Röhm dabei gesagt haben sollte, klang dramatisch. Niemand in der Runde zweifelte mehr daran, daß die SA jeden Augenblick putschen könne. Plötzlich erhob sich Hitler von seinem Sessel und sagte: »Ich habe genug. Ich werde ein Exempel statuieren.«[152]

Hitler erteilte Göring die Vollmacht, in Preußen die vollziehende Gewalt zu übernehmen und auf ein Stichwort (»Kolibri«) hin gegen die »Verräter« loszuschlagen, während er es sich vorbehielt, in Bayern »aufzuräumen«.[153] Dann rief er in Bad Wiessee an und ließ Röhm ausrichten, er solle zum 30. Juni um 11 Uhr bei sich alle Obergruppenführer, Gruppenführer und Inspekteure der SA zu einer Besprechung mit ihm versammeln.[154]

Doch die Bewegungen von SS und Heer blieben der SA nicht verborgen, einige ihrer Einheiten reagierten darauf mit dumpfer Aggressivität. Natürlich war das nicht der »Putsch«, den die Gegner der SA andichteten. Wohl aber gab es SA-Einheiten, die sich zu Protestzügen formierten, Fahrzeuge der Reichswehr anhielten und nach Waffen durchsuchten oder sich anschickten, die Macht in ihrem Ort an sich zu reißen.[155]

Besonders militant gebärdete sich die Münchener Schützenstandarte 1, die sich am Nachmittag des 29. Juni bewaffnete und feldmarschmäßig durch die Straßen zog. 3000 SA-Männer randalierten gegen Hitler, Partei und Reichswehr, ehe sie sich von besonnenen Führern zum Nachhausegehen bewegen ließen. Nur die Handzettel blieben zurück, die sie aus ihren Wohnungen gelockt hatten: »Der Führer ist gegen uns, die Reichswehr ist gegen uns! SA, heraus auf die Straße!«[156]

Davon wußte Hitler noch nichts, als ihn ein Flugzeug am frühen Morgen des 30. Juni nach München brachte. Erst als er auf dem Flugplatz Oberwiesenfeld die verbiesterte Miene des ihn erwartenden Gauleiters Adolf Wagner vor sich sah, mag er Verdrießliches geahnt haben. Wagner sprach in düsteren Tönen von einem mühsam abgewendeten Gewaltstreich der SA in München. Auch seine Begleiter, zwei Offiziere des Wehrkreiskommandos, stellten »die Lage als sehr bedrohlich dar«.[157]

In diesem Moment könnte Hitler tatsächlich an einen Putsch der SA geglaubt und gemeint haben, die SA habe ihn verraten. Erregt rief Hitler den Umstehenden zu: »Den letzten Beweis haben mir die Verräter [in München] geliefert . . . Ich warte nicht bis 11 Uhr, sondern handele sofort!«[158]

Augenblicklich drängte er seine Begleiter in die bereitstehenden Wagen, in rascher Fahrt ging es in das Innenministerium. Hitler wollte wissen, wo die beiden Führer der Münchener SA seien, und ließ sie holen. Kaum stand der eine von ihnen, Gruppenführer Wilhelm Schmid, vor ihm, da stürzte sich Hitler auf ihn, riß ihm die Rangabzeichen von der Uniform und schrie: »Sie sind verhaftet und werden erschossen!«[159] Schmid und sein Chef, der SA-Obergruppenführer August Schneidhuber, wurden ins Untersuchungsgefängnis Stadelheim gebracht.

Hitler aber saß schon wieder im Wagen und trieb seine Begleiter nach Bad Wiessee, wo sie um 6.30 Uhr eintrafen. Die Männer stürmten in die Pension Hanselbauer, Röhms Ferienresidenz, und postierten sich, ihre Pistolen entsichert, an der Tür von Röhms Zimmer. Ein Polizist klopfte an die Tür und bat energisch, sie aufzumachen, weil »was Dringendes angekommen« sei.[160]

»Es dauert eine Zeit«, so erzählt Lutze, »dann öffnet sich die Tür, die nun sofort aufgestoßen wird. In der Tür steht dann der Führer mit der Pistole in der Hand. Er nennt den Röhm einen Verräter, was Röhm lebhaft abstreitet, befiehlt dann, daß er sich anziehe, und eröffnet ihm seine Verhaftung. Kriminalbeamte bleiben zurück.«[161]

Hitler hastete weiter. Er hämmerte gegen die nächste Tür, hinter der bald das Gesicht des homosexuellen SA-Obergruppenführers Edmund Heines und das eines Schlafgenossen sichtbar wurde. Es war eine jener Szenen, die der Propagandist Goebbels später in jäh erwachter Entrüstung über Nazihomos zu den »widerlichen und fast Brechreiz verursachenden« Bildern zählen wird, »die sich dabei unseren Augen bieten«.[162]

Bald war das »Verschwörernest« (Goebbels) ausgeräumt. Hitler raste mit seiner Wagenkolonne nach München zurück, wo inzwischen Wagner ganze Arbeit geleistet hatte. Am Hauptbahnhof hatte er Beamte der Politischen Polizei jeden ankommenden SA-Führer anhalten und kontrollieren lassen; wessen Name auf einer mitgegebenen Liste stand, wurde verhaftet und nach Stadelheim abgeführt. Killinger, Heydebreck, Hayn, Detten, Falkenhorst – allmählich saß dort die halbe SA-Prominenz ein.[163]

Kaum aber hatte Hitler das Braune Haus, die Parteizentrale, erreicht, da eilte Goebbels ans Telefon und gab das vereinbarte Stichwort nach Berlin durch. Überall

in Deutschland machten sich Kommandos von SS, SD und Polizei auf, den sogenannten Staatsfeind zu erledigen. »Staatsnotstand« hieß, was sich in wenigen
Stunden als das bisher mörderischste Unternehmen deutscher Geschichte erweisen sollte.

Röhm, schrie zur gleichen Stunde Hitler auf einer eiligst zusammengetrommelten
Führertagung »mit einer Stimme, die sich vor Aufregung mehrmals überschlug«,
habe sich des »größten Treuebruchs der ganzen Weltgeschichte« schuldig
gemacht.[164] Ein SA-Führer schrieb mit: Röhm »habe Hoch- und Landesverrat ihm
gegenüber begangen, er habe ihn verhaften und töten wollen, um Deutschland an
seine Feinde auszuliefern. François-Poncet sei auf der anderen Seite der Hauptak-
teur, er habe Röhm, der immer in Geldschwierigkeiten gewesen sei, zwölf Millionen Mark gegeben«. Dann der entscheidende Satz: Er lasse »sie alle erschießen«.[165]

Erschießen, erschießen – Hitler schien nichts anderes mehr denken zu können.
»Erschießen«, rief auch Bormann, als er dem mit seiner Truppe nach München
umgelenkten Dietrich eine Liste in die Hand drückte, auf der Hitler sechs Namen
mit einem Grünstift abgehakt hatte. Es waren die Namen der SA-Führer Schneidhuber, Schmid, Hayn, Heydebreck, Heines und Graf von Spreti-Weilbach, dem
SS-Mann Dietrich wohlbekannt.[166]

Skrupel, alte Kameraden hinzumorden, nur auf den blutrünstigen Einfall eines
einzigen Mannes hin? Dietrich zeigte keine Gefühlsregung und funktionierte wie
ein Roboter. Ihn kümmerte scheinbar nur, »sechs gute Schützen« für den Auftrag
zusammenzubekommen, »damit keine Schweinerei passiert«.[167] Starr verkündete
er in Stadelheim jedem der sechs: »Sie sind vom Führer zum Tode verurteilt worden. Heil Hitler!« Dann peitschten die Gewehrsalven über den Gefängnishof.[168]

So viele »Umstände« machten die Killer meist nicht, die Heydrich, Himmler und
Göring ausgeschickt hatten. Fast wortlos entführten sie Bayerns ehemaligen
Generalstaatskommissar Ritter von Kahr und verstümmelten ihn mit Spitzhak-
ken, automatenhaft brachen sie Pater Bernhard Stempfle, einem ehemaligen Hit-
lerintimus, das Rückgrat, angeblich ebenso ein Irrtum tölpelhafter SS-Männer wie
die Ermordung des Münchner Musikkritikers Wilhelm Eduard Schmid.[169]

Da mordeten SS und Gestapo in Preußen anfangs weit systematischer. Gleich am
Morgen hatte Göring unter einem Vorwand Papen in seine Dienstvilla gelockt und
unter Hausarrest gestellt, ehe ein Trupp von dreißig SS-Männern das Vizekanzler-
amt stürmten, Bose in einem Konferenzzimmer erschossen und die übrigen Angestellten im Hausgefängnis der Gestapo einsperrten.[170]

Boses Ermordung war der Auftakt zur »Aktion« in allen Provinzen Preußens. In
Berlin wurden die Straßen im Tiergartenviertel abgesperrt, die dort liegenden
Dienststellen der SA durchsucht. Widerstandslos ließen sich die völlig überrasch-
ten SA-Führer verhaften. Dann kamen andere Dienststellen und Quartiere an die
Reihe: Büros von NS-Organisationen, Ministerien, Privatwohnungen – der
»Staatsfeind« wurde überall aufgestöbert.

Wenn sein Name auf einer Liste stand, schlugen die Suchtrupps Heydrichs erbarmungslos zu. Den Ministerialdirektor Klausener erschoß ein SS-Sturmhauptführer von der Leibstandarte hinterrücks in seinem Büro im Reichsverkehrsministerium, Schleicher und seine hinzustürzende Frau mähten zwei Gestapobeamte in der Villa des Generals nieder, Bredow töteten ebenfalls Männer der Gestapo durch Kopfschuß.[171]

Wo die Jäger nicht sofort mordeten, schleppten sie ihre Opfer an entlegene Plätze, an denen gleich serienweise getötet wurde: im Keller des Berliner Gestapogefängnisses, in dem Gregor Strasser starb,[172] und auf dem Gelände der ehemaligen Hauptkadettenanstalt in Berlin-Lichterfelde, jetzt Sitz der Leibstandarte, wo die meisten Hinrichtungen stattfanden wie jene des berüchtigten SA-Führers Karl Ernst, eines der gewissenlosesten Rädelsführer des Berliner SA-Terrors von 1933, der seinem Exekutionskommando zurief: »Trefft gut, Kameraden!«[173]

Bald aber löste sich die mörderische Aktivität der Schwarzen von dem offiziell verkündeten Zweck der Aktion, Beseitigung von Meuterern und Staatsfeinden, und schlug in einen privaten Rachefeldzug um. Was immer sich in den letzten Jahren im NS-Lager an persönlichem Konfliktstoff angesammelt hatte, entlud sich in einer Kettenreaktion menschlicher Bestialitäten.

Am schlimmsten die blutige Terrorwelle, die Schlesien überspülte. Dort war den SS-Führern die Kontrolle über ihre Einheiten aus der Hand geglitten, SS-Männer liefen schießend und plündernd Amok. Manche hatten sich eigene Todeslisten aufgesetzt, die sie mit Maschinenpistolen Zeile um Zeile abhakten: Den SA-Sturmbannführer Engels, Breslaus stellvertretenden Polizeipräsidenten, trieben sie in den Wald und durchlöcherten ihn mit Schrotladungen. Den Hirschberger Rechtsanwalt Förster töteten sie, weil er an Prozessen gegen Nationalsozialisten teilgenommen hatte. Der Waldenburger Stadtrat Kamphausen mußte sterben, weil er seinem Mörder bei der Vergabe von Baulizenzen nicht zu Willen gewesen war.[174]

Das sinnlose Morden mußte nun selbst die Militärs aufschrecken, die eiligst auf Distanz gingen. Neuer Befehl der Reichswehrführung: »Der Grundsatz, daß die Wehrmacht bei der Durchführung der augenblicklichen politischen Maßnahmen sowenig wie möglich in den Vordergrund zu treten hat, ist überall streng zu beachten.«[175] Doch die Warnung kam zu spät. Die Reichswehr hatte sich schon allzu tief in die Bluthochzeit der NS-Führung mit den alten Eliten verstrickt, hatte sich einer moralischen Korrumpierung geöffnet, für die der »Röhmputsch« erst ein Anfang sein sollte.

Niemand symbolisierte ihre Komplizenschaft so ungeniert wie Reichenau, der an diesem 30. Juni 1934 zu dem furchtbaren Triumvirat gehörte, das über Leben und Tod in Deutschland entschied. Der Staatssekretär Milch konnte nie die Szene vergessen, die sich ihm am Nachmittag im Arbeitszimmer Görings darbot: Himmler vor dem riesigen Schreibtisch, dahinter Göring in seinem goldverzierten Sessel, daneben Reichenau, das Monokel ins rechte Auge geklemmt. Himmler las »Namen von feuchten und abgegriffenen Listen vor, während Göring und Reichenau entweder verneinend den Kopf schüttelten oder zustimmend nickten« – die Grenze zwischen Rettung oder Tod.[176]

216

Kein sittlicher Impetus bewog Reichenau, dem Morden ein Ende zu setzen. Nicht einmal die angebliche »Panne« der Ermordung Schleichers konnte ihn zur Besinnung bringen. Kaltblütig log er drauflos, als es galt, in einem Kommuniqué die rasch brüchig gewordene Mär vom Selbstmord des einstigen Wortführers der Reichswehr durch eine neue zu ersetzen.

»In den letzten Wochen«, diktierte er, »wurde festgestellt, daß der frühere Reichswehrminister General a. D. von Schleicher mit den staatsfeindlichen Kreisen der SA-Führung und mit auswärtigen Mächten staatsgefährdende Verbindungen unterhalten hat ... Diese Tatsache machte seine Verhaftung notwendig. Bei der Verhaftung durch Kriminalbeamte widersetzte sich General a. D. Schleicher mit der Waffe. Durch den dabei erfolgten Schußwechsel wurden er und seine dazwischentretende Frau tödlich verletzt.«[177]

Das Triumvirat am Leipziger Platz agierte so hemmungslos, daß sogar der nach Berlin zurückgekehrte Hitler unter dessen Druck geriet. Er zeigte plötzlich Bedenken, Röhms Erschießung zu befehlen. Sichtlich zog es Hitler vor, den Maßvollen hervorzukehren, den besorgten Führer, der nicht jeden Schritt seiner Unterführer billige.

Dem neuen SA-Stabschef Lutze erzählte Hitler, er habe »nur« die Erschießungen in Stadelheim angeordnet und weitere zehn Exekutionen, die ohne seine Erlaubnis ausgeführt worden seien, »nachträglich anerkannt«, und dem SA-Führer Jüttner wollte er gar weismachen, eigentlich eine gerichtliche Untersuchung gewünscht zu haben, die jedoch unmöglich gewesen sei, da die Ereignisse über ihn hinweggegangen seien.[178] Es schien Hitler offenbar opportun, gegenüber der tödlich angeschlagenen SA den gerechten Führer zu spielen und das Gespann Göring/Himmler nicht zu mächtig werden zu lassen.

So tendierte Hitler auch dazu, Röhm am Leben zu lassen, hatte er doch noch bei der Abreise in München dem Reichsstatthalter Ritter von Epp gesagt: »Ich habe Röhm begnadigt wegen seiner Verdienste.«[179] Das mochten Göring und Himmler jedoch nicht akzeptieren, ein 30. Juni ohne Röhms physische Vernichtung hätte für sie seinen Sinn verloren. Hartnäckig bedrängten sie Hitler, bis der nachgab.

Auch Ernst Röhm mußte sterben, erschossen am späten Nachmittag des 1. Juli von dem Dachauer KZ-Kommandanten Theodor Eicke in einer Zelle des Stadelheimer Gefängnisses.[180] Worauf in der Nacht noch einmal die Gewehrsalven auf Gefängnishöfen und in Kellern losknatterten. Der SA-Gruppenführer Karl Schreyer sollte gerade mit ein paar Gefährten zum Hinrichtungsplatz der Leibstandarte abgeführt werden, da sah er einen SS-Standartenführer herbeilaufen, »der lebhaft winkte und schrie: ›Halt, halt!‹ und uns eröffnete: ›Es darf nichts mehr passieren, der Führer hat Hindenburg sein Wort gegeben, die Erschießungen sind hiermit endgültig abgestoppt.‹«[181]

Die Uhr zeigte die vierte Stunde des 2. Juli 1934. Der erste Serienmord des Dritten Reiches war verübt, 85 Menschen hatten einen elenden Tod gefunden, ohne Gerichtsverfahren, ohne Anklage und ohne Gelegenheit zur Verteidigung, Opfer einer brutalen Macht- und Cliquenräson.[182]

Die Willkür der Untaten war so evident, daß Hitler sie sogleich legalisieren ließ, um die Täter und ihre Auftraggeber vor allen Nachforschungen der Justiz zu schützen. Das Reichskabinett beschloß am 3. Juli ein Gesetz, dessen einziger Satz lautete: »Die zur Niederschlagung hoch- und landesverräterischer Angriffe am 30. Juni und am 1. und 2. Juli 1934 vollzogenen Maßnahmen sind als Staatsnotwehr Rechtens.«[183]

Ein makabrer Vorgang, einmalig in der deutschen Rechtsgeschichte: Mord wurde zum legalen Staatsakt erklärt. Der Staat in Gestalt der Reichsregierung maßte sich das Recht an, eine Tat als Staatsnotwehr auszugeben und sie dann noch als Richter in eigener Sache für Rechtens zu erklären. Nicht nur Hitler, das ganze Kabinett hatte damit das Tor zu einer Ära des Staatsverbrechens aufgestoßen, das sich nicht wieder schließen sollte, solange der Nationalsozialismus in Deutschland herrschte.

Das Gesetz konnte jedoch einige empörte Juristen nicht daran hindern, sich auf die Spur der Täter zu setzen. Der couragierte Breslauer Generalstaatsanwalt Walter Schaeffer, selber SS-Anwärter, verhaftete zwanzig SS-Männer und klagte sie vor einem Schwurgericht wegen Mord und Beihilfe zum Mord an (drei wurden verurteilt).[184] Selbst ein Gauleiter wie Brückner fand, daß die Taten des 30. Juni »das Rechtsempfinden in der Bevölkerung schwer verletzt« hätten, und recherchierte hinter den Auftraggebern schlesischer SS-Mörder her.[185]

Doch das Verbrechen focht die Männer nicht an, die sich als die Sieger fühlten, und um einen Sieg ging es in der Tat. Die Macht der SA war gebrochen, ihre Rivalen beherrschten fortan die deutsche Szene. Die Reichswehr war endlich die braune Konkurrenz los, die Parteiführung ihre internen Herausforderer, die SS frei von aller Bevormundung durch den Stabschef der SA, denn sie wurde noch im Juli von Hitler in den Rang einer »selbständigen Organisation im Rahmen der NSDAP« erhoben.[186]

In den Kasernen erklangen Hurrarufe, Göring feierte das Ereignis mit einem Bierfest in »Karinhall«, seiner Residenz in der Schorfheide. »All catched« (alle geschnappt), hatte Reichenau in fehlerhaftem Englisch an Patzig telegraphiert, als die letzten SA-Führer erschossen worden waren.[187] »Schade, da müßte ich dabeisein«, jauchzte Generalmajor Erwin von Witzleben, der Befehlshaber im Wehrkreis III.[188] – ein gespenstisches Wort aus dem Munde des Mannes, der zehn Jahre später als Verschwörer gegen Hitler unter ähnlichen Umständen enden sollte.

Blomberg wurde jedoch der laute Jubel seiner Offiziere unheimlich, er fand es »ungehörig, sich über die Gefallenen zu freuen«.[189] Der Minister wußte nur zu gut, daß es noch Militärs gab, die sich keineswegs mit der Ermordung ihrer Kameraden Schleicher und Bredow abfanden und eine kriegsgerichtliche Untersuchung verlangten. Auch in Teilen der Bevölkerung ging das Entsetzen um, selbst in der Partei rumorte es – Anlaß für Hitler, tagelang die Öffentlichkeit zu scheuen.

Indes, die Herrschenden hatten sich umsonst gesorgt. Die anfängliche Beklemmung der Bevölkerung wich einem Gefühl der Erleichterung und Genugtuung, das zumindest bald die große Mehrheit beherrschte. Auch das gehört zu den Unge-

218

heuerlichkeiten der Zeit: daß Millionen Deutsche die Morde des 30. Juni billigend in Kauf nahmen.

Aber ist das so unerklärlich? Die Schreckensherrschaft der SA war noch in aller Erinnerung. Kaum erstaunlich, daß das Gros der Gesellschaft, uninformiert und Opfer einer reglementierten Presse, im 30. Juni nichts anderes sah als die Befreiung von den braunen Terroristen. Die Befriedigung breiter Volksschichten über die Entmachtung der SA war größer als das traditionelle, durch Quasibürgerkrieg und Massenelend ohnehin längst ruinierte Rechtsbewußtsein.

»Das Volk von der Herrschaft Minderwertiger zu befreien ist ein Preis, der einen hohen Einsatz wert ist«, schrieb die »Frankfurter Zeitung« und formulierte damit nur, was die meisten Menschen in Deutschland dachten.[190] Die brutale Form der »Säuberung« bestürzte manchen, aber das Ergebnis war fast allen hoch willkommen. Sie kannten noch nicht die »Maskerade des Bösen« (Dietrich Bonhoeffer), wußten nicht, daß im Vorhof schrankenloser Diktatur der Angriff auf die Freiheit oft mit dem Anspruch einhergeht, Ordnung zu schaffen und das historisch Notwendige zu tun, das »plausible Verbrechen«.

Dabei wurde freilich verdrängt, daß zu den Mordopfern auch zehn Konservative gehörten, die in keinem Zusammenhang mit dem SA-Terror standen. Diese »falschen« Toten waren rasch vergessen, zumal sich erwies, daß der 30. Juni mitnichten die »Bartholomäusnacht unter den alten Klassen Deutschlands« war, die phantasievolle Historiker später daraus machten.[191] Die konservativen Zweifler und Opponenten blieben weitgehend unbehelligt auf ihren Posten in Bürokratie, Militär und Wirtschaft.

Es grenzte schon an Perversität, daß ausgerechnet der größte Jurist des autoritärkonservativen Lagers dem Mördercoup die höchsten Weihen des Rechts verlieh. »In Wahrheit war die Tat des Führers echte Gerichtsbarkeit«, entschied Carl Schmitt, noch vor kurzem ein leidenschaftlicher Parteigänger Schleichers. »Der Führer schützt das Recht vor dem schlimmsten Mißbrauch, wenn er im Augenblick der Gefahr kraft seines Führertums als oberster Gerichtsherr unmittelbar Recht schafft.«[192]

Schmitts Stimme war nur die extremste im Chor der freudigen Jasager. »Rückhaltlose Anerkennung der Energie, der Klugheit und des Mutes des Führers« registrierte der Regierungspräsident von Oberbayern am 4. Juli als vorherrschende Meinung in seinem Gebiet, und ähnlich berichteten andere Beobachter aus Staat und Verwaltung.[193]

Die Zustimmung nahm noch zu, seit Hitler am 13. Juli vor dem Reichstag eine Art Rechenschaftsbericht mit der alten Mär vom drohenden Putsch der Röhm und Schleicher erstattet hatte, eine auffallend schlechte Rede und doch folgenreicher als so manches Glanzstück des Demagogen. Er verband seine Polemik gegen den »Hochverrat« mit einigen Sätzen über die gestürzten SA-Führer, die sich zu einem vernichtenden Sittengemälde von SA und Partei zusammenfügten, wie es noch kein Nationalsozialist zuvor entworfen hatte.

Hier, donnerte Hitler, seien »destruktive Elemente« am Werk gewesen, Homosexuelle und dunkle Existenzen, die »überhaupt jede innere Beziehung zu einer geregelten menschlichen Gesellschaftsordnung verloren haben«. Für sie sei die Revolution ein Dauerzustand, was nur bedeute, daß sie »im Nihilismus ihr letztes Glaubensbekenntnis gefunden« hätten; sie seien »unfähig zu jeder wirklichen Mitarbeit«, voller »Haß gegen jede Autorität«. Das Auftreten der SA-Führer sei »manches Mal geradezu abstoßend« gewesen, »von verhetzenden Reden bis zu unerträglichen Ausschreitungen« führe eine »gerade Linie«.

Am ärgsten aber Röhm und seine ganze verderbte Sekte, tönte Hitler: »Es war nicht nur furchtbar, daß er selbst und sein ihm zugetaner Kreis alle Gesetze von Anstand und einfacher Haltung brachen, sondern schlimmer noch, daß dieses Gift sich nunmehr in immer größeren Kreisen auszubreiten begann.«

Niederträchtiges sei daraus entstanden, die Verschwörung »gegen die normalen Auffassungen eines gesunden Volkes«, die »Treulosigkeit gegenüber der Armee«. Und die Lehre daraus? Hitler mit beschwörender Stimme: »Jeder Nationalsozialist muß wissen, daß kein Rang und keine Stellung ihn seiner persönlichen Verantwortung und damit seiner Strafe entzieht.«[194]

Als er schwitzend und zitternd das Rednerpodium verließ, war ein verführerisches Trugbild geboren, das wie kein anderes Millionen Deutsche an den Diktator binden sollte: das Trugbild von dem einsamen, mutigen und gerechten Führer Hitler, der »ohne Rücksicht auf Rang und Stand der Schuldigen bereit [ist], das zu tun, was zum Wohle des Volkes nötig ist« – so ein bayerischer Stimmungsbericht.[195] Es war die Fata Morgana von dem einfachen Mann aus dem Volk, der es wagt, mit dem Bonzen- und Verbrechertum seiner Partei aufzuräumen.

Da er tatsächlich in den folgenden Wochen die Partei und SA zu einer Reinigung zwang, der bis Anfang 1935 insgesamt 40 153 Kreis-, Ortsgruppen- und Blockleiter und Hunderte von SA-Führern zum Opfer fielen, wuchs der Glaube, Hitler stehe haushoch über allen Verbrechen und Gewalttätigkeiten des Regimes. Für viele war er »ein Führer ohne Sünde«,[196] den man nur genügend informieren müsse, damit er das Krebsgeschwür von Korruption, Machtarroganz und Unmoral ausbrennen könne – Urgrund des unsterblichen Spruchs: »Wenn das der Führer wüßte!«

Zwischen Hitler und der Partei tat sich so eine Schere auf: Die NSDAP versackte zunehmend im Morast politischer Alltagsfrustrationen, während Hitler in die ungeahnten Höhen einer Popularität aufstieg, wie sie bisher kein deutscher Politiker erlangt hatte, nicht mehr der Anführer einer umstrittenen Partei, sondern der »Volkskanzler«, der Hoffnungsträger und Saubermann der Nation.

Wie sehr der Wunderglaube an den »überparteilichen« Führer die Menschen in seinen Bann schlug, demonstrierten Zehntausende fränkischer Protestanten im Oktober 1934, als im evangelischen Kirchenkonflikt Bayerns Landesbischof Hans Meiser unter dem Druck der Partei abgesetzt und unter Hausarrest gestellt wurde.[197] In Massenkundgebungen und »Hunderten und aber Hunderten von Protesterklärungen« (so Ministerpräsident Siebert) verlangte das aufgebrachte Kirchenvolk Meisers Wiedereinsetzung und rief nach der Intervention Hitlers – gegen die eigene Partei.[198]

»Die Bauern«, hielt ein Protestierer Siebert vor, »kannten nur drei Begriffe, den Führer, die Religion und Grund und Boden, ließen sich aber von diesen drei Dingen nichts nehmen.« Immer wieder klang in den Protesten wie in jenem »im Namen von 60 000 Bauern« Mittelfrankens die Forderung durch, »vom Führer . . . über die wahre Stimmung gehört« zu werden, da die Darstellungen der unteren Parteistellen zum größten Teil erlogen seien.[199]

Hitler griff schließlich ein, alarmiert von Berichten über drohende Massenaustritte in der NSDAP Frankens, die durch ihre Hetze gegen Meiser völlig in die Isolierung geraten war. Auf Hitlers Weisung wurde Meiser wieder in sein Amt eingesetzt und der NS-hörige Reichsbischof Müller gezwungen, seine »geistlichen Kommissare« zurückzuziehen, mit denen er schon die bayerischen Lutheraner gleichgeschaltet zu haben glaubte.[200]

Tausende fränkischer Protestanten aber sahen sich in ihrem blinden Hitlerglauben bestätigt, und niemand konnte später sagen, was sie damals begeisterter skandierten: das »Heil Hitler« für den vermeintlichen Kirchenretter aus der Reichskanzlei oder das »Heil Meiser«, das dem Bischof nach seiner Entlassung in Bayerns Kirchen unter triumphalem Orgelgedröhn entgegenschlug.

Der Fall illustrierte die zunehmende Emanzipation Hitlers von seiner Partei, die viele Deutsche zu dem verhängnisvollen Trugschluß verleitete, hier wirke ein Politiker, der in jedem Augenblick das Staatswohl über Parteiinteressen stelle. Mancher Amtsträger in Deutschland klammerte sich an diese Illusion, und es gehörte zu den Überlebensregeln der alten Machteliten, bei der Abwehr nationalsozialistischer Herrschaftsgelüste möglichst Hitler für sich zu gewinnen.

Niemand praktizierte das folgenreicher als das Militär, dessen Führer mehr denn je auf Hitler setzten. Anders als die vom »Röhmputsch« verwirrten Analytiker der Sopade, die den Diktator schon für einen »Gefangenen« der siegreichen Reichswehr hielten, hatten die Militärs bald erkannt, daß sie mitnichten die alleinigen Sieger des 30. Juni 1934 waren. Einer hatte von den Morden noch stärker profitiert: die SS.

Immer mehr schob sich der Schwarze Orden in den Vordergrund und profilierte sich zusehends als eine Art polizeilich-ideologische Speerspitze des Nationalsozialismus. Himmler zog eine Befugnis nach der anderen an sich. Über das im Gestapa sitzende »Zentralbüro des politischen Polizeikommandeurs der Länder« hielt er alle politischen Länderpolizeien im Griff, über die Dienststelle des »Inspekteurs der Konzentrationslager und SS-Wachverbände« kontrollierte er die Unterwelt der Konzentrationslager, mit dem SD verfügte er über den einzigen politischen Geheimdienst im Reich.

Der Expansionsdrang der SS machte auch vor Kasernentoren nicht halt, was bald zu Konflikten mit der Reichswehr führen mußte. Deren Offiziere waren nicht wenig schockiert, als erkennbar wurde, daß die SS nun auch anfing, militärischen Ehrgeiz zu entwickeln.

Schon die Aufstellung der Leibstandarte hätte die Militärs warnen müssen, doch in ihrer blinden Fixierung auf die SA hatten sie nichts gemerkt. Da war es Himmler nicht schwergefallen, Hitler in der Siegeseuphorie des 30. Juni die Erlaubnis abzuschwatzen, einige Einheiten der SS zu bewaffnen und zu einer divisionsstarken »Verfügungstruppe« (VT) zusammenzustellen.[201]

Desto hitziger reagierten hohe Militärs, als ihnen Blomberg am 5. Juli eröffnete, er habe zugestimmt, daß die LAH zu einem Regiment und die Politischen Bereitschaften der SS zu zwei weiteren Regimentern ausgebaut würden.[202] Beck und Fritsch waren entsetzt. Sie sahen sich von Hitler verraten, der noch am 30. Juni das Heer (!) den »alleinigen Waffenträger« der Nation genannt hatte,[203] und witterten schon das Heraufdräuen einer »Konkurrenzarmee«, einer Neuauflage des SA-Problems.

Das war nun freilich so überdreht, daß Blomberg den Heeresgeneralen zur Mäßigung riet. In der Tat: Hitler dachte beileibe nicht daran, eine zweite Armee heranzuzüchten und sich damit einen Konflikt mit der Reichswehrführung aufzuhalsen, und das kurz vor der Entscheidung über die Hindenburgnachfolge. Eine Gefälligkeit gegenüber dem »treuen Heinrich« – mehr wird anfangs Hitlers Ja zur SS-VT nicht gewesen sein.

Zudem war »alleiniger Waffenträger der Nation« immer nur eine Metapher, die sich keineswegs mit der Wirklichkeit deckte. Die Reichswehr war nie der einzige Waffenträger des Staates gewesen.[204] Es gab neben ihr noch andere Waffenträger, allen voran die Bereitschaften der kasernierten Schutzpolizei, schwerbewaffnete militärische Einheiten, die unter dem neuen Sammelbegriff »Landespolizei« (LP) Grenzschutzaufgaben hatten und im Kriegsfall unter den Befehl des Heeres treten sollten.[205]

Da inzwischen beschlossen worden war, die Landespolizei im Zuge der Aufrüstung ganz in die Reichswehr zu übernehmen, lag es durchaus nahe, ihre Aufgaben der SS-Verfügungstruppe zu übertragen. Die vorgesehenen Sturmbanne der SS-VT entsprachen weitgehend den LP-Abteilungen, die nichts anderes waren als verkappte Infanteriebataillone, und auch ihr Führerkorps rekrutierte sich vorwiegend aus ehemaligen Heeres- und Polizeioffizieren wie bei der LP, mochte sie auch sonst der frisch eingeatmete SS-»Geist« von den anderen trennen.

Doch Fritsch und Beck wollten keine gleich qualifizierte Fußtruppe neben dem Heer akzeptieren. Um die SS-VT, wenn sie denn schon nicht mehr zu verhindern war, möglichst klein und schwach zu halten, verstrickten sie Himmler in langwierige Verhandlungen, in denen zäh um Bewaffnung, Rekrutierung und Inspektionsrechte gefeilscht wurde.

Den Unterhändlern des Heeres kam dabei ein hochexplosives Nachspiel des 30. Juni zugute, das dem schier unaufhaltsamen Aufstieg der SS einen Dämpfer aufsetzte. Ohne Hitlers Zustimmung inszenierten Führer der SS in Österreich einen blutigen Putsch, der das Deutsche Reich nun vollends in den Ruf brachte, von einer Bande skrupelloser Desperados regiert zu werden.

Am Mittag des 25. Juli erstürmten in Wien dreißig bewaffnete SS-Männer das Bundeskanzleramt und ermordeten den Kanzler Dollfuß, während zwei weitere SS-Gruppen die Sendezentrale des österreichischen Rundfunks besetzten – Auftakt eines seit Wochen vorbereiteten Aufstands, mit dem sich die illegale NSDAP aus dem Würgegriff des halbfaschistischen Regimes befreien und eine NS-freundliche Regierung in Österreich an die Macht bringen wollte.[206]

Die erste Rundfunkmeldung der Putschisten vom angeblichen Rücktritt des Kabinetts Dollfuß genügte, andere Verschwörergruppen losschlagen zu lassen. In den meisten Bundesländern formierten sich nationalsozialistische Stoßtrupps, am stärksten in Kärnten, Oberösterreich und in der Steiermark. Auch die in Bayern aufgestellte »Österreichische Legion« nationalsozialistischer Flüchtlinge rüstete sich, in die alte Heimat einzufallen. Einige Trupps hatten die Grenze schon überschritten.[207]

Doch noch ehe der Putsch so richtig begonnen hatte, war er bereits gescheitert – verraten von der SA, deren Führer eine unverhoffte Gelegenheit sahen, ihre von der SS ermordeten deutschen Kameraden zu rächen.

Schon Mitte Juli hatten SA-Männer die österreichischen Sicherheitsbehörden vor dem drohenden Putsch gewarnt, ohne jedoch Glauben zu finden. Nach dem Überfall auf das Bundeskanzleramt aber sabotierte die SA ganz offen das Unternehmen. Sie hielt ihre Einheiten davon ab, den SS-Putschisten in Wien zu Hilfe zu kommen, und ermöglichte damit Bundesheer und Polizei, den Putsch in kürzester Zeit niederzuschlagen.[208]

Eiligst distanzierte sich Hitler von der »Julierhebung«, doch die Katastrophe war schon da: das Dritte Reich und sein Führer vor aller Welt als Anstifter eines Kanzlermordes und »indirekter Aggression« angeklagt. Hitler stand vor einem Scherbenhaufen seiner Außenpolitik. Himmler aber mußte seine schwerste Prestigeeinbuße verkraften. Es waren seine Unterführer gewesen, die all dies angerichtet hatten, und das nahm ihm Hitler persönlich übel. Mehr noch, Hitler fühlte sich von der österreichischen SS und deren reichsdeutschen Hintermännern hintergangen.

Noch im Sommer 1938, nach dem vollzogenen »Anschluß« Österreichs, mußte sich der Anführer des Putsches, der Wiener Rechtsanwalt und SS-Sturmbannführer Dr. Otto Wächter, vor dem Obersten Parteigericht verantworten, angeklagt, mit seiner Aktion »bewußt gegen den erklärten Willen des Führers gehandelt« zu haben.[209] So erklärt war dieser Wille freilich nie gewesen, sondern eher zerredet und mystifiziert in dem Hin und Her der Organisationen und Ämter, die deutsche Österreichpolitik machten: der Reichskanzlei, dem Auswärtigen Amt, dem Stab des Landesinspektors Habicht, der Österreichischen Legion und den Führern des NS-Untergrunds in der Alpenrepublik.

Dieses Durcheinander hatten sich Wächter und seine Freunde in Wien zunutze gemacht, um ihren Führer zu einer revolutionären Tat mitzureißen. Hitler hatte Habicht in der Österreichfrage weitgehend freie Hand gelassen und war dadurch nicht zuletzt bei den österreichischen Unterführern in den Verdacht geraten, an der Anschlußfrage nur noch mäßig interessiert zu sein und die vom Dollfußregime hart bedrängte Partei zugunsten eines Arrangements mit Mussolini, dem Schutzherrn des Wiener Kanzlers, zu opfern.

Sie fühlten sich in ihrem Mißtrauen bestärkt, als sich Hitler am 15. Juni mit Mussolini in Venedig traf und dabei auch die Erklärung abgab, er werde die Unabhängigkeit Österreichs respektieren.[210] Das war zwar nichts als eine Floskel, doch die österreichischen Nazis witterten Verrat. Ohne verstärkten deutschen Druck, so ihre Kalkulation, blieben sie ein hilfloses Objekt von Dollfuß' Polizeistaat, ohne Chance, in die Legalität zurückzukehren – genug Antrieb für die Radikalen, den Durchbruch mit Gewalt zu erzwingen.

SS-Sturmbannführer Fridolin Glass, Chef der Wiener SS-Standarte 89, arbeitete einen Putschplan aus, den Wächter an seinen Chef Habicht in München weiterreichte. Habicht war einverstanden und zog andere Parteifunktionäre ins Vertrauen, darunter den SS-Brigadeführer Alfred Rodenbücher, Anführer der Legion und Himmlers Österreichexperte.[211]

Auf einem Treff in Zürich am 25. Juni wurde man sich einig. Wächter sollte die politische, Glass die militärische Leitung des Putsches übernehmen, Rodenbücher mit seiner Legion den Aufständischen zu Hilfe kommen.[212] Das eigentliche Problem aber blieb Hitler. Er hatte schon einmal, im Herbst 1933, einen Putschplan abgelehnt, der aus Kreisen nationalsozialistischer Polizeibeamter in Wien stammte.[213] Die Lage hatte sich seither nicht geändert, vielmehr für die Verschwörer verschlechtert: Hitler stand bei Mussolini im Wort, Dollfuß in Ruhe zu lassen.

Daraufhin verlegten sich die Konspirateure auf ein Verwirrspiel, das Hitler ein grundsätzliches Jawort zu einem Machtwechsel in Wien entlocken sollte, ohne ihn in die Putschpläne der SS einzuweihen. Habicht suggerierte seinem Führer, daß hohe Offiziere des Bundesheeres einen Staatsstreich planten, worauf er »Hitler die Fangfrage [stellte], ob sich die NS-Partei in Österreich nicht anschließen solle, wenn das österreichische Bundesheer die Dollfußregierung stürzen« würde.[214] Hitler stimmte zu.

In Wahrheit plante das Bundesheer keinen Putsch. Richtig an Habichts Mär war nur, daß Glass hoffte, Teile des Heeres würden sich dem Naziputsch anschließen. Umgekehrt aber wurde eine Irreführung Hitlers daraus. Er war sich denn auch keinen Augenblick bewußt, einen nationalsozialistischen Putsch erlaubt zu haben.

Um so deutlicher entlud sich Hitlers Zorn, als sich der Putsch des 25. Juli als ein Werk Habichts und der österreichischen SS decouvrierte. Am nächsten Tag waren Habicht abgesetzt, kurz darauf Wächter und Glass kaltgestellt und die Österreichische Legion entwaffnet.[215] Himmler aber hatte Mühe, den Prestigeverlust seiner Organisation wieder wettzumachen.

Den nutzten nun die Militärs dazu, Himmlers militärische Ansprüche auf den kleinsten Nenner herunterzudrücken. Dem SS-Chef blieb keine andere Wahl, als Becks wichtigste Forderungen zu erfüllen. Scheinbar willig ließ er sich in der Frage der SS-Verfügungstruppe einen Anspruch nach dem anderen abhandeln: keine Artillerie, keine öffentliche Werbung für die Truppe, keine Zusammenfügung der Regimenter zur Division.[216]

Himmlers Schwächeanfall erleichterte es auch den Militärs, ihre Agitation gegen den »lahmen« Wirtschaftsminister Schmitt zu forcieren. Himmler gehörte zu der eisernen Nazifraktion um Staatssekretär Feder und Hitlers Wirtschaftsberater Keppler, die auf jeden Fall an dem inzwischen zum SS-Oberführer ernannten Schmitt festhalten wollten, zumal ihr der Gegenkandidat des Reichswehrministeriums, Schacht, schon als Freimaurer und Altliberaler ein Greuel war.[217] Blomberg und Thomas hatten freilich schon zuvor ihre Pressionen auf die Reichskanzlei verstärkt, waren sie doch »außerordentlich erregt wegen des Versagens der Rohstoffeinfuhr«, wie Keppler wußte.[218] Bereits am 23. Juni war der Wehrminister bei Hitler mit dem Verlangen vorstellig geworden, über den Kopf Schmitts hinweg einen Wirtschaftskommissar mit diktatorischen Vollmachten zu ernennen und überdies alle Dienststellen des Staates und der Partei anzuweisen, ohne Verständigung mit diesem Kommissar keine wirtschaftlichen Maßnahmen mehr zu treffen.[219]

Das war nun selbst Hitler zuviel gewesen, er hatte Blombergs Forderung abgelehnt. Statt dessen hatten sich Keppler und Feder bei Hitler durchgesetzt: Am 3. Juli waren Schmitt in einem neuen »Gesetz über wirtschaftliche Maßnahmen« außerordentliche Vollmachten für sein Programm beschleunigter Belebung des Massenkonsums erteilt worden, das zugleich auch auf eine Reduzierung des Wehretats zielte.[220]

Doch die Vollmachten trafen einen leeren Schreibtisch, denn Kurt Schmitt war am 26. Juni bei einem Vortrag vor der Berliner Außenhandelskammer ohnmächtig zusammengebrochen.[221] Der Minister war völlig überarbeitet und wurde von seinen Ärzten in einen längeren Krankenurlaub geschickt – Gelegenheit für seine Gegner im Reichswehrministerium, ihn vollends auszuschalten.

Von Stund an ließen die Militärs nicht mehr locker. Sie konzentrierten ihren Druck auf Keppler, den sie für schwach genug hielten, am Ende doch auf Schmitt zu verzichten und Hitler zur Wahl Schachts zu überreden. Am 11. Juli verhandelte Thomas mit Keppler, acht Tage später appellierte er wieder an ihn, immer mit dem gleichen Tenor: endlich den »überragenden Mann«, sprich Schacht, an die Spitze des Reichswirtschaftsministeriums zu lassen.[222]

Wer immer dann auch den Ausschlag gab – Hitler ließ seinen Wirtschaftsminister fallen. Am 27. Juli bot er Schacht an, für die nächsten sechs Monate auch noch die Geschäfte Schmitts zu übernehmen.[223] »Geschäftsführender« Reichswirtschaftsminister: Das war die verschleiernde Formel, mit der Hitler auch vor dem verstörten Keppler sein Nachgeben gegenüber den Militärs abdeckte und suggerierte, immer noch mit einer Rückkehr Schmitts in sein Amt zu rechnen. In Wirklichkeit lief schon alles ohne Schmitt ab.

Hitler hatte allen Grund, die Militärs bei guter Laune zu halten, denn nur noch wenige Tage trennten ihn von der historischen Stunde, in der er sie dringender benötigte als jemals zuvor. Die Nachrichten, die ihn am 1. August aus Schloß Neudeck erreichten, ließen keinen Zweifel mehr: Mit Paul von Hindenburg ging es zu Ende.

Blitzschnell handelte Hitler darauf. Er ließ – noch lebte der alte Generalfeldmarschall – vom Reichskabinett ein Gesetz beschließen, das die Vereinigung der Ämter des Reichspräsidenten und des Reichskanzlers vorsah – ein dreister, ein illegaler Schachzug, widersprach doch das neue Gesetz dem Artikel 2 des Ermächtigungsgesetzes vom 23. März 1933, der bestimmte, die Reichsregierung könne verfassungsändernde Gesetze nur erlassen, soweit sie nicht die Rechte des Reichspräsidenten berührten.[224]

Wie auch immer erschlichen: Adolf Hitler hatte die totale Macht erlangt. Er schien der alleinige Herr über Deutschland, die Führerdiktatur perfekt. Und schon beeilte sich die Reichswehr, dem neuen Obersten Befehlshaber ihre bedingungslose Ergebenheit zu bekunden – durch eine von Reichenau entworfene Eidesformel, die alle Soldaten und Offiziere an Hitler band.

Kaum war am 2. August 1934 kurz nach neun Uhr die Fahne des Reichspräsidenten in Neudeck auf Halbmast gegangen, da ließ Blomberg die Truppen im ganzen Reich antreten und auf den »Führer und Reichskanzler« vereidigen.[225] Jeder Soldat mußte den neuen Text nachsprechen: »Ich schwöre bei Gott diesen heiligen Eid, daß ich dem Führer des Deutschen Reiches und Volkes Adolf Hitler, dem Oberbefehlshaber der Wehrmacht, unbedingten Gehorsam leisten und als tapferer Soldat bereit sein will, jederzeit für diesen Eid mein Leben einzusetzen.«[226]

Das vollzog sich so überraschend, daß der nicht vorher informierte Beck zunächst seinen Abschied nehmen wollte.[227] Selbst einen so unpolitischen Offizier wie den späteren Panzergeneral Heinz Guderian (»Ein folgenschwerer Eid!«) beschlich ein Unbehagen,[228] mancher ältere Soldat zeigte sich irritiert – Vorahnungen eines Verhängnisses, die sich nachher in der schrankenlosen Tyrannei des Hitlerismus als nur allzu berechtigt erweisen sollte.

Das beklemmende daran aber war, daß Hitler den Anstoß zu dem fatalen Eid gar nicht selber gegeben hatte. Mit einem »staatsstreichartigen Vorgehen Hitlers«, gar einem »Überraschungsschlag gegen die Reichswehr«[229], wie später Historiker die Aktion des 2. August deuteten, hatte der Vereidigungscoup nichts gemein. Er war vielmehr ein Akt militärischer Interessenpolitik, allein von Blomberg und Reichenau ausgedacht und ins Werk gesetzt,[230] um Hitler noch näher an die Reichswehr heranzuziehen und ihn als Verbündeten gegen die Machtgelüste der Partei, vor allem der SS, zu gewinnen. Daß sie dabei illegal, nämlich ohne gesetzliche Grundlage handelten, kümmerte die beiden Generale wenig.

Für sie galt allein der vordergründige Nutzen, den die Reichswehr daraus zog, allenfalls noch die Überlegung, das persönliche Verhältnis zum Staatsoberhaupt wiederherzustellen, das jahrhundertelang für den deutschen Soldaten bestimmend gewesen war. Nur in der Weimarer Republik hatten die Soldaten auf die Verfassung schwören müssen, mit der sie nur wenig verband.

So war die Aktion des 2. August 1934 für die meisten Soldaten kein nazistischer Gewaltstreich, sondern die Rückkehr zur Tradition, was der naive Fritsch sogleich auf die Formel brachte: Hitler = Kaiser.[231] Eine gefährliche Gleichung, entzog sie doch den Naziführer, wie einst den Monarchen, jedweder Kritik, machte ihn zur unangreifbaren, unbezweifelbaren Integrations- und Symbolfigur von Armee und Staat.

In den folgenden Wochen schien sich Blombergs und Reichenaus Taktik voll auszuzahlen. Hitler rückte noch demonstrativer als zuvor an die Seite der Reichswehr und ließ sich in der nun beginnenden Propagandakampagne für das auf den 19. August angesetzte Plebiszit, das ihn in seinem neuen Amt bestätigen sollte, keine Gelegenheit entgehen, die staatstragende Starrolle des Militärs in höchsten Tönen zu rühmen.

Dabei bediente er sich zunehmend einer Formel, die die Militärs faszinieren mußte: der Formel von den »zwei Säulen«, auf denen künftig das Dritte Reich ruhen werde. »Die Staatsführung«, so wurde ihm in den Mund gelegt, »wird von zwei Säulen getragen: politisch von der in der nationalsozialistischen Bewegung organisierten Volksgemeinschaft, militärisch von der Wehrmacht.«[232]

Das entsprach just den alten dualistischen Machtvorstellungen der preußisch-deutschen Militärideologie. Was Hitler der Reichswehrspitze in seinen Reden anbot, war praktisch ein bipolares Herrschaftssystem unterhalb der Führer-Kanzler-Ebene, in dem sich die Militärelite und das Funktionärskorps der NSDAP die Macht untereinander teilen sollten.

Nichts als ein Täuschungsmanöver Hitlers, eine leere Propagandafloskel? Einiges spricht dafür, daß Hitler das Gerede von den zwei Säulen ernst meinte. Noch zwei Jahre später erschien ihm das dualistische System als das seinem Regime passendste. Goebbels schrieb am 30. Dezember 1936 in sein Tagebuch: »Führer wird noch eine Wahl – bei guter Gelegenheit – machen . . . Nach dieser letzten Wahl wird der Staat ganz von Armee und Partei nach dem Autoritäts- und Führerprinzip aufgebaut. Dann haben wir unser Verfassungswerk erst richtig angefangen.«[233]

Hitler ließ es denn auch nicht an Versuchen fehlen, alles aus dem Weg zu räumen, was in seiner Sicht die Beziehungen zwischen Reichswehr und Partei noch störte. Das Wehrpolitische Amt der NSDAP, den Militärs als ein Vehikel nazistischer Infiltration der Reichswehr verhaßt, wurde auf Hitlers Weisung aufgelöst. Schon früher hatte er der Abschaffung der Flieger-SA zugestimmt, um »der Luftwaffe die parteipolitische Konkurrenz vom Halse zu schaffen«, und auch die versprochene SS-Division nahm er wieder durch die Anordnung zurück, die VT sei im Krieg nur im Rahmen eines mit Heereseinheiten vermischten Divisionsverbandes einzusetzen.[234]

Kein Wunder, daß die Militärs solche Gesten mit einer ideologischen Anpassung honorierten, die in erster Linie dem Ziel diente, Hitler ganz ins Lager der Reichswehr zu ziehen. Wobei sie bedenkenlos darüber hinwegsahen, daß Hitler in keiner seiner Reden der Reichswehr ein politisches Mitspracherecht eingeräumt hatte und auch weiterhin keine Miene machte, im Militär mehr zu sehen als den »einzigen Waffenträger«.

Gleichwohl entwickelten die Militärs eine üppige Phantasie dabei, den »Frontsoldaten« Hitler für sich zu reklamieren. Sie frisierten die Reichswehr zur nationalsozialistischen Truppe zurecht (Reichenau: »Wir sind Nationalsozialisten auch ohne Parteibuch«)[235] und deuteten den Nationalsozialismus »soldatisch« um als eine »Übertragung der frontsoldatischen Wertung und Sittlichkeit auf das gesamte

öffentliche Leben«,[236] womit sie nicht wenig zur Verharmlosung der Naziherrschaft beitrugen.

Bei solcher Mimikry wurden freilich erhebliche Unterschiede zwischen dem
Reichswehrministerium und der Heeresleitung sichtbar. Beck und Fritsch suchten
die Verbindung zum neuen Staat ausschließlich über die angeblich überparteiliche
Person des Führer-Kanzlers, um das Heer desto härter vor jeder Beeinflussung
durch die Partei abzuschotten.

Sie versteiften sich auf die strikte Wahrung der traditionellen Werte des preußisch-
deutschen Soldatentums, was uneingeweihte NS-Gegner (und mißtrauische
Nazis) schon glauben ließ, im Heer wachse eine später auch einmal putschbereite
Gegenmacht zum Regime heran. Ein Mißverständnis, verfolgte doch die Heeresführung im Kern ein gleichsam hitleristisches Konzept: sich durch Herstellung
einer »Special relationship« zu Hitler wie im alten Preußen die Position eines
ersten Beraters, ja Partners des »Obersten Kriegsherrn« zu sichern.[237]

Blomberg und Reichenau mußte eine solche Politik antiquiert erscheinen, militärisch ebenso wie politisch. Das alte Moltke-Bismarck-Schema wiederzubeleben
hieß in ihrer Sicht, die gestiegene Bedeutung der anderen Teilstreitkräfte zu leug-
nen und sich der Notwendigkeit einer dem modernen Krieg gemäßen, allen Waf-
fengattungen übergeordneten Wehrmachtführung zu verschließen.

Auch politisch schien den führenden Köpfen des Reichswehrministeriums die
Abgrenzungstaktik des Heeres eine gefährliche Selbsttäuschung. Vor allem
Reichenau befürchtete, die Politik von Fritsch und Beck werde das Heer in die
gesellschaftliche Isolierung führen und gerade jenes Einflusses im NS-Staat berauben, der ihm zustehe. Reichenau verstand etwas von sozialer Veränderung. Er
wußte: Das Heer allein auf das »exklusive Herrentum Fritschs«[238] auszurichten,
im offenen Gegensatz zu der sich nazifizierenden Gesellschaft, würde schier unlösbare Probleme der Truppen- und Menschenführung heraufbeschwören, sobald
nach der Wiedereinführung der Wehrpflicht die neue, schon von der NS-Indoktri-
nation erfaßte Rekrutengeneration in die Armee strömte.

Reichenau und sein Minister zogen dagegen einen subtileren, allerdings auch zyni-
scheren Kurs gegenüber dem Regime vor. Sie betrieben Umarmungspolitik,
geschmeidig und doch in der Sache intransigent. Ihr Motto: durch Gesten der
Anpassung Hitler für sich einzunehmen und sich allen politisch-gesellschaftlichen
Neuerungen des Regimes zu öffnen, ohne der Partei eine Chance zur Einmischung
in die Belange des Militärs zu geben.

Das handhabe Reichenau mit seinen Offizieren so flexibel, daß sich die NSDAP
bei ihrem Führer häufig von den Militärs ausgestochen sah. »Die Wehrmacht läuft
uns überall den Rang ab«, klagte Goebbels[239] und witterte allerorten Intrigen der
Militärs: »Die sind ja so frech wie Dreck. Auch da müßte aufgeräumt werden. Und
zwar mit harter Hand.«[240]

Mancher Spitzenfunktionär der Partei dachte ähnlich und spielte schon mit dem
Gedanken, es den Feldgrauen heimzuzahlen. Vor allem in der SS-Führung sann
man auf Rache, Himmler fühlte sich von den Militärs ausgetrickst. Die Amputa-

tion seiner militärischen Pläne durch die Heeresführung war unvergessen, und auch die Niederlage in der Wirtschaftspolitik wirkte noch nach.

Bald merkten die Militärs, daß sich gegen sie etwas zusammenbraute. Im Herbst 1934 mehrten sich die Anzeichen, daß Himmlers Polizisten und Geheimdienstler das Heer bespitzelten. Der Telefonverkehr hoher militärischer Dienststellen wurde von der Gestapo abgehört, während der SD Parteigenossen im Heer dazu animierte, über vermeintlich regimefeindliche Umtriebe im Offizierskorps »Erfahrungsberichte« vorzulegen. Und die Schlägereien zwischen Reichswehrsoldaten und Angehörigen der SS-Verfügungstruppe wollten kein Ende mehr nehmen.[241]

Zusehends brachten eifernde Parteigenossen, von der SS angestachelt, das Heer in den Ruch, eine Gegenmacht zur NSDAP aufbauen zu wollen. Fritsch beobachtete »eine verstärkte Hetze der Partei gegen meine Person«,[242] zumal er im Kasino keinen Hehl daraus machte, wie widerwärtig ihm der ganze braune »Plebs« war – wiederum Ansporn für SS-Führer, das Gerücht auszustreuen, der Chef der Heeresleitung bereite einen Putsch gegen das Regime vor.

Daß dahinter das rasant wachsende Machtstreben der SS stand, ließ sich aus vielen Indizien ablesen. Die Gestapo bedrängte die Reichswehrführung, ihr ein Mitspracherecht bei der politischen Überprüfung neu eingestellter Offiziere einzuräumen, und auch in dem klassischen Reservat der militärischen Spionageabwehr schob sich Heydrichs SD immer mehr mit eigenen Agentennetzen und Dienststellen vor.

Selbst bis in Schachts Chefbüro drang der Machtwahn der Schwarzen. Himmler ließ ihm durch einen Vertrauten, Kepplers Neffen Fritz Kranefuß, die Forderung überbringen, die Leitung des Wirtschaftsministeriums wieder niederzulegen, da sie mit der Wirtschaftsauffassung der SS nicht in Einklang stehe. »Sagen Sie bitte Herrn Himmler«, will Schacht geantwortet haben, »daß es zwei Wege gibt, mich aus dem Amt zu entfernen. Der erste ist, daß er den Reichskanzler veranlaßt, mich wieder abzuberufen ... Der zweite Weg ist der, daß er mich abschießt. Aber das muß von vorne geschehen, denn von hinten lasse ich mich nicht kriegen.«[243]

Als sich aber die Querelen auch in den Spalten ausländischer Medien niederschlugen, dort noch genüßlich zu Vorboten des nationalsozialistischen Untergangs dramatisiert, schreckte Hitler auf. Der Diktator war einer Panik nahe. Er sah schon eine neue Krise des Regimes auf sich zukommen und beeilte sich, sie im Keim zu ersticken – durch einen grandiosen Theatercoup.

Binnen weniger Stunden ließ Hitler am 3. Januar 1935 die »gesamte Führerschaft von Partei, Staat und Wehrmacht« (so der »Völkische Beobachter«) in Berlins Preußische Staatsoper zusammenrufen, um sie in einer leidenschaftlichen Rede zur Eintracht zu ermahnen.[244] So hatten die Militärs Hitler noch nicht erlebt: In »einem Zustand höchster Erregung und fast krankhafter Depression«, wie sich ein Teilnehmer erinnert, appellierte er an die Versammelten und steigerte sich von Minute zu Minute bis zu dem hysterischen Ausruf, er werde »sich eine Kugel durch den Kopf schießen, wenn die verschiedenen Träger des Reiches nicht untereinander einig blieben«.[245]

Der Einheitsappell konnte freilich kaum verschleiern, daß die Show vorrangig dem Zweck diente, die verärgerten Militärs zu besänftigen. Sie hofierte der Führer ohne Unterlaß. Immer wieder klang das »unbegrenzte und durch nichts zu erschütternde Vertrauen ... zu dem Können und vor allem zu der Loyalität der gesamten Wehrmacht« durch seine Worte.[246] Hitler verwahrte sich auch gegen jede Bespitzelung des Militärs und bekannte sich erneut zu den »zwei Säulen«.

Die Militärs waren so beeindruckt, daß einige von ihnen sogar aus Hitlers Rede eine Rehabilitierung der am 30. Juni ermordeten Generale Schleicher und Bredow herausgehört haben wollten. Er selber – so Hitlers angebliche Erklärung – habe sich davon überzeugt, daß sie irrtümlich und zu Unrecht erschossen worden seien; deshalb würden die Namen der beiden Soldaten wieder auf die Ehrentafel ihrer Regimenter gesetzt werden.[247]

Was Hitler auch immer gesagt haben mag – die Militärs verließen die Oper in Hochstimmung. Der Führer habe der Reichswehr, triumphierte General Liebmann, »in geradezu ergreifender Form ... ein Vertrauen entgegengebracht, das von keinem Ehrenmann enttäuscht werden kann«, und auch Fritsch war zufrieden: »Ein eindeutiges Bekenntnis, eine Option für die Wehrmacht.«[248]

Die Militärs waren freilich nüchtern genug, sogleich ihren Platzvorteil kräftig zu nutzen. Jetzt verlangten sie Carte blanche für ihre wehrwirtschaftlichen Pläne, freie Bahn für den »Zauberer«, den sie sich erwählt hatten, um sie und das ganze Land von der entnervenden Rohstoff- und Devisenkrise zu befreien. Es kam die Stunde des Dr. Hjalmar Schacht.

6. Wege ins organisierte Chaos

Pünktlich um elf Uhr kam der neue Chef. Mit knappem Dank quittierte er den Willkommensgruß, den ihm die hohen Beamten auf der Ministeretage des Reichswirtschaftsministeriums in dem alten Hauptgebäude der bankrottgegangenen Diskontogesellschaft in Berlins Behrenstraße entboten. Manchem von ihnen war der hagere Mann so etwas wie die Idealbesetzung des Ministerpostens: Reichsbankpräsident Schacht.

Er kam gleich zur Sache. Ein Strom von Staatssekretären und Ministerialräten ergoß sich in das Chefbüro, um den Minister in die dringendsten der laufenden Amtsgeschäfte einzuweihen. Seine Neugier schien keine Grenzen zu kennen. Akten wurden herbeigeschleppt, Sachbearbeiter herangeholt, Telefonate geführt. Hjalmar Schacht hatte das Kommando übernommen.

Lange blieb er freilich an diesem 2. August 1934 nicht im Haus. Er hatte zwei seiner engsten Vertrauten mitgebracht, die beiden Reichsbankräte Rudolf Brinkmann und Karl Blessing, die fortan als seine Aufpasser (»Generalreferenten«) im Ministerium arbeiten sollten.[1] Schacht selber wollte in der Reichsbankzentrale bleiben. »Reichsbanknebenstelle Behrenstraße«, spotteten die Insider im Wirtschaftsministerium.[2]

Schacht zeigte bald, wie straff er das Ministerium zu führen gedachte. Das Häuflein machthungriger Nazis in der Behrenstraße bekam es drastisch zu spüren. Der neue Chef zog einen deutlichen Trennungsstrich zwischen dem Ministerium und der NSDAP: Die SS-Wache, die seinem Vorgänger Schmitt von Himmler aufgedrängt worden war, ließ er wieder abrücken und wies alle Versuche der Partei ab, über die Pressestelle des Ministeriums Einfluß auf die Wirtschaftspolitik zu erlangen.[3]

Den prominentesten Parteigenossen des Hauses schaltete er rasch aus. Staatssekretär Feder verlor in wenigen Wochen alle wichtigen Kompetenzen, bis er praktisch an einem leeren Schreibtisch saß. Aufgebracht wollte er von Schacht wissen, ob sich an seiner Zuständigkeit etwas geändert habe. Schacht schüttelte den Kopf. »Herr Staatssekretär«, sagte er, »ich versichere Ihnen, daß Ihre Kompetenz weder sachlich noch persönlich berührt wird. Ich will mit Ihnen nur nichts zu tun haben.«[4] Feder trat von seinem Posten zurück.

Die Ausbootung des Begründers der NS-Wirtschaftstheorie leitete ein, was sich später wie »eine Art Entnazifizierung«[5] des Führungsapparats der gewerblichen Wirtschaft ausnahm. In Industrieverbänden, in Kammern und Organisationen sahen sich die Spitzenfunktionäre der NSDAP zusehends aus den Machtpositionen verdrängt, die ihnen nach dem Revolutionsstopp des Sommer 1933 noch geblieben waren.

Schacht führte dabei unauffällig Regie. Er brachte die radikalsten Nationalsozialisten im Reichsstand des Handwerks, den Generalsekretär Schild und den stellvertretenden Reichshandwerksführer Zeleny, zu Fall und unterwarf die ganze Organisation einer strengen Budgetkontrolle.[6] Er überwachte die Personalbesetzungen und Ausgaben in Kammern und Innungen, er stellte sich gegen Übergriffe von Gauleitern ins Bankenwesen und drängte deren Einfluß in der kommunalen Energiepolitik zurück.

Das fiel zeitlich zusammen mit dem wachsenden Widerstand der Schwerindustrie gegen den Versuch von Staat und Partei, die Spitzenverbände der Wirtschaft zu blinden Übermittlungsorganen des Regimes umzufunktionieren. Je mehr sich der Machtverlust des Wirtschaftsministers Schmitt abgezeichnet hatte, desto aufmüpfiger waren die Industriebosse geworden.

In der Schmitt-Ära waren die Gewichte in dem Machtkartell nationalsozialistischer Führungsgruppen und konservativer Eliten allzu einseitig verteilt worden. Schachts Vorgänger hatte versucht, die gesamte gewerbliche Wirtschaft in das enge Korsett einer Führungs- und Lenkungsorganisation zu pressen, laut Schmitt dazu ausersehen, alle Kräfte der Industrie »wie von einem Magneten auf ein Ziel« zu richten.[7]

Fortan sollte in der Wirtschaft nur noch gelten, was die Nationalsozialisten das »Führerprinzip« nannten. In Schmitts Plänen war das überkommene Selbstverwaltungsprinzip der deutschen Wirtschaft bereits über Bord geworfen, die Interessenverbände beseitigt und die Macht in den neuen Fachverbänden auf wenige Personen konzentriert, beaufsichtigt und geleitet von einem »Führer der deutschen Wirtschaft«.[8]

Das ging vor allem zu Lasten der Schwerindustrie, die sich in ihrer bis auf Bismarcks Zeiten zurückgehenden Führungsrolle bedroht sah. Für ihren Senior Gustav Krupp von Bohlen und Halbach war der 13. März 1934, an dem Schmitt seine Reorganisationspläne bekanntgegeben hatte, ein »schwarzer Tag« der Schwerindustrie gewesen.[9]

Überall witterte Krupp die Konkurrenz auf dem Vormarsch, namentlich die neuen Konzerne der Chemie- und Elektroindustrie. Die hatten sich sofort hinter Schmitts Politik beschleunigter Hebung des Massenkonsums und Hitlers »Volksmotorisierung« gestellt. Kein Wunder, daß ein Mann der Elektroindustrie von Schmitt zum Führer der Wirtschaft auserkoren worden war: Philipp Keßler, Vorsitzender des Vorstandes der Bergmann-Elektroindustrie-AG.[10]

Doch so leicht ließ sich die Schwerindustrie aus ihrer Vormachtstellung nicht aushebeln. Obwohl offiziell schon totgesagt, agierten ihre Interessenverbände munter weiter und zogen ihre Drähte, die bis zu Schacht und dessen Verbündeten im Reichswehrministerium reichten.

Mit deren Rückendeckung blockten Krupps Lobbyisten die Zentralisierungspläne des Wirtschaftsministeriums ab, was nach Schmitts Erkrankung nicht ohne Folgen blieb. Am 11. Juli trat der »Führer« Keßler von seinem Posten zurück, ohne einen Nachfolger zu erhalten.[11] Drei Tage später gab auch Albert Pietzsch, ein Mann der elektrochemischen Industrie und Intimus von Heß, seinen Chefposten in der Hauptgruppe »Chemie« auf.[12]

Selbst Adrian von Rentelns Präsidentensessel im Deutschen Industrie- und Handelstag wackelte bereits erheblich, bedroht von einer Oppositionsgruppe unter dem Schwerindustriellen Ewald Hecker, die dem Altnazi vorwarf, trotz seiner guten Verbindungen zur Reichsleitung der NSDAP nichts für die Rettung der ebenfalls von Schmitts Reorganisation bedrohten Industrie- und Handelskammern erreicht zu haben.[13]

So war der Boden schon bereitet, auf dem nun Schacht focht, um der Wirtschaft gegenüber der NSDAP und ihren Satellitenorganisationen den Freiraum zu sichern, ohne den sie für Regime und Rüstung nicht effizient arbeiten konnte. Nicht selten warfen sich dabei Schacht und die Lobbyisten der Schwerindustrie die Bälle zu, beide gleichermaßen daran interessiert, die sterile Zwangsorganisation Schmitts wieder loszuwerden.

Auch die Reichswehrführung drängte zur Eile. Sie verlangte jetzt, endlich in Angriff zu nehmen, weshalb sie mitgeholfen hatte, Schacht an die Spitze des Reichswirtschaftsministeriums zu hieven: den für die rasche Aufrüstung notwendigen Führungs- und Transmissionsapparat aufzubauen, den ihr Schmitt schuldig geblieben war.

Ende November hatte Schacht sein Konzept fertig. Gestützt auf die außerordentlichen Vollmachten, die ihm das Gesetz zur Vorbereitung des organischen Aufbaus der Wirtschaft vom 2. Februar 1934 einräumte, beseitigte er das alte System Schmitts und setzte an dessen Stelle eine neue »Organisation der gewerblichen Wirtschaft«, die sich wieder auf weitgehende Selbstverwaltung gründete.[14]

Das Führerprinzip schaffte Schacht ab, jede Gruppe und Kammer sollte sich ihr Leitpersonal selber wählen können. Einen Führer der Wirtschaft würde es auch nicht mehr geben – und keinen weiteren Versuch, die ständestaatlichen Theorien des Nationalsozialismus in der Wirtschaft zu verwirklichen. Es war fast alles wieder beim alten: Die Industrie- und Handelskammern blieben erhalten, die fachlichen Spitzenverbände wurden in »Reichsgruppen« umbenannt, deren Funktionäre vertraten auch in Zukunft »ihre Verbandsbelange untereinander und gegenüber dem Staat praktisch wie eh und je«.[15]

Am liebsten hätte Schacht auch gleich noch die von Schmitt den Betrieben auferlegte Zwangsmitgliedschaft in den Fachverbänden abgeschafft, doch darüber ließen die Militärs nicht mit sich reden. Blomberg bestand auf der Pflichtmitgliedschaft, für ihn unverzichtbare Voraussetzung eines einheitlichen Einsatzes der Wirtschaft zur Erreichung der Rüstungsziele,[16] und das verriet, daß Schachts Neuregelung doch nur einen Kompromiß darstellte: den Kompromiß zwischen freiem Unternehmertum und autoritärem NS-Staat, tragfähig, weil deren führende Kräfte in nahezu allen Grundfragen nationaler Revisionspolitik und der »europäisch-hegemonialen Dimension des Autarkiegedankens«[17] übereinstimmten.

Es war jene Allianz von Großindustrie und NS-Führungsgruppen, die nun immer sichtbarer die Hitler-Blomberg-Achse zum tragenden Machtkartell des Dritten Reiches erweiterte. Großindustrie und Regime hatten sich politisch längst aufeinander zubewegt, wenn auch die gemäßigtere Schwer- und die Exportindustrie noch einige Mühe hatten, sich mit der Autarkiepolitik der neuen Machthaber abzufinden.

Doch blieb ihr ein anderer Weg? Die private Wirtschaft hatte in Deutschland aufgehört, eine autonome Rolle zu spielen. Primär trieben nicht länger private Kapitalinteressen die Wirtschaft an, sondern die Ziele des autoritären Staates, dem das Versagen der liberalen Wirtschaftsordnung in der Weltdepression willkommener Anlaß gewesen war, die Ökonomie seiner Politik unterzuordnen.

Allerdings: An totaler Planwirtschaft war dieser Staat nicht interessiert. Er wußte durchaus, und darin war Schacht keine Ausnahme, unternehmerische Phantasie und Initiative zu schätzen, er packte den Kapitalisten geradezu bei seiner Profitsucht und seiner Durchsetzungskraft. Keine Berufsgruppe sollte denn auch besser verdienen als die Schicht der Unternehmer: Zwischen 1932 und 1936 nahm das Einkommen aus Handel und Gewerbe um 77 Prozent zu, die Lohn- und Gehaltseinkommen aber nur um 37 Prozent.[18]

So war es letztlich die Aussicht auf Staatsaufträge und eine unternehmerfreundliche Steuer- und Einkommenspolitik, die die Privatwirtschaft verlockte, mit dem NS-Staat eine Symbiose einzugehen. Entscheidend war dabei für sie, daß der Unternehmer Herr im eigenen Haus blieb, frei von den Machtgelüsten der Partei.

Tatsächlich spielte die Partei dabei kaum noch mit. Sie war nicht mehr an dem neuen Transmissionssystem beteiligt, das die Wirtschaftsbürokratie von Stund an mit der Organisation der gewerblichen Wirtschaft verband: mit den sieben Reichsgruppen (Industrie, Handwerk, Handel, Banken, Versicherungen, Energie, Fremdenverkehr) samt ihren fachlichen Gliederungen und mit den 23 Bezirkswirtschaftskammern, regionalen Einrichtungen von Handel und Industrie, die zu den wichtigsten Schaltstellen zwischen Staat und Wirtschaft wurden.[19]

Selbst im Dachverband der gewerblichen Wirtschaft, der Reichswirtschaftskammer, in der die Stränge der fachwirtschaftlichen Reichsgruppen und der regionalen Wirtschaftskammern zusammenliefen, war die Partei nicht vertreten. Auch alle Versuche der DAF, über Beiräte in ihn Eingang zu finden, blockte Schacht ab.

Mehr und mehr igelte sich so die gewerbliche Wirtschaft gegenüber der Partei und ihren Ablegern ein, geschützt und zugleich angetrieben von einem eigenwilligen Reichswirtschaftsminister, der ihr zusehends Höchstleistungen abverlangte, freilich auf seine Art: unter bewußtem Verzicht auf eine allmächtige Führergewalt, die Wirtschaft nur am lockeren Zügel mit sich ziehend.

Was Schacht unter Führung der Wirtschaft verstand, entstammte bürgerlich-autoritärem Staatsdenken, war ein System des »Indirect rule«. Ausgerichtet auf die Selbstverantwortung des Unternehmers, spannte es ihn gleichwohl für die Ziele des NS-Staates effektiver ein, als es je eine totale Planwirtschaft vermocht hätte – dank eines beweglichen Instrumentariums, das von der Kapitalkontrolle und Rohstofflenkung bis zur Auferlegung privatwirtschaftlicher Zwangsinvestitionen reichte.

Dazu paßte die Kaste der Unternehmer und Verbandsfunktionäre, die die Schlüsselpositionen in Schachts neuer Organisation besetzte. »Echte« Nationalsozialisten, also Leute mit einem Parteieintrittsdatum vor 1933, waren kaum dabei, eher Anhänger des organisierten Kapitalismus, Männer aus dem staatseigenen Wirtschaftssektor wie Hecker, der inzwischen im DIHT Renteln verdrängt hatte und die Leitung der Reichswirtschaftskammer übernahm, oder Ernst Trendelenburg, als permanenter Staatssekretär jahrelang der heimliche Wirtschaftsminister der Weimarer Republik, der Heckers Stellvertreter und zudem Leiter der Reichsgruppe »Industrie« wurde.[20]

Es war, als sei ein Stück Weimar ins Dritte Reich zurückgekehrt, stammten doch fast alle aus dem Lager des gouvernementalen Liberalismus: Leipzigs Oberbürgermeister Carl-Friedrich Goerdeler, jetzt wieder Reichspreiskommissar wie schon in der Republik, der Reichssparkommissar Friedrich Saemisch, Schleichers ehemaliger Arbeitsminister Friedrich Syrup, wieder Präsident der Reichsanstalt für Arbeitsvermittlung und Arbeitslosenversicherung, der Staatssekretär Hans Posse, langjähriger Chefarchitekt deutscher Außenhandelspolitik, Schacht selber – jeder von ihnen machtgewohnt, autoritär und blind gegenüber den von Hitler und seiner Führungsclique drohenden Gefahren.

Schacht und seine Freunde waren nur auf die Omnipotenz der alten Eliten und den Machtstaat fixiert, auf die Sicherung von dessen Instrumentarien und Ressourcen, und eben die sahen sie in Gefahr: Die dramatische Rohstoff- und Devisenkrise des Reiches bedrohte alles, was Wirtschaft und Staat seit 1932/33 geschaffen hatten.

Um diese Krise rasch zu beseitigen, bot Schacht bald ein passables Lösungskonzept an. Bereits einen knappen Monat nach seiner Ernennung hatte er Hitler, Blomberg und Reichenau die Kernpunkte eines Krisenprogramms vorgetragen: Zurückdrängung der Fertigwareneinfuhr, Sicherung der Lebensmittelimporte, Erhöhung der militärisch notwendigen Rohstoffeinfuhren, staatliche Regie und Steigerung des Exports unter radikaler Veränderung der bisherigen Handelswege.[21]

»Neuer Plan« hieß das in Schachts Sprache nach dem Vorbild von Franklin Delano Roosevelts sozialreformerischem »New Deal«. Allerdings: So neu war der Plan nicht, Schacht auch mitnichten sein Autor. Der Wirtschaftsliberale fand den Plan sogar ziemlich »scheußlich«, hatte er doch immer wieder vor Staatsregie und Bilateralisierung des Außenhandels gewarnt.[22]

Die Ideen zum Neuen Plan stammten von dem »nichtarischen« Reformer Friedländer-Prechtl und seinen Freunden, die angesichts der für den deutschen Handel ruinösen Autarkiepolitik der überseeischen Staaten eine Hinwendung zu intensiverer

Selbstversorgung Deutschlands forderten. Über die Reformer waren die autarkistischen Ideen auch in die NSDAP gelangt, deren Wirtschaftliches Sofortprogramm vom Mai 1932 bereits Selbstversorgung und Bilateralisierung des Außenhandels verlangte.[23]

Etwas Ähnliches plante auch schon die Regierung Brüning. Der Verlust der deutschen Absatzmärkte im Westen, Folge der Weltwirtschaftskrise, hatte Beamte im Reichswirtschaftsministerium unter dem damaligen Ministerialdirektor Posse nach neuen Exportchancen Ausschau halten lassen. Sie fanden einen noch weitgehend ungenutzten Absatzmarkt: Südosteuropa.[24]

Die Agrarstaaten des Balkans waren zwar auch von der Depression übel derangiert, doch ließen sich ihre wirtschaftlichen Interessen mit jenen Deutschlands in Einklang bringen. Südosteuropas Länder, vom Export ihrer Agrarprodukte völlig abhängig, sahen seit langem in Deutschland einen idealen Abnehmer, der sie aus ihrer schweren Absatzkrise befreien könne. Da das Reich zugleich der größte Fertigwarenlieferant dieser Staaten war und überdies an einer Ausweitung seines Exports interessiert, konnte man sich leicht arrangieren.

Das Reich öffnete den Balkanstaaten seine Schutzzollmauern und handelte im Gegenzug der eigenen Exportwirtschaft eine Sonderstellung in den Ländern der neuen Partner ein. Daraus entstanden zweiseitige Präferenzverträge, in denen abnahmepflichtige Einfuhrkontingente, reduzierte Zölle für bestimmte Waren und Kredite zum Ankauf deutscher Industriegüter verabredet wurden.[25]

Deutschland gab damit das Freihandelsprinzip der Meistbegünstigung auf, ja wandte sich handelspolitisch vom Westen ab. Der Chefunterhändler Posse sah in seinen Präferenzverträgen mit Ungarn und Rumänien sogar schon eine »Wiederaufnahme säkularer Linien« der deutschen Außenwirtschafts- und Außenpolitik,[26] die bis in die Zeiten Metternichs und Bismarcks zurückreichten: imperialistische Träume von einem deutsch-beherrschten Staatenblock im Donauraum.

Es war das alte Projekt »Mitteleuropa«, ein Produkt vorwiegend liberaler Intellektueller und expansionshungriger Unternehmer, das hier eine Wiederbelebung erfuhr. Walther Rathenau und Friedrich Naumann hatten schon vor dem Ersten Weltkrieg die Errichtung einer Wirtschaftsgemeinschaft zwischen Deutschland, Österreich und Ungarn als Kern einer neuen Weltmacht gefordert,[27] jetzt sollte »Mitteleuropa« das Werkzeug deutscher Exportförderung und einer Sprengung des französischen Allianzsystems auf dem Balkan werden.

Das fügte sich gut in die Pläne der NS-Autarkisten, die als Antwort auf die entstehenden Wirtschaftsblöcke der Amerikaner, Briten, Russen und Japaner die Errichtung eines eigenen Selbstversorgungsblocks propagierten. Friedländer-Prechtl prophezeite: »Groß-Europa wird kommen – weil es kommen muß, wenn anders diese heute kaum mehr lebensfähigen europäischen Zwerg-Gebilde nicht zwischen den beiden Riesen-Mühlsteinen Rußland und Amerika zu Spreu zerrieben werden sollen.«[28]

Mithin konnte sie nur ermuntern, woran die Berliner Außenhandelsbürokraten schon laborierten. Ein handelspolitischer Zusammenschluß Deutschlands mit

Ungarn, Rumänien, Bulgarien, der Türkei, Griechenland und womöglich auch Österreich als Basis einer pressionsfreien Aufrüstung des Reiches – das schien just auch der Durchbruch zu der autarken Großraumwirtschaft, die Friedländer-Prechtl und seine Anhänger in der NSDAP anpeilten.

Dem nüchternen Bankier Schacht klang das zwar reichlich überspannt, doch einiges davon übernahm er gleichwohl in seinen »Neuen Plan«. Es war wie so oft in Schachts Leben: Ob Rentenmark, ob Mefowechsel – die Ideen hatten immer die anderen gehabt, er aber den Elan, die Organisationskunst und die Chuzpe, das Neue als sein ureigenes Geistesprodukt in Staat und Wirtschaft durchzupauken.

So auch jetzt wieder: Mit einer Verordnung über den Warenverkehr und einer Abänderungsverordnung über die Devisenbewirtschaftung stellte Schacht im September 1934 den gesamten Handelsverkehr Deutschlands unter staatliche Kontrolle.[29] Von Stund an konnte kein deutsches Unternehmen mehr selbständig Waren einführen oder Kaufverträge mit ausländischen Firmen abschließen. Alles war nun genehmigungspflichtig.

Ein Netz von 25 zentralen Überwachungsstellen mit unzähligen örtlichen Zweigstellen legte sich über die gewerbliche Wirtschaft. Jede Stelle war damit beauftragt, die Importgeschäfte der Unternehmen zu kontrollieren, die Einfuhr unerwünschter Waren zu unterbinden und den Firmen nach gründlicher Überprüfung der Kaufverträge die notwendigen Devisen zuzuteilen.

Als oberster Grundsatz galt nun, immer nur soviel einzuführen, wie durch Ausfuhrgeschäfte bezahlt werden konnte, und auch nur solche Waren zu importieren, die nach offizieller Lesart volkswirtschaftlich wichtig waren. Zu allem Überdruß sollten sie aber auch noch aus Ländern stammen, die ihrerseits bereit waren, in großen Mengen deutsche Waren zu kaufen. Eine neue Faustregel kam auf: mehr Rohstoffe und Halbfabrikate ins Land, weniger Fertigwaren!

Das bewirkte eine heillose Bürokratisierung des Handelslebens, »unrationell und wirtschaftswidrig«, wie ein Kritiker urteilt.[30] Eine Flut von Fragebögen und Leitfäden brach über die Wirtschaft herein, unzählige Prüfverfahren, Verrechnungssysteme und Umschichtungsprozesse drohten die Firmen »in einem Wust von Gesuchen, Bewilligungen, Nachweisen, Reklamationen usw. zu ersticken«, wie selbst Schacht zugeben mußte.[31]

Doch gab es noch eine andere Alternative? Wohl kaum. Der Niedergang des deutschen Exports stellte die Versorgung des Landes mit ausländischen Rohstoffen und Nahrungsmitteln in Frage, womit sein ganzer Konjunkturaufschwung schwer gefährdet war.

Dieser Aufschwung aber entschied letztlich über das Schicksal des neuen Staates. Keinen Augenblick vergaßen die Machthaber des Dritten Reiches diese einfache Wahrheit: Nicht die Propaganda des Regimes, nicht sein Mobilisierungs- und Repressionsapparat, nicht einmal Hitlers Prestige bestimmten am Ende die Haltung der deutschen Massen zur Diktatur. Allein die Schaffung neuer Arbeitsplätze, die Sicherung eines Stücks bescheidenen Wohlstandes und sozialer Statusverbesserung würden bei der Volksmehrheit den Ausschlag geben.

Was das Regime in der Krisenbewältigung bisher geboten hatte, war im Volk nicht ohne Eindruck geblieben. 1935 war die Zahl der Beschäftigten seit Hitlers Machtübernahme um fast drei Millionen gestiegen. Die wichtigsten Industrien hatten den Produktionsstand des Hochkonjunkturjahres 1928 wieder nahezu erreicht.[32] Die Zahlen von 1934 klangen imposant: Die Produktion der Investitionsgüterindustrien war im Vergleich zum Krisenjahr 1932 um 103,3 Prozent gestiegen, die der Produktionsgüterindustrien um 61,6 (die der Konsumgüterindustrien allerdings nur um 19,8 Prozent).[33]

Überall eine Tendenz nach oben: Das Bruttosozialprodukt war von 58 Milliarden Reichsmark (1933) auf 73 Milliarden (1935) angewachsen, die Neuanlageinvestitionen hatten im gleichen Zeitraum um mehr als das Doppelte zugenommen.[34] Kein Land baute zudem die Massenarbeitslosigkeit schneller ab als das Deutschland Hitlers. Dort war die Arbeitslosigkeit binnen dreier Jahre um 60 Prozent zurückgegangen, in den USA und England nur um 20 Prozent, in Frankreich hatte sie sogar leicht zugenommen.[35]

Diese Erfolgsserie aber drohte abzureißen, je mehr Devisennot und Rohstoffmangel die deutsche Wirtschaft gefährdeten – existentielle Bedrohung auch für Hitlers Regime. Wie ihr aber begegnen? Neben schärferer Kontrolle und Umschichtung der Einfuhr sah Schacht nur ein wirksames Gegenmittel: Deutschlands träge Unternehmer zu stärkerer Aktivität im Export aufzuscheuchen.

Auch dies mochte Schacht freilich nicht allein der privaten Wirtschaft überlassen. Der Staat sollte vielmehr durch Kontrolle und Steuerung garantieren, daß der Export die Rohstoffe und Agrarprodukte ins Reich holte, die notwendig waren, um den Lebensstandard der Bevölkerung zu heben und die Aufrüstung auf Touren zu bringen, also gleichermaßen privaten und staatlichen Konsum in Deutschland zu ermöglichen.

Dazu gehörte, die Handelsverträge mit dem Ausland durch ein bilaterales System devisenloser Verrechnung zu ersetzen. Die deutschen Importeure sollten die Rechnungsbeträge für die eingeführten Waren aus dem jeweiligen Partnerland auf ein Verrechnungskonto einzahlen, ebenso die Importeure der Gegenseite für die von ihnen aus Deutschland bezogenen Waren. Dann sollten die Guthaben der beiden Partner miteinander ausgeglichen werden, durch Ankauf neuer Waren. »Je mehr«, so ein Experte, »deutsche Waren das Partnerland abnahm, um so mehr Waren konnte es nach Deutschland liefern.«[36]

Daher Schachts Slogan: »Kaufe bei Deinem Kunden!« Es war ein Notbehelf, eine verzweifelte Rückkehr zum archaischen Tauschhandel, eher das Produkt von Sachzwängen als ideologischer Heilslehren. Denn eine rasche Wiederbelebung des ruinierten Freihandels war kaum zu erwarten.

Nach den Währungsabwertungen einiger Staaten im Westen nahm zwar der Welthandel allmählich wieder etwas zu, doch das ging nicht zuletzt auf Kosten des Fertigwarenlieferanten Deutschland. Die Rohstoffpreise zogen nämlich kräftig an, nicht aber die Preise für Fertigwaren. Ergebnis: Die deutschen Exportpreise lagen jetzt bis zu 40 Prozent über dem Weltniveau.[37]

Bei so mißlicher Lage wäre Deutschlands Export ohne Zugriff des Staates völlig verendet. Eine drastische Abwertung der Reichsmark hätte dem Export wohl mehr Luft verschaffen können, doch die Regierung und die Unternehmer befürchteten die Nebenwirkungen einer Abwertung: höhere Produktionskosten, Verteuerung der Importe, Lohnsteigerungen.

Für Schacht aber war die Markabwertung vollends indiskutabel, denn er hatte keine Lust, die drückenden Auslandsschulden des Reiches und ihre Verzinsung durch eine Abwertung noch zu erhöhen. Sie im Gegenteil mit List und Tücke rasch loszuwerden, war ein Nebenzweck des Neuen Plans. »Auf eine geradezu raffinierte Weise«, so entdeckte später ein Forscher, habe Schacht durch eine Politik der überhöhten Wechselkurse die deutschen Auslandsschulden verringert, wobei er auch noch zu einem guten Teil »Deutschlands Gläubiger seinen Export bezahlen ließ«.[38]

Das hing mit der zwielichtigen Politik zusammen, die Schacht schon als Reichsbankpräsident verfolgt hatte. Im Juli 1933 war eine Konversionskasse für deutsche Auslandsschulden entstanden, an die alle Zahlungen (Zinsen, Gewinnanteile, Tilgungsraten usw.) gerichtet werden mußten, die deutsche Staatsbürger dem Ausland schuldeten.[39] Das Reich übernahm dafür ihre Schuld, womit der Staat die Kontrolle über alle Auslandsschulden, die privaten wie die staatlichen, erlangte.

Seine Macht aber spielte nun der NS-Staat gegenüber den einzelnen ausländischen Gläubigern rücksichtslos aus. Sie mußten zusehends ungünstigeren Bedingungen des Geldtransfers zustimmen. Als die Exportkrise auch die letzten deutschen Gold- und Devisenbestände gefährdete, wollte die Reichsbank überhaupt nicht mehr zahlen. Ihr Direktorium beschloß im Juni 1934, für das nächste Halbjahr alle Barzahlungen einzustellen, die dem Zinsendienst oder der Tilgung mittel- und langfristiger Auslandsschulden dienten.

Statt der Zinsleistungen ließ Schacht den Gläubigern Schuldscheine der Konversionskasse, sogenannte Skrips, anbieten, die sie zu 50 Prozent ihres Nennwertes bei der zur Reichsbank gehörigen Golddiskontbank einlösen konnten, allerdings nur zum Gebrauch in Deutschland.[40] Die restlichen 50 Prozent verwendete die Golddiskontbank zur Finanzierung des deutschen Exports. Die Gläubiger aber konnten mit ihrer Sperrmark in Deutschland kaufen: deutsche Waren zu überhöhten Preisen.

Mit solchen Tricks spannte Schacht die ausländischen Gläubiger als unfreiwillige Helfer des deutschen Exports ein. Ganz kam er damit allerdings nicht durch, denn die potenteren Gläubiger bestanden auf der Wiederaufnahme des Zinsendienstes, die Schacht auch zugestehen mußte. Meist aber funktionierte sein System: Der Berg der Auslandsschulden schrumpfte Stück um Stück, binnen eines Jahres allein von 19 Milliarden (Februar 1933) auf 13,9 Milliarden Reichsmark.[41]

Dieses System wollte Schacht im Neuen Plan noch durch eine doppelbödige Exportförderung verfeinern. Wobei er mit Prämien arbeitete, die es ermöglichen sollten, für jedes einzelne Exportgeschäft einen eigenen Wechselkurs festzulegen. Sie mußten immer groß genug sein, um den Unterschied zwischen dem hohen deutschen Exportpreis und jenem der ausländischen Konkurrenz auf dem jeweiligen Markt auszugleichen, also den Konkurrenten durch scharf auskalkulierte Niedrigpreise auszustechen.

Eine Schar ausgepichter Fachleute aus der Wirtschaft übernahm die neuen Preisprüfungsstellen, die gemeinsam mit Vertretern der Reichsstelle für den Außenhandel gleichsam als Führungsorgane der Exportoffensive fungierten. Sie prüften jedes Exportgeschäft, ließen sich von Reiseagenten über die fremden Marktkonditionen informieren und legten die Höhe der Subventionen fest.

Ihre Leitung lag in der Hand von Schachts Intimus Brinkmann. Er nutzte den vertraglosen Zustand, der im Sommer 1934 durch die Kündigung aller Clearingabkommen entstanden war, die es Deutschlands Handelspartnern erlaubt hatten, einen Teil des Erlöses deutscher Auslandsgeschäfte zur Bedienung alter Reichsschulden einzubehalten. Als Ersatz bot ihnen Brinkmann Verrechnungsabkommen an, was nicht wenige Staaten empörte, die ob solcher erpresserischer Methoden mit Repressalien drohten.[42]

Brinkmann offerierte freilich so verlockende Konditionen, daß die meisten Partner dann doch nachgaben. Das Gros der Handelsstaaten war bereit, sich auf den Tauschhandel mit Berlin einzulassen. Bis 1937 schloß das Reich mit 35 Staaten Verrechnungsabkommen ab, darunter vor allem die Staaten Südosteuropas.[43]

Dort wurde Brinkmann nun erst richtig aktiv. Kaltblütig machten sich seine Unterhändler zunutze, daß die westliche Konkurrenz im Grunde den südosteuropäischen Agrarstaaten nicht wirklich helfen konnte, denn den Getreideüberschuß des Balkans in großen Mengen aufzunehmen, war keiner von ihnen in der Lage, die Tschechoslowakei sowenig wie England und Frankreich.

Hier hakten Brinkmanns Sendboten ein, mit frappierenden Offerten. Da konnte es geschehen, daß sie etwa den Jugoslawen anboten, statt der 25 Prozent ihres Getreideexportes, der nach England, Frankreich und in die Tschechoslowakei ging, ihnen gleich 60 Prozent abzunehmen, und dies auch noch zu einem Preis, der um 30 Prozent über dem Weltniveau lag.[44]

Wen will es wundern, daß die Balkanstaaten auf so saftige Angebote geradezu sprangen? Ihre Geschäfte mit dem Dritten Reich schnellten in vorher ungeahnte Höhen. Der Deutschlandexport Bulgariens stieg von 36 Prozent seiner Gesamtausfuhr (1933) auf 67,8 Prozent (1939), der Ungarns von 11,2 auf 50,4 Prozent, der Rumäniens von 10,6 auf 32,3 Prozent.[45]

Die Südostländer exportierten um jeden Preis, auch wenn sie bald merkten, daß Deutschlands scheinbare Großzügigkeit recht arge Widerhaken hatte. Die Deutschen gerieten nicht ungern gegenüber ihren Partnern in schwere Passivsalden, womit sie die ärmeren Gläubiger zu verstärktem Import aus Deutschland zwangen. Mit dem Ergebnis konnte Schacht zufrieden sein; der deutsche Südosthandel nahm von Jahr zu Jahr kräftig zu. 3,8 Prozent der deutschen Gesamtausfuhr hatte er 1933 ausgemacht, sechs Jahre später betrug er 18,3 Prozent.[46]

Allmählich entstand im Südosten ein Gürtel von Staaten mit Verrechnungsabkommen, der sich von Deutschland über Ungarn bis in die Türkei erstreckte, bald »ein kleines deutsches Gegenstück zu dem wachsenden Sterlingblock [des Commonwealth], gewissermaßen ein Reichsmarkblock«, wie ein britischer Historiker formulierte – Anfänge der von deutschen Expansionisten erträumten merkantil-hegemonialen Großraumwirtschaft.[47]

Hjalmar Schacht hatte damit nicht nur die Rohstofflieferungen nach Deutschland vermehrt und sicherer gemacht, sondern auch, gleichsam nebenbei und ganz ungewollt, eine wilhelminisch-expansive Alternative zu Hitlers rassistisch-uferlosem Lebensraumkonzept gefunden. Südosteuropa bot scheinbar eine ideale Gelegenheit, Deutschland auch ohne Krieg eine erweiterte Macht- und Rohstoffbasis zu schaffen, was Hermann Göring mit seinem wieselflinken Raffkeverstand sofort begriff: Er machte sich 1934/35 auf eigene Faust zur »wegweisenden Instanz« der deutschen Balkanpolitik.[48]

Schacht verstand jedoch solche Zusammenhänge nicht, er dachte nur in wirtschaftlichen Kategorien. Südosteuropa war ihm nicht wichtiger als die anderen Regionen, denen sich seine Handelsoffensive nun verstärkt zuwandte: Nordeuropa, Nahost und vor allem Lateinamerika.

Dort schloß eine bereits 1934 entsandte Handelsdelegation mit Argentinien, Brasilien, Chile und Uruguay Verrechnungsabkommen ab, die nicht nur devisenlose Rohstofflieferungen ins Reich sicherten, sondern auch einen raschen Auftrieb des deutschen Südamerikahandels.[49] Manche Staaten des Subkontinents hatten nicht übel Lust, ihre Abhängigkeit von den übermächtigen USA durch engere Handelsbeziehungen mit Berlin zu lockern, was ihnen teilweise auch gelang: In Chile und Brasilien verdrängte Deutschland die Yankees vom gewohnten Platz des Hauptimporteurs.[50]

So fügte sich Meldung um Meldung zu einem unbezweifelbaren Erfolgsbild. Deutschlands Außenhandel fand im Südosten und Südwesten neue Märkte, die Wirtschaft befreite sich aus dem Würgegriff der Exportkrise. Die Handelsbilanz wurde wieder positiv: 1935 wies sie einen Überschuß von 111 Millionen Reichsmark auf, ein Jahr darauf sollten es 550 Millionen sein.[51]

Natürlich wußten Schacht und seine Mitarbeiter, daß damit die Devisennot und Rohstoffknappheit nicht behoben war. Sie blieben Dauerprobleme der deutschen Wirtschaftspolitik, im Grunde unlösbar und nur durch kurzfristige Hilfsmaßnahmen zu entschärfen, solange eine immer hemmungslosere Rüstungspolitik an den begrenzten deutschen Ressourcen Raubbau betrieb.

Desto mehr aber mußte Schacht versuchen, durch forcierten Ausbau der heimischen Rohstoffwirtschaft und Entwicklung deutscher Bodenschätze und Ersatzstoffe dem Reich Devisen zu sparen und dennoch dessen Rohstoffversorgung weiterhin zu verbessern. Gern ging der Liberale diesen Weg nicht, denn das alles roch ihm nach Autarkismus und mangelnder Rentabilität, die Schacht gleichermaßen verhaßt waren.

Er zeigte sich dabei so zögerlich, daß selbst seinen Bewunderern im Reichswehrministerium der Verdacht kam, für die Exekution der wehrwirtschaftlichen Pläne den falschen Mann ausgewählt zu haben. Die minderwertigen deutschen Eisenerze, wie von Oberst Thomas gefordert, für die Rüstung zu erschließen, behagte dem

Nationalökonomen sowenig wie die »phantastische Projektmacherei« eifernder Ersatzstoffproduzenten.[52]

Doch Schacht mußte auf seine militärischen Förderer Rücksicht nehmen, die von ihm rasche Erfolge erwarteten. Sie drängten vor allem darauf, die Treibstoffversorgung entscheidend zu verbessern und die Produktion deutscher Schwermetalle zu erhöhen, was der Minister schließlich in Angriff nahm – mit einer Ruppigkeit, die nun wiederum seine Freunde in der Schwerindustrie ungemein verstörte.

Im September 1934 unterbreitete Schacht in einer Konferenz den führenden Männern der Braunkohlenwirtschaft den Plan, zur Verbreiterung der Treibstoffbasis »mehrere Druckhydrierungsanlagen zu errichten und diese Anlagen vom gesamten deutschen Braunkohlenbergbau finanzieren zu lassen«. Alle größeren Unternehmen der Branche sollten sich an einer Aktiengesellschaft finanziell beteiligen, benötigt würden 250 bis 300 Millionen Reichsmark.[53]

Erschrocken wehrten sich die Industriellen gegen eine solche Zumutung, nicht ohne plausible Gründe vorzubringen: Das von der IG-Farben entwickelte Hydrierverfahren sei viel zu teuer, das übliche Schwelen von Braunkohle weit ökonomischer. Eine halbe Stunde hörte sich Schacht die Gegenargumente an, dann wollte er wissen, »ob es möglich sei, freiwillig zur Gründung dieser Gesellschaft zu kommen«. Die Herren verneinten.[54]

Acht Tage später, am 29. September, meldete sich Schacht wieder, mit einer »Verordnung über die Errichtung wirtschaftlicher Pflichtgemeinschaften in der Braunkohlenwirtschaft«. Sie erzwang per Befehl, was Schacht »freiwillig« nicht gewährt worden war: Zehn Braunkohlenunternehmen mußten pro Tonne Braunkohle zwei Reichsmark an die Pflichtgemeinschaft der Braunkohlenindustrie entrichten, die wiederum die für den Aufbau der Hydrierwerke vorgesehene Braunkohle-Benzin AG, kurz Brabag, zu finanzieren hatte.[55]

Es kam noch haariger. Nicht nur, daß die Pflichtgemeinschaft dem Reichswirtschaftsminister unterstellt wurde, der ihre Mitglieder ernannte und deren finanzielle Einlagen festlegte. Ein von Schacht eingesetzter Reichskommissar überwachte zudem beide Gesellschaften. Er konnte die Mitglieder des Brabag-Aufsichtsrates bestellen oder absetzen, Einsicht in alle Geschäftsvorgänge verlangen und Beschlüsse der AG umstoßen.[56]

So rüde war noch kein deutscher Staat mit seinen Industriellen umgegangen. Die liberal-kapitalistischen Unternehmensformen wurden zwar gewahrt, doch Aktionäre und Geldgeber sahen sich »zu weitgehender Bedeutungslosigkeit herabgedrückt«.[57] Sie waren nur noch Befehlsempfänger des Staates, mochten auch die Hydrieranlagen in ihrem Besitz bleiben und der Staat ihnen günstige Abschreibungsquoten und Gewinnmargen zugestehen.

Das Mittel der Pflichtgemeinschaften gefiel Schacht so sehr, daß er es verstärkt einsetzte, je mehr er sich dem Ausbau der Rohstoffwirtschaft zuwandte. Sperrige Unternehmer wurden nun häufiger in die »Pflicht« genommen. Das Reichswirtschaftsministerium bündelte dabei die privatwirtschaftlichen Kräfte zu großangelegten Vorhaben, ohne freilich selber als Auftraggeber hervorzutreten.

Einige Pressionen des Ministeriums genügten, im September 1935 eine weitere Pflichtgemeinschaft zur Herstellung synthetischen Treibstoffs, die Ruhr-Benzin AG, entstehen zu lassen.[58] Auch in anderen Wirtschaftszweigen arbeiteten Schachts Leute mit der Waffe der Zwangsinvestition, wobei sich jedoch ihre Methoden der jeweiligen Lage anpaßten.

Mal waren es die Produzenten wie im Fall der Kunstseidenindustrie, die das Wirtschaftsministerium angesichts einer guten Geschäftslage zwang, die erwünschte Mehrerzeugung ihrer Produkte durch Errichtung neuer Werke allein zu finanzieren. Mal spannte das Ministerium Produzenten und Erstverbraucher in Pflichtgemeinschaften zusammen, so bei der Erhöhung der Zellwollproduktion, deren enorme Kosten vor allem die Spinnereien zu tragen hatten.[59]

Schacht paßte jedoch auf, daß die Investitionen der Privatwirtschaft immer nur Projekten zugute kamen, die auf der Prioritätenliste der Reichsregierung standen. Der NS-Staat war nicht an einer generellen Erhöhung der Privatinvestitionen interessiert. Sie wäre dem Drang des Regimes nach Beherrschung und Überwachung des für die Beschäftigungs- und Aufrüstungsprogramme unentbehrlichen Produktionsapparats hinderlich gewesen.

Daher die ständige Vermehrung der staatlichen Investitionen in allen Bereichen des Produktionsgütersektors, daher die massive »Ausweitung der Gesamtproduktion, von der der Staat immer größere Teile für sich in Anspruch nahm«.[60] Entsprechend radikal hatte sich das Investitionsbild im Vergleich zur Weimarer Republik verändert: Nicht mehr die privaten Neuinvestitionen (Jahresdurchschnitt: 1,9 Milliarden Reichsmark), sondern die staatlichen (6,3 Milliarden Reichsmark) bestimmten die Szene.[61]

Auch bei der Ausweitung der Rohstoffwirtschaft finanzierte und steuerte das Reichswirtschaftsministerium kräftig mit. Darlehen, Prämien und Zuschüsse gingen dem Nicht-Eisen-Metallbergbau zu, machten stillgelegte Erzbergwerke wieder flott und förderten das Aufspüren und Ausbeuten heimischer Bodenschätze.[62]

Das blieb nicht ohne imposante Resultate. Die Eisenerzförderung stieg kräftig (im Zeitraum 1933/36 von 2,5 auf 7,5 Millionen Jahrestonnen), die Anbauflächen für Flachs verzehnfachten sich in wenigen Jahren ebenso wie die Aluminiumproduktion, die Holz- und Zellstoffgewinnung ließ die Ergebnisse des Spitzenjahres 1928 weit hinter sich.[63]

Deutschlands Industrien produzierten bald mit einer Besessenheit, die sie jahrelang nicht gekannt hatten. Manchmal mit unerwarteten Folgen: Zellwolle wurde so üppig produziert, daß sich groteske Absatzprobleme ergaben, die nur mit äußerster Mühe gelöst werden konnten, und die Benzinerzeugung mußte sogar zeitweilig gedrosselt werden, weil größerer Bedarf fehlte oder durch das verstärkt aufkommende Dieselöl gedeckt wurde.[64]

Wo immer aber unerwünschte Überproduktion entstand oder »falsche« Investitionen neue Kapazitäten schufen, griff das Wirtschaftsministerium ein – mit Investitionsverboten, Produktionsauflagen, Kürzungen von Rohstoffzuteilungen. Sie trafen meist übersetzte oder konkurrenzgefährdete Wirtschaftszweige, die Textilindustrie etwa oder die Papier- und Zellstoffbranche, den Rundfunkgerätebau u. a.

Die Investitionsverbote galten jedoch immer nur für kurze Zeit, wie überhaupt der rasche Wechsel die Arbeit der Kontrolleure bestimmte. Hier wurde die Gründung einer Aktiengesellschaft untersagt, dort ein früher ergangenes Verbot zurückgenommen, hier Investitionskontrollen für einen ganzen Wirtschaftszweig erlassen, wieder an anderer Stelle die Auflagen für die Produktion eines bestimmten Erzeugnisses revidiert: Beweglichkeit prägte die Politik von Schachts Bürokraten.

Sie verbanden jetzt alle Anstrengungen zu einem einheitlichen Kraftakt wirtschaftlicher Wiedergesundung, steuerten das Land immer sicherer aus der Misere heraus. Wachsender Export und positive Handelsbilanz, innerdeutsche Rohstoffentwicklung, neue Einsatzstoffe von der Kunstfaser bis zu Thermoplasten, Zwangsinvestitionen, steigende Produktion – alles lief.

Das vermittelte nicht nur uneingeweihten »Volksgenossen« das Bild einer intelligenten, präzise arbeitenden Beamtenkaste, die mit ihren Preis- und Lohnkontrollen, ihrer Rohstofflenkung und Kartellüberwachung in der Lage schien, jede wirtschaftliche Krise bewältigen zu können. Experten urteilten ähnlich. Was der britische Nationalökonom Claude William Guillebaud in Deutschland sah, fand er »einzigartig in der Wirtschaftsgeschichte der neueren Zeit«.[65]

Gewiß, das war alles nicht brillant und originell, mit einem unsäglichen Bürokratismus erkauft, mit der politischen Entmündigung der Arbeiterschaft und der Anpasserei der Arbeitgeber. Mancherlei davon bewegte sich inhaltlich in konventionellen Bahnen, war mit seinen Akzenten auf möglichst ausgeglichene Budgets, hohe Steuern und Sparanreize Politik von Weimar, nur entschiedener und skrupelloser exekutiert, mit leistungsfähigeren Instrumentarien.

Gleichwohl mußten die offenkundigen Erfolge der Arbeitsschlacht Menschen beeindrucken, die seit Jahren kaum etwas anderes gekannt hatten als Krise, Niedergang und politische Verantwortungsscheu. Für viele Deutsche wurde die Kurve der Beschäftigungszahlen auf den amtlichen Graphiken zu einem Maßstab für die Effizienz und den Wert des ganzen Regimes. Wer von der Konjunkturpolitik des NS-Staates profitierte, dem »war sie begreiflicherweise das Maß aller Dinge«.[66]

Das war freilich nicht mehr das Volk, das sich zu Weimars Zeiten in ruinösen Sozialkonflikten und Straßenkämpfen aufgerieben hatte. Da war etwas anders geworden. Die Einstellung zum Arbeitsplatz und seiner Sicherung hatte absoluten Rang erhalten, ein stärkeres Verlangen nach sozialem Aufstieg herrschte vor, Konzentration auf Arbeitswelt und Privatleben – Verhaltensweisen, die immer mehr das Leben des Durchschnittsdeutschen bestimmen sollten.

Wirtschaftskrise und Demokratieverfall, so formuliert ein Historiker, hatten »die Angst vor dem Chaos zum neuen Lebensgefühl«[67] vieler Menschen werden lassen, in dem Arbeit, Familie und soziale Sicherheit den zentralen Platz einnahmen. Für politisches Engagement blieb da kaum Raum. Militanten NS-Gegnern wie den Beobachtern der Sopade »graute davor zu sehen, wie sich die Massen an ihr Los gewöhnen und besonders, soweit sie in Arbeit stehen, alles tun, um die Brotstelle zu erhalten«.[68]

Doch war das gar so verwunderlich? Schon ein Jahrhundert zuvor hatte Alexis de Tocqueville gewußt, daß die »Sucht nach Wohlstand« und Gleichheit »leidenschaftlicher und anhaltender [ist] als für die Freiheit«.[69] Und ebendieses Verlangen suchte das NS-Regime inmitten wachsender Unfreiheit zu befriedigen, mit einer Steigerung des Lebensstandards und mit mehr Gleichheit und sozialer Ausgewogenheit, als sie die deutsche Gesellschaft je besessen hatte.

Mancher erlag dieser Wohlstandspropaganda, zumal sie vor dem Hintergrund realer und meßbarer Fortschritte agierte. Kein Zweifel: Die meisten Deutschen lebten besser als in der Krise. Die Arbeitslosigkeit war im Herbst 1935 zum erstenmal weit unter die Zweimillionengrenze gefallen, Löhne und Gehälter stiegen leicht an, die Lebenshaltungskosten blieben weitgehend konstant.[70]

Mit »Wohlstand« hatte das freilich wenig zu tun, es sei denn, man legte die Verhältnisse in der Depression als Maßstab an. Dann allerdings konnte schon als Fortschritt gelten, daß »immer mehr Arbeiter einen Lohn erhielten, mit dem sie jedenfalls besser zurechtkamen als mit Arbeitslosenunterstützung oder Wohlfahrtsalmosen«, wie ein Kenner notiert.[71] Gegenüber dem Lebensstandard westlicher Industriestaaten aber schnitt Deutschland nur kümmerlich ab.

Der Mittagstisch der meisten Deutschen blieb noch lange Zeit dürftig. Eine fünfköpfige Arbeiterfamilie mußte 1935 in der Woche mit 2 Pfund Fett und 2½ Pfund Fleisch auskommen, wobei Obst und Gemüse so gut wie nie auf den Tisch kamen,[72] und selbst die Mittagstafel höherer Einkommensbezieher, die immerhin schon Grillgeräte und Küchenmaschinen kannten, war wegen der häufigen Engpässe in der Lebensmittelversorgung recht bescheiden.

Wie man damals aß, illustrieren die wöchentlich erscheinenden »Reichsspeisekarten« der NSDAP. Das las sich dann so: »Montag: Suppe aus Resten vom Sonntag. Haferflockenauflauf. Dienstag: Kohlrollen mit Fischfüllung, Kartoffeln. Mittwoch: Milchsuppe, Rosenkohl mit Bratkartoffeln. Donnerstag: Grünkernsuppe, Gebackenes Herz mit Kartoffeln und Salat. Freitag: Sauerkrautauflauf mit Fleisch, Schokoladenspeise. Samstag: Pellkartoffeln mit Quarktunke. Sonntag: Ochsenschwanzsuppe, Schwarzwurzeln mit Fleischklößchen gemischt und Kartoffeln, Kaffeecreme.«[73]

Farbiger hingegen sah das Freizeitleben der Nation aus. Die Deutschen reisten und wanderten wie noch nie zuvor, der Sport wurde zu einem Massenphänomen und verlor selbst an seinen feudalen Rändern, auf den Golf- und Tennisplätzen, die letzten Reservate gesellschaftlicher Exklusivität.

Die Kino- und Autonarren, die Deutschland seit 1933 regierten, öffneten ihr Regime zusehends dem Massenkonsum und der modernen Freizeitkultur. Mit den neuen Medien Film und Rundfunk, mit dem Programm der »Volksmotorisierung« und einer wachsenden Unterhaltungsindustrie boten sie reichhaltige Felder der Massenablenkung, zur politischen Manipulation ebenso tauglich wie zur Befriedigung der Massensehnsucht nach Mobilität und privatem Glück.

Novitäten wie der nur auf Mittelwelle eingerichtete »Volksempfänger«, dessen Massenproduktion die Radioversorgung der Bevölkerung (1933: rund 25 Prozent) in wenigen Jahren verdoppelte, banden den Durchschnittsdeutschen an Familie und Regime.[74] Auch das Kino wirkte dabei mit, zumal der Durchbruch des Tonfilms zeitlich mit dem Rückzug ins Private zusammenfiel. Was sagenhafte Zuschauerzuwächse zur Folge hatte: Von 1932 bis 1935 stieg die Zahl der Kinobesucher um 65 Millionen, im Jahr darauf um weitere 60 Millionen.[75]

Moderner Straßenbau und verstärkter Autoverkehr brachten zudem die Menschen einander näher, der Massentourismus erfüllte viele mit einer Zukunftsgläubigkeit, die ihnen früher fremd gewesen war. Das Regime bot zumindest technischen Fortschritt, dem man sich desto bedenkenloser verschrieb, je mehr er über den politischen Alltag hinwegtäuschte.

Dieser Fortschritt kam meist mit heulenden Motoren daher, Rennfahrer und Kunstflieger, aber auch Boxer waren seine Idole. Rudolf Caracciola auf Mercedes-Benz und Hans Stuck auf Auto-Union eröffneten 1934 nach jahrelangem Stillstand des deutschen Rennwagenbaus eine Serie spektakulärer Weltrekorde, 1935 erkämpfte sich Max Schmeling durch seinen Sieg über den US-Schwergewichtler Steve Hamas die Rückkehr in das internationale Boxgeschäft, ein Jahr darauf durchbrach der »Fliegende Hamburger« die 200-Stundenkilometer-Grenze, was ihn für kurze Zeit zur schnellsten Lok der Welt machte.[76]

Weltniveau war in Deutschland zusehends gefragt, wobei die Amerikaner nicht fehlen durften. Porsche fuhr 1935 im Auftrag Hitlers in die USA, um das Geheimnis amerikanischer Massenproduktion zu ergründen und amerikanische Ingenieure ins Land zu holen.[77] Die USA als technisches Vorbild und Entwicklungshelfer – auch das gehörte zur Wirklichkeit des Naziregimes.

Der Amerikanismus grassierte in Deutschland weiter wie in den Zeiten der Republik. Amerikanisches Know-how wirkte beim Ausbau der deutschen Industrie mit, Hollywoodfilme und ihre Stars begeisterten wie eh und je, nahezu jeder Bestseller amerikanischer Gegenwartsliteratur erschien auf dem deutschen Büchermarkt.[78] Dazu Coca-Cola und die neue Swingmusik der Benny Goodman, Tommy Dorsey und der vielen anderen, die »durch Schallplatten und über den Rundfunk siegreichen Einzug in Deutschland hielten«, allen völkischen Stänkereien gegen die »undeutsche Negermusik« zum Trotz.[79]

Das gab Hitlers Deutschland einen Hauch von Weltoffenheit und Normalität, die manchen NS-Gegner bewog, mit dem Regime seinen Frieden zu machen. Der organisierte Widerstand der Linken war ohnehin am Ende. Das Jahr 1935 hatte die Wende gebracht: Im Frühjahr und Sommer waren nahezu alle wichtigen Organisationen der illegalen KPD und SPD, unter ihnen die kommunistische Inlandsleitung in Berlin und das sozialdemokratische Untergrundnetz an Rhein und Ruhr, den massiven Verhaftungsaktionen der Gestapo erlegen.[80]

Das hatte Nachwirkungen bis in die Emigration hinein. Nicht wenige der vor dem NS-Terror ins Ausland geflohenen Menschen zogen es angesichts der Tristesse des Emigrantendaseins vor, nach Deutschland zurückzukehren. Schon 1935 zählte das

Berliner Polizeiinstitut 10 000 Rückkehrer, meist unpolitische Emigranten jüdischer Herkunft, die der zeitweilige Stillstand der Judenverfolgung im Reich herbeigelockt hatte.[81]

Andere mühten sich vom Exil aus, wieder in Deutschland Fuß zu fassen. Sie knüpften Fäden nach Berlin wie der heidnisch-archaische Dichter Hans Henny Jahnn, der nicht im Ausland publizieren mochte, weil dies »einen Bruch mit meiner deutschen Heimat bedeuten« könne,[82] oder wie der pazifistische Filmemacher G. W. Pabst, der sich 1935 vom Propagandaministerium die Tonfassung seines mit Arnold Fanck gedrehten Films »Die weiße Hölle von Piz Palü« als »künstlerisch wertvoll, volksbildend« prämieren ließ.[83]

Ihre daheimgebliebenen Freunde hatten sich größtenteils bereits mit den neuen Herren arrangiert. Der Brechtregisseur Erich Engel, Mitbegründer des Epischen Theaters, profilierte sich eben mit »Pygmalion« als erfolgssicherer Lustspielfilmer, während Fritz Langs ehemalige Frau und Drehbuchschreiberin Thea von Harbou, Miterfinderin des Unterweltdämons Mabuse, schon fest auf Goebbels' Traumfabrik ausgerichtet war: »Wir gehen alle einer großen Zukunft entgegen!«[84]

Ähnlich rührig die linken Literaten im Reich, dabei nie ganz frei und stets mißtrauisch beobachtet von den NS-Zensoren. Immerhin: Der verbotene Kästner debütierte auf dem Umweg über einen Schweizer Verlag mit »Drei Männer im Schnee«, Fallada veröffentlichte »Wer einmal aus dem Blechnapf frißt«, Ehm Welk arbeitete an den »Heiden von Kummerow«, Karl Bröger wartete mit einem Nürnbergroman auf.[85]

Es war nicht ohne Tragik, daß auch diese NS-Gegner mit ihren Arbeiten dazu beitrugen, die häßliche Wirklichkeit des Dritten Reiches aus Millionen Köpfen zu verdrängen und gerade dadurch das braune System zu immunisieren. Vergessen schienen die Verfolgung politisch-rassischer Minderheiten und die Reglementierung des geistigen Lebens, die Massenentlassungen linker Wissenschaftler, die Manipulation der Lehrpläne von Schulen und Universitäten und die Aushöhlung des letzten Restes an verlegerisch-journalistischer Unabhängigkeit.

Allzu viele Menschen schlossen davor ihre Augen, verführt von den sozioökonomischen Verbesserungen, die zudem mit einer scheinbaren Lockerung des NS-Regimes einhergingen. Die Macht der gefürchteten SA war gebrochen, die Gleichschaltung der evangelischen Kirche gescheitert, und sogar in der Horrorwelt der Konzentrationslager hatte sich einiges getan: Die Masse der im Gleichschaltungsterror von 1933 auf 26 000 angewachsenen KZ-Häftlinge war entlassen, die Lager auf sieben reduziert.[86]

Aus dem Spielfilm schien die NSDAP fast völlig verschwunden zu sein. Unverhüllte Nazifilme wie »Hans Westmar«, eine Glorifizierung Horst Wessels, der im Gegensatz zu seinem Vorläufer, Hans Steinhoffs brillant-raffiniertem »Hitlerjunge Quex«, erfolglos blieb, wurden nicht mehr gespielt. Auch der Theaterbetrieb lief wieder, als stünde noch immer »Weimar« auf dem Spielplan – minus der sozialkritischen Stücke und der jüdischen Schauspieler und Regisseure.

Kaum verwunderlich, daß sich im unverbesserlich autoritätsgläubigen Bürgertum die Hoffnung auf eine Mäßigung des Regimes vor allem an der Figur des Hjalmar Schacht und seiner Wirtschaftspolitik festmachte. Manchem war er mehr als ein ökonomischer »Zauberer«. Er legte sich häufig mit der Partei an, er war ihr sogar in der Judenpolitik offen entgegengetreten.

Als die NSDAP 1935 eine neue Welle antijüdischer Krawalle entfesselte, um die Entrechtung des deutschen Judentums noch weiter zu treiben, verlangte Schacht als einziger Minister Hitlers, den »Stürmer«-Methoden mit ihrer »höchsten Perfidie und Gemeinheit« ein Ende zu setzen.[88] In einer aufsehenerregenden Rede auf der Königsberger Ostmesse am 18. August forderte er die Einhaltung rechtsstaatlicher Normen und polemisierte gegen »die Leute . . . , die nächtlicher Weile heldenhaft Fensterscheiben beschmieren, die jeden Deutschen, der in einem jüdischen Geschäft kauft, als Volksverräter plakatieren«.[89]

Schacht plädierte zwar für Sondergesetze gegen die Juden, wollte ihnen darin aber auch »staatlichen Schutz gegen Fanatiker und Ungebildete« garantieren. Wer glaube, höhnte er auf einer Chefbesprechung der Reichsministerien, ohne die Juden in der Wirtschaft auskommen zu können, der kenne die Welt nicht; Deutschland brauche die »tüchtigen Juden« auch bei der Einfuhr, da sich der ganze Rohstoff in ihren Händen befinde.[90]

So sehr galt Schacht vermeintlichen Kennern schon als eine regimeinterne Gegenfigur, daß selbst die Informanten der Sopade fleißig an seiner Legende mitstrickten. »Man fängt an zu begreifen«, schrieb ein Konfident der Exil-SPD 1935 nach Prag, »daß z. Z. der wirkliche Beherrscher Deutschlands der Kapitalist Schacht ist und daß in seinem Gefolge das Großkapital und die Unternehmer im besten Zuge sind, nicht nur ihre alte Macht wiederherzustellen, sondern sie auszubauen.«[91]

Richtig daran war allerdings nur, daß Schachts Aufstieg zum »Wirtschaftsdiktator mit einer Machtfülle, die allein in dem Vertrauen Hitlers ihre Grenze findet«, wie es damals die »Basler Nachrichten« umschrieben,[92] den wieder wachsenden Einfluß der alten Eliten im Staatsapparat signalisierte. Der Anteil des konservativ-autoritären Blocks im Machtkartell des Dritten Reiches nahm deutlich zu.

Seine fast lautlose Expansion im Dschungel der regimeinternen Kompetenz- und Positionskämpfe ließ sich leicht erkennen: an der verschärften Zentralisierung der politischen Macht in den Reichsministerien, an der Erweiterung ihrer Kompetenzen auf Kosten der Reichsstatthalter und Gauleiter, an der Vermehrung der Staatsaufsicht in Ländern und Gemeinden.

Das war nicht zuletzt eine Folge von Hitlers Rückzug aus der Innenpolitik, die nach dem 30. Juni 1934 eingesetzt hatte. Hitler stilisierte sich immer mehr zum »Baumeister des neuen Reiches« empor, scheinbar entrückt allen Partei- und Klasseninteressen, nur noch auf »Großes« gerichtet, und ließ die Fachministerien agieren, deren Macht größer war als jemals zuvor.

Ihr gesteigertes Selbstbewußtsein bekam vor allem die Partei zu spüren. Manchem ihrer Funktionäre erging es wie dem thüringischen Gauleiter Sauckel, der mit steigendem Verdruß »das unendlich feine, stille und beharrliche Vormachtstreben gewisser Beamtencliquen zur alleinigen Maßgeblichkeit« beobachtete und im Januar 1936 Alarm schlug: »Die Männer der Partei . . . werden aus der Verwaltung immer mehr ausgeschaltet.«[93]

So frustriert waren schon die Funktionäre, daß einige von ihnen mit der baldigen Auflösung der Partei rechneten. Da brauchte nur, wie im Januar 1935 geschehen, der Innenstaatssekretär Grauert auf einer Pressekonferenz die Bemerkung fallenzulassen, es könne »noch nicht das endgültige Wort darüber gesprochen werden, was aus der Partei werde, ob sie etwa noch zu einem kleinen Gremium . . . umgestaltet werde«, und sogleich geriet der Parteiapparat in Panik.[94]

Das war übriggeblieben von der erträumten Herrschaft der nationalsozialistischen Partei über den Staat: die Rolle einer Mobilisierungs- und Betreuungsorganisation, echte Macht in den Gemeinden, das Beutesystem der Gauleiter in den Ländern und die Kompetenzen zahlloser in den Staatsdienst übernommener NS-Funktionäre auf der höheren und mittleren Verwaltungsebene, keineswegs untereinander verbunden durch eine gemeinsame Struktur oder gar mit der engeren Führungsclique um Hitler.

Noch im September 1933 hatte Ley den führenden Parteigenossen auf einer Sitzung in München ausgemalt, wie die NSDAP die Macht im Staat Adolf Hitlers allmählich an sich ziehen werde. Die Reichsleiter der Partei, erklärte er, würden Minister und ihre Amtsleiter Staatssekretäre werden; ein Senat aus Gauleitern und Treuhändern werde zudem dem Führer in allen wichtigen politischen Fragen beratend zur Seite stehen.[95]

Inzwischen hatte sich das längst als ein grotesker Tagtraum erwiesen. 1935 waren von den 24 Reichsleitern der NSDAP nur fünf Reichsminister und einer Staatssekretär, einer Ministerpräsident, einer Landesminister und sechs Oberpräsidenten – die einzigen Spitzennazis, die in leitender Funktion am Staatsapparat partizipierten.[96]

Den Rest der hohen Parteiapparatschiks aber hielt Hitler von der Berliner Machtzentrale fern. Leys »Führersenat« kam nie zustande, die Partei wurde kaum jemals an den zentralen Entscheidungen der Außen-, Militär- und Wirtschaftspolitik beteiligt. Nicht einmal gemeinsame Tagungen durften die Reichs- und Gauleiter ohne Genehmigung Hitlers abhalten.

Natürlich ließ es Hitler nicht an großen Worten fehlen, um zu verdecken, daß er der Partei nur noch eine Handlangerrolle zubilligte. Er proklamierte feierlich »den Ausbau und die Stärkung« der NSDAP, feierte sie als »das Beste aus dem deutschen Volk überhaupt« und wies ihr sogar auf dem Nürnberger Reichsparteitag im September 1935 eine neue »große Aufgabe« zu: jeden Volksgenossen »fortgesetzt« im Sinne des Nationalsozialismus »zu erziehen und – vor allem! – zu überwachen«.[97]

Wie aber ein Volk erziehen und überwachen, wenn einem dazu die Machtmittel fehlen? Kaum der Rückendeckung des Staatsapparats sicher, nur auf Hitlers wolkige Sprüche und »Aufträge« gestützt, verfügte die Partei nicht über eine hinlänglich breite Basis, um alle Bevölkerungsschichten zu durchdringen und zu kontrollieren. Es gab Bereiche der Gesellschaft, in denen die NSDAP ihren Willen mitnichten allein durchsetzen konnte. In manchen Landgebieten und Kleinstädten, wo sie nie über eine Minderheitsposition hinausgekommen war, mußte sie sich mit Dorfeliten und bürgerlichem Honoratiorentum arrangieren, während sich große Institutionen wie die christlichen Kirchen und die Reichswehr ihren Indoktrinationsversuchen trotz aller Anpassung an den braunen Zeitgeist verschlossen.

Decouvrierend für die Grenzen ihrer Durchschlagskraft war der jähe Niedergang der deutschchristlichen Bewegung, die von einem radikalen Parteiflügel als Rammbock völkischer Umfunktionierung der evangelischen Kirche gefördert worden war. Tatenlos mußte die Partei zusehen, wie die deutschen Christen ihre 1933 erlangte Kontrolle über die meisten Kirchenleitungen wieder verloren und sich neben und gegen Müllers Reichskirche eine allein auf den Glauben konzentrierte Opposition als eigene Kraft, als »Bekennende Kirche«, etablierte.[98]

Mit solchen Defiziten konnte die NSDAP schwerlich die ganze Gesellschaft gleichschalten, was immer auch Gleichschaltung im Dritten Reich besagen mochte. Der Begriff war so schillernd wie die Wirklichkeit, die sich dahinter verbarg. Gleichschaltung konnte vielerlei bedeuten: Vernichtung eines Verbandes (wie im Falle der demokratischen Parteien), aber auch nur Auswechslung eines Vorstandes durch einen NS-konformen oder bloße Lippenbekenntnisse zur »Bewegung«.

Indes, auch die erzwungene politische Gleichschaltung von Verbänden und Vereinen veränderte noch nicht die gesellschaftliche Wirklichkeit. Kein Machtwort der Partei hinderte den gleichgeschalteten Verein Deutscher Eisen- und Stahlindustrieller daran, seine eigenen, vom Staat abweichenden Vorstellungen über Preiserhöhungen durchzusetzen, keine Mahnung Hitlers brachte die standespolitischen Grabenkämpfe der gleichgeschalteten Rechtsanwälte und Syndizi, Zahnärzte und Dentisten zum Stillstand.[99]

Selbst dort, wo der barbarische Kahlschlag der Bücherverbrennungen, Berufsverbote und Akademie-»Säuberungen« Tausende demokratischer Künstler und Wissenschaftler ins Ausland getrieben hatte, waren Freiräume und Nischen entstanden, in denen neues, von Goebbels' Zwangssystem berufsständischer Kammern kaum beeinträchtigtes Leben erblühte. Es gab viele solcher Inseln der Nonkonformität, vor allem in der Literatur, begünstigt durch das Gegen- und Durcheinander divergierender staatlicher Zensurstellen.[100]

Das machte es möglich, daß sich neben der völkischen Staats- und Trivialliteratur noch andere Richtungen hielten und sogar zuweilen amtliche Förderung erfuhren. Die konfessionellen und die Heimatdichter gehörten dazu, aber auch die aufkommende neue Klassik um Elisabeth Langgässer und Günter Eich, selbst einige der 1933 »verbrannten« Autoren: Kästner, Kafka, Otto Flake, Gerhart Pohl, Walter Kiaulehn, Max Brod, Karl Kraus, Franz Werfel, bis 1936 auch noch Thomas Mann.[101]

Entlarvend, daß unter den Bestsellerautoren des Dritten Reiches kaum ein Nazi war. Waldemar Bonsels, Rudolf Herzog, Paul Keller, Rudolf Binding, aber auch Ernst Wiechert und Gertrud von Le Fort beherrschten den Büchermarkt[102] – auch ihre Erfolge freilich nur Indikatoren für den Rückzug vieler Deutscher ins Private und in die angebliche Zeitlosigkeit kultureller Tradition.

Selbst die Treibereien nazistischen Spießertums gegen den Expressionismus offenbarten noch Pluralistisches in der neudeutschen Kunstszene. Junge Nationalsozialisten, meist Maler, Graphiker und Studenten, demonstrierten 1933/34 gegen die Diffamierung des »entarteten« Emil Nolde, ihres Idols und Parteigenossen, und organisierten Gegenausstellungen für die »Freiheit der deutschen Kunst«. Als sie Hitler verbot, verlegte die braune Noldefronde ihre Aktivitäten in die DAF, unter deren Schutz sie bis 1942 die Werke der »Entarteten« in Tausenden von Fabrikausstellungen vorführte.[103]

Spätestens hier erweist sich, wie unzulänglich das Schwarzweißbild vom »totalitären« Naziregime ist, das Historiker jahrzehntelang vertraten. Danach herrschte damals in Deutschland eine »Parteidiktatur«, die das Land mit einem fugenlosen Kontroll- und Mobilisierungssystem im Griff hielt. Ihre Massenorganisationen erstreckten sich angeblich »wie Arme eines Polypen in alle Bereiche des menschlichen Daseins« und machten jeden Deutschen für das Regime so automatisch verfügbar, daß selbst die Freizeit der Menschen »nicht länger Privatsache sein durfte«.[104]

Durch »Schaffung einer Parteielite innerhalb und neben der staatlichen Bürokratie« soll die NSDAP die Herrschaft Hitlers zementiert haben, zusätzlich abgesichert durch eine terroristische Geheimpolizei, die eine »totale Kontrolle« über Gesellschaft, Staat und auch Partei ausgeübt habe.[105]

Erlesene Geister von Hannah Arendt bis zu Karl Dietrich Bracher wirkten an diesem Kolossalgemälde des nationalsozialistischen Totalitarismus mit, ohne zu merken, daß es viel zu grob konzipiert war, um auf Dauer glaubwürdig zu sein. Ihre unbezweifelbaren Teilwahrheiten wollen sich nicht zu einem plausiblen Ganzen zusammenfügen: Das Denkmodell des Totalitarismus ist schwerlich geeignet, das Herrschaftssystem des Dritten Reiches befriedigend zu erklären.

Historiographisch besitzt die Totalitarismustheorie nur einen geringen Erkenntniswert, entstammt sie doch weniger wissenschaftlichem Forscherdrang als ideologischem Tagesstreit. »Totalitarismus« war ursprünglich eine Kampfparole militanter Verteidiger der pluralistischen Demokratie, ein Reizwort voller abwertender Untertöne, was ihn wohl noch heute bei bundesdeutschen Volkspädagogen und Vergangenheitsbewältigern, deren Neigung zur Differenzierung historischer Prozesse nicht eben groß ist, so ungemein beliebt macht.

Entstanden in der Auseinandersetzung mit dem italienischen Faschismus der zwanziger Jahre, der sich im positiven Sinne als eine »totalitäre«, will sagen alle sozialen, kulturellen und individuellen Lebensregungen gleichschaltende Bewegung verstand, weitete sich der Demokratenhorror vor solchem Totalitarismus zu einer anspruchsvollen Analyse diktatorischer Herrschaftstechniken aus. Der NS-Staat wurde bald zu ihrem bevorzugten Studienobjekt, später aber auch der Kommunismus, bis die Totalitarismustheorie im Kalten Krieg zwischen West und Ost zur antikommunistischen Ideologie verkam.[106]

Je mehr sie sich aber von ihrem ursprünglichen historischen Gegenstand entfernte, desto vager wurden die Formeln und Begriffe, mit denen die ihr anhängenden Historiker und Politologen die deutsche Wirklichkeit unter dem Hakenkreuz einfangen wollten. Kaum eine ihrer zentralen Kategorien, die für sie unabdingbar zu einem totalitären Regime gehören, paßt so recht in das Herrschaftssystem Hitlers.

Eine Kaderpartei unbedingt zuverlässiger Anhänger, die im Staat eine »monopolartige Vorherrschaft« ausübt und mit dem Staatsapparat verschmilzt,[107] war die NSDAP sowenig wie die Gestapo eine alles beherrschende Geheimpolizei, die neben der Gesellschaft auch den Staat und sogar die Partei kontrollierte. Zu einer Gleichschaltung der Armee durch die Partei war es ebenfalls nicht gekommen, die NS-Ideologie durchdrang auch mitnichten »sämtliche Denk- und Lebensbereiche« der Nation.

Solche Fehlinterpretationen verraten etwas von der Starrheit, die dem Begriff des Totalitarismus anhaftet. Er ist, wie ein britischer Kritiker sagt, »ein statisches Modell, das wenig Raum für eine Veränderung und Entwicklung der inneren Dynamik eines Systems läßt«.[108] Seine Vorstellungen sind mechanistisch, fast automatenhaft: Sie suggerieren ein zentralistisch-monolithisches Machtsystem des Nationalsozialismus, das es so nicht gegeben hat.

Kaum einen Blick haben die Totalitarismusforscher für die gesellschaftlichen Kräfte, die dem NS-Staat erst seine explosive Triebkraft, aber auch seine Unberechenbarkeit und Systemlosigkeit gaben. Die Rolle der ehedem allein herrschenden bürgerlichen Eliten beim Aufbau des Dritten Reiches, ihre Verzahnung mit der Führungsschicht der NSDAP, die Rolle der Großindustrie dabei – keine Themen für die »totalitären« Historiker.

Wer aber immer nur auf die vermeintliche Vormachtstellung der NSDAP starrt, der übersieht leicht, daß die Partei nur Partnerin einer größeren Kräftekonstellation war, die sich nach dem 30. Januar 1933 immer stärker herauskristallisiert hatte. Es war dieses Machtkartell, das seither die deutsche Szene beherrschte und das man sich als ein Kräftedreieck vorstellen muß, wie es heute jüngere NS-Forscher tun: als eine »Entente« zwischen Nazipartei, Reichswehr/Bürokratie und Großwirtschaft, aneinandergekettet durch gemeinsame, allerdings nicht völlig identische Interessen und doch voller brisanter Widersprüche.[109]

In diesem System mit seinen ständigen inneren Gewichtsveränderungen war die NSDAP keineswegs das stärkste Element. Im Gegenteil: Von ihrem offenkundigen Prestigeverfall profitierten die anderen Partner, bis sich später aus der Masse der zu groß und schwammig gewordenen Partei deren aktivste Glieder wie die SS mit ihrem Polizei-, Geheimdienst- und KZ-Imperium lösten und sich zu einem neuen Interessenblock formierten, der anstelle der Partei allmählich ein Übergewicht über die anderen erlangte.

Das Auf und Ab im Machtdreieck ließ ein schier undurchdringliches Dickicht von Kompetenz- und Cliquenkämpfen wuchern, für das ein Journalist damals eine griffige Formel fand: »autoritäre Anarchie«.[110] Sie ruinierte den Staatsapparat ärger als der von den Nazis so verachtete Parteienkampf demokratischer Gemeinwesen – Karikatur all dessen, was sich früher führende Nationalsozialisten unter einem »totalen Staat« vorgestellt hatten.

Da sie an die Stelle der zerstörten demokratischen Institutionen des Staates keine neuen setzten, wurde der übriggebliebene Obrigkeitsstaat zum Spielball der diversen Macht- und Interessengruppen, die wie Parasiten den staatlichen Organismus zersetzten. Und es machte die Schuld der alten Eliten aus, daß sie diese gleichsam lautlose, nach außen kaum wahrnehmbare Selbstzerstörung des Staates nicht nur hinnahmen, sondern sich an ihm auch noch aktiv beteiligten.

Mit jeder weiteren Zerfaserung des Staates aber wuchs das Verlangen nach den integrativen Fähigkeiten Hitlers, der schon vor 1933 gezeigt hatte, daß er eine auseinanderstrebende Koalition wie die diffuse NSDAP zusammenhalten konnte. Wodurch der auf Hitlers Person zugeschnittene Führerkult nun auch zu einem eigenen Strukturelement des NS-Regimes wurde, dem mächtigsten.

Für die Rolle des Integrators war Hitler nahezu prädestiniert, entsprach doch sein Image so recht »dem Bild, das sich der ›kleine Mann‹ der dreißiger Jahre von seinem als ›groß‹ gefeierten Alter ego machte«.[111] Dieses Bild war nicht nur das Endprodukt von Hitlers monomanischer Besessenheit und einer raffinierten Propaganda. In ihm spiegelten sich auch Massensehnsüchte nach Befreiung von den Zwängen anonymer Bürokratien und Wirtschaftsmächten wider.

Hitler, der Gegner und vermeintliche Überwinder bürokratischer Allmacht, schien der Politik wieder ein persönliches Gesicht zu geben, was die Propagandaschreiber des Regimes noch mit allerlei Lügengeschichten über den Menschen Hitler ausmalten. Ein schlichter Mann aus dem Volk sollte da in der Reichskanzlei residieren, ohne Pose, gütig und kinderlieb, nicht ohne Traurigkeit ob der selbstgewählten Ehelosigkeit und allein mit seiner großen Verantwortung für Volk und Reich.

Viele Deutsche glaubten an dieses Kitschbild, ohne zu ahnen, daß ihr unausrottbares Obrigkeitsdenken für überparteiliche Staatsräson hielt, was in Wirklichkeit nur der schrankenlose Egoismus eines einzelnen war, der sich über Nation und Gesellschaft hinweghob. Nichts konnte denn auch den bindungslosen Führer gleichgültiger lassen als das Schicksal eines von seiner Person losgelösten Staates.

Nur konsequent, daß dieser NS-Staat vor allem die Handschrift Hitlers trug. Wie die Strukturlosigkeit der NSDAP auf das Regime übergegriffen hatte, so Hitlers bohemienhafter Lebensstil auf den Regierungsapparat. Es waren seine persönlichen Eigenheiten, seine Launen und Phobien, die nicht zuletzt dem Regieren in Deutschland seinen unverwechselbaren Charakter gaben.

Das fing schon am Morgen an. Hitler stand selten vor zwölf Uhr auf, womit der Vormittag für die weisungshungrige Ministerialbürokratie praktisch verloren war. Dann aber kam Hitler rasch in Gang. Das Frühstück, in der Regel zwei Tassen Milch und bis zu zehn Stück Zwieback, nahm er eilig ein, meist in der Bibliothek im Stehen oder bereits auf dem Marsch in den Korridor vor seiner im Erdgeschoß der Reichskanzlei gelegenen Privatwohnung.[112]

Dort warteten schon die Adjutanten mit ein paar Besuchern. Hitler ließ sich das Tagesprogramm vortragen und stiefelte dann mit einem Besucher zu seinem Arbeitszimmer im Obergeschoß, nicht ohne vorher noch den Adjutanten ein paar Weisungen für Behörden oder Dienststellen der Partei zu erteilen.

Schriftliche Arbeit war Hitler verhaßt, Akten las er kaum. Was ihn freilich nicht daran hinderte, meist gut informiert zu sein und Besucher durch sein enormes Detailwissen zu verblüffen. Diener Karl Krause mußte seinem Chef noch vor dem Aufstehen eine Mappe mit den neuesten Presse- und Rundfunkmeldungen des Auslands vor die Schlafzimmertür legen, gelegentlich auch Akten, wenn Besprechungen mit den pedantischen Militärs oder mit ausländischen Potentaten bevorstanden.

Alles andere überließ Hitler dem Zufall. Er arbeitete nie an seinem Schreibtisch, regelmäßige »Bürostunden« hielt er nicht ein. Feste Termine für den Empfang von Besuchern duldete er auch nur selten, was zur Folge hatte, daß hochkarätige Beamte und NS-Funktionäre »stundenlang in den Vorzimmern, Adjutantenräumen und sonstigen Quartieren warten [mußten], bis sie vorgelassen oder wieder fortgeschickt und auf später vertröstet wurden«.[113]

Auch an die Tischzeiten hielt er sich nicht. Für 14 Uhr war in seiner Privatwohnung das Mittagessen mit den engsten Mitarbeitern angesetzt, oft wurde es 16 Uhr und erstreckte sich bis in die Abendstunden, weil Hitler fremde Besucher mitgebracht hatte, die er in weitschweifige Unterhaltungen verstrickte, ohne die Tafel aufzuheben.

Erst dann erwachte Hitler zu voller Aktivität. Je weiter die Nacht voranschritt, desto munterer wurde er. Hitler telefonierte mit Gauleitern und Ministern, empfing eilig herbeigerufene Besucher und besprach mit dem Spitzenpersonal der Reichskanzlei künftige politische Entwicklungen. Schließlich kam Krause mit der Filmliste, aus der sich Hitler einen Streifen auswählte, der sogleich vorgespielt wurde.[114] Worauf lange qualvolle Stunden anbrachen, in denen Hitler bis zum Morgengrauen vor seinen erschöpften Adjutanten über Gott und die Welt monologisierte.

Wenn allerdings der Donnerstag überstanden war, gingen in der Wilhelmstraße die Lichter früher aus. Dann rüstete sich der Führer, aus der ungeliebten »Zigarrenkiste«, wie er die Reichskanzlei nannte,[115] auszubrechen und auf seinen Berghof in Bayern zu retirieren, worauf er nahezu unerreichbar für die Berliner Bürokratie war.

Wer in diesem chaotischen Tageslauf eigene Interessen oder die seiner Dienststelle durchsetzen wollte, mußte gut zu Fuß sein, denn Hitler erledigte den größten Teil seiner Amtsgeschäfte im Stehen und Gehen. Er lief gern durch die weiten Korridore und Hallen der Reichskanzlei, und auch in seinem Arbeitszimmer wurde viel marschiert. Der »ewige Marsch über den Teppich« von Hitlers Arbeitszimmer war bei vortragenden Funktionären berüchtigt.[116]

Hitlers Motorik machten sich Bittsteller und Interessenvertreter zunutze. Wo immer er in einem Gang auftauchte, jagten sie ihm nach und trugen ihm noch im

Laufen ihren Fall vor. Ein paar Minuten mußten freilich genügen, um Hitler einen neuen Plan zu entwickeln, einen Konkurrenten anzuschwärzen oder eine Personalentscheidung zu erbitten. Oft reichte schon ein Kopfnicken Hitlers oder eine seiner kryptischen Bemerkungen, die Petenten zufriedenzustellen.

Zuweilen hatte Hitler auch gar nichts gesagt, was einflußreiche Aufsteiger jedoch nicht abschreckte, sich unter Berufung auf einen »Führerbefehl« neue Befugnisse anzumaßen. »Befehl des Führers« – das zog fast immer. Wer wollte auch im Dritten Reich einen Hitlerbefehl, noch dazu nur mündlich erteilt, nachprüfen?

So entstand ein Tohuwabohu widersprüchlichster Ernennungen, Delegierungen und Bevollmächtigungen. Die Inflation der von Hitler ernannten Führer- und Sonderbeauftragten schlug so heftig aus, daß selbst hohe Beamte der Reichskanzlei darin nichts anderes sahen als ein »vorläufig noch organisiertes Chaos«.[117]

Vergebliche Mühe, aus den oft wirren Personal- und Sachentscheidungen Hitlers ein System herausdestillieren zu wollen. Das war allzu willkürlich: Hitler gab Ribbentrop eine »Dienststelle«, deren Aufgaben bereits vom AA und dem Außenpolitischen Amt der Partei wahrgenommen wurden, Rosenberg beauftragte er mit der Errichtung eines Reichskultursenats, um dann dessen Funktionen Goebbels zu übertragen, Himmler ließ er eine Reichspolizei aufbauen, die Frick schon zugesagt worden war – bizarre Produkte eines »wild wuchernden Eroberungsrechtes im Führerstaat«.[118]

Manches davon mochte auf Hitlers fixe Idee zurückgehen, das Faustrecht des Sozialdarwinismus auch auf den Staatsapparat auszudehnen. Verschiedene Personen und Ämter mit der gleichen Aufgabe zu betrauen und damit eine Konkurrenzsituation zu schaffen, in der sich immer der »Stärkere« durchsetzen werde, schien Hitler nur natürlich, zumal solche Rivalitäten helfen sollten, Macht und Verkrustung der ihm verhaßten Bürokratie aufzubrechen.

Dennoch wäre es verfehlt, daraus auf eine bewußte Teile-und-herrsche-Politik Hitlers zu schließen, etwa zu dem Zweck, mächtige Unterführer gegeneinander auszuspielen und das Aufkommen eines ernsthaften Rivalen zu verhindern. Daß er immer den Stärkeren bevorzugte, bezeugt schließlich nicht gerade Hitlers Furcht vor Konkurrenten.

Zudem spricht einiges dafür, daß Hitler an den Cliquenkämpfen seines Regimes gar keinen Spaß hatte. Es war, so hat ein Historiker anhand einiger Fallbeispiele rekonstruiert, Hitler »immer willkommen, wenn sich die Kontrahenten untereinander einigten«.[119] Er wies sogar die Reichsminister schriftlich an, ihm Gesetzentwürfe erst dann zur Unterschrift zuzuleiten, wenn ihnen zuvor alle Ressorts zugestimmt hätten,[120] und mit einer Hartnäckigkeit, die schon an bewußten Realitätsverzicht grenzte, verschloß er sich allen Streitereien zwischen hohen Mandatsträgern.

Wehe aber, wenn einer der Streithähne die Taktlosigkeit aufbrachte, Hitler als Schiedsrichter anzurufen! Dann versank der Führer in ein dumpfes Schweigen, aus dem ihn nichts herauslocken konnte. Er verweigerte jede klare Entscheidung und jede Aussprache, was einem Historiker später die kecke Vermutung eingab,

Hitler sei »in allen Fragen, die einer grundsätzlichen und definitiven Stellungnahme bedurften, ein schwacher Diktator« gewesen.[121]

Bei solchen Grenzen Hitlerscher Macht ist es fast schon erheiternd, von dem letzten bedeutenden Biographen Hitlers zu erfahren, das unentwirrbare Kompetenzknäuel im Dritten Reich sei einzig von ihm selber »mit gleichsam habsburgischem Führungsverstand überblickt, balanciert und beherrscht« worden.[122] In Wahrheit hat Hitler nichts dergleichen getan. Sein Interesse galt immer nur Teilbereichen des Herrschaftsapparats: der Außen- und Militärpolitik, der Führung der Partei und der Verwirklichung der nationalsozialistischen »Weltanschauung«.

Daneben aber gab es ganze Sektoren staatlich-administrativer Arbeit, in denen keine Befehle Hitlers kundtaten, was er eigentlich wollte und dachte. Organisatorisches hatte ihn nie interessiert. Bürokratische Abläufe und die Formalisierung von Entscheidungsprozessen langweilten den NS-Messias.

Er überließ vielmehr die Hauptarbeit den Fachministerien, was mit seinem zunehmenden Rückzug aus der Innenpolitik zusammenhing. Auch die weitgehende Lahmlegung der Arbeit des Reichskabinetts, das seit 1935 kaum noch tagte, spielte da eine Rolle.[123] Von der damit verbundenen Auflösung des Kollegialprinzips, das in einem Kabinett aus der Summe der einzelnen Fachminister erst eine Regierung macht, hatten die Ressortchefs ungemein profitiert. Sie waren fast zu unbeschränkten Königen in ihren Amtsbereichen geworden.

Zwar hatte Hitler nach dem Tod Hindenburgs den Reichsministern verfassungswidrig einen Treueid allein auf seine Person abverlangt, doch in ihrer Arbeit ließ er ihnen ziemlich freie Hand. Mit Details wollte er nicht belästigt werden. Auch zu Diskussionen mit den Ministern über Fachfragen stand er kaum zur Verfügung.

Solche Bequemlichkeit wußte Staatssekretär Hans Heinrich Lammers, der Chef der Reichskanzlei, in den Rang eines Verfassungsprinzips der Führerdiktatur zu erheben. Es sei, schrieb er im »Völkischen Beobachter«, ein Grundsatz des Führers, »die Autorität des Unterführers nach unten hin« zu wahren und nicht überall hineinzuregieren.[124] Was so falsch gar nicht war: Hitler griff tatsächlich nur unregelmäßig in die Regierungsarbeit ein. Am häufigsten reagierte er noch, wenn es um die NS-Ideologie ging.

Aber selbst in der Judenpolitik hielt sich Hitler auffällig zurück. Die Initiative zu immer weiteren Einschnürungen der jüdischen Lebensrechte ging nie von ihm aus, er reagierte meist nur (wie etwa im Fall der Nürnberger Gesetze) auf die Pressionen der antisemitischen Ultras in der Partei – kein Wunder, daß sich bis 1938 eine lenkende Hand Hitlers in der Judenverfolgung nicht nachweisen läßt.

Doch was vordergründig auf die Stärkung des Staatsapparats hinauslief, war praktisch schon der Anfang seiner Demontage. Denn der Abbau des kollegialen Kabinettssystems löste den Regierungsapparat in eine Vielzahl streitender und expandierender Machtträger auf, wodurch eine Polykratie separater Ressorts entstand, »ein Gewirr von Privilegien und politischen Beziehungen, Kompetenzen und Bevollmächtigungen und schließlich ein Kampf aller gegen alle«, wie ein Historiker schreibt.[125]

Oben: Arbeiter beim ersten Autobahnbau an der
Teilstrecke Frankfurt–Mannheim 1933
Unten: Urlauberschiff der NS-Gemeinschaft »Kraft durch Freude«
auf der Fahrt ins Mittelmeer

Extra-Blatt

Einzelnummer 10 Pfg.

Oberbayer. Gebirgsbote, Holzkirchen · Miesbacher Anz., Miesbach · Tegernseer Ztg., Tegernsee, Aiblinger Ztg., Bad Aibling · Rosenheimer Tagbl., Rosenheim · Kolbermoorer Volksblatt, Kolbermoor · Chiemgau-Ztg., Prien · Tölzer Ztg., Bad Tölz · Wolfratshauser Tagbl., Wolfratshausen, Wasserburger Anzeiger, Wasserburg a. J. · Grafinger Zeitung, Grafing.

Samstag, 30. Juni 34

Röhm verhaftet und abgesetzt

Röhm aus Partei und S.A. ausgeschlossen

München, 30. Juni

Die Reichspressestelle der N.S.D.A.P. teilt folgende Verfügung des

Aufruf des neuen Stabschefs

Der Führer hat mich an seine Seite als Chef des Stabes berufen. Das mir dadurch bewiesene Vertrauen muß und werde ich rechtfertigen durch unverbrüchliche Treue zum Führer und restlosen Einsatz für den Nationalsozialismus und dadurch für unser Volk.

Als ich vor etwa 12 Jahren zum erstenmal Führer einer kleinen S.A. war,

*Oben: Reichswehrminister Werner von Blomberg und Hitler
bei den Herbstmanövern 1933: Pakt gegen die SA
Unten: NS-Sondermeldungen über die Liquidierung der SA-Führung
am 30. Juni 1934*

Für die Aufrüstung blutig diszipliniert: Marschkolonne der SA in Nürnberg

Oben: Volksabstimmung an der Saar 1935: Ankunft stimmberechtigter
Saarländer aus den USA im Hamburger Hafen
Unten: Einmarsch der Wehrmacht ins entmilitarisierte Rheinland
am 7. März 1936

Ausgrenzung der Juden bis in den letzten Schrebergarten:
Antijüdische Propaganda in einem Berliner Vorort

*Oben: Auf dem Weg zur Achse Berlin–Rom: Hitler und Benito Mussolini
bei ihrer ersten Zusammenkunft in Venedig im Juni 1934
Unten: Schrittmacher Abessinienkrieg 1935: Kaiser Haile Selassie
bei seinen Truppen kurz nach dem italienischen Überfall*

Oben: Schrittmacher Spanischer Bürgerkrieg 1936:
Rebellengeneral Francisco Franco im eroberten Toledo
Unten: Unterzeichnung des Antikominternpaktes am 25. November 1936
in Berlin durch Japans Botschafter Mushakoji und Joachim von Ribbentrop

*Oben: Eröffnung der XI. Olympischen Sommerspiele in Berlin
am 1. August 1936
Unten: Panzerproduktion in Deutschland:
Nach dem »Fest des Friedens« Kurs auf die Kriegswirtschaft*

Die Minister und die Chefs der pilzartig aus dem Boden schießenden neuen Sonderverwaltungen verteidigten ihre Ämter wie private Besitztümer, was dem sich technisch-sozial modernisierenden Deutschland einen seltsam feudalistischen Zug verlieh. Und wie die Vasallen der Feudalzeit, so koalierten auch die Behördenbosse des Dritten Reiches miteinander, stritten und versöhnten sich wieder, nur an dem Erhalt der eigenen Macht interessiert.

In diesem Dschungel aber ging der Regierungsarbeit jeder Gesamtzusammenhang verloren. Atomisierung ohne Ende: Die Ministerien, gleichsam Einzelkämpfer, hielten kaum noch Kontakt miteinander und schotteten sich gegenseitig ab, galt nun doch der Grundsatz, »daß jeder, der sich mächtig genug fühlte, auf seinem Sektor machte, was ihm beliebte«.[126]

Das Durcheinander ließ natürlich auch eine rationale Koordinierung der staatlichen Aktivitäten nicht zu. Da es praktisch keine Reichsregierung mehr gab, entfiel auch die gegenseitige Information ihrer einzelnen Glieder. Einzig Lammers fungierte noch als eine Art gemeinsamer Terminkalender, was den Staatssekretär der Reichsregierung (so sein neuer Titel) zu ihrem »eigentlichen Geschäftsführer«[127] machte, ohne freilich echte Kompetenzen zu besitzen.

Ein Gesamtkonzept der Regierungsarbeit konnte sich dabei so wenig herauskristallisieren wie eine Strategie alternativer Lösungen, ohne die kein Staatsapparat auf Dauer beweglich bleiben kann. Die Ministerien und Obersten Reichsbehörden operierten auf eigene Faust, meist so, wie sie es verstanden: mit Konzepten aus der Weimarer Zeit, angereichert mit einigem NS-Gedankengut.

An diesem Chaos scheitern noch heute die Historiker, die dem Dritten Reich oder gar Hitler eine planerisch-geradlinige Politik zuschreiben wollen. Das Regime hat keine besessen, weder im Inneren noch nach außen.

Allein in der Judenpolitik rangen fünf Gruppen mit unterschiedlichen Vorstellungen um den NS-konformen Kurs. Das Reichsinnenministerium wollte die deutschen Juden unter ein drakonisches Sonderstatut stellen, die SS propagierte ihre Zwangsauswanderung, während die Partei umgekehrt sie als »Geiseln« im Land behalten mochte, wobei wiederum Unterschiedliches erkennbar wurde: eine völkische Gruppe um Walter Groß, den Leiter des Rassepolitischen Amtes, die eine weitgehende Entrechtung der Juden betrieb, ihnen aber noch einige Autonomie in der Wirtschaft zugestand, eine noch radikalere Gruppe um Rosenberg mit dem Endziel völliger »Entjudung« des öffentlichen Lebens und Streichers Bande pornographisch-neurotischer Judenhasser.[128]

Wildwuchs der Konzepte und Amtsstellen auch in der Außenpolitik. Italiens Außenminister Graf Ciano fand noch 1937 bei einem Besuch in Berlin »zuviel Hähne im Hühnerstall«, wie er in sein Tagebuch schrieb. Dann zählte er auf: »Es gibt mindestens vier Außenpolitiken: die von Hitler, die von Göring, die von Neurath, die von Ribbentrop. Von den kleineren ganz abgesehen.«[129]

Das alles ging nicht so recht zusammen: Hitler zielte auf das Bündnis mit England und Italien zur Absicherung einer expansionistischen Ostpolitik, Göring wollte auf dem Balkan dem Reich ein »indirektes« Herrschaftsgebiet schaffen, Schacht

war auf die Rückgewinnung der ehemaligen deutschen Kolonien in Afrika fixiert. Und Ribbentrop strebte ab 1937 wiederum etwas völlig anderes an, eine antibritische Weltallianz mit Einschluß Japans und der Sowjetunion.[130]
Phantastischer konnte das Chaos der Konzepte und Ämter nicht ausschlagen, grotesker sich der »totale Staat« der Nationalsozialisten nicht als Phantom entlarven. Hitler wäre das alles erträglich erschienen, hätte die autoritäre Anarchie nicht auch für ihn eine Gefahr enthalten: daß seine Anordnungen und Beschlüsse im Gestrüpp der Kompetenzen und Kabalen hängenblieben.

Da war es fast unausweichlich, daß sich Hitler Kontrollorgane schuf, Handlanger, die seine Befehle weitergaben und deren Befolgung überwachten. Daraus wurde im Laufe der Zeit, was Juristen die »außernormative Führergewalt« nennen: ein Verbund von Aufpassern und Exekutoren, mit dem sich Hitler über Staat und Partei hinwegsetzte, von jeder Norm und jeder Rechtsordnung losgelöst, nur der eigenen Dynamik ausgeliefert.

Die Exekutoren holte sich Hitler, wo er sie am ehesten fand, in den Vorzimmern der Reichskanzlei. Das machte die Führergewalt bald zu einer Herrschaft der Sekretäre und Adjutanten, die oft größeres Gewicht hatten als Reichsminister und Gauleiter.

Und es gab der Adjutanturen und Kanzleien genug, auf die Hitler zurückgreifen konnte. In der Reichskanzlei residierten allein vier: Neben Lammers' Verwaltungsstab, der eigentlichen Reichskanzlei, fungierte die Präsidialkanzlei unter dem noch aus Eberts Zeiten stammenden Otto Meißner, zuständig für Protokollfragen des Staatsoberhauptes Hitler, die Adjutantur des Führers und die Wehrmachtadjutantur. Außerhalb des Hauses, aber in unmittelbarer Nähe, befand sich die Kanzlei des Führers der NSDAP unter dem Reichsleiter Philipp Bouhler, die Eingaben aus der Bevölkerung bearbeitete, und als eine Sonderabteilung von ihr die Personalkanzlei des Führers unter Martin Bormanns Bruder Albert.

Die wichtigste davon war die Führeradjutantur, die ein Veteran des Münchner Naziputsches von 1923, der SA-Obergruppenführer Wilhelm Brückner, leitete. Sie bildete den innersten Kern von Hitlers Kommandoapparat. Es waren Brückners Leute, die Führervorträge arrangierten und Besucher an Hitler heranließen, Hitlers Befehle an Minister durchtelefonierten und Informationen einholten.

Daß dem Stab ein alter SA-Führer vorstand, konnte kaum darüber hinwegtäuschen, wer hier das Sagen hatte. Es war die SS. Getreu ihrer Herkunft aus Hitlers frühester Leibgarde, der »Stabswache« von 1923, monopolisierte sie, was zur Sicherheit und Befehlsapparat des Führers gehörte.

Das Schwarz ihrer Uniformen beherrschte zusehends den inneren Betrieb im Gebäudekomplex Wilhelmstraße. Die meisten Angehörigen von Brückners Adjutantur waren junge SS-Führer. Die Kripobeamten des »Führerschutzkommandos« trugen ebenso die Totenkopfuniform wie das aus der SS stammende »Begleitkommando« und die Dienerschaft des Hauses, ganz zu schweigen von den 31 Mann der Leibstandarte, die Flure, Hallen und Zugänge der Reichskanzlei bewachten.

Damit geriet Heinrich Himmlers Schutz-Staffel fast automatisch in die Rolle eines

Hauptträgers der Führergewalt, sobald diese über die Vorzimmer der Reichskanzlei hinauswuchs. Die Machtgier und Hitlergläubigkeit der SS-Führer entsprach ziemlich genau dem Verlangen des Diktators, aus den radikaleren Elementen des Regimes »eine neue, von der staatlichen Verwaltung völlig unabhängige, von der Bindung an die staatlichen Normen im Prinzip befreite Exekutive« entstehen zu lassen.[131]

Was Hitler an der SS so faszinieren mußte, war die eiskalte Konsequenz, mit der sie sich in die Domänen des Staates vorschob und praktisch die Entstaatlichung der Gewalt betrieb – Entstaatlichung, weil die SS systematisch durchlöcherte, was den traditionellen Staat ausmachte: an Regeln und Gesetze gebunden zu sein, die dem Bürger einen Mindestschutz vor staatlicher Willkür garantierten.

Wo immer die SS sich ausbreitete, ging mit ihr ein weiterer Abbau der Rechtsordnung einher. Mit dem Privileg, Schutzhaftbefehle zu erlassen und Menschen in Konzentrationslager zu werfen, hielt die von SS-Führern beherrschte Gestapo eine mörderische Waffe in der Hand. Sie untergrub jede Justiz in Deutschland, denn kein Richter, kein Staatsanwalt und kein Verteidiger konnten verhindern, daß Menschen hinter den Stacheldrahtzäunen der Konzentrationslager verschwanden.

Um KZ und Gestapo gruppierten sich SS-eigene Organisationen und Einheiten, die bald ein Reich für sich bildeten, mit eigenen Gesetzen und Privilegien: die Hauptämter und bewaffneten Truppen der SS, der Sicherheitsdienst, Reitervereine, wirtschaftliche Unternehmen und schließlich auch die gesamte Polizei der deutschen Länder, deren Leitung auch offiziell dem Reichsführer-SS 1936 zufiel.

Strich um Strich zeichnete Himmler so die Umrisse einer neuen politischen Verwaltung vor. Eine Exekutive der Führergewalt nahm Gestalt an, die allmählich in Partei und Staat alles an sich zog, was sich verschworen hatte, das Reich von den Hemmungen einer vermeintlich schwerfälligen Staatsbürokratie zu befreien, allein ausgerichtet auf Adolf Hitler und seinen »geschichtlichen Auftrag«.

Je mehr NS-Organisationen jedoch in das Magnetfeld der Führergewalt gerieten, desto rascher verdünnten sich Macht und Kohärenz der NSDAP. Die SS blieb nicht die einzige Organisation, die sich von der Mutterpartei löste. Überall, wo sich in den NS-Gliederungen nationalsozialistische Militanz artikulierte, rumorte es gegen die zunehmende Verbürgerlichung und Verwässerung der Partei.

Dabei stellte die NSDAP äußerlich noch immer eine imposante Macht dar, die manchen biederen Deutschen glauben ließ, sie sei schlechthin allmächtig. Expansiver und herrschsüchtiger konnte in der Tat kaum eine andere Partei agieren. Mit ihren 24 Reichsleitern, 32 Gauleitern, 827 Kreisleitern, 20 724 Ortsgruppen- und Stützpunktleitern, 54 976 Zellen- und 204 359 Blockleitern verfügte die NSDAP 1935 über einen Funktionärsapparat, wie ihn die deutsche Parteiengeschichte noch nicht gekannt hatte.[132]

Die Funktionäre der Partei knüpften an einem Netz von Gliederungen, Vorfeldorganisationen und Verbänden, das sie dem Land übergeworfen hatten und das alle wichtigen Lebensgebiete der Nation abdecken sollte. Es reichte bis in Betriebe und

Wohnhäuser, mit Ortsgruppen in jeder Gemeinde, Zellen in allen vier bis acht Wohnblocks, Hausgruppen in Wohnhäusern und Blocks für vierzig bis sechzig Haushaltungen.[133]

Freiwillig-unfreiwillig gerieten so immer mehr Deutsche in die Fänge der Partei. 1935 zählte sie 2,4 Millionen Mitglieder, nicht zu reden von ihren Gliederungen und angeschlossenen Verbänden, etwa der Hitlerjugend mit 3,5 Millionen oder der Deutschen Arbeitsfront mit 16 Millionen Mitgliedern.[134]

Eine solche Macht zu fürchten, hatte die noch weitgehend konservative Staatsverwaltung einigen Anlaß, zumal die Partei noch keineswegs verwunden hatte, daß ihr von Hitler und seinen Bürokraten der unmittelbare Zugriff auf den Staatsapparat verwehrt worden war. Die Partei begegnete denn auch der Bürokratie des NS-Staates mit einem Haß, als zöge sie noch immer gegen das verruchte Weimarer »System« zu Felde.

Entsprechend nutzte sie jede Gelegenheit zu dem Versuch, die Schaltstellen des Staates doch noch unter ihre Kontrolle zu bekommen. Ihre Chancen schienen nicht schlecht zu stehen, denn Hitler hatte 1934 der Partei ein gefährliches Privileg eingeräumt. Sein Stellvertreter Heß besaß die Vollmacht, »bei der Bearbeitung von Gesetzesentwürfen in sämtlichen Reichsressorts« mitzuwirken und dabei »die Stellung eines beteiligten Reichsministers« einzunehmen, was sich wie ein schwerer Eingriff in die Kompetenz der Fachminister ausnahm, der sie der alleinigen Entscheidungsbefugnis in ihrem Geschäftsbereich hätte berauben können.[135]

Da die NSDAP auch Einfluß auf die Personalreferate der Ministerien nahm und mit ihren politischen Leumundszeugnissen widerstrebende Beamte erpressen konnte, verloren schwache Behördenchefs bei Kontroversen mit der Partei leicht die Nerven. Manche erlagen dabei der Versuchung, Forderungen der Partei durch eigene Maßnahmen vorwegzunehmen oder sogar durch noch radikalere zu übertrumpfen, um sich im Positionskampf mit den Braunen behaupten zu können.

Das erzeugte einen Sog permanenter Radikalisierung, was vor allem Deutschlands Juden zum Verhängnis wurde. Die Judenpolitik war der NSDAP noch als wirkungsvollstes Mittel geblieben, um der ministeriellen Bürokratie ihren Willen aufzuzwingen: Droge und Revolutionsersatz einer Partei, die sich um ihre eigentliche Revolution betrogen fühlte.

Meist lag sie auf der Lauer, um mit antijüdischen Straßenkrawallen und Boykottaufrufen ihren rassistischen Forderungen Gehör zu verschaffen, wobei in der Regel Goebbels mit seinem Agitationsapparat als Lautverstärker assistierte. Und da die zuständigen Ministerien trotz aller Beschwichtigungsmanöver fast immer hinter den Erwartungen der antisemitischen Ultras zurückblieben, war die Partei auch stets bereit, Randale gegen Juden und Bürokraten zu machen.

So auch im Falle der Nürnberger Gesetze: Im Frühjahr 1935 setzte die Partei einen Terrorfeldzug in Szene, der vom Boykott jüdischer Geschäfte bis zur Schändung jüdischer Friedhöfe und Anpöbelung von Bürgern wegen »Rassenschande« reichte und der im Grunde auch auf die zögerliche Bürokratie zielte. Die NSDAP wollte sie damit zwingen, endlich die lange versprochene rassische Gesetzgebung zu verabschieden, vor allem das »Blutschutzgesetz«, das die totale Trennung von »Ariern« und »Nichtariern« festschreiben sollte, die restlose Ausgrenzung der Juden aus der deutschen Gesellschaft.[136]

Prompt beeilte sich das Reichsinnenministerium, mit neuen Erlässen und Dekreten aufzuwarten, die die Entrechtung der Juden wieder um ein Stück weitertrieben. Die »große« Rassengesetzgebung aber blieb erneut aus. Fricks Beamten hielten die Partei mit Spitzfindigkeiten bei der Definition des Judenbegriffs hin, begünstigt durch das negative Echo, das die neuerlichen Ausschreitungen gegen die Juden in weiten Kreisen der Öffentlichkeit gefunden hatten und das Hitler zusehends irritierte.

Die Lageberichte der Gestapo ließen keinen Zweifel daran, daß die antijüdischen Krawalle »von dem überwiegenden Teil der Bevölkerung verurteilt werden« (Stapostelle Aachen).[137] In Münster und Magdeburg hatten sich Bürger mit den bedrängten Juden solidarisiert, in Schlesien war es zu demonstrativen Einkäufen in jüdischen Geschäften gekommen, aus Osnabrück meldete die Gestapo »nicht unerhebliche Spannungen« wegen der Judenaktionen und aus Nürnberg »scharfe Kritik« an den »Propagandamethoden des Stürmer«.[138]

Die wachsende Unruhe im Volk nutzten Schacht und andere Minister dazu, Hitler zu drängen, das »ungesetzliche Treiben« der NS-Fanatiker zu verbieten und den Erlaß gesetzlicher Regelungen zuzulassen, die mit der Willkür in der Judenpolitik Schluß machten. Nach wochenlangem Zögern reagierte Hitler endlich: Anfang August untersagte er alle weiteren »Einzelaktionen« gegen Juden.[139]

Doch als er am 10. September in Nürnberg vor den Reichsparteitag der NSDAP trat, ließen ihn die antisemitischen Ultras ihr Mißfallen über sein Veto deutlich fühlen. Zu ihrem Sprecher machte sich der Reichsärzteführer Gerhard Wagner, einer der antijüdischen Haupteinpeitscher in der Reichsleitung, der in einer Rede am 12. September von seinem Führer das »Blutschutzgesetz« anmahnte, das er schon »in Kürze« erwartete.[140]

Da schwenkte Hitler völlig um. Wie einst beim Judenboykott des 1. April 1933, so genügte auch jetzt wieder der Druck einer aggressiven NS-Fraktion, um Hitler an die Spitze der antijüdischen Aktion zu treiben, die ihn eben noch so gestört hatte. Langer Überlegung bedurfte dabei freilich der fanatische Judenhasser nicht. Mit gewohntem Pathos erklärte er sich bereit, durch die »überfälligen« Rassengesetze eine »Dankesschuld an die Bewegung« abzutragen.[141]

Zudem befreite ihn die Pression der Partei aus einer Verlegenheit, in die er sich selber manövriert hatte. Der Reichstag war von Hitler nach Nürnberg zur Entgegennahme einer außenpolitischen Erklärung einberufen worden, in der er neue revisionistische Forderungen anmelden wollte. Inzwischen hatte ihm jedoch Neurath die Idee wieder ausgeredet, so daß die Reichstagssitzung praktisch kein Programm besaß. Nun aber hatte sie wieder eins: die Judengesetze![142]

Noch am Abend des 13. September erreichte in Berlin Fricks Judenreferenten, Ministerialrat Lösener, und seinen Kollegen Medicus von der Zentralabteilung die Order, sofort nach Nürnberg zu reisen und sich dort bei Staatssekretär Pfundtner zu melden. Der wartete schon auf sie mit einem Sonderauftrag Hitlers: bis zum nächsten Morgen das Blutschutzgesetz auszuarbeiten, dazu noch ein völkisches Staatsbürgergesetz.[143]

Ein paar Stunden hektischer Nachtarbeit genügten Lösener und Medicus, ein ganzes Jahrhundert jüdischer Emanzipation und Gleichberechtigung auszulöschen. Das am 15. September 1935 vom Reichstag angenommene »Gesetz zum Schutz des deutschen Blutes und der deutschen Ehre« verbot Eheschließungen und außerehelichen Verkehr zwischen Juden und »Staatsangehörigen deutschen oder artverwandten Blutes«, während das am gleichen Tag beschlossene »Reichsbürgergesetz« allein »arischen« Deutschen die neue Reichsbürgerschaft zubilligte – neue Marksteine auf dem Weg des jüdischen Martyriums.[144]

Doch Hitler, die kritische Öffentlichkeit und die eigenen Minister im Blick, hatte es wohlweislich vorgezogen, sich von Löseners drei Fassungen des Blutschutzgesetzes für die mildeste zu entscheiden, was Partei und Staat wieder aneinandergeraten ließ. Bei den folgenden Verhandlungen erwiesen sich freilich Heß' Beauftragte der Hinhalte- und Verschleierungstaktik der Bürokraten kaum gewachsen. Zug um Zug handelten sie unter Schachts Drängen den NS-Funktionären wieder ab, was schon als völlige »Entjudung« des öffentlichen Lebens, auch der Wirtschaft, beschlossene Sache gewesen zu sein schien.

Die erfahreneren NS-Kenner im Staatsapparat konnte das nicht überraschen, waren sie doch gewohnt, sich die Schwächen der Partei zunutze zu machen. Sie hatten rasch die Kunst erlernt, heikle Gesetzesvorlagen an der Partei vorbeizuschmuggeln und durchzusetzen, wobei ihnen ein Mangel des Stabes von Heß besonders zugute kam: Dieser konnte nie die Initiative ergreifen, er mußte immer abwarten, was die Bürokratie ausbrütete.

Zudem besaß die Partei schwerlich die Geschlossenheit und Dynamik, um allein das Gesetz des Handelns zu bestimmen. Im Grunde gab es gar keine einheitliche NSDAP. Sie hatte sich 1933, wie es ein Historiker ausdrückt, in »32 politische Parteiorganisationen« aufgelöst,[145] entsprechend den nahezu autonomen Gauen der NSDAP, in denen die Partei gleichsam erst Wirklichkeit wurde. Was darüber thronte, war ein theatralischer Überbau mit dem Stellvertreter des Führers, Reichsleitern und Hauptämtern, die so täuschend realistisch wirkten wie jene hübschen Graphiken in den heutigen Geschichtsbüchern, die Linie um Linie die Machtpyramide der Nazipartei nachzeichnen.

In Wirklichkeit fehlte ihr eine durchgehende Führungsstruktur, die Heß und die Reichsleitung mit ihrer Partei bis zur letzten Ortsgruppe hätte verbinden können. Heß' Macht reichte meist kaum über die Stadtgrenzen von München hinaus. Er sah sich häufig ignoriert von den mächtigen Gauleitern, die sich von dem Stellvertreter des Führers nicht in ihre Domänen hineinreden ließen.

Die Partei wäre vollends zerfasert, hätte nicht Reichsschatzmeister Franz Xaver Schwarz, der »starke Mann« der Reichsleitung, ihr noch eine gewisse Einheitlichkeit bewahrt: mit der Drohung, Störenfrieden den Geldhahn abzudrehen. Der pedantische Bajuware konnte das. Er hatte sich das Recht gesichert, in den Gauen eigene Schatzmeister einzusetzen, die – unabhängig von der örtlichen Partei – die Finanzaufsicht über die Gauleitungen führten.[146]

Das machte Schwarz zu dem wahrscheinlich einzigen Mann, den die Gauleiter wirklich fürchteten. Seine Bankiers und Buchhalter prüften die Kassenbücher und Konten der Gauleitungen, wobei sie oft illegalen Geschäften der Gauleiter und deren Cliquen auf die Spur kamen.

Schwarz' erstaunlich unkorrumpierbare Finanzverwaltung führte jedoch nicht nur die Aufsicht über die Geschäfte der Gaue, sie subventionierte auch deren Arbeit. Die den Gauleitern gewährten Dispositionsfonds wurden zu einer wirkungsvollen Waffe in der Hand von Schwarz, um die Feudalfürsten der NSDAP einigermaßen in Schach zu halten. Es lag in seinem Belieben, die Dispositionsfonds zu kürzen, und Schwarz machte weidlichen Gebrauch davon.[147]

Die Gauleiter schufen sich daraufhin neue, von der Partei unabhängige Finanzquellen. Sie erzwangen sich den Eintritt ins öffentliche Bankwesen und vor allem in die Energiewirtschaft, wo sie sich teilweise monopolartige Besitzstände sicherten. Womit die Strukturlosigkeit der Partei neue Konflikte produzierte, denn die wirtschaftliche Aktivität der Gauleiter stieß auf den Widerstand einflußreicher Gegenspieler, allen voran die Oberbürgermeister der großen Städte.

Häufigster Zankapfel war die Energiepolitik, gehörte doch ein beträchtlicher Teil der mittleren Elektrizitätsunternehmen, oft mit privater Beteiligung, den Kommunen. Die wurden zwar jetzt zu zwei Dritteln von strammen Nationalsozialisten geleitet, aber auch sie konnten kein Interesse daran haben, ihre energiepolitische Unabhängigkeit an die von den Gauleitern favorisierten Großunternehmen zu verlieren, und setzten sich zur Wehr: Auftakt eines Krieges zwischen den Mini-Hitlers in der Provinz.[148]

Am ärgsten ging es in Sachsen zu, wo der beutegierige Gauleiter Mutschmann im Interesse seiner Sächsische-Werke-AG geradezu ein Kesseltreiben gegen renitente Bürgermeister inszenierte. Darüber stürzten 1937 die NS-Oberbürgermeister von Dresden und Chemnitz, aber auch der Nichtnazi Goerdeler in Leipzig erlag, was immer auch der aktuelle Anlaß seines Rücktritts sein mochte, den Pressionen des Gauleiters, weil Leipzigs kommunale Holdinggesellschaft, die Energie AG, das schwerste Hindernis für Mutschmanns hochfliegende Energiepläne gewesen war.[149]

Brachialpolitik solcher Art bestärkte die Oberbürgermeister in ihrem Vorsatz, zu den Gauleitern auf noch stärkere Distanz zu gehen. Sie mußten zudem in deren Plänen einen Versuch der Parteiführung sehen, durch die Hintertür der Energiepolitik wieder an die Kommandohebel der Kommunen zu gelangen, die ihr von der neuen, im Januar 1935 erlassenen Deutschen Gemeinde-Ordnung (DGO) weitgehend verwehrt wurden. Die Stadtoberen hatten mitnichten vor, das zu ändern.

Es mußte die Politischen Leiter der NSDAP schockieren, daß oft just »ihre« Bürgermeister der Partei das Mitspracherecht verweigerten, sofern es nicht ausdrücklich in der DGO festgeschrieben war. Zwar hatte die DGO dem »Beauftragten der NSDAP«, meist einem Kreisleiter, eine wichtige Rolle bei der Ernennung und Abberufung von Bürgermeistern und Gemeinderäten eingeräumt, dem Bürgermeister aber zugleich in seiner Alltagsarbeit eine nahezu autokratische Stellung konzediert.[150]

Und die nutzten die Stadtoberen aus, wobei es nicht ohne Ironie war, daß die NS-Bürgermeister häufig das »Führerprinzip« gegen die eigene Partei ins Spiel brachten. Politischer Leiter und Bürgermeister wurden, wie das Hauptamt für Kommunalpolitik 1935 klagte, »zu Oberhäuptern zweier einander in Feindschaft gegenüberstehender Lager«,[151] die um die Kontrolle der Gemeindepolitik kämpften, unerbittlich und mit wechselndem Erfolg für die eine oder andere Seite.

Hier zeigte sich auf eklatante Art, wie sehr Staat und Partei im Dritten Reich auseinanderklafften. Wer einst wie Heß die restlose Verschmelzung der beiden Mächte propagiert hatte, dem grauste es zusehends vor einer so engen Verbindung. Denn die in den öffentlichen Dienst entsandten NS-Funktionäre erlagen allzuleicht dem bürokratisch-staatlichen Denken.

Das wurde der Partei zu einem ihrer größten Probleme: ständig ihre besten Leute an Staat und Kommunen abgeben zu müssen, wo sie ihr praktisch verlorengingen. Seither fürchtete Heß nichts so sehr wie die »Verstaatlichung« nationalsozialistischer Funktionäre. Mit steigender Karriere und wachsendem Sozialprestige ließ der Parteieifer der NS-Aufsteiger im Staatsapparat rapide nach, bis sie kaum noch für Aufträge und Wünsche der NSDAP erreichbar waren.

Die Ausdünnung der NS-eigenen Führungskader nahm bald ein so bedrohliches Ausmaß an, daß die Funktionäre kaum noch ihre dringendsten Aufgaben in der Partei erfüllen konnten. Das zwang die NSDAP, ihren Funktionärsapparat zu erweitern, was indes nicht ohne Schwierigkeiten abging.

Angesichts der ungewissen Zukunft der Partei mochten nicht viele aufsteigende Talente in ihren Dienst treten. Selbst Opportunisten »ließen die Chance aus, Karriere als politische Leiter zu machen«.[152] Die zunehmende Verkrustung der Parteihierarchie reizte auch nicht zum Mitmachen. Die oberen Ränge, vom Kreisleiter an aufwärts, waren eine Domäne der »alten Kämpfer«, die niederen ein Tummelplatz geltungssüchtiger Kleinbürger.

So mußten die Personalchefs der Partei nehmen, wer immer seine Dienste offerierte, sofern er nur halbwegs politisch »tragbar« war. Die neuen Parteibürokraten kamen meist aus dem gehobenen Mittelstand, waren Akademiker, Manager, Technokraten und ehemalige Beamte ohne sonderliches politisches Engagement, der NS-Ideologie weniger zugetan als den materiellen Vorteilen, die die Partei bot.

Aber auch diese Aufblähung der Politischen Organisation konnte der Partei nicht die Dynamik zurückbringen, die sie einmal besessen hatte. Die NSDAP geriet immer mehr an den Rand des Machtzentrums, zunehmend überboten von ihren militanteren Gliederungen und Verbänden, die sich von der Stammpartei freimachten und eigene Wege gingen.

Die SS hatte das schon vorgemacht, andere NS-Organisationen taten es ihr nach. Die NS-Volkswohlfahrt, Instrument nationalsozialistischer Sozialpolitik, zeigte zunehmend eine eigene Handschrift. Und auch die Hitlerjugend driftete unter der provozierenden Losung »Jugend führt Jugend« von der Partei, 1936 wurde sie zur

Staatsjugend erklärt, und mit der Reichsjugendführung als Oberster Reichsbehörde war sie bald eine Macht für sich.[153]

Noch radikaler wurde die Partei von der Arbeitsfront herausgefordert, deren cholerischer Boß nichts weniger plante als den Aufbau einer Überpartei, die am Ende die NSDAP überflüssig machen sollte. Im ständigen Rivalenkampf mit Heß allmählich an Boden verlierend, träumte Ley davon, seiner »Organisation aller schaffenden Deutschen der Stirn und der Faust«, wie sich die DAF nannte, eine Verfassung zu geben, die ihn ermächtigen würde, eines Tages die NSDAP einfach aufzulösen oder sie seinem Sozialimperium einzuverleiben.[154]

Robert Ley mochte sich nicht mehr mit der eingeschränkten Selbständigkeit begnügen, die die Partei der DAF als angeschlossenem Verband verordnet hatte. Auf fast allen Feldern fühlte sich der DAF-Chef seinem Konkurrenten Heß überlegen. Die Arbeitsfront hatte sechsmal mehr Mitglieder als die NSDAP, sie war dank des geraubten Gewerkschaftsvermögens reicher, sie stand mit ihrer Mammutorganisation konkurrenzlos da – Gründe genug für Ley, die volle Macht zu verlangen.

Hinter seinen Expansionsplänen steckten freilich nicht nur krankhafte Machtbesessenheit und organisatorische Gigantomanie. Für Ley wie auch die Führer der anderen militanten Organisationen war mehr im Spiel: die Fortschreibung der vagen und doch so folgenreichen Sozialphilosophie, die den Nationalsozialismus zu einer revolutionären Bewegung gemacht hatte und die in der Alltagsroutine der behäbig werdenden Partei zu verstauben drohte.

Es war diese Sozialideologie gewesen, die viele Menschen, namentlich junge, am Nationalsozialismus fasziniert hatte. Von ihren Theoretikern und Agitatoren stammte das Versprechen, alles radikal einzuebnen, was den deutschen Nationalstaat bisher immer so »gesellschaftlich bodenlos«[155] gemacht hatte: die organisierten Milieus, Verbände und Parteien, die in Deutschland außer in Kriegszeiten kein Wir-Gefühl hatten aufkommen lassen.

Darauf lief die ganze soziale Revolution des Nationalsozialismus hinaus: die gesellschaftlichen Unterschiede einzuebnen, die traditionellen Bindungen an Klasse, Milieu und Religion aufzuweichen und an ihre Stelle eine völlig milieulose, auf Chancengleichheit gegründete Gesellschaft, die neue »Volksgemeinschaft«, zu setzen.

Allerdings: Die Revolution der Nationalsozialisten hatte nicht die spektakuläre Zerschlagung der alten Sozialstrukturen zum Ziel, sondern nur deren Relativierung und Auflösung durch politische Gleichschaltung und eine sie begleitende Sozialpolitik. Was der gesellschaftlichen Modernisierung im Dritten Reich ihren fatalsten Zug gab, war, daß sie häufig mit der Nazifizierung der Gesellschaft identisch war.

Erste Ansätze zu solcher »Braunen Revolution« ließen sich schon erkennen, am deutlichsten in den ländlichen Gebieten Ostdeutschlands. Dort war 1933 die großagrarische Elite, jahrzehntelang Herrin über alle landwirtschaftlichen Interessenverbände des deutschen Ostens, den Tabula-rasa-Praktiken der Nationalsozialisten zum Opfer gefallen. Die Großagrarier verloren sämtliche Schlüsselpositionen, nicht einmal beteiligen wollte sie der »Bauernführer« Darré am Management des neuen Reichsnährstands.

Mit ein paar Winkelzügen war eine Führungsschicht ausgeschaltet, die einst mit ihrer rückwärtsgewandten Blockadepolitik der Weimarer Demokratie das Leben schwergemacht hatte. Eine soziale Revolution ohne Zweifel: Preußens Großagrarier, die legendären Junker, »verschwanden . . . als eigenständige Machtgruppe für immer von der politischen Bildfläche«, wie ein israelischer Historiker urteilt.[156]

Auch das katholische Milieu mit seinen Schulen, Kindergärten und Jugendorganisationen geriet in das Schußfeld der braunen Gesellschaftsreformer. In Bayern formierte sich 1935 eine Bewegung zur Beseitigung des konfessionellen Schulwesens, in der sich nationalsozialistische Überwältigungstendenzen mit den liberalen Traditionen einer antiklerikalen Lehrerschaft und Überbleibseln der demokratischen Reformpädagogik zu einem hochbrisanten Gemisch verbanden.[157]

Daß sich dabei führende Nationalsozialisten wie der Münchner Stadtschulrat Josef Bauer als Erben liberaler Emanzipationspolitik präsentieren konnten, aus deren Umfeld sie auch zum Teil stammten, gab ihrem Kampf für die Einführung der Gemeinschaftsschule als Regelschule einige Glaubwürdigkeit. Sie sprachen wie die Liberalen des 19. Jahrhunderts. Resolution einer Lehrerversammlung in Nürnberg, 1935: »Wer hat uns jahrelang ›geduckt‹? Die Dorfpfarrer und die Prälaten. Sie haben den Lehrerstand schlimmer denn Zuchthäusler behandelt. Sie knieten auf dem Lehrerstand. Die Kirche ist wie ein Bleiklotz auf ihm gelegen, nicht nur auf dem Lehrerstand, nein, auf dem ganzen deutschen Volk.«[158]

Nur die rüden Kampfmethoden entlarvten dann doch, daß hier primär nicht liberaler Reformeifer, sondern nazistische Herrschsucht am Werk war. Die katholische Elternschaft geriet unter schwersten Druck, auch der Klerus und seine Organisationen sahen sich wachsender Repression des Staates ausgesetzt. Nonnen wurden aus dem Schuldienst entlassen, kirchliche Festtage vom Staatskalender gestrichen, Staatsbediensteten die Teilnahme an kirchlichen Umzügen verboten.[159]

Eine »ungeheure Verbitterung«[160] bemächtigte sich des Kirchenvolks und entlud sich in einem Haß gegen das NS-Regime, den der Klerus zur Abwehr der nationalsozialistischen Schulpolitik gut zu nutzen verstand: Vorbote einer neuen Welle des organisierten Widerstands, dem freilich ebenso wie der Opposition der entmachteten Großagrarier in Preußen immer ein Geruch von Gegenrevolution und Antimodernismus anhaftete.

Es wurde diesem Widerstand zum Verhängnis, daß er, wie ein Chronist des »neuen Kulturkampfes« analysiert, »nicht selten die ›Rückständigkeit‹ oder gar Bildungsfeindlichkeit zum Partner hatte«.[161] Er brachte sich um seine öffentliche Durchschlagskraft, weil er nur die Verteidigung althergebrachter Werte und Institutionen bot, nicht jedoch einen Entwurf für die Zukunft.

Ebendies aber lockte immer mehr junge Menschen ins NS-Lager, die in dem Angriff auf die verkrusteten Milieus mitnichten die Katastrophe sahen, als die er Älteren erschien. Viele Junge verstanden, was vor allem die Hitlerjugend als revolutionären Durchbruch in eine jugendbestimmte Zukunft propagierte: die Befreiung von den Bindungen und Hemmnissen der traditionalistischen, allzu eng gewordenen Lebenswelt ihrer Eltern.

Selbst in marxistischen Traditionen aufgewachsene Arbeiterjungen waren nicht abgeneigt, sich auf dem Umweg über die HJ größeren persönlichen Freiraum gegenüber den Strukturen von Familie, Schule und Kirche einzuhandeln, ja auszubrechen aus der rigiden hierarchischen Welt der Arbeiterfamilien, in der noch der autoritäre Vater allein bestimmte. Seit dem Untergang der Arbeiterbewegung war allerdings seine Macht erschüttert – Chance für aufsässige Söhne, »ihre Aggressionen gegen die etablierten Sozialisationsinstanzen zum Teil zu verwirklichen«.[162]

Die HJ half ihnen dabei, was die Jugendorganisation des Nationalsozialismus in die Rolle einer antiautoritären Macht versetzte, an der so manche »rote« Arbeiterfamilie zerbrach. Häufig kam es wegen der HJ-Mitgliedschaft des Jungen und des damit verbundenen monatlichen Mitgliedsbeitrags von 25 Pfennig zu »einem Grabenkrieg zwischen Vater und Sohn«, der dann meist mit einem Knall endete.[163]

Tausende liefen ihren Eltern davon und nahmen teil an dem Machtrausch junger Wilder im Braunhemd, die namentlich in katholischen Gegenden Kirche und Schule zum Alpdruck wurden. Jugendliche Arbeiterfäuste schlugen mit, wenn die HJ gegen das »Pfaffengesindel« mobil machte und in nächtlichen Aktionen kleine Gruppen katholischer Pfadfinder oder Jungschärler überfiel.[164]

Willig ließen sich viele marxistische Proletariersöhne nach 1933 von der HJ vereinnahmen, sowenig manchem von ihnen auch das paramilitärische Gehabe der Hitlerjugend paßte. Gleichwohl beeindruckte sie deren mannigfaltige Welt: Zeltlager, Touren durch Deutschland, sportliche Wettkämpfe, Motorradfahrten und Segelregatten, Kriegsspiele, Kleinkaliberschießen – Attraktionen für Jugendliche, die nie aus Mief und Enge der rußgeschwärzten Arbeiterkolonien herausgekommen waren.

Begeistert machten sie vor allem die Deutschlandfahrten der HJ mit. »Das war schon was. Für uns Arbeiterkinder war's das erste Mal, die Nordsee zu sehen«, erzählt ein ehemaliger Teilnehmer von einem HJ-Zeltlager in Borkum,[165] und zahllos waren ihre schwülstigen Sprüche und Selbstverpflichtungen an lodernden Lagerfeuern, immer mit dem gleichen Refrain: Deutschland »bis in den Tod« zu dienen, mitzuarbeiten am Aufbau der »wahren Volksgemeinschaft«.

Der Zustrom aus dem Arbeitermilieu bestärkte die HJ in ihrem Glauben, zur aktivsten Schrittmacherin der gesellschaftlichen Einebnung berufen zu sein. Die Beseitigung der klassenkämpferischen Arbeiterkultur stand seit langem auf ihrer Zielliste, aber auch die Zerstörung bürgerlicher Privilegien und Verhaltensweisen gehörte zum zentralen Forderungskatalog der Hitlerjugend.

Das ging noch auf die Zeit zurück, da der »Bund deutscher Arbeiterjugend«, wie sich die HJ ursprünglich genannt hatte, eine überwiegend proletarische Bewegung gewesen war. Arbeiterjungen aus Berlin, Sachsen und dem Ruhrgebiet hatten damals den Ton angegeben und jenen aktionistisch-antiintellektuellen Lebensstil geprägt, dessen Kompromißlosigkeit und scheinbare innere Geschlossenheit viele verunsicherte junge Menschen in ihrem Drang nach Bindung und Integration anzog.[166]

Die Dominanz der Arbeiterführer in der HJ bröckelte jedoch ab, als sich die Organisation im März 1933 mit dem Nationalsozialistischen Schülerbund vereinigte.[167] Der brachte ein stärkeres bürgerliches Element in die Hitlerjugend, fast wider Willen: Im Schülerbund artikulierte sich eine Generation aufmüpfiger Gymnasiasten, die mit der bürgerlichen Welt ihrer Eltern gebrochen hatten und deren Terror in Klassenzimmern und Schulhöfen zum Schrecken der republikanischen Lehrer geworden war.

Schüler und Arbeiterjungen impften der HJ ein arrogantes Selbstbewußtsein ein, das Millionen deutscher Jugendlicher vorgaukelte, Jungsein genüge schon, um alle Probleme der Zeit meistern zu können. Mancher Junge im Braunhemd glaubte ernsthaft, mit dem 30. Januar 1933 habe die Jugend endgültig über die Alten gesiegt, getreu dem alten Spruch Gregor Strassers: »Macht Platz, ihr Alten!«[168]

Was so aberwitzig nicht war, erscheint doch noch heutigen Historikern »Hitlers Machtergreifung in einem sehr realen Sinne der Sieg der Jugend«.[169] Die NSDAP hatte republikanischen Staatsschützern schon 1930 als »die Partei der Jugend« gegolten.[170] Sie war unerhört jung: 1934 waren 65,5 Prozent der Parteimitglieder unter vierzig, die »meisten Mitglieder der SA etwa zwischen 18 und 25 Jahre alt«.[171]

So jung war Deutschland noch nie regiert worden. Die NS-Elite, die führende Staats- und Verwaltungsposten erlangt hatte, war »bei der Machtübernahme nicht viel älter als vierzig Jahre« und damit gut zehn Jahre jünger als das republikanische Establishment Weimars.[172] Im Vergleich zu der Führungsschicht Englands und Frankreichs war sie sogar um eine ganze Generation jünger.

Wen wundert es, daß junge Nazis in Deutschland schon die Herrschaft der Jugend angebrochen wähnten? Der Glaube an die rettende, heilende Kraft der jungen Generation trieb viele an, zumal zu ihm auch die Vorstellung gehörte, jetzt alle sozialen Schranken niederreißen zu können und mit früheren Gegnern in der neuen Einheit einer »Volksjugend« allen Widerständen der »Alten« zum Trotz die klassenlose, die völkische Gemeinschaft der Zukunft zu erschaffen.

Je mehr sich aber der Jugend die Chance eröffnete, zum erstenmal echte Macht im Staat auszuüben, desto anmaßender wurde der Totalitätsanspruch der HJ und ihrer Nebenorganisationen (Deutsches Jungvolk, Bund Deutscher Mädel, Jungmädelbund). Nicht nur, daß sie mit ihrem pathetisch-eitlen »Reichsjugendführer« Baldur von Schirach Anspruch auf die totale Erfassung der deutschen Jugend erhob und alle unabhängigen Jugendgruppen mit Ausnahme der katholischen und jüdischen in ihre Reihen zwang. Sie beanspruchte auch Kontrollfunktionen in allen jugendrelevanten Fragen von der Kindererziehung bis zur Jugendgerichtsbarkeit.

Das machte die HJ zu einem penetranten Gegenspieler der traditionalistischen Kräfte in Elternschaft, Schule und Kirche, die ihr schlechterdings als reaktionär galten. Vor allem in der Schule trumpfte die HJ auf und verlangte Teilhabe an Elternräten, Unterrichtsplänen und Stundenverteilungen, wobei die ruppigen Pressionstechniken des alten NS-Schülerbundes wiederauflebten.[173]

Jede Pression der Reichsjugendführung verriet freilich nur aufs neue, daß in der HJ keine autonome Jugendkultur heranwuchs, sondern allein eine weitere macht-hungrige Betreuungs- und Mobilisierungsorganisation des Nationalsozialismus mit eigenen bürokratischen Apparaten, Dienstreglements und Massenaufmär-schen. Sensiblere HJ-Führer hatten Mühe, einen jugendgemäßen, von der Partei abgehobenen Stil zu finden – Grund auch für die Hartnäckigkeit, mit der die Hit-lerjugend wie keine andere NS-Organisation an ihren sozialrevolutionären Vor-stellungen festhielt.

Im Mittelpunkt ihrer Agitation blieb dabei die Arbeiterjugend und deren Emanzi-pation, wie sie die HJ verstand. Schirachs Leute ließen nicht locker: Wie die HJ die höheren Schulen gezwungen hatte, die ihr als Symbol bürgerlicher Bildungsprivi-legien verhaßten Schülermützen öffentlich zu verbrennen, so wollte sie auch die jungen Proletarier in Deutschland nötigen, mit ihrer marxistischen Vergangenheit zu brechen und sich der »neuen Zeit« zu öffnen.[174]

Das setzte allerdings voraus, daß die HJ in die Betriebe ging und die Probleme und Nöte der Jungarbeiter aufgriff. Arthur Axmann, die Nr. 2 in der Reichsjugendfüh-rung, verstand sich darauf. Anders als sein Chef Schirach wußte der westfälische Arbeitersohn und Leiter des Sozialamtes der HJ, was junge Proletarier in Deutsch-land bedrückte.

Axmann hatte vor 1933 die Jugendbetriebszellen der NSBO organisiert und dabei einiges über die trostlose Lage junger Fabrikarbeiter gelernt. Daraus war ein Reformprogramm der Reichsjugendführung entstanden, das weitgehend Axmanns Handschrift trug. Seine Forderungen: Verbot von Kinderarbeit, Erlaß eines Gesetzes zum sozialen Schutz der Jugend, Einführung der 24-Stunden-Woche und Gewährung eines dreiwöchigen, bezahlten Urlaubs.[175]

Das kam bei Lehrlingen und Jungarbeitern nicht übel an, zumal die HJ nach der NS-Machtübernahme, die Staatsmacht im Rücken, »unkooperative« Unterneh-mer und Behörden rabiat unter Druck setzte. Es waren nicht zuletzt ihre vollen Breitseiten gegen »Reaktion« und kapitalistische »Ausbeutung«, die immer mehr Jugendliche aus dem Arbeitermilieu in die HJ führten.

Der Massenandrang aber zwang die HJ-Führung, immer neue Pläne zur Verbesse-rung des Status jugendlicher Arbeiter zu produzieren. Dazu hatte Axmann eine Idee. Er schlug vor, die ganze werktätige Jugend zu einem Berufswettkampf zu mobilisieren, jedes Jahr einmal, um ihre Leistungen und damit auch ihre Auf-stiegschancen zu steigern. Überall in Deutschland sollten die Sieger ermittelt wer-den, erst auf der Ortsebene, dann im Kreis und Gau, schließlich im »Reichskampf« in Berlin.

Die Idee war nicht so neu, schon früher hatte der Deutschnationale Handlungsge-hilfen-Verband Berufswettkämpfe unter seinen Angehörigen veranstaltet. Doch der Nazi Axmann wollte aus seinem »Reichsberufswettkampf« ein Happening des nationalsozialistischen Aufbruchs machen, mit Prüfungen auch in der NS-»Weltanschauung«, mit öffentlichen Feiern plus Fototermin bei Hitler und Überreichung der Preise in der Reichskanzlei.[176]

Da aber die HJ nicht über die notwendigen Kapazitäten verfügte, suchte Axmann bei Ley Unterstützung. Der DAF-Chef war sogleich zum Mitmachen bereit.[177] Er hatte sich nie damit abgefunden, daß seine Organisation aus allen Feldern der Lohn- und Sozialpolitik verdrängt worden war, abgeschoben auf das Gebiet harmloser Betriebsbetreuung. Hier aber bot Axmann der Arbeitsfront eine Chance, sich in die Betriebe aktiver einzuschalten: als Organisator der Wettkämpfe.

Der erste Reichsberufswettkampf im April 1934 lief reibungslos ab. 500 000 Jugendliche nahmen an ihm teil, 100 000 Prüfer und Wettkampfleiter wirkten mit. Über die Hälfte der Sieger stammte aus Arbeiterfamilien, was die NS-Propaganda prompt als »Wahrzeichen der antikapitalistischen Gesinnung des heranwachsenden Deutschland« bejubelte. Mehr noch mußte allerdings auffallen, daß gut ein Drittel der Teilnehmer Mädchen waren – Hinweis darauf, daß der NS-Staat mitnichten vorhatte, die Zurück-an-den-Herd-Forderung völkischer Emanzipationsgegner zu erfüllen.[178]

Der offenkundige Erfolg animierte die DAF, das Unternehmen nicht mehr aus der Hand zu geben. Fortan war allein sie für die Ausrichtung und Finanzierung des Wettkampfes zuständig, der von Jahr zu Jahr mehr Teilnehmer engagierte (1937: 1,8 Millionen).[179] Das ließ Arbeitsfront und Hitlerjugend näher aneinanderrücken. Später richtete die DAF Axmann ein eigenes »Führungsamt« zur Leitung der Wettkämpfe ein.

Geschickt schlachtete Ley die Ideen Axmanns für seine eigenen Pläne aus. Den Wettkampfgedanken übertrug er auf ganze Industrien und machte daraus einen »Leistungskampf der deutschen Betriebe«, in dem es jeweils um die Prämierung von NS-»Musterbetrieben« ging, während ihm das Programm der Aktivierung und Besserstellung der berufstätigen Jugend einen Zugang zur betrieblichen Berufsausbildung öffnete.[180]

Ley brauchte solche Ideen, um seine Organisation voranzubringen. Wie ein Schwamm sog die DAF alle Pläne und Einfälle auf, die ihr vermehrten Einfluß in der Arbeitswelt versprachen: Ideen über die Befreiung der Wirtschaft vom Druck des Klassenkampfes, Vorstellungen über die Schaffung einer Einheitsversicherung, Theorien über die Aufhebung des Gegensatzes von Arbeit und Freizeit – sämtlich vage genug, um unter dem Dach der nationalsozialistischen Gemeinschaftsideologie Platz zu finden.

Gemeinschaft – das war die große, magische Formel der Zeit, war Sehnsucht und Hoffnung aller Menschen, die mit den zerstörerischen Begleitumständen des Übergangs in die moderne Industrie- und Massengesellschaft nicht fertig wurden. Sie war beileibe keine Erfindung der Nazis, sondern entsprach so recht dem unpolitisch-romantischen Sinn vieler Deutscher: der Suche nach einem Ausweg aus den Auseinandersetzungen der Klassen, Parteien und Interessengruppen, nach einem Stück Geborgenheit inmitten moderner Isolierung und Entfremdung.

»Gemeinschaft« wurde Millionen Menschen zu einem ersehnten Ordnungsprinzip, das nicht nur für den einzelnen, sondern für die ganze Gesellschaft gelten sollte. Vor allem junge Menschen glaubten daran. »Volksgemeinschaft!« schwärmte der Autor Jonas Lesser. »Die Jugend erbebt in hohem, höchsten Gefühl, wenn dieses Wort fällt, denn es ist ihr ein Wort, das schönste Vergangenheit über die entartete bourgeoise Epoche hinweg mit fruchtbar Zukünftigem verbinden soll.«[181]

So sehr fand die Utopie von der Volksgemeinschaft Anklang, daß selbst Teile der Arbeiterschaft in ihren Bann gerieten. Bezeichnend für die Stimmung war, daß sich die drei profiliertesten Arbeiterdichter Deutschlands, der Katholik Lersch, der Sozialdemokrat Bröger und der Exkommunist Barthel, in einem 1934 von ihnen herausgegebenen Lyrikband zur Gemeinschaftsideologie bekannten. Sein Titel wurde gleichsam zur Metapher der neuen Zeit: »Schulter an Schulter«.[182]

Von hier war es nur noch ein kurzer Weg bis zum »arteigenen« Volksgemeinschaftskonzept des Nationalsozialismus, rassistisch verkürzt auf die sogenannte völkische Substanz des deutschen Volkes, deren Reinerhaltung und Säuberung von »undeutschem« Blut als oberstes Gebot galt. Nur wenige sahen das Zerstörerische und Inhumane, das darin lag: Integration und Ausgrenzung zugleich, nationale Solidarität um jeden Preis und Amputation all dessen, was NS-Ideologen als »krankhaft« und »fremdrassig« stigmatisierten.

Bedenkenlos frönte eine Mehrheit dieser grenzen- und haltlosen Deutschtümelei (»Du bist nichts, dein Volk ist alles«), geblendet von der Fata Morgana der neuen Gesellschaft, die die Nazis versprochen hatten: egalitär und klassenübergreifend, wenn auch ohne politische Freiheit, modern und nur noch leistungsbezogen.

Das gab dem Ganzen eine »chiliastische Sonnenaufgangserwartung«,[183] der sich nicht wenige hingaben. Das braune Gesellschaftsmodell befriedigte viele, verhieß es doch allen »arischen« Deutschen, was ihnen nach Jahrzehnten des Konflikts höchst erstrebenswert schien: Ruhe im Berufsleben, Ende des Klassenkampfes.

Für die Masse harmoniebedürftiger Menschen in Deutschland klang das wie eine frohe Botschaft: An die Stelle der Sozialkonflikte sollte die Kooperation treten, die Leistungsgemeinschaft im Betrieb, darauf aus, nach Jahren extremer Rechenhaftigkeit und Entpersönlichung den Arbeitnehmer wieder in den Mittelpunkt zu rükken, die Arbeitsverhältnisse gleichsam zu personalisieren und zu humanisieren.

Die DAF stilisierte sich zum Wegbereiter solcher zwanghaften Harmonie empor, wobei sie Vorstellungen einer sozialen Neuordnung der Betriebe vertrat, die von modernen Arbeitswissenschaftlern aus Carl Arnholds ehedem industrienahem, dann aber der Industrie zu kritisch gewordenem Deutschen Institut für technische Arbeitsschulung (DINTA) stammten. Die DINTA fand schon vor 1933, daß sich durch radikale Verbesserung der Arbeitsbedingungen (Schaffung von Erholungsräumen, großzügige Werkswohnungen, günstigere Arbeitszeiten, moderne Arbeitsmittel usw.) die innere Bindung der Belegschaft an den Betrieb verstärken und ihr klassenkämpferischer Elan dämpfen lasse.

Wer mochte, konnte darin ein raffiniertes Manöver von Staat und Unternehmerschaft sehen, »die Industrie mit jenen friedlichen, gefügigen Arbeitskräften zu versorgen, die die neuen Produktionsverfahren verlangten«.[184] Tatsächlich ließ sich das neue Konzept nur verwirklichen, wenn die Arbeitnehmerschaft aus freien Stücken mitspielte – und deren Kooperation zu sichern, übernahm die DAF.

Doch wo immer die Arbeitsfront versuchte, sozialpolitisch tätig zu werden, stieß sie rasch auf die engen Grenzen, die ihr das Gesetz zur Ordnung der nationalen Arbeit zog. Vor allem das Reichsarbeitsministerium paßte scharf auf, daß sich Leys Funktionäre nicht in die Betriebspolitik einmischten, und pochte darauf, einzige Aufgabe der DAF sei die propagandistisch-ideologische Betreuung der Belegschaften.

Ley aber ließ sich nicht einschüchtern, zumal er Hitler dabei auf seiner Seite wußte. Der Diktator beobachtete nicht ohne Nervosität die Haltung der Arbeiterschaft, seit sich die sozialen Defizite von Schachts Aufschwungpolitik immer mehr offenbarten. Sie kam in erster Linie den mittleren Einkommensschichten zugute, nicht der Arbeiterschaft. Ohne deren materielle Befriedigung aber war der soziale Frieden in Deutschland und damit auch die Lebensfähigkeit des NS-Regimes nicht gesichert.

Hitler verstand nur zu gut, wie stark seine Herrschaft von der Zustimmung und Mitarbeit dieser Arbeiterschaft abhing. Er konnte rechnen: Mit fünfzehn Millionen Erwerbspersonen war die Arbeiterschaft die größte Sozialgruppe in Deutschland; Arbeiter und Hausangestellte bildeten 50,1 Prozent der erwerbstätigen Bevölkerung.[185] Ley brachte es auf einen einfachen Nenner: Die Gunst des Arbeiters sei »die Vorbedingung für die Erhaltung des Arbeitsfriedens«.[186]

Ebendieser Frieden aber war noch schwer in Frage gestellt, denn die wirtschaftliche Wiedergesundung hatte wichtige Sektoren der Arbeiterschaft kaum erreicht. Die Arbeiter ließen auch ihren Unmut deutlich spüren, etwa in den »Wahlen« zu den betrieblichen Vertrauensräten, bei denen 1934 nur 64 Prozent der Wahlberechtigten für die NS-konforme Einheitsliste gestimmt hatten – herber Schock für ein Regime, das 80- bis 90prozentige Resultate gewöhnt war.[187]

Die Wahlen, wie peinlich auch immer, spiegelten dennoch die politische Struktur der Arbeiterschaft annähernd genau wider. Ein knappes Drittel von ihr hatte schon vor Beginn der Diktatur dem Nationalsozialismus angehangen.[188] Das zweite Drittel hatte sich inzwischen mehr oder weniger angepaßt, meist aus Opportunismus oder aus Furcht vor der Gestapo.

Blieb das letzte Drittel, identisch mit dem Gros der einst gewerkschaftlich organisierten Arbeiter, die nach dem Versagen ihrer Organisationen in der Wirtschaftskrise und der politischen Entmündigung durch die Nazis weitgehend resigniert hatten. Jedes Mittels kollektiver Gegenwehr beraubt, artikulierte sich unter ihnen gleichwohl eine meist schweigende, zuweilen aber auch aktive Front der Verweigerung.

Sie war für das Regime um so gefährlicher, als sie sich in erster Linie auf ökonomische Mißstände konzentrierte und dabei auch eine zumindest verbale Unterstützung aus dem Lager der Angepaßten bezog. Selbst die DAF und die Partei unterstützten die Kritiker manchmal; deren Argumente gegen Lohndruck und Antreiberei in den Betrieben stammten nicht selten aus dem »Ruhr-Arbeiter«, dem »SA-Mann« oder anderen »linken« NS-Blättern, die für Renitenz am Arbeitsplatz häufig ein wohlwollendes Wort hatten.[189]

Die Unangepaßten unter den Werktätigen sahen sich freilich kaum als die antifaschistische »Arbeiteropposition«, zu der sie manche Historiker später aufwerteten. Mit Politik, gar aktivem Widerstand gegen das Naziregime hatten ihre Aktionen nur in seltenen Fällen zu tun. Nach dem Zusammenbruch der Arbeiterbewegung hatten die meisten von ihnen die Politik gründlich satt, vor allem Weimar und die Parteien – *alle* Parteien, ob zu Hause oder im Exil.

Was sie indes in Wallung brachte, war ihre organisatorische Ohnmacht, die sie zu Opfern der Diktatur und der sozialen Unausgewogenheit ihrer Konjunkturpolitik machte. In einigen Industrien, so bei Textil, Konsumwaren und Feinmetall, kam die Produktion noch 1935 ungenügend voran; auch hielten sich Armut und Unterernährung in einigen Gebieten Sachsens, Schlesiens und Hessens, Folge des ungleichmäßigen Greifens der Krisenstrategie.[190]

Besonders schlimm waren die Verhältnisse im Haus- und Straßenbau, wo Löhne gezahlt wurden, die kaum die Kosten für Essen und Kleidung deckten. Die Baustellen der Autobahnen mit ihren menschenunwürdigen Arbeitsbedingungen wurden zu Brutstätten proletarischen Aufbegehrens. Auch die Porzellan- und Glasfabriken in der Oberpfalz, die die Gegend wegen der »miserablen Löhne, erbärmlichen Zustände und schlechten Behandlung der Arbeiter zu einem der elendsten Industriegebiete Bayerns machten«.[191]

Dabei ging fast völlig zugrunde, was einmal Arbeitersolidarität gewesen war. Die unterschiedliche Behandlung der einzelnen Industriezweige durch den Staat und das System der übertariflichen Lohnbildung, mit dem die Unternehmer auf eigene Faust die offizielle Tarifordnung nach oben korrigierten, ließ neue Lohngruppen entstehen, meist auf Kosten der Schwachen, vor allem der Älteren und der Kurzarbeiter.

Es waren diese Spitzenlöhne, derentwegen das allgemeine Verdienstniveau in der Industrie nicht erhöht wurde, um den amtlichen Lohnstopp vor dem Einsturz zu bewahren. Für die Masse der Arbeiter aber blieb das Einkommen gering. Der Sozialreferent der Reichskanzlei rechnete im September 1935 aus, daß einem verheirateten Arbeiter mit drei Kindern, der in der Woche 32 Reichsmark (Durchschnitt des Arbeitereinkommens im Reich) verdiente, nach Abzügen für Steuern, Essen, Miete und Bekleidung ganze 91 Pfennig für »Sonderausgaben« blieben.[192]

Kam zu den kärglichen Löhnen dann auch noch eine der periodisch auftretenden Lebensmittelknappheiten oder Ärger im Betrieb hinzu, dann entlud sich Arbeiterzorn in spektakulären Aktionen. Sie hatten vielerlei Formen: Bummeleien am Arbeitsplatz, häufiges Krankfeiern, Sabotage von Betriebsanweisungen, kurzfristige Streiks.

Örtliche Boykotts der 1.-Mai-Feiern des Regimes wie in Hof 1935 gehörten dazu, Massenaustritte aus der Arbeitsfront oder Belegschaftsproteste wie im Fall einer

Textilfabrik in Kolbermoor.[193] Auch Klagen vor den Sozialen Ehrengerichten gegen »böswillige« Betriebsführer und Wegbleiben bei den täglichen Betriebsappellen sorgten für Unruhe in den Firmen.

Immer häufiger traten Arbeiter in den Ausstand, verweigerten sich den Anordnungen ihrer Vorgesetzten oder betrieben »Go-slow«-Taktiken. Die Zahl der Streiks und Arbeitsniederlegungen nahm deutlich zu und erreichte 1936 einen Höhepunkt. 179 Streiks zählten damals die Arbeitsbehörden, auf 251 bezifferten sie die Zahl der Arbeitskämpfe in der Industrie.[194] Und noch war ein Rückgang der Streikwelle nicht abzusehen.

Das erregte die Staatsschützer des Regimes maßlos, obwohl die Protestaktionen der Arbeitnehmer keineswegs das Ausmaß überstiegen, das man in Zeiten der Hochkonjunktur auch von anderen Ländern gewohnt war. Die Gestapo, immer in der Versuchung, Fälle von Arbeitsverweigerung zu verallgemeinern und zu dramatisieren, wähnte schon, es stünden »große Teile der Arbeiterschaft dem Nationalsozialismus ablehnend« gegenüber.[195]

Doch seltsam: Sie griff nur vereinzelt in die Arbeitskämpfe ein, denn nichts fürchtete das NS-System so sehr wie eine frontale Konfrontation mit der Arbeiterschaft. Ein so populistisches Regime hatte wenig Neigung, sich mit dieser »Trägerin der lebendigsten Energie« (Hitler über die Arbeiterschaft)[196] anzulegen.

Es war daher auch kein Zufall, daß die Gesetzgeber des Dritten Reiches (im Gegensatz zu jenen im faschistischen Italien) darauf verzichtet hatten, ein Streikverbot zu erlassen. Die NS-Juristen Otto Thierack und Roland Freisler hatten das 1934 mit reinen Opportunitätsgründen gerechtfertigt: Strafbestimmungen zur Einhaltung eines solchen Verbots seien völlig undurchführbar, denn im Falle einer Massendemonstration streikender Arbeiter könne man nicht Tausende von Teilnehmern bestrafen. Zudem bestehe die Gefahr, daß die DAF für die Streikenden Partei ergreife. Ergo: Streikbekämpfung müsse der Politik und Propaganda überlassen bleiben.[197]

Die Arbeitsbehörden und Betriebsleitungen zogen es denn auch vor, Streiks eher mit leichter Hand wieder aus der Welt zu schaffen. Mit einem, wie es ein Forscher nennt, »erstaunlich unideologischen Realitätssinn«[198] erfüllten sie meist die wesentlichsten Forderungen der Streikenden, rasch und unauffällig, um zu verhindern, daß sich die Streiks politisierten und einer größeren Öffentlichkeit bekannt wurden. Geheimhaltung gehörte zu den ersten Faustregeln der Streikbekämpfung.

Diese Geheimhaltung praktizierten sie oft auch gegenüber der Gestapo, auf deren Einschaltung die Betriebsleitungen nie sonderlich scharf waren. Deren Brachialmethoden verschlimmerten meist nur die Lage im Betrieb – Grund genug, die Gestapo in der Regel gar nicht oder zu spät zu informieren, es sei denn, eine Betriebsführung war an einer brutalen Abschreckung von Streikenden interessiert: Dann konnte die Gestapo zuschlagen.[199]

Tricks und Verhandlungsgeschick genügten freilich nicht, um die Arbeiterschaft von Grund auf zufriedenzustellen. Das Regime stand bei den Arbeitern noch im

Wort, ihre materielle Lage entscheidend zu verbessern und überdies ins Werk zu setzen, was noch keinem politischen System in Deutschland gelungen war: die Integration der Arbeiterschaft in Staat und Gesellschaft.

Wie dies aber verwirklichen? Bis dahin war das NS-Regime kaum über die sozialistische Phraseologie hinausgekommen, die fast alle seine Aktionen und Verlautbarungen durchtränkte. Sie allerdings war enorm. Noch nie hatte man in Deutschland den Arbeiterstand öffentlich so hofiert, war der Arbeiter beinahe zum Maß aller Dinge aufgewertet worden.

Den Ideologen des Regimes, allen voran Hitler, war die Arbeiterschaft die eigentliche Kraftquelle der Nation. Deutschlands Führer hatte zur Arbeiterschaft ein fast schwärmerisches Verhältnis. Diese »große, ungeheure Masse« sei »eigentlich das Volk selbst«, erklärte Hitler einem Vertrauten und schwadronierte: »Ich habe mit ihm auf dem Bau gestanden, ich habe mit ihm als Arbeitsloser gehungert, ich lag mit ihm im Schützengraben, ich kenne es, dies herrliche Volk!«[200]

Wissenschaftler und Künstler sahen sich immer wieder aufgerufen, mehr Arbeiterthemen zu behandeln. Film und Bühne hatten den Kampf des Nationalsozialismus um die »Seele« des deutschen Arbeiters zu verherrlichen. Auch Presse und Rundfunk mußten Arbeiterfragen den Vorzug geben, stets unter Hitlers Motto: »Ehret die Arbeit und achtet den Arbeiter.«[201]

Geschickt bediente sich die NS-Propaganda dabei alter Schlüsselbegriffe der demokratischen Arbeiterbewegung, die sie fast unauffällig uminterpretierte und mit nationalsozialistischem Gedankengut auflud. Der Sozialismus verlor so seinen humanitär-internationalistischen Charakter und wurde zum »deutschen Sozialismus«, der Klassenkampf war plötzlich ein Kampf des Arbeiters »um seine Anerkennung und sein Vaterland«, die Sozialisierung nicht mehr eine solche der Produktionsmittel, sondern der Mentalität und des Image.

Nach außen aber setzte die Propaganda scheinbar nur fort, was auch marxistische und christliche Sozialisten betrieben hatten: die Kritik an der Seelenlosigkeit des bürgerlichen Kapitalismus, die Schelte am »Bourgeois«, am »Spießer«, am »Reaktionär«, wozu die Nazis nur noch eine neue Figur hinzusteuerten, die des jüdischen »Parasiten«, Sündenbock für jede Fehlentwicklung in Gesellschaft und Nation.

Doch auch Propagandagags konnten die tatsächliche Lage der Arbeiterschaft nicht verändern. Dazu bedurfte es mehr: konkreter gesellschaftlicher Konzessionen, ohne die eine soziale Aufwertung der Arbeiterschaft nicht glaubhaft war. Was sie zumindest benötigte, waren deutliche Statussymbole, Verbesserungen ihrer ökonomischen Lage, größere Aufstiegschancen – und die fehlten eklatant.

Darin sah der Bürgerfeind Ley, den Kenner gar für einen Nationalbolschewisten hielten, eine zentrale Aufgabe der DAF: der Arbeiterschaft die Privilegien der bürgerlichen Gesellschaft aufzubrechen und sie damit in den NS-Staat fest einzubinden. Wer die Liquidierung der NSBO nach dem 30. Juni 1934 unter Leys Federführung schon für das Ende der NS-Sozialrevolution gehalten hatte, war einer Täuschung erlegen: Für Robert Ley fing sie erst richtig an.

Allerdings gab es einflußreiche Mächte, die sich verschworen hatten, der Arbeitsfront jede konkrete sozialpolitische Rolle in der Wirtschaft zu verwehren. In der Sozial- und Lohnpolitik waren der DAF die Hände nahezu völlig gebunden. Doch Ley hatte bereits eine vernachlässigte Ecke der betrieblichen Sozialpolitik erspäht, in die er prompt die DAF hineinmanövrierte.

Ein Streit um die Auszahlung von Urlaubsgeldern in der Ruhrindustrie kam ihm dabei überaus gelegen. Im April 1934 waren der Bergbau-Verein und das Reichsarbeitsministerium übereingekommen, eine Vereinbarung aus dem Jahr 1932 zu verlängern, die den Zechenleitungen aus Rücksicht auf deren angespannte Finanzlage erlaubte, das Urlaubsgeld für die Belegschaft nur zu 70 Prozent auszuzahlen.[202]

Die DAF-Vertreter hatten der Regelung schon zugestimmt, doch Ley warf auf einmal alles über den Haufen. Auf einer Arbeiterversammlung in Gelsenkirchen stellte er sich gegen die Zechenherren und tobte: »Euch Männern der Kohle will man die hundertprozentige Bezahlung eures Urlaubs nicht bewilligen, euch, die ihr ihn am allernotwendigsten hättet, denn eure Arbeit ist mit Geld gar nicht zu bezahlen ... Eins aber sage ich euch schon heute, und sagt es auch euren anderen Kameraden an der Ruhr: Ihr bekommt euren Urlaub bezahlt, und zwar mit 100 Prozent!«[203]

Empört verbat sich der Bergbau-Verein die Einmischung Leys, Fritz Thyssen wurde bei Hitler vorstellig. Doch als Hitler nicht reagierte und die von der DAF geschürte Unruhe unter den Ruhrkumpels zunahm, traten die Bergbauindustriellen den Rückzug an. Hugo Stinnes entdeckte als erster, daß die Geschäftslage doch eine volle Auszahlung des Urlaubsgeldes rechtfertige, und bald folgte ihm der gesamte Bergbau.[204]

Auf einmal merkte die DAF, was sich mit Urlaubsfragen alles anfangen ließ. Bis dahin waren Urlaub und Freizeit ein eher marginales Gebiet der Sozialpolitik gewesen. Die Regelung von Urlaubsfragen hatte die Gewerkschaften nie sonderlich interessiert, die Arbeitgeber erst recht nicht.

Natürlich gab es schon in der Weimarer Republik tarifliche Urlaubsregelungen, doch der ohnehin knapp bemessene Urlaub (durchschnittlich drei Tage im Jahr) »wurde häufig nicht in Anspruch genommen, sondern abgegolten«, wie ein Sozialforscher notiert.[205] Zudem verwehrten die Unternehmer einigen Gruppen von Arbeitnehmern jeglichen Urlaub, allen voran den Jugendlichen, Heim- und Saisonarbeitern.

Hier setzte die DAF den Hebel an. Bald sahen sich die Betriebsleitungen von Leys Agitatoren gedrängt, ihren Belegschaften längeren Urlaub einzuräumen, wofür die DAF nun wahrlich nicht »zuständig« war. Doch die DAF kümmerte sich nicht darum. Zum Entsetzen der Unternehmer verlangte sie einen zehntägigen Jahresurlaub für jeden Arbeitnehmer,[206] hatten doch ihre Funktionäre erkannt, daß sich das Freizeitverhalten der Arbeitnehmerschaft rasant veränderte: Urlaubsfragen, die noch Monate zuvor kaum eine Bedeutung gehabt hatten, gewannen plötzlich ein unerwartetes Eigengewicht.

Das nutzte die DAF schamlos aus, immer auf dem Sprung, sich der Arbeiterschaft mit einem »Sozialismus der Tat« anzubiedern. Ley hatte zudem aus der Geschichte der italienischen Freizeitorganisation »Opera Nazionale Dopolavoro« gelernt, welchen Zuspruchs sich Billig- und Pauschalreisen unter Arbeitern und Angestellten erfreuten.[207] Die DAF verfügte auch schon über eine solche Organisation, nach dem italienischen Vorbild aufgebaut und doch breiter angelegt: die KdF.

Der Start der NS-Gemeinschaft »Kraft durch Freude« ging auf den Februar 1934 zurück. In fünfzehn Großstädten hatten damals Sonderzüge der KdF mit je tausend Arbeitern eine Reise in die Urlaubsgebiete Bayerns, Thüringens und Schlesiens angetreten, drei Monate später waren in Bremerhaven die Schiffe »Dresden« und »Monte Olivia« mit knapp 3000 Passagieren in See gestochen – Beginn eines Massentourismus, wie ihn die Welt noch nicht gesehen hatte.[208]

Für die ersten KdF-Fahrer muß es ein phantastisches Erlebnis gewesen sein. Reisen war bis dahin ein Privileg des Bürgertums, der Arbeiter wanderte allenfalls, meist mit den proletarischen »Naturfreunden« oder völkischen Vereinen. Reisen war ihm nahezu unbekannt: Von den 42 000 im Winter 1933/34 befragten Arbeitnehmern der Berliner Siemenswerke waren 67,9 Prozent nie verreist.[209]

Zwar war in England schon Ende der zwanziger Jahre der Sozialtourismus aufgekommen, doch in Deutschland hatte man ihn erst spät entdeckt. 1933 boten die Gewerkschaften zum erstenmal Billigreisen an, darunter fünf Auslandsfahrten zu je 350 Reichsmark – kaum erschwinglich für einen unverheirateten, kinderlosen Arbeiter, der im Jahr höchstens 20 bis 25 Mark für die Erholung zurücklegen konnte. Er hätte also, so hat ein Forscher ausgerechnet, für eine der gewerkschaftlichen Auslandsreisen »10 bis 20 Jahre sparen müssen«.[210]

Dabei war es mit Geld allein gar nicht getan. Mancher sparte und reiste dann doch nicht. Die Psychologen kannten das Problem seit Jahrzehnten: die Fremdbestimmung des Industriearbeiters durch die Maschine, die ihm »die Fähigkeit, auch nur die wenigen Stunden der Freizeit zwischen Arbeit und psychologischem Ruhebedürfnis eigenschöpferisch zu gestalten, weitgehend verschüttet« hatte.[211]

Die DAF-Funktionäre aber verstanden es, die latent vorhandenen Urlaubswünsche der Arbeitnehmer zu aktivieren und zu verwirklichen. Leys Leute hatten Erfolg, weil sie über ein reiches Sortiment von Urlaubsangeboten verfügten, die nahezu jeden Geschmack befriedigen konnten. Da war alles dabei: Land- und Kurzreisen, Busfahrten, Winterreisen, Wanderungen, Kreuzfahrten in Nordsee und Mittelmeer, Radtouren, Fahrten zu Verwandten.

Dazu Preise, die heute nur noch sagenhaft klingen. Eine siebentägige Reise durch den Thüringer Wald kostete einschließlich Unterkunft und Vollpension 24,51 Reichsmark, eine zwölftägige Seereise rund um Italien 150 Reichsmark, eine Norwegenfahrt in sieben Tagen 59,50 Mark. Eine Weihnachtsreise in den Schwarzwald war für 34 Mark zu haben, und für eine »große Alpenfahrt« ab München kassierte die KdF 5,70 Mark.[212]

Das machte die KdF bald zur umworbensten NS-Organisation. Ihr Chef, ein »linker« Nazi und schwärmerischer Idealist namens Horst Dressler-Andress, ehedem Schauspieler und Regisseur, der später noch als Mitbegründer der Nationaldemokratischen Partei in der DDR politische Karriere machte, schwamm in einem Meer der Zahlenrekorde. 1934 nahmen 2,2 Millionen Menschen an den Reisen und Wanderungen der KdF teil, ein Jahr darauf waren es schon 6,2 Millionen, im folgenden wieder mehr[213]: Durchbruch zur Demokratisierung des Tourismus, den, Treppenwitz der Geschichte, eine wütend antidemokratische Bewegung erzwungen hatte.

Nur wenige Menschen merkten freilich, wie sie damit zugleich in das Räderwerk eines riesigen Betreuungsapparats gerieten, der beileibe nicht allein emanzipatorischen Zielen diente. Er war vor allem ein Instrument zur Erholung und Stärkung der menschlichen Leistungskraft, an der das Regime in erster Linie interessiert war, diente einer nimmermüden Kontrolle und Indoktrination.

»Weltanschauliche Schulung« durfte auf keiner größeren KdF-Reise fehlen, Schnüffler von SD und Gestapo wachten auf Auslandsreisen darüber, daß sich jeder Urlauber regimekonform benahm.[214] Eine Verhaltensvorschrift der KdF besagte: »Ich bin als Teilnehmer einer Urlaubsfahrt der NSG ›Kraft durch Freude‹ Repräsentant des deutschen Arbeitertums und habe als solcher nationalsozialistisch, d. h. vorbildlich zu handeln.«[215]

Die DAF-Ideologen machten auch keinen Hehl daraus, daß sie den ganzen Menschen für sich beanspruchten, »total«, wie ihre Lieblingsvokabel besagte. Kein Deutscher sollte noch länger außerhalb der KdF seinen Urlaub machen, die »atomisierende Wirkung individualistischer Freizeitverbringung« (Dressler-Andress) war verpönt.[216] Ley deklamierte: »In Deutschland gibt es keine Privatsache mehr! Wenn du schläfst, ist es deine Privatsache, sobald du aber wach bist und mit einem anderen Menschen in Berührung kommst, mußt du eingedenk sein, daß du ein Soldat Adolf Hitlers bist und nach einem Reglement zu leben hast.«[217]

Allerdings wäre es verfehlt, von solchen Sprüchen auf die Wirklichkeit zu schließen. Urlaubmachen blieb auch im Dritten Reich eine Privatsache; es gab Millionen Menschen, die mit der KdF nie in Berührung kamen. Schon die stürmische Vermehrung der privaten und halbamtlichen Reiseunternehmen (von 499 im Jahr 1933 auf 1049 sechs Jahre später) zeigte, daß die KdF mitnichten ein Urlaubs- und Reisemonopol besaß.[218]

Der Erfolg der Privaten hatte einen einfachen Grund: Der Rummel des braunen Massentourismus schreckte viele Bürger ab. Die KdF-Manager nahmen es jedoch gelassen hin, weil ihre Unternehmungen auf ein ganz anderes Publikum zielten: die Arbeiterschaft. Die aber zeigte sich zunehmend von der KdF beeindruckt. Trotz unverminderter Sozialmisere plötzlich wie ein Bürger Urlaub machen zu können, imponierte vielen: »Anfang einer bürgerlichen Kettenreaktion in Köpfen, die bis dahin proletarisch klassenbewußt dachten.«[219]

Das inspirierte Ley und seine Helfer, ihre »Sozialisierung der touristischen Verhaltensmuster«[220] immer weiter zu treiben. Dressler-Andress' KdF-Amt »Reisen, Wandern, Urlaub« entwarf neue Urlaubsprogramme, Ley klotzte bombastisch dazu. Er ließ auf der Insel Rügen ein KdF-Seebad nur für Arbeiter und ihre Familien bauen, er wollte eine Hotelkette anlegen und zu den übernächsten Olympischen Spielen in Tokio mit einer eigenen Flotte und Tausenden von KdF-Urlaubern erscheinen.[221]

Solcher Aktionismus mußte unweigerlich in unzähligen Arbeitern »das Bewußt-sein vom eigenen sozialen Standort revolutionieren«, wie ein Soziologe urteilt: »Gab es doch nun keine deutlich sichtbaren Statusanzeichen mehr, die dem Arbei-ter grundsätzlich unerreichbar waren.«[222] Aber erreichten sie überhaupt Arbeiter in ausreichender Zahl? Auch hier gilt es, Schein und Wirklichkeit auseinanderzu-halten: Die DAF-eigenen Angaben über den Arbeiteranteil an den KdF-Reisen sind offensichtlich übertrieben.

Neuere Forschungen haben ergeben, daß von den 7,3 Millionen Menschen, die bis 1939 an einer mehr als zweitägigen KdF-Reise teilnahmen, jeder dritte ein Arbeiter war. Bei Urlauberzügen im Gau Mainfranken lag 1936 der Arbeiteranteil zwischen 23 und 39 Prozent, am geringsten war er auf den KdF-Schiffen.[223] Ein Historiker errechnete bei fünfzehn Seereisen einen Anteil von 17,3 (Angestellte: 37,6) Pro-zent, woraus er schloß, »daß die von den Nationalsozialisten als Arbeiter-Kreuz-fahrten propagierten KdF-Seereisen realiter Seereisen für den Mittelstand waren«.[224]

Entscheidend blieb gleichwohl, daß der Tourismus prinzipiell der Arbeiterschaft nicht länger verschlossen war, womit die Nationalsozialisten ein Stück der verspro-chenen Chancengleichheit verwirklichten. Es war nicht das einzige. Die KdF hatte inzwischen angefangen, der Arbeiterschaft auch den Rest des bürgerlichen Frei-zeitmarkts zu öffnen, Aufgabe von drei neuen KdF-Ämtern.

Ihre Funktionäre gründeten Musik- und Schachgemeinschaften, organisierten Theater- und Konzertbesuche, mieteten Sportplätze und boten ein vielfältiges Pro-gramm, das von Fremdsprachenkursen bis zum Tennisunterricht reichte. Sie zogen auch eine ganze Unterhaltungsindustrie mit eigenen Theatern, Kinos und Kabaretts auf, die dem eifernden NS-Ideologen Rosenberg bald ein abstruser »Tummelplatz der Zahlenrekorde« schien, auf dem Kunst, Sport und Nationalso-zialismus »wie eine Warenhauskonfektion herumgereicht« werde.[225]

Zehntausende machten in Musikschulen, Tanzgruppen und Briefmarkenvereinen mit, Hunderttausende ließen sich willig durch Museen, Ausstellungen und Gedenkstätten schleusen. Programm auf Programm lief ab: »Kulturfahrt« nach Bamberg, Führung durch Künstlerateliers, Besuch historischer Fabriken, Musizie-ren in der KdF-Orchestergemeinschaft, Variétéabend im Berliner »Wintergarten« – der Funktionärseifer kannte keine Pause.

Er bemächtigte sich auch des Sportbetriebs, der neben dem Tourismus das meiste Interesse von Arbeitern auf sich lenkte. Ein Massenandrang ohnegleichen: 1936 liefen durch die Kurse, Veranstaltungen und Reiseprogramme des KdF-Amtes »Sport« 6,3 Millionen Menschen. 1937 sollten es 9,5 Millionen sein, ein Jahr dar-auf über 22 Millionen.[226]

Für die DAF aber war die Freizeitpolitik nur ein Anfang. Sie erhob nun Forderun-gen nach Mitsprache im Betrieb, was nicht ohne Logik schien: Wo über Urlaub gesprochen wurde, da mußte auch die Frage der Arbeitszeit erörtert werden, und

wo sie zur Diskussion stand, konnte das ganze Feld der Arbeitsbedingungen nicht
mehr unangetastet bleiben – reichlicher Stoff für Einmischungen der DAF.
Ihre Forderungen waren in der Belegschaft nicht unpopulär, sosehr auch mancher
Arbeiter dem grellen Sozialpathos der DAF mißtraute. Aber auch Zweifler konn-
ten nur bejahen, was Leys Funktionäre forderten: »gerechten Lohn«, großzügige
Weihnachtsgratifikationen für alle Arbeiter, Verbesserung des Schutzes gegen
Arbeitsunfälle, Bau sauberer Wasch-, Eß- und Erholungsräume, Einstellung von
Betriebsärzten.[227]
Je hartnäckiger die DAF-Funktionäre drängten, desto ärgerlicher reagierten die
Unternehmer. Auch Schacht mußten die Aktivitäten der DAF in den Betrieben
alarmieren, stellten sie doch die Allianz zwischen Unternehmerschaft und der
staatlichen Wirtschafsbürokratie in Frage, die sich auf eine eherne Voraussetzung
stützte: daß die Unternehmer Herren in ihrem Haus blieben. Just dies aber rampo-
nierte Ley mit seiner Betriebsagitation.
Als die DAF auch noch dazu überging, in Betrieben über die Köpfe der Unternehmer hinweg soziale Erhebungen anzustellen und Mißstände aufzudecken, intervenierte Schacht bei Hitler.[228] Doch dieser ließ Ley weitermachen. Er hatte schon im
Oktober 1934 gezeigt, daß er fast alles unterschrieb, was ihm Ley vorlegte.
Damals hatte Hitler eine von Ley entworfene »Verordnung über Wesen und Ziele
der Deutschen Arbeitsfront« abgezeichnet, die praktisch die Grenzen wiederauf-
hob, die der DAF im Arbeitsordnungsgesetz auferlegt worden waren. In der Verordnung hieß es nämlich, die DAF habe »die Aufgabe, zwischen den berechtigten
Interessen aller Beteiligten jenen Ausgleich zu finden, der den nationalsozialistischen Grundsätzen entspricht und die Anzahl der Fälle einschränkt, die nach dem
Gesetz . . . zur Entscheidung allein den zuständigen staatlichen Organen zu überweisen sind«.[229]
Damit sei der DAF vom Führer »die Rolle eines Schlichters übertragen worden«,
triumphierte ihr Pressechef Hans Biallas.[230] Arbeits- und Wirtschaftsministerium
aber beschlossen, Hitlers Unterschrift einfach zu ignorieren. Die DAF blieb weiterhin aus der Sozial- und Wirtschaftspolitik ausgeschlossen, selbst Ley mußte auf
einer Pressekonferenz einräumen: »Neue Aufgaben bekommen wir durch die Verordnung nicht.«[231]
Schacht erkannte freilich bald, daß die Schlappe Leys nicht von Dauer sein würde.
Man mußte, so mag der Minister überlegt haben, die Organisation der gewerblichen Wirtschaft mit der Arbeitsfront zusammenspannen; saß man erst einmal in
gemeinsamen Institutionen, so ließen sich die Aktionen und Pläne der DAF effektiver unter Kontrolle halten, zu deutsch: unschädlich machen.
Daraus entstand die sogleich zu einem welthistorischen Ereignis aufgeplusterte
»Leipziger Vereinbarung« zwischen Schacht, Seldte und Ley vom 26. März 1935,
die ein verwirrendes Gewebe von Partnerschaften und paritätisch besetzten Gremien in die Welt setzte. Die Organisation der gewerblichen Wirtschaft trat der
DAF korporativ bei, in Gauen und Bezirken entstanden Arbeits- und Wirtschafts-
räte aus Vertretern beider Organisationen, überdacht von einem Reichsarbeits-

und Reichswirtschaftsrat, sämtlich dazu da, alle wichtigen Fragen der Wirtschafts- und Sozialpolitik zu erörtern.[232]

Hurtig ließ Ley ein Amt »Soziale Selbstverantwortung« einrichten, das in kurzer Zeit 3000 jener Arbeitsausschüsse ins Leben rief, in denen die sozialen Fragen der Arbeitswelt bearbeitet werden sollten.[233] Doch die »Verkoppelung« von DAF und Unternehmerschaft erwies sich rasch als ein Phantom. Die Mehrheit der Arbeitgeber hatte keine Lust, Vertreter in die Arbeitsausschüsse zu entsenden und sich von DAF-Funktionären in ihre Betriebspolitik hineinreden zu lassen.

Doch Ley gab nicht auf. Er machte die Leipziger Vereinbarung zum Sprungbrett eines sozialpolitischen Expansionismus, der immer mehr Bereiche der Wirtschaft tangierte. Die DAF erhob Anspruch auf Mitwirkung in der betrieblichen Berufs- und Lehrlingsausbildung, sie wollte in Lohnfragen mitreden und die Verbesserung der Arbeitsbedingungen (»Schönheit der Arbeit«) unter ihre alleinige Kontrolle bekommen.

Sie redete einer entschiedenen Statusverbesserung der Arbeitnehmer das Wort, was nationalsozialistischer Integrationspolitik entsprach: die gesellschaftliche Bedeutung der Handarbeit aufzuwerten und durch materielle Konzessionen den Sozialstatus der Arbeiterschaft so zu erhöhen, daß diese am Ende »in den Augen und Vorstellungen der anderen Deutschen als integrationswürdig erscheinen« mußten.[234] Ley: »Die Minderwertigkeitskomplexe müssen verschwinden!«[235]

Und Ley war der Mann, der sich nicht mit leeren Worten begnügte. Wer sich von den Unternehmern seinen Forderungen entzog, den erpreßte der DAF-Chef nicht selten durch die Inszenierung martialischer Massenaufmärsche und Betriebsappelle, die Stimmung gegen die Betriebsleitungen machten.

Er hatte sich dazu eine eigene Propagandatruppe geschaffen, die blau uniformierten »Werkscharen«, eine Art Betriebs-SA, die mit ihren dröhnend musizierenden »Jungmannschaften« und »Stoßtrupps« in Fabrikhöfen und Werkshallen lärmten. Sie lieferten die Begleitmusik zu Leys drohender Ankündigung, nichts werde ihn davon abhalten, »den deutschen Arbeiter zu einem stolzen, aufrechten und gleichberechtigten Volksgenossen zu machen«.[236]

Mancher Unternehmer zog es bald vor, auf die Verbesserungsvorschläge der DAF einzugehen. Zumindest kam jetzt ein Teil ihres Modernisierungsprogramms in Gang, wie die steigenden Verschönerungskosten der Industrie belegten. 1936 gab sie 80 Millionen Reichsmark für den Bau von Betriebskantinen, Sportanlagen, Arbeits- und Erholungsräumen aus, zwei Jahre später schon 200 Millionen Reichsmark.[237] Sonst aber sahen sich Leys Sendboten in den Wirtschafts- und Arbeitsräten von der Gegenseite meist blockiert.

Nur mit Mühe konnte die DAF einige ihrer Mindestforderungen durchsetzen. Der Unfallschutz wurde erheblich verbessert, die Nachwuchsförderung verstärkt, der Mutter- und Frauenschutz auf eine solidere Basis gestellt. Ihrem Drängen war es auch zuzuschreiben, daß von 1937 an der Lohnausfall bei gesetzlichen Feiertagen ersetzt wurde.[238]

Doch die allgemeine, gesetzliche Regelung des Urlaubs gelang nicht, wenn sich

auch die Betriebsleitungen unter dem Druck der Arbeitsfront zu der stillschweigenden Anerkennung eines bezahlten Jahresurlaubs von sechs bis zwölf Tagen bequemten, was immerhin im damaligen Europa als so fortschrittlich galt, daß das Internationale Arbeitsamt in Genf das Dritte Reich ob seiner Pioniertat lobte.[239]
Die Dürftigkeit solcher Minireformen fiel anfangs nicht sonderlich auf, weil inzwischen auch die staatliche Sozialpolitik am Althergebrachten rüttelte. Im Handwerksgewerbe wurde eine pflichtgemäße Altersversicherung eingeführt, später auch in der Landwirtschaft die Krankenversicherungspflicht. Neue Vorschriften näherten die Arbeiter im öffentlichen Dienst dem Beamtenrecht an, arbeitsrechtliche Unterschiede zwischen Angestellten und Arbeitern wurden weitgehend beseitigt.[240]
Auch das war noch recht kläglich, verglich man es mit den protzigen Ankündigungen der Nationalsozialisten, die 1933 eine grundlegende Sozialreform versprochen hatten. Doch es war ein Anfang, der beeindruckte, zumal die Arbeiterschaft nun auch allmählich in den Genuß des wirtschaftlichen Wiederaufstiegs kam. Die hochschnellende Rüstung und der Facharbeitermangel versetzten die Arbeitnehmerschaft in eine günstige Position: Sie wurde dringender denn je gebraucht und lernte rasch, mit Arbeitgebern und Treuhändern der Arbeit zu pokern – auch ohne Gewerkschaften.
»In den Versammlungen der DAF«, meldete Sachsens Treuhänder der Arbeit, »sind Lohnfragen das beherrschende Thema. In vielen Fällen nehmen Versammlungen einen stürmischen Verlauf. Einige mußten wegen Unruhen abgebrochen werden.«[241] Hunderttausende von Arbeitern und Angestellten verließen in der Hochkonjunktur trotz reglementierenden Arbeitsbüchern und Zuzugsbeschränkungen ihre Werkbänke und Schreibtische, um sich in den günstigsten Branchen einen besseren Happen zu sichern.
Die Welt der Arbeiterschaft war in Bewegung geraten und mit ihr eine Gesellschaft, die zusehends zu einem klassenübergreifenden Gleichgewicht tendierte. Massentourismus, Berufswettkampf der Jugend, Öffnung des bürgerlichen Freizeitmarkts, Anfänge sozialer Mobilität – sie begünstigten mehr und mehr, was ein US-Historiker »das einzigartige Klima des Dritten Reiches« nennt, »seine ideologische Euphorie, die zunehmenden Aufstiegsmöglichkeiten, die Verteilung der Vorteile und Nachteile auf alle Gruppen der Gesellschaft«.[242]
»Wir sind das erste Land Europas, das den Klassenkampf überwunden hat«, tönte Ley schon 1935.[243] Was immer daran bloße Prahlerei sein mochte – unabweisbar war gleichwohl, daß die Integrationspolitik des Regimes erste Früchte trug: Die Massenloyalität der Arbeiter gegenüber dem NS-Staat wuchs.
Informanten der Sopade fanden bereits 1935 die Arbeiter »stark vom Hitlerismus besessen«, wobei ihnen vor allem auffiel, »daß die früher indifferent gewesenen Arbeiterschichten heute noch die willenlosesten Gefolgsleute des Systems und die Gläubigsten des Hitlerkultes sind«.[244] Selbst unter standhaften SPD-Genossen beobachteten sie »Zustimmung, ja oftmals Begeisterung gegenüber der Person Hitlers«, dessen »Kraft und ehrlichen Willen« sie fast nie anzweifelten.[245]

Es gab sogar so etwas wie eine Affinität sozialdemokratischer Arbeiter zu Hitler, die auch umgekehrt zutraf. Der fanatische Hasser des »jüdischen« Marxismus und Verfolger unzähliger Sozialdemokraten im Widerstand äußerte sich im vertrauten Kreis nicht selten bewundernd über die Sozialdemokratie. Die SPD, fand Hitler, sei »die diszipllnierteste Partei Europas« gewesen, in ihr »die rassisch einwandfreiesten und besten deutschen Menschen« vereinigt. Hitler: »Nur eben leider unter falschen Führern. Aber das ist nicht ihre Schuld!«[246]

Sozialdemokraten komme, meinte er, das historische Verdienst zu, 1918 das »Geschmeiß« der Monarchie beseitigt zu haben; sie hätten auch Versailles verhindern wollen und viel für die sozialen Belange der Arbeiterschaft getan. Außerdem seien ihre Führer nie korrupt gewesen wie bürgerliche Politiker.[247]

Auch solche Urteile spiegelten die seltsame »Special relationship« wider, die Diktator und Arbeiterschaft miteinander verband. Die sozialdemokratische Anhängerschaft war ebenfalls davon nicht frei. Ihre patriotischen Instinkte, aufgestachelt unter dem nationalistischen Trommelfeuer des Regimes, trugen auch dazu bei, Hitlers Volksgemeinschaft jene Kohärenz und Dynamik zu geben, die sie bald zum Schrecken des übrigen Europa machen sollte.

Schon beim Abstimmungskampf an der Saar hatte sich offenbart, daß die Arbeiterschaft für die nationalistische Propaganda nicht weniger anfällig war als andere Sozialgruppen. Da hatten Aktivisten des antinazistischen Exils und Funktionäre um den saarländischen SPD-Vorsitzenden Max Braun noch einmal eine Chance gesehen, den Nationalsozialisten auf deutschem Boden eine Niederlage zu bereiten, ein letztes Gefecht, das dem Kampf gegen den »Hitlerfaschismus« die entscheidende Wende geben sollte.[248]

Es war nicht ohne Phantasie, was sich die NS-Gegner an der Saar ausgedacht hatten. Sie wollten die Wähler des 1920 vom Reich abgetrennten, unter die Vormundschaft des Völkerbunds geratenen Landes bewegen, der Wiedervereinigung mit Deutschland eine Absage zu erteilen und für die Beibehaltung des Völkerbundsregimes zu votieren.

Das bedeutete: weiterhin Freiheit von der Nazidiktatur, allerdings auch Beibehaltung der hohen Arbeitslosigkeit (24 Prozent), der wirtschaftlichen Ausbeutung durch Frankreich und Verweigerung jeder politischen Selbstbestimmung des Saarvolks – hingenommen in der verzweifelten Erwartung, ein Votum gegen Hitler werde dessen Stellung schwer erschüttern und einem Militärputsch in Berlin den Weg ebnen.[249]

Bei einer so trostlosen Alternative konnte die »Deutsche Front« guten Mutes sein. Das war der Einheitsblock, in den die Drahtzieher in Berlin alle bürgerlich-nationalen Parteien des Saarlandes eingedampft hatten, mit gewohnter Hemdsärmeligkeit und Gleichschaltungstechnik, die diesmal auch die schwache NSDAP des Landes getroffen hatte. Ihr Anführer war von Berlin gewaltsam ausgeschaltet worden, weil seine antiklerikalen Tiraden katholische Wähler verschreckten.[250]

Auf diese Wähler aber kam es entscheidend an, denn die Anhängerschaft der aufgelösten Zentrumspartei blieb die stärkste unter den politischen Gruppen des Saarlandes. Entsprechend war die Heimkehrpropaganda der Deutschen Front: Sie setzte auf die Sogwirkung des traditionellen Nationalstaatsgedankens und der Konsumträume arbeitsloser Menschen.

Rückkehrgegner Braun tendierte denn auch zunächst zu einer Verschiebung des Plebiszits, das schon in Versailles den Saarländern nach Ablauf von fünfzehn Jahren Völkerbundsregime zugesagt worden war.[251] Der SPD-Chef wollte auf Zeit spielen, doch die sich plötzlich im Sommer 1934 anbahnende Einigung zwischen Paris und Berlin, Vorbedingung des Volksentscheids, durchkreuzte seine Hinhaltetaktik.

Braun mußte kämpfen, und er tat es mit Bravour: »Schlagt Hitler an der Saar!« Der kleine Parteiapparat der Saar-SPD mobilisierte alle rückkehrfeindlichen Kräfte im Lande, darunter Exilzirkel, Randgruppen des politischen Katholizismus, frankophile Kreise, Kommunisten und Autonomisten, einig in dem einen, ausschlaggebenden Punkt: keine Rückkehr des Saargebiets in das Reich, Bewahrung des Völkerbundsstatus (»Status quo«).

Ihre Erfolgschancen schienen so schlecht nicht. Das linke Lager war in guter Kampfverfassung, die terroristischen Praktiken des Hitlerregimes, vor allem das Kesseltreiben gegen die Kirche im Reich, hatte manche Katholiken verbittert. Zudem ließ die Status-quo-Formel für bekümmerte Patrioten noch einiges offen, zumindest den späteren Anschluß »an ein Deutschland, das demokratisch durch Mitwirkung aller Volksgenossen regiert wird«, wie ein Rundschreiben der Saar-SPD verhieß.[252]

Daraus errechnete sich Braun eine sichere Stimmenmehrheit für seine Bewegung. Er addierte so: Bei den Landesratswahlen von 1932 hatten 32,7 Prozent für SPD und KPD gestimmt, knappe 6 Prozent für linke Splittergruppen. Das brachte die »Einheitsfront«, zu der sich inzwischen die beiden Linksparteien verbunden hatten, an die 40 Prozent heran. Kamen noch einige Prozent aus dem Lager der Politkatholiken, Frankophilen und Autonomisten hinzu, dann war der Einheitsfront eine Mehrheit gewiß, laut Braun sogar 60 Prozent.[253]

Eine jäh einsetzende Welle von Massenübertritten linker Funktionäre zur Deutschen Front[254] hätte Braun zwar warnen müssen, so halsbrecherische Rechnungen anzustellen, doch er fühlte sich im Aufwind – gestützt von dem autoritären Regime der Regierungskommission des Völkerbundes, die das Land im eisernen Griff hielt und keinen Zweifel daran ließ, daß ihr alle deutsch-nationalen Bestrebungen an der Saar ein Greuel waren.

Zunehmend ließ sie Verbote, Ermahnungen und Strafen auf die Deutsche Front niederhageln, oft herausgefordert durch deren terroristisch-konspirative Praktiken. Dennoch wirkte manchmal fatal, was von der Regierungskommission als Ermunterung der Status-quo-Bewegung gedacht war (wie beispielsweise die Besetzung polizeilicher Schlüsselposten mit Emigranten).[255]

Am ärgsten aber agierte der starke Mann an der Saar, ein Brite namens Geoffrey Knox, Präsident der Regierungskommission, der unverblümt zu verstehen gab, daß er Deutsche nicht ausstehen konnte. Ein Konfident der US-Botschaft in Berlin fand ihn im Sommer 1934 »in seiner Verdammung der örtlichen Nazis und aller Deutschen so unvorstellbar giftig«, daß sich »die meisten seiner Ausdrücke gar nicht wiedergeben lassen«.[256] Er verstand sich als Förderer französischer Annexionswünsche und hatte nur die propagandistische »Entwaffnung« der Deutschen Front im Auge.[257]

Doch was der größte Aktivposten der Antinazis schien, sollte sich bald als ihre schwerste Belastung erweisen. Das Zusammenspiel zwischen Braun und der Völkerbundsverwaltung erweckte in vielen Saarländern alte Feindbilder des deutschen Nationalismus zu neuem Leben: ein deutschfeindlicher Britengouverneur, französische Hilfsgelder im Saarkampf, Separatisten, die ein landfremdes Regime perpetuieren wollten – willkommener Horrorstoff für die Propaganda der Deutschen Front.

Die lief nun mit gewaltigem Getöse an und überrollte den Gegner in jener Dampfwalzenmanier, die schon in der »Kampfzeit« die Propagandafeldzüge der NSDAP so gefährlich gemacht hatte. Hier die Straße terrorisierend, dort mit Überzeugungsarbeit von Haus zu Haus agierend, mit Spielmannszügen hier, mit Schlägerbanden dort, rückten die Propagandakolonnen der Deutschen Front schier unaufhaltsam vor.

Das Gros der saarländischen Vereine und Interessenverbände hatte Berlin schon vorher unter seine Kontrolle gebracht, die meisten Zeitungen hörten auf sein Kommando – unsichtbare Ouvertüren, denen nun das Hauptstück folgte.

Alles warf der Berliner Propagandapparat in Brauns letztes Gefecht, nichts fehlte in dieser Kakophonie der Lockungen, Pressionen und Drohungen. Nahezu unübersehbar, was da alles eingesetzt wurde: 1500 politische Versammlungen, 1500 kulturelle Veranstaltungen, 1000 Giebelwerbungen, fünf Millionen Briefverschlußmarken, 80 000 Plakate, Hunderte von Rundfunksendungen, Tausende von Presseberichten.[258]

Ihr Lärm riß auch das reichsdeutsche Publikum mit. »Der Rundfunk«, klagte ein Lauscher der Sopade in Brandenburg, »machte alles wie besoffen. Alles hat nur von der ›deutschen Saar‹ gesprochen, selbst die überzeugtesten Genossen von früher haben auf Einwendungen immer wieder erklärt, daß die Saar deutsch sei und auch bleiben müßte, sie wünschten und hofften, daß die Abstimmung mindestens 95 Prozent für Deutschland bringen würde.«[259]

In den Eingangskörben des Sopadebüros in Prag stapelten sich die Briefe, »in denen sich sogar antifaschistische Arbeiter für die Rückgliederung des Saargebietes ausgesprochen hatten«.[260] Mancher Widerständler aus den Reihen der SPD mag der Deutschen Front in ihrem Kampf gegen die eigenen Genossen an der Saar heimlich die Daumen gehalten haben.

Einer tat noch mehr. Carl Severing, der profilierteste unter den sozialdemokratischen Innenministern der Weimarer Republik, bot Hitler an, einen Aufruf an die Arbeiterschaft der Saar zu veröffentlichen und sie darin aufzufordern, für die Deutsche Front zu stimmen. Doch Hitler lehnte ab. Seine spätere Begründung: »Es hätte so ausgesehen, als hätte ich mir das erkauft!«[261]

Die Stimmung im Reich griff freilich auch so auf die Saar und ihre Arbeiterschaft über, was die Einheitsfront nun in schwere Bedrängnis brachte. Es war die Arbeiterschaft, auf die Braun und seine Mitkämpfer von Anfang an gesetzt hatten, befangen in der Illusion, sie sei das einzige Bollwerk im Kampf gegen den »Faschismus«. Eine leidenschaftliche Emigrantin hatte denn auch »keinen Zweifel mehr, daß die Arbeiter der Saar den Nazis eine ungeheure Ohrfeige geben würden«.[262]
Keiner von ihnen ahnte, welche Katastrophe ihnen am 13. Januar 1935, dem Tag der Volksabstimmung, bevorstand. An Brauns Zahlenkunststücke glaubte zwar keiner seiner engeren Anhänger mehr, aber mit einem knappen Sieg der Antinazis rechneten noch viele, auch Mussolini und Diplomaten des Völkerbundes. Zumindest ein die Nazis gleichwohl desavouierender Achtungserfolg um die 30 Prozent schien selbst Pessimisten sicher.[263]
Zwei Tage nach dem Volksentscheid war es heraus: 90,8 Prozent der Wähler hatten für die Wiedervereinigung mit Deutschland gestimmt, 8,8 Prozent für den Status quo und 0,4 Prozent für den Anschluß an Frankreich – Triumph eines bedenkenlosen Patriotismus.
Für die antinazistische Bewegung an der Saar aber war es buchstäblich eine »vernichtende Niederlage«.[264] Zwei Drittel der Linkswähler waren ihren angestammten Parteien davongelaufen und in das Lager Hitlers übergewechselt. Doch die Folgen reichten weit über die Saar hinaus. Zwischen der Exil-SPD und dem Rest der sozialdemokratischen Anhängerschaft in Deutschland tat sich eine tiefe Kluft auf, Folge der »Erschütterung, die man nur mit der nach den Frühjahrsereignissen von 1933 vergleichen« könne, wie es ein Informant der Sopade ausdrückte.[265]
Hunderttausende von Arbeitern jubelten mit dem Regime und »ließen sich im Strom der nationalen Siegesfeiern treiben«,[266] kaum anders als Bürger und Bauern, die sich ebenso der nationalistischen Euphorie ergaben. Unter dem Glockengeläut aller Kirchen in Deutschland machte fast jeder beim »größten Fest des Jahres« (Hitler) mit, und mochte er sich dabei auch einreden wie sächsische Sozialdemokraten, im Grunde habe ja nicht Hitler an der Saar gesiegt, sondern nur »die Gerechtigkeit«.[267]
Kaum einen aber riß der Massenjubel so hemmungslos mit wie den Mann, der sich als der Sieger der Stunde feiern ließ, »so überglücklich, an diesem Glückstag teilnehmen zu können«.[268] Für Adolf Hitler schien der Weg in die aktive Europapolitik freigesprengt. Der Saarsieg trieb ihn jäh voran, wie der britische Starreporter Ward Price, der ihn am 17. Januar interviewte, mit Erstaunen registrierte. Ward Price: »Noch nie sah ich Hitler so jugendfrisch.«[269]
Bestürzt beobachteten die Staatsmänner Europas den Berliner Jubel. Kaum einer von ihnen hatte zuvor geahnt, welche Sprengkraft nationalstaatliche Emotionen im 20. Jahrhundert noch besaßen. Der Lärm an der Saar hatte sie gründlich ernüchtert: Ein Deutschland im Banne nationalistischer Hysterie, voller Groll über früher erlittene Demütigungen, auf dem Weg zu militärischer Stärke und wirtschaftlicher Stabilität, im Griff einer aggressiven Diktatur, deren letzte Ziele noch im dunkeln lagen – schlechte Aussichten für den Frieden.

7. Das Ende von Versailles

Einen Augenblick lang verschlug's den hohen Militärs die Sprache, dann aber wurden sie laut im Ministerbüro. Der zornige Reichswehrminister Werner von Blomberg wollte partout nicht hinnehmen, was ihm da eben ein Major aus dem Truppenamt eröffnet hatte, und auch Freiherr von Fritsch, der Chef der Heeresleitung, schaute ungläubig drein.

Das alles klang den beiden Generalen so abenteuerlich, daß der Major seine Geschichte noch einmal vortragen mußte. Major Friedrich Hoßbach, Leiter der Personalgruppe im Truppenamt des Heeres und zugleich Reichswehradjutant bei Hitler, wußte noch genau, wie es begonnen hatte. Zwei Tage zuvor, am 13. März 1935, hatte ihn Hitlers Arzt Dr. Karl Brandt angerufen und ihm im Auftrage des durch Bayern reisenden »Chefs« ausgerichtet, Hoßbach solle sofort nach München kommen und sich im Hotel »Vier Jahreszeiten« melden.[1]

Der Major war am nächsten Morgen pünktlich im Hotel gewesen, doch Hitler und seine Begleiter hatten noch geschlafen. Erst um zwölf Uhr erreichte er den Diktator, der ihn sogleich mit einer brisanten Ankündigung anfiel.

Er habe, so erklärte Hitler, die »Absicht . . ., die Wiedereinführung der Wehrpflicht zu verkünden und gleichzeitig den zukünftigen Rahmen des Heeres gesetzlich festzulegen«.[2] Zwei Stunden lang erläuterte er seinem Adjutanten, was alles dafür spräche, jetzt endlich mit dem Versteckspiel der geheimen Aufrüstung Schluß zu machen und sich vor aller Welt von den Militärklauseln des Versailler Vertrages loszusagen.

Dafür schien ihm die außenpolitische Lage günstig, denn überall in Europa perfektionierten die Staaten ihre Rekrutierungs- und Mobilisierungssysteme. Entscheidend aber war für Hitler, was Frankreich, der unversöhnlichste Gegner der deutschen Aufrüstung, unternahm.

Auch dort hatte die Regierung soeben in der Deputiertenkammer einen Gesetzentwurf eingebracht, der die Wiedereinführung der zweijährigen Dienstpflicht vorsah, inspiriert von den Generalen Frankreichs, die die militärische Überlegenheit des Landes über den deutschen Nachbarn gefährdet sahen. Wegen der jetzt zur Einberufung anstehenden geburtenschwachen Jahrgänge würde der Rekrutenbestand der französischen Armee in den nächsten Jahren um die Hälfte zusammenrumpfen, was die Verlängerung des Wehrdienstes halbwegs wettmachen sollte.[3]

Hitler indes war entschlossen, das Pariser Gesetz als antideutschen Konfrontationsakt hochzuspielen und für seine eigene Rüstungspolitik auszuschlachten. Sein Plan stand schon fest: Sobald die Deputiertenkammer am 15. März, wie erwartet, dem Dienstpflichtgesetz zugestimmt hatte, würde er am nächsten Tag die Wiedereinführung der allgemeinen Wehrpflicht und die Aufrüstung Deutschlands proklamieren.

Allerdings war sich Hitler noch nicht schlüssig, welche Stärke er dem künftigen deutschen Heer im neuen Wehrgesetz zuschreiben werde. Daher der Ruf nach Hoßbach: Als Gruppenleiter des Truppenamtes mußte er am ehesten wissen, bei welchen Zielvorstellungen die Reichswehrführung inzwischen angelangt war.

Und der Major Friedrich Hoßbach war robust genug, sich und seinen Führer auf klotzigste Stärkezahlen festzulegen. Ohne im Truppenamt oder im Reichswehrministerium nachzufragen, »nannte ich 12 Korpskommandos und 36 Divisionen als die von der Heeresleitung für die Zukunft angestrebte, endgültige Heeresorganisation«[4] 36 Divisionen – das bedeutete ein Friedensheer von 550 000 Mann, fünfeinhalbmal stärker als die Reichswehr der Republik und sogar noch ein Drittel größer als jenes 21-Divisionen-Heer, das im Dezember 1933 von den Militärs mit Hitlers Zustimmung in Angriff genommen worden war.

Natürlich stammten Hoßbachs Zahlen nicht aus der leeren Luft. Auch der Chef des Truppenamtes, General Beck, hielt ein 36-Divisionen-Heer für wünschenswert. Die führenden Militärs hatten sich nie mit den 21 Divisionen begnügen wollen, die in ihrer Optik viel zu schwach waren, um einen aussichtsreichen Verteidigungskrieg führen zu können.[5]

Unter den Militärs war allerdings immer umstritten gewesen, welche Stärke das Friedensheer haben müsse, um daraus im Ernstfall ein schlagfähiges Kriegsheer entwickeln zu können. Noch Anfang März hatte ein Disput zwischen Fritsch und Beck offenbart, wie weit die beiden wichtigsten Männer des Heeres auseinanderlagen: Beck wollte sich in den nächsten Jahren mit 23 Divisionen zufriedengeben, weil 36 außenpolitisch nicht durchsetzbar seien, Fritsch hingegen plädierte bereits für »30 bis 36 Divisionen«.[6]

Grotesk und doch schon typisch für die wirren Entscheidungsprozesse im Dritten Reich war, wie da ein unzuständiger Major die Kontroverse der Armeeführer eigenmächtig entscheiden konnte. Der uneingeweihte Hitler aber akzeptierte prompt, was ihm als Auffassung der Heeresleitung dargeboten wurde, und hatte bald sein Programm für den 16. März zusammen.

Das schien nun selbst Hitler so brisant, daß er Hoßbach am liebsten bis zum 16. März bei sich behalten hätte, um seinen Coup vor frühzeitiger Entdeckung zu schützen. Nicht einmal Blomberg und Fritsch wollte er vorher einweihen. Doch Hoßbach drängte es nach Berlin, er mochte seine Oberen nicht länger in Unkenntnis lassen. Hitler ließ ihn schließlich ziehen.[7]

So stand Major Hoßbach nun im Ministerbüro des Wehrministeriums und starrte in die Gesichter seiner Vorgesetzten, die kaum fassen konnten, was der Mann da angerichtet hatte. Auch der inzwischen hinzugezogene General von Reichenau war ungehalten über die voreilige 36-Divisionen-Lösung. Blomberg aber fühlte sich übergangen und wähnte schon die jahrelange Aufbauarbeit der Reichswehrführung gefährdet.[8]

In diesem lauten Räsonieren ging beinahe unter, daß Hitler im Grunde nichts plante, was nicht auch stets von den Generalen gefordert worden war. Die Wiedereinführung der allgemeinen Wehrpflicht schien ihnen nachgerade überfällig. Die Militärs hatten diesen Schritt wiederholt angemahnt. Sie brauchten die Wehrpflicht, ohne die eine Reservebildung unmöglich war.

Bisher hatten sich Fritsch und Beck bei dem Umbau des Heeres mit Freiwilligen begnügt, doch die reichten nicht für die nun anstehende massive Erweiterung der Armee aus. Entsprechend hatten die Militärs Hitler gedrängt. Im Oktober 1934 hatte Beck, wie schon im Dezember 1933, die baldige Einführung der Wehrpflicht verlangt und dabei postuliert, das Wehrgesetz müsse möglichst »am 1. 10. 1935 in Kraft« treten.[9]

Warum dann aber das Erschrecken über Hitlers Vorhaben? Die Führer der Reichswehr hatte jäh die Furcht befallen, die bevorstehende Aktion werde im Ausland heftige Reaktionen auslösen. Sie sahen schon ihre Arbeit von einer Vabanquepolitik Hitlers bedroht, die das Ausland zu einer militärischen Intervention provozieren könne.

Was Blomberg, Fritsch und Beck deprimierte, war die schier ausweglose Isolierung, in die Deutschland nach den blutigen Exzessen des Sommers 1934 geraten war. Die Röhmmorde und der gescheiterte Naziputsch in Wien hatten das Dritte Reich auch der letzten internationalen Sympathien beraubt. Selbst eifrigste Bewunderer Hitlers im Ausland zogen sich zurück.

Zudem erstand Hitler in dem französischen Außenminister Louis Barthou ein brillanter Gegenspieler, der den NS-Staat durch Mobilisierung einer gesamteuropäischen Koalition eindämmen wollte. Der »ganz gefährliche Kerl«, wie Weimars Demokraten einst den unnachsichtigen Reparationseintreiber genannt hatten,[10] war ein traditioneller Deutschenfeind, und doch trieb ihn mehr als kleinkarierte Germanophobie: ein untrüglicher Instinkt, daß in Hitlers Deutschland eine zerstörerische Urgewalt heranwachse, die alles ruinieren werde, was das historische Europa ausmache.

Barthou war im Februar 1934 in das Kabinett der alten Männer eingetreten, die Frankreichs Präsident Lebrun als letzte Hoffnungsträger der in Korruptionsaffären und blutigen Straßenkämpfen versinkenden Republik aufgeboten hatte. Ministerpräsident Doumergue war 71 Jahre alt, der Kriegsminister Pétain 78, Barthou selber 72: Figuren einer Vorkriegswelt, in deren Kategorien sie auch noch immer dachten.[11]

Entsprechend fiel der Kurs aus, den das Kabinett Doumergue steuerte. Es wollte Frankreichs Außenpolitik von der vermeintlichen britischen Vormundschaft befreien, die Rüstungsgespräche mit Berlin abbrechen, die Schlagkraft der eigenen

Armee erhöhen und den Versuch unternehmen, die alten Vorkriegsallianzen mit Rußland und Italien zu erneuern.

Das stand hinter Barthous Plan eines von Paris garantierten Sicherheitspaktes aller osteuropäischen Staaten einschließlich der Sowjetunion, in den das aggressive Deutschland eingebunden werden sollte. Da aber Barthou nicht annehmen konnte, daß sich Hitler, geschworener Feind multilateraler Verträge, jemals einem solchen Pakt anschließen werde, lief dieses »Ost-Locarno« auf die Einkreisung Deutschlands hinaus, zumal es noch durch französische Beistandspakte mit Moskau und Rom abgestützt werden sollte.[12]

Barthou schmiedete das Eisen, solange es noch heiß war. Die brutale Verfolgung der deutschen Kommunisten und Hitlers Pakt mit Polen hatten Moskaus Beziehungen mit dem Reich auf einen Nullpunkt sinken lassen, der Wiener Nazicoup das Verhältnis zwischen Rom und Berlin ramponiert – ideale Ansatzpunkte für die antideutsche Koalitionsdiplomatie des französischen Außenministers.

Angesichts der heraufziehenden Doppelbedrohung Rußlands durch einen japanischen und deutschen Expansionismus war Stalin nicht abgeneigt, es einmal mit dem »aggressivsten und militaristischsten aller aggressiven und militaristischen Staaten der Welt« (Stalin 1930 über Frankreich)[13] zu versuchen, ohne freilich den Draht nach Berlin völlig abreißen zu lassen. Erste Gespräche über einen französisch-sowjetischen Beistandspakt hatten schon Ende 1933 in Paris stattgefunden, an die Barthou nur anzuknüpfen brauchte.[14]

Die Verhandlungen ließen sich so aussichtsreich an, daß Moskau einwilligte, nun auch in den von ihm bisher so verteufelten Völkerbund einzutreten. Das ermunterte Barthou, immer weitere Fäden gegen Deutschland zu spinnen. Die schlaff gewordenen Partner der profranzösischen Kleinen Entente (ČSR, Jugoslawien, Rumänien) richtete er wieder auf, neue Sympathisanten gewann er hinzu, sowenig Barthou dabei auch von Rückschlägen verschont blieb: Polen, der »treulose« Alliierte, verweigerte sich jeder Zusammenarbeit mit Moskau.

Doch der alte Herr ließ sich nicht entmutigen. Unermüdlich reiste er durch Europa, ständig auf der Suche nach neuen Bundesgenossen gegen Hitler. Im März besuchte er Belgien, im April tauchte er in Polen und der Tschechoslowakei auf, im Juni waren Rumänien und Jugoslawien an der Reihe.[15]

Als sich aber Barthou auch noch mühte, die vereisten Beziehungen zwischen Rom und Belgrad aufzutauen, geriet er unversehens auf das Minenfeld jugoslawischer Nationalitätenpolitik. Sein Vermittlungsversuch störte die kroatisch-faschistischen Nationalisten der »Ustascha« auf, die aus dem Gegensatz der beiden Adriamächte ihren Nutzen zogen, vor allem italienische Waffen und Unterstützungsgelder für den Kampf gegen den Belgrader Zentralismus.

Erbarmungslos schlugen sie drauflos. Am 9. Oktober 1934 erschoß ein kroatischer Terrorist Jugoslawiens König Alexander I. bei einem Staatsbesuch in Marseille und verwundete dabei auch dessen Begleiter Barthou. Jede Hilfe kam zu spät: Louis Barthou verblutete noch am Tatort in der Rue Canebière.[16]

Ihm folgte Pierre Laval als neuer Außenminister, ein Mann ganz anderen

Zuschnitts: ehemaliger Sozialist, schlau und wetterwendisch, am Sowjetpakt weit weniger interessiert als an sehr guten Beziehungen zu Rom. Die wußte Laval schon bald, am 7. Januar 1935, in einem Abkommen mit Mussolini festzuschreiben, das zwar vordergründig nur dem Ausgleich kolonialistischer Ansprüche der beiden Mächte in Afrika galt, in Wirklichkeit aber militärische Absprachen für den Fall deutscher Überraschungscoups in Österreich oder im entmilitarisierten Rheinland vorsah.[17]

Was immer auch die deutschen Militärs darüber erfuhren – der Pariser Flirt mit den Sowjets und Italienern, dem sich auch Prag mit eigenen Paktverhandlungen in Moskau anschloß, regte sie ungemein auf. Die Russen im gegnerischen Lager, Prag als ihr kommendes »Flugzeugmutterschiff« gegenüber dem Reich, die Italiener auf dem Absprung: Die Männer um Blomberg waren einer Nervenkrise nahe.

Und es gab einen Mann in Berlin, der ihre Befürchtungen noch durch düstere Analysen auf die Spitze trieb. AA-Staatssekretär von Bülow riet dringend davon ab, jetzt den letzten Schritt in die »Wehrfreiheit« zu unternehmen. Niemals, warnte er, würden England und Frankreich eine autonome deutsche Aufrüstung zulassen: »Es ist eine Utopie zu glauben, daß sie mit einer Intervention warten würden, bis wir so stark sind, daß wir ihnen ernstlich gefährlich werden können.«[18]

Bülows Worte konnten kaum verschleiern, daß es dem Staatssekretär um nichts Geringeres ging als um den völligen Stopp der deutschen Aufrüstung. Es war bezeichnend für die düstere Lagebeurteilung in Berlin, daß nun sogar ein so robuster Revisionist wie Bülow, dem Stresemanns Politik stets zu schwächlich gewesen war, die Bremse ziehen wollte.

Jahrelang hatte er rücksichtslosester Machtpolitik das Wort geredet, war unter seiner Leitung eine Generation deutscher Diplomaten herangewachsen, die nichts anderes kannte als die Blickverengung nationalstaatlicher Interessenwahrung: stets konfliktbereit, nur auf die Revision der Versailler Friedensordnung aus und unbekümmert um die Auflösung aller zwischenstaatlichen Ansätze europäischer Friedenssicherung und Interessenverflechtung, die eine so einseitige Politik heraufbeschwor.

Die drohende Einkreisung Deutschlands aber ließ Bülow dann doch nachdenklicher werden. Die Wiener Katastrophe und ihr internationales Echo hatten ihn zutiefst erschüttert. Bülow erkannte: »Unsere außenpolitische Situation ist trostlos ... Alle Mächte, auf die es ankommt, sind gegen uns.«[19]

Vor allem die hektische Aufrüstung schien ihm nun das Erzübel der neuen deutschen Außenpolitik. In seiner Sicht war sie im höchsten Maße kontraproduktiv: Die Rüstungspolitik des Regimes führte nicht zu größerer Sicherheit und solider Machterweiterung, sondern geradewegs zu vermehrter Unsicherheit, würden doch die anderen Mächte Europas unweigerlich mit einer Gegenrüstung antworten und damit einen Rüstungswettlauf auslösen, an dessen Ende die totale Erschöpfung der schwachen deutschen Ressourcen, wenn nicht gar ein alles vernichtender Krieg stehen werde.

In diese Schreckensvision mischte sich freilich auch ein gutes Stück Ressortegoismus; Bülow war darüber verärgert, daß er immer mehr aus den Beratungen der Wehrpolitik ausgeschaltet wurde. Seit dem Abbruch der bilateralen Rüstungsgespräche mit den Westmächten im Frühjahr 1934 mauerte das Reichswehrministerium gegenüber dem AA wie in den besten Zeiten Schleichers und gewährte den Diplomaten kaum noch Einblick in seine künftigen Planungen.

Solche Geheimniskrämerei nährte in Bülow den Verdacht, daß sich die Militärs nicht mehr an die Grenzen hielten, die die Reichsregierung der Aufrüstung noch in ihrem Notenwechsel mit London und Paris gezogen hatte. Auch Hitler war bisher kaum von der Position abgerückt, die er gegenüber britischen Diplomaten vertreten und die das Auswärtige Amt in einer Note vom 16. April 1934 fixiert hatte: langsamer Aufbau des 300 000-Mann-Heeres ohne schwere Geschütze und Panzer in den nächsten Jahren, Luftrüstung nur mit Kurzstreckenflugzeugen, aber keinen Bombern.[20]

Bülow aber traute den Militärs zu, daß sie schon wieder insgeheim die Pflöcke weiter gesteckt hatten. Es gehörte zu ihrer Taktik, jeden Fehlschlag der Rüstungsdiplomatie dazu zu benutzen, Tempo und Ausmaß der Aufrüstung zu steigern, immer in der Absicht, ihr »Risikoheer« aus der Gefahrenzone einer möglichen Militärintervention der Westmächte rasch herauszubringen.

Tatsächlich hatte die Reichswehrführung schon wenige Wochen nach dem französischen Veto vom 17. April, das allen Rüstungsgesprächen mit Berlin ein Ende setzte, die Aufrüstung erneut beschleunigt. Die Heeresleitung zog, sicherlich nicht ohne Einverständnis Hitlers, die erst 1937 fälligen Endtermine des Heeresaufbaus auf den Herbst 1935 vor, während das Reichsluftfahrtministerium ein Flugzeugbeschaffungsprogramm in Angriff nahm, das ebenfalls bis zum Herbst 1935 eine Luftwaffe von 4021 Flugzeugen, darunter 840 Bomber und 54 Stukas, vorsah.[21]

Bülow muß davon einiges erfahren haben, denn schon im August 1934 alarmierte er seinen Chef Neurath, um ihn zu einer gemeinsamen Aktion gegen die uferlose Ausweitungspolitik der Reichswehr zu gewinnen.[22] Ihn erregten vor allem die Luftrüstungsmaßnahmen. Er wußte nur zu gut, wie allergisch, fast panikartig England auf alles reagierte, was nach deutschen Bombern aussah.

Sogleich war Bülow entschlossen, größeres Unheil durch weitere Pläne unsensibler Militärs zu verhindern. Er hatte ein komplettes Gegenprogramm: Baustopp für alle »typischen Bombenflugzeuge«, Einstellung der Produktion von Fliegerbomben, keine weitere Ausbildung deutscher Soldaten im Bombenabwurf, zugleich aber auch Verschiebung der Wiedereinführung der Wehrdienstpflicht und möglichst Aussetzung der bereits laufenden Erprobung schwerer Panzer und Geschütze.[23]

Welche Chance, Hitler und den Militärs eine deutliche Grenze zu setzen! Es hätte sich für Bülow angeboten, sich mit dem »Wirtschaftsdiktator« Schacht kurzzuschließen, der ebenso wie er die katastrophalen Folgen einer westlichen Konterrüstung fürchtete, »gegen die wir immer nur kleinkarierte Leute bleiben«,[24] und auch in der Reichswehr gab es noch verständige Offiziere, denen der Kurs der

Blomberg und Beck unheimlich war – mögliche Partner eines konservativen Bremserblocks, die die immer rasantere Fahrt des Dritten Reiches in die europäische Konfrontation hätten verhindern, zumindest mäßigen können.

Doch der kühle Diplomat Bülow war nicht der Mann, der andere für sich einnehmen und faszinieren konnte. In seiner Aktenwelt fand er keinen Weg zu Gleichgesinnten außerhalb des AA. Nicht einmal Reichsaußenminister von Neurath mochte mitmachen; der bequemliche Anpasser hatte keine Lust, sich mit den Militärs oder gar mit Hitler anzulegen.

So mußte Bülow, nur auf den diplomatischen Apparat gestützt, allein versuchen, die Militärs von ihren Plänen abzubringen. Er machte sich ihre traumatische Furcht vor einer Einkreisung zunutze und schockte sie mit dem Phantom einer britisch-französischen Militärintervention – ein riskantes Spiel: Nur allzu rasch konnte sich erweisen, wie wenig real eine solche Invasionsgefahr war.

Eine Flut von Diplomatendossiers, Warnungen und gezielten Indiskretionen des AA ergoß sich auf die prominenten Soldaten, um sie in ihrem Aufrüstungseifer abzukühlen. Die »Bearbeitung« Becks übernahm der Staatssekretär selber, weil er wußte, daß kein Mann der Heeresführung so unter dem französischen Alptraum litt wie der Chef des Truppenamtes. Beck: »Mit Gewalt kann der Franzose uns sowohl das 300 000-Mann-Heer nehmen wie seinen Aufbau verhindern.«[25]

Folglich ließ es Bülow nicht an düsteren Anspielungen fehlen. Das Vertrauen des Auslandes zu Hitler und Blomberg, erklärte er, sei »erschüttert«, die Westmächte seien über die geheime deutsche Aufrüstung »durch ihre Agenten genau unterrichtet«. Schlimmer noch, der deutsche Rüstungskurs habe die schon auseinanderstrebenden Briten und Franzosen wieder zusammengeführt, so daß nicht einmal England noch länger abgeneigt sei, »bei einer sich bietenden günstigen Gelegenheit den künftigen Rivalen rechtzeitig niederzuschlagen«.[26]

Das beeindruckte die Führer des Heeres, zumal ihre eigenen Auslandskenntnisse recht kümmerlich waren. Sie hielten noch immer an den Feindbildern der zwanziger Jahre fest, die beispielsweise Frankreich eine ungeheure militärische Stärke zuschrieben, die das Land aber längst nicht mehr besaß. In keinem Generalstab konservierte man das Klischee von der waffenstarrenden Supermacht Frankreich so liebevoll wie im Truppenamt der Reichswehr.

Kein Wunder, daß der dort zuständige Abteilungschef, Oberst Carl-Heinrich von Stülpnagel, ein überzeugter NS-Gegner, ernsthaft glaubte, in der Pariser Regierung habe der Gedanke eines bewaffneten Eingreifens in Deutschland kräftig »an Boden gewonnen«, nichts könne eine französische Invasion im Rheinland »wirksam aufhalten«. Zudem sei es Paris »mit großem Erfolg« gelungen, England und Rußland »in die französische Front einzugliedern«.[27]

Wenn Bülow allerdings gehofft haben sollte, mit seinem Vorstoß die Militärs zum Stopp ihres Rüstungsprogramms bewegen zu können, so sah er sich bald enttäuscht. Die Militärs machten keine Miene, ihr Programm zu ändern. Starr auf das Konzept einer einseitigen, international ungebundenen Aufrüstung ausgerichtet, trieben Blomberg, Fritsch und Beck die militärische Expansion weiter voran.

Dennoch blieb einiges von Bülows Argumenten in den prominenten Kommißköpfen haften. Die Horrornachrichten des Staatssekretärs machten die führenden Generale vorsichtiger und noch geheimniskrämerischer, was ihrer Politik einen seltsam schizophrenen Zug verlieh. Sie wollten alles zugleich: immer schneller und kräftiger aufrüsten, aber möglichst ohne Risiko und so geräuschlos, daß es im Ausland am besten gar nicht auffiel.

Da mußte es die Reichswehrführung nicht wenig schockieren, daß Hitler plötzlich einen entgegengesetzten Kurs einschlug. Nicht mehr die Geheimhaltung der Aufrüstung schien ihm opportun, sondern ihre Offenlegung, ja die propagandistische Übersteigerung ihres wahren Umfangs. »Wir müssen«, notierte sich Staatssekretär Milch am 12. Januar 1935 als neue Marschrichtung, »soviel Aufrüstung als nur irgend möglich vortäuschen, um bei Verhandlungen mit den Westmächten so stark wie möglich zu erscheinen.«[28]

Für solche Verhandlungen zeichneten sich seit Ende 1934 neue Chancen ab, die Hitler auf jeden Fall wahrnehmen wollte. Er hatte nicht aufgehört, bilaterale Rüstungskontrollabkommen mit den Westmächten für wünschenswert zu halten, um die kritische Anfangsphase der Aufrüstung gegenüber dem Ausland abzusichern und für den Ausbau des Regimes – noch immer oberste Priorität – den Rükken frei zu haben.

Gleich nach dem Fiasko der Rüstungsverhandlungen hatte Hitler versucht, mit Paris und London wieder ins Gespräch zu kommen. Einer der Wegbereiter des 30. Januar 1933 war dabei von ihm ins Spiel gebracht worden: Joachim von Ribbentrop, 41 Jahre alt, ehemaliger Import-Export-Kaufmann, mit der Tochter des Sektfabrikanten Otto Henkell verheiratet und erst relativ spät zu Hitler gestoßen, dem er seither fanatisch anhing.[29]

Der sprachenbegabte Sektvertreter außer Dienst, eitel und arrogant, aber nicht ohne Charme und Verhandlungstalent, hatte bald nach seiner Ernennung zum »Beauftragten für Rüstungsfragen« erste Fäden zu den westlichen Staatskanzleien geknüpft. Im Sommer 1934 machte er eine Rundreise durch Europas Hauptstädte, im November tauchte er in London erneut auf, diesmal eine vage Offerte Hitlers im Gepäck: das Projekt eines bilateralen Luftpakts zum gegenseitigen Schutz gegen Bomberüberfälle.[30]

Englands Außenminister Sir John Simon reagierte zurückhaltend, bis sein französischer Kollege Laval die Idee aufgriff. Bei einer Zusammenkunft in London Anfang Februar 1935 steuerte er eine eigene Variante bei, gut ausgedacht, um England doch noch zu der Paris stets verwehrten Garantie französischer Sicherheit zu bewegen. Lavals Vorschlag: den Locarnopakt durch einen Luftpakt zu erweitern, der die beteiligten Mächte (England, Frankreich, Deutschland, Italien, Belgien) verpflichtete, im Falle des unprovozierten Luftangriffs eines Paktmitglieds gegen ein anderes sofort dem Aggressionsopfer zu Hilfe zu kommen.[31]

Den britischen Ministern schauderte es: Was, wenn die Franzosen gegen die Deutschen losbombten, etwa bei einem Einfall ins Rheinland? Dann mußte England an der Seite Hitlers in den Krieg ziehen! Doch London, an neuen Verhandlungen mit

Hitler interessiert, blieb keine Alternative. Da Laval die Übernahme einer Luftpaktidee zur Vorbedingung französischer Zustimmung zu neuen Rüstungsverhandlungen mit Berlin machte, mußten die Briten sie wohl oder übel akzeptieren.[32]

So kam allmählich das Gespräch zwischen den Mächten wieder in Gang. Die Regierungen Englands und Frankreichs boten Berlin am 3. Februar in einem »Londoner Kommuniqué« Verhandlungen über die Regelung aller Rüstungs- und Sicherheitsprobleme an, Hitler akzeptierte am 14. Februar – entschlossen, zunächst mit seinem Wunschalliierten England ein Arrangement zu suchen. Unter dem Vorwand, noch wichtige »Vorfragen« klären zu müssen, lud er Simon und den neuen Lordsiegelbewahrer Eden zu Gesprächen am 7. März in Berlin ein.[33]

Damit bot sich Berlin noch einmal die Gelegenheit, eine einseitige Aufrüstung zu vermeiden und sich endgültig für eine kontrollierte Rüstung zu entscheiden. Neurath und Bülow drängten denn auch Hitler, just dies zu tun: eine Konvention zur Rüstungsbegrenzung abzuschließen, in der es vorrangig darum gehen müsse, schwere Waffen zu verbieten oder deren Menge einzuschränken.[34]

Die Militärs aber legten sich sogleich wieder quer. Schon im Dezember 1934 hatten Blomberg und Reichenau das Auswärtige Amt ermahnt, bei neuen Verhandlungen mit den Westmächten auf die alten Zugeständnisse aus dem April »überhaupt nicht mehr zurückzukommen«, und deutlich durchblicken lassen, daß sie für eine Rüstungskonvention kaum zu haben seien.[35]

Beck brachte das dann in einer Denkschrift auf den Punkt: eine Konvention nur, wenn sie »möglichst kurz bemessen« sei und garantiere, daß die Reichswehr »volle Freiheit der Organisation« erhalte und sich das Reich bei den schweren Waffen »keine Grenzen auferlegen« lasse. Nicht einmal die stärkemäßige Gleichstellung der Reichswehr mit der französischen Armee schien Beck ausreichend.[36]

Hitler indes hatte nicht vor, sich von den Militärs den Inhalt der geplanten Konvention vorschreiben zu lassen. Seit Hitler aus seiner bisherigen Rolle eines bloßen Exekutors der Reichswehrpolitik immer mehr herauswuchs, empfand er zusehends, welcher Ballast die illegale Wiederaufrüstung Deutschlands für jede weiter ausgreifende Außenpolitik des Dritten Reiches war. Er mußte, so umschreibt es ein Historiker, »endlich zu einer Lösung kommen, um damit politischen Konfliktstoff fortzuräumen«.[37]

Das Londoner Kommuniqué und die wachsende Aufrüstung in den Nachbarländern spielten Hitler eine Chance zu, die deutsche Remilitarisierung zu legalisieren. Die Rüstungskonvention sollte dem Diktator jedoch noch mehr einbringen, als er schon besaß. Als Mindestgröße der Reichswehr hielt Hitler bereits eine Faustregel parat: ein Heer so stark wie das französische, eine Luftwaffe so groß wie die Royal Air Force und eine Marine, die ein Drittel des britischen Umfangs ausmachte.[38]

Derart grobe Forderungen aber mußten unweigerlich einen Eklat am Verhandlungstisch provozieren, zumal Deutschland schon mit seiner bisherigen Heeresvermehrung und der Aufstellung einer getarnten Luftwaffe den Versailler Friedensvertrag massiv gebrochen hatte. Im Londoner Kommuniqué hingegen stand, »daß weder Deutschland noch eine andere Macht, deren Rüstungen durch die Friedensverträge bestimmt worden sind, berechtigt ist, diese Verpflichtungen durch einseitiges Vorgehen abzuändern«.[39]

Soviel verstand auch Hitler: Den Westmächten frontal das ganze Ausmaß der illegalen Aufrüstung Deutschlands zu enthüllen und außerdem noch mehr zu verlangen, konnte schlimme Folgen haben. Jäh sahen sich Hitler und seine Militärs in ihren eigenen Schlingen gefangen. Aus ihnen gab es nur einen Ausweg: noch vor dem offiziellen Beginn der Verhandlungen die geheime Aufrüstung Stück für Stück offenzulegen und darüber hinaus eine militärische Stärke vorzutäuschen, die etwa jener entsprach, die Hitler am Verhandlungstisch durchpauken wollte.

Den neuen Kurs machte Blomberg nur widerwillig mit, voller Unbehagen über die mögliche Reaktion des Auslands. Doch er mußte sich fügen, wozu ihn auch der Druck aus den eigenen Reihen zwang. Die starre Geheimhaltung der Aufrüstung behinderte immer mehr den raschen Ausbau des Heeres, auch hatten die Führer der getarnten Luftwaffe das Versteckspiel mit ihrem »Luftsportverband« satt. Gleichwohl wurde Blomberg nicht müde, äußerste Vorsicht zu verlangen. Göring schärfte er ein, nur »nach und nach« seine Truppe zu enttarnen, die inzwischen durch einen geheimen Erlaß Hitlers als »Reichsluftwaffe« zum dritten Wehrmachtsteil erhoben worden war.[40]

Ein zwielichtiges PR-Manöver begann, das bald Züge eines absurden Theaters annahm. Die westlichen Militärattachés in Berlin wurden auf einmal zu Truppenbesichtigungen eingeladen, tropfenweise sickerte die Existenz einer Luftwaffe durch, selbst in ihren Noten sprach die Reichsregierung schon seelenruhig von »ihren Luftstreitkräften«.[41]

Dabei schlachteten die Meinungsmacher des Regimes auch weidlich aus, daß inzwischen in England eine zaghafte Nachrüstung im Luftsektor beschlossen worden war, die sie flugs zur Legitimierung der deutschen hochspielten. Heute müsse England, frohlockte der »Völkische Beobachter«, mit »denselben Argumenten für die Erhöhung seiner Luftsicherung kämpfen wie jahrelang Deutschland in seinem Verlangen nach Sicherheit und Gleichberechtigung«.[42]

Ein grotesker Anblick: Die gegen Hitlers Deutschland gerichtete Nachrüstung der Briten fand nirgendwo so wohlwollende Aufnahme wie in diesem Deutschland. Die antideutsche Motivation der britischen Aufrüstung wurde dabei geflissentlich ignoriert, zumal sich die Rüstungskampagne auf der Insel »als etwas überaus Nützliches für die psychologische Einstimmung der britischen Öffentlichkeit auf die Idee der deutschen Wiederaufrüstung« erwies.[43]

In solchem Licht gerieten selbst die Warner des antifaschistischen Exils in die Rolle unfreiwilliger Helfer Hitlers. Ihre immer grelleren »Enthüllungen« über die deutsche Aufrüstung, mehr Agitation als Information, paßten nicht übel in das Berliner Täuschungsspiel, denn sie verschleierten auf ihre Art die Schwächen der deutschen Rüstung. Und bestärkten zugleich Englands Kabinett in seinem Drang, schleunigst die Verständigung mit Hitler zu suchen und die Reichswehr in einer

Rüstungskonvention einzubinden, ehe das deutsche Beispiel Europa in ein tödliches Wettrüsten stürzte.

Doch in den Chefzimmern britischer Regierungsmacht gab es noch Männer, die entschlossen waren, Simon und Eden den Weg nach Berlin zu verbauen. Sir Robert Vansittart, als Permanenter Staatssekretär der eigentliche Chef des Foreign Office, und der Finanzminister Sir Warren Fisher sahen ihr Werk gefährdet: Kompromißlose Gegner jeder deutschen Großmachtpolitik, waren sie die intellektuellen Urheber des Nachrüstungsbeschlusses der Regierung MacDonalds gewesen.[44]

Gegen den hinhaltenden Widerstand der Militärs hatten »Van« und Fisher in einem Verteidigungsausschuß des Kabinetts, dem Defence Requirements Committee (DRC), eine Kehrtwende der Militärpolitik Englands durchgesetzt. Fortan galt im DRC Deutschland als »the ultimate potential enemy«, der Hauptfeind, gegen den England bis spätestens 1939 kriegsbereit sein müsse.[45]

Das im DRC mühsam ausgehandelte Rüstungsprogramm wurde allerdings im Sommer 1934 vom Kabinett wieder verwässert. Wegen fehlender Mittel und aus Furcht vor der schier übermächtigen pazifistischen Grundstimmung des Landes strich Schatzkanzler Neville Chamberlain den Nachrüstungsplan drastisch zusammen: keine Aufstellung eines Expeditionskorps für den Krieg gegen Deutschland, dagegen nahezu alles Geld in die Luftverteidigung, den einzigen Rüstungszweig, der noch Aussicht auf öffentliche Zustimmung barg.[46]

Selbst dieser Kompromiß, die 50prozentige Verstärkung der Royal Air Force in fünf Jahren, schien durch den Versuch neuer Rüstungsverhandlungen mit Berlin wieder in Frage gestellt, was Vansittart verlockte, Gegenminen zu legen. Ihm kam dabei zupaß, daß gerade ein Weißbuch fertiggestellt wurde, mit dem die Regierung ihre Aufrüstungspolitik vor der unwilligen Öffentlichkeit rechtfertigen wollte.[47]

Das nutzte Vansittart, um ein paar gepfefferte Bemerkungen über die Führer in Berlin und ihren Militarismus in den Text einzubauen. England, hieß es darin, könne »nicht darüber hinwegsehen, daß nicht nur der militärische Kraftaufwand, sondern auch der Geist, den diese Führer in der Bevölkerung und vor allem in der Jugend des Landes organisieren«, mitschuldig seien an der wachsenden Unsicherheit in Europa.[48]

Noch ehe das Kabinett die Endfassung des Weißbuches beraten konnte, sickerte sein Text in die Öffentlichkeit, drei Tage vor dem Berlinbesuch Simons und Edens. Hitler nahm prompt übel und ließ die britischen Minister wieder ausladen, wobei als Begründung diente, der Reichskanzler müsse sich dringend auskurieren, er leide an »leichter Erkältung, verbunden mit starker Heiserkeit«.[49] Das war zwar nicht gelogen (Hitler litt an einem Stimmlippenpolypen, der später operativ entfernt wurde), doch die Unpäßlichkeit kam ihm zur rechten Zeit, um die Briten sein Mißvergnügen spüren zu lassen. Es währte freilich nicht lange, denn schon wenige Tage danach wurde mit London ein neuer Besuchstermin vereinbart.

Die verbleibende Zeit aber füllte Hitler damit aus, das Enttarnungs- und Täuschungsmanöver auf die Spitze zu treiben. Er selber allerdings reiste am 8. März nach Bayern zur »Kur« und überließ es Göring, den bisher größten Schlag gegen Versailles zu führen: die Enttarnung der Luftwaffe.

Am 9. März erfuhr es jeder fremde Waffenattaché in Berlin, am 10. ließ es Göring vollmundig alle Welt wissen: Das Deutsche Reich hatte wieder eine Luftwaffe. »Die Richtlinie unseres Handelns«, tönte er in einem Interview, »war nicht die Schaffung einer die anderen Völker bedrohenden Angriffswaffe, sondern nur die Errichtung einer militärischen Luftfahrt, stark genug, um Angriffe auf Deutschland jederzeit abzuwehren.«[50]

Wie stark, wollte der britische Luftattaché Don wissen, der anderentags Göring aufsuchte; London, begründete er, sei an genauen Zahlen interessiert. Göring nannte ihm eine: 1500 Kampfflugzeuge. »Ich muß das sofort meiner Regierung telegraphieren«, rief Don erregt und stürzte davon.[51] Er konnte sich vorstellen, wie beklommen das Luftfahrtministerium in London reagieren würde. Dessen letzte Schätzungen besagten, daß die deutsche Luftwaffe erst im Oktober 1936 eine Stärke von 1300 Kampfflugzeugen erreichen werde.[52]

Don übersah freilich, daß Görings Stärkezahl nichts als Prahlerei war. In Wirklichkeit verfügte die Luftwaffe im Frühjahr 1935 nur über 800 Kampfflugzeuge, und selbst die waren zu einem beträchtlichen Teil in miserabler Verfassung: ohne Motoren, mit veraltetem Kriegsgerät ausgestattet, notdürftig für militärische Zwecke umgerüstet.[53] Doch nicht der militärische Wert der Luftwaffe zählte im Augenblick, sondern allein Bluff, Taktik für den Verhandlungstisch.

Göring brüstete sich denn auch bald vor Gauleitern, ihm sei es binnen zwei Jahren gelungen, ein völlig entwaffnetes Land in ein allseits respektiertes zu verwandeln, »das heute schon niemand mehr ohne Risiko antasten würde«. Ja, mehr noch: Neben Rußland werde das Reich »zum Herbst die stärkste Luftflotte der Welt haben«.[54]

Solche Suada nervte die Generale im Reichswehrministerium, vor allem Blomberg. Neue Prognosen aus dem Auswärtigen Amt und alarmierende Agentenmeldungen ließen ihn zusehends allergisch reagieren. Nicht einmal das Ausbleiben jeglichen Protestes aus London und Paris gegen Görings Streich konnte Blomberg beruhigen.

Da bedurfte es nur noch der Meldung Hoßbachs, daß Hitler nun auch die allgemeine Wehrpflicht verkünden und die Basis des Friedensheeres auf 36 Divisionen erweitern wolle, um Blomberg vollends durchdrehen zu lassen. Die Westmächte, so wähnte der Minister, würden niemals hinnehmen, daß sich Hitler, gleichsam mit einem Federstrich, von den Militärklauseln des Versailler Vertrages einfach lossagte. Das hieß für Blomberg: Krise und Konfrontation, wenn nicht gar Krieg. Augenblicklich stand sein Entschluß fest, dem nach Berlin zurückkehrenden Hitler seinen Plan wieder auszureden.

Auf dem Kleinen Ministerrat, der am Abend des 15. März in der Reichskanzlei tagte, stellte sich Blomberg sogleich gegen Hitlers Vorhaben. Er sprach mit ungewohnter »Schärfe und Leidenschaftlichkeit«, wie Hoßbach auffiel. Als Ribbentrop eilfertig seine Bedenken ausräumen wollte, zischte Blomberg wütend: »Das ist ja alles dummes Zeug, was Sie sagen!« Er blieb (als einziger in der Runde) bei seiner Forderung: Aufschub der Entscheidung über die Wehrpflicht, da im Augenblick außenpolitisch zu riskant und nicht durchsetzbar.[55]

Auch nach der Sitzung versuchte Blomberg, den Diktator umzustimmen. Hitler aber beharrte stur darauf, daß die außenpolitische Lage günstig sei; er rechnete nur mit papierenen Protesten der Westmächte, an eine ernsthafte Intervention des Auslands, gar eine mit militärischen Mitteln, glaubte Hitler nicht.

Doch der Generaloberst von Blomberg wäre nicht der »Gummilöwe« gewesen, als der er bei kritischen Militärs galt, hätte er in seiner Opposition gegen Hitlers Aktion lange durchgehalten. Schon bei der nächsten Begegnung mit Hitler am Vormittag des 16. März stimmte er dem Unternehmen zu. Allerdings hatte er Fritsch mitgebracht, der nun die Rolle des Kritikers übernahm, wenn auch nur noch im militärtechnischen Rahmen.

Fritsch beschwor Hitler, wenigstens die Festlegung des künftigen Heeres auf 36 Divisionen wieder rückgängig zu machen; ein so weit gefaßtes Programm lasse sich in den nächsten Jahren kaum verwirklichen, eine »Überstürzung der Aufrüstung« aber müsse vermieden werden. Er argumentierte nicht ohne Hartnäckigkeit, wie noch eine spätere Äußerung Hitlers verrät: »Das war ein Kampf, den ich mit dem guten Fritsch noch am Tage der Einführung der allgemeinen Wehrpflicht hatte. Es werden 36 Divisionen gemacht!«[56]

Deutlicher konnte nicht offenbar werden, wie sehr sich allmählich die Gewichte zwischen Hitler und den Militärs verschoben. Die Generale überließen Hitler die alleinige Entscheidung über den »Befreiungsschlag« gegen Versailles – ein Bruch der politischen Tradition des preußisch-deutschen Militärs, das stets eine vorrangige Macht- und Entscheidungsteilhabe in allen großen Fragen der Nation beansprucht hatte.

In den letzten Stunden vor dem Coup spielten die Militärs dann nur noch eine Statistenrolle. Noch in der Nacht hatte Hoßbach einige Rüstungsunterlagen beschafft, aus denen sich Hitler Stichworte für eine »Proklamation der Reichsregierung an das deutsche Volk« notierte, die er daraufhin ausarbeitete, während sich Blomberg bereit fand, auf der Kabinettssitzung in der Mittagszeit die »große Tat« des Führers zu preisen, vor der ihm eben noch so gegraut hatte.[57]

Ein paar Stunden später dröhnte aus Lautsprechern und Extrablättern Hitlers Botschaft, »daß die Wahrung und Sicherheit des Deutschen Reiches von jetzt ab wieder der eigenen Kraft der deutschen Nation anvertraut wird«.[58] »Wiedererlangung der Wehrhoheit« hieß das in der Sprache der NS-Propagandisten, die zu Tausenden aufbrachen, die Kunde von der »Beendigung der ohnmächtigen Wehrlosigkeit« des Vaterlandes unter das Volk zu bringen.

Eine pompöse Truppenschau am nächsten Tag, dem Volkstrauertag, der fortan »Heldengedenktag« heißen mußte, demonstrierte auch dem letzten Deutschen, daß ein radikaler Schnitt vollzogen worden war. Und er fand lautstarke Zustimmung in Deutschland wie keine andere Aktion Hitlers zuvor: Endgültiger Bruch mit Versailles – das elektrisierte ein Volk, das sich nie mit dem Friedensschluß von

1919 abgefunden hatte, von einer nimmermüden militaristischen Tradition und Propaganda zu dem Glauben erzogen, eine autonome Armee sei der schlüssigste Nachweis nationaler Souveränität und Selbstbestimmung.

Als Hitler am Nachmittag nach München flog, erwarteten ihn schon Hunderttausende, um dem Mann der Stunde einen triumphalen Empfang zu bereiten. »Begeisterung am 17. März ungeheuer«, notierte ein Informant der Sopade. »Ganz München war auf den Beinen. Man kann ein Volk zwingen zu singen, aber man kann es nicht zwingen, mit solcher Begeisterung zu singen.«[59]

Millionen Deutsche, ob Nazis oder nicht, empfanden den 16. März 1935 als einen Akt der Befreiung von einem jahrelangen Alpdruck. Das hatte sich in ihr Gedächtnis eingebrannt: die Überfälle polnischer Insurgentenbanden in Oberschlesien 1919/21, die französische Ruhrbesetzung 1923, die Aufpäppelung eines landfremden Separatismus an Rhein und Saar, die Vorenthaltung des Selbstbestimmungsrechts für Sudetendeutsche, Südtiroler und das ganze Österreich, das sogar das Deutsch in seinem Staatsnamen (»Deutschösterreich«) hatte streichen müssen – nicht nur in der Optik Thomas Manns Ausgeburten eines Versuchs, »die Lebenskraft eines europäischen Hauptvolkes auf die Dauer der Geschichte niederzuhalten«.[60]

Was immer sich in solcher Schelte auch an deutschtümelnder Verdrängungssucht und Rechthaberei niederschlug, der Groll gegen die Versailler Ordnung war mitnichten unbegründet. Es dient schwerlich historischer Aufhellung, wenn heute westdeutsche Historiker, ihrer Nation offenbar völlig entfremdet, nur noch vom »vermeintlichen Unrecht von Versailles« sprechen und die revisionistische Kritik als ein Bündel nationalistischer »Klagen und Deklamationen« abtun.[61]

Man brauchte nicht deutscher Nationalist zu sein, um das Versailler System für dringend revisionsbedürftig zu halten. Eine ganze Hundertschaft prominenter Ausländer von Lenin bis Harold Nicolson tat es ebenso und bestätigte auf ihre Art das Diktum des alten Marschalls Foch: »Friede? Das ist kein Friede. Das ist ein Waffenstillstand für zwanzig Jahre!«[62]

Vor allem angelsächsische Diplomaten hatten einen Blick für das Künstliche dieser Friedensordnung, das sie darin sahen, Deutschland permanent auf dem Stand machtpolitischer Zweitklassigkeit zu halten. Von 1918 bis 1935, schrieb der Genfer US-Gesandte Hugh R. Wilson an seinen Außenminister, hätten die Mächte von Versailles versucht, die »Niederwerfung Deutschlands auf unbestimmte Zeit zu verlängern«, gleichsam »das Abnorme zu konservieren«.[63]

Das Verhängnisvolle daran, so assistierte Wilsons Berliner US-Kollege William E. Dodd, sei gewesen, daß die Westmächte auch den Völkerbund in diese antideutsche Politik verstrickt hätten. »Unter französischer Führung«, kabelte er nach Washington, »wurde der Völkerbund selber zur Partei und perpetuierte damit den diktierten Frieden von Versailles und die Spaltung Europas in widerstreitende Lager.«[64]

Beobachter wie Dodd und Wilson hatten den Eklat des 16. März 1935 schon lange vorausgesehen, für sie ein ebenso schmerzlicher wie überfälliger Akt des »political readjustment«: Beginn einer politischen Neuformierung, die das natürliche

Schwergewicht Deutschlands in der europäischen Staatenwelt wiederherstelle, unaufhaltsam, weil auch in der internationalen Politik »das Normale immer die Tendenz hat, sich durchzusetzen« – so Wilson.[65]

Doch auch die kaltblütigste Analyse konnte schwerlich ignorieren, daß in Berlin nicht mehr die ausgleichbereiten Politiker von Weimar saßen, sondern herrschgierige Männer voll explosiver Überwältigungsängste und Allmachtphantasien, angetrieben von einer maßlosen Überschätzung der eigenen Nation, die sie jede multilaterale Bindung an andere Staaten verabscheuen und einer autonomen, schrankenlosen Großmachtpolitik das Wort reden ließ, ohne Rücksicht auf die internationalen Rahmenbedingungen, die jeder Großmachtpolitik gesetzt sind.

Was immer auch jetzt in Berlin galt, die rassisch-imperialistischen Maximen Hitlers oder die alle herrschenden Gruppen einigende Revisionspolitik des nationalen Lagers – die Deutschen waren auf eine Totalrevision von Versailles aus. Den US-Botschafter in Rom beschlich eine düstere Ahnung: »Wenn das so weitergeht, ist man wieder bei 1914. Ohne effektive Opposition [der anderen Mächte] wird sich Deutschland nur ermutigt fühlen, sein expansionistisches Programm erneut und diesmal besser vorbereitet in Angriff zu nehmen. Der Weltkrieg wird umsonst gewesen sein.«[66]

So katastrophale Aussichten mußten das nichtdeutsche Europa zutiefst schockieren, was die heftige Reaktion erklärt, die dem Coup des 16. März folgte. Fritsch übertrieb kaum, wenn er später erklärte, Hitlers Aktion habe im Ausland »wie [eine] Bombe eingeschlagen«.[67] Tatsächlich waren die Außenämter der Westmächte von dem Streich völlig überrascht worden.

Doch die Kabinette der Westmächte benötigten nur kurze Zeit, um zu reagieren. Frankreichs Regierung begann sogleich, ihre Partner und Helfer in Europa zu mobilisieren, nur das eine Ziel vor Augen: die Sanktions- und Einkreisungsfront gegen Deutschland zu perfektionieren.

Fieberhafte Aktivitäten, wohin man schaute: Der französische Botschafter in London wurde im Foreign Office vorstellig, um Simon zur Absage seines Berlinbesuchs zu bewegen, Paris setzte seine grenznahen Truppen in Alarmbereitschaft und rief zu einer Außenministerkonferenz, auf der gemeinsame Schritte der Westmächte gegen Deutschland beschlossen werden sollten. Frankreichs Diplomaten verdoppelten zudem ihre Anstrengungen, die Paktverhandlungen mit Moskau zum Abschluß zu bringen. Auch die Prager Diplomatie sah sich ermuntert, ihren ebenfalls überfälligen Russenvertrag unterschriftsreif zu machen.[68]

Noch emsiger rotierte der Diplomatie- und Militärapparat Italiens, dessen Duce nichts Geringeres propagierte als eine militärische »Strafexpedition« gegen das Nazireich. Mussolini drohte: »Jetzt sind alle Brücken mit Deutschland abgebrochen. Wenn es am Frieden Europas mitarbeiten will, um so besser. Anderenfalls werden wir es zerschmettern.«[69]

Er versetzte halb Italien in hektische Kampfstimmung, als gelte es ernsthaft, Krieg gegen Deutschland zu führen. Mussolini ließ den Jahrgang 1911 einberufen und einen Teil der Armee mobil machen. Auf Drängen Roms rückten die Generalstäbe

Italiens und Frankreichs näher aneinander, bald auch durch einen Militärpakt verbunden. Ihre Einsatzpläne gegen das Dritte Reich wurden konkreter: gemeinsame Zielplanung der Luftstreitkräfte, Zusammenarbeit der Geheimdienste, Truppenaustausch im Raum Südfrankreich/Oberitalien.[70]

So eng harmonierten Franzosen und Italiener, daß sie auch gemeinsam zu einer Gipfelkonferenz der Westmächte drängten. Im oberitalienischen Stresa sollte entstehen, was Mussolini und die französischen Staatsmänner längst konzipiert hatten: die große Defensivallianz gegen den deutschen Expansionismus, die »Stresafront«.

Die vor allem von den Italienern geschürte Kriegshysterie versetzte deutsche Diplomaten in nicht geringe Aufregung. Franz von Papen, inzwischen Botschafter in Wien, witterte eine »Reorganisation der alten Kriegskoalitionen«, und der in Rom sitzende Ulrich von Hassel wollte schon nach Berlin kabeln: »Gesamtbild zeigt unverkennbare Ähnlichkeit mit Vorstadium Eintritt Italiens in den Weltkrieg«, ließ es dann aber, um bei Hitler nicht in den Geruch eines Panikmachers zu geraten.[71]

Was er gleichwohl aus Rom meldete, genügte den Militärs in Berlin, um sich in ihren ärgsten Befürchtungen bestätigt zu fühlen. Genauso hatten sich die Kritiker Hitlers die Folgen einer spektakulären Wiedereinführung der Wehrpflicht vorgestellt: eine dramatische Verschlechterung der militärpolitischen Lage Deutschlands.

Zusätzliche Nachrichten aus der Tschechoslowakei über das Auftauchen sowjetischer Luftwaffenoffiziere und den Bau von 25 Flugplätzen[72] förderten bei den deutschen Militärs panikartige Bedrohungsängste, die sich sogleich in aggressiven Gedankenspielen entluden. Ein operatives Kriegsspiel unter dem Decknamen »Schulung«, von Blomberg im späteren Frühjahr in Auftrag gegeben, um die Chancen der Abwehr eines Sanktionskrieges der Westmächte unter Mitwirkung Rußlands zu untersuchen, sah einen deutschen Präventivschlag gegen die Tschechoslowakei vor, zur Wegnahme der dortigen Sowjetbasen.[73]

Schulung blieb zwar »eine rein theoretische Studie«,[74] dennoch zeigte sie, wie verzweifelt die Militärs die Lage beurteilten. Decouvrierend die Ausgangslage des Spiels: Italienische Divisionen fallen via Österreich im Reich ein, die französischen Armeen setzen über den Rhein, und die sowjetische Luftwaffe startet vom Boden der Tschechoslowakei aus zum Bombenkrieg gegen Deutschland.[75]

Just so düster sahen sie auch in Wirklichkeit die Situation. Am 11. April trug Stülpnagel seinem Chef vor, Deutschland sei nicht in der Lage, einen Krieg zu führen. Sein Fazit: Ohne Bundesgenossen, technisch auf lange Zeit ins Hintertreffen geraten, mit allenfalls 30 Divisionen, »rd. 100 französischen, rd. 30 tschechischen, rd. 70 italienischen Divisionen (einschließl. Reservedivisionen) gegenüber«, bleibe dem Reich nur, »wenn irgend möglich jeden Konflikt [zu] vermeiden . . . selbst unter Opfern«.[76]

Angesichts solcher Hektik mußte es auffallen, wie gelassen der in Krisen sonst so nervenschwache Hitler die Hiobsbotschaften aus Paris, Prag und Rom aufnahm.

Als Rosenberg höhnte, wenn die Franzosen Schneid hätten, dann müßten »jetzt in Paris die Bomber absurren«, blieb er ruhig. Hitler: »Ich glaube, wir kommen durch.«[77]

Nichts konnte ihn bewegen, der alarmistischen Lagebeurteilung der Militärs Glauben zu schenken, die sich weiterhin vor französischer Stärke und Militanz fürchteten. Was Hitler sah, war ein anderes Frankreich: eine Demokratie in der Krise, im Griff einer deflationären Wirtschaftspolitik und einer pazifistischen Ohne-mich-Bewegung, manipuliert von opportunistischen Politikern, die kein überzeugendes Konzept fanden.

Hitler wird kaum entgangen sein, wie darunter die militärische Effektivität Frankreichs litt – ständige Streichungen im Militäretat, kein durchdachtes Rüstungsprogramm, weitgehender Verzicht auf eine Modernisierung der Armee (eben erst war Charles de Gaulles Plan einer schnellen gepanzerten »Stoßarmee« zur Abschreckung des Gegners abgelehnt worden).[78] Jede neue militärische Anstrengung aber stand unter dem Vorbehalt der Linken, die einzige Sicherheit Frankreichs sei die radikale Abrüstung.

Ein solches Land war zu einer militanten Aktion, geschweige denn einem Sanktionskrieg, kaum in der Lage, was Hitler durchaus begriff (im Gegensatz zu seinen Militärs). Entscheidend aber würde immer sein, was England unternahm, ohne das Frankreich in einer europäischen Krise nicht handlungsfähig war. England war der Schlüssel zu allem, und da hatte nun Hitler keinen Zweifel: England würde nicht eingreifen.

Wie konnte er so sicher sein? Da Hitler kein Hellseher war, muß er über außergewöhnliche Informationen verfügt haben, die ihm enthüllten, was das Kabinett Ramsay MacDonalds dachte. Er hat sie in der Tat gehabt: Tips und Nachrichten aus einem Kreis einflußreicher britischer Politiker, Geheimdienstler und Offiziere.

James Barlow, der Privatsekretär MacDonalds, gehörte dazu, auch der Luftfahrtminister Lord Londonderry und der Luftkommodore Archibald Boyle, stellvertretender Geheimdienstchef der Royal Air Force, Major Frederick W. Winterbotham, Leiter der Luftwaffenabteilung im Secret Intelligence Service, und der baltische Baron William de Ropp, »Times«-Korrespondent und Luftfahrtlobbyist in Berlin – sämtlich Sympathisanten der als Gegengewicht zum »roten« Rußland verstandenen deutschen Aufrüstung und doch klug genug, kleine Freundschaftsdienste für Berlin mit den Interessen der britischen Spionage in Einklang zu bringen.[79]

Aus diesem Kreis konservativer Deutschenfreunde und Antibolschewisten dürfte Hitler frühzeitig von der wachsenden Neigung des Kabinetts MacDonald erfahren haben, die deutsche Aufrüstung hinzunehmen. Die Briten waren der Verzögerungstaktik überdrüssig, mit der Frankreich wiederholt die internationalen Rüstungsverhandlungen gebremst hatte. Zweimal, 1933 und 1934, hatte die Regierung MacDonald aus Rücksicht auf Paris den Faden der Rüstungsgespräche mit Hitler abreißen lassen, ein drittes Mal wollte sie nicht nachgeben.

Zum Sprecher dieses Unmuts hatte sich schon frühzeitig der Kabinettssekretär Sir Maurice Hankey gemacht, der als einer der mächtigsten Männer der Regierung galt. Er drang darauf, England solle mit Hitler allein verhandeln und sich durch eine vertragliche Legalisierung der geheimen deutschen Aufrüstung ein Instrumentarium sichern, das zugleich die künftige Begrenzung dieser Aufrüstung ermöglichen könne, später auch die allmähliche Einbindung Deutschlands in ein gesamteuropäisches System.[80]

Das fand bei den Ministern weitgehend Zustimmung, worauf unter Hankeys Federführung eine Studiengruppe des Foreign Office und des Generalstabs im Januar 1935 ermittelte, was London den Deutschen konzedieren könne: Wiedereinführung der Wehrdienstpflicht, Aufhebung der Militärklauseln des Versailler Vertrages, Zubilligung einer Luftwaffe mit tausend Kampfflugzeugen.[81]

In dieses Programm floß so manches ein, was die Malaise der britischen Politik und Gesellschaft ausmachte: die Auflösungserscheinungen im Empire, die anhaltenden Folgen der Finanzkrise von 1931, die Flucht der Wirtschaft hinter die Mauern der Commonwealth-Präferenzzölle und auch die Welle des Pazifismus.

Dazu das Drama im Fernen Osten, das England noch weiter von Europa abtreiben ließ: die japanische Aggression. Ihre über die Mandschurei und China hinwegführenden Vorstöße näherten sich immer bedrohlicher den britischen Besitzungen im Pazifik. Japan war zum Alpdruck der Londoner Politik geworden.

Japanfixiertheit und wirtschaftlicher Isolationismus verdichteten sich zu einer wachsenden Abkehr Englands vom europäischen Kontinent, die objektiv Hitler zugute kam. Zug um Zug entwickelte sich so »eine nach außen kaum sichtbare deutsch-englische Interessensolidarität«,[82] ablesbar zunächst an den internen Stichworten des Kabinetts MacDonald für die künftigen Europaverhandlungen: keine Generalstabsbesprechungen mit Frankreich und Belgien, kein Engagement für die Aufrechterhaltung der Entmilitarisierung des Rheinlands, keine Teilnahme an einer Einkreisungspolitik gegen Deutschland.[83]

In die Öffentlichkeit drang das freilich erst, als England nach Hitlers »Bombe« die Gemeinsamkeit mit Paris aufgab. Ohne die Franzosen vorher zu verständigen, begnügte sich das britische Kabinett am 18. März mit einem matten Protest gegen Hitlers »neuerliches Beispiel einer einseitigen Aktion«, um im gleichen Atemzug anzufragen, ob es auch bei dem für den 25. März verabredeten Ministertreffen mit dem Reichskanzler bleibe. Hier begann eine britische Extratour, die bald wütende Reaktionen in Paris und Rom auslöste.[84]

Englands Regierung hielt sich zwar formal noch immer an die taktische Linie der Londoner Konferenz vom Februar, Hitler zu einem Junktim von Rüstungskonvention und multilateralen Sicherheitspakten zu überreden, darunter auch Barthous Ost-Locarno. Doch sie warnte zugleich Paris und Rom davor, durch bloße Konfrontationspolitik die ersten Ansätze zu einer Verständigung mit Hitler zu zerstören und sich in »wilde« Einkreisungsprojekte zu verrennen.

Blind fixiert auf die Illusion, daß allein Verhandlungen mit dem eher »friedfertigen« Hitler (im Gegensatz zu den »aggressiven« Militärs) Deutschland in das europäische Staatensystem zurückbringen könne, unterliefen Simon und seine Diplomaten alle Versuche, endgültig mit Berlin zu brechen.

Selbst die ergebnislosen Verhandlungen mit Hitler am 25. und 26. März konnten die Briten nicht von ihrer Separatpolitik abbringen. Allen Vorschlägen Simons und Edens, vor allem den von ihnen vorgetragenen Kernpunkten eines Ost- und Donaupaktes, hatte Hitler ein so deutliches Nein entgegengesetzt, daß sich Eden notierte: »Ergebnisse ungünstig. Der ganze Ton und die ganze Stimmung entschieden anders als vor einem Jahr.«[85]

Doch konnten die beiden Briten darüber so arg enttäuscht sein? Sie hatten Hitler zur Annahme multilateraler Sicherheitspakte gedrängt, denen England selber um keinen Preis beitreten wollte. England könne sich, erläuterte Simon ein paar Tage später einem Besucher, keinem militärisch relevanten Pakt anschließen, der sein Handeln im voraus festlege; deshalb werde die britische Regierung kein Abkommen unterschreiben, das Osteuropa gelte, und auch in der Österreichfrage lasse sich London nicht binden.[86]

Blieben für Simon und Eden als unangenehmste Eindrücke in Berlin die Prahlereien Hitlers, der deutsche Soldaten zum Schutz des Empire anbot und gar »enthüllte«, daß seine Luftwaffe bereits ebenso stark sei wie die Royal Air Force. Das allerdings hatte die beiden Briten beinahe aus dem Sessel gerissen. Sekundenlang starrten sie Hitler betreten an, keiner sagte ein Wort.

Die Panik, die darob in Londoner Amtsstuben ausbrach, legte sich jedoch wieder, sobald die Feindlagebearbeiter des Air Staff die wirkliche Lage ermittelt hatten. So viel wußten auch die Briten inzwischen: daß die deutsche Luftwaffe »praktisch keine frontfähige Kampfstärke besitzt, wie wir sie verstehen« – so der Stabschef der RAF.[87]

England blieb bei seinem isolationistischen Kurs. Er wurde vollends zum westinternen Ärgernis, als die Gipfelkonferenz in Stresa am 11. April begann. Mussolini erwartete sich von ihr die Gründung einer Koalition mit »absoluter Überlegenheit gegen Deutschland«. Pathetisch rief er seinen Kollegen zu: »Sie alle, die Sie hier versammelt sind, wissen, daß Deutschland die Absicht hat, alles bis nach Bagdad zu erobern.«[88]

Doch die Briten verdarben Mussolini das Konzept. Simon hatte schon Anfang April vertraulich wissen lassen, daß sich England an keiner Bündniskombination, sei sie defensiver oder offensiver Art, beteiligen werde.[89] Dabei blieb es, mochten auch die Medien in Stresa bereits die Anfänge einer Eindämmungsfront gegen Deutschland sehen. Mussolinis Defensivallianz kam nicht zustande, Sanktionen für den Fall weiterer deutscher Rechtsbrüche wurden nicht beschlossen.[90]

Da konnte auch die fast einmütige Verurteilung von Hitlers Märzaktion durch den Völkerbundsrat am 17. April der Stresafront nicht mehr Substanz verleihen. Ebensowenig halfen die am 2. bzw. 16. Mai abgeschlossenen Pakte Frankreichs und der Tschechoslowakei mit Moskau weiter, zumal ihnen die erwarteten Klauseln über einen automatischen Beistand fehlten – auch dies ein Bremsakt der britischen Diplomatie.

Simon hatte die Mitwirkung Englands an der Genfer Deutschlandresolution davon abhängig gemacht, daß Paris aus dem Russenpakt alle Bestimmungen heraushalte, die Moskau im Ernstfall zu einem sofortigen, will sagen: auch unerbetenen Eingreifen berechtige.[91] Laval wird das Zugeständnis nicht schwergefallen sein, denn ihm lag nichts ferner, als sich von der Sowjetunion abhängig zu machen.

Der Antikommunist hatte diese Paktidee Barthous nie gemocht und den Vertrag mit Moskau nur aus taktischen Gründen abgeschlossen: zur Beruhigung der französischen Linken, die das »antifaschistische« Bündnis mit Moskau leidenschaftlich forderte, und um ein Tauschobjekt für die auch von ihm anvisierte Verständigung mit Hitler in die Hand zu bekommen. Die Umwandlung des Beistandspakts in ein Militärbündnis aber wollte Laval auf keinen Fall zulassen, nicht einmal seine parlamentarische Ratifizierung. (Was durchaus zu Stalins abwartender Haltung paßte, der sich ebenfalls den Weg nach Berlin offenhielt und ihn bereits 1936 wieder beschritt.)

Simon durchschaute wohl kaum alle Motive Lavals, was erklärt, daß er ihn unverdrossen zur Vorsicht im Umgang mit Moskau anhielt. Laval mußte sogar den Briten zusichern, daß der sowjetische Pakt »nichts enthalte, was Frankreich in einen Krieg mit Deutschland verwickeln und somit Großbritannien auf dem Wege über seine Locarnoverpflichtungen in die Auseinandersetzung hineinziehen« könne.[92]

Je deutlicher aber Englands drosselnde Hand in der westlichen Eindämmungspolitik spürbar wurde, desto mehr spielte sich Hitler auf den britischen Separatkurs ein. Als Englands Regierung nun auch Paris und Rom drängte, das Gespräch mit Berlin wiederaufzunehmen, schaltete er sich mit einer eigenen Aktion ein. War es ein Tip aus London, oder hatten ihn die Sowjetverträge doch beeindruckt – Hitler griff die britischen Stichworte auf.

Am 21. Mai hielt er vor dem Reichstag eine erstaunlich maßvolle Rede, die neben Angeboten zu »praktischen Begrenzungen uferloser Rüstungen« vor allem auf England gemünzt war. Er wolle »alles veranlassen, um zum britischen Volk und Staat ein Verhältnis zu finden . . ., das eine Wiederholung des bisher einzigen Kampfes zwischen beiden Nationen für immer verhindern wird«. Und Hitler zählte auf, wozu er bereit sei: »zur Ergänzung des Locarnopaktes einem Luftabkommen zuzustimmen« und sich zur »Begrenzung der deutschen Marine« auf 35 Prozent der britischen Flottenstärke zu verpflichten, unter Verzicht auf »irgendeine neue Flottenrivalität«.[93]

Ein verschleiertes Bündnisangebot Hitlers im Sinne der alten Thesen aus »Mein Kampf«? Wohl noch nicht. Für den Diktator blieb England zunächst so etwas wie ein Türöffner der internationalen Absicherung der deutschen Aufrüstung. Daher Hitlers Interesse für den Luftpakt, daher seine Vorliebe für das Flottenabkommen: Im Luftpakt ließ sich die Parität der Luftwaffe mit der Royal Air Force erreichen, im Flottenabkommen indirekt die Parität mit der Seemacht Frankreich.

Der Luftpakt erwies sich jedoch bald als ein untauglicher Erfüllungsgehilfe deutscher Rüstungswünsche. Die Briten hatten sich mit dem französischen Paktprojekt nie recht anfreunden können. Schon die Vorstellung, vertraglich zu einer unverzüglichen Hilfsaktion für einen überfallenen Partner ohne vorherige Klärung der Sachlage verpflichtet zu sein, reichte aus, alle insularen Abwehrinstinkte des Kabinetts MacDonald gegen den Pakt zu mobilisieren.

Anders dagegen das Flottenabkommen. Die Idee, das maritime Stärkeverhältnis zwischen Deutschland und Großbritannien in einem bilateralen Vertrag zu fixieren, stammte von einem britischen Admiral. Roger Bellairs von der Admiralität in London hatte im Februar 1933 den »rein privaten« Gedanken ventiliert, die in Genf festgefahrenen Abrüstungsverhandlungen durch einen Sondervertrag zwischen Royal Navy und Reichsmarine wieder voranzubringen.[94] Daraus machten deutschnationale Politiker und anglophile Marineoffiziere das Projekt eines »festen Abkommens mit England«, das die Loslösung der Marine von Versailles ermöglichen und zugleich »England die Sorge nehmen [soll], wir könnten ihm zur See gefährlich werden«.[95] Ende 1933 griff auch Hitler die Idee auf.

Das war freilich nicht mehr der Hitler von »Mein Kampf«, der den deutschen Flotten- und Kolonialverzicht propagiert hatte, um das ersehnte Bündnis mit England zu erleichtern. Davon war im Regierungsalltag wenig übriggeblieben, Resultat auch der Pressionen des Admirals Raeder und seiner Marineleitung, die an der alten, verhängnisvollen Mär aus der Tirpitz-Ära festhielten, allein eine starke Flotte verleihe Deutschland in britischen Augen einen hohen Bündniswert.

Die Marineleitung hing noch immer den wilhelminischen Großflottenideen so stark an, daß ihr nichts wichtiger schien, als die von Versailles erlaubte und inzwischen verrostende Zwergenflotte mit maximal 144 000 Tonnen (Großbritannien: 1,1 Millionen) durch eine Armada »dicker« Kampfschiffe zu ersetzen. Kolossal war denn auch der Schiffsbauersatzplan, den die Marineleitung für die Zeit bis 1945 aufgestellt hatte: sechs Kampfschiffe, zwei Flugzeugträger, sechzehn Kreuzer, vierzig Zerstörer, und auch das Heikelste, was die deutsche Marine wieder in Dienst stellen konnte – die verbotenen U-Boote.[96]

Nur mit Mühe konnte Hitler die Marineleitung daran hindern, das Programm sogleich voll in Angriff zu nehmen. Einzig ein paar Ersatzbauten erlaubte er; die ersten U-Boote durften zwar gebaut, aber nicht zusammengefügt werden. Im Juni 1934 indes setzte sich der zäh-pedantische Raeder doch durch. Hitler gab seinen Widerstand gegen eine beschleunigte Flottenrüstung auf, »schneller Ausbau der Marine bis 1938« war nun auch seine Parole.[97]

Hitlers Kehrtwendung hing mit der Lage zusammen, die nach dem Abschluß des deutsch-polnischen Nichtangriffspaktes entstanden war. Hauptaufgabe der Marine war nun nicht mehr der Schutz der Ostseeküsten vor einer polnischen Invasion, sondern die Flankensicherung in der Nordsee im Falle eines französischen Sanktionskrieges. Aufbau einer starken Nordseeflotte und Vorbereitung einer Atlantikkriegführung gegen Frankreich aber setzten eine Einigung mit England über Ausmaß und Aktionsradius der Reichsmarine voraus.

Die Vorbedingungen dazu schienen nicht ungünstig, mußte doch England angesichts der japanischen Herausforderung im Pazifik ein Interesse daran haben, sich in Europa den Rücken frei zu halten. Das geschwächte Empire hatte nicht mehr die Kraft, an allen Krisenfronten der Weltpolitik gleichermaßen aktiv zu sein. Zudem bot Hitler auf dem maritimen Gebiet just das, worum es dem Kabinett MacDonald ging: eine Begrenzung der deutschen Rüstung.

Wie stark aber sollte sie sein? Da Raeders Stab als Nahziel vorschwebte, die Parität mit der französischen Flotte zu erreichen, verlangte er, daß die Reichsmarine ein Drittel der britischen Marinestärke haben müsse. Das war das Stärkeverhältnis, auf das sich Frankreich im Washingtoner Flottenvertrag von 1922, dem einzigen Rüstungskontrollabkommen der Nachkriegszeit, hatte festzurren lassen. Dort war fixiert worden, daß die führenden Seemächte Großbritannien, USA, Japan, Frankreich und Italien zueinander in einer Ratio von 5 : 5 : 3 : 1,75 : 1,75 stünden. 1,75 hieß praktisch 33,3 Prozent der britischen Tonnage.[98]

Auf diesen Prozentsatz versteiften sich auch die deutschen Forderungen, was allerdings die Expansionisten der Marine nicht daran hinderte, noch höhere Ansprüche zu errechnen. Sie verlangten nun 50 Prozent. Hitler bog das jedoch ab und entschied sich für die 33,3-Prozent-Forderung, die dann aus technischen Gründen auf 35 Prozent erhöht wurde.[99]

Doch selbst diese »bescheidenere« Forderung Hitlers fand kaum Zustimmung in England. 35 Prozent schienen dem Londoner Kabinett viel zu hoch. Hankeys Studiengruppe hatte der deutschen Marine allenfalls 15,5 Prozent konzedieren wollen.[100]

Auch war das alte Ratiosystem von 1922 den Briten inzwischen fragwürdig geworden. Simon wollte vielmehr auf der für 1936 geplanten Seemächtekonferenz versuchen, über die Festlegung und Begrenzung nationaler Schiffsbauprogramme zu einem neuen maritimen Gleichgewicht zu kommen, nachdem Japan das alte Abkommen aufgekündigt hatte. Das aber lehnte Hitler ab.

Das alles war so wenig aussichtsreich, daß das Foreign Office schon verlauten ließ, ein Flottenabkommen auf der Basis der deutschen Forderungen sei »nahezu mit Gewißheit unmöglich«.[101] Es urteilte damit kaum anders als der deutsche Militärattaché in London und das Auswärtige Amt in Berlin; beide hielten das ganze Unternehmen für Phantasterei. »Dilettant!« kritzelte Neurath verächtlich auf eine von der Reichskanzlei weitergeleitete Denkschrift, deren Verfasser den bilateralen Flottenvertrag mit England befürwortete.[102]

Da aber geriet das britische Kabinett jäh unter den Druck der eigenen Admiralität, die im Augenblick nur einen Gegner kannte: Japan. Englands Admirale rieten dringend zum Abschluß des Vertrages mit Berlin, auch unter den deutschen Bedingungen, die sie so aufregend nicht fanden. Die 35 Prozent, erklärte die Planungsabteilung der Admiralität in einem ausführlichen Memorandum, seien »strategisch akzeptabel, vorausgesetzt, wir bewahren unser augenblickliches Stärkeverhältnis gegenüber Japan«.[103]

Naiv, vertrauensselig? Mitnichten. Sir Bolton Eyres-Monsell, der Erste Seelord (Marineminister), und seine Abteilungschefs machten sich keine Illusionen über die Deutschen. Sie wußten nur zu gut, daß Hitlers Marine in der Hand von Seeoffizieren aus der Tirpitzschule war, Veteranen des Weltkriegs, die nichts vergessen und nichts hinzugelernt hatten.

Dennoch war Deutschlands Marine für die Seelords nur eine zweitklassige Macht, ohne die Qualität des japanischen Herausforderers, gegen den die Navy alle ihre Kräfte zu mobilisieren gedachte. Um England hingegen vor unliebsamen Überraschungen des potentiellen deutschen Gegners abzuschirmen, würde die jederzeit ausbaufähige »Home Fleet« genügen – und eben ein anglodeutsches Flottenabkommen, das in der Zukunftsperspektive der Admiralität zur »Grundlage der britischen Außenpolitik in Europa, [zum] Garanten des Friedens zwischen Deutschland und England« werden sollte.[104]

Das machte die britischen Admirale zu Verbündeten Hitlers. Sie bereiteten durch ihre Expertisen den Boden für die Verständigung mit dem Dritten Reich, bis auch das Kabinett seine zögerliche Haltung allmählich aufgab. Nach Hitlers Rede vom 21. Mai bemühte es sich in Berlin um einen möglichst baldigen Termin für eine schon früher erwogene deutsch-britische Marinekonferenz in London. Hitler stimmte zu.

Anfang Juni reiste eine deutsche Delegation ab, zu deren Leiter Hitler – Racheakt an seinen Kritikern im AA – nicht einen Berufsdiplomaten bestellt hatte, sondern den »dilettantischen« Ribbentrop, der inzwischen zum Sonderbotschafter aufgewertet worden war. Er brachte nach London die penetrante Hitlergläubigkeit und Gesinnungstüchtigkeit mit, die seiner Umgebung bald auf die Nerven ging.

Schon am ersten Verhandlungstag, dem 4. Juni, beschwor Ribbentrop einen Eklat herauf, als Simon erneut versuchte, die Deutschen von ihrer 35-Prozent-Forderung herunterzuhandeln und ihnen qualitative Schiffslimitierungen anstelle des alten Ratiosystems schmackhaft zu machen. Hitlers Mann lehnte befehlsgemäß ab.[105] Hitler, so tönte Ribbentrop, habe die Relation zwischen den Flotten beider Länder festgelegt, für das Reich werde sie daher nach diesem Vertrag auch »eine endgültige und bleibende« sein. Voraussetzung sei allerdings, daß England die 35 Prozent akzeptiere. Ohne eine solche Vorentscheidung seien weitere Verhandlungen nutzlos.

Verstimmt erhob sich Simon von seinem Sitz und verließ den Saal, nicht ohne noch die Bemerkung fallenzulassen, die Frage der 35 Prozent gehöre an das Ende, nicht an den Anfang der Verhandlungen. Doch auch der geschmeidigere Sir Robert Craigie, ein Abrüstungsexperte des Foreign Office, der nun die Leitung der Verhandlungen übernahm, kam mit den Deutschen nicht weiter.[106]

Als die deutschen Unterhändler nun auch noch volle Parität in der U-Boot-Rüstung verlangten, geriet die Konferenz vollends in die Sackgasse.[107] Des Kaisers verhaßte »Geißel der Meere«, die England im Weltkrieg beinahe auf die Knie gezwungen hatte, war bei den Briten noch unvergessen – Grund genug, MacDonalds Minister in ärgste Aufregung zu versetzen.

Doch schon waren die Seelords wieder zur Stelle, um dem Kabinett gut zuzureden. Eyres-Monsell fand, die deutschen Vorschläge enthielten durchaus Vorteile für England, während seine Operationsabteilung erklärte, den Deutschen gehe es vermutlich bei der Parität in der U-Boot-Frage mehr um eine Anerkennung der Gleichberechtigung als um den Aufbau einer großen Unterseebootflotte.[108]

Entscheidend für das Kabinett aber war, was inzwischen Craigie und seine Verhandlungskommission an Erfahrungen mit den Deutschen gesammelt hatten. Zwei Tage intensiver Gespräche hatten den Briten genügt, ihr Gegenüber als meist räsonabel kennenzulernen.

Allerdings hatten die britischen Unterhändler nicht den geringsten Zweifel, daß Deutschland die Fähigkeit habe, »ein ernsthafter maritimer Rivale zu werden, wenn es das will«. Großbritannien, stand in ihrem Zwischenbericht, würde es vielleicht noch einmal bereuen, sollten »wir es unterlassen, die Chance zu ergreifen, die deutsche Entwicklung auf der besagten Basis [der 35 Prozent] anzuhalten«. Die Verhandlungskommission war daher »entschieden der Auffassung, daß es in unserem Interesse liegt, das Angebot des Herrn Hitler zu akzeptieren, solange es noch gilt«.[109]

Das gab den Ausschlag. Am 6. Juni fiel die Entscheidung, die letzte des abtretenden Kabinetts MacDonald, sogleich von Simon und Eyres-Monsell gemeinsam mit Ribbentrop in feierlichen Erklärungen in den Rang eines »historischen Ereignisses« erhoben: Englands Regierung akzeptierte die 35 Prozent.[110]

Von Stund an liefen die deutsch-britischen Verhandlungen reibungslos. Zur Erleichterung von Englands neuem Premierminister, dem Konservativen Stanley Baldwin, erwiesen sich Hitlers Unterhändler in fast allen Detailfragen als verständig. Trotz der zugebilligten Parität sicherten sie die Beschränkung der künftigen deutschen U-Boot-Flotte auf zunächst 45 Prozent der britischen Tonnage zu, versprachen die strikte Beibehaltung des 100:35-Verhältnisses auch im Falle verstärkter Flottenrüstungen dritter Mächte und garantierten die Einhaltung der 35-Prozent-Formel in jeder Schiffskategorie außerhalb der U-Boot-Waffe.[111]

Das ging so rasch voran, daß den Briten kaum noch auffiel, wie sie von ihrer früheren Position ein Stück nach dem anderen opferten. Sie hatten in Stresa zugesagt, den Deutschen niemals die 35 Prozent zu gewähren. Sie hatten in Paris und Rom beteuert, daß es sich bei den Londoner Marinebesprechungen nur um informelle Expertengespräche handele. Sie hatten versprochen, erst nach einer Konsultation der übrigen Seemächte ihre Entscheidung zu fällen.

Desto greller mußte das Echo im Ausland ausfallen, als am 18. Juni 1935, dem 120. Jahrestag der Schlacht von Waterloo, die Nachricht vom Abschluß des deutsch-britischen Flottenabkommens um die Welt lief. Mancher wollte die Nachricht gar nicht glauben. Das klang allzu phantastisch: Die westliche Vormacht England, eben noch in Stresa und Genf den Rechtsbruch Hitlers vom 16. März brandmarkend, hatte mit diesem Hitler einen Rüstungsvertrag abgeschlossen und damit auch dessen Bruch mit Versailles in einem wesentlichen Bereich legitimiert.

Das sei, wetterte Botschafter Dodd, »das erste Mal in der modernen Geschichte, daß sich England auf die Seite einer bedrohlichen imperialistischen Macht geschlagen« habe.[112] Und der sowjetische Außenkommissar Litwinow grollte, England habe Hitler zu seinem »bisher größten Triumph« verholfen.[113]

Recht hatte er: Der Pakt des 18. Juni versetzte der antideutschen Eindämmungsfront einen Schlag, von dem sie sich nicht wieder erholen sollte. Sie hatte ohnehin nie eine ernsthafte Chance gehabt. Die Einkreisung Deutschlands war »keine praktikable Politik« gewesen, wie Wilson schon am 17. Juni erkannt hatte.[114] Ohne gemeinsames Konzept, hin und her gerissen zwischen den nationalen Egoismen und tagespolitischen Taktiken ihrer Mitglieder, fehlte ihr jede Kohärenz und automatische Risikobereitschaft, die allein Hitlers Deutschland hätte beeindrucken können.

Nichts paßte da zusammen: England hatte sich von Anbeginn an der Einkreisungspolitik verweigert; Polen, Rumänien und die Baltenstaaten stemmten sich gegen eine Zusammenarbeit mit dem gefürchteten Rußland; Italien widersetzte sich der von Paris betriebenen Aufwertung Jugoslawiens, seines stärksten Konkurrenten im Hinterland der Adria – ein Wespennest machtpolitischer Ambitionen, aber keine respektheischende Koalition.

Nirgendwo machte sich die Erkenntnis breit, daß mit dem nationalsozialistischen Deutschland eine hochexplosive Macht heranwuchs, die alles in Frage stellte, was die europäische Staaten- und Gesellschaftsordnung zusammenhielt. Man dachte noch allzusehr in traditionellen Bahnen. »Es ist nicht der Faschismus, der vom Übel ist, sondern Deutschland«, argumentierte ein prominenter Fürsprecher der Einkreisung.[115] Das war typisch: Auch die Heraufkunft des Nationalsozialismus setzte nicht die Denkkategorien nationalstaatlicher Machtpolitik außer Kraft.

Hitler aber schien gelungen, was kein Reichskanzler vor ihm geschafft hatte. Mit dem Doppelschlag des 16. März und 18. Juni hatte er das Reich aus den legendären »Fesseln von Versailles« befreit, ohne es dabei noch tiefer in die Isolation zu treiben. Im Gegenteil: Erste Partner wie Ungarn und Bulgarien erwuchsen dem nationalsozialistischen Deutschland, das zusehends zu einem neuen Kraftzentrum europäischer Politik wurde.

War es da so unverständlich, daß Millionen Deutsche, Opfer nationalistischer Psychose und einer mangelhaften politischen Kultur, Hitlers außenpolitischen Erfolgen begeistert zustimmten und damit das Naziregime noch sicherer, noch stabiler machten? Sie sahen sich, nach Wirtschaftsaufschwung und beginnender Statusverbesserung, in ihrer Wundergläubigkeit erneut bestärkt, fasziniert von dem Mann, den zum einsamen Genie, »um das uns die Welt beneidet« (NS-Jargon), aufzuwerten die Propaganda nicht müde wurde.

Das entlud sich in neuen Ausbrüchen eines hemmungslosen Hitlerkults, der immer häufiger Züge einer Massenhysterie annahm. Tausendfaches Motto, von den Lauschern der Sopade als beherrschende Volksmeinung in ihren Deutschlandberichten festgehalten: »Es ist doch gerade ungeheuerlich, was sich der Hitler alles traut.«[116]

Auf den Straßen und Plätzen Deutschlands spielten sich schier unbeschreibliche Szenen ab. Wo immer Hitler mit seiner Wagenkolonne auftauchte, strömten Tausende und aber Tausende zusammen, um ihren Führer zu sehen, zu bejubeln, anzufassen. »Ich habe seine Hand gedrückt, ich habe seine Hand gedrückt«, schrie ein Straßenpassant bei einer Fahrt Hitlers durch Hamburg und tanzte wie besessen hinter dem Wagen her.[117]

In einem schwäbischen Dorf stürzte sich ein Metzgergeselle auf den Fahrdamm und stoppte mit bloßen Händen den langsam heranfahrenden Führerwagen, der im Nu von herbeirennenden Bewohnern des Ortes umringt war, während in Heilbronn, wie der ehemalige Reichspressechef Dietrich erzählt, »ein junges Mädchen auf das Trittbrett des offenen Wagens [sprang], um Hitler vor einer nach Tausenden zählenden Menschenmenge einen Kuß zu verabreichen«.[118]

Immer wieder die gleichen Bilder: Zehntausende, die Hitlers Wagen einkesselten, geduldig auf ein Wort, eine Geste des Messias wartend.

»Ich habe erwachsene Leute gesehen, die Tränen in den Augen hatten und mit einem lauten Schrei ›Heil!‹ riefen, selbst wenn Hitler nur vorbeifuhr«, notierte sich ein amerikanischer Offizier, und Paul Schmidt, der Chefdolmetscher des Diktators, konnte zeitlebens nicht vergessen, »mit welchem Gesichtsausdruck einer fast biblischen Hingabe die Menschen Hitler verzückt ansahen«. Ein Ausländer spottete: »Er könnte mühelos Kaiser werden.«[119]

Nie hatten sich Menschen in Deutschland auf eine fast triebhafte, libidinöse Art so mit einem einzigen Mann identifiziert, hatten sich ihm gleichsam als einem Über-Ich unterworfen – Resultate einer nahezu drogenhaften Sucht nach dem charismatischen Führer, der ihnen anstelle der im Modernisierungsprozeß unwirksam gewordenen Religionen und Traditionen neue Identifikationswerte zu bieten schien.

Wie leicht aber konnte solche Massenbegeisterung in zerstörerische Aggressivität und Kriegshysterie umschlagen! Doch die deutsche Version des Zeitalters der Massen, die nach heutiger Soziologenerkenntnis »herrschen, aber nicht regieren«,[120] kannte noch Grenzen. Eine vage Scheu hielt Hitlers Massen davor zurück, sie zu übertreten.

Auch die Meinungsmacher des Regimes paßten auf, daß die nationalistische Propaganda nicht in eine schrankenlose Verherrlichung des Krieges ausartete, die sensible Bürger hätte aufschrecken und argwöhnisch machen können. Man wußte nur zu gut, daß die Bevölkerung trotz aller Genugtuung über die Loslösung von Versailles nichts so abgrundtief fürchtete wie einen neuen Krieg.

Geschickt fing der Propagandaapparat panikartige Stimmungseinbrüche auf, namentlich dort, wo Hitlers Märzaktion »mehr eine lähmende Wirkung als eine begeisterte Aufnahme ausgelöst« hatte, ja einen »spürbaren Schock«.[121] Lange währten freilich solche Tiefs der Volksseele nicht. Selbst vielen Zweiflern mußte die offizielle These plausibel erscheinen, auch Deutschland habe das Recht zur Selbstverteidigung, solange die anderen Staaten nicht abrüsteten.

Hier offenbarte sich, was man die Unangreifbarkeit von Hitlers Position nennen kann: daß er nie vergaß, die im Volk weitverbreitete Kriegsfurcht in das Kalkül seiner Rüstungs- und Außenpolitik zu ziehen. Diese Kriegsfurcht, stärker als alle revisionistischen Träume, »begleitete unterschwellig stets die euphorische Begeisterung«, wie ein Historiker formuliert[122] – Warnungszeichen für das populistische Regime, das vorsichtig, fast ängstlich auf alle Ausschläge der Massenseele reagierte.

Daher die Hartnäckigkeit, mit der Hitler immer wieder beteuerte, seine Politik diene nur dem Frieden. »Ich kenne die Schrecken des Krieges«, rief er in einer Rede. »Gemessen an seinen Opfern, sind alle Gewinne unbefriedigend.«[123] Leidenschaftlich geißelte er, »was dynastischer Egoismus, politische Leidenschaft und patriotische Verblendung . . . unter Strömen von Blut« in Europa angerichtet hätten, wo jede »gesunde Sozialpolitik« doch ohne Krieg und Ausbeutung mehr bewirkt haben würde.[124] »Was könnte ich anderes wünschen als Ruhe und Frieden?« argumentierte er. »Wenn nur die Führer und Regierenden Frieden wollen, die Völker selbst haben sich noch nie den Krieg gewünscht. Deutschland braucht den Frieden, und es will den Frieden.«[125]

Es machte das Geheimnis seiner Wirkung auf die Massen aus, daß Hitler Millionen Deutsche davon zu überzeugen vermochte, die Verluste des Ersten Weltkrieges auch ohne militante Konfrontation oder gar einen Krieg mit den fremden Mächten zurückholen zu können. Das gefiel nicht wenigen: auf »unblutige« Eroberung zu gehen, mit scheinbar nur friedlichen Mitteln Versailles zu revidieren.

So entstand eine Komplizenschaft zwischen Hitler und der Volksmehrheit, die allerdings immer unter dem Vorbehalt der Friedfertigkeit stand. Dem Führer in kriegsträchtige Abenteuer zu folgen, war bis 1939 keine nennenswerte Bevölkerungsgruppe bereit. Wie es ein Historiker sieht: »Die Bevölkerung in ihrer Mehrheit wollte den nationalen Erfolg, sie wollte aber keine bedeutenden Opfer dafür bringen; dies war eine Art ›Geschäftsgrundlage‹ des Führer-Mythos.«[126]

Müßig daher, der Frage nachzuspüren, ob Hitlers Friedensbeteuerungen ehrlich gemeint oder nur Manöver zur Täuschung des eigenen Volkes und des Auslands gewesen seien. In solcher Schlichtheit stellte sich die Frage nie. Hitlers aggressive Lebensphilosophie mit ihrer Kreuzung aus vulgärem Sozialdarwinismus und Monismus kannte nur Kampf und Konflikt. Wie ihn in der Gesellschaftspolitik die Vorstellung einer permanenten Revolution beherrschte, so war ihm die internationale Politik Schauplatz eines »ewigen Kampfes« der Staaten und Rassen um Land- und Rohstoffbesitz.

Den Krieg trug Hitler dabei »immer im Blute«, um mit einem zeitgenössischen Schriftsteller zu sprechen.[127] Er galt ihm als ein normales Kampfmittel. Ihm war er »das unabänderliche Gesetz des gesamten Lebens, die Voraussetzung für die natürliche Auslese des Stärkeren«, ohne die keine große Nation von Zeit zu Zeit auskomme – pseudodarwinistischer Wahnwitz, von Hitler zu der antihumanen Maxime zugespitzt, vornehmste Aufgabe der Politik sei die Höherzüchtung der Nation auf Kosten ihrer »lebensuntüchtigen« Elemente und Umwelt.[128]

Damit ist allerdings noch nicht gesagt, daß der Kanzler Hitler von Anfang an den Krieg gewollt oder geplant hat. Dokumentarisch belegen läßt sich das nicht. Es entsprach eher Hitlers damaliger Verfassung, sich konkreter Festlegung zu entziehen und die »großen Entscheidungen« auf die Zeit nach dem Aufbau der Reichswehr zu verschieben, die nun auch offiziell Wehrmacht hieß.

Zudem mag Hitler noch unter dem Einfluß nationalsozialistischer Ökonomen gestanden haben, die ihm wie Adrian von Renteln vorhielten, jeder große Krieg sei

»wirtschaftlich gesehen stets und in allen Fällen reiner Unsinn, ein reines katastrophales Verlustgeschäft«.[129] Das Thema griff er häufig auf, was seinen Friedensbeteuerungen nicht geringe Überzeugungskraft gab, zumal er an das pazifistische Pathos des einstigen k. u. k. Wehrdienstverweigerers und jungen Parteiführers Hitler anknüpfte.

Entscheidend waren solche Reminiszenzen jedoch nicht. Den Ausschlag für Hitler gab allein der Umstand, daß Volksstimmung ebenso wie außenpolitische Lage und Rüstungsstand zunächst keine andere Politik zuließ als die, auf den Frieden zu setzen: ohne Frieden keine Konsolidierung des NS-Regimes und kein Erreichen der revisionistischen Nahziele.

Insoweit sprach Hitler durchaus die Wahrheit, wenn er erklärte, Deutschland brauche den Frieden. Doch er behielt stets für sich, wie lange ihn das Land brauche, wußte Hitler doch wie kein anderer in Deutschland, daß sich sein Fernziel, die Gewinnung neuen »Lebensraums« im Osten, niemals ohne Krieg erreichen ließ.

Solange allerdings die Lebensraumeroberung eine nationalistische Utopie blieb, in erster Linie »Heilsvorstellung völkisch-sozialer Regeneration, Zukunftsprojektion einer völlig unabhängigen, autarken Land-Großmacht«,[130] konnte und mußte sich Hitler als Friedenspolitiker profilieren. Sein innenpolitischer Erfolg hing auch von dem Nachweis ab, daß sich die Machtstellung Deutschlands in Europa mehren lasse, ohne das Land einer ernsthaften Kriegsgefahr auszusetzen.

Das zwang das Handeln Hitlers in einen engen Bedingungsrahmen, den er freilich mit einer Behutsamkeit und Rationalität ausfüllte, die man dem Nazidemagogen kaum zugetraut hatte. Er agierte meist vorsichtig und flexibel, eher wägend als wagend, keineswegs der rastlose Diktator, der sein Land nach einem festgelegten Plan vorwärtstrieb.

Wer ihn jedoch wie der US-Militärattaché in Berlin, Major Truman Smith, für einen »Politiker des schrittweisen Vorgehens« hielt, der keinen Zug unternehme, ohne dessen mögliche Folgen genau zu überdenken,[131] verkannte Hitlers Wesen gründlich. Hitlers chaotischer Regierungs- und Lebensstil mit seinem unberechenbaren Auf und Ab, diesem Katarakt von skrupellosem Tatendrang und brutalem Machtwillen, dem oft lange Pausen der Depression und Trägheit, ja, »der ordinären Faulheit des Bohemiens«[132] folgten, erlaubte keine präzise Vorausplanung.

Eine Spielernatur wie Hitler, Meister politischer Improvisation, vertraute lieber eigener Fortune als systematischer Vorbereitung. Instinkt und Intuition waren ihm alles. Er setzte wie kaum ein anderer Politiker der Epoche auf jene »feine Witterung für Keimendes und Zukunftsversprechendes«, die C. G. Jung speziell Menschen seines Typs zuschreibt.[133]

So will es nicht verwundern, daß sich Hitler nur in einer Zuschauerrolle befand, als Benito Mussolini im Spätsommer 1935 die Welt in einen Konflikt stürzte, der das Dritte Reich nun auch von den letzten Rudimenten der Stresaer Einkreisungsfront befreien sollte. Selbst für Mussolinis Sympathisanten war es ein katastrophaler Rückfall in das kolonialistische Abenteuertum des 19. Jahrhunderts: der Krieg gegen Abessinien.

Auf einmal dämmerte es den deutschen Aufklärungsdiensten, daß sie in der März-krise einem grandiosen Bluff der Italiener aufgesessen waren. Die von Rom insze-nierte Kriegshysterie mit ihren Massendemonstrationen und Truppenaufmär-schen hatte gar nicht dem deutschen Rechtsbruch gegolten. Sie war nur eine pro-pagandistische Nebelwand gewesen, hinter der sich der Aufmarsch der italieni-schen Armee zum Überfall auf Abessinien vollzogen hatte.

Dabei hätte man eigentlich sofort wissen müssen, was in Italien gespielt wurde. Abessinien war ein altes Objekt des italienischen Kolonialimperialismus. Rom hat-te nie die Idee aufgegeben, sein Kolonialreich durch die Eroberung dieses seltsa-men Feudalstaates in Ostafrikas tropischem Hochland abzurunden. Schon einmal hatten die Italiener versucht, das Land mit Gewalt zu nehmen, doch waren sie 1896 bei Adua an den Waffen des Negus gescheitert.

»Rache für Adua« zu nehmen, elektrisierte kaum einen Italiener so sehr wie Mus-solini. Er war, weiß sein britischer Biograph, »fasziniert und geradezu besessen von der Vorstellung, sein Land in einen siegreichen Krieg zu führen«.[134] Das hatte der Duce seit langem vor: den Krieg gegen Abessinien zu entfesseln, spektakulär genug, um aller Welt zu beweisen, daß Italien unter seiner Herrschaft zur Groß-macht geworden sei.

Italiens Kriegsmaschine rollte, doch würden Briten und Franzosen sie ans Ziel las-sen? Die beiden Westmächte, die wie Italien am Rande Abessiniens Kolonien unterhielten, hatten sich in der Vergangenheit wiederholt den italienischen Herr-schaftsgelüsten entgegengestellt. Nicht umsonst war der Statthalter Tafari Makonnen, der sich seit 1930 Kaiser Haile Selassie I. nannte, mit britischer Hilfe in Addis Abeba an die Macht gelangt, und auch im Völkerbund war sich Abessinien meist britisch-französischer Unterstützung sicher.[135]

Damit aber wurde es für den deutschen Zuschauer spannend, denn ein Streit der drei Kolonialmächte um Abessinien mußte unweigerlich Auswirkungen auf die Europapolitik haben, ja, sie konnte alles ruinieren, was von der Stresafront noch übriggeblieben war. Mussolinis Krieg setzte die Westmächte in der Tat einem beklemmenden Dilemma aus: Abessinien zu opfern oder die Partnerschaft mit dem Duce.

Als führende Mächte des Völkerbundes konnten es England und Frankreich schwerlich zulassen, daß das faschistische Italien über das Völkerbundsmitglied Abessinien herfiel, zumal zu Hause eine eskapistische Öffentlichkeit just im maro-den Völkerbund die letzte Rettung vor Aufrüstung und Konfrontation sah. Als Hauptmächte des demokratischen Lagers hingegen mußten England und Frank-reich daran interessiert sein, Mussolinis Ambitionen zu befriedigen, um ihn nicht an die Seite Hitlers zu treiben.

Der inzwischen zum Ministerpräsidenten einer liberal-konservativen Regierung avancierte Laval war kaltblütig genug, die Preisgabe Abessiniens ins Kalkül zu zie-he. Der quicke Franzose hatte nicht vor, sich von den Abessiniern das neue Bündnis mit Rom verderben zu lassen. Zudem stand Laval bei den Italienern schon halb im Wort: In dem Abkommen vom 7. Januar 1935 hatte er Mussolini freie Hand in Abessinien gegeben.[136]

Anders die Briten. Sie versuchten noch im letzten Augenblick, den Krieg zu verhindern – auf Kosten Abessiniens. Aus Furcht, England könne in einen langjährigen Kolonialkrieg verwickelt werden und Italien als Gegengewicht gegen Deutschland ausfallen, bot Eden bei einem Besuch in Rom am 24. Juni eine »friedliche« Lösung an: Der Negus solle den Italienern wirtschaftliche Vorrechte einräumen und ihnen den gesamten Südosten seines Landes, die Provinz Ogaden, abtreten, wobei freilich auch einiges für England abspringen müsse.[137]

Doch das reichte Mussolini nicht. Er zeigte Eden auf einer Karte, was Italien alles haben wolle: Ogaden, die Städte Adua und Aksum im Norden, dazu Gebiete im Nordosten. Ferner müsse die abessinische Armee völlig entwaffnet werden.[138]

Englands Regierung hätte vermutlich auch das geschluckt, wäre sie nicht in den Sog des »Peace Ballot«, einer von Pazifisten und Liberalen organisierten Volksbefragung in Großbritannien, geraten. Darin hatten sich soeben 6,7 Millionen Briten dafür ausgesprochen, wirtschaftliche Sanktionen anzuwenden, um einen Aggressorstaat daran zu hindern, ein anderes Land zu überfallen.[139] Im Klartext: keinen Handel mit Italien

Premierminister Baldwin geriet in Panik, denn im November standen Parlamentswahlen an. Er warf das Ruder herum. Unter der Flagge strikter Völkerbundstreue stampfte seine Regierungskoalition aus Konservativen, Nationalliberalen und rechten Sozialisten in den Wahlkampf, Motor und Opfer jener überstürzten Anpasserei an den Zeitgeist, mit der sich demokratische Regierungen nicht selten um ihre Handlungsfreiheit bringen.

Im Völkerbund machte sich Englands neuer Außenminister Sir Samuel Hoare zum Wortführer des »standfesten und kollektiven Widerstands gegen alle Akte unprovozierter Aggression«,[140] und es fehlte auch nicht an militärischen Gesten, um das britische Publikum zu beeindrucken. Am Ende wurde sogar die Home Fleet ins Mittelmeer verlegt: Demonstration der Stärke gegenüber Italien.[141]

Das wäre sinnvoll gewesen, hätte dahinter ein ernsthaftes Konzept der Abschreckung gestanden. Doch es war nur diplomatischer Pulverdampf, wofür schon Laval sorgte. Er hatte Hoare darauf eingeschworen, daß es nicht zu einer Seeblockade Italiens kommen dürfe, auch zu keiner Schließung des Suezkanals für italienische Truppentransporter.

Der sich gleichwohl anheizende Propagandakrieg zwischen Rom und London lockte die deutsche Diplomatie herbei, der die Kontroverse zwischen den Westmächten gar nicht ruppig genug sein konnte. Für das Dritte Reich war sie »ein Geschenk des Himmels«.[142] Da war die zynische Absicht nicht mehr weit, den interalliierten Streit noch etwas zu verschärfen, damit an seinem Ende herauskam, worum es den Berliner Machthabern ging: die Sprengung der französisch-italienischen Allianz und die Heranziehung Italiens an das Reich, ohne die neue Verbindung mit London zu gefährden.

Eine Möglichkeit dazu verschaffte den Deutschen ein Abgesandter Haile Selassies. Am 17. Juni tauchte in Berlin der abessinische Staatsrat David Hall mit der Bitte seines Kaisers auf, ihm bei der Bewaffnung und Finanzierung der Armee zu helfen. Warum gerade das Dritte Reich? Der Abessinier wußte eine plausible Antwort: weil das Reich schon wegen der Österreichfrage an einer Schwächung Italiens interessiert sein müsse.[143]

Hitler stimmte sofort zu. Hall erhielt 3 Millionen Reichsmark aus einem Sonderfonds des Auswärtigen Amtes, die er an einen Kreis um den Berliner Waffenhändler Hans Steffen, einen alten Freund des Negus, weiterreichen mußte. Steffen und seine V-Männer kauften 10 000 Mausergewehre, zehn Millionen Patronen, 36 Örlikonkanonen, ferner Maschinengewehre und Handgranaten, die in Lübeck auf ein britisches Schiff, die »Santa Maria«, verladen wurden.[144] Kurs: Britisch-Somaliland.

Die Leitung des Unternehmens lag in der Hand von Oberst Josef Veltjens, einem zwielichtigen Kumpan Görings aus gemeinsamer Fliegerzeit im Weltkrieg, der in Stettin noch einen zweiten Waffentransport für Abessinien zusammenstellte. Der ehemalige SA-Oberführer, 1931 wegen Meuterei gegen Hitler aus SA und Partei ausgestoßen, baute eine Organisation von Händlern, Fabrikanten und Schiffskapitänen auf, über die alle weiteren Transporte nach Abessinien liefen – konspirativer Zweig eines wachsenden Rüstungsexports, mit dem sich das Dritte Reich von Spanien bis nach China heißbegehrte Rohstoffe einhandelte.[145]

Veltjens und seine Helfer schafften für den Negus heran, wessen sie habhaft werden konnten: Bomberpiloten, auch ein paar Flugzeuge, Panzerabwehrgeschütze, Medikamente und immer wieder Gewehre.[146] Noch 1959 hielt Haile Selassie Deutschland für das einzige Land, das Abessinien in seinem einsamen Kampf gegen den italienischen Imperialismus konkret geholfen habe: »Hitler hat insgeheim das Äußerste getan, um Mussolinis Spiel zu stören.«[147.]

Selbst den Briten wollten die deutschen Waffenhändler den Rücken gegen Italien stärken. Die mangelhafte Munitionsversorgung der britischen Flotteneinheiten im Mittelmeer veranlaßte im September 1935 das Reichskriegsministerium, wie sich nun das alte RWM nannte, das Kabinett Baldwin über zwei Mittelsmänner vor italienischen Angriffsabsichten zu warnen und London die Lieferung moderner deutscher Flakgranaten und Flugzeuge anzubieten. (Die Offerte wurde lange Zeit vom Rüstungsausschuß des Kabinetts geprüft, dann aber abgelehnt.)[148]

Sollte sich freilich die NS-Führung von solchen Manövern entscheidende Wirkungen auf Rom versprochen haben, so war das Ergebnis zunächst enttäuschend. Mussolini machte keine Miene, seinen antideutschen Kurs zu korrigieren. Ein paar freundliche Gesten wie die Abberufung des als deutschfeindlich geltenden Botschafters Cerruti aus Berlin[149] schienen ihm ausreichend, um sich die Neutralität Deutschlands im bevorstehenden Krieg zu sichern.

Doch die Männer in Berlin konnten abwarten. In ihrem grenzenlosen Hochmut gegenüber allem südländischen Aktionismus zweifelten sie nicht daran, daß Mussolini und seine Armee geradewegs in die Katastrophe marschierten. Auch Botschafter von Hassell war sich am 22. September sicher: In einem Krieg gegen Abessinien werde Italien besiegt werden.[150]

Der anfängliche Verlauf des Krieges schien ihnen recht zu geben. Kaum war im Morgengrauen des 3. Oktober 1935 die Armee des Generals Emilio de Bono mit 200 000 Mann, 700 Geschützen und 150 Panzern in Abessinien eingefallen, da geriet sie schon in ihre ersten Krisen. Der Nachschub kam nicht rechtzeitig nach, die abessinischen Truppen waren widerstandsfähiger als erwartet und das tropische Busch- und Bergland nur schwer zu durchdringen.[151]

De Bonos Marschkolonnen kamen so mühsam voran, daß Mussolini bereits nach ein paar Tagen entschlossen war, den alternden General bei nächster Gelegenheit seines Postens zu entheben. Der hatte sich allzu pedantisch auf einen langwierigen Krieg eingestellt, wobei er freilich das Urteil der militärischen Fachwelt auf seiner Seite hatte: Mit einem dreijährigen Krieg rechneten fast alle Experten.[152]

Das gab den Gegnern Italiens noch eine Chance, der Kriegsmaschine Mussolinis ins Räderwerk zu fallen. Englands Diplomatie übernahm dabei die Stimmführerschaft, rechtzeitig genug für das Kabinett Baldwin, denn eben trat der britische Wahlkampf in seine Endphase. Entsprechend hart gaben sich die britischen Vertreter in Genf.

Sie setzten am 7. Oktober im sofort einberufenen Völkerbundsrat die Verurteilung Italiens als Aggressor und ein paar Tage später die Verhängung der in der Völkerbundssatzung vorgesehenen wirtschaftlichen Sanktionen gegen den Kriegsbrandstifter durch. Das sah auf dem Papier der Embargolisten recht eindrucksvoll aus: keine Waffen mehr nach Italien, keinen Handel mit dem Land, Sperre für alle italienischen Einfuhren, Finanzboykott.[153]

Das Kabinett Baldwin hatte eine zündende, populäre Wahlparole gefunden: »Alle Sanktionen mit Ausnahme des Krieges!«[154] Doch waren es wirklich alle? Die entscheidende Sanktion mochte das Kabinett, weil angeblich zu »radikal«, nicht anwenden, das einzige Mittel, das Italien auf die Knie hätte zwingen können: den Stopp der Erdöllieferungen.

Gleichwohl genügten schon die ersten Sanktionen, um Mussolini zu verunsichern. Die Goldreserven der Bank von Italien schmolzen rapide zusammen, der Handel mit England und Frankreich bewegte sich auf den Nullpunkt zu, die Kriegsproduktion machte das Land mehr denn je von ausländischen Importen abhängig[155] – alarmierende Signale für den Duce.

Wer aber konnte Italien helfen, aus seinen wachsenden Schwierigkeiten herauszukommen? Nur das Dritte Reich, das sich als einziger der größeren Staaten Europas nicht an den Sanktionen des Völkerbundes beteiligte. Der deutsch-italienische Handel hatte zudem in letzter Zeit erheblich zugenommen, Deutschland die Briten vom Platz des größten Kohlelieferanten Italiens verdrängt.

Mussolini mußte folglich daran interessiert sein, die Zufuhr deutscher Waren und Rohstoffe nach Italien offenzuhalten. Dazu bedurfte es freilich einer politischen Annäherung an Berlin, die er in Maßen auch betrieb. Die Kontakte zwischen den Geheim- und Sicherheitsdiensten beider Regime wurden enger, die Pressepolemik gegen Deutschland eingestellt, der gemeinsame Antibolschewismus stärker hervorgekehrt.[156] Hassell spottete schon, der Negus verdiene ein Denkmal in Berlin, »denn nur ihm verdanken wir diese Annäherung zwischen Deutschland und Italien«.[157]

Dennoch hatten es die Berliner Führer nicht sonderlich eilig, den Italienern gefällig zu sein. Sie waren offiziell auf Neutralitätskurs gegangen und zeigten keine Lust, es sich wegen Mussolini mit den Briten zu verderben. Sie hatten eine komplizierte Gratwanderung vor: die Italiener anzulocken, ohne dabei London vor den Kopf zu stoßen.

Auch aus regimeinternen Gründen war es ihnen nicht unlieb, Zurückhaltung zu üben. Nichts war in Deutschland unpopulärer, als den Sieg der Italiener im abessinischen Krieg zu fördern. Das Reich hatte eine Welle proabessinischer Massensympathie erfaßt, die den dunkelhäutigen Kaiser Haile Selassie zu einer Kultfigur tiefverwurzelter deutscher Animositäten gegen Italien machte.[158]

Das hinderte jedoch die Diplomaten und Ökonomen Hitlers nicht daran, insgeheim mitzuwirken, Mussolinis »verrücktes und verbrecherisches Unternehmen« (so der Sprecher des Auswärtigen Amtes)[159] möglichst zu verlängern. Der Krieg sollte weiterschwären, solange er den Zielen des nationalsozialistischen Staates diente.

Ungehemmter Machiavellismus, der sich hier austobte: Da durfte Veltjens weiterhin Waffen zur Verstärkung der abessinischen Verteidiger liefern, da erhielten die Italiener zehn U-Boote, um Druck auf die Britenflotte im Mittelmeer ausüben zu können, da verhandelten Schacht und Neurath mit dem Wirtschaftsberater des britischen Kabinetts über Waffenlieferungen an England – zur Festigung der Sanktionsfront.[160]

Ein so »neutrales« Deutschland war schließlich auch nicht abgeneigt, den Italienern wirtschaftlich zu helfen, freilich immer nur häppchenweise, um den Appetit Roms auf noch engere Zusammenarbeit mit den Deutschen anzuregen. Politik des Wechselbades: Mal reduzierte das Reich die Lieferung von Rohstoffen und Lebensmitteln nach Italien, mal entschied Hitler, der deutsche Handelsverkehr mit Italien habe sich auch in Zukunft nach dem vor den Sanktionen erreichten Höchststand zu richten, was »grünes Licht für jegliche wirtschaftlich vertretbaren Exportsteigerungen« bedeutete.[161]

Wie erpresserisch sich die Deutschen dabei auch immer aufführten – die Importe aus dem Reich stiegen deutlich an und halfen Italien. Und je kläglicher die Nachrichten von der Front in Abessinien klangen, desto eifriger mühte sich Mussolini, die Deutschen bei guter Laune zu halten.

Was zumindest bei Hitler auf Gegenliebe stieß: Der Berliner Diktator fürchtete im Augenblick nichts so sehr wie einen völligen Zusammenbruch des faschistischen Regimes und drängte zu möglichst weitgehender Erfüllung italienischer Wünsche. Mussolini bedankte sich dafür überschwenglich. Der Mann, dem Hitler bisher ein »leerer Schwätzer« und »ein Barbar« gewesen war, wußte es nun anders: »Ich bin immer sein Freund gewesen, schon ehe er zur Macht kam.«[162]

Die wachsende Annäherung zwischen den beiden Diktatoren aber mußte alle Akteure im Westen alarmieren, die entschlossen waren, einer künftigen antideutschen Mächtekoalition die Partnerschaft Italiens zu erhalten. Nach dem Sieg von Baldwins Regierungskoalition in den Wahlen des 14. November fühlten sie sich mehr denn je von allen Verpflichtungen gegenüber dem Völkerbund frei.

Ihr Spiritus rector, Sir Robert Vansittart, nutzte die Stunde. Er drängte seinen Außenminister, mit Laval einen Friedensplan auszuarbeiten, der Italien einen »großzügigen« Ausstieg aus dem Abessinienkrieg ermögliche. Da Hoare die Deutschen ebenso fürchtete wie »Van«, war er nicht abgeneigt. Anfang Dezember reiste er nach Paris zu Laval.[163]

Auszuarbeiten gab es indes nichts, denn die Abessinienexperten beider Regierungen hatten schon, ganz im Sinne Vansittarts, ein Papier formuliert. Dies war ihr Frieden: Abessinien sollte zwei Drittel seines Staatsgebiets an Italien abtreten, die Südhälfte des Restterritoriums italienischem Wirtschaftseinfluß öffnen und dafür einen freien Zugang zum Roten Meer erhalten.[164]

Außenminister Hoare, kränkelnd und schon auf dem Sprung in einen Schweizer Skiurlaub, hatte keine Bedenken, das explosive Papier am 8. Dezember abzuzeichnen. Kaum aber war der Inhalt des Hoare-Laval-Abkommens durch eine Indiskretion in die Pariser Presse gesickert, da erhob sich ein Sturm öffentlicher Empörung gegen die beiden Signatoren.[165]

Mit Grund: Allzu zynisch setzte sich das Abkommen über alles hinweg, was Diplomaten, Wahlkämpfer und Moralapostel wochenlang zur Verurteilung der italienischen Aggression vorgebracht hatten. Hier aber wurde die Aggression reichlich belohnt, geriet zur Heuchelei, was bis dahin als Grundsatztreue gegolten hatte.

Hoare war der erste, der in der Protestflut unterging. Der opportunistische Baldwin, der noch am 9. Dezember mit seinen Ministern das Abkommen gebilligt hatte, ließ Hoare neun Tage später fallen,[166] und auch Laval stürzte einen Monat danach, verlassen von seinen liberalen Partnern, den Radikalsozialisten, die Anschluß bei der sich linksaußen formierenden »Volksfront« suchten. Worauf der blasse Radikalsozialist Albert Sarraut für die Zeit bis zu den Wahlen im April eine Übergangsregierung bildete.[167]

Profitabler konnte die Entwicklung für das Dritte Reich nicht laufen. Eine schwache, nur auf Sicherung des Franc bedachte Regierung in Paris, ein moralisch angeschlagenes Kabinett in London, ein ratloser Diktator in Rom, der mit dem eigenen Krieg nicht fertig wurde – der Abessinienkonflikt riß eine Großmacht nach der anderen in seine Strudel, an deren Rändern neben Rußland nur noch Deutschland völlig handlungsfähig zu sein schien.

Zusehends sah sich das Reich von den rivalisierenden Mächten hofiert, die keine Bedenken mehr zeigten, den NS-Staat in ihre gegensätzlichen Konfliktstrategien einzubeziehen. Die Briten hatten damit angefangen. Schon am 8. November 1935 meldete der französische Marineattaché du Tour aus London, England strebe eine Allianz mit Deutschland und Frankreich an, um Italien einzukreisen, »selbst um den Preis einer Stärkung Deutschlands zu Lande«.[168]

Bald wurden solche Bündnisvorstellungen konkreter, als mit dem neuen Außenminister Eden die antiitalienische Richtung im Kabinett voll zum Zuge kam. In ihrem Umfeld entstand das Konzept einer britisch-französisch-deutschen Blockpolitik zur Zähmung Italiens, die allerdings die Frage aufwarf, welchen Preis man den Deutschen für einen Eintritt in die Anti-Rom-Allianz zahlen wolle.

Was konnten die Deutschen verlangen? Man wußte es in London nur zu gut: die Beseitigung der entmilitarisierten Rheinlandzone, die Rückgabe der ehemaligen deutschen Kolonien, das Ja zum Anschluß Österreichs an das Reich – alles für Eden hinnehmbar, solange die Deutschen einigermaßen »manierlich« blieben.[169]

In solche Richtung lief auch der Plan eines »Working agreement« zwischen Großbritannien und Deutschland, den Ralph Wigram, Leiter der Zentralabteilung des Foreign Office, am 12. Februar 1936 Botschaftsrat Fürst von Bismarck skizzierte.[170] Berlin war interessiert, sosehr auch die britische Offerte Hitler und Neurath zunächst ratlos ließ.

Doch was Wigram noch vage umschrieben hatte, klang in Rom schon weit konkreter. Auch dort drängte eine neue Kräftegruppe nach vorn, hervorgelockt von dem Spektakel um das Hoare-Laval-Papier und die neuesten Hiobsbotschaften aus Abessinien. Die Truppen des Negus waren kurz vor Weihnachten 1935 zur Gegenoffensive angetreten und trieben die Italiener vor sich her.[171]

Kaum einer wußte in Rom den steigenden Unmut über das Versagen der italienischen Kriegsführung und Außenpolitik so beredt zu artikulieren wie ein ruhmsüchtiger Flieger, der gerade von der Abessinienfront kam. Graf Galeazzo Ciano, Mussolinis umtriebiger Schwiegersohn und Propagandaminister, stand mit einem Kreis intrigierender Parteifunktionäre und Diplomaten in Verbindung, der seit langem darauf erpicht war, den Außenamtsstaatssekretär Fulvio Suvich, Italiens eigentlichen Außenminister, zu stürzen und dessen frankophilen Kurs durch einen prodeutschen zu ersetzen.[172]

Ciano war längst scharf auf den Außenministerposten und wurde nicht müde, einen raschen Kurswechsel Italiens zu propagieren. Wo immer er agierte, bekamen es seine Gesprächspartner zu hören: Auf Frankreich sei kein Verlaß, nur eine Umorientierung auf das erstarkende Deutschland hin und feste Abmachungen mit Hitler könnten Italien weiterbringen.[173]

Das fand nicht nur Zustimmung bei den Abteilungschefs des römischen Propagandaministeriums, auch Mussolini mochte sich Cianos Thesen bald nicht mehr entziehen, zumal ihn der wachsende Widerstand der Westmächte gegen das italienische Kriegsabenteuer zunehmend erboste. Der Duce sah nur noch einen Ausweg: Er mußte sich mit Hitler arrangieren, wollte er nicht seinen Kolonialkrieg abbrechen.

In der ersten Januarwoche des Jahres 1936 muß sich Mussolini zu der entscheidenden Kurskorrektur entschlossen haben, mit der allmählich beginnt, was später die »Achse Rom–Berlin« heißen wird. Er machte sogleich den ersten Schritt dazu. Was stand zwischen Italien und Deutschland? In erster Linie die Anschlußfrage. Der Duce zögerte nicht, sie politisch zu entschärfen.

Ohne Suvich und die Regierung in Wien vorzuwarnen, rief Mussolini am 6. Januar Hassell zu sich und eröffnete ihm, Italien habe nichts dagegen, wenn der österreichische Staat »praktisch ein Satellit Deutschlands« werden wolle. Österreich müsse zwar unabhängig bleiben, aber es könne sich jederzeit mit dem Reich vertraglich so verständigen, daß es für Wien »keine andere Außenpolitik als eine parallele zu Deutschland« mehr gäbe.[174]

Es war eine Teilkapitulation vor der deutschen Anschlußpolitik. Eine der wichtigsten Barrieren gegen die Gleichschaltung Österreichs war gefallen, doch in Berlin merkte man es nicht. Voller Mißtrauen reagierte das Auswärtige Amt auf Mussolinis Geste, in der er es einen Trick witterte, um die Deutschen bei den Westmächten anzuschwärzen. Kühl fertigte das AA den Duce ab.[175]

Mussolini indes ließ nicht locker. Er brauchte die Deutschen dringender als je zuvor, ging doch nun auch London zur Gegenoffensive über. Im Dezember 1935 hatten britisch-französische Generalstabsbesprechungen über eine gemeinsame Kriegsführung im Mittelmeer begonnen, und auch in der für Italien heikelsten Frage, jener des Ölembargos, zeigte nun das Kabinett Baldwin ungewohnte Energie.[176]

Dem erregten Duce aber reichten schon die britisch-französischen Militärgespräche, um wild um sich zu schlagen. Am 25. Januar 1936 drohte er im »Popolo d'Italia« mit der Aufkündigung des Locarnovertrages von 1925, weil London und Paris ihn gröblich verletzt hätten. Es sei, zürnte Mussolini, unstatthaft, daß der eine Garant von Locarno, England, mit einem der Unterzeichnerstaaten militärische Verabredungen gegen den anderen Garanten, Italien, treffe.[177]

Bruch von Locarno – Hitler horchte auf. Am Locarnopakt hing auch die (bereits im Versailler Vertrag fixierte) Entmilitarisierung des links- und Teilen des rechtsrheinischen Reichsgebietes, das »einzig noch übriggebliebene heimische Symbol deutscher Zweitklassigkeit«,[178] wie es ein britischer Historiker nennt. Ihre Beseitigung war seit langem von Hitler und den Militärs anvisiert worden.

Hitler witterte eine Chance: Wurde der Locarnopakt aufgekündigt, so entfiel das schwerste völkerrechtliche Hindernis für die Remilitarisierung des Rheinlands. Sogleich war er zum Handeln entschlossen. Deutschlands außenpolitische Lage war dafür günstig, die Sache selber im Volk populär, das Regime zudem nach erneuten Engpässen in der Lebensmittelversorgung und peinlichen Stimmungseinbrüchen einer elektrisierenden Aufmunterung bedürftig – Hitler stürzte sich auf die »schlagartige« Lösung der Rheinlandfrage.

Er wäre allerdings kaum Hitler gewesen, hätte er nicht nach einer Aushilfe ausgeschaut, die ihm die Konfrontation mit den Westmächten ersparte. So schwächlich sie auch im Abessinienkonflikt taktierten, so mußte Hitler hier doch mit ihrem Widerstand rechnen. Naheliegend schien ihm daher, Mussolini die Hauptarbeit zu überlassen: den Todesstoß gegen Locarno.

So weit aber wollte der Duce dem Berliner Kollegen nun doch nicht entgegenkommen. An eine Aufkündigung des Locarnopaktes dachte er nicht im Ernst; passives Zuschauen war das einzige, was er Hitler zusagen mochte.[179] Zudem schreckte er vor einer allzu offensichtlichen Verletzung des Mussolini-Laval-Abkommens zurück.

Da erwuchsen Hitler in Frankreichs Ministerpräsidenten Sarraut und dessen Außenminister Pierre-Étienne Flandin zwei unfreiwillige Helfer, die ihm den Vorwand lieferten, nun selber den Locarnopakt zu brechen. Nach dem Abgang des Bremsers Laval hatten die beiden Franzosen beschlossen, endlich den Beistandspakt mit Moskau vom Parlament ratifizieren zu lassen.

Am 11. Februar brachte Flandin das Vertragswerk zunächst vor die Deputiertenkammer, womit erneut der Locarnopakt problematisiert wurde. Denn Hitler und seine Diplomaten hatten nie einen Zweifel daran gelassen, daß für sie der Sowjetvertrag mit Locarno unvereinbar sei und seine Ratifizierung durch Frankreich nicht folgenlos bleiben werde.[180]

Nicht etwa, daß Hitler ernsthaft den Sowjetpakt fürchtete. Auch er wußte, daß sich die Sowjetunion zusehends auf den inneren Ausbau von Staat und Wirtschaft zurückzog und eher eine abwartende Außenpolitik betrieb, »nur darauf erpicht, im Westen Ruhe zu haben«, wie Hitler formulierte.[181] Dennoch reagierte er mit einer wüsten antibolschewistischen Kampagne, nicht zuletzt auf England gezielt, dessen Regierung nur mit äußerstem Unbehagen die Wiederbelebung des ungeliebten Sowjetpakts sah.

Berlins Propagandaapparat verketzerte den Moskauer Vertrag so wütend als »Verrat an Europa«, daß kaum fraglich war, was der Abstimmung in Paris folgen würde. Die beiden französischen Abgeordneten Pierre Taitinger und Philippe Henriot, die am 18. Februar in der Kammer die deutsche Wiederbesetzung des Rheinlands als Konsequenz der Annahme des Vertrages voraussagten,[182] verfügten beileibe nicht über prophetische Kräfte. Sie sprachen nur aus, was sie fast überall in den Pariser Politzirkeln hörten.

So kam schließlich das schier Unvermeidliche. Der Beginn der Ratifizierungsdebatte genügte Hitler, um sich zum »Losschlagen« zu entschließen. Vor der Jubelkulisse der Olympischen Winterspiele, die Hitler am 6. Februar in Garmisch-Partenkirchen eröffnet hatte, fiel die Entscheidung: Aufkündigung von Locarno und Einmarsch ins Rheinland.

Wieder war es Hoßbach, der durch Hitler als erster von dem Coup erfuhr, im Führerzug auf der Rückfahrt von der Beerdigung des in der Schweiz ermordeten NS-Landesgruppenleiters Wilhelm Gustloff am Nachmittag des 12. Februar. Hoßbach rief sofort Fritsch in Berlin an, den Hitler noch am Abend in der Reichskanzlei einweihte. Blomberg erfuhr es von Hitler am nächsten Tag in Garmisch.[183]

Diesmal zogen es die Militärs vor, das Unbehagen, das sie sogleich wieder beschlich, hinter freudiger Zustimmung zu verstecken. Ihnen mißfiel, daß Hitler wieder einen überfallartigen Coup vorhatte, ohne auch nur den Versuch von Verhandlungen mit den Westmächten zu unternehmen. Womit sie erneut die Furcht einer massiven Reaktion des Auslands anfiel. Es dürfte aber »das Risiko eines Krieges aus diesem Anlaß keinesfalls eingegangen werden«, hatte Fritsch in der Reichskanzlei immerhin eingewandt.[184]

Um so eindeutiger fiel das negative Echo der Diplomaten aus. Ihnen schien es nachgerade absurd, wegen eines sekundären militärischen Problems, das sich in absehbarer Zeit von selber lösen würde, die ganze deutsche Sicherheit aufs Spiel zu setzen. Denn allein der Locarnopakt hatte bisher die Unversehrtheit des deutschen Staatsgebiets gewährleistet, nicht das schwache Heer.

Diese Überlebensgarantie mutwillig aufzukündigen bedeutete, im Westen des Reiches eine offene Flanke zu schaffen, die im Augenblick keine deutsche Militärmacht effektiv abriegeln konnte. Zudem war es schiere Vabanquepolitik, bei dem Sprung an den Rhein alles auf eine Karte zu setzen: auf die Vermutung, daß die französische Armee nicht marschieren werde.

Neurath artikulierte denn auch »starke Bedenken« gegen Hitlers Vorhaben; die sowieso kommende Beseitigung der entmilitarisierten Rheinlandzone lohne den »beschleunigten« Einsatz nicht und werde nur »eine automatische, allgemeine Konzentration« der Großmächte gegen Deutschland zur Folge haben. Hassell, zur Beratung nach München gerufen, plädierte für Verschiebung der Aktion, weil es »keine besondere Eile« habe, während der ebenfalls von Hitler konsultierte Dirk Forster, der deutsche Geschäftsträger in Paris, von jeder einseitigen Aktion im Rheinland abriet.[185]

Hitler aber ließ sich seinen Plan nicht ausreden. Er räumte zwar ein, daß die Wehrmacht »noch unfertig« sei, aber mit einer militärischen Gegenaktion der Westmächte rechnete er angesichts deren innerer Schwäche nicht. Es könne allenfalls zu wirtschaftlichen Sanktionen kommen, die aber seien neuerdings bei der »Gefolgschaft der Großmächte recht unbeliebt geworden«.[186]

Der Diktator trieb zur Eile, waren ihm doch gerade Nachrichten zugegangen, die es zur Gewißheit machten, daß der Abessinienkrieg vor einer Wende stand. Der deutsche Hohn auf das italienische Militär klang auf einmal recht dümmlich: Am 11. Februar hatte Marschall Badoglio, der Nachfolger de Bonos, eine Großoffensive gegen die Hauptmacht der abessinischen Truppen eröffnet und am 16. einen ersten entscheidenden Sieg über den Gegner errungen, dem bald weitere italienische Erfolge folgen sollten.[187]

Was aber, so mußte sich Hitler fragen, wenn in wenigen Wochen zu Ende war, wofür die Experten drei Jahre berechnet hatten? Dann würde Mussolini, hielt er Hassell am 19. Februar vor, für das Reich weniger hantierbar sein, womöglich »erst recht aufs Ganze gehen«.[188] Daher forderte Hitler rasches Handeln, ehe sich die Chancen eines italienischen Stillhaltens verschlechterten.

Die Kritiker fielen um, zumal Hitler zeigte, daß deren Argumente ihn nicht unbeeindruckt gelassen hatten. Auch ihm schien es opportun, den Coup möglichst gründlich vorzubereiten. Worauf man sich die Arbeit teilte: Göring reiste nach Warschau, um den zwischen alter Frankreichallianz und prodeutscher Anpassung schwankenden Außenminister Polens, Oberst Józef Beck, für eine wohlwollende Neutralität zu gewinnen, Hassell bewarb sich um eine Audienz bei Mussolini, Forster recherchierte in Paris mögliche französische Gegenmaßnahmen hinterher.[189]

Nicht alles klappte nach Plan. Beck warnte prompt die Franzosen vor den deutschen Absichten, sosehr er auch Görings Groll über das französisch-sowjetische Bündnis teilte.[190] Auch Forster wurde vor Ort nicht fündig. Mehr Glück dagegen hatte Hassell, der Mussolini am 22. Februar nach wie vor bereit fand, jede deutsche Aktion gegen die Ratifizierung des Moskauer Vertrages durch Passivität zu decken.[191]

Hassells Meldung spornte Hitler an, die Vorbereitungen für den Coup zu beschleunigen. Entscheidend war ihm, den in Europa zu erwartenden Schock politisch abzufangen – durch konstruktive Gegenvorschläge, die die Westmächte daran hindern sollten, auf den deutschen Gewaltstreich massiv zu reagieren. Hitlers und Neuraths Idee: eine »Friedensoffensive«, die dem Einmarsch ins Rheinland parallel laufen sollte.

Der Trick dabei war, den Locarnovertrag zu kündigen, um sogleich die Errichtung eines Super-Locarno vorzuschlagen. Die Idee stammte ursprünglich von Lord Londonderry, dem einstigen Luftfahrtminister MacDonalds. Er hatte kurz zuvor bei einem Besuch in Berlin angeregt, das Reich solle anstelle der einseitigen Entwaffnungszone an der deutschen Westgrenze eine multilaterale fordern, die auch entsprechende Grenzgebiete Frankreichs und Belgiens mit einschließen müsse.[192]

Hitler griff das jetzt ebenso auf wie Ribbentrops Idee, den Westmächten den Wiedereintritt Deutschlands in den Völkerbund anzubieten. Stück um Stück entstand so ein ansehnlicher »Friedensplan«, der sich propagandistisch später vor allem in England als ein »brillanter Erfolg« erweisen sollte.[193]

Auch den Coup selber wollte Hitler noch politisch abfedern. Zu solcher Überlegung war um so eher Anlaß, als die Pariser Regierung nach dem ersten Akt des Ratifizierungsprozesses, der Schlußabstimmung in der Deputiertenkammer am 27. Februar, die Deutschen vor »Dummheiten« in der Rheinlandzone warnte. Botschafter François-Poncet ließ in Berlin jeden wissen, daß für Frankreich ein Bruch der Locarnobestimmungen »die allgemeine Mobilmachung, diese aber der Krieg sein werde«.[194]

Also mußte die Wehrmacht, so mag Hitler gefolgert haben, mit einem Truppenverband ins Rheinland einrücken, der so klein war, daß er im Falle eines französischen Gegenstoßes wieder schnell zurückgezogen werden konnte. Das bedeutete: nur etwas Infanterie und Artillerie, keine schweren Waffen, lockeres Vorgehen.

So plante es auch der Generalstab des Heeres. Bald gingen seine Befehle für »Winterübung« hinaus, wie das Unternehmen im Militärkode hieß: Bereitstellung von 19 Infanteriebataillonen, 13 Artillerieabteilungen, insgesamt 22 000 Mann. Die meisten Einheiten sollten in unmittelbarer Nähe des östlichen Rheinufers Stellung beziehen, nur 3 Bataillone mit knapp 3000 Mann in die Tiefe des linksrheinischen Gebietes vordringen und Aachen, Trier und Saarbrücken erreichen.[195]

Strikte Weisungen hielten sie an, sich auf keine Gefechtsberührung mit französischen Truppen einzulassen. Sie mußten stets in der Lage sein, binnen einer Stunde wieder abzurücken: die Vorausbataillone in vorbereitete Sperrzonen, die Masse der Truppen hinter die Linie Roer–Rhein–Schwarzwald.[196]

Noch fehlte jedoch jeder Hinweis auf den Termin der Aktion. Das war nun in der Tat ihr technisch heikelster Punkt: die Aktion so schnell und geheim anlaufen zu lassen, daß sie abgeschlossen war, ehe man sich in Paris und London von der Überraschung erholt hatte.

Auf den Überraschungseffekt kam es Hitler vor allem an. Wie aber mit einer Aktion die Welt überraschen, die sie seit Wochen erwartete? Das schien schlechterdings unmöglich und ging dann doch, wie sich erwies. Das hatte einen einfachen Grund: Fast alle Welt starrte auf die am 4. März begonnene Ratifizierungsdebatte im Pariser Senat, von dessen Beschlüssen in etwa anderthalb Wochen die meisten Beobachter die Auslösung einer Aktion Hitlers erwarteten.

Doch Hitler dachte nicht daran, die Senatsdebatte abzuwarten. Er wollte sofort losschlagen, schon am nächsten Wochenende, und das begann am Samstag, dem 7. März. Bis dahin die letzten Vorbereitungen für die Aktion geheimzuhalten, konnte einem Polizeistaat wie dem Dritten Reich nicht schwerfallen.

Von nun an lief alles automatisch. Am 5. März erhielten die Truppen ihre letzten Einsatzbefehle, am 6. März weihte Hitler das Kabinett ein. Goebbels notierte: »Alle sind maßlos verblüfft.«[197] Zugleich wurden die Reichstagsabgeordneten für den 7. März mittags zwölf Uhr in die Krolloper zur Entgegennahme einer Erklärung Hitlers gerufen, während in der Reichskanzlei schon das Dekret bereitlag, mit dem Hitler seinen Coup auch innenpolitisch absichern wollte: die Auflösung des Reichstages und seine »Neuwahl« am 29. März.[198]

Kein ausländischer Diplomat und kein fremder Journalist aber wußte, was in der Reichszentrale vorging. Nahezu unbemerkt hoben am frühen Morgen des 7. März vom Flughafen Tempelhof zwei Junkers-Transporter mit Journalisten ab, die Goebbels ausgewählt hatte, den Einmarsch im Rheinland an seiner publicityträchtigsten Stelle, der Kölner Hohenzollernbrücke, zu beobachten und in »Sonderberichten« der Nation zu vermelden.[199]

Als die Journalisten am späten Vormittag die Brücke erreichten, hatte sich in Köln schon herumgesprochen, was bevorstand. Tausende von Schaulustigen waren unterwegs und füllten die zu den Rheinbrücken führenden Straßen und die Uferböschungen des Flusses. Gerade hob Hitler in der Krolloper zu seiner Rede an, voller Triumph über »diese geschichtliche Stunde, da in den westlichen Provinzen des Reiches deutsche Truppen soeben ihre künftigen Friedensgarnisonen beziehen«,[200] da kamen an der Hohenzollernbrücke die ersten Soldaten in Sicht: ein Offizier hoch zu Pferd, hinter ihm eine Kolonne von Infanteristen.

»Irrer Empfang für die deutschen Soldaten überall«, meldete der Kölner Korrespondent der US-Nachrichtenagentur »Universal News Service«.[201] Wo immer kleine Gruppen des Heeres über die Rheinbrücken vordrangen, ob in Köln, Mainz oder Koblenz, da schlug ihnen die euphorische Stimmung eines leicht aus dem Gleichgewicht geratenden Volkes entgegen, entflammt vom Anblick einer »Wehrmacht, welche von heute an wieder den deutschen Rhein schirmt, als Schutz und Sinnbild deutscher Ehre und deutschen Rechtes«, wie der Münsteraner Bischof Graf Galen an Fritsch telegraphierte.[202]

Die Truppen kamen so rasch voran, daß fast schon die Hälfte der Zone hinter ihnen lag, ehe Paris und London reagieren konnten. Vor allem Frankreich war »wie von einem Donnerschlag getroffen«.[203] Wieder einmal war Paris von einem Rechtsbruch Hitlers, dem bisher schwersten, völlig überrascht worden.

Doch diesmal wollte Paris hart reagieren. Im Ministerrat am Morgen des 8. März verlangten die Teilnehmer schärfste Gegenmaßnahmen, am leidenschaftlichsten der Postminister Georges Mandel, der »Schlag auf Schlag« auszuteilen empfahl. Er forderte, die Generalstabschefs von Armee und Luftwaffe unverzüglich anzuweisen, alle verfügbaren Kräfte zu sammeln und mit ihnen ins Rheinland einzurücken, um dort den alten Zustand wiederherzustellen.[204]

Schon wurden die Truppen im französischen Mutterland alarmiert und die Besatzung der Maginotlinie auf volle Kriegsstärke gebracht, da verabreichten die Militärs dem patriotisch entflammten Ministerpräsidenten Sarraut eine »eiskalte Dusche«.[205] Der Generalstabschef der Armee, General Maurice Gustave Gamelin, setzte ihm kühl auseinander, daß Frankreich mit seiner veralteten Friedensarmee, ohne moderne Panzerabwehr und im Mutterland auf 350 000 Mann ausgedünnt, allein nicht handlungsfähig sei.[206]

Aber man könne doch wenigstens mit ein paar Einheiten das Saarland besetzen, wandte der Regierungschef ein. Auch das verneinte Gamelin: Es sei mit schwerstem deutschen Widerstand zu rechnen, was praktisch den Krieg bedeute.

Jetzt rächte sich bitter, daß Frankreichs Militärs nicht nur die Modernisierung ihrer Armee versäumt hatten, sondern überdies den Stand der deutschen Wiederaufrüstung maßlos überschätzten. Von den jahrelangen Phantasieberichten antifaschistischer Emigranten angesteckt, grassierte auch in der Armeeführung das Feindbild eines bis an die Zähne bewaffneten Deutschland.

Allein im Rheinland rechnete der französische Generalstab mit einer deutschen Streitmacht von 295 000 Mann, wobei offenbar jeder Uniformträger, ob SA-Mann oder Arbeitsdienstler, mitgezählt und zum Soldaten aufgewertet worden war. In Wirklichkeit gab es dort 60 000 Mann, die als Soldaten gelten konnten, und auch dies nur, wenn man die 36 500 Mann der Landespolizei hinzurechnete.[207]

Selten haben in der Geschichte die Fehlleistungen der Spionage so verhängnisvolle Folgen gehabt wie jene der französischen Aufklärungsdienste in der Rheinlandkrise. Nicht zuletzt dank ihnen verspielten die Westmächte und damit Europa die letzte Chance, Hitlers Marsch in das außenpolitische Abenteurertum zu stoppen.

Weniger als eine französische Division hätte ausgereicht, den militärischen Bluff der »Wiederbesetzung des Rheinlandes« auffliegen zu lassen. Die Wehrmacht war nicht in der Lage, auch nur einen kurzfristigen Krieg zu führen. Ihre Einheiten im linksrheinischen Gebiet hätten sich beim Anblick der ersten französischen Vorausabteilungen schleunigst zurückgezogen, wie es die ihnen mitgegebenen Befehle geboten. »Wären die Franzosen«, gestand Hitler später, »damals ins Rheinland eingerückt, dann hätten wir uns mit Schimpf und Schande wieder zurückziehen müssen, denn die militärischen Kräfte, über die wir verfügten, hätten keineswegs auch nur zu einem mäßigen Widerstand ausgereicht.«[208]

Es wäre allerdings verfehlt, das Versagen Frankreichs in der Krise allein seinen Militärs anzulasten. Sie waren nur Produkte des Zeitgeistes und ihrer zivilen Umgebung, Opfer ständiger Etatkürzungen, pazifistischer Wunschträume und der sterilen Betriebsamkeit einer politischen Klasse, die für die Armee und ihre in Wahlkämpfen schlecht verkäuflichen Notwendigkeiten kaum mehr übrig hatte als patriotisches Pathos.

Sie war auch jetzt nicht für konkrete Taten zu haben, als Gamelin eine letzte Trumpfkarte zog, das einzige Radikalmittel empfahl, um noch Hitler zu konterkarieren. Der Generalstabschef legte dem Kabinett Sarraut nahe, die Ermächtigung zur Generalmobilmachung zu erteilen, die es ermöglichen würde, die Armee binnen acht Tagen auf eine Stärke von 1,2 Millionen Mann zu bringen.[209] Generalmobilmachung – das war nun das letzte, was die Politiker in Paris riskieren wollten. Nichts scheute die Regierung mehr, als sechs Wochen vor den Wahlen ein Volk zu den Waffen zu rufen, das schon unmißverständlich zu verstehen gab, wie gleichgültig ihm die Rheinlandaffäre war.

Keine Protestkundgebung gegen Hitlers Coup war dem 7. März gefolgt, nirgendwo erhob sich in der Öffentlichkeit die Forderung nach entschiedenen Gegenmaßnahmen. Von der Rechten bis zur Linken, von der »Action française« bis zur »L'Humanité«, gab es nur eine Reaktion: »Alles andere, nur keinen Krieg!«[210] Der nahezu alle Lebensbereiche Frankreichs durchdringende Pazifismus ließ keinen Widerstand und keine vermehrte militärische Anstrengung zu. Auf Hitlers Coup wußte die mächtige Sozialistische Partei keine andere Antwort als die bizarre Forderung in der Deputiertenkammer, der Expansion der faschistischen Staaten konkrete Schritte zu einer allgemeinen Abrüstung entgegenzustellen.[211] Und andere taten es ihr nach: keine Rüstung, keine Militärbündnisse!

Der Regierung aber fehlten Mut und Elan, um sich dieser Stimmung zu widersetzen. Prompt verlegte sie sich auf diplomatische Aushilfen. Vom 9. März an appellierte sie an das befreundete Ausland, an England, die übrigen Locarnopartner und den Völkerbund.

Doch London zeigte keine Lust, den Franzosen zu Hilfe zu kommen. Eden wäre es einigermaßen phantastisch erschienen, wegen der Wiederbesetzung des Rheinlandes die Sicherheit Englands aufs Spiel zu setzen. Er hatte schon früher im Kabinett erklärt, daß die entmilitarisierte Zone im Rheinland den Nachbarstaaten Frankreich und Belgien zuliebe errichtet worden und es folglich deren Sache sei, welchen Preis sie für den Fortbestand dieser Zone zahlen wollten. Also kein vitales Interesse Englands.[212]

So hatte sich Eden trotz aller Empörung über Hitlers Rechtsbruch (»Ich kann ihm nicht mehr glauben«) sofort mit Baldwin dahin verständigt, »daß ein militärisches Vorgehen der Franzosen von Großbritannien nicht unterstützt werden würde«.[213] Auch dies vollzog sich vor der Kulisse einer desinteressierten Öffentlichkeit, die allerdings um einige Schattierungen freundlicher auf Hitlers Aktion reagierte als die französische. Das schlechte britische Gewissen wegen der Behandlung der Deutschen nach Versailles saß tief.

Von Stund an blockierte Eden alle Versuche Flandins, die Signatarmächte von Locarno zu einer gemeinsamen Aktion gegen Deutschland zu gewinnen. Bei ihrer ersten Zusammenkunft in Paris am 10. März setzte der britische Außenminister mit Hilfe der Belgier durch, daß militärische Maßnahmen zur Wiederherstellung des alten Rheinlandstatus nicht in Frage kämen.[214]

Verzweifelt reiste Flandin zwei Tage später nach London, um die Briten zu überreden, wenigstens wirtschaftlichen Sanktionen gegen das Reich zuzustimmen. Baldwin und Schatzkanzler Chamberlain lehnten auch dies ab, ganz darauf aus, »jeden Ärger mit Deutschland zu vermeiden«.[215] Zudem fand Chamberlain, die »Reaktion eines verrückten Diktators« lasse sich nie genau voraussagen.[216]

Statt dessen sah sich das Kabinett Sarraut immer mehr von London gedrängt, mit ebendiesem »Verrückten« zu verhandeln. Nun begann Hitlers »Friedensprogramm« zu greifen, denn Eden mochte partout nicht einsehen, warum Paris nicht versuche, mit Hitler ins Gespräch zu kommen, wo er doch mancherlei anbiete: einen 25jährigen Nichtangriffspakt und den Fortbestand der entmilitarisierten Zone unter Beifügung französisch-belgischer Grenzgebiete, garantiert von England und Italien.

Paris mochte auf so durchsichtige Vorschläge nicht eingehen und rief den Völkerbund an, was die Briten in beträchtliche Verlegenheit versetzte. Einer Diskussion über Rechtsbrüche sah Eden mit Unbehagen entgegen. Schließlich war es selbst für britische Machtpolitik keine Kleinigkeit, sich einfach über die Klauseln des Locarnopaktes hinwegzusetzen, die auch England dazu anhielten, jedem Vertragsbruch durch einen Partner entschieden entgegenzutreten, und die überfallartige Besetzung der Rheinlandzone war ein eklatanter Vertragsbruch.

So mußten die Briten daran interessiert sein, noch vor dem Zusammentritt des Völkerbundsrates in London am 14. März eine deutsche Konzession vorweisen zu können, um die Beratungen in friedliche Bahnen zu lenken. Prompt geriet Berlin unter britischen Druck: Am 11. März mahnte Eden Botschafter Leopold von Hoesch, das Reich möge sein »unentschuldbares« Benehmen durch eine rasche Geste des guten Willens wiedergutmachen, etwa durch die Reduzierung seiner Truppen im Rheinland oder den Verzicht auf Festungsanlagen.[217]

Hitler aber war nicht in der Laune, Zugeständnisse zu machen. Eben lief die Propagandakampagne für die Reichstagswahlen an, die kein attraktiveres Thema kannte als des Führers wundersame »Wiederherstellung der Souveränität des Reiches«, und da wäre es den nationalistisch aufgeheizten Volksmassen als ein Schwächezeichen des Regimes erschienen, an der umjubelten Rheinlandaktion wieder Abstriche zuzulassen.

Eden bohrte dennoch weiter und ließ sein Mißfallen über die Berliner Antwort deutlich erkennen, was Hoesch und die drei Waffenattachés der Botschaft mächtig beeindruckte. Militante Anti-Hitler-Reden im Unterhaus versetzten sie zusätzlich in fiebrige Aufregung. Der stets etwas besserwisserische Militärattaché Freiherr Geyr von Schweppenburg sah bereits die Signale auf Krieg gestellt und spornte seine Kollegen an, Berlin vor der »drohenden Kriegsgefahr« zu warnen.

Hoesch beschwor in einer Depesche vom 13. März »Erinnerungen an 1914« herauf und riet zu einer substantiellen Reduzierung der Rheinlandtruppen, dann folgte ein dramatischer Alarmruf der Waffenattachés. Sie kabelten an Blomberg: »Militär-, Marine- und Luftattaché haben nach gemeinsamer sorgfältiger Prüfung hiesiger politischer Entwicklung zu melden, daß Lage als außerordentlich ernst anzusehen ist. Sehr ungünstige Entwicklung innerhalb weniger Tage ist möglich.«[218] Das war zwar eine groteske Fehleinschätzung, doch sie erregte gleichwohl den Kriegsminister und weckte alte Invasionsängste in ihm. Da auch Oberst von Stülpnagel wieder einmal »die Lage als sehr ernst« ansah,[219] brannten Blomberg alle Sicherungen durch. Jetzt kannte er nur noch eines: Rückzug aus dem Rheinland!

Dreimal ließ Blomberg an diesem 13. März Hoßbach zu sich rufen, dem er »in großer Nervosität« einschärfte, Hitler dringend nahezulegen, sofort Aachen, Trier und Saarbrücken von allen Truppen zu räumen. Hitler wies das unwirsch ab. Als ihm Hoßbach das Krieg-in-Sicht-Telegramm zeigte, stopfte er es zur Bestürzung seines Adjutanten achtlos in die Tasche – ein Schauspielertrick Hitlers, um Leute seiner Umgebung zu beeindrucken. (Erst später erfuhr Hoßbach, daß der »Chef« das Telegramm längst kannte, aufgefangen und übermittelt von Görings Forschungsamt.)[220]

Hitler blieb auch bei seinem Nein, als Blomberg nun selber in der Reichskanzlei erschien und ihn drängte, den Bataillonen im linksrheinischen Gebiet den Rückmarsch zu befehlen.[221] Der Kriegsminister konnte sich nicht durchsetzen, zumal auch das Auswärtige Amt keine Kriegsgefahr sah. »Jetzt sind mer drinne und bleibet drinne«, soll Neurath geschwäbelt haben.[222]

Gelassen saß Hitler die Krise aus, überzeugt, die Lage besser beurteilen zu können als die Profis von Wehrmacht und Diplomatie. Auch die Pannen und Enttäuschungen der nächsten Tage konnten ihm wenig anhaben: das Schwanken Warschaus, das den Franzosen polnische Hilfe im Falle einer Militäraktion gegen das Rheinland anbot, ehe es sich wieder zurückzog, und das anfangs die Franzosen begünstigende Durcheinander in Italiens Führung, bis sich dann dort der Mussolini-Ciano-Kurs endgültig durchsetzte.[223]

Hitler stand selbst das Scherbengericht vor dem Völkerbundsrat durch, der am 19. März einstimmig feststellte, »daß die deutsche Regierung einen Bruch des Artikels 43 des Versailler Vertrages beging, indem sie am 7. März 1936 veranlaßte, daß militärische Streitkräfte in die entmilitarisierte Zone einmarschierten«.[224] Daß der Satz praktisch folgenlos blieb, ging nicht zuletzt auf britische Regie zurück, sosehr auch die ganze Resolution in Berlin ein wütendes Echo fand.

Edens Rede vor dem Völkerbundsrat am 18. März hatte schon wie ein Schlußwort geklungen. Also sprach Seiner Majestät Außenminister: Hitlers Aktion stelle trotz der Rechtsverletzung »keine Bedrohung des Friedens dar und erfordert nicht den unmittelbaren Gegenschlag, der in gewissen Fällen im Locarnopakt vorgesehen ist. Zweifellos schwächt die Wiederbesetzung des Rheinlands die Macht Frankreichs; aber sie schwächt in keiner Weise seine Sicherheit«.[225]

Die Rheinlandkrise war vorbei, Hitler hatte es wieder einmal geschafft. Der Provokateur atmete erleichtert auf: »Bin ich froh! Herrgott! Bin ich froh, daß es so glatt abgegangen ist. Ja, dem Mutigen gehört die Welt. Ihm hilft Gott.«[226]
Wie in Trance reiste Hitler durch sein Reich, von einer Wahlkundgebung zur anderen gepeitscht, in dem wogenden Meer jubelnder Volksmassen fast untergehend. Die Begeisterungsstürme um ihn herum ließen den Diktator immer mehr in die Wahnwelt eigener Unfehlbarkeit und Auserwähltheit abheben, in die dünne Luft eines messianischen Selbstbewußtseins, in der er »selbst Opfer des ihm von der Propaganda und seinem Volk angedichteten Führer-Mythos wurde«.[227]
Der 7. März 1936 hatte in Hitler nahezu alle Hemmungen beiseite gefegt. Zusehends sah er sich als Werkzeug dessen, was er »die Vorsehung« nannte. Schon war ein fatales Wort von ihm gefallen, gesprochen im Feuermeer von hunderttausend lodernden Fackeln bei einer Massenkundgebung auf der Münchner Theresienwiese: »Weder Drohungen noch Warnungen werden mich von meinem Weg abbringen. Ich gehe mit traumwandlerischer Sicherheit den Weg, den mich die Vorsehung gehen heißt.«[228]
Nichts ließ Hitler und die Zeitgenossen ahnen, daß ihm sein bisher größter außenpolitischer Erfolg zugleich zum Verhängnis werden sollte. Das Versagen der diplomatischen Profis, deren warnende Prognosen sich als falsch erwiesen hatten, die Nervenschwäche der Militärs und die Hilflosigkeit der westlichen Demokratien verdichteten sich in Hitler zu dem Wahn, nun alles wagen zu können, immer riskanteren Horizonten entgegen.
Das Volk aber, ganz in der Vorstellungswelt eines vordemokratischen Personenkults gefangen, bestärkte noch mit seiner blinden Führervergötzung Hitler in dessen wachsender Hybris, schuf erst das volkspsychologische Umfeld, in dem der Größenwahn des Diktators wuchern konnte. Der Propagandafeldzug für die »Wahlen« des 29. März bewies es erschreckend.
Eine Hochstimmung kam auf, die nahezu alles verdrängte, was die düsteren Seiten des Regimes ausmachte. Der Massenrausch des Hitlerkults überspielte die Engpässe des Alltags, ließ die Gesellschaft über alle Spannungen und Frustrationen hinweg enger zusammenrücken – integriert durch die Magie eines Mannes, der die fast allen Deutschen eigenen Bedrohungs- und Überwältigungsängste in einen nationalen Kraftakt ohnegleichen umzumünzen wußte.
Frühjahr 1936 – das war ein erster Höhepunkt der Hoffnungen und Illusionen, die der Hitlerismus erzeugte. Das war die Zeit, da die Wirtschaftskrise allmählich überwunden wurde, eine noch nie dagewesene Reisewelle in Deutschland hochschoß und die Olympischen Winterspiele in Garmisch-Partenkirchen dem Reich den »schönsten Sieg des Jahres an der Front der Herzen« (so der Budapester »Magyar Hirlap«) bescherte, Vorgeschmack auf das größte Sportspektakel des Jahrhunderts, das bevorstand: die Olympischen Sommerspiele in Berlin.
So war es beinahe schon normal, daß die NS-Propagandisten von den plebiszithaften Wahlen einen ihrer spektakulärsten Erfolge erwarteten. Und doch waren sie maßlos verblüfft, als die ersten Wahlergebnisse einliefen.

Goebbels, der sich um die Mittagszeit bei Hitler in der Reichskanzlei eingefunden hatte, schien das alles »kaum glaubhaft«. Er notierte: »Triumph über Triumph. Und nun hageln die Siegesbotschaften. Unaufhörlich. Ergebnis: 98,6 Prozent Wahlbeteiligung, 44 399 000 für den Führer, 542 000 dagegen. Ein Sieg von 98,79 Prozent.«[229]

Das Naziregime hatte die populistische Traumgrenze diktatorischer Systeme erreicht. Was immer dabei an örtlicher Wahlmanipulation und an Gesinnungsdruck mitgewirkt haben mochte – die überwältigende Mehrheit der Deutschen stand hinter Hitler. Ein beklemmender Anblick: Nie zuvor hatte sich ein politisches System in Deutschland einer so massiven Zustimmung erfreut.

In dem Massenrummel aber ging völlig unter, daß das Deutsche Reich seinen Rubikon überschritten hatte. Hitler hatte eine »Revolution in der außenpolitischen und vertragspolitischen Konstellation Europas«[230] ausgelöst, er hatte mit der Beseitigung des Rheinlandstatus die letzten multilateralen Bindungen zerschnitten, die Deutschland einst mit dem restlichen Europa verbanden. Immer mehr geriet das Reich in Gegensatz zu diesem Europa, ausgeliefert seiner eigenen Kraft und den hybriden Machtphantasien seines Führers.

8. Am Wendepunkt

Der Herausforderer war sekundenlang wie gelähmt, der Schlag des »braunen Bombers« hatte ihn schwer getroffen. Ein wahnsinniger Schmerz durchzuckte Max Schmeling, während erneute Sprechchöre mit dem entnervenden »Kill him, kill him!« das Johlen und Pfeifen der 40 000 Zuschauer im Yankeestadion von New York übertönten.

Doch Schmeling ließ sich nicht provozieren. Er sah, wenn auch nur noch mit einem intakten Auge, daß der schwarze Boxer vor ihm nahezu am Ende war. Joe Louis, »das Faustkampfwunder unserer Zeit« (so New Yorks »Daily Mirror«), konnte kaum noch weiterkämpfen.

Blindlings schlug er um sich, ohne genau zu zielen und zu treffen.

Da schoß plötzlich Schmelings rechte Faust nach vorn, und das gleich dreimal hintereinander in wenigen Sekunden. »Jeden Schlag«, erinnerte er sich später, »feuerte ich ab wie aus einem Gewehr: mit aller Präzision, über die ich noch verfügte, gezielt und mit voller Kraft geschlagen.«[1] Louis strauchelte, worauf Schmeling ihn in die Seile drängte und mit einem neuen Schlag am Kinn traf.

In diesem Augenblick ließ der Schwarze die Arme sinken und wandte seinem Gegner den »Kopf so zu, wie ich es seit zwölf Runden haben wollte« – blitzschnell genutzte Chance für Schmeling, zum letzten Schlag auszuholen. Es war »die Entscheidung«, wie der deutsche Boxer sogleich spürte: »Der Schlag reißt Louis förmlich herum. Wie erstaunt blickt er mich aus Augen an, die nicht mehr sehen. Dann dreht er sich um seine Achse und stürzt.«[2]

Ein Wunder schien geschehen an diesem denkwürdigen 19. Juni 1936, den keiner je vergessen konnte, der ihn miterlebt hat: Max Schmeling, gestürzter Weltmeister in allen Klassen, noch ein Jahr zuvor im Kampf gegen den spanischen Schwergewichtler Paolino wenig glücklich, hatte den Mann geschlagen, der in seiner Gewichtsklasse als der größte Boxer der Geschichte galt. Kaum ein Experte hatte Schmeling eine Siegeschance einräumen wollen. Allenfalls bis zur fünften Runde, so die Fachmeinung, werde er kommen, dann sei es aus mit ihm – zwölf hatte er tatsächlich durchgestanden und mit einem brillanten K.-o.-Sieg beendet.

Eine Flut von Glückwünschen, Partyeinladungen und Ehrungen brach auf den Sieger herein. Binnen weniger Stunden zählte Schmeling 1200 Telegramme, meist von Deutschen geschickt. Ganz Deutschland schien aus dem Häuschen geraten, die halbe Nation hatte den frühen Morgen am Rundfunkgerät zugebracht und den Kampf des populären »Maxe« verfolgt, allen voran die aufgeregte Anny Ondra, Schmelings Frau, die Gast im Hause des Propagandaministers Goebbels gewesen war.[3]

Auch die Führer des NS-Regimes bejubelten die »dramatischste und erregendste Begegnung zweier Klasseboxer«, wie der »Völkische Beobachter« schrieb.[4] Schmelings Sieg über den Neger paßte so recht in ihr rassistisches Weltbild. »Wunderbar«, jauchzte Goebbels, »Schmeling hat für Deutschland gefochten und gesiegt. Der Weiße über den Schwarzen, und der Weiße war ein Deutscher.«[5]

Goebbels ließ es sich nicht nehmen, einen Publicityrummel um Schmeling zu entfachen, wie er noch keinem deutschen Boxer widerfahren war. Heimreise im Zeppelin »Hindenburg«, überschäumende Begrüßung am Frankfurter Flughafen, Empfang bei Hitler mit anschließendem Kaffee und Kuchen, ein abendfüllender Kinofilm über den »Kampf des Jahrhunderts« – das Regime zeigte sich von seiner spendabelsten Seite.[6]

Schmelings spektakuläres Comeback kam Goebbels gerade zur rechten Zeit, denn just eben war das Regime dabei, Deutschland sportlich aufzurüsten und Weltniveau zu demonstrieren. Maxens wundersamer Sieg stimmte Millionen auf weitere deutsche Erfolge ein, in jenem Sportspektakel sondergleichen, der in Deutschland bevorstand, noch weit dramatischer und folgenreicher als der New Yorker Boxkampf: die XI. Olympischen Sommerspiele in Berlin.

Aus diesem Olympia 1936 ein Festival nationalsozialistischer Selbstdarstellung zu machen, war Joseph Goebbels entschlossen. Seit Wochen lief sein Propagandaapparat auf Hochtouren, nur das eine Ziel im Visier: das noch immer weithin verfemte Dritte Reich für ein internationales Publikum annehmbar zu machen, das Bild vom »friedlichen und glücklichen Deutschland« in Zehntausende ausländischer Köpfe einzuhämmern.

Die wirtschaftliche Lage begünstigte solches Vorhaben. Den meisten Deutschen ging es materiell besser als jemals zuvor in diesem Jahrzehnt. Der Aufschwung hatte sich mit »einmaliger Geradlinigkeit«[7] fortgesetzt und inzwischen auch die entferntesten Sektoren der Gesellschaft erreicht.

Wo andere Industriestaaten noch an ihren hohen Arbeitslosigkeitsraten laborierten, da zeigte sich in Deutschland schon ein erster Mangel an Arbeitskräften, vor allem an Facharbeitern. Im September 1936 schrumpfte die Zahl der Arbeitslosen im Reich auf eine Million zusammen, jene Million, von der die eine Hälfte als arbeitsunfähig galt, die andere als Notreserve für die Besetzung plötzlich frei gewordener Arbeitsplätze.[8]

Diese Entwicklung zwang das Regime im Interesse der Aufrüstung, die letzten Arbeitskräfte zu aktivieren, auch die Frauen, die zusehends in die Industrie strömten (1936 waren bereits 11,5 Millionen Frauen berufstätig).[9] Selbst die unpolitischen Ränder der deutschen Emigration in Westeuropa zapften die Werber des NS-Regimes an und lockten Tausende als Gastarbeiter ins Reich – Bruch der rigiden Abwehrpolitik, mit der die Gestapo bisher rückkehrwillige Flüchtlinge abgeschreckt hatte.[10]

Das zog immer mehr Menschen in den Kreislauf der Wirtschaft und ließ sie an einem bescheidenen Wohlstand teilhaben. Kaum verwunderlich, daß die einst krisengeplagten Deutschen in ihrer überwältigenden Mehrheit glaubten, das Schlimmste hinter sich zu haben.

Jeder Blick in den Annoncenteil der Zeitungen verriet, daß es wieder kräftig voranging. Eine »Autozelt- und Wohnwagenbewegung« machte sich breit, elektrische Grillgeräte, Warmwasserspeicher, Wasch- und Bohnermaschinen fanden Absatz, der Bierkonsum stieg an, die privaten Reisebüros verzeichneten Rekordumsätze.[11]

Rekorde und technische Triumphe allerorten: Bernd Rosemeyer gewann auf Auto-Union die großen Rennfahrerpreise von Deutschland, Italien und der Schweiz, Ferdinand Porsche begann mit den Probefahrten der drei Prototypen seines Volkswagens, Rolf Hansen drehte den ersten deutschen Farbspielfilm (»Das Schönheitsfleckchen«), und Walter Rieseler startete mit der Focke Achgelis Fa 61 und blieb 28 Sekunden in der Luft – Hubschrauberpremiere in Deutschland.[12]

Attraktionen solcher Art trugen nicht wenig zu jener seltsam unwirklich-optimistischen Atmosphäre bei, die über dem ganzen Land lagerte. »Optimist sein, mein Herr!« hieß der Titel eines populären Buches, und danach verfuhren viele Deutsche. Man tanzte Swing bis zum frühen Morgen, ließ sich im Kino von der Göre Rotraut Richter im »Veilchen vom Potsdamer Platz« rühren und genoß abseits der Politik mit einem »gespaltenen Bewußtsein«[13] all die kleinen Freiheiten, die über die große Unfreiheit hinwegtäuschten.

Das lief nicht ohne Stil ab, wofür schon die altbekannten Akteure sorgten. Renommierte Swingorchester und die internationale Vernetzung der deutschen Plattenindustrie machten Berlin trotz nazistischen Gegenwinds zu einem Zentrum »heißer« Musik, während der deutsche Film ein Stück seiner früheren Weltgeltung zurückerlangte: mit Actionfilmen wie Luis Trenkers »Kaiser von Kalifornien«, dem besten deutschen Western, und Persiflagen von der Art des Lilian-Harvey-Films »Glückskinder«.[14]

Neue Namen und Kreationen kamen hinzu. Die Funkkantaten Peter Huchels (»Der letzte Knecht«) leiteten eine Renaissance des Hörspiels ein, »Telefunken« entdeckte den Swingkönig Teddy Stauffer und seine Band für ein Massenpublikum, Zarah Leander unterschrieb ihren ersten Vertrag mit der »Ufa«.[15]

Also doch »ein normaler Staat mit zufriedenem Volke«, wie es ein kritischer Deutschlandbericht der Sopade[16] glossierte? Vordergründige Beobachter, meist aus dem Ausland, sahen nur die Äußerlichkeiten und Ritualien der »Volksgemeinschaft«, ohne ihre Fassade zu durchdringen, hinter der die alten sozialen Konflikte – und manche neuen – rumorten, noch keineswegs im Griff des Regimes, das nichts weniger besaß als die totalitäre Kontrolle über die Gesellschaft.

Echte Harmonie konnte sich da kaum einstellen, liefen doch die Auseinandersetzungen unter der Decke der zwanghaften Solidargemeinschaft weiter: die mal als

Nazifizierung, mal als Modernisierung verstandene Zurückdrängung der Kirchen aus der Jugend- und Sozialarbeit, der Kleinkrieg der Hitlerjugend gegen Schule und Elternhaus, die politische Gängelung der Arbeiterschaft.

Das bewirkten sektorale Unruhe und Unzufriedenheit, die dem Alltag im Dritten Reich seine Janusköpfigkeit gaben: wachsende Zustimmung zum NS-Regime und vor allem zu seinem Führer und zugleich steigende Verdrossenheit über einzelne Erscheinungsformen dieses Regimes, die von der Korruption der Monopolpartei bis zu den schikanösen, meist von Gestapo und SD initiierten Devisen- und Sittlichkeitsprozessen gegen katholische Geistliche reichten.

Da kam viel zusammen: Arbeiterproteste gegen miserable Entlohnungen und Arbeitsbedingungen, der Unmut von Kleinhändlern und Bauern, die sich von dem neuen Industrialisierungsschub an den Rand der Gesellschaft gedrängt sahen, die Erbitterung der Katholiken über den »neuen Kulturkampf« des Regimes gegen ihre Kirche – eine Skala von punktuellen Abwehrreaktionen, die sich zwar zu einem grundsätzlichen Widerstand gegen das Hitlersystem nicht zusammenfügten, gleichwohl einen kräftigen Dissens in die propagandistische Einheitsidylle der Volksgemeinschaft brachten.

Solche Dissonanzen nötigten den Propagandaapparat, immer wieder gegenzusteuern und aufkommende Mißstimmungen im Volke zu neutralisieren. Es gehörte zu den massenpsychologischen Grundregeln nationalsozialistischer Herrschaft, die Menschen nicht zur Ruhe kommen zu lassen und ihre Phantasien und Energien auf milieuübergreifende Themen abzulenken: daher das Auf und Ab der Großkundgebungen, Massenaufmärsche und Volksfeste, der politischen Wochenendcoups und Sondermeldungen.

Da war der herannahende Massenspektakel der Berliner Olympiade dem Regime überaus willkommen, bot sie ihm doch vielfältige Gelegenheit, sich einem ausländischen Publikum als weltoffen zu präsentieren und zugleich innerdeutschen Mißstimmungen unauffällig ein Ventil zu schaffen. Zudem reizte es den Propagandaminister Goebbels einfach, dem Dritten Reich etwas internationale Eleganz und kulturelle Libertät einzuhauchen, ohne die selbst er auf die Dauer nicht auskommen mochte.

So hatte er sein Olympia 36 ins Werk gesetzt, eine Kampagne voller Raffinesse und Dreistigkeit, die dem Regime ein verändertes Gesicht geben sollte. Nicht etwa, daß die Propaganda die deutsche Wirklichkeit völlig auf den Kopf stellte. Was sie vorführte, gab es im Kern wirklich: das »deutsche Wirtschaftswunder« (Titel eines 1936 in Holland erschienenen Buches),[17] die weitgehende Zustimmung zum Regime, die kleinen Freiräume der Diktatur, auf die nun Goebbels ganz besonders abhob.

Nur: Was bis dahin eher widerwillig vom Regime geduldet worden war, sah sich jäh zu lebhaftester Aktivität angespornt. Die Jazz- und Swingklubs, nie ganz sicher, ob sie mit ihrer den nazistisch-völkischen Kulturschnüfflern verhaßten »Niggermusik« noch erlaubt waren, merkten als erste, daß Nonkonformes auf einmal hoch willkommen war.

Hatte noch ein Jahr zuvor der Reichssendeleiter Eugen Hadamowsky ein allerdings nur halbwegs befolgtes »Verbot des Niggerjazz für den gesamten deutschen Rundfunk« erlassen,[18] so strahlte jetzt den deutschen Jazz- und Swingfreunden amtliches Wohlwollen entgegen. Neue Klubs schossen wie Pilze aus dem Boden, die Schallplattenfirmen kamen mit ihren Ellington-, Dorsey- und Redmanproduktionen kaum noch nach, um den Hunger der Fans zu stillen.

»Niggermusik« war im Nazireich plötzlich »in«. Goebbels heuerte Jack Hyltons britische Swingband, deren »undeutsche« Musik das Propagandaministerium noch 1934 in Rage versetzt hatte, für den nächsten Berliner Presseball an,[19] und auch in der DAF kam die »Negermusik wieder in Mode«, wie ein Informant der Sopade auf einer KdF-Feier beobachtete: »Es konzertiert eine original Negerkapelle aus Honolulu. Alles Reklame.«[20]

Der Jazzrummel war nur ein Anfang, Goebbels' Charmeoffensive peilte sich immer mehr auf »die Woche der Fröhlichkeit und Glückseligkeit« (Olympiaparole der DAF)[21] ein. Das alles mußte sichtbar sein: Die Röcke der Frauen wurden kürzer, die Buchhändler sahen sich dazu animiert, möglichst viele unerwünschte, gleichwohl gedruckte Literatur in ihren Schaufenstern zu plazieren, und auch die Filmmagazine durften ohne Scheu gegen Naziblätter zu Felde ziehen, denen die ungebrochene Anziehungskraft Marlene Dietrichs und anderer Hollywoodstars auf das deutsche Publikum höchlichst mißfiel.[22]

Die Parteipresse mußte sich bürgerlich-liberalen Olympia-Enthusiasten öffnen, die ihre völkische Leserschaft in die Wonnen internationaler Versöhnung einstimmten. »Olympische Spiele«, wußte der »Völkische Beobachter« nun, »sind ein fröhliches Fest. Wir haben ein Recht auf Freude. Frohes unbekümmertes Spiel ist die Wurzel des Sports, vom Wort wie von der Sache.«[23]

Was jetzt noch am Bild deutscher Weltläufig- und Friedfertigkeit störte, wurde rücksichtslos beseitigt. Hier begann die eigentliche, die wahre Täuschung durch das Propagandaministerium. Die antijüdische Hetze in Presse und Rundfunk verschwand für die Dauer der Olympischen Spiele. Die antisemitischen Schilder (»Juden unerwünscht«) in Hotels, Schwimmbädern und an Ortseingängen wurden entfernt, auch die öffentlichen Schaukästen mit der jeweils neuesten Nummer des »Stürmer«.

Die »Rassenfrage« durfte in der Presse und in SA-Reden nicht mehr erörtert werden. Meldungen über den Kirchenkampf und die Verhaftung aktiver NS-Gegner waren gestrichen, politische Schauprozesse wie der gegen den ehemaligen Franziskanerbruder Gratian in Koblenz wegen »widernatürlicher Unzucht« wurden ausgesetzt.[24]

Manipulationen bis ins letzte Detail: Die Fertigstellung des neuen Konzentrationslagers Sachsenhausen wurde auf den September 1936, den Monat nach den Olympischen Spielen, verschoben[25] und die Partei dazu angehalten, möglichst wenig in Erscheinung zu treten. Der »Völkische Beobachter« mußte sich sogar gerieren, als gebe es keine nationalsozialistische Partei mehr in Deutschland. Seine täglich gewohnte Seite mit den Nachrichten über die »Bewegung« fehlte fortan.

Die Ironie daran aber war, daß die Nationalsozialisten dies alles so nie gewollt hatten. Die olympische Weltbewegung Pierre de Coubertins war ihnen immer suspekt gewesen. Deren humanistisch-internationalistische Ziele paßten nicht in das enge völkische Weltbild des Nationalsozialismus mit seiner wahnhaften Überbewertung von Nation und Rasse.

Nichts war den Nazis vor 1933 befremdlicher, als sich mit Ausländern und Juden in internationalen Sportarten zu messen. Alfred Rosenberg schien es 1928 nachgerade »ein Verbrechen«, Wettkämpfe mit Nationen zu veranstalten, die das Versailler Diktat zu verantworten hätten,[26] und ganz außer sich war die Partei, als ruchbar wurde, daß fortan auch Neger am internationalen Sport teilnehmen würden. Der »Völkische Beobachter« verlangte 1932: »Die Schwarzen müssen ausgeschlossen werden.«[27]

Für zweckfreien, individualistischen Sport hatte die NSDAP ohnehin keinen Sinn. Für sie gab es nur »Leibesübungen« zur Stärkung der deutschen Volks- und Wehrkraft. Sie galten ihr als Mittel zur »Aufnordung« der Nation oder für den politischen Straßenkampf, was der Partei eine Vorliebe für den Geländesport und die Schwerathletik eingab.

Sport um seiner selbst willen aber war zumindest den NS-Ideologen ein Horror. »Das Zeitalter des individualistischen Sportbetriebs ist vorbei«, hieß es parteioffiziell.[28] Auch der unsportliche Hitler, der körperliche Anstrengungen gern mied, hielt es für absurd, hinter Rekorden herzuhecheln: »Ich hasse alle diese Leute, die plötzlich sportlich sich betätigen, alle Leute, die Bravourstücke machen!«[29]

Als 1931 das Internationale Olympische Komitee (IOK) beschloß, die Ausrichtung der übernächsten Sommer- und Winterspiele an Deutschland zu vergeben, drohte die Partei sogleich mit einem Boykott der Berliner Olympiade. Für die Parteibasis gab es keinen Zweifel: »Wenn Hitler an die Macht kommt, verschwindet der olympische Spuk aus Deutschland.«[30]

So schien es nur konsequent, daß die führenden Funktionäre der deutschen Olympiabewegung zu den ersten gehörten, die im braunen Gleichschaltungsterror untergingen. Sie verloren im April 1933 ihre Positionen im nationalen Sport und wurden zu Unpersonen des Regimes,[31] derweil sich Nazikommissare der kopflosen Sportverbände bemächtigten und sie in Einheitsorganisationen preßten.

Die marxistische Arbeitersportbewegung wurde zerschlagen, die konfessionellen Sportverbände gerieten in die Abhängigkeit der HJ, bis das Regime sie ganz verbot. Am glimpflichsten kam noch der bürgerliche Sport davon, organisiert im Deutschen Reichsausschuß für Leibesübungen (DRA), der größten Sportbewegung der Weimarer Republik.

Die Leitung des DRA übernahm Hans von Tschammer und Osten, ein eitler, ruhmsüchtiger SA-Führer, der so geringe Ahnung vom Sport hatte, daß selbst Nationalsozialisten seine Ernennung zum Reichssportkommissar für einen Witz hielten. Doch Tschammer, lernbegierig und nicht ohne Charme, führte geschickt den Auftrag aus, den ihm das Reichsinnenministerium erteilt hatte: alle Sportorganisationen einzuebnen und unter einem Kommando zu zentralisieren.[32]

Er ließ im Mai 1933 den DRA auflösen und dessen Vermögen dem Reich übertragen. Dann zwang er die Fachverbände, ihre Geschäftsstellen nach Berlin zu verlegen und unter seinem Vorsitz einen Reichsführerring des Sports zu bilden. Eine neue Organisation mit Gauen, Bezirken und Kreisen entstand, in denen Tschammers Funktionäre die Vereine und Organe der sportlichen Selbstverwaltung beaufsichtigen sollten: Anfänge einer beispiellosen Reglementierung des deutschen Sports.[33]

Bald folgte der nächste Schlag. Im Januar 1934 verloren die Fachverbände ihre Selbständigkeit und mußten sich den 21 Fachämtern Tschammers unterstellen, der sich fortan Reichssportführer nannte. Er bildete mit den Leitern der Fachämter einen Führungsstab, das spätere Reichssportamt, das bald einem rapide wachsenden Mammutunternehmen vorstand: dem Deutschen Reichsbund für Leibesübungen (DRL), nach eigener Interpretation »die einzige zentrale Vereinigung aller deutschen Leibesübung treibenden Vereine«.[34]

Doch auch die Gleichschalter des Sports mußten erkennen, was ihre Kollegen in anderen Bereichen der Gesellschaft schon erfahren hatten: daß der Gleichschaltung Grenzen gesetzt waren, namentlich dort, wo sie auf festgefügte Sozialstrukturen stieß. Die Masse des DRL blieb so bürgerlich, wie sie immer gewesen war, folgte sie doch meist den alten »unpolitischen« Funktionären, die schon in der Republik die Vereine und Verbände geführt hatten.

Dieses Sportestablishment war in der Gesellschaft so stark verwurzelt, daß die Nationalsozialisten es nicht einfach beseitigen konnten. Ihnen blieb nur übrig, sich mit ihm »zu arrangieren und die Interessen gegeneinander abzuwägen«.[35] So einigte man sich in einem Kompromiß: Tschammer sicherte dem Sport die Beseitigung seiner organisatorischen Zerrissenheit und weitgehende Unterstützung durch den Staat zu, der Sport hingegen fügte sich den Ritualien bedingungsloser politischer Gleichschaltung.

Was aber bedeutete Gleichschaltung im Sport? Ergebenheitsadressen an das Regime, Auswechslung »belasteter« demokratischer Funktionäre, Übernahme des schändlichen Arierparagraphen. Aber auch da wußte Tschammer, aufgerührte Sportlergewissen einzuschläfern. Er ließ zunächst zu, daß jüdische Kriegsteilnehmer vom Arierparagraphen ausgenommen wurden. Sogar ehemaligen Sozialisten und Kommunisten öffnete Tschammer den DRL.[36]

Solche Arrangements ermutigten auch die ausgeschalteten Spitzenfunktionäre der olympischen Bewegung, ihr Comeback in den deutschen Sport zu erzwingen. Sie hatten nicht vor, Olympia 1936 den Nazis allein zu überlassen. Hitler hatte zwar nach der Machtübernahme versprochen, die Ausrichtung der Olympischen Spiele in Berlin und Garmisch-Partenkirchen »in jeder Hinsicht zu fördern«,[37] doch er wollte damit nur noch Nationalsozialisten betraut wissen. Tschammer hatte bereits den Vorsitz im Deutschen Olympischen Ausschuß übernommen.

Doch es gab zwei Männer, die entschlossen waren, dies auf keinen Fall hinzunehmen. Der gestürzte DRA-Vorsitzende Theodor Lewald, Sohn eines jüdischen Justizrats und selber ehemaliger Staatssekretär, und sein ebenfalls entlassener

Generalsekretär Carl Diem hatten nie aufgehört, einen einzigen großen Traum zu träumen und ihn gegen alle Widrigkeiten der Zeit zu verwirklichen: in Deutschland die schönsten Olympischen Spiele der Welt zu veranstalten.

Ihre Namen gehörten zusammen, seit es eine olympische Bewegung in Deutschland gab. Ohne die Geldmittel und organisatorischen Künste des Bürokraten Lewald wären die ersten deutschen Olympiakomitees undenkbar, ohne die reformerischen Ideen des Feuerkopfs Diem die Modernisierung des deutschen Sports und dessen internationale Erfolge unvorstellbar gewesen. Sie hatten schließlich auch die Olympiade nach Deutschland geholt und angefangen, sie zu organisieren, ehe ihrer Arbeit ein brutales Ende bereitet worden war. [38]

Wie aber den Nationalsozialisten die olympischen Vorbereitungen wieder entreißen? Lewald und Diem waren nur die Posten im olympischen Sport geblieben. Diem und Lewald saßen noch immer als Vertreter Deutschlands im IOK, sie gehörten auch dem im Januar 1933 gegründeten Organisationskomitee für die Berliner Olympiade (OK) an, Lewald sogar als Vorsitzender. [39]

So blieb ihnen nur eine Chance: die olympische Weltbewegung gegen das NS-Regime auszuspielen. Darin allerdings waren sie unschlagbar, denn kein Nazi konnte sie aus ihrer olympischen Stellung verdrängen. Außerdem: Nicht Regierungen richten Olympische Spiele aus, sondern die nationalen Organisationskomitees, die allein dem Internationalen Olympischen Komitee in Lausanne unterstehen. Und hier setzte Lewald an.

Der alte Herr, immerhin schon 72, bestellte sich im April 1933 bei dem Präsidenten des IOK, Graf Henri de Baillet-Latour, ein Schreiben, mit dem er Hitler unter Druck setzen wollte. Das Schreiben war zwar formal an die deutschen Mitglieder des Internationalen Olympischen Komitees gerichtet, in Wirklichkeit aber galt es dem Diktator, dem es Lewald auch am 6. Mai zustellte.

Die »gegen gewisse Sportsleute ergriffenen Ausnahmeregeln«, schrieb Baillet-Latour, ließen »große Schwierigkeiten« für die Berliner Spiele befürchten. Deshalb sei eine »schriftliche Garantieerklärung« der Reichsregierung darüber erforderlich, daß sie »nichts den sorgfältigsten Beobachtungen der Olympischen Regeln entgegenstellen wird«. Dann folgte ein Satz voll drohender Untertöne: »Falls diese Bedingungen nicht die Zustimmung des Reichskanzlers finden sollten, wäre es vorzuziehen, wenn die Stadt Berlin ihre Kandidatur zurückzöge.« [40]

Hitler verbat sich diese »anmaßende« Intervention des IOK und lehnte auch jede Aussprache mit Lewald ab. [41] Doch lange konnte er seine Position nicht durchhalten. Die sich im demokratischen Ausland ausbreitende Boykottbewegung gegen »Hitlers Spiele« zwang ihn zu einer Kurskorrektur.

Betreiber des Boykotts waren politische Kreise in den USA, die schon bei den ersten antijüdischen Exzessen in Deutschland versucht hatten, eine weltweite Protestbewegung gegen das Naziregime in Gang zu setzen. Die eben anhebende weltweite Debatte über die kommende »Nazi-Olympiade« eröffnete Boykottführern wie dem New Yorker Rabbi Stephen S. Wise ein neues, populäres Kampffeld. So fand denn auch weithin Anklang, wenn er und seine Anhänger argumentierten, angesichts der Verfolgung von Minderheiten im Deutschland der Nazis dürften dort keine Olympischen Spiele stattfinden. Wise erklärte: »Die Diskriminierung der Juden verstößt gegen alle Grundregeln des Sports.«[42]

Der drohende Boykott aber machte die Olympischen Spiele für Hitler jäh zu einem Prestigeobjekt ohnegleichen. Bis dahin hatte er die Olympiafrage recht dilatorisch behandelt, jetzt aber wurde er hellwach: Die Verlegung der Spiele wäre für das NS-Regime ein schwerer Schlag gewesen.

Auf einmal sah sich Lewald als Gesprächspartner der Reichskanzlei hoch willkommen. »Excellenz« Lewald wurde dringend benötigt, denn am 7. Juni 1933 stand in Wien eine IOK-Tagung bevor, auf der noch einmal über die Berliner Spiele beraten werden sollte. Die drei amerikanischen Mitglieder hatten die Judenverfolgung in Deutschland auf die Tagesordnung gesetzt und wollten »harte Garantien« für deutsches Wohlverhalten verlangen.[43]

Zufrieden konnte Lewald mit Diem in Wien erscheinen, um den IOK-Kollegen Entwarnung zu geben. Ihre Rückkehr in den deutschen Sport war gesichert, und auch die von Hitler verwehrte Garantieerklärung der Reichsregierung hatte Lewald mitgebracht. Darin war festgeschrieben, daß »alle olympischen Vorschriften auf das genaueste beachtet werden ... und grundsätzlich die deutschen Juden aus der deutschen Mannschaft für die XI. Olympischen Spiele nicht ausgeschlossen sein würden«.[44]

Was sich schon in anderen Sektoren der Gesellschaft vollzogen hatte, trat nun auch im Olympiasport ein: die Verschränkung der alten bürgerlichen Führungseliten mit dem Funktionärskorps der NSDAP. Von Stund an bildeten Tschammer, Lewald und Diem ein scheinbar unzertrennliches Team. Nazis und Nichtnazis vereinigten sich zu einer gemeinsamen Anstrengung, verbunden durch ein nationalistisches Kredo, das die Teilnahme an Olympischen Spielen zu einem bloßen nationalen Kraftakt reduzierte.

Sinnlos, darüber zu spekulieren, wer hier wen benutzte. Im Grunde profitierten beide Seiten voneinander. Der Sport, ohne Sensorium für die Abgründe des nationalsozialistischen Regimes, machte sich die Geltungssucht der neuen Herren zunutze, um seine »schönen« Spiele zu bekommen, das Regime hingegen die Rekordseligkeit des Sports, eisern entschlossen, durch ein überdimensionales »Fest des Friedens« aus der Risikozone internationaler Verfemung herauszukommen. Den augenfälligsten Nutzen hatten dabei allerdings zunächst die alten Sportfunktionäre. In ihre Hand fielen die technisch-fachlichen Olympiavorbereitungen wieder zurück. Jetzt ging alles über Bord, was die Nationalsozialisten jemals gegen Olympia eingewandt hatten. Keine der Wettkampfvorstellungen des Nationalsozialismus überlebte die olympischen Vorbereitungen, nichts blieb übrig von den Drohungen der NS-Rassisten, Amerikas schwarze Sprinter von den Berliner Spielen fernzuhalten. Der verketzerte Individualsport war für die NSDAP plötzlich völlig akzeptabel, wie auch ein Wechsel im Sportressort des »VB« zeigte: Fortan redigierte dort ein echter Sportler, der Leichtathlet Werner Storz, Silbermedaillengewinner der Olympischen Spiele von Amsterdam.

Diem aber pumpte Tschammer mit olympischem Gedankengut so voll, daß dieser bald wie ein Jünger Coubertins wirkte. Wann immer der Reichsführer eine originelle Idee vortrug, stammte sie von seinem Stichwortgeber. Diem redete ihm ein, im ganzen Reich eine Jagd nach dem »unbekannten Sportsmann« zu entfesseln. Diem suggerierte ihm, Hitler zu empfehlen, die eingestellten Ausgrabungen im antiken Olympia durch die Reichsregierung fortsetzen zu lassen. Diem schlug ihm vor, den im Frühjahr 1933 von den Nazis fortgejagten Kölner Stadiondirektor Christian Busch zurückzuholen und zum Inspekteur für alle Olympiavorbereitungen der Sportverbände zu ernennen.[45]

Nur Hitler fiel es noch schwer, sich dem neuen Kurs anzupassen. Als ihm der Architekt Werner March im Oktober 1933 die Pläne für den Umbau des in der Kaiserzeit gebauten Sportstadions im Grunewald zeigte, die auch einen Betonbau mit verglasten Zwischenwänden enthielten, explodierte der braune Baunarr. Einen solchen Glaskasten, knurrte Hitler, werde er nie betreten; die Olympischen Spiele seien sofort abzusagen, da sie ja ohne ihn nicht eröffnet werden könnten.[46]

Diem und Lewald glaubten schon alles verloren, da kam Hitlers Lieblingsarchitekten Albert Speer eine rettende Idee. »Ich zeichnete über Nacht«, erzählt er, »eine Skizze, die eine Umkleidung des Konstruktionsgerippes mit Naturstein sowie kräftigere Gesimse vorsah, und Hitler war zufrieden.«[47] Plötzlich war sein Interesse geweckt. Jetzt konnten ihm die Anlagen gar nicht klotzig und ausgedehnt genug sein. Stürmisch verlangte er, man brauche weiteres Gelände, hier müsse das größte Stadion der Welt entstehen.[48]

Er warf March ein paar Stichworte zu, worauf der Architekt eine imposante Anlage entwarf, angesiedelt auf der Hochfläche zwischen den letzten Häusern des Berliner Stadtteils Neu-Westend und der Havel: das »Reichssportfeld« mit einer Hauptkampfbahn für 100 000, einer Schwimmbahn für 10 000 und einem Freilufttheater für 20 000 Zuschauer. Hitler war einverstanden. Er hatte schon einen Namen für die Hauptanlage: Olympiastadion.[49]

Der Startschuß war gefallen, jetzt konnten die Olympiavorbereitungen konkret beginnen. Lewald und Diem konzentrierten sich mit ihrem Organisationskomitee auf die Sommerspiele, der ehemalige DRA-Leichtathletikchef Karl Ritter von Halt mit einem eigenen OK auf die Winterspiele. Zugleich füllten sich die beiden Komitees mit Parteifunktionären, Militärs, Vertretern der Polizei und des Reichsinnenministeriums auf.[50]

Dazu stieß im Frühjahr 1934 auch Goebbels, der in seinem Ministerium einen Propaganda-Ausschuß für die Olympischen Spiele aufstellen ließ. Wichtigster Unterausschuß des PA war das Amt für Sportwerbung, das ein Verbindungsbüro in der Berliner Hardenbergstraße 19 unterhielt, wo bereits Tschammers Stab und Lewalds OK, bald auch Busch mit seinen Trainern saßen. Die Olympiazentrale war perfekt.[51]

Sie setzte eine Flut von Werbeaktionen in Bewegung, wie sie der Sport noch nicht gesehen hatte: Olympiawerbewochen in allen Städten, Werbeumzüge bis ins letzte Dorf, Volkssportfeste, Schwimmwerbewochen, Olympiaausstellungen, ein

Olympiazug auf Schienen, Filmvorführungen, dazu ein Meer von Broschüren, Faltblättern und Aufrufen – ausgerichtet auf das eine Ziel, Massenbegeisterung für die Spiele zu wecken und Kandidaten für die Wettkämpfe zu finden.

Keiner wollte sich ausschließen von der »nationalen Aktion«, jede Organisation sah sich aufgerufen, mitzumachen und für Olympia zu arbeiten. Und fast jeder machte mit, vom Deutschen Roten Kreuz bis zum kleinsten Gesangverein, alle darauf eingeschworen, Olympia »als tragendes Volksgut in die Bevölkerung planmäßig hineinzutragen«, wie ein Sportwerber der Partei im besten Braundeutsch formulierte.[52]

Erneut erwies sich, wie sehr es dieses Regime verstand, Menschen zu motivieren und zu mobilisieren. Was trieb sie an? Erlebnishunger, Anpassung an das NS-System, ein ungebrochener Nationalstolz und die magische Anziehungskraft eines elitär-heroischen Leistungssports, dessen Entartung zur unmenschlichen Kraftprotzerei noch im dunkeln lag.

Irreal wäre jedoch die Vorstellung, das NS-Regime habe seinen Sportlern auferlegt, durch Bestleistungen die Überlegenheit des deutsch-arischen Menschen über andere Völker und Rassen zu demonstrieren. In Wirklichkeit hielten sich die deutschen Vorbereitungen im Rahmen des olympischen Leistungsbegriffs, der sich allerdings von dem des Dritten Reiches so arg nicht unterschied, hatte doch schon Coubertin einem athletischen Heroismus das Wort geredet, der durch höchste sportliche Leistung »sein Vaterland, seine Rasse und seine Fahne erhöht«.[53]

Zudem hatten Busch, Diem und Tschammer wenig Veranlassung, sich Träumen von deutscher Überlegenheit hinzugeben. Sie wußten, wie schlecht es um die Konkurrenzfähigkeit des deutschen Sports bestellt war. Die hektische Suche nach dem »unbekannten Sportsmann« verriet ihre Nöte: Ohne die Aktivierung neuer Talente hatte der deutsche Sport kaum eine Chance, diesmal besser abzuschneiden als bei den letzten Olympischen Spielen (Los Angeles, 1932), wo Deutschland in der Nationenwertung auf den fünften Platz abgesunken war.[54]

Vor allem in der Kerndisziplin des olympischen Sports, der Leichtathletik, waren die Deutschen mit wenigen Ausnahmen ins Hintertreffen geraten. Was jede Leistungsstatistik erneut bewies: 1934 verzeichnete die Weltathletik 25 neue Höchstleistungen, von denen 18 auf das Konto amerikanischer Sportler und eine auf das eines deutschen Athleten kamen.[55]

Da konnte der Kenner Storz im »Völkischen Beobachter« nur feststellen, daß »die deutsche Leichtathletik zur Zeit den Weltbesten nichts entgegenzusetzen hat«.[56] Doch gegen den aufkommenden Kleinmut bäumten sich Diem und Busch entschieden auf. Sie glaubten an deutsche Teilerfolge in Berlin, zumindest außerhalb der Leichtathletik, etwa im Turnen, in den Frauenwettbewerben, im Kanu- und im Reitsport, und mobilisierten Deutschlands letzte sportliche Reserven.

Das hatte nun allerdings nichts mit der Heranzüchtung von »Staatsamateuren« zu tun, wie es eine gängige Legende will. Die geballte staatliche Förderung und Gängelung des Olympiasports durch diktatorische Systeme war dem NS-Regime noch unbekannt. Der Staat, so bezeugt Busch, bewilligte zwar »zweckgebundene Mittel in Höhe von jährlich 500 000 Mark«, doch »die Aktiven selbst erhielten keinen Pfennig Unterstützung. Sogar die Kleidung wurde später auf Kammer gelegt und bei Bedarf wieder ausgeliehen.«[57]

Die Olympiasportler genossen Fahrpreisermäßigung sowie freie Verpflegung und Unterkunft für die Zeit in einem Trainingslager. Sie war aber nur kurz bemessen, weil die Arbeitgeber für den Verdienstausfall ihrer olympiaverdächtigen Angestellten nur selten aufkamen.[58]

Busch mußte seine Trainer meist zu den Athleten in deren Heimatorte entsenden, um die Sportler wenigstens dort am Feierabend zu schulen. Das entsprach auch seiner eigenen Konzeption, »keine zentralen Lehrgänge für Spitzenkönner durchzuführen, sondern diese in ihrer örtlichen Umgebung zu lassen und lediglich ihre Heimtrainer auf einheitliche Trainingsmaßnahmen und -methoden auszurichten«.[59]

Allmählich wurden die Leistungsberichte der Trainer zuversichtlicher – Ansporn für Diem, auch seine eigenen Vorbereitungen energischer zu betreiben. Er hatte sich nie mit der sporttechnischen Seite Olympischer Spiele begnügen wollen. Ihm schwebte eine musische Durchdringung der Spiele vor. Für Carl Diem war die Olympiade ein Festival von Geist und Körper, das Jugend, Geschichte und Kultur miteinander verband. Sport und Kunst – das war sein Thema.

Diem organisierte am Berliner Kaiserdamm eine Olympische Kunstausstellung, schrieb ein Festspiel »Olympische Jugend« und holte sich heran, was Rang und Namen in der Kunst hatte. Mary Wigman und Harald Kreutzberg gewann er als Tanzstars für sein Festspiel, Werner Egk schrieb ihm eine »Olympische Festmusik«, und Carl Orff komponierte den »Olympischen Reigen«.[60]

Selbst den mit dem Regime in Streit geratenen Richard Strauss, 1935 als Präsident der Reichsmusikkammer abgesetzt, weil er an seinem jüdischen Librettisten Stefan Zweig festhielt, boxte Diem bei Goebbels frei. Strauss lieferte ihm die »Olympische Hymne«, die sogar Goebbels versöhnlich stimmte: »Sie ist wirklich wunderbar. Komponieren kann der Junge. Welch ein Wurf. Ganz groß.«[61]

Was noch an originellen Ideen fehlte, steuerte das Propagandaministerium bei. Ministerialrat Haegert, der für Inlandspropaganda zuständige Abteilungschef, hatte den Einfall, die Olympiaflamme an der antiken Geburtsstätte mit einem Brennglas zu entzünden und durch Fackelläufer von Land zu Land nach Berlin zu tragen,[62] während in der Filmabteilung des Ministeriums die Idee umging, die Spiele in einem künstlerisch anspruchsvollen Zelluloidwerk zu verklären.

Goebbels' Leute wußten auch schon, wer das in die Hand nehmen könne: Leni Riefenstahl, Deutschlands talentierteste und opportunistischste Filmdokumentaristin, seit ihren Parteitagsfilmen »Sieg des Glaubens« (1934) und »Triumph des Willens« (1935) bei Hitler in hohem Ansehen. Ihre Naturmontagen und der idealisierende Körperkult ihrer Filme prädestinierten sie nachgerade zu dem geplanten Propagandawerk. Am 16. Oktober 1935 erhielt sie von Goebbels einen Vertrag, der ihr für die Herstellung eines zweiteiligen Olympiafilms 1,5 Millionen Mark zusicherte: Start in den größten Welterfolg, den ein Nazifilm je erzielte.[63]

Das Unternehmen Olympia 1936 lief und lief mit zunehmender Präzision. Ein Heer von Bauarbeitern, Straßenkehrern, Ernährungsexperten und Aufmarschplanern stellte Berlin für das große Jubelfest auf den Kopf, Speerspitze »einer Organisation, die wirklich ans Fabelhafte grenzt und auch nichts, rein gar nichts außer acht läßt«, wie die »Kölnische Zeitung« mit der gewünschten Begeisterung notierte.[64]

Keine Anstrengung wurde unterlassen, Berlin schöner zu machen, keine Mühe, Eleganz und Faszination der alten Weltstadt zurückzuholen. Da wurde gemauert, getüncht und ausgebessert, da erhielten alte verräucherte Mietskasernen und Hinterhöfe ein neues Gesicht, da wurde eine ganze Stadt verändert.

Wie immer sie aber auch polierten und hobelten, keine Manipulation konnte das Dritte Reich vom Hautgout der Unfreiheit und des schrankenlosen Machtmißbrauchs befreien, der viele Sportler im Westen zögern ließ, die Reise in das Deutschland Hitlers anzutreten.

Boykott der Spiele – die Parole der NS-Gegner fand vor allem in den USA wachsende Zustimmung, seit die antisemitischen Ausschreitungen im Deutschland des Sommers 1935 und der Erlaß der Nürnberger Gesetze neuen Zündstoff geliefert hatten. Kein Zweifel: Die Diffamierung und Kriminalisierung der deutschen Juden nahm zu und nicht ab, wie Lewald immer wieder gegenüber Ausländern beteuert hatte.

Nazideutschland, geißelte eine Kampfschrift der amerikanischen Boykottbewegung, habe »sein Versprechen gebrochen, deutsche Juden nicht aus der Olympiamannschaft auszuschließen, weil sie Juden sind, und ihnen die Chance verwehrt, sich in Training und Wettkampf für das deutsche Team zu profilieren«.[65] Ergo: Wegbleiben von »Hitler's Games«!

Das beeindruckte auch amerikanische Sportler, die sich ohnehin nicht schlüssig werden konnten, ob sie nach Deutschland fahren sollten. Zwar war es dem Chicagoer Spitzenfunktionär Avery Brundage, einem Dogmatiker des »unpolitischen« Sports, im September 1934 gelungen, das von ihm geführte Olympische Komitee der USA zur einstimmigen Annahme der deutschen Einladung zu bewegen,[66] doch noch sperrte sich der für die US-Teilnahme entscheidende Verband des amerikanischen Amateursports, die American Amateur Athletic Union (AAU). Diese Organisation hatte im November 1933 nämlich den Beschluß gefaßt, ihren Mitgliedern die Teilnahme an den Olympischen Spielen so lange zu verbieten, bis im deutschen Sport die Chancengleichheit für alle Rassen wiederhergestellt sei.[67] Und sie beharrte mehr denn je darauf, seit an ihrer Spitze der liberale New Yorker Richter Jeremiah Mahoney stand, ein wortgewaltiger Advokat des Spielboykotts.[68]

Wie aber die Amerikaner doch zum Kommen überreden? Lewald und Diem sahen nur ein Mittel, das freilich verriet, wie sehr sie schon vom Propagandadenken des NS-Regimes angesteckt waren: einfach alle Anzeichen rassischer Ungleichheit abzuleugnen. Sie behaupteten, die Juden besäßen im deutschen Sport volle Chancengleichheit, und der Reichssportführer werde schon dafür sorgen, daß sie bei den Spielen mitwirken könnten.[69]

Als das bei kritischen Amerikanern nicht verfing, verlegten sich die beiden auf ein nicht weniger fragwürdiges Zahlenspiel. Es sei ja, argumentierten sie, noch gar nicht ausgemacht, daß es genügend jüdische Sportler von Weltformat gebe. Juden hätten bei Olympischen Spielen nie eine bedeutende Rolle gespielt; in Los Angeles habe es in der US-Mannschaft fünf Juden gegeben, in der deutschen drei.[70]

Darauf lief Lewalds Taktik nun hinaus: wenigstens ein paar jüdische Sportler im deutschen Olympiateam vorweisen zu können, genug, um einen zahlenmäßigen Vergleich mit den Verhältnissen in der Weimarer Republik aushalten zu können.

Busch erhielt den Auftrag, jüdische Sportler für die Olympiamannschaft zu finden. Er kontaktierte die jüdischen Sportorganisationen im Reich, die nach der rassischen Segregation im Sport stark angewachsen waren (35 000 Aktive), und suchte nach Leistungssportlern, die trotz aller Bitternis nicht abgeneigt schienen, für das Vaterland ihrer Drangsalierer, das allerdings noch immer auch das ihrige war, an den Start zu gehen.[71]

21 jüdische Sportler brachte Busch zusammen, die in Trainingslagern auf ihre olympischen Qualitäten hin geprüft wurden. Doch ihre Leistungen reichten nicht aus, nur die drei Sprinter Schattmann, Werther und Herzstein kamen in die engere Auswahl. Aber auch sie scheiterten bei den Ausscheidungstreffen, Opfer der jahrelangen Behinderung und Isolierung des jüdischen Sports im Dritten Reich.[72]

So mußte Busch am Ende versuchen, wenigstens unter den emigrierten jüdischen Sportlern ein paar Kandidaten für die Olympiamannschaft zu rekrutieren. Die in England studierende Hochspringerin Gretel Bergmann war interessiert und ließ sich von Busch nach Deutschland zurückholen.[73] Auch der in Italien lebende Eishockeystar Rudi Ball war bereit, wieder in einem deutschen Team mitzuspielen.[74]

Zu einem dritten Sportstar hatte schon Tschammer Kontakt aufgenommen: Helene Mayer, der in den USA lebenden Fechtmeisterin. Die Olympiasiegerin von Amsterdam war so blond, daß die deutschnationale Hugenbergpresse sie einst für ein »typisch arisches Mädchen« gehalten hatte.[75] Patriotisch, wie so viele deutsche Juden, ließ »He« keinen Zweifel daran, daß sie in Berlin mitmachen würde, vorausgesetzt, sie werde »von deutscher Seite als vollwertiges Mitglied der Volksgemeinschaft anerkannt«.[76]

Tschammer gab ihr die gewünschten Garantien, womit »die Nazis vermutlich ihre Olympischen Spiele retteten«, wie ein britischer Chronist spekuliert.[77] Zumindest hatte die Zusage Helene Mayers ungeahnte Folgen. Sie geriet in das Kreuzfeuer der Boykottpresse, die ihr mit zunehmender Heftigkeit vorwarf, sie lasse sich von den Nazis erpressen, mache sich zur »Helfershelferin des geistigen Weltbetrugs des Dr. Goebbels«, ja sie sei nicht einmal eine richtige Jüdin.[78]

Diesmal hatte sich jedoch der »engagierte« Journalismus übernommen. Die Kampagne gegen die beliebte Kollegin machte manchen US-Sportler stutzig und nährte den Verdacht, daß es der Boykottbewegung primär gar nicht um den Sport oder um die rassische Gleichberechtigung gehe, sondern eher um die totale Konfrontation mit einem ihr verhaßten Regime.

Ernüchtern mußte auch, daß prominente Wortführer des Olympiaboykotts antisemitischen Sportvereinen angehörten (Mahoney beispielsweise dem New Yorker Athletic Club), die keine Juden in ihren Reihen aufnahmen.[79] Zuweilen waren diese Ankläger des nazistischen Rassismus sogar die gleichen, die die sportliche Emanzipation des amerikanischen Negertums behinderten, und dies aus keinen anderen als rassistischen Gründen.

So geartete Schwächen der Boykottbewegung nutzte Brundage aus, um zu einem Gegenzug auszuholen. Auf der Jahreshauptversammlung der AAU am 6. Dezember 1935 stellte er sich mit seinen Anhängern der Neinsagerfront zum Kampf und erzwang eine Abstimmung, die knapp zugunsten einer Teilnahme an den Olympischen Spielen ausging.[80] Lewald konnte aufatmen: Die Amerikaner kamen.

Wenn der OK-Chef allerdings geglaubt haben sollte, damit alle Gefahren von den Spielen abgewendet zu haben, so wurde er bitter enttäuscht. Vor allem die deutsche Judenpolitik hörte nicht auf, die Berliner Spiele immer wieder in Frage zu stellen. Selbst die raffiniertesten Verschleierungstaktiken des Regimes konnten die Spuren rassistischer Diffamierung nicht restlos verwischen. Schließlich war der Antisemitismus, schon tief eingefressen in den deutschen Volkskörper, kein Mechanismus, den man beliebig an- und abstellen konnte.

Keine Strafandrohung des Reichsinnenministers Frick, keine Ermahnung der Polizei vermochte radikale Nazis und ihre stets krawallbereiten Hilfstruppen daran zu hindern, von der Hetze gegen jüdische Mitbürger abzulassen. Wurden in einem Ort die nun offiziell unwillkommenen antisemitischen Schilder und Inschriften entfernt, so tauchten sie prompt im Nachbarort wieder auf, ungehindert von einer Parteiführung, die mit dem Problem nicht fertig wurde, »praktisch gegen sich selbst vorgehen« zu müssen, wie ein Historiker spottet.[81]

Der »Schilderkrieg« zwischen Polizei und Parteigenossen nahm vor allem in Oberbayern so groteske Formen an, daß Baillet-Latour bei Hitler intervenierte. Wenn dies, drohte der IOK-Präsident, nicht augenblicklich und radikal aufhöre, werde es keine Olympischen Spiele geben. Hitler versprach Abhilfe.[82]

Doch dann spülte der Massenjubel in den Sportstadien alle Skrupel und Enttäuschungen hinweg. Die Olympischen Spiele in Deutschland erwiesen sich als die erfolgreichsten und farbenprächtigsten, die die Welt je erlebt hatte. Baillet-Latour hatte es vorausgeahnt: »Man weiß allgemein, daß, wenn die Deutschen sich einer Sache annehmen, sie es gründlich machen.«[83]

Schon die Winterspiele, von Hitler am Vormittag des 6. Februar 1936 im neuen Skistadion von Garmisch-Partenkirchen eröffnet, hatten den Gastgebern bei den ausländischen Besuchern einen fast ungeteilten Beifall eingetragen. Die Organisation »war erstklassig gewesen, das Wetter nahezu perfekt, unziemliche rassische oder soziale Zwischenfälle hatte es nicht gegeben« – so das Urteil eines Briten.[84]

Dabei schnitten die deutschen Sportler auf den Pisten und Eisflächen nur mäßig ab. Die meisten Medaillen fielen den Skandinaviern zu, im 18-Kilometer-Langlauf, in der Nordischen Kombination, im 50-Kilometer-Langlauf, bei der 4mal-10-Kilometer-Staffel. Sonja Hennie gewann zudem die Goldmedaille im Eiskunstlauf der Damen und wurde für Publikum und Medien so etwas wie die ungekrönte Königin der Saison. [85]

Am Rande der Spiele aber erwarben sich die Deutschen ihre eigentliche Goldmedaille: durch ein Feuerwerk von Kunst und Unterhaltung, gemixt aus Opern- und Theateraufführungen, Empfängen und Festen. »In meinem Leben habe ich derartiges noch nicht gesehen«, staunte Gustavus Kirby, der Schatzmeister des Olympischen Komitees der USA. [86] Den Amerikaner erwartete jedoch in Berlin noch weit Spektakuläreres, am Nachmittag des 1. August 1936, als im Olympiastadion die »größte Sportshow der Geschichte« (so die »New York Times«) anhob. [87]

Es war der Augenblick, auf den Theodor Lewald ein halbes Leben lang gewartet hatte. Steifbeinig schritt er mit Hitler und einem Pulk von Funktionären und Offizieren durch das Marathontor des Stadions, empfangen von Fanfarenklängen und dem anschwellenden Beifall von 100 000 Zuschauern, die das weite Rund der riesigen Anlage bis zum letzten Sitzplatz füllten.

Bald darauf rückten die ersten Aktiven mit ihren Mannschaften ins Stadion ein. 4066 Sportler aus 49 Staaten waren gekommen und marschierten auf, begrüßt von dem überglücklichen Lewald, »in Dankbarkeit und Ehrerbietung«. Hitler sprach einen vom IOK vorgeschriebenen Eröffnungssatz. 20 000 Friedenstauben flogen auf und gaben den Start frei zu den XI. Olympischen Sommerspielen. [88]

Doch dies wäre keine Massenzeremonie im Dritten Reich gewesen, hätten nicht ein paar spitze Federn der Auslandspresse aufgespießt, was ihnen allzusehr nach Nazismus roch. Sie nahmen Anstoß daran, daß Frankreichs und andere Mannschaften an Hitler mit dem »Nazigruß« vorbeimarschiert waren, und vollends skandalös erschien ihnen, daß der deutsche Ringer Rudolf Ismayr den Olympiaeid auf die Hakenkreuzfahne geleistet hatte. [89]

Womit die Kritiker allerdings offenbarten, daß ihre Abneigung gegen die »Nazi-Olympiade« größer als ihre Kenntnis des Sports war. Der vermeintliche Nazisalut war der seit 1924 geltende Olympische Gruß, und auch Ismayr hatte sich korrekt verhalten: Das Olympische Protokoll schreibt vor, den Eid auf die Fahne des Gastlandes zu schwören. [90]

Die papierene Aufregung über solche »Zwischenfälle« ging jedoch im lauten Trubel der Wettkämpfe unter. Millionen Deutsche gerieten in Ekstase, denn ihre Sportler heimsten Anfangserfolge ein, die man ihnen gar nicht zugetraut hatte, und dies just dort, wo sie notorisch schwach waren: in der Leichtathletik.

Gleich am ersten Wettkampf errang der Polizeioberwachtmeister Hans Woellke beim Kugelstoßen mit 16,20 Metern eine Goldmedaille. Noch auffälliger war ein Doppelsieg der Frauen im Speerwurf. Tilly Fleischer sicherte sich mit 45,80 Metern die erste Goldmedaille der Spiele, dicht gefolgt von der Deutschen Meisterin Luise Krüger, die die Silbermedaille erhielt. [91]

»Herrlicher Triumph unserer Leichtathleten«, jubelte der »Völkische Beobachter«. [92] Auch in anderen Sportarten erwiesen sich die Deutschen als medaillensichere Konkurrenten. Im Segeln, im Rudersport, bei den Schützen, im Turnen, im Kanuwettbewerb – die Leistungen der deutschen Athleten imponierten und versetzten das heimische Publikum in Hochstimmung. Selbst Hitler wurde von der Euphorie mitgerissen.

Doch bald erhielt der deutsche Medaillenrausch einen schweren Dämpfer. Nun zeigte sich nämlich, wer die Leichtathletik wirklich beherrschte. Amerikas Sprinter holten auf und ließen die deutschen Konkurrenten weit hinter sich. Ob im Zehnkampf, ob im 200- oder 800-Meter-Lauf, ob im Kunstspringen oder beim Diskuswerfen – die Amerikaner waren unschlagbar.

Je öfter aber bei den Siegerehrungen die Nationalhymne der USA ertönte, desto häufiger standen Neger auf dem Podest. Die Schwarzen aus Amerika galten zusehends als die eigentlichen Stars der Spiele, allen voran der Wunderläufer Jesse Owens, der einem vierfachen Goldmedaillentriumph entgegenspurtete.

Das machte den sympathischen Studenten nicht nur zum populärsten Athleten der Spiele, sondern auch zum Wegbereiter einer neuen »Klasse für sich«, als die der »Völkische Beobachter« die US-Schwarzen empfand.[93] Die Begeisterung der »Kölnischen Zeitung« über den »vielfach vorbildlichen athletischen Körper« der »dunklen Amerikaner« war kaum weniger bizarr als der Hitlergruß der »Halbjüdin« Helene Mayer nach dem Empfang der Silbermedaille im Fechten.[94]

Absurder ging es nicht mehr: Ausgerechnet auf dem Boden des rassistischen Deutschland erzielten die schwarzen US-Sprinter den Durchbruch zur internationalen Anerkennung, und keine Presse zollte ihnen dabei so artigen Beifall wie jene des NS-Regimes, dessen Führer nicht nach draußen dringen lassen durften, wie sehr ihnen dies alles mißfiel.

»Das ist eine Schande«, erregte sich Goebbels in seinem Tagebuch. »Die weiße Menschheit müßte sich schämen. Aber was gilt das dort unten in diesem Lande ohne Kultur.«[95] Als sich jedoch der »Angriff« über die »schwarzen Hilfstruppen« des US-Sports mokierte, erhielt das DAF-Blatt sofort einen Rüffel vom Propagandaministerium. »Der Rassenstandpunkt«, mahnte ein Beamter des Hauses Goebbels, müsse »völlig unbeachtet bleiben«.[96]

Amerikanische Journalisten witterten indes hinter dem Ausfall des »Angriffs« mehr, einen unerhörten »Zwischenfall«, den sie mit Owens und Hitler in Zusammenhang brachten. In Windeseile avancierte Jesse Owens zu dem Mann, »dem der ganze Zorn Hitlers und aller Anhänger des Dogmas vom überlegenen ›blonden Arier‹ traf«, wie die »New York Times« noch Jahre später fand.[97]

Was war geschehen? Hitler hatte am späten Nachmittag des 2. August die deutschen, finnischen und polnischen Tagessieger in seiner Loge empfangen und war am Abend in die Reichskanzlei zurückgefahren, ohne das noch bevorstehende Stechen im Hochsprung abzuwarten, bei dem sich der schwarze US-Athlet Cornelius Johnson als der sicherste Anwärter auf die letzte Goldmedaille des Tages profiliert hatte. Baillet-Latour fand Hitlers Verhalten protokollwidrig und stellte ihn noch in der Nacht vor die Wahl: entweder alle Sieger empfangen oder keinen. Hitler verzichtete auf weitere Logenempfänge.[98]

US-Reporter aber machten daraus die Story, der Nazidiktator habe sich geweigert, Owens zu empfangen. Um ihn war es jedoch gar nicht gegangen. Er befand sich am

2. August noch im Zwischenlauf und stand nicht zur Siegerehrung des Tages an. Wenn einer Hitlers Weggang hätte übelnehmen können, so wäre es Johnson gewesen, doch der fühlte sich nicht getroffen.

Dennoch blieben die amerikanischen Medien bei ihrer Geschichte – zum Ärger des heftig dementierenden Owens, der keine Lust hatte, sich politisch verschaukeln zu lassen. Er fand, die unbelehrbaren Reporter zeigten nur »schlechten Geschmack«, und sah bei den Deutschen »nicht die geringste Diskriminierung«. Nicht einmal bei Hitler, wie Owens erzählte: »Als ich einmal beim Kanzler vorbeilief, stand er [in seiner Loge] auf, winkte mir zu, und ich winkte zurück.«[99]

Die schwarzen Sportler aus den USA hatten ihre eigenen Gründe, sich nicht in eine politische Polemik gegen die Gastgeber verwickeln zu lassen. Nie zuvor hatten ihnen Olympische Spiele so viele Möglichkeiten freier Entfaltung geboten wie diese im Zeichen des Hakenkreuzes.

Jetzt erst zeigte sich, wie international und modern Diem die Spiele angelegt hatte. Sie wurden zu Orgien der Rekorde und Neuerungen, der Durchbrüche und Einmaligkeiten – mit mehr Teilnehmern als je zuvor, mit mehr Zuschauern (3,7 Millionen, darunter 150 00 Ausländern), mit Leistungssteigerungen ohne Beispiel.[100]

Allein in den leichtathletischen Wettbewerben wurden zwölf Weltrekorde verbessert und 27 olympische Rekorde überboten. Dazu eine Sturzflut von Neuheiten: bessere und schneller erreichbare Stadien, neue Zeitmeßgeräte, eine automatisierte Start-und-Ziel-Kontrolle, Aufnahme zusätzlicher Wettbewerbe wie die von Handball und Basketball, Rennen in neun Kanuwettbewerben.[101]

Zudem hatten sich noch niemals vorher so viele Menschen für Olympische Spiele engagiert. Hunderttausende saßen auf den Zuschauerbänken der Stadien und feuerten die Athleten an. Bis an die Million reichte die Zahl der meist jugendlichen Helfer, die sich als Dolmetscher, Fremdenführer, Küchenjungen, Meldegänger und Aufräumer verdingt hatten.

Das sicherte den Olympischen Spielen eine Massenbasis und eine Popularität, die sie bisher nicht besessen hatten. Olympische Wettkämpfe waren lange Zeit kaum mehr als Spiele von Sportfreaks am Rande der Öffentlichkeit gewesen, in Berlin aber gelang ihnen der Vorstoß in das volle Rampenlicht der internationalen Medienwelt.

Mancher Olympionike, mancher Sportfunktionär war naiv genug, gerade darin den größten Triumph der olympischen Bewegung zu sehen. Brundage geriet ganz außer sich: »Haben Sie jemals solch wundervolle Spiele, solch eine vollkommene Organisation und solch ein begeistertes, interessiertes Publikum gesehen?«[102] Er war nicht der einzige, der so dachte. Tausende von Ausländern erlagen dem Rausch der jubelnden Massen und der Rekordehektik.

Das entsprach just der NS-Regie, die hinter dem idealistischen Werk der Lewald, Diem und ihrer Helfer stand: der rüden Diktatur die internationale Akzeptanz zu sichern, die Welt von ihrer Friedlichkeit zu überzeugen. Und die Regie klappte schier reibungslos, erbrachte dem nationalsozialistischen Regime im In- und Ausland einen »triumphalen Erfolg«.[103]

Gewiß, es gab auch kritische Beobachter, die verstanden, daß hinter der Einheitsfassade deutscher Glückseligkeit noch eine andere, brutalere Wirklichkeit lag. Eine verzweifelte, hilflose Anti-Hitler-Parole an einer Hauswand, ein Hilfeschrei aus der Stacheldrahtwelt der Konzentrationslager, eine antisemitische Schmierschrift – genügend Indizien, um auch Ahnungslose hellhörig zu machen.

Gleichwohl mußte man schon die Sensibilität eines Thomas Wolfe besitzen, um das prunkvolle Bild der Spiele »bedrückend« zu finden, als »etwas Unheilverkündendes«, kein Sportfestival mehr, sondern eine Machtdemonstration, »für die man ganz Deutschland geschult und diszipliniert« habe,[104] oder die grimmige Unempfindlichkeit eines Sir Robert Vansittart, dem jeder neue Sporterfolg der Deutschen nur eine Mahnung war, diesem »verkrampften, heftigen Volk« nicht zu erlauben, noch durch »andere und entschieden unsportliche Weltrekorde« England auf den Stand einer zweitklassigen Nation herabzudrücken.[105]

Die Masse der ausländischen Besucher indes reagierte anders. Meist ohne Kenntnis der deutschen Sprache, konnten sie schwerlich unterscheiden, was im Reich Hitlers Wirklichkeit und was Illusion war. Zudem hatten sie erwartet, ein Land wirtschaftlichen Niedergangs und schrankenlosen Massenterrors zu sehen, und gerieten nun völlig aus dem Gleichgewicht, als sie mit Verhältnissen konfrontiert wurden, die nicht den gängigen Klischees entsprachen.

Was sie sahen oder zu sehen glaubten, imponierte ihnen ungemein. Dem Ozeanflieger Charles Lindbergh gefiel an den Deutschen »ihre Energie und Männlichkeit, ihr Mut, ihre Organisation«. Der US-Publizist John T. McGovern fand »die sozialen Errungenschaften der deutschen Nation« am bemerkenswertesten, der Romancier Philip Gibbs war »beeindruckt vom tiefen Friedenswillen des deutschen Volkes und dem Verlangen nach Freundschaft«.[106]

Selbst engagierte Gegner Deutschlands wie Sir Edward Grigg bestaunten die »Überwindung des Klassenkampfes« und wünschten sich etwas davon in ihren eigenen Ländern.[107] Bis in die Spitzen der Diplomatie und des Geheimdienstes reichte in England die Gruppe vermeintlicher Kenner, die ernsthaft die Übernahme der »weniger totalitären« Methoden deutscher Wirtschaftslenkung[108] propagierten: Ausfluß der maßlosen Überschätzung nationalsozialistischer Effizienz, aber auch der Frustrationen westlicher Führungseliten angesichts der weltweiten Krise der Demokratie.

Für Demokraten ein bestürzendes Phänomen: Kaum einer der ausländischen Besucher verließ Deutschland, ohne von der Leistungsfähigkeit und Permanenz des NS-Regimes überzeugt zu sein. »99 von 100 Leuten, die in jenem Sommer Deutschland besuchten«, schätzt ein Chronist, »schieden in dem Glauben, daß das Naziregime gar nicht so schlimm sei, wie es die Gerüchte behaupteten.«[109]

So konnte sich Joseph Goebbels einem »unwahrscheinlichen Wunder« nahe wähnen, als er für den Abend des 15. August »alles, was Beine hat«, zu einer »Italienischen Nacht« auf der Pfaueninsel inmitten der Havel einlud.[110] Es war der gesellschaftliche Höhepunkt und Abschluß der Spiele, ein »Traum von Schönheit, Pracht und Sinnenfreude«, wie sich ein Teilnehmer erinnert.[111]

Die »teuerste Party der Saison«[112] wurde von einem Feuerwerk gekrönt, das mit solchem Krach über der Havel niederging, daß sich Amerikas pazifistischer Botschafter Dodd schon in einen Krieg versetzt fühlte.[113] Den meisten ausländischen Gästen erschien der Feuerzauber zumindest irgendwie symbolisch: symbolisch für die Triebkraft und Aggressivität, mit der die Deutschen immer stürmischer auf die führende Rolle in Europa zudrängten.

Kein anderes Ereignis des Jahrzehnts hat die Wundergläubigkeit und Maßlosigkeit der Deutschen so befördert wie die Berliner Olympiade. Daß die Athleten der Nation die meisten Medaillen (33 Gold, 26 Silber, 30 Bronze) errungen und sich damit vom fünften auf den ersten Rang im Weltsport vorgearbeitet hatten, galt vielen Deutschen weniger als das Produkt von Zufall, Glück und Leistung, das es war, denn als Ausweis einer anderen Nationen überlegenen Tüchtigkeit, der schlechterdings alles machbar schien.

Millionen Deutsche von Hitler bis zum einfachen Volksgenossen ergaben sich dem arroganten Glauben, in einem »Lande der unbegrenzten Möglichkeiten«[114] zu leben, dessen Leistungsfähigkeit schier unerschöpflich sei. Die singulären Erfolge des binnenwirtschaftlichen Aufschwungs hatten schon zu solchem Auserwähltheitswahn verführt, wieviel mehr erst der Massenrausch der Olympiarekorde: Nichts schien mehr deutscher Dynamik gewachsen.

Auch die politischen Begleitumstände der Olympiade nährten die deutsche Illusion, etwas Besonderes zu sein. Fast endlos schien die Schlange der ausländischen Potentaten, die sich drängten, Hitler ihre Aufwartung zu machen. Könige und Prinzen waren gekommen, britische Minister, italienische Faschistenführer, japanische Militärs, spanische Frondeure – alle so beflissen, als sei Berlin zum Nabel der Welt geworden.

Und die meisten reisten zufrieden wieder ab, froh, ein Jawort des Führers erhascht zu haben. Dem bulgarischen Zaren Boris III. versprach Hitler deutsche Waffen für den Ausbau seiner Armee, dem japanischen Militärattaché Oshima enge Kooperation gegen Rußland, dem Weltkriegspremier Lloyd George ein goldenes Zeitalter deutsch-britischer Verständigung.[115]

So augenfällig war noch nie gewesen, wie radikal sich die europäischen Kräfteverhältnisse verändert hatten. »Deutschland«, bilanzierte Dodd nach dem Ende der Olympischen Spiele, »hat plötzlich seine natürliche gewichtige Rolle in Europa zurückerlangt, mit der logischen Konsequenz, daß das vom Versailler Vertrag geschaffene künstliche System Europas zusammengebrochen ist.«[116]

Bis zur Rheinlandkrise hatte es noch Frankreich in der Hand gehabt, den völligen Ausbruch Deutschlands aus der Versailler Ordnung zu blockieren. Erst da, im März 1936, war das Kartenhaus seiner europäischen Bündnisse eingestürzt – nicht dank deutscher Stärke, sondern französischer Schwäche: Frankreichs Passivität in der Krise offenbarte auch seinem letzten Bundesgenossen, daß Paris nicht mehr allein in der Lage war, das System von Versailles zu schützen.

Immer deutlicher fielen die alten Alliierten von Frankreich ab. Belgien, seit 1919 mit Paris verbündet, kehrte zu seiner früheren Neutralitätspolitik zurück, Polen ging endgültig auf prodeutschen Appeasementkurs, und auch Jugoslawien suchte die Nähe des NS-Staats, hatte es doch Belgrad, wie Zar Boris der Regierung in Berlin übermittelte, »längst satt, von den Franzosen als Marionette behandelt zu werden«.[117]

Osteuropa und die Westmächte drifteten auseinander – wen wundert's, daß Hitler seine Chance nutzte und sich in die entstandene Lücke schob? Die Wendung nach dem Osten und Südosten lag ohnehin in der Logik seiner Politik, jetzt, da mit der Wiederbesetzung des Rheinlands die letzte der Versailler Beschränkungen auf deutschem Boden beseitigt war.

Schon die Wochen vor der Berliner Olympiade hatten gezeigt, wie der Südosten Europas immer mehr in das Visier der deutschen Außenpolitik geriet. Görings hektische Reisediplomatie auf dem Balkan und seine mannigfachen Versuche, zwischen den verfeindeten Ungarn und Jugoslawen zu vermitteln, zeugten ebenso davon wie die verstärkten Waffenlieferungen Deutschlands an Ungarn und Bulgarien.

Dazu gehörte auch der überraschende Vertrag, durch den sich Berlin am 11. Juli 1936 mit dem austrofaschistischen »Bruderstaat« scheinbar aussöhnte. Alles schien vergessen und vergeben: Das Dritte Reich erkannte die »volle Souveränität des Bundesstaates Österreich« an und entsagte jedweder Einmischung in dessen innere Angelegenheiten, Wien hingegen ließ sich darauf festlegen, »daß Österreich sich als deutscher Staat bekennt«.[118]

Gravierender war freilich, was in einem Zusatzabkommen stand, das auf Verlangen des Bundeskanzlers Kurt von Schuschnigg, des Nachfolgers von Dollfuß, geheim blieb: Abbruch des deutschen Wirtschaftskrieges gegen Österreich, Einstellung der antinationalsozialistischen Propaganda auf österreichischer Seite, »Bedachtnahme« der Wiener Außenpolitik »auf die friedlichen Bestrebungen der Außenpolitik der deutschen Reichsregierung«, Amnestie für österreichische Nazis mit Ausnahme schwerer Fälle.[119]

Das war ein so massiver Einbruch in die österreichische Souveränität, daß Schuschnigg schon von einem »wirtschaftlichen Anschluß« an das Reich sprach.[120] Doch die ökonomische Lage Österreichs ließ ihm kaum einen anderen Ausweg. Der schikanöse Wirtschaftskrieg des Reiches hatte nicht nur die österreichische Fremdenverkehrsindustrie nahezu ruiniert, sondern sie behinderte auch jeden Versuch der Alpenrepublik, aus der Depression herauszukommen. Da hatte es kaum noch des Drängens von Mussolini bedurft, Österreich müsse unbedingt versuchen, sich mit dem Reich zu verständigen. Schuschnigg wußte allein, daß ihm keine ernsthafte Alternative blieb, was auch Franz von Papen, Hitlers Botschafter, meinte, der als erster einen Modus vivendi zwischen den beiden Regime vorgeschlagen hatte.[121]

Womit Wien dem Dritten Reich vollends den Weg nach dem Balkan frei machte. Der Julivertrag sicherte Deutschlands wirtschaftlich-politischem Expansionsdrang den Zugang zu einem Aktionsraum, der nun gleichsam in einem geschlossenen Stück von Berlin nach Teheran reichte – »erster Schritt zur Gründung eines Mittel-

und Südosteuropa umfassenden Wirtschaftsreiches«, wie ein nationalsozialistisches Wirtschaftsblatt frohlockte.[122]

Die Potentaten auf dem Balkan aber wußten nur zu gut, was die Südostpolitik eines zusehends stärker werdenden Deutschen Reiches für sie bedeutete. Fast panikartig pendelten sie sich auf Berlin ein: Ungarns Reichsverweser Nikolaus von Horthy fuhr auf eigene Faust am 22. August zu Hitler, um ihn für die Unterstützung der ungarischen Revisionspolitik zu gewinnen, während sich Rumäniens König Carol II. eine Woche später seines profranzösischen Außenministers Nicolae Titulescu entledigte, des führenden Kopfs der Kleinen Entente, der nun als »Belastung« für das Techtelmechtel mit Berlin galt.[123]

Als jedoch Horthy seinem unfreiwilligen Gastgeber in Berchtesgaden gleich ein fertiges Aktionsprogramm vorlegte, darunter auch ein gemeinsamer Krieg gegen die Tschechoslowakei, letzte Hochburg des Antirevisionismus in Osteuropa, wich Hitler ins Unverbindliche aus.[124] Ein konkretes Handlungskonzept besaß er noch nicht. Zudem war sein Blick auf Rußland gerichtet – Südosteuropa lag nur am Rande von Hitlers außenpolitischer Vorstellungswelt.

Es war auch »nie Hitlers Methode, die Initiative zu ergreifen«, wie ein britischer Historiker urteilt.[125] Schon Papens Drängen zu dem Arrangement mit Schuschnigg war ihm wider den Strich gegangen, und noch am Tage der Vertragsunterzeichnung hatte er am Telefon seinen ehemaligen Vizekanzler mit Vorwürfen überhäuft: Papen habe »ihn verleitet, viel zu weitgehende Konzessionen zu machen«.[126]

Hitler ließ sich eher treiben, als selber aktiv zu werden. Mit seinem Raubtierinstinkt für alles Faule und Schwache in dieser Welt wartete er meist ab, stets auf der Lauer und todsicher, daß die nächste Krise kommen würde – die Krise der anderen. Selber Produkt einer Weltkrise, konnte Hitler nur in Krisen denken und Krisen für seine Sache ausschlachten. Und der Krisen gab es genug in diesem Jahr 1936: die Demokratie- und Sozialkrise im Südwesten Europas, die Vertrauenskrise zwischen England und Frankreich, die innersowjetische Krise im Zeichen von Stalins Säuberungsterror, die Krise im Fernen Osten – Krisen allerorten.

Auf keine Krise war allerdings Hitler sowenig vorbereitet wie auf die hochexplosive in Spanien, die sich bald in einem blutigen Bürgerkrieg entlud, der ganz Europa in Mitleidenschaft ziehen sollte – Resultat der Gewaltsamkeit, Selbstsucht und mangelnden Konsensfähigkeit einer Gesellschaft, die es über ein Jahrhundert hinweg versäumt hatte, den Zündstoff ruinöser Sozialkonflikte durch Reformen zu entschärfen.

Hitler wußte davon kaum mehr, als daß Spanien von dem gleichen Bazillus heimgesucht wurde, der auch das politische System in Frankreich zersetzte. Tatsächlich geriet in beiden Ländern die parlamentarische Demokratie zusehends »in die Abhängigkeit der extremistischen Milieus«, wie ein Historiker formuliert.[127] Die Krisensymptome waren die gleichen: hier wie dort die Abkehr von dem ausgleichenden Rechts-links-Zyklus regierungsfähiger Mehrheiten, hier wie dort die Hinwendung zu den Gewaltrezepten aktivistischer Minderheiten, die durch

»direkte Aktionen« beseitigen wollten, was ihnen die korruptive Deformierung der Demokratie schien.

Damit geriet das parlamentarische System in eine schier aussichtslose Schieflage. Die Zentren der Politik verlagerten sich vom Parlament immer mehr in außerparlamentarische Kraftfelder: in die Hand sich rasch radikalisierender Gewerkschaften, marxistischer Aktionsgruppen und faschistisch-rechtsautoritärer Kampfbünde und Milizen.

In Frankreich vollzog sich das noch relativ gemäßigt, obwohl selbst diese klassische Demokratie nur knapp einem Bürgerkrieg entronn. Das war im Februar 1934, als der Zusammenbruch der Schwindelunternehmen des jüdisch-ungarischen Finanziers Alexandre Stavisky Hunderttausende kleiner Sparer ruinierte und prominente Politiker, Minister und Justizbeamte in den Geruch käuflicher Komplizenschaft brachte.

Zehntausende empörter Bürger, mobilisiert von rechtsradikalen Gruppen, rotteten sich in Paris gegen das »korrupte« Parlament zusammen, das die extremsten unter ihnen am 6. Februar sogar stürmen wollten. Stundenlang schlugen und feuerten Demonstrantenhaufen und berittene Polizei an der Seinebrücke nahe des Place de la Concorde aufeinander, hinter der das Palais Bourbon, der Sitz der Deputiertenkammer, lag.[128]

Der Schock des blutigen Februar (17 Tote, über 2000 Verletzte) und die vermeintliche Gefahr eines Rechtsputsches trieben französische Linke und Kräfte der Mitte, sich dem drohenden Zerfall der Republik entgegenzustemmen. Sozialisten, Kommunisten und Liberale (»Radikalsozialisten«) schlossen sich im Sommer 1935 zu einem Aktionsbündnis zusammen, dem die Kommunisten einen zündenden Namen lieferten: »Volksfront gegen den Faschismus«.[129]

Daß Moskaus Parteigänger mitmachten, galt als die eigentliche Sensation der Pariser Volksfront. Stalin wollte es so. Auf sein Drängen hatte die Komintern im August auf ihrem VIII. Weltkongreß in Moskau einen radikalen Kurswechsel beschlossen: Zusammenarbeit mit den bisher von ihr diffamierten sozialistischen Parteien und Bürgerlichen, Schaffung von Volksfronten zur Verteidigung des »Vaterlands aller Werktätigen« und der »antifaschistischen Demokratie«.[130]

Nur wenige Sozialisten und Liberale in Frankreich waren freilich naiv genug, um an eine demokratische »Bekehrung« der Kommunisten zu glauben. Sie blieben die Anhänger der leninistisch-stalinistischen Überwältigungspraktiken, die sie immer gewesen waren. Gleichwohl bedienten sich die Republikverteidiger gern der kommunistischen Dynamik, stark genug, um gemeinsam bei den nächsten Parlamentswahlen im April 1936 den Durchbruch zur absoluten Stimmenmehrheit zu schaffen.

Anders die Lage in Spanien. Seine krisengeschüttelte Republik besaß weit geringere Überlebenschancen als die französische. Hin und her gerissen zwischen Anarchistenaufständen, Militärrevolten und proletarischen Diktaturversuchen, fanden die bürgerlich-liberalen Regierungen in Madrid keinen Weg in die demokratische Normalität.

Auf die junge, knapp fünf Jahre alte Republik stürzten all die ungelösten politischen und sozialen Probleme ein, die das Land seit Jahren nicht zur Ruhe kommen ließen. Die zügellose Übermacht der katholischen Kirche, die Omnipotenz der grotesk überdimensionierten Armee, das Elend des Landproletariats, das Problem des unbebauten Großgrundbesitzes, die Autonomiebestrebungen in Katalonien und im Baskenland – alles drängte nach sofortiger Lösung und Entkrampfung.

Doch es fehlte dem Land an Politikern, die genügend Energie und Phantasie besaßen, die dringendsten Probleme großzügig anzugehen. Die Koalitionen der rechten Mitte, die seit den Wahlen von 1933 Spanien regierten, zerschlissen sich in Parteiquerelen und unausgereiften Lösungsversuchen, die nicht selten die eigene Anhängerschaft verstörten, ohne die revolutionär gärende Masse der Arbeiter und Bauern zu befriedigen.

Nirgendwo setzten die Regierungen zu einem entschiedenen Ausbruch aus den Verkrustungen der Vergangenheit an, kein Kabinett durchbrach den verhängnisvollen Kreislauf von Streiks, Revolten und Straßenterror. Ein Budget kam nie zustande, das Autonomiestatut für Katalonien wurde erst erlassen, dann wieder außer Kraft gesetzt, das entscheidende Agrargesetz blieb aus.[131] Schließlich war die Regierung, die 26. in fünf Jahren, so restlos am Ende, daß der Präsident der Republik Neuwahlen für den 16. Februar 1936 ausschreiben mußte – Chance für die nach links drängenden Liberalen (»Republikaner«), nun auch durch ein Volksfrontbündnis mit den zerstrittenen Sozialisten und der kleinen, aber überaus aktivistischen KP einen Neuanfang in Spanien zu versuchen.[132]

Das band die beiden Volksfronten in Spanien und Frankreich fast schicksalhaft aneinander, steuerten sie doch auf das gleiche Ziel zu: sich durch einen überwältigenden Wahlsieg das Mandat zum Aufbau einer linkspopulistischen, antikapitalistischen Demokratie zu sichern. Doch es kam anders als geplant. Die französische Volksfront errang zwar einen triumphalen Erfolg, doch die Spanier verspielten ihren Wahlsieg völlig.

Die »Frente Popular« siegte am 16. Februar so knapp, daß alsbald das Wahlergebnis unter den Parteien heftig umstritten war. Das lag an dem fragwürdigen Mehrheitswahlsystem Spaniens. Es sicherte der Volksfront die Mehrheit der Parlamentssitze, obwohl die Parteienblöcke der Mitte und Rechten mehr Wählerstimmen auf sich vereinigt hatten.[133]

Spanien wäre kaum das traditionelle Land gewaltsamer Konfliktaustragung und starrer Unnachgiebigkeit gewesen, hätten die Unterlegenen und Gerade-noch-Sieger das Ergebnis des 16. Februar ruhig hingenommen. So geschah, was schier unvermeidlich war: In allen Lagern, von der Volksfront bis zur faschistischen Falange, machten die extremistischen Milieus mobil und schickten ihre Todeskommandos los, das unwillkommene Wahlergebnis zu »verbessern«.

Das Land versank in einem Chaos von Massendemonstrationen, Terroranschlägen und Überfällen; unübersehbar die Zahl der ermordeten Politfunktionäre und Kleriker, die Fülle der brennenden Kirchen.[134] Und was Bomben und Attentate noch nicht schafften, gelang dem Verbalradikalismus marxistischer und faschistischer

Katastrophenstrategen: im ganzen Land das Gefühl zu verbreiten, Spanien stehe am Vorabend eines kommunistischen Umsturzes, des Umschlags der bürgerlichen in eine Sowjetrepublik.

Niemand sog dieses Revolutionsgerede begieriger ein als die hochkonservativen Militärs, die sich in ihrem alten Aberglauben bestätigt sahen, Demokratie sei nichts anderes als eine Schrittmacherin von Anarchie und Staatsauflösung. Das war Wasser auf die Mühlen einer kleinen Offizierskamarilla, die seit langem plante, durch einen Militärputsch dem aufgewühlten Land ihre Art von Ordnung zu verpassen.

Sie intrigierten dabei jedoch so ungeniert, daß die neue liberale, von der Volksfront gestützte Minderheitsregierung aufmerksam wurde. Sie schob konspirationsverdächtige Spitzenmilitärs auf entlegene Posten ab, darunter den Generalstabschef der Armee, General Francisco Franco, der sich jäh auf den Kanarischen Inseln wiederfand.[135] Fatal nur für die Regierung, daß der Haupträdelsführer ihrer Aufmerksamkeit entging: General Emilio Mola, Befehlshaber im nordspanischen Pamplona, bei dem alle Fäden des Komplotts zusammenliefen.[136]

Noch mühte sich Mola angestrengt, die wenig putschbereiten Führer der Falange und anderer Rechtsparteien für sein »Alzamiento nacional«, die nationale Erhebung, zu gewinnen, da lieferte ihm eine neuerliche Bluttat den langgesuchten Anlaß zum Losschlagen. Am 13. Juli hatten Madrider Polizisten, aufgebracht über die Ermordung eines ihrer Offiziere durch Falangisten, den monarchistischen Oppositionsführer José Calvo Sotelo, einen Scharfmacher der Gegenrevolution, verhaftet und auf einer Autofahrt erschossen.[137]

Das Verbrechen entsprach so ganz dem Feindbild der konspirierenden Militärs. Die Mörder waren Angehörige sozialistischer und kommunistischer Jugendorganisationen, ihre Tat war wahrscheinlich auf direkte Anweisung der Kommunistischen Partei erfolgt.[138] Mola zögerte nun keinen Augenblick länger. Kurz darauf schickte er den führenden Mitverschwörern einen Zettel mit einer kurzen Botschaft: »Der 17. um 17.«[139]

Entsprechend schlugen die Militärs los. Am 17. Juli 1936 um 17 Uhr erhob sich die Armee in Spanisch-Marokko (»Afrikaarmee«) und besetzte alle Schlüsselpositionen der Kolonie, am nächsten Tag schwärmten Truppen in allen Garnisonsstädten Spaniens aus, um dort die Macht an sich zu reißen – alle aufgerufen, »nicht noch einen Tag länger das schändliche Schauspiel hinzunehmen, das Spanien der Welt bietet«, wie es in einem pompösen Manifest Francos hieß.[140]

Doch der Aufstand blieb in den Ansätzen stecken, nicht alle Einheiten der Armee waren den Parolen der Verschwörer gefolgt. Neben Marokko kontrollierten die »Nationalen« nur kleine Gebiete Südwestspaniens und den Nordwesten der Republik. Zentralspanien, der Osten und das Gros des Südens hielten weiterhin zur Republik.

Noch ärger war für die Rebellen, daß die inzwischen von Franco übernommene Afrikaarmee in Marokko festsaß und nicht in die Kämpfe im Mutterland eingreifen konnte. Eine Meuterei republiktreuer Matrosen auf der Mittelmeerflotte hatte

Franco aller Transportschiffe beraubt, ohne die seine gefürchtete Eingeborenen-
truppe, die »Moros«, nicht auf das Festland hinüberkommen konnten.[141]
Ohnmächtig mußte Franco zusehen, wie die »Roten« die Initiative an sich rissen.
Was immer die Militärs zu ihrer Tat bewogen hatte – Überbewertung des kommunistischen Einflusses oder Verteidigung überkommener Sozialprivilegien –, jetzt
offenbarte sich der ganze Wahnwitz ihres Unternehmens. Es war ihr Putsch, der
erst dem roten Umsturz in Spanien eine echte Chance gab.
Ohne eine einsatzfähige Armee, rief die Madrider Regierung das Volk zu den Waffen, wobei nun Spaniens bürgerliche Demokratie vollends unterging. Die heran-
strömenden Arbeitermassen stürmten Polizeiposten und Gefängnisse, stellten
eigene Milizen auf und fingen an, Jagd auf den verräterischen »Klassenfeind« zu
machen: ultralinker Gegenputsch, der sich als Aufbruch zu einem revolutionären
Antifaschismus verstand.[142]
Die blutrünstigen Nachrichten aus Spanien aber versetzten das übrige Europa, vor
allem das Bürgertum mit seiner grenzenlosen Krisenfurcht, in nicht geringe
Beklemmungen. Vor dem Hintergrund des gespenstischen Spektakels der Massen-
liquidierungen und Schauprozesse im stalinistischen Rußland erschienen ihm die
Wirren auf der Iberischen Halbinsel wie Vorboten des drohenden Untergangs aller
bürgerlich-christlichen Werte.
Auch Hitler wühlten die spanischen Horrormeldungen auf, zumal vergröbert
durch die Zerroptik antibolschewistischer NS-Ideologie. Bald mag er jedoch
erkannt haben, daß ihm die antikommunistische Panik eine einmalige Gelegenheit
bot, sich als Verteidiger der westlichen Zivilisation gegenüber dem Bolschewismus
aufzuspielen und damit westliche Widerstände gegen eine künftige deutsche Ost-
expansion abzubauen.
Prompt rief er Europa in seinen nächsten Reden zum Kampf gegen »die größte
Weltgefahr dieses endenden zweiten Jahrtausends« auf.[143] »Er will ganz scharf
gegen den Bolschewismus losgehen«, notierte sich Goebbels,[144] und entsprechend
lautete die Sprachregelung für die Medien: Sie mußten sich wie noch nie auf die
»bolschewistische Gefahr« einschießen.
Weltweiter Kampf gegen das »rote Chaos« – kein Topos der NS-Propaganda sollte
Hitlers Machtpolitik nützlicher sein, keiner hat so wie er dazu beigetragen, die
Abneigung des Auslands gegen die Nazidiktatur einzuschläfern. Der Spanische
Bürgerkrieg gab dem Regime mehr denn je die Chance, sich mit einer schier pau-
senlosen Antikominternpropaganda bei einer verwirrten Weltöffentlichkeit anzubiedern.
Doch es wäre allzu vordergründig, Hitlers Antibolschewismus nur einen Instru-
mentalcharakter zuzuschreiben. Die Tagebücher von Goebbels lassen keinen Zweifel daran, daß Hitler den Bolschewismus und die Sowjetunion wirklich fürchtete.
Ihn irritierte nicht nur, was Goebbels die »fortschreitende Bolschewisierung«
Europas nannte. Vor allem bedrückte ihn Rußlands massive Aufrüstung, die dank
ihres längeren Vorlaufs (Beginn: 1929) weit fortgeschrittener und ausgedehnter
war als die deutsche.[145]

Das ließ Hitler im Sommer 1936, anders als in der Zeit der Rheinlandkrise, an allerlei Angriffsabsichten Moskaus, gar an eine drohende »bolschewistische Invasion«[146] glauben, womit er jedoch nicht allein dastand. Auch Politiker und Militärs im Osten und Südosten erschreckte der Waffenlärm in Rußland, und selbst ein so distanzierter Beobachter wie Dodd sah in der »enormen russischen Aufrüstung« Anzeichen für Stalins Absicht, von nun an »offen und aggressiv Rußlands militanten Imperialismus mit dessen Kommunismus zu verbinden«.[147]

So mußten Hitler die Wirren in Spanien aufs äußerste erregen, in denen er sogleich die Hand Moskaus witterte. Als sich ihm eine Gelegenheit bot, den bedrängten spanischen Rebellen zu helfen, griff er bedenkenlos zu. Was freilich nicht die gezielte Aktion war, die später die Historiker daraus machten, sondern eher ein Produkt von Zufall und Irrtum.

Ein Zufall war's, der Franco in der Stunde seiner größten Enttäuschung einen zwielichtigen deutschen Staatsbürger mit angeblich guten NS-Verbindungen zuspielte, nach dem er griff wie nach einem rettenden Strohhalm. Der Mann hieß Johannes Bernhardt und war ein Kaufmann aus Ostpreußen, den es nach Tetuan, der Hauptstadt Spanisch-Marokkos, verschlagen hatte. Dort arbeitete er für eine deutsche Export-Import-Firma, die auch die Afrikaarmee mit Waren belieferte.[148] Ihre Offiziere machten Franco auf Bernhardt aufmerksam, als der General ungeduldig einen Ausweg aus seiner desolaten Lage suchte. Wie mit der Armee über das Meer hinüberkommen? Nur Flugzeuge konnten noch helfen, wie Franco jedem Besucher erklärte: »Mit zwölf Transportmaschinen haben wir den Krieg in wenigen Tagen gewonnen.«[149] Doch die Afrikaarmee besaß keine Transporter. Franco mußte versuchen, sie schleunigst aus dem Ausland zu beschaffen.

Als Lieferanten kamen nur drei Staaten in Frage: England, dessen konservative Regierung verdeckt mit den spanischen Rebellen sympathisierte, und die beiden faschistischen Mächte. Einen Konfidenten hatte Franco schon nach Rom in Marsch gesetzt. Auch war von einem Offizier seines Stabes, der einmal Militärattaché in Berlin gewesen war, versucht worden, per Telegramm einen Hilferuf an das Reichskriegsministerium zu senden.[150]

Doch Franco bevorzugte einen direkten Weg. So bat er Bernhardt am 22. Juli zu sich und fragte ihn, ob er bereit sei, in seinem Auftrag nach Berlin zu fliegen und Hitler einen Brief mit einem Hilfegesuch zu überbringen. In dem Brief werde stehen, was die Armee benötige: zehn Transportflugzeuge, zwanzig Flugabwehrgeschütze, sechs Jagdflugzeuge und entsprechende Munition.[151]

Bernhardt sagte zu, nicht ohne sich jedoch vorher bei dem Tetuaner NS-Ortsgruppenleiter Adolf Langenheim rückversichert zu haben. So toll war es um seinen Parteistatus nicht bestellt: Als nebenberuflicher Berater in Wirtschaftsfragen spielte Bernhardt in der überdies nur 31 Mitglieder zählenden Landesgruppe der NS-Auslandsorganisation (AO) in Spanisch-Marokko kaum eine sonderliche Rolle. Und in Berlin kannte er auch keinen höheren NS-Funktionär. Der alternde Langenheim mußte zu seinem Entsetzen mitfliegen, gleichsam als Bernhardts Bürge.[152]

Mit einer beschlagnahmten Lufthansamaschine starteten sie am 23. Juli in Begleitung eines spanischen Hauptmanns, am Abend des nächsten Tages waren sie in Berlin. Doch die drei Männer fanden sich meist vor verschlossenen Türen. Hitler war zu den Festspielen in Bayreuth abgereist, die Räte des Auswärtigen Amtes aber warnten vor einem Kontakt mit den drei »Spaniern«, da eine Unterstützung Francos für das Reich »außerordentlich nachteilige Folgen haben« könnte.[153]

Nur weil Bernhardt so hitzig drängte, ließ sich der AA-Chef Bohle herbei, die Sendboten in das thüringische Wochenenddomizil von Rudolf Heß zu schicken, der nun augenblicklich reagierte. Noch am Nachmittag des 25. Juli rief er Hitler an, der im Bayreuther Festspielhaus den Klängen der »Walküre« lauschte, und berichtete ihm, was er soeben erfahren hatte. Hitler: »Sollen sofort herkommen!«[154]

Um 22 Uhr standen Bernhardt und Langenheim im »Haus Wahnfried«, einer Dependance der Wagnerschen Villa, vor ihrem Führer, der noch in Hochstimmung war ob des »absoluten Klangerlebnisses, das Wilhelm Furtwängler in der ›Walküre‹ aufblühen läßt« (so ein Kritiker des »Völkischen Beobachters«).[155] Hitler ließ sich Francos Brief übersetzen und von Bernhardt erklären, was die Nationalen wollten und wie es um den Aufstand stehe.

Anhand einer von Franco mitgegebenen Lageskizze schilderte Bernhardt den Stand der Aufstandsbewegung. Er hielt den Sieg der Rebellen (wie sein Auftraggeber Franco) nach entsprechender deutscher Starthilfe für rasch erreichbar und Francisco Franco für den kommenden Mann eines antibolschewistischen Spaniens.[156] So zuversichtlich fiel Bernhardts Lageanalyse aus, daß der euphorische Hitler keine Bedenken hatte, Franco alle Wünsche zu erfüllen. Noch ehe Hitler um Mitternacht die ebenfalls nach Bayreuth gereisten Göring und Blomberg zur Beratung ins Haus Wahnfried rief, stand seine Entscheidung schon fest: sofortige Hilfe für die Afrikaarmee.[157]

Die Sitzung in Haus Wahnfried war typisch für die Kurzatmigkeit und Bedenkenlosigkeit, mit der jetzt in Deutschland außenpolitische Entscheidungen gefällt wurden. Dilettantischer ging es kaum noch: Kein Vertreter des betroffenen Staatsapparates (Auswärtiges Amt, Kriegs- und Luftfahrtministerium) war vorher gehört, nirgendwo der Versuch unternommen worden, eine sofortige Stellungnahme der Botschaft in Madrid oder des militärischen Geheimdienstes über die Lage in Spanien einzuholen.

Hitler hatte kaum jemals vorher von Franco gehört, neuere glaubwürdige Meldungen aus Spanien lagen ihm nicht vor. Was in Haus Wahnfried allein zählte, waren Hitlers antikommunistische Instinkte und die Erzählungen eines obskuren Parteigenossen aus Tetuan.

Dabei wußte Bernhardt nicht mehr über den Stand der Rebellion, als ihm Franco anvertraut hatte, und auch diesem hatte damals in seiner isolierten Lage der Überblick über die Vorgänge im spanischen Mutterland gefehlt. Zudem waren Bernhardt und Langenheim seit zwei Tagen von allen spanischen Nachrichtenquellen abgeschnitten. Womit sie etwas Entscheidendes verpaßt hatten: den Umschlag des Aufstands in den Bürgerkrieg.

Hitler aber mußte nach Bernhardts Vortrag wähnen, daß der Sieg der Rebellen, besaß Franco erst einmal die Flugzeuge, nur noch eine Frage kurzer Zeit sei. Der Diktator wird kaum geahnt haben, daß er sich in einen Bürgerkrieg einließ, der sich als einer der blutigsten und langwierigsten der Geschichte erweisen sollte. An eine langfristige »Intervention« dachte Hitler dabei schwerlich. Fast leger erzählte er seinem Propagandaminister am nächsten Tag, was er in der Nacht beschlossen hatte. Goebbels schrieb auf: »Wir beteiligen uns so ein bißchen in Spanien. Nicht sichtbar. Wer weiß, wozu es gut ist.«[158]

Ja, wozu? Die Historiker dachten sich später ein ganzes Bündel von Motiven aus, die Hitler zu seiner Aktion veranlaßt haben mochten. Die neuen deutschen Waffen im Bürgerkrieg zu testen, die Großmächte in einen langen Konflikt zu verwickeln, Rohstoffe für die deutsche Rüstungsindustrie zu sichern, die britische Standfestigkeit in Konflikt- und Krisenzeiten auf die Probe zu stellen. Viele Motive waren denkbar.

Nur: Keines davon läßt sich für den Entschluß des 25. Juli quellenmäßig belegen. Was die spärlichen Zeugnisse übriglassen, ist eine Mischung aus antikommunistischer Überwältigungsideologie und jener antifranzösischen Einkreisungspolitik, wie sie schon Bismarck in der spanischen Thronkrise von 1870 betrieben hatte: im Rücken des gegnerischen Nachbarn eine dem Reich gewogene Macht in Madrid zu installieren und gleichzeitig das Abrutschen Frankreichs in das sowjetische Lager zu verhindern.

Daß Hitler dabei nur an eine begrenzte Aktion dachte, zeigten auch Art und Umfang des Rüstungsmaterials, das er Franco zukommen ließ. Das war nicht das neue Kriegsgerät zur Erprobung in einem Bürgerkrieg, sondern althergebrachtes: zwanzig Transporter vom Typ Ju 52, sechs Jagdflugzeuge aus der He-51-Serie und zwanzig leichte Flugabwehrgeschütze.[159]

Das weckte Erinnerungen an die Militärhilfe, die Hitler ein Jahr zuvor Abessinien gewährt hatte. Sie war nach dem gleichen Muster abgelaufen: Hilferuf aus dem Ausland, rasche Zusage Hitlers, diskrete Sofortlieferung. Es waren auch dieselben Waffenhändler, die hier mitspielten. Der unvermeidliche Oberst Veltjens aktivierte sein V-Mann-Netz in Spanien, Göring übernahm die Oberleitung, während einem »Sonderstab W« im Reichsluftfahrtministerium die Steuerung der Hilfsaktion zufiel.[160]

Sie sorgten gemeinsam dafür, daß Franco die versprochenen Flugzeuge und Waffen rasch erhielt. Am 31. Juli landeten die ersten neun Ju-52-Maschinen in Tetuan, und am gleichen Tag schiffte sich in Hamburg eine als KdF-Reisegesellschaft getarnte Gruppe mit 91 aus der Luftwaffe herausgezogenen Piloten, Bordfunkern und Mechanikern auf dem Schnelldampfer »Usaramo« ein, der mit dem restlichen Flugzeug- und Rüstungsmaterial nach Cádiz auslief.[161]

Bald stand die Luftbrücke Tetuan–Sevilla, über die Francos Truppen in die von den Nationalen kontrollierten Städte Andalusiens gelangten. Bis zum 5. August hatten die deutschen Transportflugzeuge 1500 Soldaten nach Sevilla geflogen, wo sie die dortige Garnison verstärkten – immerhin für Franco schon formidabel genug,

um am nächsten Tag in Sevilla Quartier zu beziehen und Befehle für eine sofortige Offensive zu erteilen.[162]
Kurz darauf brachen seine Truppen nach Norden auf. Sie schnitten die republikanischen Milizverbände von der portugiesischen Grenze ab und vereinigten sich mit den im Nordwesten operierenden Streitkräften Molas. Anfang September hatten sie das Tajotal erreicht, Ausgangspunkt für den Sprung in das nur noch 100 Kilometer entfernte Madrid.[163]
Mit jeder weiteren Kampfhandlung aber schwand in Berlin die Hoffnung auf einen raschen Sieg über die republikanischen Truppen dahin. Anfangs hatte man noch jeden Tag auf die befreiende Nachricht aus Spanien gewartet. Doch nach einiger Zeit stellte sich Resignation ein, wie Goebbels in seinem Tagebuch von Tag zu Tag deutlicher verriet: »In Spanien keine Entscheidung ... In Spanien geht alles drunter und drüber ... In Spanien kriegen wir Schwierigkeiten.«[164]
Allmählich begriff auch Hitler, daß er einem kapitalen Irrtum aufgesessen war: Dies war kein Aufstand mehr, sondern regulärer Krieg. »Man müßte ihnen Waffen hinüberzaubern können«, philosophierte Goebbels am 11. August, und auch Hitler erwog schon, »in Spanien einzugreifen«, wie es der Propagandaminister nannte.[165]
Zusehends verstrickte sich Hitler tiefer in den Spanischen Bürgerkrieg, nicht unähnlich den späteren Präsidenten der USA, die in den Vietnamkrieg schlidderten. Die 91 »Freiwilligen« von der »Usaramo« hatten noch Befehl gehabt, sich an keinen Kampfhandlungen zu beteiligen, doch sie waren allzu rasch in den Sog des Krieges geraten. Ohne in Berlin rückzufragen, flogen sie Bombenangriffe gegen republikanische Kriegsschiffe und warfen ihre todbringenden Lasten über Madrid ab.[166]
Da sich die veralteten He 51 in den unvermeidlichen Luftkämpfen mit den Republikanern als unterlegen erwiesen, schob Berlin moderneres Kriegsgerät nach. Die Entsendung ganzer Bomber- und Jägereinheiten hatte Staatssekretär Milch schon am 9. August Hitler vorgeschlagen,[167] der jedoch noch zögerte, sich so happig in Spanien zu engagieren. Neurath riet vielmehr, »die Finger wegzuziehen, ehe man sich an dem immer heißer werdenden spanischen Topf« verbrenne.[168]
Doch dann zog die sowjetische Intervention Hitler vollends in den Bürgerkrieg hinein, obwohl sich das Reich erst im August mit den anderen großen Staaten Europas einem hastig verabredeten Nichteinmischungspakt angeschlossen hatte. Der galt allerdings den meisten seiner Unterzeichner nicht viel: Kaum eine Macht hielt sich an ihn.
Man mischte allerorten in Spanien kräftig mit. Frankreichs Volksfrontregierung, die schon am 22. Juli den bedrängten Freunden in Madrid Flugzeuge und Munition zugesagt hatte, ließ anstandslos Waffen- und Nachschubtransporte über die Grenze nach Spanien. Italien schickte Bomber und Soldaten für Franco, antikommunistische Legionäre aus Portugal strömten ebenso nach Spanien wie Kommunisten und andere Linke aus aller Welt.[169]
Am rigorosesten unterlief Moskau die Nichteinmischungspolitik. Stalin hatte lan-

ge Zeit gezögert, sich in Spanien zu engagieren. Erst im September war er bereit gewesen, die verzweifelten Hilferufe Madrids aufzugreifen. Anfang des Monats erhielt die Komintern aus Moskau Order, eine geheime Organisation für den Transport von Waffen und Freiwilligen nach Spanien aufzuziehen, während Hunderte sowjetischer Agenten in Spanien einsickerten, um dort staatliche Organe zu infiltrieren und die Führung des konspirativen Kampfes gegen den »Faschismus« zu übernehmen.[170]

Mehr und mehr kam aus der Sowjetunion. Mitte Oktober entluden sowjetische Frachter in Cartagena und Alicante moderne Panzer, Flugzeuge, Geschütze und Munition, bald gefolgt von einer zweiten Frachterflotte, die neben weiterem Kriegsmaterial Soldaten, Offiziere, Piloten und Panzerspezialisten anlieferte: Personal, das hinfort die bislang chaotischen Verteidigungsanstrengungen der spanischen Republik ordnen und steuern sollte.[171]

Zug um Zug setzten sich die Russen »praktisch in den Besitz ganzer Bereiche der Regierungsgewalt« in Spanien, wie ein amerikanischer Sowjetologe urteilt.[172] Stalins Militärs und Geheimdienstler kontrollierten den Sicherheitsapparat und die Zensur, die militärischen Planungsstäbe ebenso wie die Luft- und Panzerwaffe.

Die Verteidigung von Madrid lag fast allein in der Hand von Kommunisten und Russen. Eigentlicher Chef des Verteidigungsstabes war der sowjetische Armeekommissar 2. Grades Jan Bersin, die Panzertruppen kommandierte der sowjetische Brigadekommandeur Dmitrij Pawlow, die Luftwaffenverbände der sowjetische Kommandeur-Kommissar Jakow Smuschkewitsch, die politische Koordinierung besorgte der »Prawda«-Korrespondent Kolkow.[173]

Es war, als werde das Propagandagespenst eines Sowjet-Spanien doch noch Wirklichkeit. Hitler jedenfalls hatte keinen Zweifel daran, obwohl er das Ausmaß des sowjetischen Einsatzes schwerlich kannte. Ihm genügten die vagen Nachrichten über Moskaus Waffenlieferungen, um heftig zu reagieren.

Nun mochte er sich nicht länger dem Drängen Milchs nach einem stärkeren deutschen Engagement entziehen. Am 29. Oktober wurde in der Reichskanzlei entschieden, einen Kampfverband der Luftwaffe mit Bomber- und Jägergruppen sowie Flak- und Nachrichteneinheiten in Stärke von 6500 Mann, die künftige »Legion Condor«, nach Spanien zu entsenden.[174] Göring und Milch waren zufrieden, nur dem Zivilisten Goebbels wurde unheimlich: »Hoffentlich entwickelt sich daraus kein Weltbrand.«[175]

Je mehr aber Spaniens Bürgerkrieg zu einem Stellvertreterkrieg fremder Mächte und Ideologien verkam, die urspanischen Motive des Konflikts fast an den Rand drängend, desto rascher fanden auch die beiden faschistischen Mächte zueinander. Nicht nur gemeinsame Ideologien, auch gemeinsame Irrtümer können Staatsführer aneinanderketten: Benito Mussolini war ebenso wie Hitler dem Wahn erlegen, Franco mit ein paar Flugzeugen in wenigen Tagen an die Macht bringen zu können.[176]

Trügerische Aussichten auf leichte Beute hatten den Duce in den spanischen Hexenkessel gelockt, war doch seine Eroberungsgier mit dem Sieg in Abessinien noch keineswegs befriedigt. Das hilflose Taktieren der Seemacht England im Abessinienkonflikt stachelte ihn zu noch ehrgeizigeren Plänen an. Mussolini wollte sich nun auch am westlichen Rande des Mittelmeers festsetzen: durch Besitznahme der spanischen Balearen und politische Beherrschung Spaniens, für das er sich schon einen italienischen König ausgedacht hatte.[177]

Da war ihm die Bitte Francos um Flugzeuge und Waffen gerade zur rechten Zeit gekommen. Anfangs hatte Mussolini den Spanier abgewiesen, doch unter dem Drängen Cianos war er schließlich in das scheinbar risikolose Spanienunternehmen eingestiegen.[178] Zu spät merkte Mussolini, was er sich und Italien damit aufgebürdet hatte: Der Spanische Bürgerkrieg verschlang immer weitere italienische Kräfte und Materialien, schließlich ganze Divisionen der Miliz.

Desto mehr klammerte sich Rom an die leistungsfähigeren Deutschen und bestand auf einem gemeinsamen Vorgehen in Spanien. Auf italienische Initiative kam am 27. August eine Vereinbarung zustande, in der beide Länder ihre Rüstungshilfe für Franco regelten, und schon drängte Ciano die Deutschen, für den Kampf gegen den »roten Feind« in Spanien auch einen gemeinsamen Kriegsplan auszuarbeiten.[179]

Gern sah man in Berlin solche Avancen nicht, doch der immer hektischere Krieg in Spanien zwang die deutschen und italienischen Interventen zusammen. Deutsche und italienische Offiziere begutachteten gemeinsam Francos neue Operationspläne, deutsche und italienische Flieger starteten zu gemeinsamen Unternehmen.

Nun schaltete sich auch Hitler ein. Am 23. September schickte er Reichsminister Frank in den Palazzo Venezia, um dem Duce die Einladung zu einem Deutschlandbesuch im nächsten Jahr zu überbringen.[180] Es war der Durchbruch zur definitiven Verständigung der beiden faschistischen Diktaturen. Mussolini sagte zu, verlangte jedoch, zuvor in einem Protokoll die Grundsätze der künftigen gemeinsamen Politik festzuschreiben.

Das setzte Hitler noch dem Ungemach aus, den »abscheulichen Knaben« zu verkraften, dessen offiziellen Berlinbesuch Mussolini »der Reichsregierung förmlich aufdrängte«: Außenminister Ciano.[181] Doch der eitle »Ducellino«, der am 20. Oktober in Berlin erschien, einigte sich rasch mit Neurath über das von Mussolini gewünschte Protokoll. Am 23. Oktober war es unterschriftsreif, alles Wesentliche fixiert: gemeinsamer Kampf gegen den Kommunismus, baldige Anerkennung der Regierung Francos, »deutsche Anerkennung der Einverleibung Abessiniens« und italienische »Genugtuung« über die Verständigung zwischen dem Reich und Österreich.[182]

Befriedigt konnte Hitler den Grafen Ciano am 24. Oktober in Berchtesgaden empfangen und Mussolini als den »ersten Staatsmann der Welt« feiern, »mit dem sich keiner auch nur entfernt vergleichen kann«. Einem deutsch-italienischen Block, so schwärmte er, sei kein Staat in Europa gewachsen, nicht einmal England. Eine Interessenkollision der beiden Partner sah er nicht: Das Mittelmeer sei ein italienischer Lebensraum, dessen politische Veränderungen stets zugunsten von Rom zu erfolgen hätten, Deutschland hingegen müsse im Osten freie Hand erhalten.[183]

Wann aber würde dies spruchreif werden? Hitler blieb vage: Deutschland sei in drei Jahren bereit, in vier Jahren erzbereit. Allerdings, setzte er hinzu, würde eine Wartezeit von fünf Jahren noch besser sein.[184]

Hitlers Worte klangen dem Duce dennoch so verheißungsvoll, daß er nicht verfehlen wollte, den Abschluß der Entente mit Berlin sogleich den italienischen Volksmassen anzuzeigen. »Diese Linie Berlin–Rom«, rief er am 1. November 1936 in einer Rede auf dem Domplatz in Mailand, »ist nicht eine Scheidewand, sondern vielmehr eine Achse, um die herum alle jene europäischen Staaten sich bewegen können, die den Willen zur Zusammenarbeit und zum Frieden besitzen.«[185]

Achse Berlin–Rom: Ein neues Schlagwort war geprägt, das Europas alte Staatengesellschaft bald erschrecken sollte, verriet es doch deutlich die hegemonialen Absichten der faschistischen Mächte. Dahinter stand ihr herrischer Anspruch, ein »neues triumphierendes Ordnungselement«[186] darzustellen, eine dritte Welt zwischen den »dekadenten« Demokratien des Westens und dem sowjetischen Zwangssystem im Osten, allein dazu berufen, Europa eine neue Ordnung zu geben.

Kein Wortgeklingel konnte indes übertönen, daß die Gründung der Achse in erster Linie »eine gemeinsame Kriegserklärung an den Status quo« war.[187] Berlin und Rom wurden zu Zentren einer hemmungslosen Destabilisierung der Versailler Friedensordnung, wobei sich freilich bald das deutsche Machtzentrum als der stärkere und kursbestimmende Unruhestifter erweisen sollte.

Gleichwohl war es gerade das Zusammenwirken der beiden faschistischen Mächte, das Europa schockierte. Zum erstenmal organisierten sich die beutegierigen »Habenichtse« der Weltpolitik in einer Allianz, elektrisiert von jenen biologistischen und sozialdarwinistischen Irrlehren, die ihnen vorgaukelten, das Lebensrecht »junger« Völker gegen die vermeintlich vergreisenden, übersättigten Besitzernationen zu vertreten.

Und wo die beiden Habenichtse sich zusammenrotteten, konnte der aggressive Unruhestifter aus dem fernen Asien nicht fehlen, den der NS-nahe Geopolitiker Karl Haushofer schon 1933 die »dritte faschistische Großmacht« der Welt genannt hatte.[188] Auch das aufsteigende Japan gehörte bald zur Achse.

Das jedenfalls war der Sinn eines Vertrages, den die Regierungen Deutschlands und Japans am 25. November 1936 unterzeichneten. Offiziell richtete er sich nur gegen die Aktivitäten der Komintern, weshalb er auch »Antikominternpakt« hieß. Seine drei Artikel klangen, als hätten Polizisten sie verfaßt. Sie hielten die Vertragspartner dazu an, »sich gegenseitig über die Tätigkeit der Kommunistischen Internationale zu unterrichten, über die notwendigen Abwehrmaßnahmen zu beraten und dies in enger Zusammenarbeit durchzuführen«.

Erst in einem geheimen Zusatzabkommen offenbarte sich, worum es wirklich ging: um den Abschluß einer Defensivallianz gegen die Sowjetunion. Berlin und Tokio hatten vereinbart, im Falle eines von Rußland provozierten Krieges gegenüber dem Partner wohlwollende Neutralität zu bewahren und ohne dessen Einverständnis keine Absprachen mit Moskau zu treffen.[189]

Die Perspektive eines »weltpolitischen Dreiecks« Berlin–Rom–Tokio (Italien trat 1937 auch dem Antikominternpakt bei) versetzten Hitler und seine Vertrauten in

Hochstimmung. Goebbels jubelte in seinem Tagebuch: »Bündnis gegen den Bolschewismus. Das wird in drei Wochen, wenn es publiziert wird, die ganze Lage ändern. Unser Weizen beginnt zu reifen.«[190]

Die Begeisterung des NS-Regimes klang so triumphierend, daß manche Beobachter in der Allianz mit Tokio ein Stück originärer nationalsozialistischer Außenpolitik sehen wollten. In Wirklichkeit illustrierte der Pakt nur erneut, wie sehr Dilettanten und Außenseiter mit Hitlers Einverständnis wichtige außenpolitische Entscheidungen des Reichs manipulieren konnten.

Urheber des bizarren Diplomatenstücks, an dem keine Diplomaten mitwirkten, war ein Kaufmann und Rüstungslobbyist namens Friedrich Wilhelm Hack, der die meisten Japangeschäfte der Heinkelwerke eingefädelt hatte.[191] Ernst Heinkel hatte nach dem Ende des Ersten Weltkriegs ein von ihm erfundenes U-Boot-Flugzeug an die Japaner verkauft, woraus sich engere Geschäftsbeziehungen mit der japanischen Marine ergaben. Seither produzierte seine Flugzeugfabrik auch für Japans Streitkräfte, vor allem Aufklärer, See- und Torpedoflugzeuge.[192]

Vermittler Hack war dabei in engere Beziehungen zur japanischen Marineleitung gelangt, die sich für Deutschland interessierte. Ihre Wünsche gab der politisch ambitionierte Kaufmann weiter, fühlte er sich doch als eine Art Missionar deutsch-japanischer Freundschaft. Von Hack bekamen Militärs und Politiker in Berlin häufig zu hören, wie nützlich eine Allianz zwischen Berlin und Tokio wäre.

Zu Hacks Bekanntenkreis gehörte auch Ribbentrop, der ebenfalls fand, ein Bündnis mit Japan könne die Beweglichkeit und Durchsetzungskraft der deutschen Außenpolitik, namentlich gegenüber England, erhöhen. 1934 griff er Hacks Idee auf, über die japanische Marine mit der Regierung in Tokio ins Gespräch zu kommen, und trug sie Hitler vor. Der »Chef« war nicht abgeneigt, es einmal auch mit den »Japsen« zu versuchen.[193]

Sowenig der Rassist Hitler den »Gelben« ganz traute, so hatte er doch schon früher eine Anlehnung an Japan ins Auge gefaßt. Allerdings hielt er sich noch bedeckt, denn außerhalb der NSDAP war in Deutschland das Bündnis mit den als verschlagen geltenden Japanern wenig populär. Im Auswärtigen Amt, im Heer und in den meisten Chefetagen der Großindustrie favorisierte man eher China und Rußland, die historischen Gegenspieler Japans im Fernen Osten.

Nur einige Firmen der Exportwirtschaft und NS-nahe Industrielle wie Fritz Thyssen, der in der Mandschurei mit japanischen Unternehmen ein Stahlkombinat bauen wollte, waren an Beziehungen zu Japan interessiert. Auch die Kriegsmarine zählte dazu. Sie hatte schon in den zwanziger Jahren einen Teil ihrer geheimen Aufrüstung über japanische Werften laufen lassen und eine Allianz mit der aufstrebenden Seemacht Japan anvisiert.[194]

Ihre politische Unterstützung sicherte sich nun Ribbentrop, was einen dritten Japanfreund ins Spiel brachte: Konteradmiral Wilhelm Canaris, den geheimnisumwitterten Chef der Abwehrabteilung des Reichskriegsministeriums. Er hatte einst in der Marineleitung die geheimen Japanverbindungen überwacht und galt seither als ein leidenschaftlicher Anhänger der projapanischen Richtung.[195] Canaris, Ribbentrop und Hack: Das sind die drei Männer, die sich fortan die Bälle zuwerfen werden, um das Bündnis mit Tokio möglich zu machen.

Der Weg über die japanische Marine sollte sich jedoch als ungangbar erweisen. Hacks Verhandlungen mit Vizeadmiral Jamamoto, Japans stellvertretendem Marineminister, dem er im Januar 1935 die Einladung zu einem Gespräch mit Hitler überbrachte, endeten in einer Sackgasse, weil die japanische Diplomatie intervenierte.[196] Jamamoto durfte nicht nach Berlin reisen, auch andere Ansprechpartner sagten ab. Das Außenministerium in Tokio, damals noch auf prowestlichem Kurs, hatte kein Interesse an einem Techtelmechtel mit der verketzerten Nazidiktatur.

Da wußte Canaris einen besseren Weg. Ihn hatte Japans Militärattaché in Berlin, Oberst Hiroshi Oshima, angesprochen, Konfident und Wortführer eines Kreises expansionistischer Armeeoffiziere seines Landes, die nichts Geringeres beabsichtigten als einen Umsturz aller politischen Verhältnisse in Ostasien.

Sie waren meist Söhne eines krisengebeutelten Kleinbauerntums, voller Haß auf die Japan regierende Filzokratie von Großkapital und Oberschicht, deren harte Deflationspolitik in der Weltwirtschaftskrise viele ihrer Familien ruiniert hatte. Gegner westlicher Demokratie und Lebensart, erträumten sich die jungen Militärs eine neue Welt: einen autoritären Staat, in dem die Macht der Finanzoligarchie zerstört war, und genügend Siedlungsland für das übervölkerte Japan, den Nachbarstaaten von einer siegreichen Armee entrissen.[197]

In China hatten sie damit bereits Ernst gemacht. Die Eroberung der Mandschurei im Jahr 1931 und der Griff nach der Inneren Mongolei zwei Jahre später war das Werk der Armee gewesen, der schwachen Regierung in Tokio aufgezwungen, und es waren wiederum die Armee und ihre rivalisierenden Führungscliquen, die immer mehr den Kurs der japanischen Außen- und Innenpolitik bestimmten.

Die wachsende sowjetische Aufrüstung lenkte zunehmend die Aufmerksamkeit der japanischen Militärs auf die UdSSR, die ihnen bald als gefährlichster Gegner und lockendstes Beuteobjekt galt. Schon der 1934 gestürzte Kriegsminister Araki hatte den Krieg gegen Rußland propagiert und ein Sofortrüstungsprogramm forciert, das Japan in den Stand versetzen sollte, spätestens 1936 auf dem Kontinent loszuschlagen.[198]

Araki hatte sich dabei jedoch so übernommen, daß er rasch in èine Sackgasse geraten war. An die Stelle der Arakiclique trat eine andere Mafia von Offizieren, die eine langfristigere Strategie gegen Rußland verfolgten. Die meisten von ihnen hatten wie General Kanji Ishiwara, der neue Chef der Operationsabteilung des Generalstabs, als Attachés in Deutschland gedient und waren seither emsige Bewunderer des deutschen Heeres.[199]

Der Chefplaner und Reformer Ishiwara, der auf gründliche und systematische Kriegsvorbereitung setzte, konnte sich denn auch einen Rußlandkrieg nur in enger Anlehnung an Deutschland vorstellen. Die Deutschen für die Interessen der japanischen Armee zu aktivieren, wurde nun Aufgabe des Obristen Oshima in Berlin, auch er prodeutsch bis auf die Knochen: Schon der Vater, ein japanischer Kriegsminister, war bei den deutschen Militärs in die Lehre gegangen.[200]

Oshima fand in dem Antikommunisten Canaris einen wohlwollenden Gesprächspartner. Dem Admiral schwebte eine Art Geheimdienstallianz zwischen dem Dritten Reich und den Randstaaten Rußlands vor, die der deutschen Abwehr die ungemein schwierige Aufklärung in Rußland erleichtern sollte. Die Ungarn und Österreicher machten bereits mit, auch die Esten hatten zugesagt.[201]

So griff Canaris sofort zu, als ihm Oshima einen Zugang zu den geheimen Materialien der Roshia-han, der Rußlandsektion des japanischen Generalstabes, offerierte. Die beiden Männer verständigten sich rasch. Im Herbst 1935 schlossen sie eine schriftliche Vereinbarung ab, die eine Zusammenarbeit der Geheimdienste ihrer Länder in allen die Sowjetunion betreffenden Fragen einschließlich eines Nachrichtenaustauschs festlegte.[202]

Das brachte nun auch Hack auf die Spur Oshimas, der augenblicklich ansprang, als ihm der Konfident Ribbentrops seine Bündnispläne entwickelte. Spätestens am 17. September wurden sich Hack und Oshima einig, auch Ribbentrop hinzuzuziehen. Mit ihm traf sich der Japaner Anfang Oktober in Hacks Wohnung. Ribbentrop blieb jedoch anfangs noch vorsichtig. Er wollte nur »privat« gekommen sein, nicht im offiziellen und schon gar nicht im Auftrag Hitlers.[203]

Doch Oshima zeigte sich ungerührt und verlangte klare Antworten auf seine Fragen. Er hatte den Entwurf eines Neutralitätsabkommens mitgebracht, in dem nahezu schon alles stand, was den späteren Antikominternpakt ausmachte. Eine Kopie ging an Canaris, der es übernahm, den von dem ganzen Projekt wenig entzückten Blomberg zu »bearbeiten«.[204]

Von Stund an waren es die Japaner, die das Tempo der Verhandlungen, allerdings auch deren Verzögerungen und Pausen bestimmten. Der Generalstab in Tokio bestand darauf, keines der Außenministerien ins Vertrauen zu ziehen, solange nicht die japanische Regierung zugestimmt habe. Sie legte auch prompt ihr Veto ein. Ihr erschien ein Pakt mit Berlin überaus inopportun, schon aus Rücksicht auf Moskau.

Auch die Militärs rund um Blomberg artikulierten Unbehagen, so daß es Ribbentrop vorzog, einen eigenen, möglichst harmlos klingenden Vertragstext von seiner Dienststelle ausarbeiten zu lassen. Ihr Ostexperte Hermann von Raumer hatte die rettende Idee. Er schrieb einfach den gegen die Sowjetunion gerichteten Vertrag auf die Komintern um.[205]

Raumer hatte in offiziellen Dokumenten gelesen, daß die sowjetische Regierung in ihren Noten stets die Verantwortung für die Propaganda der Komintern abgestritten habe. Wenn also, überlegte er, zwei Staaten einen Vertrag zur Abwehr dieser Propaganda abschlossen, so konnte das die Regierung der UdSSR schwerlich als einen gegen sie gerichteten unfreundlichen Akt verurteilen. Entsprechend formulierte Raumer den Japanvertrag um: Antikominternpakt![206]

Hitler billigte am 27. November den Text, dann wurde er den Japanern übermittelt.[207] Doch der Generalstab in Tokio rührte sich nicht – Grund für Ribbentrop und Canaris, ihren Freund Hack im Januar 1936 nach Japan zu entsenden, wo er Regierungsstellen die deutsche Position erläutern sollte.[208]

Hack antichambrierte noch in Tokios Ämtern, da stürzte am 26. Februar eine blutige Truppenmeuterei Japan in eine schwere Krise. 1400 Soldaten und Offiziere der für die Mandschurei bestimmten 1. Division rasten schießend und plündernd durch die Straßen der Hauptstadt, besetzten Regierungsgebäude und ermordeten führende Politiker und Militärs, unter ihnen den Finanzminister und den Generalinspekteur des Ausbildungswesens der Armee.[209]

Nach vier Tagen war der Spuk wieder vorbei: die Meuterer in die Kasernen zurückgelotst, ihre Rädelsführer erschossen und die Regierung gestürzt. Niemand aber konnte bis heute entschlüsseln, was hinter der Meuterei steckte. Ein Ausbruch gegen das politisch-militärische Establishment, ein größerer Aufstandsversuch militärischer Hintermänner, dem schon nach ein paar Tagen die Argumente und Reserven ausgingen – man weiß es nicht.

Desto sichtbarer waren die politischen Folgen. In der neuen Regierung übten die Militärs einen noch stärkeren Einfluß aus, ohne sie konnte keine Regierungsbildung mehr erfolgen. Japans Wirtschaft wurde zudem »praktisch auf Kriegsbasis« umgestellt. Last, not least: Das Kabinett beschloß, mit Berlin zu verhandeln. Der Weg zum Antikominternpakt war frei.[210]

Nun aber zeigte sich, daß General Ishiwara und seine Offiziere mit Raumers Vertragstext keineswegs einverstanden waren. Das war nicht das Neutralitätsabkommen für den Fall eines Rußlandkrieges, das sie in Berlin präsentiert hatten. Oshima verlangte daher mehr: Aufnahme einer zusätzlichen Klausel über gegenseitige Hilfe im Kriegsfall, zumindest eine Verpflichtung, »nichts zu unternehmen, was seinem Bundesgenossen in diesem Augenblick schaden könne«.[211]

Eine Verpflichtung zu gegenseitiger Hilfe wäre schon einem Militärbündnis nahegekommen, was damals nicht einmal Hitler wünschte. Er ließ sich selbst von den üppigen Beuteversprechungen Oshimas und des japanischen Botschafters Graf Mushakoji nicht aus der Reserve locken, wie sehr er sich dabei auch an dem Gedanken berauschte, »der Riesenblock Sowjetrußland« müsse »wieder in seine ursprünglichen historischen Teile zerlegt werden«.[212]

»Führer sieht Konflikt im Fernen Osten kommen«, notierte sich Goebbels am 9. Juni 1936 nach einem Besuch Mushakojis bei Hitler. »Japan wird Rußland verdreschen. Und dieser Koloß wird ins Wanken kommen. Und dann ist unsere große Stunde da. Dann müssen wir uns für 100 Jahre an Land eindecken.«[213]

Doch gegenüber Tokio blieb Hitler zurückhaltend. Er war nur zu einem Versprechen wohlwollender Neutralität im Fall eines japanisch-sowjetischen Krieges bereit, wie es dann auch im Zusatzabkommen verabredet wurde. Selbst dieses Papier schien Hitler heikel genug, um es gegenüber den Italienern zu verschweigen.[214]

Zudem hatte Hitler einigen Anlaß, in seiner eigenen Umgebung vorsichtig zu taktieren. Seine antibolschewistische Blockpolitik fand bei Militärs und Diplomaten mitnichten einhellige Zustimmung. Zum Sprecher der Kritiker machte sich der Ministerialdirektor Ernst Freiherr von Weizsäcker, seit dem Tod Bülows der kommende Mann im Auswärtigen Amt. Er fand, keine antibolschewistische Blockstrategie könne die Interessenpolitik der Großmächte ersetzen.[215]

Schärfer konnten die gegensätzlichen Positionen kaum formuliert werden. Hitler hatte im August erklärt, außer Deutschland und Italien könne »nur noch Japan als eine der Weltgefahr [des Bolschewismus] gegenüber standhaltende Macht angesehen werden«.[216] Weizsäcker hielt auf einer Sitzung des Reichsverteidigungsausschusses am 18. November dagegen: »Auf Japan und Italien ist kein Verlaß. Einen zuverlässigen Freund hat Deutschland gegenwärtig nicht.«[217]

Das illustrierte, daß es neben Hitlers Außenpolitik immer noch eine andere im Dritten Reich gab. Das war die Politik von Schacht und Göring, den Militärs, Diplomaten und Wirtschaftlern: auch nationalistisch und expansionistisch, aber wilhelminischer, mehr an einer rational noch faßbaren Macht- und Interessenpolitik orientiert als an Hitlers vorwiegend ideologisch begründetem Kurs.

Gerade an der Antikominternpolitik wurde das offenkundig. Setzte Hitler zunehmend auf die japanische Karte, so liierten sich das Reichskriegsministerium und die Großindustrie mit dem China des Marschalls Chiang Kai-shek so eng, daß daraus eine gemeinsame Widerstandsfront gegen Japans Hegemonialpolitik wurde.

Die Suche deutscher Wirtschaftler und Militärs nach neuen Exportmärkten und Rohstoffen für die Aufrüstung hatte geradezu eine »symbiotische Beziehung mit China«[218] entstehen lassen. China lieferte vom Reich heißbegehrte Rohstoffe wie Wolfram, Antimon, Kupfer und Zinn, Deutschland hingegen stellte Waffen, Industriegüter, Kredite und das ganze Know-how für die industrielle Entwicklung Chinas. Mehr noch: Deutsche Militärs unter Führung der Generale von Seeckt, Wetzell und von Falkenhausen bauten China eine moderne Armee auf, deutsche Konzerne schufen die Grundlagen für eine chinesische Rüstungsindustrie, deutsche Ingenieure und Firmen erschlossen China dem Eisenbahnverkehr.[219]

Das verstimmte Tokio, zumal das Reichskriegsministerium jedem Wunsch der Japaner nach einem weiteren Ausbau der Verbindungen mit der Wehrmacht auswich. Als Oshima im März 1937 den Text einer »Deutsch-Japanischen Militär-Konvention« vorlegte, durch die der Antikominternpakt in ein Bündnis umgewandelt werden sollte, blockte Blomberg alle Verhandlungen mit den Japanern ab.[220]

Hinter der Chinapolitik der Reichswehr steckte jedoch mehr als das Interesse an Rohstoffen und Militärexporten. China war für den Rußlandbewunderer Blomberg, der noch immer von einem »eurasischen Block gegen Anglo-Amerika« träumte,[221] ein momentaner Ersatz für das verlorengegangene Bündnis mit Moskau, eine Drehscheibe, die eines Tages den Zugang zur Sowjetunion wieder ermöglichen sollte. In China waren nicht zufällig deutsche Militärs und Wirtschaftler engagiert, die schon in Rußland während der geheimen Zusammenarbeit zwischen Reichswehr und Roter Armee dabeigewesen waren.

Aber war denn das Russenbündnis endgültig verloren? Im Reichskriegsministerium tastete man sich trotz Hitlers antibolschewistischer Suada vorsichtig »zur Strategie der machtpolitischen Revision auf der Grundlage einer Achse Berlin–Moskau zurück«.[222]

Nicht ohne Ermunterung vom Kreml: Im Januar 1936 war Marschall Tuchatschewski, Rußlands stellvertretender Verteidigungsminister (Kriegskommissar) und führender Kopf der Roten Armee, in Berlin gewesen und hatte sich mit deutschen Militärs besprochen.[223]

So wußte man vermutlich in der Umgebung Blombergs, daß Stalin ein Interesse daran hatte, den Kontakt mit Berlin erneut zu pflegen. Die deutsch-japanischen Verhandlungen, über die Moskau dank eines Spions in Görings Forschungsamt seit dem Herbst 1935 informiert war,[224] hatten Stalin aufgeschreckt. Angesichts der müden Reaktion der Westmächte in der Rheinlandkrise fühlte er sich wieder stärker versucht, ein Arrangement mit Hitler ins Kalkül zu ziehen..

»In versteckter Form«[225] fing Stalin an, dem Dritten Reich Avancen zu machen. Er schickte geheime Sendboten zu Spitzenfunktionären des NS-Regimes, die im Ruf standen, keine Bolschewistenfresser zu sein. Militärs wurden angelaufen, Diplomaten in Gespräche verwickelt, auch Schacht kontaktiert, den für den eigentlichen Diktator Deutschlands zu halten Moskau nicht aufhörte.[226]

Das faszinierte auch Göring so sehr, daß er nicht übel Lust hatte, selber in diesem Halbdunkel mitzumischen. Er zeigte sich für Moskau ansprechbar, worauf ihm Stalin im Frühjahr 1936 zwei Vertraute schickte: David Kandelaki, einen Mann aus seiner supergeheimen Privatkanzlei, der die Leitung der sowjetischen Handelsvertretung in Berlin übernommen hatte, und den NKWD-Funktionär Friedrichsohn.[227]

Eine groteske Situation: Zur selben Zeit, da Hitler vom deutschen Volk verlangte, daß es »keinen Umgang und Verkehr mit diesen internationalen Schädlingen betreibt«,[228] verhandelte sein Stellvertreter und präsumptiver Nachfolger seelenruhig mit den Sendboten Stalins über die Verbesserung der deutsch-sowjetischen Beziehungen.[229]

»Sein ganzes Bestreben«, ließ Göring am 13. Mai dem Herrn im Kreml ausrichten, »sei darauf gerichtet, mit Rußland auch politisch wieder engere Fühlung zu bekommen, und er sähe den Weg dazu vornehmlich über eine Vertiefung und Ausbreitung der gegenseitigen Handelsbeziehungen«.[230] Das war mehr als eine bloße Phrase. Wenige Tage zuvor hatte Göring seinem Führer die Zustimmung zum Abschluß eines neuen Wirtschaftsabkommens mit der Sowjetunion abgerungen. Und im Oktober hatte er noch Größeres vor: Waffengeschäfte mit Moskau im Austausch gegen sowjetische Rohstoffe.[231]

Hitler mußte so grobe Abweichungen von seinem Kurs hinnehmen und konnte nur versuchen, durch doppelbödiges Lavieren die auffallendsten Widersprüche der deutschen Außenpolitik zu vernebeln. Schacht ließ er bedeuten, er möge die sowjetischen Anfragen ausweichend beantworten, da »zur Zeit« Verhandlungen mit Moskau keinen Erfolg versprächen.[232] An Göring wiederum ergingen Ermahnungen zur Vorsicht.

Dem Diktator waren die Hände gebunden, zumal die Abweichler ihren separaten Kurs auch und vor allem mit der Rohstoffsicherung der Aufrüstung begründeten. Das zwang Hitler sogar zum Mitmachen. Wie er den neuen Wirtschaftsvereinbarungen mit Moskau zugestimmt hatte, so war von ihm auch kein Veto gegen den 100-Millionen-Mark-Kredit für China erhoben worden, mit dem sich das Reich unter Federführung des Kriegsministeriums im April 1936 rasante Erhöhungen chinesischer Rohstofflieferungen, namentlich der Wolframimporte, eingehandelt hatte.[233]

Neue Rohstoffe für die Aufrüstung – das war im Augenblick alles, was bei Hitler zählte. Mit der Aufrüstung stand und fiel seine künftige revisionistisch-expansionistische Außenpolitik, Deutschlands Ausbruch aus dem ihm in Versailles angepaßten territorialen Rahmen.

Ebendiese Aufrüstung aber geriet zunehmend ins Stocken, je mehr das Dritte Reich an die Grenzen seiner wirtschaftlichen Leistungsfähigkeit stieß. Jetzt zeigte sich, daß Deutschland beileibe kein »Land der unbegrenzten Möglichkeiten« war. Schon zu Beginn des Jahres hatte sich eine neue Rohstoff- und Devisenkrise angekündigt, verheerender noch als die von 1934.

Ironie der Geschichte: Hitler und die Militärs gerieten in Bedrängnis, weil die Ökonomen und das Volk allzu erfolgreich gearbeitet hatten. Ende 1936 war die Vollbeschäftigung erreicht und damit ein »allgemeiner Wirtschaftsaufschwung, der mit keinem anderen kapitalistischen Land vergleichbar war«.[234] Seit 1933 hatte die Erzeugung von Produktionsgütern um 147 Prozent zugenommen, war die Zahl der geleisteten Arbeitsstunden fast verdoppelt worden, das Bruttosozialprodukt von 58 auf 83 Milliarden Reichsmark gestiegen.[235]

Der Zwang, immer mehr zu produzieren, setzte jedoch die Industrie einem Raubbau an Material und Maschinen aus. Der Produktionsapparat der Betriebe wurde zu ständigen Höchstleistungen emporgejagt, was ihn rascher als gewohnt abnutzte. Zudem mußte die Industrie zu Überstunden und zur Einstellung ungelernter Arbeitskräfte übergehen, was wiederum Kostensteigerungen zur Folge hatte, die »zu höheren Fertigungskosten je Stück und zu einer verminderten Wirtschaftlichkeit der Betriebe« führten.[236]

Noch gravierender war, daß es zusehends auch an Produktionsmaterial mangelte. 1936 waren die Vorräte an Rohstoffen und Halbfabrikaten aus der Zeit der Depression nahezu aufgebraucht. Neue Lieferungen aus dem Ausland aber kamen nur in ungenügenden Mengen herein, da dem Reich die Devisen fehlten, um alle Importbedürfnisse von Wirtschaft und Wehrmacht zu befriedigen.

Eine gefährliche Schere tat sich vor den Deutschen auf. Die Einfuhrpreise für Rohstoffe, Halbwaren und Nahrungsmittel stiegen ständig an, während die Exportpreise deutscher Waren fast ebenso stark sanken. Im Vergleich zum Jahr 1933 mußte Deutschland jetzt, so hat ein Experte errechnet, »um etwa ein Fünftel mehr exportieren, um dieselbe Menge an Rohstoffen und Nahrungsmitteln zur Verfügung zu haben«.[237]

Und die Chancen einer Bezahlung der für die Rüstung notwendigen Rohstoffimporte nahmen noch dramatischer ab, je mehr auch die Lebensmittelversorgung des Reiches in die Krise geriet. Schlechte Ernten, die völlig verfehlte Marktordnungspolitik des Reichsernährungsministers Darré und das Verlangen der Konsumenten nach besserer Lebensqualität verstärkten den Druck auf den schon übel zusammengeschmolzenen Devisen- und Goldbestand der Reichsbank.

Das mußte die Wehrmacht schwer treffen, denn mehr Devisen für Agrarimporte bedeuteten weniger Rohstoffe für die Aufrüstung. Sie litt ohnehin schon an Entzugserscheinungen. Der Rohstoffvorrat der Rüstungsindustrie reichte im Frühjahr 1936 allenfalls noch für zwei Monate, der Kupferbedarf des Heers konnte nur bis zur Hälfte gedeckt werden.[238]

Ebenso kritisch war die Lage auf dem Treibstoffsektor. Die Hoffnungen der Wehrmachtführung auf den schnellen Aufbau einer deutschen Mineralölwirtschaft, die nach der von Schacht forcierten Gründung der Brabag aufgekommen waren, hatten sich nicht erfüllt. Im Falle eines Krieges konnte sie nur 51 Prozent des Treibstoffbedarfs der Wehrmacht decken, was »jede militärische Planung von vornherein ad absurdum führen mußte«.[239]

Wirtschaftliche Ratio hätte daher geboten, spätestens nach Erreichen der Vollbeschäftigung die Aufrüstung zu stoppen, zumindest abzubremsen. Die gleichzeitige Steigerung von privatem und staatlichem Konsum ließ sich auf die Dauer nicht durchhalten, die vermehrte Kaufkraft der Bevölkerung kollidierte zusehends mit den Aufrüstungswünschen des Staates.

Noch war diese Aufrüstung reversibel, denn sie hatte keineswegs schon jene blindwütige Dynamik erlangt, die das Land in eine ausweglose Konfrontation mit seiner Umwelt stürzen mußte. Bis zum Sommer 1936 war die Aufrüstung »größtenteils ein Mythos«, wie ein US-Historiker urteilt.[240] Die Luftwaffe besaß keine größere Schlagkraft als die kleiner Mächte. Das auf 400 000 Mann angewachsene Heer litt unter Mängeln materieller und personeller Ausstattung.[241]

Offiziell hielt man auch noch daran fest, bis 1938 ein allein der Verteidigung dienendes Heer aufzubauen. Das gab der deutschen Aufrüstung trotz aller Tendenz zur Ausweitung einen Anstrich von Normalität: 1936 gingen erst 6 Prozent der deutschen Eisen- und Stahlerzeugung in die Rüstungsproduktion.[242]

So war es durchaus möglich, die Aufrüstung abzubremsen, ehe sie ein für die Gesamtwirtschaft zerstörerisches Maß annahm. Doch die führenden Militärs machten keine Miene, das Tempo der Aufrüstung zu verringern. Sie waren auf den schieren Gegenkurs fixiert: noch schärfer aufzurüsten, den Forderungen der Wehrmacht absolute Vorrangstellung in der Wirtschaft zu sichern.

Blomberg, Beck und Fritsch hatten nie gelernt, die volkswirtschaftlichen Bedingungen einer Aufrüstung ins Visier zu nehmen. Ohne Rücksicht auf die wirtschaftliche Lage betrieben sie eine weitere Eskalation der Rüstung, stets der Zustimmung Hitlers sicher, der jede Verschärfung des militärischen Programms mitmachte, die ihn seinen politischen Zielen näherbrachte.

Die Militärs verstrickten sich so in ihre Pläne und Sandkastenspiele, daß sie gar nicht merkten, wie sehr sie damit Hitlers künftiger Aggressionspolitik den Weg ebneten. Denn nicht Hitler, wie später eine apologetische Geschichtsschreibung suggerierte, zwang den Militärs die Radikalisierung des Rüstungskurses auf, sondern es waren die meist selbständig handelnden Generale, deren Termine Hitlers vagen Vorstellungen vom expansionistischen »Zupacken« erst einen zeitlich konkreten Rahmen gaben.

Dabei leitete sie weniger das traditionelle Großmachtdenken ihrer Kaste als jene hochgescheite Betriebsblindheit, wie sie nicht selten dem Professionalismus technokratischer Eliten zu eigen ist. Losgelöst von der zivilen Umwelt, sahen die deutschen Spitzenmilitärs in funktionalistischer Blickverengung nur ihre fachlichen Aufgaben vor sich, fasziniert von den ungeheuren operativen Möglichkeiten, die ihnen die neue Militärtechnik eröffnete.

Es waren vor allem die Panzer, die es dem technischen Neuerungen gemeinhin wenig aufgeschlossenen General von Fritsch angetan hatten. Bei einer Waffenvorführung auf dem Truppenübungsplatz Kummersdorf im Juli 1935 hatte der Oberbefehlshaber des Heeres zum erstenmal Einheiten der neuen Panzerdivision des Obersten Heinz Guderian im Einsatz gesehen, deren Übung ein verblüffendes Ergebnis zeigte: Der geballt vorgetragene Panzerangriff löste bei den Verteidigern, konventionellen Infanteristen, totale Panik aus.[243]

Fritsch sah schon eine neue Art der Kriegführung heraufkommen: eine bewegliche Verteidigung mit Panzerkampfwagen, die »offensive Abwehr«.[244] Das war zwar nicht gerade, was dem Panzertheoretiker Guderian als Zukunft seiner Angriffswaffe vorschwebte, doch das Zauberwort »offensiv« öffnete der Panzertruppe alle Türen des Generalstabs, hinter denen bisher noch die traditionelle Abneigung gegen die Technisierung der Kampfmittel vorgeherrscht hatte.

Offensiv und modern – das wollten nun viele Militärs sein. Auch den Generalstabschef Beck reizte die Idee, die Entwicklung der Panzerwaffe mit der unausweichlichen Motorisierung der wichtigsten Infanterieverbände zu einer grundlegenden Umstrukturierung des Heeres zu nutzen. Ihr Ziel: die Angriffskraft der Armee durch eine Vermehrung der Panzerverbände entscheidend zu erhöhen.

Schritt um Schritt entfernte sich damit die Heeresführung von ihrer defensiven Konzeption, bis sie ganz aufgegeben war. Fortan stand die Arbeit an dem allerdings auch schon früher erwogenen Angriffsheer im Mittelpunkt. Was denn auch vom Juni 1936 an offizielle Planung der Heeresführung wurde: ein 43 Divisionen zählendes Friedensheer als Kern eines mehr als doppelt so starken Kriegsheeres zu schaffen, dessen Aufstellung größtenteils im Oktober 1939 abgeschlossen sein sollte – magisches Datum nun auch für Hitlers Expansionspolitik.[245]

Das war indes ein so riesiger Sprung in die Hochrüstung, daß selbst Becks Mitarbeitern Bedenken kamen. Generalmajor Friedrich Fromm, der Chef des Allgemeinen Heeresamtes, hielt Beck die hohen Kosten vor und riet zu Kürzungen im Panzerprogramm. Mit diesem Programm, so erklärte Fromm, würden sich die Heeresausgaben Jahr um Jahr verdoppeln, der gesamte Militäretat von 5,4 Milliarden Reichsmark (1935/36) schon im nächsten Rechnungsjahr auf über 10 Milliarden Reichsmark hochschnellen.[246]

Fromms Einwände prallten an Beck ab. Ihm war es unerträglich, Rüstungspläne aus »geldlichen Rücksichten« zu ändern.[247] Auch Blomberg hatte keinen Sinn für derlei Bedenken. Leichtfertig stachelte er alle Teilstreitkräfte an, nur noch im großen zu planen und dabei alle finanziellen Skrupel fallenzulassen. Milch notierte sich als neue Maxime: »Kredit nicht nach oben limitiert für Rüstung.«[248]

Das aber mußte den Mann auf den Plan rufen, der bisher wie kein anderer die Aufrüstung finanziell ermöglicht hatte. Hjalmar Schacht hatte genug von der wirtschaftlichen Ignoranz der Militärs. Was sie da planten, schien dem Reichswirtschaftsminister, inzwischen auch Generalbevollmächtigter für die Kriegswirtschaft, nichts als ökonomischer Wahnsinn, ruinös für die ganze Wirtschaft des Landes.

Nicht etwa, daß Schacht plötzlich zu einem Gegner der Aufrüstung geworden war. Zum machtpolitischen Weltbild des Altliberalen gehörte eine starke deutsche Armee, allerdings auch wirtschaftliches Augenmaß, und das sah er nachgerade von den Militärs verhöhnt. Ärger ging es nicht mehr: Blomberg verlangte jetzt sogar eine Erhöhung des Militäretats von 10 auf 13,6 Milliarden Mark, der Wehrwirtschaftsstab für 1936 die Zuteilung von doppelt so vielen Rohstoffen und Devisen wie im Jahr zuvor.[249]

Schacht war entschlossen, dies nicht länger mitzumachen. Wo immer nun die Militärs mit neuen Forderungen nach mehr Devisen und Rohstoffen aufwarteten, wies er die Gesuche ab, fast immer mit dem gleichen Argument: kein Geld in der Kasse. Wobei aber rasch deutlich wurde, daß es Schacht um mehr ging als um eine punktuelle Abwehr überzogener Forderungen der Militärs. Er wollte die ganze Währung, Aufschwung und Frieden gefährdende Rüstung zur Disposition stellen, ließ sich doch nach Schachts Meinung »die Rüstungspolitik ... im bisherigen Tempo nur noch bei sinkendem Lebensstandard weiterführen«.[250]

Das Dritte Reich war, wie ein Mitarbeiter Schachts formulierte, »an einem Wendepunkt angelangt«.[251] Das Rüstungstempo ließ sich nicht mehr beliebig steigern, ohne den Lebensstandard und damit die Stabilität des Regimes aufs Spiel zu setzen. Um auch nur das gegenwärtige Rüstungsniveau halten zu können, mußte man entweder den Export steigern oder den privaten Konsum senken. Das eine wie das andere aber war kaum möglich. Für Schacht ergab sich daraus klar: Stopp der Aufrüstung.

Wie aber die Militärs dazu bewegen, vor allem Hitler, der auf jede Kritik an »seiner« Aufrüstung gereizt reagierte? Schacht sah nur einen Weg vor sich, einen Weg voller Tricks und Wagnisse: die Rohstoff- und Devisenkrise noch düsterer erscheinen zu lassen, als sie ohnehin schon war, und damit Hitler zum Einlenken zu zwingen.

Eine Versammlung von Gauleitern unter Hitlers Vorsitz schockierte Schacht mit der »Enthüllung«, er habe nur noch »5 Milliarden für Rüstungen« zur Verfügung; ständig müsse er »streichen, sonst bricht die ganze Sache zusammen«.[252] Den Militärs wiederum erzählte er, für die zweite Jahreshälfte von 1936 sei mit einem Devisendefizit von 637 Millionen Reichsmark zu rechnen – eine kecke Übertreibung, entpuppte sich doch später das »Defizit« als ein Handelsbilanzüberschuß in Höhe von 550 Millionen Mark.[253]

Geradezu alarmistisch aber agierte Schacht, wo die Nerven der braunen Machthaber schon seit langem zum Zerreißen angespannt waren: in der Agrarpolitik. Ihre Malaise ging auf die Krise der Lebensmittelversorgung im Sommer 1935 zurück,

Anlaß für den wachsenden Unmut der Bevölkerung, der nicht nur Goebbels beunruhigte.

Das machte den Ernährungsminister Darré zum bestgehaßten Mann der Stunde, auch in der NSDAP, deren Funktionäre den Volkszorn über leere Lebensmittelgeschäfte und Preistreibereien des Reichsnährstandes unmittelbar zu spüren bekamen. »Darré macht Blödsinn über Blödsinn«, giftete Goebbels über »diese Niete« und drängte auf die Kaltstellung des Ministers, der inmitten sinkender Ernteerträge, steigender Weltmarktpreise und verstärkter Landflucht keinen Ausweg aus seiner Krise fand.[254]

Auch Hitler spielte schon mit dem Gedanken, den Blut-und-Boden-Phantasten durch einen liberal-konservativen Gegenspieler abzulösen, wobei er an den ehemaligen Reichspreiskommissar Goerdeler dachte, der im Juni an Darrés preissteigernder Kartellpolitik gescheitert war. Noch wollte er allerdings Darré eine letzte Chance geben. Goebbels, ein Bewunderer Goerdelers, notierte lapidar: »Darré soll für Fleisch sorgen, sonst wird ihm Goerdeler vor die Nase gesetzt.«[255]

Hier hakte Schacht ein. Als der Ernährungsminister im August 1935 größere Devisenzuteilungen zur vermehrten Einfuhr von Ölsaaten beantragte, um die Engpässe in der Fett- und Fleischversorgung zu überwinden, verweigerte sich ihm Schacht mit dem Hinweis auf die geringen Devisen- und Goldbestände der Reichsbank.[256]

Seine Absage verband er mit einer gepfefferten Kritik an der Amtsführung Darrés, dem er vorwarf, durch eine falsche Produktions- und Absatzpolitik die Engpässe in der Landwirtschaft, vor allem ihre Abhängigkeit von ausländischen Importen, selber verschuldet zu haben.[257] Er ignorierte dabei freilich, daß es auch objektive Gründe für Darrés Schwierigkeiten gab. Immerhin hatte die Weimarer Republik in ihrer Blütezeit weit mehr Agrarprodukte eingeführt als das Dritte Reich.

Was immer auch an großindustrieller Interessenpolitik und Ressortegoismus in Schachts Schelte steckte – ihr Hauptstoß zielte darauf, die Unvereinbarkeit von ausreichender Lebensmittelversorgung und forcierter Aufrüstung zu demonstrieren. Damit aber konfrontierte er das Regime einer beklemmenden Alternative: Butter oder Kanonen.

Doch Hitler durchschaute Schachts Absichten und reagierte nicht ungeschickt. Er brachte Göring ins Spiel. Noch im August ernannte Hitler ihn zum Vermittler im Streit zwischen Schacht und Darré, um durch einen Lösungsvorschlag »die deutsche Volksernährung zu sichern«.[258] Göring, beileibe kein Anhänger der verfehlten Agrarpolitik des Parteigenossen Darré, schlug sich auf die Seite des Ernährungsministers: Schacht mußte zahlen.[259]

Der Wirtschaftsminister steckte die Schlappe ein, wohlwissend, daß die nächste Krise bestimmt kommen werde. Und sie kam prompt, im Frühjahr 1936: Neue Versorgungsnöte trieben Darré dazu, weitere und immer höhere Devisenbeträge anzufordern. Im Januar war schon von 15 Millionen Reichsmark die Rede, im Februar verlangte das Ernährungsministerium die Verdopplung des festgelegten Devisenkontingents für die Einfuhr von Ölsaaten.[260]

Als Schacht Mitte März allenfalls zwei Drittel der neuen Forderungen bewilligen wollte, alarmierte der Ernährungsminister Hitler mit einem Brandbrief voller Vorwürfe gegen den Widersacher. Nun aber reichte es Schacht. Am 24. März schlug er in einem Schreiben an Darré zurück, hämisch und verletzend, wie noch nie ein bürgerlicher Minister mit einem »Paladin« Hitlers umgegangen war.

Ohne Darré einer Anrede zu würdigen, rechnete Schacht mit dessen »sprunghaft steigenden Anforderungen« ab und ersuchte ihn, gefälligst erst einmal »die volle Produktionsleistung, wie Sie sie 1933 übernommen haben, wiederherzustellen«. Schacht höhnte: »Ich kann mir weder Devisen aus den Rippen schneiden, noch kann ich sie aus der Luft herunterzaubern . . . Von der Devisenseite her ist Unmögliches nicht zu erwarten. Ich bin nämlich kein Dukatenmännchen.«[261]

Der Eklat war da, auf den Schacht immer gezielt hatte, um Hitler und die Aufrüster zur Entscheidung zu zwingen. Das Regime hatte sich selber in eine Sackgasse manövriert: Die Rohstoff- und Devisenlage Deutschlands war jetzt so trostlos, daß sie »ohne eine Revision der bisherigen Ziele und wirtschaftspolitischen Mittel nicht mehr gelöst werden« konnte.[262]

Schacht war jedoch allein kaum in der Lage, die von ihm anvisierte Umkehr in der Aufrüstungspolitik durchzusetzen. Die Intervention Görings hatte deutlich gezeigt, daß er mitnichten der allmächtige Wirtschaftsdiktator war, für den ihn Außenstehende hielten. Der Streit mit Darré hatte zudem die Zahl der Gegner Schachts noch vermehrt, die für die Beschneidung seiner Kompetenzen agitierten, ja seinen Sturz planten.

Im autarkistischen Lager der NSDAP formierte sich unter Hitlers ehemaligem Wirtschaftsberater Wilhelm Keppler eine Anti-Schacht-Fronde, die eine radikale Korrektur der Wirtschaftspolitik ansteuerte. Keppler lastete dem Autarkiegegner Schacht vor allem an, zugunsten illusionärer Exportsteigerung die Entwicklung deutscher Ersatzstoffe zu vernachlässigen und damit das Ziel einer deutschen Selbstversorgung aus dem Auge zu verlieren.[263]

Ihre Ideen fanden Zustimmung bei Militärs, die wie Thomas meinten, die totale Autarkie sei das ideale Ziel des Soldaten.[264] Auch Generalmajor Thomas verdroß die Nachlässigkeit, mit der sein ehemaliger Favorit Schacht Probleme militärisch relevanter Selbstversorgung anging. Etwa beim Ausbau der Mineralölwirtschaft: Da legte Schacht nicht den Maßstab des Treibstoffverbrauchs der Wehrmacht im Kriegsfall an, sondern nur den eines Absatzes in Friedenszeiten.[265]

Schachts Reserviertheit war den Militärs schon so lästig geworden, daß sie auf allerlei Umwegen versucht hatten, ihn aus seiner zentralen Position in der Treibstoffpolitik auszuhebeln. So propagierten sie die Ernennung eines »Treibstoffdiktators«, der natürlich aus ihren Reihen kommen sollte. Was Schacht zwar durch die rasche Ernennung eines »Sonderbeauftragten für die Mineralölwirtschaft« abfing, doch nur für kurze Zeit.[266]

Angesichts solcher Gegenspieler hatte Schacht allen Grund, sich um einen Bundesgenossen zu bemühen. Da kam ihm eine phantastische Idee: Wie denn, wenn er sich Görings bediente und versuchte, ihn in seine Pläne einzuspannen?

Hermann Göring war eitel und ehrgeizig genug, sich in eine aktive Rolle in der Wirtschaftspolitik manövrieren zu lassen. Sie mußte freilich so exponiert sein, daß er scheinbar allein auf die Ausweglosigkeit der Devisen- und Rohstoffmisere und die sich daraus für die Aufrüstung ergebenden Abstriche kommen würde.

Das bedeutete, Göring einen »Führerauftrag« zu beschaffen, der ihn ermächtigte, gemeinsam mit Schacht und Blomberg die Rohstoff- und Devisenlage zu untersuchen und verbindliche Lösungen zu erarbeiten. Viel Schaden, so dünkte Schacht, konnte der Dicke in einem solchen Dreiergremium nicht anrichten. Im Gegenteil, er war populär genug, um die Wirtschaftspolitik vor Querschlägern aus der Partei zu schützen, und galt als wirtschaftlich so ahnungslos, daß er stets auf den Rat Schachts angewiesen sein würde – dachte Schacht.

Um nicht in die Abhängigkeit Görings zu geraten, arrangierte sich Schacht zuvor mit Blomberg, dem die Idee eines Dreiergremiums zusagte.[267] Auch er hatte ein Interesse daran, den dynamischen Luftwaffenchef zu benutzen, ohne ihn allerdings zu mächtig werden zu lassen. Von ihm erhoffte sich Blomberg vor allem eine Lösung der Treibstoffkrise.

Hitler wird nicht wenig verblüfft gewesen sein, als ihm Schacht und Blomberg Ende März vorschlugen, Göring in die Regelung der Rohstoff- und Devisenfragen einzuschalten. Ihm lag es recht fern, seinem Vize, der ihm ohnehin zu großspurig wurde, auch noch eine wirtschaftspolitische Starrolle einzuräumen. Noch im Dezember 1935 hatte er Göring ermahnt, »sich nicht in die Wirtschaftsfragen einzumischen«.[268]

Schacht und Blomberg mußten ihren Führer daher erst noch drängen, ehe der sich dazu verstand, Göring an die neue Aufgabe heranzulassen. Doch dann handelte er rasch. Am 4. April 1936 erging ein Erlaß Hitlers, der Göring mit der »Prüfung und Anordnung aller erforderlichen Maßnahmen« zur Verbesserung der Rohstoff- und Devisenlage beauftragte, wozu auch das Recht gehörte, »hierfür alle staatlichen und parteilichen Stellen anhören und anweisen« zu dürfen.[269]

Niemand aber war von dem Erlaß ärger schockiert als dessen intellektueller Urheber. Schacht konnte es kaum fassen: Das war nicht das Prüfungsgremium mit gleichberechtigten Mitgliedern, das er Hitler vorgeschlagen hatte, sondern eine Konzentration nahezu aller Kompetenzen in der Hand eines Mannes, des neuen »Rohstoff- und Devisenkommissars« Göring.

Prompt ließ sich Schacht am 3. Mai bei Hitler melden und bestürmte ihn, Görings Vollmachten wieder einzuschränken. Doch Hitler wich in bekannter Manier aus: Er wolle mit der ganzen Sache »nichts mehr zu tun haben«, der Minister möge sich selber »mit Göring auseinandersetzen«.[270]

Schacht hatte zu spät gemerkt, daß ihm eine kapitale Dummheit unterlaufen war. Durch die Heranziehung Görings hatte er sich einen gefährlichen Konkurrenten geschaffen, der sogar in sein eigenes Ministerium hineinregieren konnte. Und es erwies sich auch bald, daß man einen Göring nicht leicht manipulieren konnte. Zudem betrieb der Rohstoffkommissar Göring just, was er nach Schachts Intentionen gerade hatte verhindern sollen: die forcierte Aufrüstung. Auch hier hatte sich

Schacht gründlich getäuscht. Ihm war offenkundig entgangen, daß Göring einer der entschiedensten Aufrüster im Lande war, schon aus persönlichem Egoismus: Je größer seine Luftwaffe, desto stärker seine politische Position im Machtgefüge des NS-Staates.

Das verriet bereits die Auswahl der Männer, die Göring an sich zog, um mit ihnen einen »Rohstoff- und Devisenstab« aufzustellen. Es waren Offiziere des Generalstabs der Luftwaffe wie der Oberstleutnant Fritz Loeb, der die Leitung des Stabes übernahm, Fachleute aus den Labors und Vorstandsetagen der chemischen Großindustrie, Beamte und Wirtschaftler von Görings Stabsamt, sämtlich auf Rüstung und Expansion fixiert.[271]

Loebs Planungsstab setzte Studiengruppen ein, die untersuchen sollten, wie sich die Rohstofflage verbessern lasse, um die Aufrüstung langfristig zu sichern, während es das Preußische Staatsministerium übernahm, Möglichkeiten einer Erhöhung des Devisenbestandes zu erkunden.[272] Nach einigen Wochen hatten sie erste Lösungen anzubieten: forcierte Erzeugung innerdeutscher Rohstoffe, verstärkte Eintreibung von Devisenaußenständen des deutschen Exports.

Einige der griffigsten Stichworte stammten von dem I.-G.-Farben-Direktor Carl Krauch, der nebenberuflich in Loebs Stab eine Abteilung für Forschung und Entwicklung aufbaute. Er propagierte den schnellen Übergang zu begrenzter Autarkie, was für den Konzernstrategen nicht ohne Hintersinn war: Die I.G. Farben besaß, wie ein Kenner weiß, die »Patente für besonders rüstungswichtige Synthetikverfahren (z. B. Buna-Herstellung, synthetische Treibstoffgewinnung), weshalb die Konzernleitung nachdrücklich den Gedanken einer weitgehenden deutschen Selbstversorgung unterstützte«.[273] Schon bald waren Loeb und Göring überzeugt, daß Deutschland in kürzester Zeit auf dem Gebiet der Mineralölwirtschaft autark sein könne. Auch auf anderen Gebieten, etwa bei der Kautschuk- oder der Textilversorgung, meinten sie zumindest einen hohen Grad von nationaler Selbstversorgung erreichen zu können.

Je mehr aber Görings Planer zu autarkistischen Teillösungen und einer strikten Rohstofflenkung tendierten, desto schärfer stellte sich die Frage, wer über die Verteilung der Rohstoffe und Devisen letztlich zu befinden habe. Die Frage erregte vor allem Blomberg und Thomas, ließ doch Göring keinen Zweifel daran, daß er allein zu entscheiden habe.[274]

Damit geriet er in Konflikt mit dem Reichskriegsministerium, das die Alleinkompetenz für sich beanspruchte. Schon aus Gründen der Befehlshierarchie mochte Blomberg nicht zulassen, daß der Befehlshaber einer Teilstreitkraft beispielsweise über die Treibstoffzuteilung für die gesamte Wehrmacht entschied, unter Ausschaltung ihres Oberbefehlshabers und dessen zentraler Kommandostellen.

Das machte Blomberg zum begrenzten Bundesgenossen Schachts, der auch nicht die Absicht hatte, sich von dem Amateur Göring seine Politik vorschreiben zu lassen. Mit der Rückendeckung des Reichskriegsministeriums widersetzte er sich Görings bombastischen Führungsansprüchen mit einer fintenreichen Blockadepolitik.

So vergingen die Wochen in unsäglichen Kompetenzkabalen, bis die Krise die Kontrahenten vollends eingeholt hatte. Im Juli erreichte sie ihren Siedepunkt, lähmte zusehends mehr Felder der Volkswirtschaft: Ölausfuhrverbote Rumäniens und Rußlands verschlimmerten die Treibstoffnöte der Wehrmacht ins unermeßliche, die Munitionsfabriken waren nur noch zu 70 Prozent ausgelastet, die Kfz-Industrie mußte zur Kurzarbeit übergehen.[275]

Jetzt wollte Göring nicht länger warten und drängte Hitler zu grundlegenden Entscheidungen. Ende Juli hielt er ihm bei Zusammenkünften in Bayreuth und Berchtesgaden vor, der Staat müsse sofort handeln, spätestens auf dem im September stattfindenden Parteitag in Nürnberg. »Rohstoffpropaganda auf Parteitag«, notierte ein Beamter Görings, »Haltung einer großen Rede des Herrn Generaloberst auf dem Parteikongreß über Rohstoff-Devisenfragen.«[276]

Was Göring dabei noch fehlte, hatte inzwischen Loebs Stab ausgearbeitet: ein detailliertes Programm zur Krisenbewältigung, das die Wirtschaftspolitik drastisch veränderte.[277] An die Stelle der weitgehend noch marktwirtschaftlich bestimmten Ordnung sollte eine Lenkungswirtschaft treten, gesteuert von Führungsapparaten, die der deutschen Wirtschaft in Zukunft Schwerpunktprogramme aufgaben und die Produktion im Sinne der vom Staat gesetzten Prioritäten überwachten.

Erstes Schwerpunktprogramm: Sicherung der Aufrüstung, Verbesserung der Ernährungslage. Mit verschärfter Devisenbewirtschaftung und Entwicklung von Ersatzrohstoffen, aber auch verstärkten Anstrengungen im Export sollten alle wirtschaftlichen Energien der Nation mobilisiert werden, um das Reich analog der militärischen Aufbaupläne in vier Jahren »blockadesicher« zu machen.

Vierjahresplan – die Idee faszinierte Hitler. Sie wird ihn an seinen Wahlschlager erinnert haben, mit dem er 1933 die Phantasie der aufgewühlten Volksmassen elektrisiert hatte. Doch im Gegensatz zum ersten Vierjahresplan mit seinen schwammigen Verheißungen enthielt der zweite praktische Maßnahmen zur Lösung der Krise.

Sofort war Hitler entschlossen, den Plan für seine eigenen Ziele auszuschlachten. Natürlich dachte er nicht daran, Göring die Starrolle auf dem Parteitag zu überlassen. Dem Stellvertreter die Ankündigung der neuen Ära zu übertragen, noch dazu vor der Jubelkulisse des Parteitages, hieß denn doch, die Propagandalegende vom Macher-Führer Hitler allzu mutwillig zu decouvrieren.

Hitler übernahm die Rolle selber. Er hatte einen sicheren Blick dafür, wann eine Situation entscheidungsreif war und sich für die eigene Machterweiterung nutzen ließ. Zudem war die Gefahr vorüber, daß er sich in unerquickliche Ministerquerelen verstrickte, die Hitler so gar nicht mochte.

Tatsächlich hatte Blomberg Anfang August, als der Aufbauplan Becks für das neue Angriffsheer den letzten Schliff erhielt, mit Göring seinen Frieden gemacht. Göring erfüllte die dringlichsten Devisenwünsche der Wehrmachtführung und konzedierte ihr außerdem, ihren Rohstoffbedarf weiterhin allein bestimmen zu können.[278]

So blieb nur der Rüstungskritiker Schacht übrig, dem Hitler jedoch genügend »Frechheit« zutraute, um die neuen Vorhaben noch in letzter Minute zu durchkreuzen.[279] In Görings »Kleinem Ministerrat«, wo jetzt die wichtigsten Wirtschaftsfragen entschieden wurden, erwies sich Schacht noch immer als ein wendiger Kontrahent – Grund genug für Hitler, dem gefürchteten »Zauberer« heimlich den Boden zu entziehen.

Dazu dachte sich Hitler eine Denkschrift aus, in der er mit Schacht »abrechnen«, allerdings auch noch gegenüber anderen Zweiflern die wirtschaftspolitische Wende rechtfertigen wollte. Daraus wurde in der letzten Augustwoche ein typisches Hitlerprodukt: ebenso aggressiv wie vage, voller düsterer Warnungen vor der »Weltgefahr des Bolschewismus« und der angeblich von Moskau drohenden »Ausrottung des deutschen Volkes«.[280]

Am deutlichsten waren dabei noch die Ausfälle gegen Schacht. Er müsse sich, wetterte Hitler, »schärfstens verwahren gegen die Auffassung, durch eine Einschränkung der nationalen Aufrüstung... eine ›Anreicherung‹ von Rohstoffen herbeiführen zu können«. Es sei »unseren schlauen Wirtschaftspolitikern« nicht gelungen, ausreichende Rohstoffe nach Deutschland zu bringen, und wer anderes behaupte, rede »lächerlichen Unsinn«. Die Produktion von Ersatzstoffen »geht das Wirtschaftsministerium gar nichts an«, schließlich werde »nicht Deutschland zugrunde gehen, sondern es werden dies höchstens einige Wirtschaftler«.

Nebulös dagegen Hitlers politische Ankündigungen: »Die endgültige Lösung« aller Nahrungs- und Rohstoffprobleme liege in einer »Erweiterung des Lebensraumes«, die »dereinst« von der Führung angepackt werden müsse. Es sei hier nicht »die Zeit zu prophezeien, in der die unhaltbare Lage in Europa zur offenen Krise werden wird«. Bis dahin gelte es, »in kürzester Frist die deutsche Wehrmacht... zur ersten Armee der Welt zu entwickeln«.

In der eigentlichen Sache aber, dem neuen Wirtschaftsprogramm, hielt sich Hitler eng an die Vorstellungen des Rohstoff- und Devisenstabes, wenn nicht gar die wesentlichsten Sätze von Göring selber stammten. Auch die aufregendste Passage der Denkschrift spiegelte nur wider, was längst auf anderer Ebene verabredet worden war: »Ich stelle damit folgende Aufgabe: I. Die deutsche Armee muß in 4 Jahren einsatzfähig sein. II. Die deutsche Wirtschaft muß in 4 Jahren kriegsfähig sein.«

Das war alles so kraus und hastig zusammengeschrieben, daß Hitler seine Denkschrift, die weder Über- noch Unterschrift trug, nicht einmal den vertrautesten Ministern, geschweige denn Schacht zeigen mochte. Göring erhielt lediglich den Auftrag, den Mitgliedern des Kleinen Ministerrates auf der nächsten Sitzung am 4. September ein paar Sätze aus dem Memorandum vorzulesen und es als »Generalanweisung« der künftigen Wirtschaftspolitik zu präsentieren.[281]

Zwei Tage zuvor aber erfuhr Schacht von Hitler, daß dieser in Nürnberg ein neues Wirtschaftsprogramm verkünden werde. Über dessen Inhalt äußerte der Diktator sich jedoch nur dunkel. Schacht »schwante sogleich Unheil«,[282] zumal er seinen Führer auch noch falsch verstanden hatte. Er glaubte, Hitler wolle auf eine totale

Autarkie hinaus, und alarmierte sofort Thomas: Blomberg müsse unbedingt den Führer vor dem geplanten Schritt warnen. Eine autarkistische Politik, so Schacht, werde scharfe Reaktionen im Ausland auslösen, mit dieser Abwendung vom Welthandel »drücken wir uns selbst die Gurgel zu«.[283]

Doch Blomberg lehnte jede Intervention ab, was Schacht nicht wenig verbitterte. Er verstand nie, warum ihm die Militärs nicht halfen. Warum sollten sie? Die Wende zur Wehrwirtschaft war nicht zuletzt auch das Werk von Blomberg und Thomas. Nicht ohne Grund war Blomberg der einzige Minister, dem Hitler eine Kopie seiner Denkschrift überlassen hatte.

Erst auf der Sitzung des Kleinen Ministerrats erkannte Schacht schließlich, daß volle Autarkie doch nicht geplant war. Ihn bestürzte gleichwohl, was Göring (unter Weglassen aller Anwürfe Hitlers gegen den Wirtschaftsminister) aus der Denkschrift vorlas.[284] Für Hjalmar Schacht bedeutete es das Ende all dessen, woran er geglaubt und gearbeitet hatte.

Was hier vorgezeichnet wurde, war der Übergang zu einer Militarisierung und Teilautarkisierung der Wirtschaft, in der nicht länger die privatkapitalistischen Gesetze der Wirtschaftlichkeit gelten sollten, sondern allein die Produktionswünsche des Staates. Einseitige Förderung der Rüstungs- und Produktionsgüterindustrie, Preis- und Lohndirigismus, zentrale Steuerung des Einsatzes der Arbeitskräfte, stärkere Bürokratisierung wirtschaftlicher Abläufe – das war die neue Politik.

Womit sich endgültig als Illusion erwies, was Schacht, aber auch die Wirtschaftsreformer von 1933 immer geglaubt hatten: daß alle ihre Maßnahmen zur Krisenbewältigung nur Notbehelfe waren, überaus entbehrlich, sobald die ökonomische Normalität wieder erreicht sei. Jetzt aber wurden die Kriseninstrumente noch verschärft, war der entgegengesetzte Weg eingeschlagen: der Weg in die Kriegswirtschaft.

Ohnmächtig mußte Schacht zusehen, wie der Diktator auf dem Nürnberger Parteitag die alte Wirtschaftspolitik zu Grabe trug. Am 9. September 1936 proklamierte Hitler unter dem Heilgebrüll von Hunderttausenden »das neue Vierjahresprogramm« zur Sicherung der Ernährung und weitgehender Selbstversorgung, angeblich schon so detailliert vorbereitet, daß es »nur eine Frage unserer Energie und Entschlossenheit sein [wird], dieses Programm zu verwirklichen«.[285]

»Die notwendigen Anordnungen zur Durchführung dieses gewaltigen deutschen Wirtschaftsplanes«, so erklärte er, »habe ich soeben erlassen.«[286] In Wirklichkeit hatte er nichts dergleichen getan. Hitler ließ vielmehr Woche um Woche verstreichen, ohne die von Göring dringend erwartete Verordnung zu erlassen.

Waren es Gegenzüge Schachts, der trotz allem nicht aufgab, oder hatte Hitler doch noch Bedenken, die ganze Wirtschaft dem Dilettanten Göring zu überantworten – er zögerte die Entscheidung hinaus. Auch Goebbels kamen Zweifel: »Die Energie bringt er [Göring] mit, ob auch die wirtschaftl. Kenntnis und Erfahrung? Wer weiß! Immerhin wird er viel Wind machen.«[287]

Doch der Beutejäger Göring war nicht in der Stimmung, das letzte Wort seines

Führers abzuwarten. Er handelte ohne ihn. Noch im September ernannte er eigenmächtig Sonderbeauftragte für verschiedene Gebiete der Rohstoffwirtschaft und fing an, neue Mitarbeiter für die künftige Superbehörde »Vierjahresplan« (VJP) anzuheuern.[288]

Da blieb Hitler kaum noch anderes übrig, als Göring in einer Verordnung vom 18. Oktober zum »Beauftragten für den Vierjahresplan« mit Weisungsbefugnis gegenüber allen Behörden zu ernennen.[289] Fast ebenso aufschlußreich war freilich, was er Göring verweigerte: eine genaue Definition seiner Aufgaben und die Entlassung Schachts. Den »Zauberer« ließ er auf seinem Posten, mit ungeschmälerten Kompetenzen – der Dauerkonflikt zwischen den beiden Wirtschaftsdiktatoren war programmiert.

Das hinderte Göring jedoch nicht daran, sich sogleich zum alleinigen Herrn der deutschen Wirtschaft auszurufen. Der Vierjahresplan, tönte er, werde »in den nächsten Jahren für die gesamte Wirtschafts- und Sozialpolitik bestimmend sein«.[290] Und er begann prompt, was einen Chronisten der »Generalangriff auf die bisherige Wirtschaftsspitzengliederung« dünkt.[291]

Göring schuf sich im Preußischen Staatsministerium eine Verwaltungszentrale, deren Aufbau er seinem wirtschaftspolitischen Intimus, Ministerialdirektor Neumann, übertrug. Neumann gründete einen »Generalrat« als oberstes Beratungsgremium mit exekutiven Vollmachten und darunter sechs sogenannte Geschäftsgruppen, analog den Organen gleichen Namens in der Selbstverwaltung der gewerblichen Wirtschaft.

In diese Geschäftsgruppen berief Göring die Staatssekretäre der wirtschafts- und sozialpolitisch wichtigsten Reichsministerien, über die er dann in ebenjene Ministerien hineinregieren konnte. Was dort die Machtverhältnisse erheblich veränderte: Die VJP-abhängigen Staatssekretäre waren bald mächtiger als ihre eigenen Minister.

Darré wurde als erster Opfer der Göringschen Machtexpansion. Der Reichsnährstand büßte seine institutionelle Sonderstellung ein und wurde dem VJP unterstellt, später verlor Darré auch seinen Ministerposten an den Staatssekretär Backe.[292] Auch Arbeitsminister Seldte hatte Mühe, sich gegenüber seinem Staatssekretär Syrup zu halten, allein noch geschützt von Hitler, der ihn nicht fallenlassen mochte.

Wie im Staatsapparat, so schob sich die Vierjahresplanbehörde auch in der Wirtschaft vor, dort freilich weniger offensichtlich, weil die VJP-Zentrale »lediglich auf bestimmten Schwerpunktgebieten staatliche Produktionsprogramme festlegte«, wie ein Kenner urteilt.[293] Auf eine totale Planwirtschaft war auch Görings Organisation nicht erpicht.

Desto genauer steuerten und überwachten die Geschäftsgruppen des VJP ihre Programme in den wichtigsten Sektoren der Wirtschaft, die sie sich untereinander aufgeteilt hatten. Dazu gehörte alles, was für die Rüstungs- und Krisenpolitik von zentraler Bedeutung war: Arbeitseinsatz, Rohstofflenkung, Devisenbewirtschaftung, Preiskontrolle, Entwicklung und Produktion neuer Roh- und Werkstoffe.

Der harte Kern des ganzen Unternehmens war dabei Loebs Planungsstab, der sich inzwischen zu einem »Amt für Deutsche Roh- und Werkstoffe« gemausert hatte. Hier steckten die findigsten Köpfe des VJP, setzte doch Göring vor allem in den Obristen Loeb und dessen Hexenmeister aus der Chemie seine Hoffnung, rasche Lösungen für die Bewältigung der Rohstoffkrise präsentieren zu können.

Sie enttäuschten Göring nicht. Loebs Abteilungen und Hauptreferate forcierten den Bau von Werken zur Produktion synthetischen Gummis. Sie machten sich die Herstellung chemischer Fasern zunutze, um eine ganz neue Zellwollindustrie »auf der grünen Wiese« aus dem Boden zu stampfen. Sie betrieben die rasche Fortentwicklung der bestehenden und den Bau neuer Hydrierwerke in der Illusion, bis 1938 eine Treibstoffautarkie zu erreichen.[294]

Wo die Chemie nicht helfen konnte, bohrten sie Deutschlands armselige Erzlager an. Die Mehrerzeugung von Schwermetallen aus deutschen Erzen zu horrenden Unkosten wurde bald zum explosiven Konfliktstoff zwischen Göring und Schacht, der sich gegen die scheinbar so unökonomische Verschleuderung von Steuergeldern auflehnte, bis Göring die Erzlager in eigene Regie nahm.[295]

Was immer davon maßlose Plänemacherei und überzogene Kraftanstrengung war, erkauft mit noch mehr Frauenarbeit und verschärfter Arbeitsplatzkontrolle, auch mit Terror und Verfolgung – Görings Macher bekamen allmählich die Krise in den Griff. Auch im Schatten des Vierjahresplans »setzte sich der lineare Wirtschaftsanstieg noch weiter fort«, wie ein Experte weiß,[296] freilich mit stärkeren inflatorischen Akzenten, steckte doch der Staat nun ungeheure Summen in die Rüstung.

Sollte freilich die NSDAP von Görings Machtaufstieg auch einen stärkeren Nazifizierungsschub in der Wirtschaft erwartet haben, so wurde sie enttäuscht. Die Partei spielte auch jetzt nur am Rande mit. Keppler wurde im VJP-Apparat »auf ein Nebengleis geschoben« (so ein Mitarbeiter), seine früher für die Entwicklung von Ersatzstoffen federführende Dienststelle von Loebs Amt vereinnahmt.[297]

Auch mit ihren anderen Spitzenfunktionären hatte die NSDAP wenig Glück. Badens Ministerpräsident Bernhard Köhler, der die Leitung der Geschäftsgruppe »Rohstoffverteilung« übernommen hatte, schied bald wieder aus,[298] während sich der neue Reichspreiskommissar für Parteibelange als kaum ansprechbar erwies: Schlesiens Gauleiter Josef Wagner, ein gläubiger Katholik und so voller Unbehagen über die wachsenden Anzeichen von Hitlers manisch-depressiver Bodenlosigkeit, daß er bei NS-Gegnern schon als Geheimtip für einen Umsturz galt.[299]

Blieben nur einige NS-Funktionäre auf mittleren Führungsposten wie die jungen Unternehmer Hans Kehrl und Paul Pleiger, die beiden »Wunderknaben« aus dem ehemaligen Büro Keppler. Sie fanden jedoch eher als innovative Wirtschaftler Anklang denn als Vertreter der Partei.

Doch nicht sie hatten die Hände an den Schalthebeln der VJP. Hier entschieden deutschnationale Beamte und Kumpane Görings aus der Kriegszeit, auch Militärs und Industriemanager. In ihren Ämtern und Abteilungen formierte sich, was sich schon bald als eine der dynamischsten, freilich auch verhängnisvollsten Triebkräfte des Dritten Reiches erweisen sollte: der militärisch-industrielle Komplex.

Im Amt für Deutsche Roh- und Werkstoffe waren Wehrmacht und Industrie schon so unentwirrbar miteinander verschmolzen, daß alle traditionellen Grenzlinien zwischen Staat und Wirtschaft aufgehoben waren. Unternehmer hielten die wichtigsten Abteilungen und Hauptreferate besetzt, Offiziere zeichneten für die Gesamtplanung, Organisation und Sicherheit des Amtes verantwortlich.[300]

Selten hatte sich deutsches Unternehmertum so vorbehaltlos mit dem Staat verbunden. Ohne Scheu stützte es das Rüstungs- und Expansionsprogramm des Regimes, wobei es allerdings zu einem wirtschaftsinternen Rollenwechsel kam: Die bisher maßgebliche rheinisch-westfälische Eisenindustrie, Gegnerin des forcierten Abbaus minderwertiger deutscher Eisenerze, verlor ihre Führungsfunktion an die Großchemie, vor allem an die I. G. Farbenindustrie, die zunehmend Tempo und Ausmaß der Aufrüstung mitbestimmte.

Leitende Männer der I. G. Farben hatten schon 1935 in einer Denkschrift entscheidende Stichworte für die Wende geliefert. Ihr Vorstandsmitglied Krauch nahm nun als Abteilungsleiter im VJP in Angriff, was damals gefordert worden war: die »wehrwirtschaftliche Neuorganisation«, die »den letzten Mann und die letzte Frau, die letzte Produktionseinrichtung und Maschine sowie den letzten Rohstoff der Erzeugung von kriegswichtigen Produkten« zuführe.[301]

Das war es, was jetzt im Reich anlief. Deutschland stürzte sich in das Abenteuer einer Hochrüstung, aus dem es kaum noch eine Umkehr gab, und alle machten darin mit, von dem besessen-fanatischen Messias an der Spitze bis zum letzten Rüstungsarbeiter, getrieben von einem überschäumenden Nationalismus, der selbst Besonnene verführte, immer mehr auf die Macht des eigenen Landes und die Schwäche der anderen zu setzen.

Die Masse des Volkes nahm freilich die unheilvolle Wende kaum wahr, verlockt und verwirrt von den sozioökonomischen Leistungen des Regimes. In ihrer Perspektive hatte Hitler sein Wort gehalten, mit dem er 1933 angetreten war: Im vierten Jahr nationalsozialistischer Herrschaft war die Massenarbeitslosigkeit beseitigt, ging das Land einer Hochkonjunktur entgegen, die das »durchschnittliche Wohlstandsniveau des deutschen Volkes [auf] seinen bis dahin höchsten Stand« bringen sollte.[302]

Bis zum Umschlag der Friedens- in die Kriegswirtschaft, bei etwa 15 Prozent Rüstungsanteil am Bruttosozialprodukt einsetzend,[303] war denn auch noch ein weiter Weg – kein Wunder, daß die breite Menge nicht merkte, wie sehr sie um den vollen Ertrag ihrer volkswirtschaftlichen Leistung betrogen wurde, weil der unersättliche Staat immer mehr davon schluckte. Wie sollte sie auch? Einen unmittelbaren Konsumverzicht verlangte ihr das Regime nicht ab.

Die Eingeweihten und Mitverantwortlichen aber sahen tatenlos zu. Keine Warnung stachelte sie zur Gegenwehr wider den selbstmörderischen Rüstungskurs auf. Ihre Bedenken behielten sie für sich, galt doch Kritik daran, wie sie Schacht noch weiterhin äußerte, schon als halber Vaterlandsverrat. Wer indes von den nachdenklicheren Rüstungsplanern gleichwohl kritische Fragen stellte, erhielt keine Antworten.

General Fromm sah sich plötzlich mit der Frage konfrontiert, was das Endziel der ganzen Aufrüstung sei. Was geschah, wenn das Angriffsheer in voller Stärke stand? Auf die Dauer konnte es sich das Reich wirtschaftlich nicht leisten, ein Superheer dieser Schlagkraft beschäftigungslos zu lassen. So stellte Fromm seinem Oberbefehlshaber Fritsch im Herbst 1936 die Frage, ob eigentlich die Führung die »feste Absicht« habe, »die Wehrmacht zu bestimmtem schon festgelegtem Zeitpunkt einzusetzen«.[304]

Fritsch schwieg sich aus, doch Fromm verstand auch ohne Worte. Für ihn konnte es kaum noch einen Zweifel geben: Am Ende stand der Krieg. Deshalb hatte auch Hitler auf die volle Autarkie verzichtet, den Vierjahresplan nur als Übergangslösung akzeptiert. Das war es und nichts anderes: Die wahre Autarkie lag für Adolf Hitler jenseits der Landesgrenzen, in der Eroberung östlicher Rohstoffquellen und Gebiete.

Friedrich Fromm beschlich ein Gefühl des Unbehagens, das mancher Insider des Regimes mit ihm teilte. Selbst ein so strammer Nationalsozialist wie Hans Kehrl war »tief betroffen«, als er Hitler einige Monate später auf einer NS-Führertagung in Sonthofen die gewaltsame Auseinandersetzung mit dem bolschewistischen Osten ankündigen hörte, die jetzt kommen müsse, »weil ich jetzt lebe«. Der Satz, wußte Kehrl später noch, »hat mich die Jahre bis zum Ende des Krieges wie ein Alptraum begleitet«.[305]

Männer wie Kehrl und Fromm konnten sich kaum noch der Erkenntnis verschließen, daß etwas Unwiederbringliches, Unkorrigierbares geschehen war. Das Dritte Reich befand sich auf einem unheilvollen Kurs, gesteuert von einem Führer, dessen von Erfolgsstatistiken und blindem Massenjubel hochgeputschtem Cäsarenwahn keine Grenzen mehr gesetzt schienen, von keiner Ratio und keiner Gegenmacht gebremst.

Der alte OSAF Pfeffer von Salomon hatte das schon Jahre zuvor vorausgeahnt. »Wehe«, warnte er Wagener im August 1929, »wenn die Dynamik, die in dieser Bewegung steckt, falsch gelenkt wird, wenn also der Führer falschen Ratgebern folgen würde oder selber seine Ziele übersteigern würde! Sie würden mitlaufen, hinter ihm her, blindlings, auch wenn sie dabei dem sicheren Tod in die Arme laufen müßten.«[306]

Anmerkungen

Vorwort

1 Elisabeth Noelle und Erich Peter Neumann (Hrsg.), Jahrbuch der öffentlichen Meinung 1947–1955.
2 Lutz Niethammer (Hrsg.), »Die Jahre weiß man nicht, wo man die heute hinsetzen soll«, S. 17 ff.
3 Niethammer, a.a.O., S. 21 f.
4 Ulrich Herbert, »Die guten und die schlechten Zeiten«, in: Niethammer, a.a.O., S. 76 ff.
5 Herbert, a.a.O., S. 74.
6 Herbert, a.a.O., S. 88.
7 Herbert, a.a.O., S. 93.
8 Peter Hoffmann, Widerstand, Staatsstreich, Attentat, S. 22.
9 Hans Mommsen, Totalitarismus und Faschismus, S. 65.
10 Karl Dietrich Bracher, Die deutsche Diktatur, S. 185.
11 Edward N. Peterson, The Limits of Hitler's Power; Princeton 1969.
12 Ian Kershaer, Der NS-Staat, S. 107.
13 Thomas Nipperdey, Deutsche Geschichte 1866–1918, S . 838.

1. Das Kartell der Angst

1 Max Domarus, Hitler: Reden und Proklamationen 1932–1945, Bd. I, S. 194.
2 Vgl. Hans E. Priester, Das deutsche Wirtschaftswunder; Amsterdam 1936.
3 Dietmar Petzina, Die deutsche Wirtschaft in der Zwischenkriegszeit, S. 109.
4 Hjalmar Schacht, Abrechnung mit Hitler, S. 31. Wolfgang Nies, Machtergreifung 33, S. 69.
5 Kölnische Zeitung, 31. Januar 1933.
6 Franz von Papen, Der Wahrheit eine Gasse, S. 298.
7 Thilo Vogelsang, Neue Dokumente zur Geschichte der Reichswehr 1930–1933, in: Vierteljahrshefte für Zeitgeschichte, 2/1954, S. 452.
8 Domarus, a.a.O., S. 191 ff.
9 Kölnische Zeitung, 2. Februar 1933. Berliner Tageblatt, 2. Februar 1933.
10 Harold James, The German Slump, S. 6.
11 Im Januar 1933 betrug die Zahl der registrierten Arbeitslosen 6 013 618, wozu noch die »unsichtbaren«, bei den Arbeitsämtern nicht registrierten Arbeitslosen hinzukamen, die damals auf 1,5 Millionen geschätzt wurden; Handwörterbuch der Sozialwissenschaften, Bd. I, S. 309. Zu den übrigen Zahlen: Dietmar Petzina, Grundriß der deutschen Wirtschaftsgeschichte 1918 bis 1945, in: Deutsche Geschichte seit dem Ersten Weltkrieg, Bd. II, S. 735.
12 Hans Kehrl, Zur Wirklichkeit des Dritten Reiches, S. 6.
13 Heinrich Bennecke, Wirtschaftliche Depression und politischer Radikalismus, S. 171. James, a.a.O., S. 69.

14 Kehrl, a.a.O., S. 6. Gerhard Kroll, Von der Wirtschaftskrise zur Staatskonjunktur, S. 538.
15 Bennecke, a.a.O., S. 176.
16 Albin Gladen, Probleme staatlicher Sozialpolitik in der Weimarer Republik, in: Hans Mommsen, Dietmar Petzina und Bernd Weisbrod (Hrsg.), Industrielles System und politische Entwicklung in der Weimarer Republik, S. 258. Birgit Wulff, Arbeitslosigkeit, in: Christian Zentner und Friedemann Bedürftig (Hrsg.), Das große Lexikon des Dritten Reiches, S. 35 ff.
17 Werner Abelshauser, Anselm Faust und Dietmar Petzina (Hrsg.), Deutsche Sozialgeschichte 1914–1945, S. 329.
18 H. R. Knickerbocker, Deutschland so oder so?, S. 13 f.
19 Käthe Kollwitz, Aus meinem Leben, S. 126.
20 Wilhelm Treue (Hrsg.), Deutschland in der Weltwirtschaftskrise in Augenzeugenberichten. S. 131, 141, 139, 375.
21 Treue, a.a.O., S. 373, 374.
22 Rudolf Vierhaus, Auswirkungen der Krise um 1930 in Deutschland, in: Werner Conze und Hans Raupach (Hrsg.), Die Staats- und Wirtschaftskrise des Deutschen Reiches 1929/33, S. 165.
23 Treue, a.a.O., S. 348, 384 f.
24 Michael Stürmer, Das industrielle Deutschland, in: Mitten in Europa, S. 330.
25 Zitiert nach: Der Vertrag von Versailles, S. 404.
26 Der Vertrag von Versailles, S. 117 ff.
27 Hermann Graml, Europa zwischen den Kriegen, in: Deutsche Geschichte seit dem Ersten Weltkrieg, Bd. 1, S. 370.
28 F. A. Krummacher und Helmut Lange, Krieg und Frieden, S. 188 ff.
29 Knut Borchardt, Wirtschaftliche Ursachen des Scheiterns der Weimarer Republik, in: Karl Dietrich Erdmann und Hagen Schulze (Hrsg.), Weimar. Selbstpreisgabe einer Demokratie, S. 223.
30 Hans-Erich Volkmann, Die NS-Wirtschaft in Vorbereitung des Krieges, in: Ursachen und Voraussetzungen der deutschen Kriegspolitik, S. 178.
31 Borchardt, a.a.O., S. 224.
32 David Schoenbaum, Die braune Revolution, S. 41.
33 Ralf Dahrendorf, Gesellschaft und Demokratie in Deutschland, S. 428.
34 Conze/Raupach, a.a.O., S. 188.
35 Erdmann/Schulze, a.a.O., S. 139.
36 Stürmer, a.a.O., S. 328.
37 Stürmer, a.a.O., S. 330.
38 Peter Krüger, Versailles, S. 165.
39 Dietrich Aigner, Das Ringen um England, S. 154.
40 Der Vertrag von Versailles, S. 209 ff. Hans-Jürgen Rautenberg, Deutsche Rüstungspolitik vom Beginn der Abrüstungskonferenz bis zur Wiedereinführung der Allgemeinen Wehrpflicht 1932–1935, S. 168 ff.
41 Rautenberg, a.a.O., S. 213.
42 Rautenberg, a.a.O., S. 212.
43 Wilhelm Deist, Die Aufrüstung der Wehrmacht, in: Das Deutsche Reich und der Zweite Weltkrieg, Bd. I, S. 394.
44 Der Vertrag von Versailles, S. 209. Die Satzung des Völkerbundes.
45 Graml, a.a.O., S. 403.
46 Gottfried Reinhold Treviranus, Das Ende von Weimar, S. 324.
47 Michael Geyer, Aufrüstung oder Sicherheit, S. 285.
48 Klaus Jürgen Müller, Das Heer und Hitler, S. 22.
49 Zitiert nach Stürmer, a.a.O., S. 332.
50 Hagen Schulze, Weimar, S. 326.
51 Schulze, a.a.O., S. 321.
52 Karl Rohe, Das Reichsbanner Schwarz Rot Gold, S. 118. Helmuth Trischler, Führerideal und die Formierung faschistischer Bewegungen in: Historische Zeitschrift 1/1990, S. 45.
53 Rolf Italiaander, Wir erlebten das Ende der Weimarer Republik, S. 71 f.

54 Hagen Schulze, Otto Braun oder Preußens demokratische Sendung, S. 640.
55 Zitiert nach Werner Maser, Adolf Hitler: »Aufriß über meine Person«, in: Der Spiegel, 19/ 1973, S. 145.
56 Otto Strasser, Hitler und ich, S. 89.
57 Hitler spricht, in: Neue Zürcher Zeitung, 21. April 1989 (Neudruck des NZZ-Artikels vom 10. November 1923).
58 William Carr, Adolf Hitler, S. 16.
59 Domarus, a.a.O., S. 208.
60 Zitiert nach Mathilde Jamin, Zwischen den Klassen, S. 380.
61 Hitler spricht, a.a.O.
62 Heinrich von Treitschke, Unsere Aussichten, in: Preußische Jahrbücher, 5/1879, S. 575.
63 Hans Christian Gerlach, Agitation und parlamentarische Wirksamkeit der deutschen Anti- semitenparteien, S. 215.
64 Trischler, a.a.O., S. 70.
65 Werner Maser, Der Sturm auf die Republik, S. 142 ff.
66 Georg Franz-Willing, Die Hitlerbewegung. Der Ursprung 1919–1922, S. 66.
67 Maser, Sturm, S. 167.
68 Hans-Jürgen Eitner, »Der Führer«, S. 30 ff.
69 Eitner, a.a.O., S. 49 f.
70 John Toland, Adolf Hitler, S. 16.
71 Anton Joachimsthaler, Adolf Hitler 1908–1920. Korrektur einer Biographie, S. 202, 213.
72 Reiner Zitelmann, Hitler. Selbstverständnis eines Revolutionärs, S. 464.
73 Toland, a.a.O., S. 113.
74 Maser, Sturm, S. 133 ff.
75 Maser, Sturm, S. 157.
76 Hitler: Sämtliche Aufzeichnungen 1905–1924, herausgegeben von Eberhard Jäckel, S. 89 f. (Schreiben Hitlers an Adolf Gemlich, 16. September 1919).
77 Carr, a.a.O., S. 30.
78 Albrecht Tyrell, Vom Trommler zum Führer, S. 40.
79 Maser, Sturm, S. 206.
80 Ebd.
81 Tyrell, a.a.O., S. 272.
82 Maser, Sturm, S. 270 f.
83 Gabriele Krüger, Die Brigade Ehrhardt, S. 105 f.
84 Maser, Sturm, S. 421.
85 Andreas Werner, SA und NSDAP, S. 157.
86 Toland, a.a.O., S. 242.
87 Zum Folgenden: Adolf Hitler, Mein Kampf, speziell S. 311–503.
88 Martin Broszat, Der Nationalsozialismus, S. 26.
89 Werner Maser, Adolf Hitler: Mein Kampf, S. 24.
90 Robert H. Frank, Hitler and the National Socialist Coalition: 1924–1932, S. 66.
91 Frank, a.a.O., S. 73.
92 Wolfgang Horn, Führerideologie und Parteiorganisation in der NSDAP 1919–1933, S. 251.
93 Baldur von Schirach, Ich glaubte an Hitler, S. 28.
94 Udo Kissenkoetter, Gregor Strasser und die NSDAP, S. 29.
95 Zitiert nach: Über die Entwicklung der NSDAP seit Anfang 1929, Vortrag von Regierungsrat Kuntze, April 1930; Bundesarchiv R 134/58, S. 150.
96 Bericht der Nachrichtenstelle des Reichsinnenministeriums, 1929, S. 28; Bundesarchiv R 134/90.
97 Aufstellung des Reichsinnenministeriums über Straßenterror in Deutschland, Herbst 1930; Bundesarchiv R 134/91.
98 Eve Rosenhaft, Beating the Fashists? S. 6.
99 Rosenhaft, a.a.O., S. 22 f.
100 Zitiert nach: Über die Entwicklung der NSDAP seit Anfang 1929, S. 150.
101 Kissenkoetter, a.a.O., S. 33 ff.
102 Zitiert nach Zitelmann, a.a.O., S. 57.

103 Zitiert nach Zitelmann, a.a.O., S. 180.
104 Siehe dazu Jamin, a.a.O., S. 374 ff.
105 Völkischer Beobachter, 27. Januar 1936.
106 Siehe Zitelmann, a.a.O.
107 Zitelmann, a.a.O., S. 129.
108 Detlef Mühlberger, The Sociology of the NSDAP, in: Journal of Contemporary History, 15/1980, S. 498. Jamin, a.a.O., S. 371.
109 Jamin, a.a.O., S. 88.
110 Jamin, a.a.O., S. 77 ff.
111 Kissenkoetter, a.a.O., S. 35, 41.
112 Bruno S. Frey und Hannelore Weck, Hat Arbeitslosigkeit den Aufstieg des Nationalsozialismus bewirkt?, in: Jahrbücher für Nationalökonomie und Statistik 196/1981, S. 2.
113 Alfred Milatz, Das Ende der Parteien im Spiegel der Wahlen 1930–1933, in: Erich Matthias und Rudolf Morsey, Das Ende der Parteien, S. 754.
114 Harry Graf Kessler, Tagebücher 1918–1937, S. 640.
115 Zitiert nach Kurt Sontheimer, Antidemokratisches Denken in der Weimarer Republik, S. 300.
116 Schulze, a.a.O., S. 382.
117 Frey/Weck, a.a.O., S. 2.
118 Dorothee Klinksiek, Die Frau im NS-Staat, S. 20
119 Rita Thalmann, Frausein im Dritten Reich, S. 77 ff. Schoenbaum, a.a.O., S. 227.
120 Thalmann, a.a.O., S. 85.
121 Jill Stephenson, The Nazi Organisation of Women, S. 50 ff.
122 Thalmann, a.a.O., S. 86.
123 Claudia Koonz, Mothers in the Fatherland, S. 122.
124 Kissenkoetter, a.a.O., S. 83 ff.
125 Frank, a.a.O., S. 539 f.
126 Kissenkoetter, a.a.O., S. 83 ff.
127 Kissenkoetter, a.a.O., S. 142.
128 Die Tagebücher von Joseph Goebbels, herausgegeben von Elke Fröhlich, BD. II, S. 357.
129 Henry A. Turner, Großunternehmertum und Nationalsozialismus 1930–33, in: Historische Zeitschrift 1/1975, S. 25 ff.
130 Carl Vincent Krogmann, Es ging um Deutschlands Zukunft, S. 32 f.
131 Lutz Graf Schwerin von Krosigk, Es geschah in Deutschland, S. 147.
132 Völkischer Beobachter, 3. Februar 1933.
133 Willi A. Boelcke, Die deutsche Wirtschaft 1930–1945, S. 55.
134 Patrick Moreau, Nationalsozialismus von links, S. 164.
135 Kroll, a.a.O., S. 458. Alan Bullock, Hitler, S. 257.
136 Kroll, a.a.O., S. 418.
137 Richard J. Bessel, The S.A. in the Eastern Regions of Germany, 1925–1934, S. 233.
138 Karl Dietrich Bracher, Die deutsche Diktatur, S. 313.
139 Gustav Otruba, Die Wirtschafts- und Gesellschaftspolitik des Nationalsozialismus im Spiegel der österreichischen Gesandtschaftsberichte 1933/34, in: Friedrich-Wilhelm Henning (Hrsg.), Probleme der nationalsozialistischen Wirtschaftspolitik, S. 52.
140 Wolfgang Michalka, Die nationalsozialistische Außenpolitik im Zeichen eines »Konzeptionen-Pluralismus«, in: Manfred Funke (Hrsg.), Hitler, Deutschland und die Mächte, S. 52.
141 Völkischer Beobachter, 26. März 1929. Rainer Wohlfeil und Hans Dollinger, Die deutsche Reichswehr, S. 166.
142 Jost Dülffer, Weimar, Hitler und die Marine, S. 224.
143 Aufzeichnung des Generalleutnants Liebmann über die Ausführungen des Reichskanzlers vor den Befehlshabern des Heeres und der Marine anläßlich eines Besuches bei General d. Infanterie Freiherr von Hammerstein-Equord in dessen Wohnung am 3. Februar 1933, in: Vogelsang, a.a.O., S. 434.
144 Aufzeichnung des Generals von Mellenthin; Zeugenschrifttum des Instituts für Zeitgeschichte, ZS 105.
145 Vgl. Kurt von Schleicher, Der deutsche Wehrgedanke, in: Illustrierte Zeitung, 21. Juli 1932.

146 Zur Denkschrift Stülpnagels: Klaus Jürgen Müller, Deutsche Militär-Elite in der Vorge-
schichte des Zweiten Weltkrieges, in: Martin Broszat und Klaus Schwabe (Hrsg.), Die deutschen Eliten und der Weg in den Zweiten Weltkrieg, S. 246. Marine-Niederschrift: Dülffer,
a.a.O., S. 87 ff.
147 Aussage von Großadmiral Raeder 1946, in: Der Prozeß gegen die Hauptkriegsverbrecher vor
dem Internationalen Militärgerichtshof in Nürnberg, Bd. XIV, S. 28.
148 Gerhard Meinck, Hitler und die deutsche Aufrüstung, S. 18. Wolfgang Sauer, Die Mobilmachung der Gewalt, in: Karl Dietrich Bracher, Gerhard Schulz und Wolfgang Sauer, Die nationalsozialistische Machtergreifung, Bd. III, S. 393.
149 So Hans-Ulrich Thamer, Verführung und Gewalt, S. 313.
150 Sauer, a.a.O., S. 75.
151 Klaus Jürgen Müller, Armee, Politik und Gesellschaft in Deutschland 1933–1945, S. 34.
152 Francis L. Carsten, Reichswehr und Politik, S. 449.
153 Sauer, a.a.O., S. 62.
154 Rautenberg, a.a.O., S. 248. Geyer, a.a.O., S. 342.
155 Dülffer, a.a.O., S. 241.
156 Michael Geyer, Das Zweite Rüstungsprogramm (1930–1934), in: Militärgeschichtliche Mitteilungen, 1/1975, S. 133.
157 Günther Gereke, Ich war königlich-preußischer Landrat, S. 157.
158 Jürgen Stelzner, Arbeitsbeschaffung und Wiederaufrüstung 1933–1936, S. 235.
159 Stelzner, a.a.O., S. 236.
160 Stelzner, a.a.O., S. 237.
161 Rautenberg, a.a.O., S. 115. Stelzner, a.a.O., S. 237.
162 Bennecke, a.a.O., S. 169.
163 Völkischer Beobachter, 12./13. Februar 1933.
164 Kurt Kaftan, Der Kampf um die Autobahnen, S. 27.
165 Völkischer Beobachter, 12./13. Februar 1933.
166 Ebd. Kölnische Zeitung, 20. Januar 1933.
167 Hansjoachim Henning, Kraftfahrzeugindustrie und Autobahnbau in der Wirtschaftspolitik
des Nationalsozialismus 1933 bis 1936, in: Vierteljahresschrift für Sozial- und Wirtschaftsgeschichte, Bd. 65/1978, S. 222.
168 Henning, a.a.O., S. 226.
169 Stelzner, a.a.O., S. 130 f.
170 Henning, a.a.O., S. 226.
171 The German Automobile Industry during 1933: Special Report No. 68 by Assistant Trade
Commissioner Rolland Welch, 3. März 1934; Department of Commerce, National Archives.
172 Henning, a.a.O., S. 234.
173 Siehe Eberhard Jäckel, Hitlers Weltanschauung; Stuttgart 1981.
174 Zitelmann, a.a.O., S. 370 ff.
175 Hitler aus nächster Nähe, herausgegeben von Henry A. Turner jr., S. 207.
176 Zitelmann, a.a.O., S. 359.
177 Adolf Hitler: Monologe im Führerhauptquartier 1941–1944, herausgegeben von Werner
Jochmann, S. 134.
178 Völkischer Beobachter, 25. Januar 1933.
179 Dieter Wildt, Der Traum von der ersten Autobahn; in: ADAC motorwelt, November 1986,
S. 115.
180 Karl-Heinz Ludwig, Technik und Ingenieure im Dritten Reich, S. 304.
181 Kaftan, a.a.O., S. 25.
182 Ludwig, a.a.O., S. 303.
183 Kaftan, a.a.O., S. 152. Ludwig, a.a.O., S. 308 ff.
184 Völkischer Beobachter, 25. Januar 1933.
185 Stelzner, a.a.O., S. 126.
186 Kaftan, a.a.O., S. 155.
187 Kaftan, a.a.O., S. 156.
188 Stelzner, a.a.O., S. 260.
189 Stelzner, a.a.O., S. 252.

190 Henning, a.a.O., S. 238.
191 Stelzner, a.a.O., S. 265.
192 Martin Broszat, Der Staat Hitlers, in: Deutsche Geschichte seit dem Ersten Weltkrieg, Bd. I, S. 565.
193 Fritz Tobias, Der Reichstagsbrand, S. 30 ff.
194 Tobias, a.a.O., S. 110.
195 Martin H. Sommerfeldt, Ich war dabei, S. 25 f.
196 Hans Mommsen, Der Reichstagsbrand und seine politischen Folgen, in: Gotthard Jasper, Von Weimar zu Hitler 1930–1933, S. 448 ff.
197 Mommsen, a.a.O., S. 450.
198 Tobias, a.a.O., S. 117 ff.
199 Mommsen, a.a.O., S. 452.
200 Ian Kershaw, Der Hitler-Mythos, S. 49.
201 Hagen Schulze, Otto Braun oder Preußens demokratische Sendung, S. 785 ff.
202 Jürgen W. Falter, Die NSDAP: Kleinbürgerbewegung oder rechtsextreme Volkspartei?, S. 38.
203 Jürgen W. Falter, Andreas Link, Jan-Bernd Lohmüller, Johann de Rijke und Siegfried Schumann, Arbeitslosigkeit und Nationalsozialismus, in: Kölner Zeitschrift für Soziologie und Sozialpsychologie, 1983, S. 529, 553.
204 Frey/Weck, a.a.O., S. 23.

2. Amoklauf einer Revolution

1 Martin H. Sommerfeldt, Ich war dabei, S. 42. David Irving, Göring, S. 39 ff.
2 Henning Timpke (Hrsg.), Dokumente zur Gleichschaltung des Landes Hamburg 1933, S. 39 ff.
3 Hans-Ulrich Thamer, Verführung und Gewalt, S. 260.
4 Georg Denzler und Volker Fabricius, Die Kirchen im Dritten Reich, Bd. I, S. 34 ff.
5 Rudolf Diels, Lucifer ante Portas, S. 253.
6 Eugen Kogon, Der SS-Staat, S. 34.
7 Peter Diehl-Thiele, Partei und Staat im Dritten Reich, S. 95.
8 Ebd.
9 Dieter Langewiesche und Heinz-Elmar Tenorth, Handbuch der deutschen Bildungsgeschichte, Bd. V, S. 225. Alfred Kantorowicz, Politik und Literatur im Exil, S. 82.
10 Horst Matzerath, Nationalsozialismus und kommunale Selbstverwaltung, S. 79 f.
11 Langewiesche/Tenorth, a.a.O., S. 227.
12 Benno Müller-Hill, Tödliche Wissenschaft, S. 32. Edwin Black, The Transfer Agreement, S. 175.
13 Klaus-Jürgen Müller, Armee und Drittes Reich, S. 57 ff. Denzler/Fabricius, a.a.O., S. 51, Thamer, a.a.O., S. 283.
14 Alf Enseling, Die Weltbühne, S. 136.
15 Joachim Fest, Hitler, S. 555 f.
16 Thamer, a.a.O., S. 273.
17 Klaus Scholder, Die Kirchen und das Dritte Reich, Bd. I, S. 316.
18 Völkischer Beobachter, 25. März 1933.
19 Richard J. Bessel, The S.A. in the Eastern Regions of Germany 1925 to 1934, S. 239.
20 Edward N. Peterson, The Limits of Hitler's Power, S. 21.
21 Udo Kissenkoetter, Gregor Strasser und die NSDAP, S. 180.
22 Hans-Gerd Schumann, Nationalsozialismus und Gewerkschaftsbewegung, S. 35. Heinrich August Winkler, Mittelstandsbewegung oder Volkspartei?, in: Wolfgang Schieder (Hrsg.), Faschismus als soziale Bewegung, S. 105.
23 Heinrich August Winkler, Die deutsche Gesellschaft der Weimarer Republik und der Antisemitismus, in: Bernd Martin und Ernst Schulin, Die Juden als Minderheit in der Geschichte, S. 275 f.
24 Arthur Schweitzer, Die Nazifizierung des Mittelstandes, S. 29.

25 Schumann, a.a.O., S. 38.
26 Alexander Schwan, Zeitgenössische Philosophie und Theologie in ihrem Verhältnis zur Weimarer Republik, in: Karl Dietrich Erdmann, Hagen Schulze (Hrsg.), Weimar: Selbstpreisgabe einer Demokratie, S. 278 ff.
27 Schumann, a.a.O., S. 38.
28 Schumann, a.a.O., S. 39, 167.
29 Avraham Barkai, Das Wirtschaftssystem des Nationalsozialismus, S. 39 ff.
30 Hitler aus nächster Nähe, herausgegeben von H. A. Turner jr., S. I. Barkai, a.a.O., S. 88.
31 Reinhard Neebe, Die Industrie und der 30. Januar 1933, in: Karl Dietrich Bracher, Manfred Funke, Hans-Adolf Jacobsen, Nationalsozialistische Diktatur, S. 172. Barkai, a.a.O., S. 92 ff.
32 Völkischer Beobachter, 6. März 1933.
33 Heinrich Uhlig, Die Warenhäuser im Dritten Reich, S. 78.
34 Ebd.
35 Frankfurter Zeitung, 10. März 1933.
36 Uhlig, a.a.O., S. 80 ff.
37 Mathilde Jamin, Zur Rolle der SA im nationalsozialistischen Herrschaftssystem, in: Gerhard Hirschfeld, Lothar Kettenacker (Hrsg.), Der »Führerstaat«: Mythos und Realität, S. 336 f.
38 Schumann, a.a.O., S. 64.
38 Neebe, a.a.O., S. 167.
40 Neebe, a.a.O., S. 173.
41 Schumann, a.a.O., S. 57 f.
42 Uhlig, a.a.O., S. 76, 73. Das Schwarzbuch: Die Lage der Juden in Deutschland 1933, S. 291.
43 Uhlig, a.a.O., S. 73.
44 Uhlig, a.a.O., S. 89.
45 Carl Vincent Krogmann, Es ging um Deutschlands Zukunft 1932–1939, S. 54.
46 Max Domarus, Hitler: Reden und Proklamationen 1932–1945, Bd. I, S. 263. Ursula Albert, Die deutsche Wiederaufrüstung der Dreißiger-Jahre als Teil der staatlichen Arbeitsbeschaffung und ihre Finanzierung durch das System der Mefowechsel, S. 23 ff.
47 Albert, a.a.O., S. 25.
48 Heinz Pentzlin, Hjalmar Schacht, S. 186.
49 Hitler aus nächster Nähe, S. 397 f.
50 Gerhard Kroll, Von der Wirtschaftskrise zur Staatskonjunktur, S. 459 f. Barkai, a.a.O., S. 38.
51 Willi A. Boelcke, Die deutsche Wirtschaft 1930–1945, S. 52.
52 Friedrich Grundmann, Agrarpolitik im »Dritten Reich«, S. 33 f. Barkai, a.a.O., S. 113.
53 Kölnische Zeitung, 24. März 1933.
54 Kölnische Zeitung, 18. Mai bis 16. Juni 1933. Günther Gereke, Ich war königlich-preußischer Landrat, S. 242 ff..
55 Jürgen Stelzner, Arbeitsbeschaffung und Wiederaufrüstung 1933–1936, S. 68.
56 Die Tagebücher von Joseph Goebbels, herausgegeben von Elke Fröhlich, Bd. II, S. 395.
57 Schumann, a.a.O., S. 63.
58 Ebd.
59 Peter Diehl-Thiele, Partei und Staat im Dritten Reich, S. 4.
60 Zitiert nach Diehl-Thiele, a.a.O., S. 5.
61 Gottfried Feder, Das Programm der NSDAP und seine weltanschaulichen Grundgedanken, S. 30.
62 Völkischer Beobachter, 26. März 1933.
63 Dietrich Aigner, Das Ringen um England, S. 214.
64 Arthur Koestler, Frühe Empörung, S. 452.
65 Hans J. Adolph, Otto Wels und die Politik der deutschen Sozialdemokratie 1894–1939, S. 267.
66 Black, a.a.O., S. 10.
67 Aigner, a.a.O., S. 221. Black, a.a.O., S. 14.
68 Black, a.a.O., S. 388, 34.
69 Black, a.a.O., S. 47.

70 Hans Mommsen, Die Realisierung des Utopischen: Die »Endlösung der Judenfrage« im »Dritten Reich«, in: Geschichte und Gesellschaft 9/1983, S. 390.
71 Black, a.a.O., S. 47.
72 Black, a.a.O., S. 48.
73 Domarus, a.a.O., S. 248 ff.
74 Tgb. Goebbels, S. 399.
75 Karl A. Schleunes, The Twisted Road to Auschwitz, S. 75.
76 Schwarzbuch, S. 302.
77 Frankfurter Zeitung, 5. April 1933.
78 Schwarzbuch, S. 298 ff.
79 Uwe Dietrich Adam, Judenpolitik im Dritten Reich, S. 43. Raul Hilberg, Die Vernichtung der europäischen Juden, S. 29.
80 Adam, a.a.O., S. 44.
81 Jens Petersen, Hitler–Mussolini, S. 157.
82 Black, a.a.O., S. 52.
83 Karl Dietrich Bracher, Stufen der Machtergreifung, in: Karl Dietrich Bracher, Gerhard Schulz, Wolfgang Sauer, Die nationalsozialistische Machtergreifung, Bd. I, S. 381.
84 Geschäftsträger Gordon an den Secretary of State, 2. April 1933, Nr. 862.4016/567; State Department Central File, National Archives, Washington.
85 Black, a.a.O., S. 56.
86 Black, a.a.O., S. 52.
87 Erich Matthias, Die Sozialdemokratische Partei Deutschlands, in: Erich Matthias, Rudolf Morsey, Das Ende der Parteien, S. 184.
88 Adolph, a.a.O., S. 267.
89 Black, a.a.O., S. 36 ff., 49, 63. Adolph, a.a.O., S. 267. Scholder, a.a.O., S. 333.
90 Black, a.a.O., S. 60.
91 Hans-Adolf Jacobsen, Nationalsozialistische Außenpolitik 1933–1938, S. 393.
92 Black, a.a.O., S. 62 ff.
93 Record of Events in connection with the situation of the Jews in Germany beginning March 30, 1933: Aufzeichnung der Westeuropaabteilung des State Department, 1. April 1933, Nr. 862.4016/516; State Department, Central File.
94 Gordon an Secretary of State, 2. April 1933.
95 Black, a.a.O., S. 65.
96 Schwarzbuch, S. 315 f.
97 Günter Plum, Wirtschaft und Erwerbsleben, in: Wolfgang Benz (Hrsg.), Die Juden in Deutschland 1933–1945, S. 277.
98 William E. Beitz, Memorandum concerning Boycott of Jewish stores in Berlin on April 1, 1933. State Department, Central File.
99 Ebd.
100 Frankfurter Zeitung, 2. April 1933.
101 John Toland, Adolf Hitler, S. 418. Inge Deutschkron, Ich trug den gelben Stern, S. 11.
102 Völkischer Beobachter, 1./2. April 1933.
103 Uhlig, a.a.O., S. 83. Deutschkron, a.a.O., S. 12. Toland, a.a.O., S. 419.
104 Schleunes, a.a.O., S. 87.
105 Ebd.
106 Schleunes, a.a.O., S. 90.
107 Adam, a.a.O., S. 65.
108 Hilberg, a.a.O., S. 66.
109 Iris Hamel, Völkischer Verband und nationale Gewerkschaft, S. 60.
110 Mommsen, a.a.O., S. 387.
111 Plum, a.a.O., S. 287, 291.
112 Schwarzbuch, S. 324.
113 Plum, a.a.O., S. 281.
114 Alfred Kube, Pour le mérite und Hakenkreuz, S. 11.
115 Turner, a.a.O., S. 129, 128.
116 Irving, a.a.O., S. 113, 116.

117 Hans Buchheim, SS und Polizei im NS-Staat, S. 32. Jacques Delarue, Geschichte der Gestapo, S. 43.
118 Bessel, a.a.O., S. 270.
119 Kube, a.a.O., S. 31.
120 Martin Broszat, Der Staat Hitlers, in: Deutsche Geschichte seit dem Ersten Weltkrieg, Bd. I, S. 600.
121 Kube, a.a.O., S. 32.
122 David Irving und Donald C. Watt, Breach of Security, S. 18.
123 Zur Geschichte des Forschungsamts vgl. Michael Geyer, National Socialist Germany: The Politics of Information, in: Ernest R. May, Knowing One's Enemy, S. 323 ff.
124 Hans Buchheim, Die SS – das Herrschaftsinstrument, in: Hans Buchheim, Martin Broszat, Hans-Adolf Jacobsen und Helmut Krausnick, Anatomie des SS-Staates, Bd. I, S. 36.
125 Kube, a.a.O., S. 59.

3. Fast ein Wunder

1 Heinrich Uhlig, Die Warenhäuser im Dritten Reich, S. 86.
2 Hans Joachim Reichhardt, Die Deutsche Arbeitsfront, S. 36.
3 Arthur Schweitzer, Die Nazifizierung des Mittelstandes, S. 49. Uhlig, a.a.O., S. 75.
4 Avraham Barkai, Das Wirtschaftssystem des Nationalsozialismus, S. 88.
5 Uhlig, a.a.O., S. 75.
6 Schweitzer, a.a.O., S. 33. Uhlig, a.a.O., S. 96.
7 Uhlig, a.a.O., S. 91 ff.
8 Schweitzer, a.a.O., S. 42.
9 Uhlig, a.a.O., S. 98.
10 Uhlig, a.a.O., S. 112.
11 Hans-Gerd Schumann, Nationalsozialismus und Gewerkschaftsbewegung, S. 163 ff. Jürgen Stelzner, Arbeitsbeschaffung und Wiederaufrüstung 1933–1936, S. 18.
12 Hans Mommsen, Arbeiterfrage und nationale Frage, S. 369. Erich Kosthorst, Jakob Kaiser, Der Arbeiterführer, S. 174.
13 Schumann, a.a.O., S. 59. Henning Timpke (Hrsg.), Dokumente zur Gleichschaltung des Landes Hamburg 1933, S. 87.
14 Reichhardt, a.a.O., S. 49.
15 Reichhardt, a.a.O., S. 25.
16 Schumann, a.a.O., S. 58. Kosthorst, a.a.O., S. 178.
17 Die Tagebücher von Joseph Goebbels, herausgegeben von Elke Fröhlich, Bd. II, S. 397.
18 Schumann, a.a.O., S. 67.
19 Ronald Smelser, Robert Ley – Der braune Kollektivist, in: Ronald Smelser und Rainer Zitelmann (Hrsg.), Die braune Elite, S. 174 f.
20 Dietrich Orlow, The History of the Nazi Party, Bd. II, S. 61.
21 Orlow, a.a.O., S. 48.
22 Hans-Ulrich Thamer, Verführung und Gewalt, S. 356.
23 Orlow, a.a.O., S. 61.
24 Peter Diehl-Thiele, Partei und Staat im Dritten Reich, S. 210.
25 Diehl-Thiele, a.a.O., S. 207.
26 Diehl-Thiele, a.a.O., S. 210 f.
27 Helga Grebing, Geschichte der deutschen Arbeiterbewegung, S. 219.
28 Klaus Wisotzky, Der Ruhrbergbau im Dritten Reich, S. 29. Schumann, a.a.O., S. 70.
29 Schumann, a.a.O., S. 70.
30 André François-Poncet, Botschafter in Berlin 1931–1938, S. 130.
31 Reichhardt, a.a.O., S. 26 ff.
32 Völkischer Beobachter, 4. Mai 1933.
33 Zum Beispiel August Schmidt, Erster Vorsitzender der IG Bergbau und Energie; Wisotzky, a.a.O., S. 30.
34 Reichhardt, a.a.O., S. 31.

35 Schumann, a.a.O., S. 71.
36 Reichhardt, a.a.O., S. 33.
37 Ebd.
38 Kosthorst, a.a.O., S. 181, 222.
39 Kosthorst, a.a.O., S. 182.
40 David Schoenbaum, Die braune Revolution, S. 118.
41 Timothy W. Mason, Sozialpolitik im Dritten Reich, S. 107.
42 Mason, a.a.O., S. 102 ff. Zum Fall Sachsen: Wisotzky, a.a.O., S. 59 ff.
43 Mason, a.a.O., S. 103.
44 Wisotzky, a.a.O., S. 52 f. Mason, a.a.O., S. 103.
45 Harold James, The German Slump, S. 360.
46 Reichhardt, a.a.O., S. 36.
47 Wisotzky, a.a.O., S. 42.
48 Mason, a.a.O., S. 107.
49 Gerhard Kroll, Von der Wirtschaftskrise zur Staatskonjunktur, S. 461.
50 Willi A. Boelcke, Die deutsche Wirtschaft 1930–1945, S. 57.
51 Stelzner, a.a.O., S. 68.
52 Stelzner, a.a.O., S. 69.
53 Barkai, a.a.O., S. 52.
54 Robert Friedländer-Prechtl, Wirtschaftswende, S. 229 ff. Siehe auch Kroll, a.a.O., S. 435 ff.
55 Friedländer-Prechtl, a.a.O., S. 132 ff.
56 Friedländer-Prechtl durfte im Dritten Reich nicht mehr publizieren, blieb jedoch unangetastet und starb 1954; Barkai, a.a.O., S. 44.
57 Wilhelm Lautenbach, Zins, Kredit und Produktion, S. 166.
58 Stelzner, a.a.O., S. 36.
59 Udo Kissenkoetter, Gregor Strasser und die NSDAP, S. 105 ff.
60 Barkai, a.a.O., S. 43.
61 Stelzner, a.a.O., S. 69.
62 Ebd.
63 Stelzner, a.a.O., S. 73.
64 Boelcke, a.a.O., S. 70.
65 Stelzner, a.a.O., S. 70. Boelcke, a.a.O., S. 59.
66 Stelzner, a.a.O., S. 71, 74.
67 Günter Wollstein, Vom Weimarer Revisionismus zu Hitler, S. 164 ff.
68 Boelcke, a.a.O., S. 64. Wollstein, a.a.O., S. 169. W.P. Potjomkin (Hrsg.), Geschichte der Diplomatie, Bd. III, S. 549.
69 Care Vincent Krogmann, Es ging um Deutschlands Zukunft 1932–1939, S. 79. Wollstein, a.a.O., S. 170.
70 Anton Ritthaler, Eine Etappe auf Hitlers Weg zur ungeteilten Macht, in: Vierteljahrshefte für Zeitgeschichte 8/1960, S. 198.
71 Tgb. Goebbels, a.a.O., S. 438. Ritthaler, a.a.O., S. 199.
72 Tgb. Goebbels, a.a.O., S. 438.
73 Tgb. Goebbels, a.a.O., S. 439.
74 Thamer, a.a.O., S. 286 ff.
75 Michael Freund, Deutsche Geschichte, S. 1203.
76 Thamer, a.a.O., S. 289 f.
77 Karl Dietrich Bracher, Stufen der Machtergreifung, in: Karl Dietrich Bracher, Gerhard Schulz und Wolfgang Sauer, Die nationalsozialistische Machtergreifung, Bd. I, S. 295.
78 Boelcke, a.a.O., S. 65. Barkai, a.a.O., S. 89.
79 Barkai, a.a.O., S. 88. Boelcke, a.a.O., S. 66.
80 Boelcke, a.a.O., S. 65.
81 Tgb. Goebbels, a.a.O., S. 440.
82 Max Domarus, Hitler, Bd. I, S. 285.
83 Boelcke, a.a.O., S. 88.
84 Barkai, a.a.O., S. 89, 101.
85 Uhlig, a.a.O., S. 111.

86 Schumann, a.a.O., S. 86.
87 Diehl-Thiele, a.a.O., S. 66.
88 Schumann, a.a.O., S. 90.
89 Diehl-Thiele, a.a.O., S. 95.
90 Diehl-Thiele, a.a.O., S. 66. Horst Matzerath, Nationalsozialismus und kommunale Selbstverwaltung, S. 113.
91 Diehl-Thiele, a.a.O., S. 96. Barkai, a.a.O., S. 89.
92 Georg Denzler und Volker Fabricius, Die Kirchen im Dritten Reich, Bd. I, S. 27.
93 Denzler/Fabricius, a.a.O., S. 55 ff. Barbara Schellenberger, Katholischer Jugendwiderstand,
   in: Jürgen Schmädeke und Peter Steinbach, Der Widerstand gegen den Nationalsozialismus,
   S. 315 f.
94 Grundlegend dazu: Klaus Scholder, Die Kirchen und das Dritte Reich, Bd. I, S. 355 ff.
95 Scholder, a.a.O., S. 419 f.
96 Scholder, a.a.O., S. 450 ff.
97 Denzler/Fabricius, a.a.O., S. 39.
98 Scholder, a.a.O., S. 464.
99 Scholder, a.a.O., S. 465.
100 Scholder, a.a.O., S. 511.
101 Text des Reichskonkordats bei Denzler/Fabricius, a.a.O., Bd. II, S. 61 ff.
102 Scholder, a.a.O., S. 480.
103 Scholder, a.a.O., S. 466.
104 Tgb. Goebbels, a.a.O., S. 446.
105 Denzler/Fabricius, a.a.O., Bd. I, S. 58.
106 So die Münchner Katholische Kirchenzeitung vom 23. Juli 1933; zitiert nach Denzler/Fabri-
    cius, I, S. 59.
107 Bekanntmachung der Lübecker Kreisleitung der NSDAP, 1. Juni 1933; Lawrence D. Stokes,
    Kleinstadt und Nationalsozialismus, S. 457.
108 Hans Kehrl, Krisenmanager im Dritten Reich, S. 33.
109 Kehrl, a.a.O., S. 34.
110 Ebd.
111 Karl-Heinz Ludwig, Technik und Ingenieure im Dritten Reich, S. 330.
112 Joachim C. Fest, Hitler, S. 583.
113 Uwe Dietrich Adam, Judenpolitik im Dritten Reich, S. 87.
114 Boelcke, a.a.O., S. 117, 120.
115 Uhlig, a.a.O., S. 115 f.
116 Günter Plum, Wirtschaft und Erwerbsleben, in: Wolfgang Benz (Hrsg.), Die Juden in
    Deutschland 1933–1945, S. 306.
117 Edwin Black, The Transfer Agreement, S. 85.
118 Black, a.a.O., S. 107, 225 f.
119 Jüdische Rundschau, 28. April 1933.
120 Hans Lamm, Über die innere und äußere Entwicklung des deutschen Judentums im Dritten
    Reich, S. 161.
121 Black, a.a.O., S. 175.
122 Black, a.a.O., S. 162.
123 Boelcke, a.a.O., S. 91, 122. Black, a.a.O., S. 194 ff.
124 Rolf Vogel, Ein Stempel hat gefehlt, S. 46. Black, a.a.O., S. 250.
125 Karl Schiller, Arbeitsbeschaffung und Finanzordnung in Deutschland, S. 40.
126 Ursula Albert, Die deutsche Wiederaufrüstung der Dreißiger-Jahre als Teil der staatlichen
    Arbeitsbeschaffung und ihre Finanzierung durch das System der Mefowechsel, S. 20.
127 Stelzner, a.a.O., S. 109.
128 Stelzner, a.a.O., S. 110.
129 Botschafter Dodd an den Secretary of State, 28. Juli 1933; State Department, Central File,
    National Archives Washington.
130 Berliner Tageblatt, 14. Juni 1933. Meldung der US-Botschaft in Berlin, 8. Juli 1933; State
    Department, Central File.
131 Stokes, a.a.O., S. 458.

132 Ebd.
133 Boelcke, a.a.O., S. 72.
134 Mason, a.a.O., S. 134.
135 Henning Köhler, Arbeitsdienst in Deutschland, S. 248.
136 Friedrich Grundmann, Agrarpolitik im »Dritten Reich«, S. 48.
137 Ebd.
138 Grundmann, a.a.O., S. 50 ff.
139 Köhler, a.a.O., S. 87 ff.
140 Köhler, a.a.O., S. 193, 243 ff.
141 Köhler, a.a.O., S. 248.
142 Domarus, a.a.O., S. 262. Köhler, a.a.O., S. 258.
143 Köhler, a.a.O., S. 263.
144 Stelzner, a.a.O., S. 92.
145 So in einer Rede vom 23. September 1933; Domarus, a.a.O., S. 303.
146 Albert, a.a.O., S. 19.
147 Deutschlandberichte der Sozialdemokratischen Partei Deutschlands (Sopade), Bd. 1936, S. 737.
148 Hansjoachim Henning, Kraftfahrzeugindustrie und Autobahnbau in der Wirtschaftspolitik des Nationalsozialismus 1933 bis 1936, in: Vierteljahresschrift für Sozial- und Wirtschaftsgeschichte, Bd. 65, 1978, S. 236.
149 Kurt Kaftan, Der Kampf um die Autobahnen, S. 159 f.
150 Schiller, a.a.O., S. 32.
151 Stelzner, a.a.O., S. 90.
152 Hans Raupach, Der interregionale Wohlfahrtsausgleich als Problem der Politik des Deutschen Reiches, in: Werner Conze und Hans Raupach (Hrsg.), Die Staats- und Wirtschaftskrise des Deutschen Reiches 1929/33, S. 31.
153 Schiller, a.a.O., S. 92.
154 Stelzner, a.a.O., S. 87.
155 Stelzner, a.a.O., S. 119.
156 Stelzner, a.a.O., S. 130 f.
157 Kroll, a.a.O., S. 465.
158 Albert, a.a.O., S. 26 ff. Hjalmar Schacht, 1933: Wie eine Demokratie stirbt, S. 102.
159 Albert, a.a.O., S. 37.
160 Schacht, a.a.O., S. 103.
161 Albert, a.a.O., S. 30.
162 Schacht, a.a.O., S. 105. Albert, a.a.O., S. 28.
163 Stelzner, a.a.O., S. 158. Kroll, a.a.O., S. 582.
164 Kroll, a.a.O., S. 471.
165 Stelzner, a.a.O., S. 103.
166 Albert, a.a.O., S. 43 f.
167 Wolfgang Sauer, Die Mobilmachung der Gewalt, in: Bracher/Schulz/Sauer, a.a.O., Bd. III, S. 146.
168 Stelzner, a.a.O., S. 240.
169 Stelzner, a.a.O., S. 233.
170 Kroll, a.a.O., S. 470.
171 Kroll, a.a.O., S. 466.
172 Stelzner, a.a.O., S. 141.
173 Kroll, a.a.O., S. 473.
174 Werner Abelshauser, Anselm Faust und Dietmar Petzina, Deutsche Sozialgeschichte 1914–1945, S. 350.
175 Kurt Gossweiler, Die Röhm-Affäre, S. 58. D. Beck, Julius Leber, S. 234, 247.
176 Ian Kershaw, Der Hitler-Mythos, S. 56.
177 Martin Broszat, Der Staat Hitlers, in: Deutsche Geschichte seit dem Ersten Weltkrieg, Bd. I, S. 707.
178 Joseph Wulf, Literatur und Dichtung im Dritten Reich, S. 96, 353, 355.
179 Ernest K. Bramsted, Goebbels und die nationalsozialistische Propaganda 1925–1945, S. 288.

180 Reinhard Neebe, Die Industrie und der 30. Januar 1933, in: Karl Dietrich Bracher, Manfred Funke und Hans-Adolf Jacobsen, Nationalsozialistische Diktatur 1933–1945, S. 162.
181 Reichsanzeiger, 14. März 1934.
182 Barkai, a.a.O., S. 102.
183 Willy Müller, Das soziale Leben in Deutschland unter besonderer Berücksichtigung der Deutschen Arbeitsfront, S. 55.
184 Reichhardt, a.a.O., S. 44.
185 Reichhardt, a.a.O., S. 31.
186 Schumann, a.a.O., S. 89, 91.
187 Reichhardt, a.a.O., S. 44 ff. Barkai, a.a.O., S. 98.
188 Schumann, a.a.O., S. 100.
189 Schoenbaum, a.a.O., S. 124.
190 Reichhardt, a.a.O., S. 116.
191 Reichhardt, a.a.O., S. 136 ff.
192 Reichhardt, a.a.O., S. 152 f.
193 Tim W. Mason, Zur Entstehung des Gesetzes zur Ordnung der nationalen Arbeit vom 20. Januar 1934, in: Hans Mommsen, Dietmar Petzina und Bernd Weisbrod (Hrsg.), Industrielles System und politische Entwicklung in der Weimarer Republik, S. 350, 337.
194 Ernst Röhm, SA und deutsche Revolution, in: Nationalsozialistische Monatshefte, 39/1933, S. 251 f.
195 Diehl-Thiele, a.a.O., S. 225.

4. Die Stunde der Generale

1 Nicholas Reynolds, Beck, S. 38 f.
2 Völkischer Beobachter, 2. Dezember 1933.
3 Robert Wistrich, Wer war wer im Dritten Reich, S. 224.
4 Völkischer Beobachter, 30. November 1933.
5 Joseph Nyomarkay, Charisma and Factionalism in the Nazi Party, S. 124.
6 Mathilde Jamin, Zur Rolle der SA im nationalsozialistischen Herrschaftssystem, in: Gerhard Hirschfeld und Lothar Kettenacker (Hrsg.), Der »Führerstaat«: Mythos und Realität, S. 341.
7 Nyomarkay, a.a.O., S. 125.
8 Jamin, a.a.O., S. 342.
9 Andreas Werner, SA und NSDAP, S. 595.
10 Robert O'Neill, The German Army and the Nazi Party 1933–1939, S. 32.
11 Joachim C. Fest, Das Gesicht des Dritten Reiches, S. 194.
12 Hermann Rauschning, Gespräche mit Hitler, S. 144.
13 Ebd.
14 Hans-Jürgen Rautenberg, Deutsche Rüstungspolitik vom Beginn der Genfer Abrüstungskonferenz bis zur Wiedereinführung der Allgemeinen Wehrpflicht 1932–1935, S. 216 ff.
15 Wilhelm Deist, Die Aufrüstung der Wehrmacht, in: Das Deutsche Reich und der Zweite Weltkrieg, Bd. I, S. 408 f. Klaus Jürgen Müller, General Ludwig Beck, S. 164 f.
16 Rautenberg, a.a.O., S. 228.
17 Hans-Jürgen Rautenberg, Drei Dokumente zur Planung eines 300 000-Mann-Friedensheeres aus dem Dezember 1933, in: Militärgeschichtliche Mitteilungen, 2/1977, S. 110 ff.
18 Rautenberg, Dokumente, S. 119 ff.
19 So Norman Rich, Hitler's War Aims, Bd. I, S. 11.
20 Edward N. Peterson, The Limits of Hitler's Power, S. XII.
21 Untertitel zweier Bücher über Hitler: Eberhard Jäckel, Hitlers Weltanschauung; Werner Maser, Adolf Hitler, Mein Kampf.
22 Hans Mommsen in einer Besprechung von Hans-Adolf Jacobsen, Nationalsozialistische Außenpolitik, in: Militärgeschichtliche Mitteilungen, 1/1970, S. 183.
23 So Martin Broszat, Soziale Motivation und Führer-Bindung des Nationalsozialismus, in: Vierteljahrshefte für Zeitgeschichte, 18/1970, S. 408.

24 Ian Kershaw, Der NS-Staat, S. 134.
25 Hans-Adolf Jacobsen, Nationalsozialistische Außenpolitik 1933–1938, S. 46 ff.
26 Peter Krüger, »Man läßt sein Land nicht im Stich, weil es eine schlechte Regierung hat«, in: Martin Broszat und Klaus Schwabe (Hrsg.), Die deutschen Eliten und der Weg in den Zweiten Weltkrieg, S. 185.
27 Denkschrift des Staatssekretärs von Bülow vom 13. März 1933, abgedruckt bei: Klaus Jürgen Müller, Armee und Drittes Reich 1933–1939, S. 264 ff.
28 Peter Krüger und Erich C. Hahn, Der Loyalitätskonflikt des Staatssekretärs Bernhard Wilhelm von Bülow im Frühjahr 1933, in: Vierteljahrshefte für Zeitgeschichte, 20/1972, S. 582 ff.
29 Müller, Armee, S. 264.
30 Näheres bei Rautenberg, Rüstungspolitik, S. 204.
31 Hermann Graml, Europa zwischen den Kriegen, in: Deutsche Geschichte seit dem Ersten Weltkrieg, Bd. I, S. 410.
32 O'Neill, a.a.O., S. 16 f.
33 Michael Geyer, Aufrüstung oder Sicherheit, S. 315 f.
34 Günter Wollstein, Vom Weimarer Revisionismus zu Hitler, S. 39.
35 Wollstein, a.a.O., S. 48.
36 Geyer, a.a.O., S. 113.
37 Ebd.
38 Zitiert nach: Lord Vansittart, The Mist Procession, S. 478.
39 Norbert Theodor Wiggershaus, Der deutsch-englische Flottenvertrag vom 18. Juni 1935: England und die geheime deutsche Aufrüstung 1933–1935, S. 175. Hans Roos, Die »Präventivkriegspläne« von 1933, in: Vierteljahrshefte für Zeitgeschichte, 4/1955, S. 344 ff. Jens Petersen, Hitler–Mussolini, S. 177.
40 Richard Breyer, Das Deutsche Reich und Polen 1932–1937, S. 71. Roos a.a.O., S. 345.
41 Roos, a.a.O., S. 358.
42 Rautenberg, Rüstungspolitik, S. 399.
43 Wiggershaus, a.a.O., S. 88 ff. Rautenberg, Rüstungspolitik, S. 95 ff.
44 Rautenberg, Rüstungspolitik, S. 95.
45 Wiggershaus, a.a.O., S. 90.
46 Wollstein, a.a.O., S. 59. Rautenberg, Rüstungspolitik, S. 98.
47 Wollstein, a.a.O., S. 62.
48 Petersen, a.a.O., S. 137 ff.
49 Petersen, a.a.O., S. 146.
50 Ebd.
51 Petersen, a.a.O., S. 162 ff.
52 Alfred Kube, Pour le mérite und Hakenkreuz, S. 40.
53 Harry Graf Kessler, Tagebücher, S. 713.
54 Ludwig Denne, Das Danzig-Problem in der deutschen Außenpolitik 1934–39, S. 44 f.
55 Norbert Schausberger, Der Griff nach Österreich, S. 234 ff.
56 Adam Wandruszka, Österreichs politische Struktur, in: Heinrich Benedikt, Geschichte der Republik Österreich, S. 409. Schausberger, a.a.O., S. 243, 245.
57 Hellmut Andics, Der Staat, den keiner wollte, Bd. III, S. 186 f.
58 Schausberger, a.a.O., S. 247.
59 Schausberger, a.a.O., S. 246.
60 Wiggershaus, a.a.O., S. 95. Brief Neuraths an Hindenburg, in: Der Prozeß gegen die Hauptkriegsverbrecher vor dem Internationalen Militärgerichtshof, Bd. XVI, S. 671.
61 Wiggershaus, a.a.O., S. 100.
62 Rautenberg, Rüstungspolitik, S. 104.
63 Rautenberg, Rüstungspolitik, S. 110 ff.
64 Rautenberg, Rüstungspolitik, S. 109.
65 Gerhard Meinck, Hitler und die deutsche Aufrüstung 1937–1939, S. 26.
66 Meinck, a.a.O., S. 27 f.
67 Roos, a.a.O., S. 349.
68 Meinck, a.a.O., S. 19.

69 Wollstein, a.a.O., S. 96. Rautenberg, Rüstungspolitik, S. 115.
70 Rautenberg, Rüstungspolitik, S. 155.
71 Heinrich Brüning, Memoiren, S. 669.
72 Rudolf Morsey, Die Deutsche Zentrumspartei, in: Erich Matthias und Rudolf Morsey, Das Ende der Parteien 1933, S. 388.
73 Heinrich Brüning, Brief an Dr. Pechel, in: Deutsche Rundschau, 7/1947.
74 J. P. Stern, Hitler, S. 97.
75 Wilhelm Hoegner, Flucht vor Hitler, S. 194.
76 Hoegner, a.a.O., S. 203.
77 Max Domarus, Hitler, Bd. I, S. 274 ff.
78 Wollstein, a.a.O., S. 148.
79 Geyer, a.a.O., S. 322.
80 Petersen, a.a.O., S. 175. Domarus, a.a.O., S. 290.
81 Breyer, a.a.O., S. 83.
82 Breyer, a.a.O., S. 85.
83 Rauschning, a.a.O., S. 84.
84 Walter Bernhardt, Die deutsche Aufrüstung, S. 38 f.
85 Deist, a.a.O., S. 402.
86 Kube, a.a.O., S. 50 ff.
87 Stefan Martens, Hermann Göring, S. 26.
88 Karl-Heinz Völker, Die deutsche Luftwaffe 1933–1939, S. 11.
89 Kube, a.a.O., S. 48.
90 Rautenberg, Rüstungspolitik, S. 323.
91 Völker, a.a.O., S. 15.
92 David Irving, Die Tragödie der Deutschen Luftwaffe, S. 66.
93 Michael Geyer, Militär, Rüstung und Außenpolitik, in: Manfred Funke (Hrsg.), Hitler, Deutschland und die Mächte, S. 249.
94 Ursula Albert, Die deutsche Wiederaufrüstung der Dreißiger-Jahre als Teil der staatlichen Arbeitsbeschaffung und ihre Finanzierung durch das System der Mefowechsel, S. 29 ff.
95 Geyer, Militär, S. 249.
96 Robert H. Frank, Hitler and the National Socialist Coalition 1924–1932, S. 523 ff.
97 Geyer, Aufrüstung, S. 245.
98 O'Neill, a.a.O., S. 18.
99 Geyer, Aufrüstung, S. 246.
100 Geyer, Aufrüstung, S. 245.
101 Karl Martin Graß, Edgar Jung: Papenkreis und Röhmkrise 1933/34, S. 117.
102 Volker R. Berghahn, Der Stahlhelm, S. 268.
103 Jamin, a.a.O., S. 333 f.
104 O'Neill, a.a.O., S. 33. Deist, a.a.O., S. 407.
105 Klaus Jürgen Müller, Das Heer und Hitler, S. 93.
106 M. Fretter-Picot, Denkschrift über Verhältnis Wehrmacht und Partei, o. D.; Institut für Zeitgeschichte, ZS 689/52.
107 Ebd.
108 Ebd.
109 Müller, Heer, S. 93.
110 Wiggershaus, a.a.O., S. 145. Petersen, a.a.O., S. 233.
111 Wiggershaus, a.a.O., S. 145, 157.
112 Wiggershaus, a.a.O., S. 144 ff.
113 Wiggershaus, a.a.O., S. 157 f.
114 Petersen, a.a.O., S. 239. Wiggershaus, a.a.O., S. 161, 163, 175, 168.
115 Wiggershaus, a.a.O., S. 170 f.
116 Ebd.
117 Jacobsen, a.a.O., S. 397.
118 Wiggershaus, a.a.O., S. 122.
119 Wiggershaus, a.a.O., S. 101.
120 Petersen, a.a.O., S. 245.

121 Zitiert nach Petersen, a.a.O., S. 247.
122 Wollstein, a.a.O., S. 181.
123 Rautenberg, Rüstungspolitik, S. 151.
124 Wollstein, a.a.O., S. 186.
125 Ebd.
126 Petersen, a.a.O., S. 238.
127 Rautenberg, Rüstungspolitik, S. 154.
128 Geyer, Aufrüstung, S. 333.
129 Rautenberg, Rüstungspolitik, S. 154.
130 Rautenberg, Rüstungspolitik, S. 155.
131 Ebd.
132 Wollstein, a.a.O., S. 187. Rautenberg, Rüstungspolitik, S. 155 f.
133 Wollstein, a.a.O., S. 187.
134 Rautenberg, Rüstungspolitik, S. 155 f.
135 Wiggershaus, a.a.O., S. 184.
136 Rautenberg, Rüstungspolitik, S. 165.
137 Rautenberg, Rüstungspolitik, S. 157 f.
138 Petersen, a.a.O., S. 256.
139 Wollstein, a.a.O., S. 201. Franz von Papen, Der Wahrheit eine Gasse, S. 334 f. Rautenberg, Rüstungspolitik, S. 156.
140 Rautenberg, Rüstungspolitik, S. 160 f.
141 Ebd.
142 Wiggershaus, a.a.O., S. 181, 186.
143 Petersen, a.a.O., S. 255.
144 Wollstein, a.a.O., S. 196.
145 Rautenberg, Rüstungspolitik, S. 164. Domarus, a.a.O., S. 313.
146 Kessler, a.a.O., S. 728.
147 Breyer, a.a.O., S. 99 f.
148 Domarus, a.a.O., S. 317.
149 Schreiben von Wilson an Secretary of State, 17. Juni 1935, Nr. 862.20/1059; State Department, Central File, National Archives, Washington.
150 Rautenberg, Rüstungspolitik, S. 38.
151 Klaus Scholder, Die Kirchen und das Dritte Reich, S. 638. Helmut Donat, Die radikalpazifistische Richtung in der Deutschen Friedensgemeinschaft, in: Karl Holl und Wolfram Wette, Pazifismus in der Weimarer Republik, S. 35.
152 Entschließung der Reichsregierung, 24. Oktober 1933; Bundesarchiv/Militärarchiv, RW 5/v. 195.
153 Wolfgang Sauer, Die Mobilmachung der Gewalt, in: Karl Dietrich Bracher, Gerhard Schulz und Wolfgang Sauer, Die nationalsozialistische Machtergreifung, Bd. III, S. 162.
154 Wollstein, a.a.O., S. 197.
155 So Peter Hoffmann, Widerstand – Staatsstreich – Attentat, S. 147.
156 Friedrich Hoßbach, Zwischen Wehrmacht und Hitler, S. 68.
157 Müller, Beck, S. 52.
158 Beck in einem Beitrag zu Ludendorffs 70. Geburtstag, 9. April 1935; zitiert nach Müller, Beck, S. 339.
159 Brief Becks vom 17. März 1933; zitiert nach Müller, Beck, S. 339.
160 Reynolds, a.a.O., S. 28 ff.
161 Müller, Heer, S. 75 f.
162 Reynolds, a.a.O., S. 40.
163 O'Neill, a.a.O., S. 35.
164 Müller, Heer, S. 76 f. O'Neill, a.a.O., S. 23.
165 Müller, Heer, S. 56.
166 Stellungnahme Becks vom 20. Mai 1934; Müller, Beck, S. 351.
167 Wollstein, a.a.O., S. 239.
168 Rautenberg, Rüstungspolitik, S. 267 f.
169 Rautenberg, Rüstungspolitik, S. 266.

170 Breyer, a.a.O., S. 102.
171 Rainer Zitelmann, Adolf Hitler, S. 95.
172 Müller, Armee, S. 269.
173 Breyer, a.a.O., S. 100.
174 André François-Poncet, Als Botschafter in Berlin 1931–1938, S. 172 ff.
175 Deist, a.a.O., S. 408.
176 Müller, Armee, S. 86.
177 Charles Bloch, Die SA und die Krise des NS-Regimes, S. 64.
178 Rautenberg, Rüstungspolitik, S. 224, 227.
179 Graß, a.a.O., S. 158.
180 Helmut Krausnick, Der 30. Juni 1934, in: Aus Politik und Zeitgeschichte, Das Parlament, 30. Juni 1954, S. 320.
181 Bloch, a.a.O., S. 73.
182 Erinnerungen des Generalfeldmarschalls Freiherr von Weichs, S. 11; Bundesarchiv/Militärarchiv N 19/5.
183 Bloch, a.a.O., S. 73.
184 So Müller, Heer, S. 97.
185 Graß, a.a.O., S. 159.
186 Bloch, a.a.O., S. 73.
187 Müller, Heer, S. 72, 68.
188 Müller, Heer, S. 84.
189 Graß, a.a.O., S. 180.
190 Müller, Heer, S. 599.
191 Erinnerungen Weichs, S. 11.
192 Ebd.
193 Krausnick, a.a.O., S. 319.

5. Die Bluthochzeit

1 Norbert Frei, Der Führerstaat, S. 13. Kurt Gossweiler, Die Röhm-Affäre, S. 43.
2 Gossweiler, a.a.O., S. 43.
3 Harold James, The German Slump, S. 348.
4 Gossweiler, a.a.O., S. 76.
5 Wolfgang Sauer, Die Mobilmachung der Gewalt, in: Karl Dietrich Bracher, Gerhard Schulz und Wolfgang Sauer, Die nationalsozialistische Machtergreifung, Bd. III, S. 423.
6 Jürgen Stelzner, Arbeitsbeschaffung und Wiederaufrüstung 1933–1936, S. 226. Rudolf Absalon, Die Wehrmacht im Dritten Reich, Bd. I, S. 50.
7 Flugzeugbeschaffungsprogramm vom 1. Juli 1934, in: Hans-Jürgen Rautenberg, Deutsche Rüstungspolitik vom Beginn der Genfer Abrüstungskonferenz bis zur Wiedereinführung der Allgemeinen Wehrpflicht 1932–1935, S. 91. Michael Salewski, Die deutsche Seekriegsleitung 1935–1945, Bd. I, S. 10.
8 Klaus Jürgen Müller, General Ludwig Beck, S. 175.
9 Rainer Zitelmann, Hitler, S. 351.
10 Hildegard von Kotze und Helmut Krausnick, »Es spricht der Führer«, S. 346.
11 Berenice A. Carroll, Design for Total War, S. 88.
12 Stelzner, a.a.O., S. 228.
13 Willi A. Boelcke, Die deutsche Wirtschaft 1930–1945, S. 361, 73.
14 Avraham Barkai, Das Wirtschaftssystem des Nationalsozialismus, S. 182.
15 Gerhard Kroll, Von der Weltwirtschaftskrise zur Staatskonjunktur, S. 481. Barkai, a.a.O., S. 182.
16 Denkschrift des Heereswaffenamtes vom 20. Juni 1934, abgedruckt bei Rolf Barthel, Rüstungswirtschaftliche Forderungen der Reichswehrführung im Juni 1934, in: Zeitschrift für Militärgeschichte, 1/1970, S. 92.
17 Arthur Schweitzer, Organisierter Kapitalismus und Parteidiktatur 1933 bis 1936, in: Schmollers Jahrbuch für Gesetzgebung, Verwaltung und Volkswirtschaft, I/1959, S. 42. Barthel, a.a.O., S. 85.

18 Rautenberg, a.a.O., S. 268 f.
19 Rautenberg, a.a.O., S. 277.
20 Wolfgang Birkenfeld, Der synthetische Treibstoff 1933–1945, S. 27 f.
21 Peter Müller, Ferdinand Porsche, S. 100.
22 Müller, Porsche, S. 94.
23 Müller, Porsche, S. 102.
24 Barthel, a.a.O., S. 91.
25 Ebd.
26 Barthel, a.a.O., S. 84.
27 Schweitzer, a.a.O., S. 42. Gossweiler, a.a.O., S. 345.
28 Barthel, a.a.O., S. 87.
29 Gossweiler, a.a.O., S. 350.
30 Barthel, a.a.O., S. 87.
31 Timothy W. Mason, Sozialpolitik im Dritten Reich, S. 167.
32 Detlev Peukert, Die KPD im Widerstand, S. 207.
33 US-Geschäftsträger J. Webb Benton, Prag, an den Secretary of State, 27. Juni 1934, M.I.D. Nr. 229; State Department, Central File, National Archives, Washington.
34 Gustav Otruba, Die Wirtschafts- und Gesellschaftspolitik des Nationalsozialismus im Spiegel der österreichischen Gesandtschaftsberichte 1933/34, in: Friedrich-Wilhelm Henning, Probleme der nationalsozialistischen Wirtschaftspolitik, S. 87, 85.
35 Mason, a.a.O., S. 167.
36 Peukert, a.a.O., S. 207.
37 Peukert, a.a.O., S. 208 f.
38 Friedrich Grundmann, Agrarpolitik im »Dritten Reich«, S. 76 ff.
39 Deutschland-Berichte der Sozialdemokratischen Partei Deutschlands (Sopade), Bd. I, S. 10.
40 Wolfgang Franz Werner, »Bleib übrig!«, S. 16. Klaus Wisotzky, Der Ruhrbergbau im Dritten Reich, S. 104.
41 Horst Matzerath, Nationalsozialismus und kommunale Selbstverwaltung, S. 86.
42 Henning Timpke, Dokumente zur Gleichschaltung des Landes Hamburg 1933, S. 41.
43 Jeremy Noakes, Oberbürgermeister und Gauleiter, in: Gerhard Hirschfeld und Lothar Kettenacker (Hrsg.), Der »Führerstaat«: Mythos und Realität, S. 211 ff. Peter Hüttenberger, Die Gauleiter, S. 109 f.
44 Peter Diehl-Thiele, Partei und Staat im Dritten Reich, S. 233.
45 Matzerath, a.a.O., S. 232.
46 Erich Kordt, Wahn und Wirklichkeit, S. 40 f.
47 Hans-Ulrich Thamer, Verführung und Gewalt, S. 357.
48 Otto Wels, Hans Vogel, Erich Ollenhauer, Friedrich Stampfer, Siegfried Crummenerl und Paul Hertz, Mitglieder des Parteivorstands der SPD, die im Mai 1933 vom PV beauftragt worden waren, eine Auslandsstelle zu unterrichten, woraus die Sopade entstand; siehe Günter Plum, Volksfront, Konzentration und Mandatsfrage, in: Vierteljahrshefte für Zeitgeschichte, 4/1970, S. 415 ff.
49 Hans J. Adolph, Otto Wels und die Politik der deutschen Sozialdemokratie, S. 332.
50 Adolph, a.a.O., S. 309.
51 Kuno Bludau, Gestapo – geheim!, S. 24. Adolph, a.a.O., S. 331. Plum, a.a.O., S. 418.
52 Bludau, a.a.O., S. 24 f.
53 Hermann Weber, Die Ambivalenz der kommunistischen Widerstandsstrategie bis zur »Brüsseler« Parteikonferenz, in: Jürgen Schmädeke und Peter Steinbach (Hrsg.), Der Widerstand gegen den Nationalsozialismus, S. 78 f.
54 Peukert, a.a.O., S. 104 f.
55 Peukert, a.a.O., S. 107.
56 Peukert, a.a.O., S. 192.
57 Weber, a.a.O., S. 77.
58 Patrik von zur Mühlen, Sozialdemokraten gegen Hitler, in: Richard Löwenthal und Patrik von zur Mühlen (Hrsg.), Widerstand und Verweigerung in Deutschland 1933 bis 1945, S. 61.
59 Peter Lösche und Michael Scholing, In den Nischen des Systems, in: Schmädeke/Steinbach, a.a.O., S. 217.

60 Wisotzky, a.a.O., S. 115.
61 Sopade, Bd. I, S. 29, 209.
62 Bludau, a.a.O., S. 18 ff.
63 Mühlen, a.a.O., S. 62 ff.
64 Martin Broszat, Zur Sozialgeschichte des deutschen Widerstands, in: Vierteljahrshefte für Zeitgeschichte, 3/1986, S. 296.
65 Mühlen, a.a.O., S. 62.
66 Mühlen, a.a.O., S. 67.
67 Adolph, a.a.O., S. 316.
68 Ebd.
69 Adolph, a.a.O., S. 284.
70 Peukert, a.a.O., S. 199.
71 Bludau, a.a.O., S. 30.
72 Völkischer Beobachter, 3. Mai 1934.
73 Völkischer Beobachter, 23. Juni 1934.
74 Bludau, a.a.O., S. 32.
75 Niederschrift der Versammlung der Oberpräsidenten und Regierungspräsidenten im Ministerium des Inneren, 19. Juni 1934; Archiv Fritz Tobias.
76 Gossweiler, a.a.O., S. 69.
77 Gossweiler, a.a.O., S. 63.
78 Charles Bloch, Die SA und die Krise des NS-Regimes 1934, S. 81.
79 Rudolf Diels, Lucifer ante portas, S. 253.
80 Shlomo Aronson, Heydrich und die Anfänge des SD und der Gestapo (1931–1935), S. 122 ff. Matzerath, a.a.O., S. 82 ff.
81 Diels, a.a.O., S. 257.
82 Aronson, a.a.O., S. 245.
83 Aronson, a.a.O., S. 233.
84 Diehl-Thiele, a.a.O., S. 62.
85 Alfred Kube, Pour le mérite und Hakenkreuz, S. 66 f. Diehl-Thiele, a.a.O., S. 61.
86 Diehl-Thiele, a.a.O., S. 41 ff.
87 Matzerath, a.a.O., S. 115 ff.
88 Kube, a.a.O., S. 67.
89 Zu Himmler: Werner T. Angress und Bradley F. Smith, Diaries of Heinrich Himmler's Early Years, in: Journal of Modern History, September 1959, S. 213 ff.
90 Die Schutzstaffel, Vortrag Himmlers am 18. Januar 1943; Akten des Reichsführers-SS und Chef der Deutschen Polizei, National Archives, RG 242, Filmrolle T-175/155.
91 Zu Heydrich: Aronson, a.a.O., S. 43 ff.
92 Felix Kersten, Totenkopf und Treue, S. 131.
93 Aronson, a.a.O., S. 139 ff.
94 Hans Buchheim, Die SS – das Herrschaftsinstrument, in: Hans Buchheim, Martin Broszat, Hans-Adolf Jacobsen und Helmut Krausnick, Anatomie des SS-Staates, Bd. I, S. 39 ff.
95 George C. Browder, The Organizational Development of the Political Police in Germany in the Years 1933 and 1934; Manuskript, 1983 (Privatbesitz).
96 Aronson, a.a.O., S. 250.
97 Buchheim, a.a.O., S. 42.
98 Am 9. Juni 1934; Aronson, a.a.O., S. 264.
99 Alan Bullock, Hitler, S. 287. Rautenberg, a.a.O., S. 270.
100 Rautenberg, a.a.O., S. 271.
101 Nachweisbar in dem Befehl des Obersten SA-Führers, G 312/34, 6. März 1934, abgedruckt in: Der Prozeß gegen die Hauptkriegsverbrecher vor dem Internationalen Militärgerichtshof (IMG), Bd. XXXVI, S. 72 f.
102 Schriftliche Mitteilung des SA-Führers Fiedler, o. D.; Archiv Tobias.
103 Blombergs Schreiben an Hitler, 2. März 1934; IMG, Bd. XXVI, S. 73.
104 Robert J. O'Neill, The German Army and the Nazi Party 1933–1939, S. 267.
105 Belege für Röhms französische Kontakte: Bericht von Botschafter Roland Köster, Paris, 27. Juli 1934, in: Ursachen und Folgen, herausgegeben von Herbert Michaelis und Ernst

Schraepler, Bd. 10, S. 208 f. Vernehmungsniederschrift Max Jüttner, 8. April 1949; Prozeß-
akten des Landgerichts München I. Bericht des ehemaligen SA-Gruppenführers Heinrich
Hacker, 12. November 1952; Archiv Tobias.
106 Anonym, Glück und Ende des Nationalsozialisten Bell, erschienen 1932, S. 22.
107 Aussage von Lothar Beutel vor der Staatsanwaltschaft Osnabrück, 28. Mai 1957; Archiv
Tobias.
108 Sauer, a.a.O., S. 346, 484.
109 Stellungnahme der Organisationsabteilung des Truppenamtes, 12. Oktober 1934; abgedruckt bei Klaus Jürgen Müller, Armee und Drittes Reich 1933–1939, S. 211 ff.
110 Mündliche Mitteilung von SS-Obergruppenführer a. D. Felix Steiner, 28. Januar 1966.
111 Rudolf Lehmann, Die Leibstandarte, Bd. I, S. 211 ff.
112 Bernd Wegner, Hitlers politische Soldaten: Die Waffen-SS 1933–1945, S. 82.
113 Lehmann, a.a.O., S. 34.
114 Lehmann, a.a.O., S. 49.
115 Felix Steiner, Die Armee der Geächteten, S. 48.
116 Joseph Nyomarkay, Charisma and Factionalism in the Nazi Party, S. 128.
117 Ebd.
118 Ebd.
119 Confidential Letter No. 34, E.I.C., Paris, 20. Juli 1934; State Department, Central File.
120 Nyomarkay, a.a.O., S. 129.
121 Völkischer Beobachter, 8. Juni 1934.
122 Völkischer Beobachter, 5. Juni 1934.
123 Otto Meissner, Staatssekretär unter Ebert – Hindenburg – Hitler, S. 375.
124 Karl Martin Graß, Edgar Jung, Papenkreis und Röhmkrise 1933/34, S. 50 ff.
125 Graß, a.a.O., S. 51.
126 Graß, a.a.O., S. 264 ff.
127 Graß, a.a.O., S. 235 f.
128 Brief Schleichers an Arno Moysischewitz, 16. April 1934, in: Edmund Forschbach, Edgar J.
Jung, S. 105.
129 Vernehmungsniederschrift Margarete Freiin von Stotzingen, 22. Oktober 1968; Archiv
Tobias. Graß, a.a.O., S. 226.
130 Keesings Archiv der Gegenwart, 19. Juni 1934, S. 1486.
131 Franz von Papen, Der Wahrheit eine Gasse, S. 349.
132 Graß, a.a.O., S. 237. Günther Gillersen, Auf verlorenem Posten, S. 210.
133 Papen, a.a.O., S. 349.
134 John W. Wheeler-Bennett, Die Nemesis der Macht, S. 344.
135 Lehmann, a.a.O., S. 50.
136 Anklageschrift gegen Josef Dietrich und Michael Lippert, Landgericht München I, 4. Juli
1956, S. 54.
137 Schreiben von Karl Schreyer an das Polizeipräsidium München, 27. Mai 1949, S. 5; Prozeß-
akten des Landgerichts München I.
138 Graß, a.a.O., S. 255.
139 Sauer, a.a.O., S. 352.
140 Sauer, a.a.O., S. 354.
141 Graß, a.a.O., S. 260.
142 Vernehmungsniederschrift Stotzingen. Graß, a.a.O., S. 242. Heinrich Schnitzler, Erinnerungen an Erich Klausener, 4. März 1947; Archiv Tobias.
143 Schnitzler, a.a.O.
144 Graß, a.a.O., S. 264 f.
145 Graß, a.a.O., S. 268. O'Neill, a.a.O., S. 47.
146 Klaus-Jürgen Müller, Reichswehr und »Röhm-Affäre«, in: Militärgeschichtliche Mitteilungen, 1/1968, S. 124 f.
147 Müller, Reichswehr, S. 125.
148 Lehmann, a.a.O., S. 51.
149 Müller, Reichswehr, S. 116, 129.
150 Viktor Lutzes Tagebuch, in: Hannoversche Presse, 17. Mai 1957.

151 David Irving, Göring, S. 208.
152 Tgb. Lutze, a.a.O.
153 Graß, a.a.O., Anmerkungen, S. 79.
154 Anklageschrift Dietrich, S. 54, 56.
155 Richard J. Bessel, The S.A. in the Eastern Regions of Germany 1925–1934, S. 305. Schreiben von SA-Sturm 13/Ri 68 an Sturmbann II, Ri 68, 25. Juli 1934; Hauptarchiv der NSDAP, Stanford University, Filmrolle 17.
156 Müller, Reichswehr, S. 140, 131. Graß, a.a.O., S. 272. Urteil des Schwurgerichts beim Landgericht München I gegen Josef Dietrich und Michael Lippert, 14. Mai 1957, S. 80.
157 Zeugenvernehmung Wilhelm Brückner, Amtsgericht Traunstein, 30. Mai 1949; Archiv Tobias. Müller, Reichswehr, S. 137. Urteil Dietrich, S. 77.
158 Vernehmung Brückner, a.a.O.
159 Helmut Krausnick, Der 30. Juni 1934; in: Aus Politik und Zeitgeschichte, Beilage der Wochenzeitung Das Parlament, 30. Juni 1934, S. 323.
160 Dietrich Orlov, The History of the Nazi Party, Bd. II, S. 113. Tgb. Lutze, a.a.O., 18. Mai 1957.
161 Tgb. Lutze, ebd.
162 Völkischer Beobachter, 3. Juli 1934.
163 Vernehmungsniederschrift Jüttner.
164 Schreiben von Schreyer, a.a.O.
165 Ebd.
166 Urteil Dietrich, S. 12 f.
167 Urteil Dietrich, S. 13.
168 Anklageschrift Dietrich, S. 67.
169 Max Gallo, Der schwarze Freitag der SA, S. 237 ff.
170 Zeugenaussage Fritz Günther von Tschirschky, 17. Oktober 1968; Archiv Tobias.
171 Urteil des Schwurgerichts beim Landgericht Berlin gegen Kurt Gildisch, 18. Mai 1953, S. 9 f. Robert Kempner, SS im Kreuzverhör, S. 257 f. Zur Ermordung des Generals Schleicher, Dokumentation, in: Vierteljahrshefte für Zeitgeschichte, 1/1953, S. 85 f. Wheeler-Bennett, a.a.O., S. 347.
172 Udo Kissenkoetter, Gregor Strasser und die NSDAP, S. 194.
173 Aussage von Kurt Gildisch, 9. September 1949; Archiv Tobias.
174 Bericht des ehemaligen Generalstaatsanwalts Walter Schaeffer, 29. November 1945; Nachlaß Schaeffer.
175 Müller, Reichswehr, S. 132, 135.
176 Irving, a.a.O., S. 213.
177 Völkischer Beobachter, 3. Juli 1934.
178 Tgb. Lutze, a.a.O., 18. Mai 1957. Vernehmungsniederschrift Jüttner, a.a.O.
179 Urteil Dietrich, S. 12.
180 Aussage von Michael Lippert, Stuttgarter Zeitung, 7. Mai 1957.
181 Schreiben von Schreyer, a.a.O.
182 Die Zahl der Opfer steht einigermaßen fest, seit die 1934 vom Gestapa für Hitler zusammengestellte Totenliste mit 77 Namen aufgefunden worden ist. Befreit man sie von ihren faktischen Irrtümern und ergänzt sie mit den fehlenden Namen unbezweifelbarer Opfer, so ergibt sich eine Gesamtsumme von 85. Höhere Zahlenangaben haben sich als falsch erwiesen. Vgl. Heinz Höhne, Mordsache Röhm, S. 319 ff.
183 Niederschrift über die Ministerbesprechung am 3. Juli 1934; Archiv Tobias.
184 Senatspräsident a. D. Schaeffer, Lebenslauf, 12. März 1951; Nachlaß Schaeffer.
185 Anlage zum Schreiben von Staatssekretär Körner an Himmler, 9. Oktober 1934; Archiv Tobias.
186 Völkischer Beobachter, 26. Juli 1934.
187 Frankfurter Allgemeine Zeitung, 10. Mai 1957.
188 Heinrich Bennecke, Die Reichswehr und der »Röhm-Putsch«, S. 65. Der Spiegel, 15. Mai 1957, S. 29.
189 Hermann Foertsch, Schuld und Verhängnis, S. 57 f.
190 Frankfurter Zeitung, 3. Juli 1933.

191 So Michael Freund, Deutsche Geschichte, S. 1219.
192 Carl Schmitt, Der Führer schützt das Recht, in: Deutsche Juristen-Zeitung, 15/1934, S. 945 ff.
193 Ian Kershaw, Der Hitler-Mythos, S. 73 f.
194 Rede des Reichskanzlers Adolf Hitler vor dem Reichstag am 13. Juli 1934, S. 24 ff.
195 Kershaw, a.a.O., S. 78.
196 So in einem Bericht des Arbeitsamtes Marktredwitz vom 11. September 1934, zitiert nach Ian Kershaw, The Führer Image and Political Integration, in: Hirschfeld/Kettenacker, a.a.O., S. 144. Zur Zahl der Säuberungen: Orlov, a.a.O., S. 125.
197 Georg Denzler und Volker Fabricius, Die Kirchen im Dritten Reich, Bd. I, S. 61.
198 Ian Kershaw, Popular Opinion and Political Dissent in the Third Reich, S. 167 ff. Kershaw, Hitler-Mythos, S. 100.
199 Kershaw, Hitler-Mythos, S. 101.
200 Kershaw, Popular Opinions, S. 173.
201 Mündliche Mitteilung Steiner.
202 Wegner, a.a.O., S. 85.
203 Aufzeichnung von Major Rupp über ein Gespräch Hitlers mit Oberstleutnant Rudolf Sintzenich, 30. Juni 1934; abgedruckt bei Müller, Armee und Drittes Reich, S. 203.
204 Das betont auch Wegner, a.a.O., S. 85.
205 Aronson, a.a.O., S. 111.
206 Die Erhebung der österreichischen Nationalsozialisten im Juli 1934, Bericht der Historischen Kommission des Reichsführers-SS, S. 79 ff.
207 Norbert Schausberger, Der Griff nach Österreich, S. 291 ff.
208 Niederschrift von Dr. Otto Wächter zum Prozeß Hamburger, Januar 1937, S. 4 ff.; Akten des Reichsführers-SS und Chefs der Deutschen Polizei, National Archives, RG 242, T-175/32.
209 Schreiben Wächters an das Oberste Parteigericht der NSDAP, 31. Mai 1938; T-175/32.
210 Heinrich Benedikt (Hrsg.), Geschichte der Republik Österreich, S. 223.
211 Die Erhebung, S. 68.
212 Die Erhebung, S. 71.
213 Die Erhebung, S. 67.
214 Schausberger, a.a.O., S. 300.
215 Bullock, a.a.O., S. 327.
216 Becks Aufzeichnung über ein Gespräch mit Himmler, 13. Oktober 1934; Müller, Armee, S. 212.
217 Gossweiler, a.a.O., S. 476, 514.
218 Carl Vincent Krogmann, Es ging um Deutschlands Zukunft 1932–1939, S. 216.
219 Schweitzer, a.a.O., S. 42.
220 Barthel, a.a.O., S. 88.
221 Krogmann, a.a.O., S. 208, 217.
222 Barthel, a.a.O., S. 88.
223 Boelcke, a.a.O., S. 77.
224 Klaus Jürgen Müller, Das Heer und Hitler, S. 133.
225 Müller, Heer, S. 137.
226 Absolon, a.a.O., S. 168.
227 Nicholas Reynolds, Beck, S. 46.
228 Müller, Heer, S. 137.
229 Peter Hoffmann, Widerstand – Staatsstreich – Attentat, S. 46.
230 Müller, Heer, S. 135.
231 Müller, Heer, S. 136.
232 Helmut Krausnick, Zum militärischen Widerstand gegen Hitler 1933–1938, in: Militärisches Forschungsamt, Aufstand des Gewissens, S. 325.
233 Die Tagebücher von Joseph Goebbels, herausgegeben von Elke Fröhlich, Bd. II, S. 763.
234 Manfred Messerschmidt, Die Wehrmacht im NS-Staat, S. 98. Karl-Heinz Völker, Die deutsche Luftwaffe 1933–1939, S. 25. Hitlers Erlaß an Reichswehrminister und Reichsführer-SS, 2. Februar 1935; abgedruckt bei Paul Hausser, Soldaten wie andere auch, S. 237 ff.
235 Klaus Jürgen Müller, Armee, Politik und Gesellschaft in Deutschland 1933–1945, S. 36.

236 Militärwochenblatt, 18. April 1934.
237 Dazu grundlegend: Müller, Beck, S. 48 ff.
238 Müller, Armee und Drittes Reich, S. 55.
239 Tgb. Goebbels, a.a.O., S. 709.
240 Tgb. Goebbels, a.a.O., S. 501.
241 Müller, Heer, a.a.O., S. 173.
242 Aufzeichnung Fritschs vom 1. Februar 1938, abgedruckt bei Müller, Armee und Drittes Reich, S. 246.
243 Hjalmar Schacht, 76 Jahre meines Lebens, S. 410.
244 Völkischer Beobachter, 5. Januar 1935.
245 Adolf Hitler, Aufzeichnung von Werner Best, 17. März 1949, S. 6; Archiv Best.
246 Müller, Heer, S. 159.
247 Wheeler-Bennett, a.a.O., S. 360.
248 Müller, Heer, S. 159.

6. Wege ins organisierte Chaos

1 Heinz Pentzlin, Hjalmar Schacht, S. 209.
2 Ebd.
3 Pentzlin, a.a.O., S. 226.
4 Willi A. Boelcke, Die deutsche Wirtschaft 1930–1945, S. 88.
5 Dietmar Petzina, Autarkiepolitik im Dritten Reich, S. 22.
6 Arthur Schweitzer, Die Nazifizierung des Mittelstandes, S. 55 ff. Kurt Gossweiler, Die Röhm-Affäre, S. 483 ff.
7 Gossweiler, a.a.O., S. 374.
8 Avraham Barkai, Das Wirtschaftssystem des Nationalsozialismus, S. 102.
9 Gossweiler, a.a.O., S. 376.
10 Völkischer Beobachter, 29. März 1934.
11 Gossweiler, a.a.O., S. 473.
12 Frankfurter Zeitung, 14. Juli 1934.
13 Peter Hüttenberger, Interessenvertretung und Lobbyismus im Dritten Reich, in: Gerhard Hirschfeld und Lothar Kettenacker (Hrsg.), Der »Führerstaat«: Mythos und Realität, S. 447 f.
14 Barkai, a.a.O., S. 103.
15 Hans-Erich Volkmann, Die NS-Wirtschaft in Vorbereitung des Krieges, in: Das Deutsche Reich und der Zweite Weltkrieg, Bd. I, S. 224. Arthur Schweitzer, Organisierter Kapitalismus und Parteidiktatur 1933 bis 1936, in: Schmollers Jahrbuch für Gesetzgebung, Verwaltung und Volkswirtschaft, Jahrgang 1959, I. Halbband, S. 45.
16 Volkmann, a.a.O., S. 224.
17 Hans-Erich Volkmann, Zur nationalsozialistischen Aufrüstung und Kriegswirtschaft, in: Militärgeschichtliche Mitteilungen 1/90, S. 136.
18 Gerhard Kroll, Von der Weltwirtschaftskrise zur Staatskonjunktur, S. 609.
19 Barkai, a.a.O., S. 103.
20 Frankfurter Zeitung, 21. Dezember 1934. Boelcke, a.a.O., S. 41. Klaus Wisotzky, Der Ruhrbergbau im Dritten Reich, S. 38.
21 Boelcke, a.a.O., S. 102 ff.
22 Boelcke, a.a.O., S. 103.
23 Barkai, a.a.O., S. 140.
24 Dieter Gessner, Agrardepression und Präsidialregierungen in Deutschland, 1930–1933, S. 68 ff.
25 Gessner, a.a.O., S. 88.
26 So Posse in einem Schreiben an das Auswärtige Amt, 4. Februar 1932; Gessner, ebd.
27 Fritz Fischer, Griff nach der Weltmacht, S. 20, 21, 108.
28 Robert Friedländer-Prechtl, Wirtschaftswende, S. 134.
29 Boelcke, a.a.O., S. 102. Pentzlin, a.a.O., S. 216.

30 Boelcke, a.a.O., S. 103.
31 Zitiert nach Kroll, a.a.O., S. 480.
32 Jürgen Stelzner, Arbeitsbeschaffung und Wiederaufrüstung 1933–1936, S. 142.
33 Stelzner, a.a.O., S. 137.
34 Boelcke, a.a.O., S. 220.
35 Hans-Ulrich Thamer, Verführung und Gewalt, S. 470.
36 Pentzlin, a.a.O., S. 217.
37 Kroll, a.a.O., S. 486.
38 Kroll, a.a.O., S. 487.
39 Harold James, The German Slump, S. 403 ff.
40 Pentzlin, a.a.O., S. 212.
41 Kroll, a.a.O., S. 491.
42 Ebd.
43 Ebd.
44 Wilhelm Treue, Das Dritte Reich und die Westmächte auf dem Balkan, in: Vierteljahrshefte
   für Zeitgeschichte, 1/1953, S. 49.
45 Alan S. Milward, The Reichsmark Bloc and the International Economy, in: Hirschfeld/Ket-
   tenacker, a.a.O., S. 404.
46 Milward, a.a.O., S. 378.
47 Milward, a.a.O., S. 377.
48 Alfred Kube, Pour le mérite und Hakenkreuz, S. 103.
49 Reiner Pommerin, Das Dritte Reich und Lateinamerika, S. 21.
50 Pommerin, a.a.O., S. 25.
51 Barkai, a.a.O., S. 182.
52 Rolf Barthel, Rüstungswirtschaftliche Forderungen der Reichswehr im Juni 1934, in: Zeitschrift für Militärgeschichte, 1/1970, S. 84.
53 Wolfgang Birkenfeld, Der synthetische Treibstoff 1933–1945, S. 37.
54 Birkenfeld, a.a.O., S. 38.
55 Kroll, a.a.O., S. 507 f.
56 Birkenfeld, a.a.O., S. 41.
57 Birkenfeld, a.a.O., S. 42.
58 Barkai, a.a.O., S. 156.
59 Kroll, a.a.O., S. 502.
60 Willi A. Boelcke, Die Kosten von Hitlers Krieg, S. 60.
61 Boelcke, Kosten, S. 53.
62 Boelcke, Deutsche Wirtschaft, S. 164. Kroll, a.a.O., S. 505.
63 Jörg-Johannes Jäger, Die wirtschaftliche Abhängigkeit des Dritten Reiches vom Ausland,
   S. 58. Ursula Albert, Die deutsche Wiederaufrüstung der Dreißiger-Jahre als Teil der staatlichen Arbeitsbeschaffung und ihre Finanzierung durch das System der Mefowechsel, S. 44.
   Kroll, a.a.O., S. 506 f.
64 Kroll, a.a.O., S. 502 ff.
65 Zitiert nach Werner Abelshauser, Anselm Faust und Dietmar Petzina, Deutsche Sozialgeschichte 1914–1945, S. 370.
66 David Schoenbaum, Die braune Revolution, S. 150.
67 Hans Dieter Schäfer, Das gespaltene Bewußtsein, S. 71.
68 Deutschland-Berichte der Sozialdemokratischen Partei Deutschlands (Sopade), Bd. 1935,
   S. 283.
69 Zitiert nach Klaus Hornung, Wohlfahrtsdemokratie und Sicherheit, S. 7.
70 Kroll, a.a.O., S. 624.
71 Wolfgang Franz Werner, »Bleib übrig«, S. 19.
72 Timothy W. Mason, Sozialpolitik im Dritten Reich, S. 165.
73 Abelshauser/Faust/Petzina, a.a.O., S. 364.
74 Hilde Kammer und Elisabeth Bartsch, Jugendlexikon Nationalsozialismus, S. 221.
75 Francis Courtade und Pierre Cadars, Geschichte des Films im Dritten Reich, S. 32.
76 Kölnische Zeitung, 3. Oktober 1934. Max Schmeling, Erinnerungen, S. 286. Frank Grube
   und Gerhard Richter, Das große Buch der Eisenbahnen, S. 71.

77 Ferry Porsche, Geburtsort Garage, in: Auto, Motor, Sport, 6. Mai 1981, S. 15 f.
78 Schäfer, a.a.O., S. 170 ff.
79 Horst H. Lange, Jazz in Deutschland, S. 66.
80 Kuno Bludau, Gestapo – geheim!, S. 32 ff. Detlev Peukert, Die KPD im Widerstand, S. 253.
81 Herbert E. Tutas, Nationalsozialismus und Exil, S. 105. Siehe auch Evelyn Lacina, Emigration 1933–1945, S. 31. Nach einer Zählung des Völkerbundes gab es am 15. Juni 1935 insgesamt 80 500 Emigranten aus Deutschland, von denen 26 800 nach Übersee ausgewandert waren. 53 700 Personen blieben in Europa; von ihnen gingen etwa 18 000 ins Reich zurück.
82 Schäfer, a.a.O., S. 268.
83 Gerd Albrecht, Nationalsozialistische Filmpolitik, S. 557.
84 Christa Bandmann und Joe Hembus, Klassiker des deutschen Tonfilms 1930–1960, S. 232. Hedda Pänke, Frauen als Mitarbeiter und Leser, in: W. Joachim Freyberg und Hans Wallenberg, Hundert Jahre Ullstein 1877–1977, S. 382.
85 Manfred Brauneck (Hrsg.), Weltliteratur im 20. Jahrhundert, Bd. I, S. 225; Bd. II, S. 399; Bd. III, S. 677; Bd. IV, S. 1347.
86 Martin Broszat, Nationalsozialistische Konzentrationslager 1933–1945, in: Hans Buchheim, Martin Broszat, Hans-Adolf Jacobsen und Helmut Krausnick, Anatomie des SS-Staates, Bd. II, S. 24, 46.
87 Werner Stephan, Joseph Goebbels, S. 35.
88 Raul Hilberg, Die Vernichtung der europäischen Juden, S. 56.
89 Rede des Reichsbankpräsidenten und beauftragten Reichswirtschaftsministers Dr. Hjalmar Schacht auf der Deutschen Ostmesse, Königsberg, am 18. August 1935, S. 9, 11; Office of U.S. Chief of Counsel for War Crimes, Record Group 242, National Archives, Washington.
90 Otto Dov Kulka, Die Nürnberger Rassengesetze und die deutsche Bevölkerung im Lichte geheimer NS-Lage- und Stimmungsberichte, in: Vierteljahrshefte für Zeitgeschichte 4/1984, S. 619. Hilberg, a.a.O., S. 31.
91 Sopade, Bd. 1935, S. 25.
92 Zitiert nach Boelcke, Deutsche Wirtschaft, S. 83.
93 Peter Hüttenberger, Die Gauleiter, S. 116.
94 Peter Diehl-Thiele, Partei und Staat im Dritten Reich, S. 157.
95 Horst Matzerath, Nationalsozialismus und kommunale Selbstverwaltung, S. 183.
96 Diehl-Thiele, a.a.O., S. 207 f. Hüttenberger, a.a.O., S. 79 f.
97 Diehl-Thiele, a.a.O., S. 159, 163.
98 Georg Denzler und Volker Fabricius, Die Kirchen im Dritten Reich, Bd. I, S. 40 ff.
99 Hüttenberger, Interessenvertretung, S. 431 ff.
100 Wolfgang Schieder, Schriftsteller im Dritten Reich, in: Werner Link (Hrsg.), Schriftsteller und Politik in Deutschland, S. 88 ff.
101 Schäfer, a.a.O., S. 14 ff. Schieder, a.a.O., S. 98.
102 Bestsellerlisten bei Thamer, a.a.O., S. 463 ff.
103 Reinhard Bollmus, Das Amt Rosenberg und seine Gegner, S. 61, 65. Hildegard Brenner, Die Kunstpolitik des Nationalsozialismus, S. 65 ff.
104 Hans Joachim Reichhardt, Die Deutsche Arbeitsfront, S. 69. Thamer, a.a.O., S. 504.
105 Karl Dietrich Bracher, Stufen der Machtergreifung, in: Karl Dietrich Bracher, Gerhard Schulz und Wolfgang Sauer, Die nationalsozialistische Machtergreifung, Bd. I, S. 31 ff.
106 Dazu Ian Kershaw, Der NS-Staat, S. 48 ff.
107 So die Vorstellung des grundlegenden Totalitarismus-Theoretikers Carl Joachim Friedrich, zitiert bei Bracher, a.a.O., S. 31.
108 Kershaw, a.a.O., S. 51.
109 Dazu grundlegend: Peter Hüttenberger, Nationalsozialistische Polykratie, in: Geschichte und Gesellschaft, 2/1976, S. 417 ff.
110 Titel eines Buches von Walter Petwaidic, Die autoritäre Anarchie, Hamburg 1946.
111 Lothar Kettenacker, Sozialpsychologische Aspekte der Führer-Herrschaft, in: Hirschfeld/Kettenacker, a.a.O., S. 124.
112 Zum folgenden: Otto Dietrich, 12 Jahre mit Hitler, S. 149 ff. John Toland, Adolf Hitler, S. 523.
113 Dietrich, a.a.O., S. 150.

114 Toland, a.a.O., S. 523.
115 Kurt Unger, Wilhelmstraße 77 (ungedr.), S. 33.
116 David Irving, Die Tragödie der Deutschen Luftwaffe, S. 90.
117 Zitiert nach Bollmus, a.a.O., S. 242.
118 Bollmus, a.a.O., S. 245.
119 Bollmus, a.a.O., S. 246.
120 Martin Broszat, Der Staat Hitlers, in: Deutsche Geschichte seit dem Ersten Weltkrieg, Bd. I, S. 762.
121 Hans Mommsen, Beamtentum im Dritten Reich, S. 98.
122 Joachim Fest, Hitler, S. 574.
123 Zahl der Kabinettssitzungen im Dritten Reich: Karl Dietrich Erdmann, Deutschland unter der Herrschaft des Nationalsozialismus 1933–1939, S. 103 ff.
124 Broszat, Staat Hitlers, S. 758.
125 Hans Buchheim, SS und Polizei im NS-Staat, S. 16 f.
126 Petwaidic, a.a.O., S. 18.
127 Broszat, Staat Hitlers, S. 758.
128 Heinz Höhne, Der Orden unter dem Totenkopf, S. 303.
129 Galeazzo Ciano, Tagebücher 1937/38, S. 48.
130 Wolfgang Michalka, Die nationalsozialistische Außenpolitik im Zeichen eines »Konzeptionen-Pluralismus«, in: Manfred Funke (Hrsg.), Hitler, Deutschland und die Mächte, S. 54 ff. Kube, a.a.O., S. 81 ff. Wolfe W. Schmokel, Der Traum vom Reich, S. 101 ff.
131 Hans Buchheim, Die SS, das Herrschaftsinstrument, in: Buchheim/Broszat/Jacobsen/Krausnick, a.a.O., Bd. I, S. 28.
132 Michael Kater, The Nazi Party, S. 190.
133 Diehl-Thiele, a.a.O., S. 163.
134 Kater, a.a.O., S. 263. Arno Klönne, Hitlerjugend, S. 15. Hans-Gerd Schumann, Nationalsozialismus und Gewerkschaftsbewegung, S. 168.
135 Diehl-Thiele, a.a.O., S. 231.
136 Uwe Dietrich Adam, Judenpolitik im Dritten Reich, S. 115 ff.
137 Kulka, a.a.O., S. 603.
138 Kulka, a.a.O., S. 615.
139 Adam, a.a.O., S. 121.
140 Adam, a.a.O., S. 126.
141 Adam, a.a.O., S. 128.
142 Hans Mommsen, Die Realisierung des Utopischen: Die »Endlösung« der »Judenfrage im ›Dritten Reich‹«, in: Geschichte und Gesellschaft, 9/1983, S. 387.
143 Bernhard Lösener, Als Rassereferent im Reichsministerium des Inneren, in: Vieteljahreshefte für Zeitgeschichte, 3/1961, S. 372 ff.
144 Adam, a.a.O., S. 128.
145 Diehl-Thiele, a.a.O., S. 202.
146 Dietrich Orlow, The History of the Nazi Party, Bd. II, S. 63 ff.
147 Hüttenberger, Gauleiter, S. 129.
148 Jeremy Noakes, Oberbürgermeister and Gauleiter, in: Hirschfeld/Kettenacker, a.a.O., S. 211.
149 Noakes, a.a.O., S. 212 f.
150 Horst Matzerath, a.a.O., S. 247.
151 Matzerath, a.a.O., S. 235.
152 Orlow, a.a.O., S. 138.
153 Klönne, a.a.O., S. 17.
154 Diehl-Thiele, a.a.O., S. 213 f.
155 Christian Graf von Krockow, Die Deutschen in ihrem Jahrhundert 1890–1990, S. 203.
156 Barkai, a.a.O., S. 123.
157 Franz Sonnenberger, Der neue »Kulturkampf«, in: Martin Broszat, Elke Fröhlich und Anton Grossmann (Hrsg.), Bayern in der NS-Zeit, Bd. III, S. 269.
158 Ebd.
159 Ian Kershaw, Popular Opinion and Political Dissent in the Third Reich, S. 208.

160 Ebd.
161 Sonnenberger, a.a.O., S. 327.
162 Michael Zimmermann, Ausbruchshoffnungen, in: Lutz Niethammer (Hrsg.), »Die Jahre weiß man nicht, wo man die heute hinsetzen soll«, S. 100.
163 Zimmermann, a.a.O., S. 99.
164 Barbara Schellenberger, Katholischer Jugendwiderstand, in: Jürgen Schmädeke und Peter Steinbach, Der Widerstand gegen den Nationalsozialismus, S. 319 ff.
165 Zimmermann, a.a.O., S. 100.
166 Über die soziale Zusammensetzung der HJ vor 1933: Klönne, a.a.O., S. 11. Danach bestand sie damals zu 69 Prozent aus Jungarbeitern und Lehrlingen.
167 Peter D. Stachura, Das Dritte Reich und die Jugenderziehung: Die Rolle der Hitlerjugend 1933–1939, in: Karl Dietrich Bracher, Manfred Funke und Hans-Adolf Jacobsen, Nationalsozialistische Diktatur 1933–1945, S. 237.
168 Gregor Strasser, Kampf um Deutschland, S. 171.
169 Stachura, a.a.O., S. 227.
170 So Regierungsrat Bach vom hessischen Innenministerium in einem Vortrag über die NSDAP, April 1930; siehe Heinz Höhne, Die Machtergreifung, S. 122.
171 Thamer, a.a.O., S. 178. Richard Bessel, Militarismus im innenpolitischen Leben der Weimarer Republik, in: Klaus Jürgen Müller und Eckardt Opitz (Hrsg.), Militär und Militarismus in der Weimarer Republik, S. 216.
172 Wolfgang Zapf, Wandlungen der deutschen Elite, S. 169.
173 Stachura, a.a.O., S. 237 ff.
174 Hansjoachim W. Koch, Geschichte der Hitlerjugend, S. 165.
175 Koch, a.a.O., S. 190.
176 Reichhardt, a.a.O., S. 142.
177 Ebd.
178 Jutta Rüdiger, Die Hitler-Jugend und ihr Selbstverständnis im Spiegel ihrer Aufgabengebiete, S. 221. Schoenbaum, a.a.O., S. 134. Reichhardt, a.a.O., S. 142.
179 Reichhardt, a.a.O., S. 145.
180 Ebd.
181 Zitiert nach Kurt Sontheimer, Antidemokratisches Denken in der Weimarer Republik, S. 252.
182 Brauneck, a.a.O., Bd. I, S. 110.
183 Schumann, a.a.O., S. 134.
184 Tim W. Mason, Zur Entstehung des Gesetzes zur Ordnung der nationalen Arbeit, in: Hans Mommsen, Dietmar Petzina und Bernd Weisbrod (Hrsg.), Industrielles System und politische Entscheidungen in der Weimarer Republik, S. 338.
185 Wolfhard Buchholz, Die nationalsozialistische Gemeinschaft »Kraft durch Freude«: Freizeitgestaltung und Arbeiterschaft, S. 361 f.
186 Schweitzer, Nazifizierung, S. 143.
187 Werner, a.a.O., S. 16.
188 In der Märzwahl von 1933 stimmten 5,2 Millionen Wähler aus Arbeiterhaushalten für die NSDAP, 5 Millionen für die SPD und 4,3 Millionen für die KPD; siehe Jürgen W. Falter, Die NSDAP: Kleinbürgerbewegung oder rechtsextreme Volkspartei?, S. 38.
189 Wisotzky, a.a.O., S. 240 f.
190 Peukert, a.a.O., S. 212.
191 Kershaw, Popular Opinion, S. 86.
192 Mason, Sozialpolitik, S. 165.
193 Kershaw, Popular Opinion, S. 86 ff.
194 Günter Morsch, Streik im »Dritten Reich«, in: Vierteljahreshefte für Zeitgeschichte, 4/1988, S. 683, 687.
195 Wisotzky, a.a.O., S. 112.
196 Rainer Zitelmann, Hitler: Selbstverständnis eines Revolutionärs, S. 182. Rede Hitlers vom 9. November 1927.
197 Morsch, a.a.O., S. 671.
198 Morsch, a.a.O., S. 679.

199 Ebd.
200 Hitler aus nächster Nähe, herausgegeben von H. A. Turner jr., S. 348.
201 Völkischer Beobachter, 2. Mai 1933.
202 Wisotzky, a.a.O., S. 93 f.
203 Wisotzky, a.a.O., S. 95.
204 Wisotzky, a.a.O., S. 96.
205 Hasso Spode, »Der deutsche Arbeiter reist«, in: Gerhard Huck (Hrsg.), Sozialgeschichte der Freizeit, S. 284. Thamer, a.a.O., S. 501.
206 Spode, a.a.O., S. 289.
207 Über die Dopolavoro: Buchholz, a.a.O., S. 43 ff.
208 Buchholz, a.a.O., S. 22 f.
209 Buchholz, a.a.O., S. 20.
210 Spode, a.a.O., S. 289.
211 Hans-Joachim Knebel, Soziologische Strukturwandlungen im modernen Tourismus, S. 58.
212 Buchholz, a.a.O., S. 275 ff.
213 Buchholz, a.a.O., S. 287.
214 Buchholz, a.a.O., S. 107 ff.
215 Buchholz, a.a.O., S. 274.
216 Buchholz, a.a.O., S. 109.
217 Reichhardt, a.a.O., S. 70.
218 Fuss, Geschichte des Reisebüros, S. 51.
219 Knebel, a.a.O., S.64.
220 Ebd.
221 Schumann, a.a.O., S. 142.
222 Knebel, a.a.O., S. 64.
223 Spode, a.a.O., S. 302.
224 Buchholz, a.a.O., S. 364 ff.
225 Reichhardt, a.a.O., S. 168.
226 Buchholz, a.a.O., S. 295 f.
227 Reichhardt, a.a.O., S. 177. Schweitzer, Nazifizierung, S. 143.
228 Schweitzer, Nazifizierung, S. 142.
229 Schumann, a.a.O., S. 175.
230 Sopade, Bd. 1935, S. 513.
231 Reichhardt, a.a.O., S. 92. Schweitzer, Nazifizierung, S. 144.
232 Ebd.
233 Schweitzer, Nazifizierung, S. 145.
234 Buchholz, a.a.O., S. 376.
235 Reichhardt, a.a.O., S. 133.
236 Ebd.
237 Mason, Sozialpolitik, S. 198.
238 Schumann, a.a.O., S. 142.
239 Spode, a.a.O., S. 290.
240 Schoenbaum, a.a.O., S. 147 f.
241 Schweitzer, Nazifizierung, S. 148.
242 Schoenbaum, a.a.O., S. 300.
243 Schoenbaum, a.a.O., S. 98.
244 Sopade, Bd. 1935, S. 24, 422.
245 Detlev Peukert, Volksgenossen und Gemeinschaftsfremde, S. 86. Sopade, Bd. 1934, S. 10.
246 Hitler aus nächster Nähe, S. 348.
247 Zitelmann, a.a.O., S. 465.
248 Theodor Balk, Hier spricht die Saar (Nachdruck von 1934), S. 160 ff.
249 Patrik von zur Mühlen, »Schlagt Hitler an der Saar!«, S. 81 ff.
250 Den NS-Landesleiter Spaniol ließ Hitlers Saarbeauftragter Bürckel bei einem Besuch im Reich am 2. März 1934 verhaften und zwang ihn zur Unterschrift unter einen Aufruf, der die Auflösung der saarländischen NSDAP ankündigte; Fritz Jacoby, Die nationalsozialistische Herrschaftsübernahme an der Saar, S. 118.

251 Artikel 34, Versailler Vertrag.
252 Mühlen, a.a.O., S. 94.
253 Mühlen, a.a.O., S. 228.
254 Mühlen, a.a.O., S. 161 ff.
255 Tutas, a.a.O., S. 246 ff. Über die Parteilichkeit der Völkerbundsverwaltung: The Saar, Bericht von US-Konsul Prentiss B. Gilbert, Genf, an den Secretary of State, 29. September 1933, S. 60 ff.; State Department, Central File, National Archives, Washington.
256 Memorandum of a Conversation with Mr. G. Stewart Brown of the United Press; Bericht der US-Botschaft in Berlin, 1. Mai 1934; State Department, Central File.
257 Ebd.
258 Mühlen, a.a.O., S. 230.
259 Sopade, Bd. 1935, S. 24.
260 Sopade, Bd. 1935, S. 9.
261 Zitelmann, a.a.O., S. 465.
262 Lacina, a.a.O., S. 362.
263 The Saar, a.a.O., S. 74. Jens Petersen, Hitler–Mussolini, S. 393.
264 So Mühlen, a.a.O., S. 229.
265 Sopade, Bd. 1935, S. 24.
266 Sopade, Bd. 1935, S. 10.
267 »Größtes Fest«: Aufruf Hitlers vom 30. Januar 1935; Max Domarus, Hitler, Bd. II, S. 478. Sozialdemokraten: Sopade, Bd. 1935, S. 15.
268 Rede Hitlers am 1. März 1935; Domarus, a.a.O., S. 487.
269 Völkischer Beobachter, 21. Januar 1935.

7. Das Ende von Versailles

1 Friedrich Hoßbach, Zwischen Wehrmacht und Hitler, S. 94.
2 Ebd.
3 J. Benoist-Méchin, Geschichte der deutschen Militärmacht, Bd. III, S. 222. Pierre Bourget, Der Marschall, S. 149 ff.
4 Hoßbach, a.a.O., S. 95.
5 Wilhelm Deist, Die Aufrüstung der Wehrmacht, in: Das Deutsche Reich und der Zweite Weltkrieg, Bd. I, S. 416. Klaus Jürgen Müller, General Ludwig Beck, S. 193.
6 Müller, a.a.O., S. 193.
7 Hoßbach, a.a.O., S. 95.
8 Ebd.
9 Deist, a.a.O., S. 417.
10 Harry Graf Kessler, Tagebücher 1918–1937, S. 263.
11 Raymond Poidevin und Jacques Bariéty, Frankreich und Deutschland, S. 382.
12 Hermann Graml, Europa zwischen den Kriegen, in: Deutsche Geschichte seit dem Ersten Weltkrieg, Bd. I, S. 425.
13 Sven Allard, Stalin und Hitler, S. 34.
14 Allard, a.a.O., S. 34.
15 Graml, a.a.O., S. 425.
16 Egon Heymann, Balkan: Kriege, Bündnisse, Revolutionen, S. 191 ff.
17 Graml, a.a.O., S. 429.
18 Zitiert nach: Klaus Jürgen Müller, Frankreich in der Sicht des Auswärtigen Amtes und der militärischen Führung, S. 6.
19 Aufzeichnung Becks von einem Gespräch mit Bülow, 30. Juli 1934; Müller, Beck, S. 358.
20 Hans-Jürgen Rautenberg, Deutsche Rüstungspolitik vom Beginn der Genfer Abrüstungskonferenz bis zur Wiedereinführung der Allgemeinen Wehrpflicht 1932–1935, S. 273, 450.
21 Rautenberg, a.a.O., S. 91. Deist, a.a.O., S. 411.
22 Rautenberg, a.a.O., S. 288.
23 Rautenberg, a.a.O., S. 289 f.
24 Willi A. Boelcke, Die deutsche Wirtschaft 1930–1945, S. 153.

25 Stellungnahme Becks zum Heeresaufbau, 20. Mai 1934; Müller, Beck, S. 351.
26 Aufzeichnung Stülpnagels, September 1934; Müller, Beck, S. 369.
27 Ebd.
28 David Irving, Die Tragödie der Deutschen Luftwaffe, S. 86.
29 Hans-Adolf Jacobsen, Nationalsozialistische Außenpolitik 1933–1938, S. 255 ff.
30 Rautenberg, a.a.O., S. 292 ff.
31 Norbert Theodor Wiggershaus, Der deutsch-englische Flottenvertrag vom 18. Juni 1935, S. 268 ff.
32 Wiggershaus, a.a.O., S. 277.
33 Rautenberg, a.a.O., S. 296 ff.
34 Rautenberg, a.a.O., S. 295.
35 Michael Geyer, Aufrüstung oder Sicherheit, Anhang S. 134.
36 Denkschrift Becks über Mindestforderungen für ein Rüstungsabkommen, 6. März 1935; Müller, Beck, S. 415 ff.
37 Rautenberg, a.a.O., S. 294.
38 Irving, a.a.O., S. 85.
39 Zitiert nach Rautenberg, a.a.O., S. 296.
40 Irving, a.a.O., S. 88.
41 Rautenberg, a.a.O., S. 299.
42 Völkischer Beobachter, 1. Dezember 1933.
43 Dietrich Aigner, Das Ringen um England, S. 286.
44 Wesley K. Wark, The ulitimate Enemy, S. 28 ff.
45 Wark, a.a.O., S. 30.
46 Wark, a.a.O., S. 32 ff.
47 Lord Vansittart, The Mist Procession, S. 507.
48 Wiggershaus, a.a.O., S. 280. Vansittart, a.a.O., S. 507.
49 Völkischer Beobachter, 6. März 1935.
50 Karl-Heinz Völkner, Die deutsche Luftwaffe 1933–1939, S. 70.
51 David Irving, Göring, S. 225.
52 Wark, a.a.O., S. 43.
53 Karl-Heinz Ludwig, Strukturmerkmale nationalsozialistischer Aufrüstung bis 1935, in: Friedrich Forstmeier und Hans-Erich Volkmann (Hrsg.), Wirtschaft und Rüstung am Vorabend des Zweiten Weltkrieges, S. 56.
54 Irving, Göring, S. 224.
55 Hoßbach, a.a.O., S. 96.
56 Adolf Hitler, Monologe im Führerhauptquartier, herausgegeben von Werner Jochmann, S. 343.
57 Hoßbach, a.a.O., S. 96. Max Domarus, Hitler, Bd. II, S. 491.
58 Domarus, a.a.O., S. 494.
59 Deutschland-Berichte der Sozialdemokratischen Partei Deutschlands (Sopade), Bd. 1935, S. 279.
60 Thomas Mann, Deutsche Ansprache, 1930, in: Der Vertrag von Versailles, S. 402.
61 So Peter Krüger, Versailles, S. 130, 81.
62 Hellmut Diwald, Geschichte der Deutschen, S. 247.
63 Bericht von H. R. Wilson an den Secretary of State, 17. Juni 1935, Nr. 862.20/1059; State Department, Central File, National Archives, Washington.
64 Bericht von Dodd an den Secretary of State, 3. September 1936, Nr. 3019; St. D., C.F.
65 Bericht Wilsons, a.a.O.
66 Bericht von Botschafter Breckinridge Long an den Secretary of State, 1. April 1935; State Department, Central File.
67 Fritsch am 18. November 1935 auf einer Kommandeurstagung in Berlin, in: Notizen des Generalleutnants Liebmann; Institut für Zeitgeschichte, ZS 167/51.
68 Berichte der US-Botschaften in Rom, Paris und London, März 1935; St. Dep., Central File.
69 Jens Petersen, Hitler – Mussolini, S. 400.
70 Petersen, a.a.O., S. 397 ff.
71 Petersen, a.a.O., S. 399.

72 Irving, Luftwaffe, S. 89.
73 Geyer, a.a.O., S. 375 ff.
74 Nicholas Reynolds, Beck, S. 87.
75 Geyer, a.a.O., S. 378.
76 Aufzeichnung Stülpnagels, 11. April 1935; Müller, Beck, S. 435.
77 Hans-Günther Seraphim, Das politische Tagebuch Alfred Rosenbergs 1934/35 und 1939/40, S. 76.
78 Bourget, a.a.O., S. 150 ff.
79 Nigel West, MI 6, S. 45 ff. Jacobsen, a.a.O., S. 75 ff.
80 Wiggershaus, a.a.O., S. 269, 270, 289.
81 Wiggershaus, a.a.O., S. 264 ff.
82 Petersen, a.a.O., S. 396.
83 Wiggershaus, a.a.O., S. 265.
84 Wiggershaus, a.a.O., S. 286. Bericht der US-Botschaft in London an den Secretary of State, 18. März 1935; State Department, Central File.
85 Zitiert nach John Toland, Adolf Hitler, S. 496.
86 Bericht von US-Botschafter Bingham, London, an den Secretary of State, 10. April 1935, Nr. 862.20/853; State Department, Central File.
87 Wark, a.a.O., S. 44.
88 Petersen, a.a.O., S. 399 f.
89 Bericht Binghams, 10. April 1935.
90 Bericht von Breckinridge Long an den Secretary of State, 18. April 1935, Nr. 862.20/979.
91 Bericht Wilsons, 17. Juni 1935.
92 Wiggershaus, a.a.O., S. 307.
93 Domarus, a.a.O., S. 511 ff.
94 Jost Dülffer, Weimar, Hitler und die Marine, S. 257.
95 Dülffer, a.a.O., S. 270.
96 Michael Salewski, Die deutsche Seekriegsleitung 1935–1945, Bd. I, S. 4 ff.
97 Rautenberg, a.a.O., S. 329. Deist, a.a.O., S. 456 f.
98 Wiggershaus, a.a.O., S. 54.
99 Wiggershaus, a.a.O., S. 63.
100 Wiggershaus, a.a.O., S. 266.
101 Wiggershaus, a.a.O., S. 303.
102 Dülffer, a.a.O., S. 271.
103 Wark, a.a.O., S. 136.
104 Wark, a.a.O., S. 130.
105 Wiggershaus, a.a.O., S. 324.
106 Dülffer, a.a.O., S. 328.
107 Wiggershaus, a.a.O., S. 327.
108 Wark, a.a.O., S. 136 f.
109 Wark, a.a.O., S. 137.
110 Dülffer, a.a.O., S. 330.
111 Wiggershaus, a.a.O., S. 329 f.
112 Brief von Dodd an Präsident Roosevelt, 29. Juli 1935; State Department, Central File.
113 Bericht von Botschafter Bullitt, Moskau, an den Secretary of State, 19. Juni 1935, Nr. 862.34/130; State Department, Central File.
114 Bericht von Wilson an den Secretary of State, 17. Juni 1935.
115 Sir Osbert Sitwell, 1934; Aigner, a.a.O., S. 160.
116 Sopade, Bd. 1935, S. 278.
117 Werner Maser und Heinz Höhne, Adolf Hitler: »Aufriß über meine Person«, in: Der Spiegel, 21. Mai 1973, S. 113.
118 Otto Dietrich, 12 Jahre mit Hitler, S. 161 f.
119 Bericht von Captain I. L. Kitts an das War Department, Washington, 18. Januar 1937; Office, Chief of Field Artillery, Kopie im State Department, Central File.
120 Alfred Zänker, »Wir sind das Volk«, in: Die Welt, 17. Januar 1990.
121 Sopade, Bd. 1935, S. 279.

122 Ian Kershaw, Der Hitler-Mythos, S. 112.
123 Domarus, a.a.O., S. 476.
124 Domarus, a.a.O., S. 506.
125 Ebd.
126 Kershaw, a.a.O., S. 112.
127 Ernst Jünger (Hrsg.), Krieg und Krieger, S. 106.
128 Helmut Krausnick, Judenverfolgung, in: Hans Buchheim, Martin Broszat, Hans-Adolf Jacobsen und Helmut Krausnick, Anatomie des SS-Staates, Bd. II, S. 246 f.
129 Hitler aus nächster Nähe, herausgegeben von H. A. Turner jr., S. 325.
130 Martin Broszat, Soziale Motivation und Führer-Bindung des Nationalsozialismus, in: Vierteljahrshefte für Zeitgeschichte, 18/1970, S. 405.
131 Bericht von Major Truman Smith an das War Department, 7. Mai 1936, Nr. 762.00/124; State Department, Central File.
132 Hans-Jürgen Eitner, »Der Führer«, S. 207.
133 Zitiert nach Eitner, a.a.O., S. 186.
134 Denis Mack Smith, Mussolini, S. 292.
135 Angelo Del Boca, The Ethiopian War 1935–1941, S. 32 ff.
136 Petersen, a.a.O., S. 401 ff. Graml, a.a.O., S. 429.
137 Richard Collier, Mussolini, S. 127. Petersen, a.a.O., S. 410.
138 Collier, a.a.O., S. 128.
139 John Connell, The »Office«, S. 152, 174.
140 Connell, a.a.O., S. 186.
141 Smith, a.a.O., S. 302. Manfred Funke, Sanktionen und Kanonen, S. 90.
142 Esmonde M. Robertson, Hitler und die Sanktionen des Völkerbunds – Mussolini und die Besetzung des Rheinlands, in: Vierteljahrshefte für Zeitgeschichte, 26/1978, S. 237.
143 Funke, a.a.O., S. 43.
144 Robertson, a.a.O., S. 237 ff. Funke, a.a.O., S. 43 ff.
145 Stefan Martens, Hermann Göring, S. 91. Irving, Göring, S. 814.
146 Martens, a.a.O., S. 91.
147 Funke, a.a.O., S. 45.
148 Robertson, a.a.O., S. 238.
149 Petersen, a.a.O., S. 416 ff.
150 Robertson, a.a.O., S. 240.
151 Del Boca, a.a.O., S. 221. Collier, a.a.O., S. 129.
152 Smith, a.a.O., S. 305.
153 Charles Callan Tansill, Die Hintertür zum Krieg, S. 259.
154 A.J.P. Taylor, Die Ursprünge des Zweiten Weltkrieges, S. 125.
155 Funke, a.a.O., S. 99.
156 Ebd.
157 Petersen, a.a.O., S. 413.
158 Del Boca, a.a.O., S. 41.
159 Fritz Sänger, Politik der Täuschungen, S. 74.
160 Funke, a.a.O., S. 45. Robertson, a.a.O., S. 253, 259.
161 Petersen, a.a.O., S. 448 ff.
162 Robertson, a.a.O., S. 252. Collier, a.a.O., S. 220.
163 Frank Hardie, The Abyssinian Crisis, S. 164 ff.
164 Hardie, a.a.O., S. 169.
165 Ebd.
166 Hardie, a.a.O., S. 186, 188.
167 Hardie, a.a.O., S. 197.
168 Funke, a.a.O., S. 92.
169 Donald Boadle, Vansittart's administration of the Foreign Office in the 1930s, in: Richard Langhorne (Hrsg.), Diplomacy & Intelligence during the Second World War, S. 81 ff. Wark, a.a.O., S. 89.
170 Robertson, a.a.O., S. 254.
171 Funke, a.a.O., S. 98.

172 Petersen, a.a.O., S. 461 f.
173 Petersen, a.a.O., S. 463.
174 Petersen, a.a.O., S. 467.
175 Petersen, a.a.O., S. 468.
176 Hardie, a.a.O., S. 211. Petersen, a.a.O., S. 472.
177 Robertson, a.a.O., S. 250. Petersen, a.a.O., S. 472.
178 James Thomas Emmerson, The Rhineland Crisis, 7 March 1936, S. 74.
179 Petersen, a.a.O., S. 473.
180 Benoist-Méchin, a.a.O., S. 281 f.
181 Esmonde Robertson, Dokumentation: Zur Wiederbesetzung des Rheinlandes 1936, in: Vierteljahrshefte für Zeitgeschichte, 10/1962, S. 192.
182 Emmerson, a.a.O., S. 79.
183 Hoßbach, a.a.O., S. 97. Emmerson, a.a.O., S. 83. Völkischer Beobachter, 14. Februar 1936.
184 Hoßbach, a.a.O., S. 97.
185 Undatierte Aufzeichnung Hassells über Unterredungen am 19. Februar 1936; Robertson, Dokumentation, S. 194 f. Emmerson, a.a.O., S. 84.
186 Aufzeichnung Hassells, 14. Februar 1936; Robertson, Dokumentation, S. 193.
187 Robertson, Hitler und die Sanktionen, S. 254.
188 Robertson, Dokumentation, S. 195.
189 Emmerson, a.a.O., S. 84 ff. Richard Breyer. Das Deutsche Reich und Polen 1932–1937, S. 155. Alfred Kube, Pour le mérite und Hakenkreuz, S. 117.
190 Breyer, a.a.O., S. 155 f.
191 Politischer Bericht Hassells, 22. Februar 1936; Robertson, Dokumentation, S. 198.
192 Emmerson, a.a.O., S. 93.
193 Emmerson, a.a.O., S. 95.
194 Breyer, a.a.O., S. 156. Emmerson, a.a.O., S. 93.
195 Max Braubach, Der Einmarsch deutscher Truppen in die entmilitarisierte Zone am Rhein im März 1936, S. 97.
196 Emmerson, a.a.O., S. 98 f.
197 Die Tagebücher von Joseph Goebbels, herausgegeben von Elke Fröhlich, Bd. II, S. 581.
198 Robertson, Dokumentation, S. 185. Funke, a.a.O., S. 93, 120. Domarus, a.a.O., S. 597.
199 Toland, a.a.O., S. 514. Tgb. Goebbels, a.a.O., S. 581.
200 Domarus, a.a.O., S. 596.
201 Zitiert nach Braubach, a.a.O., S. 21.
202 Guenter Lewy, Die Katholische Kirche und das Dritte Reich, S. 224.
203 Maurice Baumont, The Rhineland Crisis: 7 March 1936, in: Neville Waites (Hrsg.), Troubled Neighbours, S. 163.
204 Emmerson, a.a.O., S. 104.
205 Benoist-Méchin, a.a.O., S. 295. Emmerson, a.a.O., S. 105.
206 Emmerson, a.a.O., S. 105.
207 Walter Bernhardt, Die deutsche Aufrüstung 1934–1939, S. 52. Emmerson, a.a.O., S. 106.
208 Paul Schmidt, Statist auf diplomatischer Bühne 1923–45, S. 320.
209 Bernhardt, a.a.O., S. 55. Emmerson, a.a.O., S. 105.
210 Maurice Vaïsse, Der Pazifismus und die Sicherheit Frankreichs 1930–1939, in: Vierteljahrshefte für Zeitgeschichte, 4/1985, S. 600.
211 Emmerson, a.a.O., S. 116. Vaïsse, a.a.O., S. 602.
212 Manfred Messerschmidt, Außenpolitik und Kriegsvorbereitung, in: Das Deutsche Reich und der Zweite Weltkrieg, Bd. I, S. 604.
213 R. A. Eden, Earl of Avon, Memoirs, S. 343.
214 Baumont, a.a.O., S. 165.
215 Ebd.
216 Toland, a.a.O., S. 520.
217 Emmerson, a.a.O., S. 149.
218 Geyr von Schweppenburg, Die Rheinlandbesetzung, S. 105 ff.; Institut für Zeitgeschichte, ED 91, Bd. 40. Emmerson, a.a.O., S. 162. Funke, a.a.O., S. 136.
219 Brief von Stülpnagel an Geyr, 12. März 1936; Geyr von Schweppenburg, a.a.O., S. 103.

220 Hoßbach, a.a.O., S. 98.
221 Ebd.
222 Emmerson, a.a.O., S. 123. Geyr von Schweppenburg, a.a.O., S. 103.
223 Breyer, a.a.O., S. 158. Funke, a.a.O., S. 134 ff.
224 Domarus, a.a.O., S. 603.
225 Benoist-Méchin, a.a.O., S. 300.
226 Hans Frank, Im Angesicht des Galgens, S. 204.
227 Martin Broszat, Vorwort zu: Kershaw, a.a.O., S. 14.
228 Domarus, a.a.O., S. 606.
229 Tgb. Goebbels, a.a.O., S. 594.
230 Messerschmidt, a.a.O., S. 606.

8. Am Wendepunkt

1 Max Schmeling, Erinnerungen, S. 352.
2 Ebd.
3 Die Tagebücher von Joseph Goebbels, herausgegeben von Elke Fröhlich, Bd. II, S. 629.
4 Völkischer Beobachter, 8. Juli 1936.
5 Tgb. Goebbels, a.a.O., S. 630.
6 Schmeling, a.a.O., S. 358 ff.
7 Gerhard Kroll, Von der Weltwirtschaftskrise zur Staatskonjunktur, S. 632.
8 Jürgen Stelzner, Arbeitsbeschaffung und Wiederaufrüstung 1933–1936, S. 141.
9 Richard J. Overy, »Blitzkriegswirtschaft«?, in: Vierteljahrshefte für Zeitgeschichte 3/1988, S. 426.
10 Herbert E. Tutas, Nationalsozialismus und Exil, S. 134 ff.
11 Hans Dieter Schäfer, Das gespaltene Bewußtsein, S. 157 ff.
12 Peter Müller, Ferdinand Porsche, S. 102 f. Christa Brandmann und Joe Hembus, Klassiker des deutschen Tonfilms 1930–1960, S. 253. Armand van Ishoven, Udet, S. 337.
13 Schäfer, a.a.O., S. 146 ff.
14 Brandmann/Hembus, a.a.O., S. 103, 210.
15 Schäfer, a.a.O., S. 48 ff. Horst H. Lange, Jazz in Deutschland, S. 78. Brandmann/Hembus, a.a.O., S. 253.
16 Deutschland-Berichte der Sozialdemokratischen Partei Deutschlands (Sopade), Bd. 1935, S. 422.
17 Hans E. Priester, Das deutsche Wirtschaftswunder; Amsterdam, 1936.
18 Lange, a.a.O., S. 72.
19 Schäfer, a.a.O., S. 171.
20 Sopade, Bd. 1936, S. 165.
21 Kölnische Zeitung, 1. Mai 1936.
22 Schäfer, a.a.O., S. 169.
23 Völkischer Beobachter, 26. Oktober 1934.
24 Kölnische Zeitung, 21. August 1936.
25 Martin Broszat, Nationalsozialistische Konzentrationslager 1933–1945, in: Hans Buchheim, Martin Broszat, Hans-Adolf Jacobsen und Helmut Krausnick (Hrsg.), Anatomie des SS-Staates, Bd. II, S. 65.
26 Friedrich Bohlen, Die XI. Olympischen Spiele Berlin 1936, S. 164.
27 Völkischer Beobachter, 19. August 1932.
28 Kölnische Zeitung, 22. Oktober 1934.
29 Adolf Hitler, Monologe im Führerhauptquartier, herausgegeben von Werner Jochmann, S. 356.
30 Bohlen, a.a.O., S. 66.
31 Völkischer Beobachter, 1., 13. April 1933.
32 Dieter Steinhöfer, Hans von Tschammer und Osten, S. 19 ff.
33 Hajo Bernett, Sportpolitik im Dritten Reich, S. 31 ff.
34 Steinhöfer, a.a.O., S. 37.

35 Steinhöfer, a.a.O., S. 29.
36 Bernett, a.a.O., S. 26. Steinhöfer, a.a.O., S. 28.
37 Völkischer Beobachter, 17. März 1933.
38 Karl Adolf Scherer, 75 Olympische Jahre, S. 78 ff.
39 Kölnische Zeitung, 25. Januar 1933.
40 Bernett, a.a.O., S. 44.
41 Bernett, a.a.O., S. 45.
42 Committee on Fair Play in Sports, Preserve the Olympic Ideal, S. 7.
43 Arnd Krüger, Die Olympischen Spiele 1936 und die Weltmeinung, S. 212.
44 Völkischer Beobachter, 10. Juni 1933.
45 Steinhöfer, a.a.O., S. 57. Scherer, a.a.O., S. 83.
46 Albert Speer, Erinnerungen, S. 94.
47 Ebd.
48 Krüger, a.a.O., S. 63.
49 Ebd.
50 Krüger, a.a.O., S. 61.
51 Olympia: Akten des Reichspropagandaministeriums 1936/37; National Archives, Wash.
52 Ebd.
53 Hajo Bernett, Untersuchungen zur Zeitgeschichte des Sports, S. 137.
54 Scherer, a.a.O., S. 80.
55 Kölnische Zeitung, 2. November 1934.
56 Völkischer Beobachter, 24. März 1934.
57 Steinhöfer, a.a.O., S. 58.
58 Ebd.
59 Scherer, a.a.O., S. 83.
60 Liselott Diem, Höhepunkte olympischer Symbolik, in: NOK-Report 8/86, 1. August 1986.
   Bernett, Sportpolitik, S. 55.
61 Tgb. Goebbels, a.a.O., S. 630.
62 Krüger, a.a.O., S. 79.
63 Hans Barkhausen, »Auf Veranlassung des Reiches«, in: Neue Zürcher Zeitung, 10. August
   1974.
64 Kölnische Zeitung, 17. Juli 1936.
65 Committee on Fair Play, S. 6.
66 Donald E. Fuoss, An Analysis of the Incidents in the Olympic Games from 1924 to 1948,
   S. 139.
67 Krüger, a.a.O., S. 66. Fuoss, a.a.O., S. 135.
68 Krüger, a.a.O., S. 126.
69 Krüger, a.a.O., S. 71.
70 Krüger, a.a.O., S. 78.
71 Hajo Bernett, Der jüdische Sport, S. 82.
72 Bernett, Der jüdische Sport, S. 109.
73 Margaret Lambert (= Gretel Bergmann), A Jewish Athlete and the Nazi Olympics of '36, in:
   New York Times, 3. Februar 1980.
74 Krüger, a.a.O., S. 128.
75 Peter Gay, Freud, Juden und andere Deutsche, S. 198.
76 Krüger, a.a.O., S. 130.
77 Duff Hart-Davis, Hitler's Games, S. 80.
78 Krüger, a.a.O., S. 130.
79 Krüger, a.a.O., S. 136.
80 Krüger, a.a.O., S. 163.
81 Uwe Dietrich Adam, Judenpolitik im Dritten Reich, S. 121.
82 Scherer, a.a.O., S. 84. Bernett, Sportpolitik, S. 64.
83 Völkischer Beobachter, 6. Februar 1936.
84 Hart-Davis, a.a.O., S. 103.
85 Berichte der Kölnischen Zeitung, Februar 1936.
86 Völkischer Beobachter, 17. Februar 1936.

87 Zitiert nach: Krüger, a.a.O., S. 212.
88 Kölnische Zeitung und Völkischer Beobachter, 2. August 1936.
89 Richard Mandell, Hitlers Olympiade, S. 145.
90 Fuoss, a.a.O., S. 193.
91 Völkischer Beobachter, 3. August 1936.
92 Ebd.
93 Völkischer Beobachter, 31. Juli 1936.
94 Kölnische Zeitung, 9. August 1936.
95 Tgb. Goebbels, a.a.O., S. 655.
96 Der Angriff, 3. August 1936. Fritz Sänger, Politik der Täuschungen, S. 108.
97 New York Times, 26. August 1951, zitiert nach: Fuoss, a.a.O., S. 189.
98 Das Folgende bei Fuoss, a.a.O., S. 181 ff.
99 Fuoss, a.a.O., S. 188.
100 Erich Kamper, Enzyklopädie der Olympischen Spiele, S. 297.
101 Horst Ueberhorst, Von Athen bis München, S. 77. Krüger, a.a.O., S. 196.
102 NOK-Report 4/86.
103 Hart-Davis, a.a.O., S. 228.
104 Thomas Wolfe, Es führt kein Weg zurück, S. 524.
105 Hart-Davis, a.a.O., S. 227.
106 Harold Nicolson, Tagebücher und Briefe 1930–1941, S. 226. Hart-Davis, a.a.O., S. 228. Dietrich Aigner, Das Ringen um England, S. 122.
107 Aigner, a.a.O., S. 133.
108 Wesley K. Wark, The Ultimate Enemy, S. 170.
109 Hart-Davis, a.a.O., S. 228.
110 Tgb. Goebbels, a.a.O., S. 662 f. (10. August 1936).
111 Werner Stephan, Joseph Goebbels, S. 86.
112 Mandell, a.a.O., S. 148.
113 William E. Dodd jr. und Martha Dodd, Ambassador Dodd's Diary, S. 349.
114 Wilhelm Treue, Hitlers Denkschrift zum Vierjahresplan 1936, in: Vierteljahrshefte für Zeitgeschichte 3/1955, S. 190.
115 Tgb. Goebbels, a.a.O., August 1936.
116 Botschafter Dodd an den Secretary of State, 18. September 1936, Nr. 762.00/131; State Department, Central File, National Archives, Washington.
117 Hans-Joachim Hoppe, Bulgarien – Hitlers eigenwilliger Verbündeter, S. 197.
118 Völkischer Beobachter, 13. Juli 1936.
119 Norbert Schausberger, Der Griff nach Österreich, S. 354 f. Hellmut Andics, Der Staat, den keiner wollte, Bd. III, S. 246.
120 Nikolaus von Horthy, Ein Leben für Ungarn, S. 186.
121 Schausberger, a.a.O., S. 349. Franz von Papen, Der Wahrheit eine Gasse, S. 409 ff.
122 Zitiert nach Schausberger, a.a.O., S. 353.
123 Martin Broszat, Deutschland – Ungarn – Rumänien, in: Manfred Funke (Hrsg.), Deutschland und die Mächte, S. 529 f.
124 Broszat, Deutschland . . . , S. 530.
125 A.J.P. Taylor, Die Ursprünge des Zweiten Weltkrieges, S. 145.
126 Papen, a.a.O., S. 419.
127 André Siegfried, Frankreichs Vierte Republik, S. 57.
128 Siegfried, a.a.O., S. 55 f.
129 Siegfried, a.a.O., S. 57.
130 F. A. Krummacher und Helmut Lange, Krieg und Frieden, S. 310.
131 Hugh Thomas, Der spanische Bürgerkrieg, S. 72 ff.
132 Thomas, a.a.O., S. 83.
133 Thomas, a.a.O., S. 85.
134 Zahlen über Opfer und Zerstörungen zwischen Februar und Juli 1936 bei: Hellmuth Günther Dahms, Der Spanische Bürgerkrieg, S. 71.
135 Brian Crozier, Franco, S. 161.
136 Dahms, a.a.O., S. 65 ff.

137 Thomas, a.a.O., S. 106 ff.
138 Thomas, a.a.O., S. 108.
139 Crozier, a.a.O., S. 182.
140 Thomas, a.a.O., S. 113 ff. Crozier, a.a.O., S. 521.
141 Crozier, a.a.O., S. 191.
142 Thomas, a.a.O., S. 143 ff.
143 Max Domarus, Hitler, Bd. II, S. 638.
144 Tgb. Goebbels, a.a.O., S. 675.
145 Joachim Hoffmann, Die Sowjetunion bis zum Vorabend des deutschen Angriffs, in: Das Deutsche Reich und der Zweite Weltkrieg, Bd. IV, S. 46 ff.
146 So Hitler in einer Rede am 9. September 1936; Domarus, a.a.O., S. 638.
147 Dodd an den Secretary of State, 3. September 1936, Nr. 3019; State Department, Central File.
148 Angel Viñas, La Alemania nazi y el 18 de julio, S. 276 ff.
149 Wilfried von Oven, Hitler und der Spanische Bürgerkrieg, S. 130.
150 Viñas, a.a.O., S. 293. Hans-Henning Abendroth, Deutschlands Rolle im Spanischen Bürgerkrieg, in: Funke, a.a.O., S. 472.
151 Abendroth, a.a.O., S. 473. Viñas, a.a.O., S. 324 ff.
152 Viñas, a.a.O., S. 325. Abendroth, a.a.O., S. 473.
153 Akten zur Deutschen Auswärtigen Politik, Serie D, Bd. III, S. 12. Viñas, a.a.O., S. 329 ff.
154 Oven, a.a.O., S. 170. Viñas, a.a.O., S. 335 ff.
155 Völkischer Beobachter, 26. Juli 1936.
156 Viñas, a.a.O., S. 338 f.
157 Abendroth, a.a.O., S. 475.
158 Tgb. Goebbels, a.a.O., S. 648 (27. Juli 1936).
159 Viñas, a.a.O., S. 353. Abendroth, a.a.O., S. 475 f.
160 Manfred Merkes, Die deutsche Politik gegenüber dem spanischen Bürgerkrieg 1936–1939, S. 28. Viñas, a.a.O., S. 275.
161 Oven, a.a.O., S. 198, 269. Viñas, a.a.O., S. 392 f.
162 Thomas, a.a.O., S. 194 ff.
163 Thomas, a.a.O., S. 196.
164 Tgb. Goebbels, a.a.O., S. 650 ff.
165 Tgb. Goebbels, a.a.O., S. 659 f.
166 Merkes, a.a.O., S. 31. Oven, a.a.O., S. 259 ff.
167 David Irving, Die Tragödie der Deutschen Luftwaffe, S. 96.
168 Oven, a.a.O., S. 297.
169 Thomas, a.a.O., S. 173 ff., 204 ff.
170 Gordon Brook-Shepherd, The Storm Petrels, S. 192. Thomas, a.a.O., S. 233.
171 Thomas, a.a.O., S. 238 ff.
172 George F. Kennan, Sowjetische Außenpolitik unter Lenin und Stalin, S. 416.
173 Pierre Broué und Émile Témime, Revolution und Krieg in Spanien, S. 301 f. Michael Morozow, Die Falken des Kreml, S. 134 ff.
174 Irving, a.a.O., S. 96.
175 Tgb. Goebbels, a.a.O., S. 740 (29. November 1936).
176 Denis Mack Smith, Mussolini, S. 317.
177 Smith, a.a.O., S. 318.
178 Crozier, a.a.O., S. 194.
179 Merkes, a.a.O., S. 30 f.
180 Jens Petersen, Hitler–Mussolini, S. 490.
181 Richard Collier, Mussolini, S. 140. Manfred Funke, Die deutsch-italienischen Beziehungen, in: Funke, a.a.O., S. 833.
182 Funke, a.a.O., S. 834.
183 Petersen, a.a.O., S. 491.
184 Ebd.
185 Petersen, a.a.O., S. 492.
186 Joachim Fest, Hitler, S. 686.

187 Hermann Graml, Europa zwischen den Kriegen, in: Deutsche Geschichte seit dem Ersten Weltkrieg, Bd. I, S. 459.
188 Hans-Adolf Jacobsen, Nationalsozialistische Außenpolitik 1933–1938, S. 425.
189 Jacobsen, a.a.O., S. 426 f.
190 Tgb. Goebbels, a.a.O., S. 701 (21. Oktober 1936).
191 Bernd Martin, Die deutsch-japanischen Beziehungen während des Dritten Reiches, in: Funke, a.a.O., S. 460.
192 Ernst Heinkel, Stürmisches Leben, S. 77, 132.
193 Theo Sommer, Deutschland und Japan zwischen den Mächten, S. 25.
194 Kapitän zur See Schüssler, Der Kampf der Marine gegen Versailles 1919–1935, in: Der Prozeß gegen die Hauptkriegsverbrecher vor dem Internationalen Militärgerichtshof, Bd. XXXIV, S. 565 ff.
195 Heinz Höhne, Canaris, S. 93 ff.
196 Martin, a.a.O., S. 460.
197 Martin, a.a.O., S. 456.
198 Michael A. Barnhart, Japanese Intelligence before the Second World War, in: Ernest R. May (Hrsg.), Knowing One's Enemies, S. 430.
199 Ebd.
200 Erich Kordt, Nicht aus den Akten, S. 123.
201 Höhne, a.a.O., S. 234.
202 Aktennotiz des Chefs der Abteilung Ausland, 26. August 1937; Akten des OKW, Filmgruppe T-77, Rolle 884; National Archives.
203 Sommer, a.a.O., S. 25.
204 Martin, a.a.O., S. 461.
205 Jacobsen, a.a.O., S. 426.
206 Ebd.
207 Martin, a.a.O., S. 462.
208 Gordon W. Prange, Target Tokyo, S. 157. Martin, a.a.O., S. 461.
209 Prange, a.a.O., S. 117 ff.
210 Prange, a.a.O., S. 123 f. »Kriegsbasis«: Leonard Mosley, Ein Gott dankt ab, S. 109.
211 Jacobsen, a.a.O., S. 426.
212 Ebd.
213 Tgb. Goebbels, a.a.O., S. 743 (2. Dezember 1936).
214 Jacobsen, a.a.O., S. 427.
215 Leonidas E. Hill (Hrsg.), Die Weizsäcker-Papiere 1930–1950, S. 102.
216 Treue, a.a.O., S. 205.
217 Hill, a.a.O., S. 102.
218 William Kirby, Developmental Aid or Neo-Imperialism?, in: Bernd Martin (Hrsg.), Die deutsche Beraterschaft in China 1927–1938, S. 212.
219 Kirby, a.a.O., S. 201 ff.
220 Höhne, a.a.O., S. 237 f.
221 Michael Geyer, Motive und Bedingungen einer aktiven Fernostpolitik des deutschen Militärs, in: Martin, Beraterschaft, S. 71.
222 Ebd.
223 Morozow, a.a.O., S. 131.
224 Sommer, a.a.O., S. 32.
225 Sven Allard, Stalin und Hitler, S. 53.
226 Allard, a.a.O., S. 54 ff.
227 Robert Conquest, Am Anfang starb Genosse Kirow, S. 263.
228 Hitler vor dem Reichstag, 30. Januar 1937; Domarus, a.a.O., S. 671.
229 Allard, a.a.O., S. 55.
230 Alfred Kube, Pour le mérite und Hakenkreuz, S. 147.
231 Kube, a.a.O., S. 148.
232 Krummacher/Lange, a.a.O., S. 342. Allard, a.a.O., S. 59.
233 John P. Fox, The Klein Projects in China, in: Martin, Beraterschaft, S. 216 ff.
234 Avraham Barkai, Das Wirtschaftssystem des Nationalsozialismus, S. 87.

235 Kroll, a.a.O., S. 611. Barkai, a.a.O., S. 179.
236 Ursula Albert, Die deutsche Wiederaufrüstung der Dreißiger-Jahre als Teil der staatlichen Arbeitsbeschaffung und ihre Finanzierung durch das System der Mefowechsel, S. 51.
237 Dieter Petzina, Autarkiepolitik im Dritten Reich, S. 31.
238 Petzina, a.a.O., S. 35. Wilhelm Deist, Die Aufrüstung der Wehrmacht, in: Das Deutsche Reich und der Zweite Weltkrieg, Bd. I, S. 445.
239 Petzina, a.a.O., S. 37.
240 Burton H. Klein, Germany's Economic Preparations for War, S. 17.
241 Walter Bernhardt, Die deutsche Aufrüstung 1934–1939, S. 47 ff.
242 Albert, a.a.O., S. 57.
243 Deist, a.a.O., S. 427.
244 Deist, a.a.O., S. 428.
245 Klaus Jürgen Müller, General Beck, S. 218. Deist, a.a.O., S. 432.
246 Deist, a.a.O., S. 431, 434.
247 Deist, a.a.O., S. 431.
248 Irving, a.a.O., S. 409.
249 Petzina, a.a.O., S. 46.
250 Hjalmar Schacht, Abrechnung mit Hitler, S. 14.
251 Wolfgang Birkenfeld, Der synthetische Treibstoff 1933–1945, S. 78.
252 Tgb. Goebbels, a.a.O., S. 516 (19. September 1935).
253 Petzina, a.a.O., S. 30.
254 Tgb. Goebbels, a.a.O., S. 470, 507.
255 Tgb. Goebbels, a.a.O., S. 505 (21. August 1935).
256 Petzina, a.a.O., S. 32.
257 Petzina, a.a.O., S. 31.
258 Petzina, a.a.O., S. 33.
259 Kube, a.a.O., S. 139.
260 Petzina, a.a.O., S. 33.
261 Willi A. Boelcke, Die deutsche Wirtschaft 1930–1945, S. 111.
262 Petzina, a.a.O., S. 34.
263 Boelcke, a.a.O., S. 165 ff. Hans Kehrl, Krisenmanager im Dritten Reich, S. 66.
264 Michael Geyer, Militär, Rüstung und Außenpolitik, in: Funke, a.a.O., S. 265.
265 Petzina, a.a.O., S. 38.
266 Boelcke, a.a.O., S. 163. Petzina, a.a.O., S. 38.
267 Stefan Martens, Hermann Göring, S. 69.
268 Carl Vincent Krogmann, Es ging um Deutschlands Zukunft 1932–1939, S. 246.
269 Kube, a.a.O., S. 141.
270 Krogmann, a.a.O., S. 272. Tgb. Goebbels, a.a.O., S. 607.
271 Berenice A. Carroll, Design for Total War, S. 126.
272 Petzina, a.a.O., S. 42.
273 Hans-Erich Volkmann, Die NS-Wirtschaft in Vorbereitung des Krieges, in: Das Deutsche Reich und der Zweite Weltkrieg, Bd. I, S. 285.
274 Petzina, a.a.O., S. 42.
275 Volkmann, a.a.O., S. 279. Petzina, a.a.O., S. 39, 46.
276 Kube, a.a.O., S. 152.
277 Carroll, a.a.O., S. 126.
278 Klaus Jürgen Müller, Armee und Drittes Reich 1933–1939, S. 100. Petzina, a.a.O., S. 41, 48.
279 Tgb. Goebbels, a.a.O., S. 667 (25. August 1936).
280 Die folgenden Zitate bei Treue, a.a.O., S. 204 ff.
281 Carroll, a.a.O., S. 127. Kube, a.a.O., S. 156.
282 Hjalmar Schacht, 76 Jahre meines Lebens, S. 464.
283 Treue, a.a.O., S. 195.
284 Schacht, 76 Jahre, S. 464.
285 Domarus, a.a.O., S. 638.
286 Domarus, a.a.O., S. 637.
287 Tgb. Goebbels, a.a.O., S. 701 (20. Oktober 1936).

288 Kube, a.a.O., S. 158.
289 Petzina, a.a.O., S. 57.
290 Ebd.
291 Kube, a.a.O., S. 159.
292 Barkai, a.a.O., S. 122.
293 Martin Broszat, Der Staat Hitlers, in: Deutsche Geschichte seit dem Ersten Weltkrieg, Bd. I, S. 771.
294 Kehrl, a.a.O., S. 89 ff. Kroll, a.a.O., S. 510. Birkenfeld, a.a.O., S. 102 ff.
295 Boelcke, a.a.O., S. 173 ff.
296 Kroll, a.a.O., S. 640.
297 Kehrl, a.a.O., S. 79.
298 Petzina, a.a.O., S. 59.
299 Petzina, a.a.O., S. 63. Peter Hoffmann, Widerstand – Staatsstreich – Attentat, S. 50, 168.
300 Übersicht bei Birkenfeld, a.a.O., S. 94 f.
301 Volkmann, a.a.O., S. 286.
302 Boelcke, a.a.O., S. 218.
303 Barkai, a.a.O., S. 170.
304 Deist, a.a.O., S. 436.
305 Kehrl, a.a.O., S. 86
306 Hitler aus nächster Nähe, herausgegeben von H. A. Turner jr., S. 30.

Quellen- und Literaturverzeichnis

1. Unveröffentlichte Quellen

A. Berlin Document Center

Akten der Obersten SA-Führung:
Ordner 402	Röhm, Röhmputsch, Reichstagsbrand
Ordner 403	Entstehung der SA, Folgen des Röhmputsches
Ordner 420	Berichte aus dem Ausland 1933/34
Ordner 425	Schutzstaffel der NSDAP
Ordner 426–468	SS und Polizei

B. Bundesarchiv, Koblenz

Akten der Reichskanzlei:
R 43 II 308–313	Wirtschaftspolitische Lage 1933/34
R 43 II 729–731	Olympiade 1936

Akten des Reichspropagandaministeriums:
R 55/104, 105	Verleihung von Olympia-Medaillen

C. Bundesarchiv/Militärarchiv, Freiburg

Akten des Reichswehr- bzw. Reichskriegsministeriums:
RW 5/v. 194–207	Aufbau und Organisation der Abwehr 1933/37

D. Hoover Institution, Stanford

Akten des Hauptarchivs der NSDAP (Mikrofilme):
HA 17/308–328	SA-Befehle, Berichte gegen die SA, Röhmputsch
HA 98/Himmler	Korrespondenzhefte, Notizen, Ahnenforschung
HA 99/Himmler	Privatkorrespondenz Heinrich und Marga Himmlers

E. Institut für Zeitgeschichte, München

Einzelne Zeugendokumente:
ED 1	Notizen Carl Liebmanns
ED 91	Nachlaß Geyr von Schweppenburgs

Zeugenschrifttum:
ZS 105 Horst von Mellenthin	ZS 256 Wilhelm Adam
ZS 135 Hjalmar Schacht	ZS 291 Walter Schellenberg
ZS 207 Werner Best	ZS 540 Conrad Patzig

F. National Archives, Washington

Record Group 226
Akten des Office of Strategic Services, Research and Analysis Branch:

XL 15288-19612	Vernehmungen Schachts durch US-Armee
XL 24954	Aussagen zur Wirtschaftspolitik 1933/45

Record Group 238
Akten des Office of U. S. Chief of Counsel for War Crimes:
Interrogation

Reports	Vernehmungen von Schacht, Keppler und Kehrl in Nürnberg 1945/46

Record Group 242
Akten des Reichswehr-/Reichskriegsministeriums (Mikrofilme):

T-77/794	Zwischenfälle Wehrmacht – NSDAP 1935/39
T-77/804	Deutsche Aufrüstung und Ausland
T-77/808	Polnische Aktivitäten in Deutschland
T-77/816	Militärische Lage in Polen
T-77/884	Beziehungen mit Japan und China
T-77/900	Juliputsch in Österreich 1934

Akten des Persönlichen Stabes des Reichsführers-SS und Chefs der Deutschen Polizei (Mikrofilme):

T-175/33	Dossier Viktor Lutze
T-175/239	Entstehung, Entwicklung der Gestapo
T-175/246	Führerschutzkommando
T-175/275	Überwachung von KdF-Reisen
T-175/402	Sonderbericht Wehrmacht – NSDAP 1935
T-175/403	Zusammenarbeit Gestapo/Abwehr

Record Group 332
Akten des Military Intelligence Service, European Theater of Operations, U.S. Army:

Box 72	Vernehmungen von SA-Führern

FRUS-NA
Akten des Department of State, Central File:

862.00ff	Botschafts- und Konsularberichte, Memoranden der Abt. West European Affairs
762.00 ff	Reports des Military Intelligence Department

G. U.S. Army and Security Command, Fort Meade

Akten des Headquarters, Counter Intelligence Corps, European Theater:

XE Files	Personalakten Schacht, Brückner, Reschny, Kehrl, Keppler, Blomberg

H. Papiere in Privatbesitz

Archiv Fritz Tobias	Dokumente und Zeugenberichte zu Reichstagsbrand und Röhmputsch
Nachlaß Paul Schaeffer	Notizen und Briefe zum Röhmputsch
Nachlaß Werner Best	Aufzeichnungen über Hitler, Himmler, Heydrich, Abwehrpolizei

2. Aktenpublikationen, Handbücher

Akten der Reichskanzlei. Die Regierung Hitler. Teil 1: 1933/34. Bd. 1; Boppard 1983.
Akten zur Deutschen Auswärtigen Politik. Serie D; Göttingen 1950–1972.
Benz, Wolfgang, und Graml, Hermann, Biographisches Lexikon zur Weimarer Republik; München 1988.

Das deutsche Führerlexikon 1934/35; Berlin 1934.

Degners Wer ist's? Berlin 1935.

Der Prozeß gegen die Hauptkriegsverbrecher vor dem Internationalen Militärgerichtshof. 42 Bände; Nürnberg 1949.

Die Erhebung der österreichischen Nationalsozialisten im Juli 1934. Bericht der Historischen Kommission des Reichsführers-SS; Wien, Frankfurt, Zürich 1965.

Hitler, Adolf, Monologe im Führerhauptquartier 1941–1944, herausgegeben von Werner Jochmann; Hamburg 1980.

Jugendlexikon Nationalsozialismus, herausgegeben von Hilde Kammer und Elisabeth Bartsch; Reinbek 1982.

Keesings Archiv der Gegenwart 1931 bis 1945. Vierzehn Bände; Wien, Berlin, Essen 1931–1945.

Kröner, Lexikon der deutschen Geschichte, herausgegeben von Gerhard Taddey; Stuttgart 1977.

Organisationsbuch der NSDAP, herausgegeben vom Reichsorganisationsleiter der NSDAP; München 1938.

Ploetz, Das Dritte Reich, herausgegeben von Martin Broszat und Norbert Frei; Freiburg, Würzburg 1983.

Timpke, Henning (Hrsg.), Dokumente zur Gleichschaltung des Landes Hamburg 1933; Frankfurt am Main 1964.

Treue, Wilhelm (Hrsg.), Hitlers Denkschrift zum Vierjahresplan 1936; Vierteljahreshefte für Zeitgeschichte, 3. Jahrgang, 1955.

Ursachen und Folgen. Vom deutschen Zusammenbruch 1918 und 1945 bis zur staatlichen Neuordnung Deutschlands in der Gegenwart, herausgegeben von Herbert Michaelis und Ernst Schraepler; Berlin ab 1958.

Vogelsang, Thilo (Hrsg.), Neue Dokumente zur Geschichte der Reichswehr 1930–1933; Vierteljahreshefte für Zeitgeschichte 2/1954.

Volz, Hans, Daten der Geschichte der NSDAP; Berlin, Leipzig 1935.

Wistrich, Robert, Wer war wer im Dritten Reich; München 1983.

Zentner, Christian, und Bedürftig, Friedemann (Hrsg.), Das große Lexikon des Dritten Reiches; München 1985.

Zur Ermordung des Generals Schleicher: Dokumentation; Vierteljahreshefte für Zeitgeschichte 1/1953.

3. Zeitgenössische Darstellungen, Tagebücher, Memoiren

Bouhler, Philipp, Kampf um Deutschland; Berlin 1939.

Boveri, Margret, Wir lügen alle; Olten, Freiburg 1965.

Brüning, Heinrich, Memoiren 1918–1933; Köln 1970.

Ciano, Galeazzo, Tagebücher 1937/38; Hamburg 1949.

Ciano, Galeazzo, Ciano's Diary 1939–1943; London, Toronto 1947.

Das Schwarzbuch: Die Lage der Juden in Deutschland 1933, herausgegeben vom Comité des Délégations Juives; Neudruck Berlin 1983.

Deutschland-Berichte der Sozialdemokratischen Partei Deutschlands (Sopade), herausgegeben von Klaus Behnken. Sieben Bände; Salzhausen, Frankfurt am Main 1980.

Deutschkron, Inge, Ich trug den gelben Stern; Köln 1978.

Diels, Rudolf, Lucifer ante portas; Stuttgart 1950.

Diem, Carl, Ein Leben für den Sport; Düsseldorf-Benrath 1976.

Die Tagebücher von Joseph Goebbels, herausgegeben von Elke Fröhlich. Drei Bände; München 1987.

Domarus, Max (Hrsg.), Hitler. Reden 1932 bis 1945; Leonberg 1988.

Dietrich, Otto, 12 Jahre mit Hitler; München 1959.

Eden, Anthony, Facing the Dictators; London 1962.

François-Poncet, André, Als Botschafter in Berlin 1931–1938; Mainz 1947.

Frank, Hans, Im Angesicht des Galgens; München 1953.

Friedländer-Prechtl, Robert, Wirtschaftswende; Leipzig 1931.

Gereke, Günther, Ich war königlich-preußischer Landrat; Berlin 1970.

Guderian, Heinz, Erinnerungen eines Soldaten; Heidelberg 1951.
Hausser, Paul, Soldaten wie andere auch; Osnabrück 1966.
Heinkel, Ernst, Stürmisches Leben; Stuttgart, Zürich, Salzburg 1953.
Hessen, Robert (Hrsg.), Berlin Alert: The Memoirs and Reports of Truman Smith; Stanford 1984.
Heymann, Egon, Balkan. Kriege, Bündnisse, Revolutionen; Berlin 1938.
Hippler, Fritz, Die Verstrickung; Düsseldorf 1981.
Hitler, Adolf, Mein Kampf; München 1942.
Hitlers Zweites Buch; Stuttgart 1961.
Hitler aus nächster Nähe. Aufzeichnungen eines Vertrauten 1929–1932, herausgegeben von H. A. Turner jr.; Frankfurt am Main, Wien, Berlin 1978.
Hoegner, Wilhelm, Flucht vor Hitler; München 1977.
Horthy, Nikolaus von, Ein Leben für Ungarn; Bonn 1953.
Hoßbach, Friedrich, Zwischen Wehrmacht und Hitler 1934–1938; Wolfenbüttel, Hannover 1949.
Jünger, Ernst, Krieg und Krieger; Berlin 1930.
Kessler, Harry Graf, Tagebücher 1918–1937; Frankfurt am Main 1961.
Knickerbocker, H. R., Deutschland so oder so? Berlin 1932.
Krogmann, Carl Vincent, Es ging um Deutschlands Zukunft 1932–1939; Leoni 1976.
Luther, Hans, Vor dem Abgrund; Berlin 1964.
Tagebuch Viktor Lutze, Auszüge; Frankfurter Rundschau, 14. Mai 1957.
Meissner, Otto, Staatssekretär unter Ebert – Hindenburg – Hitler; Hamburg 1950.
Müller, Willy, Das soziale Leben in Deutschland unter besonderer Berücksichtigung der DAF; Berlin 1938.
Neumann, Franz, Behemoth; Neudruck Köln, Frankfurt am Main 1977.
Nicolson, Harold, Tagebücher und Briefe 1930–1941; Frankfurt am Main 1969.
Papen, Franz von, Der Wahrheit eine Gasse; München 1952.
Priester, Hans E., Das deutsche Wirtschaftswunder; Amsterdam 1936.
Raeder, Erich, Mein Leben. Zwei Bände; Tübingen 1957.
Rauschning, Hermann, Gespräche mit Hitler; Zürich, New York 1940.
Ribbentrop, Joachim von, Zwischen London und Moskau, herausgegeben von Annelies von Ribbentrop; Leoni 1961.
Röhricht, Edgar, Pflicht und Gewissen; Stuttgart 1965.
Schacht, Hjalmar, Abrechnung mit Hitler; Hamburg 1948.
Schacht, Hjalmar, 76 Jahre meines Lebens; Bad Wörishofen 1953.
Schacht, Hjalmar, 1933: Wie eine Demokratie stirbt; Düsseldorf, Wien 1968.
Schiller, Karl, Arbeitsbeschaffung und Finanzordnung in Deutschland; Berlin 1936.
Schmeling, Max, Erinnerungen; Frankfurt am Main, Wien, Berlin 1977.
Schmidt, Paul, Statist auf diplomatischer Bühne 1923–1945; Bonn 1949.
Schwerin von Krosigk, Lutz Graf, Es geschah in Deutschland; Tübingen, Stuttgart 1951.
Schwerin von Krosigk, Lutz Graf, Memoiren; Stuttgart 1977.
Seraphim, Hans-Günther (Hrsg.), Das politische Tagebuch Alfred Rosenbergs 1934/35 und 1939/40; Göttingen 1956.
Sommerfeldt, Martin H., Ich war dabei; Darmstadt 1949.
Speer, Albert, Erinnerungen; Berlin 1969.
Togo, Shigenori, The Cause of Japan; New York 1956.
Vansittart, Lord, The Mist Procession; London 1958.
Weizsäcker, Ernst von, Erinnerungen; München, Leipzig, Freiburg i. Br. 1950.
Die Weizsäcker-Papiere 1933–1950, herausgegeben von Leonidas E. Hill; Frankfurt am Main, Berlin, Wien 1974.

4. Darstellungen seit 1945

Abelshauser, Werner, Faust, Anselm, und Petzina, Dietmar (Hrsg.), Deutsche Sozialgeschichte 1914–1945; München 1985.
Absolon, Rudolf, Die Wehrmacht im Dritten Reich. Vier Bände; Boppard 1969/79.

Adam, Uwe Dietrich, Judenpolitik im Dritten Reich; Düsseldorf 1972.
Adolph, Hans J., Otto Wels und die Politik der deutschen Sozialdemokratie 1894–1939; Berlin 1971.
Aigner, Dietrich, Das Ringen um England; München, Eßlingen 1969.
Albrecht, Gerd, Nationalsozialistische Filmpolitik; Stuttgart 1969.
Allard, Sven, Stalin und Hitler; Bern, München 1974.
Andics, Hellmut, Der Staat, den keiner wollte. Vier Bände; Wien, München 1976.
Arendt, Hannah, Elemente und Ursprünge totaler Herrschaft; Frankfurt am Main 1955.
Barkai, Avraham, Das Wirtschaftssystem des Nationalsozialismus; Köln 1977.
Backes, Uwe, Janßen, Karl-Heinz, Jesse, Eckhardt, Köhler, Henning, Mommsen, Hans, und Tobias, Fritz, Reichstagsbrand – Aufklärung einer historischen Legende; München, Zürich 1986.
Beck, D., Julius Leber; Berlin 1983.
Benedikt, Heinrich (Hrsg.), Geschichte der Republik Österreich; Wien 1954.
Bennecke, Heinrich, Hitler und die SA; München, Wien 1962.
Bennecke, Heinrich, Die Reichswehr und der »Röhm-Putsch«; München, Wien 1964.
Bennecke, Heinrich, Wirtschaftliche Depression und politischer Radikalismus; München 1979.
Benoist-Méchin, Jacques, Geschichte der deutschen Militärmacht 1918–1946. Fünf Bände; Oldenburg 1965.
Benz, Wolfgang (Hrsg.), Die Juden in Deutschland 1933–1945; München 1988.
Bernett, Hajo, Der jüdische Sport im nationalsozialistischen Deutschland 1933–1938; Schorndorf 1970.
Bernett, Hajo, Sportpolitik im Dritten Reich; Schorndorf 1971.
Bernett, Hajo, Nationalsozialistische Leibeserziehung; Schorndorf 1966.
Bernhardt, Walter, Die deutsche Aufrüstung 1934–1939; Frankfurt am Main 1969.
Birkenfeld, Wolfgang, Der synthetische Treibstoff 1933–1945; Göttingen 1963.
Black, Edwin, The Transfer Agreement; New York, London 1984.
Bloch, Charles, Die SA und die Krise des NS-Regimes 1934; Frankfurt am Main 1970.
Bludau, Kuno, Gestapo – geheim! Widerstand und Verfolgung in Duisburg 1933–1945; Bonn-Bad Godesberg 1973.
Boca, Angelo del, The Ethiopian War 1935–1941; Chicago, London 1969.
Boelcke, Willi A., Die deutsche Wirtschaft 1930–1945; Düsseldorf 1983.
Boelcke, Willi A., Die Kosten von Hitlers Krieg; Paderborn 1985.
Bohlen, Friedrich, Die XI. Olympischen Spiele Berlin 1936; Köln 1979.
Bollmus, Reinhard, Das Amt Rosenberg und seine Gegner; Stuttgart 1970.
Boockmann, Hartmut, Schilling, Heinz, Schulze, Hagen, und Stürmer, Michael, Mitten in Europa. Deutsche Geschichte; Berlin 1984.
Bourget, Pierre, Der Marschall. Petain zwischen Kollaboration und Résistance; Berlin 1968.
Bracher, Karl Dietrich, Die deutsche Diktatur; Köln 1969.
Bracher, Karl Dietrich, Funke, Manfred, und Jacobsen, Hans-Adolf (Hrsg.), Nationalsozialistische Diktatur 1933–1945; Düsseldorf 1983.
Bracher, Karl Dietrich, Schulz, Gerhard, und Sauer, Wolfgang, Die nationalsozialistische Machtergreifung. Drei Bände; Berlin 1974.
Bramsted, Ernest K., Goebbels und die nationalsozialistische Propaganda 1925–1945; Frankfurt am Main 1971.
Brandmann, Christa, und Hembus, Joe, Klassiker des deutschen Tonfilms 1930–1960; München 1980.
Braubach, Max, Der Einmarsch deutscher Truppen in die entmilitarisierte Zone am Rhein im März 1936; Köln, Opladen 1956.
Brauneck, Manfred (Hrsg.), Weltliteratur im 20. Jahrhundert. Fünf Bände; Reinbek 1981.
Brenner, Hildegard, Die Kunstpolitik des Nationalsozialismus; Reinbek 1963.
Breyer, Richard, Das Deutsche Reich und Polen 1932–1937; Würzburg 1955.
Brook-Shepherd, Gordon, The Storm Petrels; New York, London 1978.
Broué, Pierre, und Témime, Émile, Revolution und Krieg in Spanien; Frankfurt am Main 1968.
Broszat, Martin, Der Nationalsozialismus; Köln/Opladen 1960
Broszat, Martin, Nach Hitler. Der schwierige Umgang mit unserer Geschichte; München 1988.

431

Broszat, Martin, Fröhlich, Elke, und Großmann, Anton, Bayern in der NS-Zeit. Band 3 und 4; München, Wien 1981.
Broszat, Martin, und Schwabe, Klaus (Hrsg.), Die deutschen Eliten und der Weg in den Zweiten Weltkrieg; München 1989.
Buchheim, Hans, SS und Polizei im NS-Staat; Duisdorf 1964.
Buchheim, Hans, Broszat, Martin, Jacobsen, Hans-Adolf, und Krausnick, Helmut, Anatomie des SS-Staates. Zwei Bände; München 1967.
Bullock, Alan, Hitler. Eine Studie über Tyrannei; Düsseldorf 1957.
Carr, William, Adolf Hitler. Persönlichkeit und politisches Handeln; Stuttgart, Berlin, Köln, Mainz 1980.
Carroll, Berenice A., Design for Total War; Den Haag, Paris 1968.
Carsten, Francis L., Reichswehr und Politik 1918–1933; Köln, Berlin 1966.
Cecil, Robert, The Myth of the Master Race. Alfred Rosenberg and Nazi Ideology; London 1972.
Collier, Richard, Mussolini; München 1974.
Connell, John, The »Office«; London 1958.
Conquest, Robert, Am Anfang starb Genosse Kirow; Düsseldorf 1970.
Conze, Werner, und Raupach, Hans, (Hrsg.), Die Staats- und Wirtschaftskrise des Deutschen Reiches 1929/33; Stuttgart 1967.
Courtade, Francis, und Cadars, Pierre, Geschichte des Films im Dritten Reich; München 1975.
Crozier, Brian, Franco. A Biographical History; London 1967.
Dahms, Hellmuth Günther, Der spanische Bürgerkrieg 1936–1939; Tübingen 1962.
Dahrendorf, Ralf, Gesellschaft und Demokratie in Deutschland; München 1968.
Das Deutsche Reich und der Zweite Weltkrieg, herausgegeben vom Militärgeschichtlichen Forschungsamt. Vier Bände; Stuttgart 1979.
Demeter, Karl, Das deutsche Offizierskorps in Gesellschaft und Staat 1650–1945; Frankfurt am Main 1962.
Denne, Ludwig, Das Danzig-Problem in der deutschen Außenpolitik, 1934–1939; Bonn 1959.
Denzler, Georg, und Fabricius, Volker, Die Kirchen im Dritten Reich. Zwei Bände; Frankfurt am Main 1984.
Der Vertrag von Versailles; München 1978.
Deutsche Geschichte seit dem Ersten Weltkrieg, herausgegeben vom Institut für Zeitgeschichte. Drei Bände; Stuttgart 1971.
Diehl-Thiele, Peter, Partei und Staat im Dritten Reich; München 1969.
Diwald, Hellmut, Geschichte der Deutschen; Berlin 1978.
Dülffer, Jost, Weimar, Hitler und die Marine; Düsseldorf 1973.
Eitner, Hans-Jürgen, »Der Führer«. Hitlers Persönlichkeit und Charakter; München 1981.
Emmerson, James Thomas, The Rhineland Crisis 7 March 1936; London 1977.
Enseling, Alf, Die Weltbühne; Münster 1962.
Erdmann, Karl Dietrich, Deutschland unter der Herrschaft des Nationalsozialismus 1933–1939; München 1980.
Erdmann, Karl Dietrich, und Schulze, Hagen (Hrsg.), Weimar. Selbstpreisgabe einer Demokratie; Düsseldorf 1980.
Fest, Joachim C., Das Gesicht des Dritten Reiches; München 1963.
Fest, Joachim C., Hitler; Berlin 1973.
Fischer, Fritz, Griff nach der Weltmacht; Düsseldorf 1961.
Forstmeier, Friedrich, und Volkmann, Hans-Erich (Hrsg.), Wirtschaft und Rüstung am Vorabend des Zweiten Weltkrieges; Düsseldorf 1975.
Frei, Norbert, Der Führerstaat; München 1987.
Freund, Michael, Deutsche Geschichte; Gütersloh, Berlin, München, Wien 1973.
Freyberg, W. Joachim, und Wallenberg, Hans, Hundert Jahre Ullstein 1877–1977. Vier Bände; Berlin 1977.
Funke, Manfred (Hrsg.), Hitler, Deutschland und die Mächte; Düsseldorf 1976.
Funke, Manfred, Sanktionen und Kanonen. Hitler, Mussolini und der internationale Abessinienkonflikt 1934–36; Düsseldorf 1970.
Fuss, Geschichte der Reisebüros; Darmstadt 1960.
Gallo, Max, Der schwarze Freitag der SA; München 1981.

Gay, Peter, Freud, Juden und andere Deutsche; München 1989.
Gessner, Dieter, Agrardepression und Präsidialregierungen in Deutschland 1930–1933; Düsseldorf 1977.
Gillessen, Günther, Auf verlorenem Posten; Berlin 1986.
Göhring, Martin, Bismarcks Erben 1890–1945; Wiesbaden 1958.
Gossweiler, Kurt, Die Röhm-Affäre; Köln 1983.
Grebing, Helga, Geschichte der deutschen Arbeiterbewegung; München 1966.
Grube, Frank, und Richter, Gerhard, Das große Buch der Eisenbahnen; Hamburg o.J.
Grunberger, Richard, A Social History of the Third Reich; London 1971.
Grundmann, Friedrich, Agrarpolitik im »Dritten Reich«; Hamburg 1979.
Hamel, Iris, Völkischer Verband und nationale Gewerkschaft; Frankfurt am Main 1967.
Hardie, Frank, The Abyssinian Crisis; London 1974.
Harlander, Tilman, und Fehle, Gerhard (Hrsg.), Hitlers Sozialer Wohnungsbau 1940–1945; Hamburg 1986.
Hart-Davis, Duff, Hitler's Games: The 1936 Olympics; London 1986.
Henning, Friedrich-Wilhelm, Probleme der nationalsozialistischen Wirtschaftspolitik; Berlin 1976.
Herbst, Ludolf, Der Totale Krieg und die Ordnung der Wirtschaft; Stuttgart 1982.
Hilberg, Raul, Die Vernichtung der europäischen Juden; Berlin 1982.
Hildebrand, Klaus, Deutsche Außenpolitik 1933–1945; Stuttgart, Berlin, Köln, Mainz 1970.
Hildebrand, Klaus, Das Dritte Reich; München, Wien 1979.
Hillgruber, Andreas, Die gescheiterte Großmacht; Düsseldorf 1980.
Hirschfeld, Gerhard, und Kettenacker, Lothar, Der »Führerstaat«: Mythos und Realität; Stuttgart 1981.
Höhne, Heinz, Der Orden unter dem Totenkopf; München 1978.
Höhne, Heinz, Canaris. Patriot im Zwielicht; München 1976.
Höhne, Heinz, Die Machtergreifung; Reinbek 1983.
Höhne, Heinz, Mordsache Röhm; Reinbek 1984.
Hoffmann, Peter, Widerstand – Staatsstreich – Attentat; München 1979.
Holl, Karl, und Wette, Wolfram (Hrsg.), Pazifismus in der Weimarer Republik; Paderborn 1981.
Hoppe, Hans-Joachim, Bulgarien – Hitlers eigenwilliger Verbündeter; Stuttgart 1979.
Huck, Gerhard (Hrsg.), Sozialgeschichte der Freizeit; Wuppertal 1980.
Hüttenberger, Peter, Die Gauleiter; Stuttgart 1970.
Irving, David, Göring; München, Hamburg 1987.
Irving, David, Die Tragödie der Deutschen Luftwaffe; Berlin 1970.
Ishoven, Armand van, Udet; Bergisch Gladbach 1977.
Italiaander, Rolf (Hrsg.), Wir erlebten das Ende der Weimarer Republik; Düsseldorf 1982.
Jacobsen, Hans-Adolf, Nationalsozialistische Außenpolitik 1933–1938; Frankfurt am Main, Berlin 1968.
Jacoby, Fritz, Die nationalsozialistische Herrschaftsübernahme an der Saar; Saarbrücken 1973.
Jäckel, Eberhard, Hitlers Weltanschauung; Stuttgart 1981.
Jäger, Jörg-Johannes, Die wirtschaftliche Abhängigkeit des Dritten Reiches vom Ausland, dargestellt am Beispiel der Stahlindustrie; Berlin 1969.
James, Harold, The German Slump; London 1986.
Jamin, Mathilde, Zwischen den Klassen. Zur Sozialstruktur der SA-Führerschaft; Wuppertal 1984.
Jasper, Gotthard, Von Weimar zu Hitler 1930–1933; Köln, Berlin 1968.
Kaftan, Kurt, Der Kampf um die Autobahnen; Berlin 1955.
Kater, Michael, The Nazi Party; Oxford 1983.
Kehrl, Hans, Krisenmanager im Dritten Reich; Düsseldorf 1973.
Kehrl, Hans, Zur Wirklichkeit des Dritten Reiches; Düsseldorf o.J.
Kempner, Robert W.M., SS im Kreuzverhör; München 1964.
Kennan, George F., Sowjetische Außenpolitik unter Lenin und Stalin; Stuttgart 1961.
Kershaw, Ian, Popular Opinion and Political Dissent in the Third Reich: Bavaria 1933–1945; Oxford 1983.
Kershaw, Ian, Der NS-Staat; Reinbek 1988.

Kershaw, Ian, Der Hitler-Mythos, Volksmeinung und Propaganda im Dritten Reich; Stuttgart 1980.

Kersten, Felix, Totenkopf und Treue; Hamburg 1952.

Kissenkoetter, Udo, Gregor Strasser und die NSDAP; Stuttgart 1978.

Klein, Burton H., Germany's Economic Preparations for War; Cambridge (USA) 1959.

Klinksiek, Dorothee, Die Frau im NS-Staat; Stuttgart 1982.

Klönne, Arno, Hitlerjugend; Marburg 1960.

Knebel, Hans-Joachim, Soziologische Strukturwandlungen im modernen Tourismus; Stuttgart 1960.

Koch, Hannsjoachim W., Geschichte der Hitlerjugend; Percha 1975.

Köhler, Henning, Arbeitsdienst in Deutschland; Berlin 1967.

Koestler, Arthur, Frühe Empörung; Wien, München, Zürich 1970.

Kogon, Eugen, Der SS-Staat; Frankfurt am Main 1965.

Koonz, Claudia, Mothers in the Fatherland; New York 1987.

Kordt, Erich, Nicht aus den Akten . . .; Stuttgart 1950.

Kosthorst, Erich, Jakob Kaiser. Der Arbeiterführer; Stuttgart, Berlin, Köln, Mainz 1967.

Krockow, Christian Graf von, Die Deutschen in ihrem Jahrhundert 1890–1990; Reinbek 1990.

Kroll, Gerhard, Von der Wirtschaftskrise zur Staatskonjunktur; Berlin 1958.

Krüger, Arnd, Die Olympischen Spiele 1936 und die Weltmeinung; Berlin 1972.

Krüger, Arnd, Theodor Lewald. Sportführer ins Dritte Reich; Berlin 1975.

Krüger, Peter, Versailles. Deutsche Außenpolitik zwischen Revisionismus und Friedenssicherung; München 1986.

Krummacher, F. A., und Lange, Helmut, Krieg und Frieden. Geschichte der deutsch-sowjetischen Beziehungen; München, Eßlingen 1970.

Kube, Alfred, Pour le mérite und Hakenkreuz. Hermann Göring im Dritten Reich; München 1986.

Lacina, Evelyn, Emigration 1933–1945; Stuttgart 1982.

Laqueur, Walter, Deutschland und Rußland; Berlin 1965.

Lange, Horst, H., Jazz in Deutschland; Berlin 1966.

Langewiesche, Dieter und Tenorth, Heinz-Elmar, Handbuch der deutschen Bildungsgeschichte; Bd. V; München 1989.

Lehmann, Rudolf, Die Leibstandarte. Drei Bände; Osnabrück 1977–1982.

Lewy, Guenter, Die Katholische Kirche und das Dritte Reich; München 1965.

Link, Werner (Hrsg.), Schriftsteller und Politik in Deutschland; Düsseldorf 1979.

Littlejohn, David, The patriotic Traitors; London 1972.

Löwenthal, Richard, und Mühlen, Patrik von zur, Widerstand und Verweigerung in Deutschland 1933 bis 1945; Berlin, Bonn 1982.

Longerich, Peter, Die braunen Bataillone; München 1989.

Ludwig, Johannes, Boykott, Enteignung, Mord; Hamburg 1989.

Ludwig, Karl-Heinz, Technik und Ingenieure im Dritten Reich; Düsseldorf 1979.

Mandell, Richard, Hitlers Olympiade: Berlin 1936; München 1980.

Martens, Stefan, Hermann Göring; Paderborn 1985.

Martin, Bernd (Hrsg.), Die deutsche Beraterschaft in China 1927–1938; Düsseldorf 1981.

Martin, Bernd, und Schulin, Ernst (Hrsg.), Die Juden als Minderheit in der Geschichte; München 1981.

Mason, Timothy W., Sozialpolitik im Dritten Reich; Opladen 1978.

Matthias, Erich, und Morsey, Rudolf, Das Ende der Parteien; Düsseldorf 1960.

Matzerath, Horst, Nationalsozialismus und kommunale Selbstverwaltung; Stuttgart, Berlin, Köln, Mainz 1970.

May, Ernest R., Knowing one's Enemies. Intelligence Assessment before the two World Wars; Princeton 1984.

Mayer, Arno J., Der Krieg als Kreuzzug; Reinbek 1989.

Meinck, Gerhard, Hitler und die deutsche Aufrüstung 1933–1937; Wiesbaden 1959.

Merkes, Manfred, Die deutsche Politik gegenüber dem spanischen Bürgerkrieg 1936–1939; Bonn 1961.

Messerschmidt, Manfred, Die Wehrmacht im NS-Staat; Hamburg 1969.

Milicevic, Vladeta, Der Königsmord von Marseille; Bad Godesberg 1959.

Mommsen, Hans, Petzina, Dietmar, und Weisbrod, Bernd (Hrsg.), Industrielles System und politische Entwicklung in der Weimarer Republik; Düsseldorf 1974.

Moreau, Patrick, Nationalsozialismus von links; Stuttgart 1984.

Morozow, Michael, Die Falken des Kreml. Die sowjetische Militärmacht von 1917 bis heute; München, Wien 1982.

Mosley, Leonard, Ein Gott dankt ab; Oldenburg und Hamburg, 1967.

Mühlen, Patrik von zur, »Schlagt Hitler an der Saar!«; Bonn 1979.

Müller, Klaus-Jürgen, Das Heer und Hitler; Stuttgart 1969.

Müller, Klaus-Jürgen, Armee, Politik und Gesellschaft in Deutschland 1933–1945; Paderborn 1979.

Müller, Klaus-Jürgen, General Ludwig Beck; Boppard 1980.

Müller, Klaus-Jürgen (Hrsg.), Der deutsche Widerstand 1933–1945; Paderborn 1986.

Müller, Klaus-Jürgen, Armee und Drittes Reich 1933–1939; Paderborn 1987.

Müller, Klaus-Jürgen, und Opitz, Eckardt (Hrsg.), Militär und Militarismus in der Weimarer Republik; Düsseldorf 1978.

Müller, Peter, Ferdinand Porsche; Graz, Stuttgart 1966.

Müller-Hill, Benno, Tödliche Wissenschaft; Reinbek 1984.

Mueller-Hillebrand, Burkhart, Das Heer 1933–1945. Zwei Bände; Frankfurt am Main 1954/56.

Niess, Wolfgang, Machtergreifung 33; Stuttgart 1982.

Niethammer, Lutz (Hrsg.), »Die Jahre weiß man nicht, wo man die heute hinsetzen soll«: Faschismus-Erfahrungen im Ruhrgebiet. Band 1; Berlin, Bonn 1983.

Thomas Nipperdey, Deutsche Geschichte 1866–1918; München 1990.

Nyomarkay, Joseph, Charisma and Factionalism in the Nazi Party; Minneapolis 1967.

O'Neill, Robert J., The German Army and the Nazi Party, 1933–1939; London 1966.

Orlow, Dietrich, The History of the Nazi Party. Zwei Bände; Pittsburgh 1973.

Oven, Wilfred von, Hitler und der spanische Bürgerkrieg; Tübingen 1978.

Overy, R. J., Hermann Göring. Machtgier und Eitelkeit; München 1986.

Pentzlin, Heinz, Hjalmar Schacht; Berlin 1980.

Petersen, Jens, Hitler – Mussolini: Die Entstehung der Achse Berlin – Rom 1933–1936; Tübingen 1973.

Peterson, Edward, N., The Limits of Hitler's Power; Princeton 1969.

Petzina, Dietmar, Autarkiepolitik im Dritten Reich; Stuttgart 1968.

Petzina, Dietmar, Die deutsche Wirtschaft in der Zwischenkriegszeit; Wiesbaden 1977.

Peukert, Detlev, Die KPD im Widerstand; Wuppertal 1980.

Peukert, Detlev, Volksgenossen und Gemeinschaftsfremde; Köln 1982.

Poidevin, Raymond, und Bariéty, Jacques, Frankreich und Deutschland; München 1982.

Pommerin, Reiner, Das Dritte Reich und Lateinamerika; Düsseldorf 1977.

Prange, Gordon W., Target Tokyo; New York 1984.

Reynolds, Nicholas, Beck. Gehorsam und Widerstand; München 1976.

Rich, Norman, Hitler's War Aims. Zwei Bände; London 1973.

Ritter, Gerhard, Carl Goerdeler und die deutsche Widerstandsbewegung; Stuttgart 1956.

Rohe, Karl, Das Reichsbanner Schwarz Rot Gold; Düsseldorf 1966.

Roon, Ger van, Widerstand im Dritten Reich; München 1987.

Rüdiger, Jutta, Die Hitler-Jugend und ihr Selbstverständnis im Spiegel ihrer Aufgabengebiete; Lindhorst 1983.

Sänger, Fritz, Politik der Täuschungen; Wien 1975.

Salewski, Michael, Die deutsche Seekriegsleitung 1935–1945. Drei Bände; Frankfurt am Main 1970.

Schäfer, Hans Dieter, Das gespaltene Bewußtsein; Berlin 1984.

Schausberger, Norbert, Der Griff nach Österreich; Wien, München 1978.

Scherer, Karl Adolf, 75 Olympische Jahre; München 1970.

Schieder, Wolfgang (Hrsg.), Faschismus als soziale Bewegung; Hamburg 1976.

Schmädeke, Jürgen, und Steinbach, Peter, Der Widerstand gegen den Nationalsozialismus; München 1985.

Schmokel, Wolfe W., Der Traum vom Reich; Gütersloh 1967.

435

Schoenbaum, David, Die braune Revolution; München 1980.
Scholder, Klaus, Die Kirchen und das Dritte Reich. Band 1; Berlin 1977.
Schulze, Hagen, Otto Braun oder Preußens demokratische Sendung; Berlin 1977.
Schulze, Hagen, Weimar. Deutschland 1917–1933; Berlin 1982.
Schumann, Hans-Gerd, Nationalsozialismus und Gewerkschaftsbewegung; Frankfurt am Main 1958. '
Schweitzer, Arthur, Die Nazifizierung des Mittelstandes; Stuttgart 1970.
Siegfried, André, Frankreichs Vierte Republik; Stuttgart 1959.
Smelser, Ronald, und Zitelmann, Rainer (Hrsg.), Die braune Elite; Darmstadt 1989.
Smith, Denis Mack, Mussolini; München 1983.
Sommer, Theo, Deutschland und Japan zwischen den Mächten; Tübingen 1962.
Sontheimer, Kurt, Antidemokratisches Denken in der Weimarer Republik; München 1978.
Steiner, Felix, Die Armee der Geächteten; Göttingen 1963.
Steinhöfer, Dieter, Hans von Tschammer und Osten. Reichssportführer im Dritten Reich; Berlin 1972.
Stern, J. P., Hitler. Der Führer und das Volk; München 1978.
Stephan, Werner, Joseph Goebbels; Stuttgart 1949.
Stephenson, Jill, The Nazi Organisation of Women; London 1981.
Stokes, Lawrence D., Kleinstadt und Nationalsozialismus; Neumünster 1984.
Tansill, Charles Callan, Die Hintertür zum Kriege; Düsseldorf 1958.
Taylor, A. J. P., Die Ursprünge des Zweiten Weltkrieges; Gütersloh 1962.
Thalmann, Rita, Frausein im Dritten Reich; München 1984.
Thamer, Hans-Ulrich, Verführung und Gewalt. Deutschland 1933–1945; Berlin 1986.
Thomas, Georg, Geschichte der deutschen Wehr- und Rüstungswirtschaft (1918–1943/45), herausgegeben von Wolfgang Birkenfeld; Boppard 1966.
Thomas, Hugh, Der spanische Bürgerkrieg; Berlin, Frankfurt am Main, Wien 1962.
Tobias, Fritz, Der Reichstagsbrand; Rastatt 1962.
Toland, John, Adolf Hitler; Bergisch Gladbach 1977.
Treue, Wilhelm (Hrsg.), Deutschland in der Weltwirtschaftskrise in Augenzeugenberichten; München 1976.
Treviranus, Gottfried Reinhold, Das Ende von Weimar; Düsseldorf, Wien 1968.
Turner jr., Henry Ashby, German Big Business and the Rise of Hitler; New York, Oxford 1985.
Tutas, Herbert E., Nationalsozialismus und Exil; München 1976.
Ueberhorst, Horst, Edmund Neuendorff. Turnführer ins Dritte Reich; Berlin 1970.
Uhlig, Heinrich, Die Warenhäuser im Dritten Reich; Köln, Opladen 1956.
Viñas, Angel, La Alemania nazi el 18 de Julio; Madrid 1977.
Völker, Karl-Heinz, Die deutsche Luftwaffe 1933–1939; Stuttgart 1967.
Vogel, Rolf, Ein Stempel hat gefehlt; München 1977.
Waites, Neville (Hrsg.), Troubled Neighbours; London 1971.
Wark, Wesley K., The Ultimate Enemy; London 1985.
Wegner, Bernd, Hitlers politische Soldaten: Die Waffen-SS 1933–1945; Paderborn 1983.
Wendt, Bernd-Jürgen, Großdeutschland. Außenpolitik und Kriegsvorbereitung des Hitler-Regimes; München 1987.
Werner, Wolfgang Franz, »Bleib übrig«; Düsseldorf 1983.
West, Nigel, MI 6. British Secret Intelligence Operations 1909–45; London 1983.
Wheeler-Bennett, John W., Die Nemesis der Macht; Düsseldorf 1954.
Wisotzky, Klaus, Der Ruhrbergbau im Dritten Reich; Düsseldorf 1983.
Wohlfeil, Rainer, und Dollinger, Hans, Die deutsche Reichswehr; Wiesbaden 1977.
Wojciechowski, Marian, Die polnisch-deutschen Beziehungen 1933–1938; Leiden 1971.
Wollstein, Günter, Vom Weimarer Revisionismus zu Hitler; Bonn-Bad Godesberg 1973.
Wortmann, Michael, Baldur von Schirach, Hitlers Jugendführer; Köln 1982.
Wulf, Joseph, Literatur und Dichtung im Dritten Reich; Gütersloh 1963.
Zapf, Wolfgang, Wandlungen der deutschen Elite; München 1966.
Zitelmann, Rainer, Hitler. Selbstverständnis eines Revolutionärs; Stuttgart 1989.
Zitelmann, Rainer, Adolf Hitler. Eine politische Biographie; Göttingen, Zürich 1989.

436

5. Dissertationen

Albert, Ursula, Die deutsche Wiederaufrüstung der Dreißiger-Jahre als Teil der staatlichen Arbeitsbeschaffung und ihre Finanzierung durch das System der Mefowechsel; Hochschule für Wirtschafts- und Sozialwissenschaften, Nürnberg 1956.

Aronson, Shlomo, Heydrich und die Anfänge des SD und der Gestapo (1931–1935); Freie Universität Berlin 1967.

Bessel, Richard J., The S.A. in the Eastern Regions of Germany, 1925–1934; Oxford University 1980.

Buchholz, Wolfhard, Die Nationalsozialistische Gemeinschaft »Kraft durch Freude«: Freizeitgestaltung und Arbeiterschaft im Dritten Reich; Universität München 1976.

Frank, Robert Henry, Hitler and the National Socialist Coalition: 1924–1932; Johns Hopkins University 1969.

Fuoss, Donald E., An Analysis of the Incidents in the Olympic Games from 1924 to 1948; Columbia University 1951.

Geyer, Michael, Aufrüstung oder Sicherheit; Universität Freiburg 1976.

Graß, Karl Martin, Edgar Jung. Papenkreis und Röhmkrise 1933/34; Universität Heidelberg 1966.

Lamm, Hans, Über die innere und äußere Entwicklung des deutschen Judentums im Dritten Reich; Universität Erlangen 1951.

Rautenberg, Hans-Jürgen, Deutsche Rüstungspolitik vom Beginn der Genfer Abrüstungskonferenz bis zur Wiedereinführung der Allgemeinen Wehrpflicht 1932–1935; Universität Bonn 1973.

Reichhardt, Hans Joachim, Die Deutsche Arbeitsfront; Freie Universität Berlin 1956.

Stelzner, Jürgen, Arbeitsbeschaffung und Wiederaufrüstung 1933–1936; Universität Tübingen 1976.

Werner, Andreas, SA und NSDAP; Universität Erlangen/Nürnberg 1964.

Wiggershaus, Norbert Theodor, Der deutsch-englische Flottenvertrag vom 18. Juni 1935; Universität Bonn 1972.

6. Aufsätze in Zeitschriften und Jahrbüchern

Angress, Werner T., und Smith, Bradley F., Diaries of Heinrich Himmler's Early Years; Journal of Modern History, September 1959.

Barthel, Rolf, Rüstungswirtschaftliche Forderungen der Reichswehrführung im Juni 1934; Zeitschrift für Militärgeschichte 1/1970.

Brenner, Hildegard, Die Kunst im politischen Machtkampf der Jahre 1933/34; Vierteljahrshefte für Zeitgeschichte 1/1962.

Broszat, Martin, Zur Sozialgeschichte des deutschen Widerstands; Vierteljahrshefte für Zeitgeschichte 3/1086.

Falter, Jürgen W., Link, Andreas, Lohmöller, Jan-Bernd, Rijke, Johann de, und Schumann, Siegfried, Arbeitslosigkeit und Nationalsozialismus; Kölner Zeitschrift für Soziologie und Sozialpsychologie 35/1983.

Frey, Bruno S., und Weck, Hannelore, Hat Arbeitslosigkeit den Aufstieg des Nationalsozialismus bewirkt?, Jahrbücher für Nationalökonomie und Statistik, Band 196, 1981.

Funke, Manfred, 7. März 1936: Studie zum außenpolitischen Führungsstil Hitlers; Aus Politik und Zeitgeschichte, Das Parlament, 3. Oktober 1970.

Geyer, Michael, Das Zweite Rüstungsprogramm (1930–1934); Militärgeschichtliche Mitteilungen 1/1975.

Henning, Hansjoachim, Kraftfahrzeugindustrie und Autobahnbau in der Wirtschaftspolitik des Nationalsozialismus 1933 bis 1936; Vierteljahrsschrift für Sozial- und Wirtschaftsgeschichte, 25. Band, 1978.

Kluke, Paul, Hitler und das Volkswagenprojekt; Vierteljahrshefte für Zeitgeschichte 8/1960.

Krausnick, Helmut, Der 30. Juni 1934; Aus Politik und Zeitgeschichte, Das Parlament, 30. Juni 1954.

Krüger, Peter, und Hahn, Erich J. C., Der Loyalitätskonflikt des Staatssekretärs Bernhard Wilhelm von Bülow im Frühjahr 1933; Vierteljahrshefte für Zeitgeschichte 20/1972.

Kulka, Otto Dov, Die Nürnberger Rassengesetze und die deutsche Bevölkerung im Lichte geheimer NS-Lage- und Stimmungsberichte; Vierteljahrshefte für Zeitgeschichte 4/1984.

Lösener, Bernhard, Als Rasserefent im Reichsministerium des Innern; Vierteljahrshefte für Zeitgeschichte 3/1961.

Mommsen, Hans, Die Realisierung des Utopischen: Die »Endlösung« der »Judenfrage im ›Dritten Reich‹«; Geschichte und Gesellschaft 9/1983.

Morsch, Günter, Streik im »Dritten Reich«; Vierteljahrshefte für Zeitgeschichte 4/1988.

Mühlberger, Detlef, The Sociology of the NSDAP: The Question of Working-Class Membership; Journal of Contemporary History 15/1980.

Müller, Klaus-Jürgen, Reichswehr und »Röhm-Affäre«; Militärgeschichtliche Mitteilungen 1/1968.

Overy, Richard J., »Blitzkriegswirtschaft«? Vierteljahrshefte für Zeitgeschichte 3/1988.

Plum, Günter, Volksfront, Konzentration und Mandatsfrage; Vierteljahrshefte für Zeitgeschichte 4/1970.

Porsche, Ferry, Geburtsort Garage; Auto, Motor, Sport, 6. Mai 1981.

Rautenberg, Hans-Jürgen, Drei Dokumente zur Planung eines 300 000-Mann-Friedensheeres aus dem Dezember 1933; Militärgeschichtliche Mitteilungen 2/1977.

Ritthaler, Anton, Eine Etappe auf Hitlers Weg zur ungeteilten Macht. Hugenbergs Rücktritt als Reichsminister; Vierteljahrshefte für Zeitgeschichte 8/1960.

Robertson, Esmonde, Zur Wiederbesetzung des Rheinlandes 1936; Vierteljahrshefte für Zeitgeschichte 10/1962.

Robertson, Esmonde, Hitler und die Sanktionen des Völkerbunds. Mussolini und die Besetzung des Rheinlands; Vierteljahrshefte für Zeitgeschichte 26/1978.

Roos, Hans, Die »Präventivkriegspläne« Pilsudskis von 1933; Vierteljahrshefte für Zeitgeschichte 4/1955.

Schweitzer, Arthur, Organisierter Kapitalismus und Parteidiktatur 1933 bis 1936; Schmollers Jahrbuch für Gesetzgebung, Verwaltung und Volkswirtschaft, I. Halbband 1959.

Spiegel-Spezial, 100 Jahre Hitler; Hamburg 1989.

Teppe, Karl, Zur Sozialpolitik des Dritten Reiches am Beispiel der Sozialversicherung; Archiv für Sozialgeschichte, XVII. Band 1977.

Treue, Wilhelm, Das Dritte Reich und die Westmächte auf dem Balkan; Vierteljahrshefte für Zeitgeschichte 1/1953.

Helmuth Trischler, Führerideal und die Formierung faschistischer Bewegungen; Historische Zeitschrift 1/1990.

Turner, Henry A., Großunternehmertum und Nationalsozialismus 1930–33; Historische Zeitschrift 1/1975.

Vaïsse, Maurice, Der Pazifismus und die Sicherheit Frankreichs 1930–1939; Vierteljahrshefte für Zeitgeschichte 4/1985.

Wildt, Dieter, Der Traum von der ersten Autobahn; ADAC motorwelt, November 1986.

7. Ständig benutzte Zeitungen

Kölnische Zeitung 1932–1936
Völkischer Beobachter 1932–1936.

Personenregister

Sachregister